惟任日向守、第六天魔王を討つ！

年表帖　明智光秀・織田信長一代記

下巻

「はじめに」にかえて

上巻を振り返ると、明智光秀は永禄10年（1567）10月、足利義昭の使いとしてか、岐阜城に織田信長を礼問している。翌年7月には義昭の正式な使者・細川藤孝らが光秀の取次で信長に謁見、同永禄11年（1568）9月織田信長は足利義昭を報じて上洛、三好三人衆らを駆逐し、「室町幕府を再興」。「義昭・信長政権」が誕生します。その政権下で光秀は、信長家臣と共に諸政を担当した。信長は永禄12年「北畠氏討伐戦」、翌年の「越前侵攻戦」、「浅井・朝倉伐戦」、「野田城・福島城の戦い（第一次石山合戦）」、さらに本願寺挙兵に応じた「志賀の陣」と戦い続け、明智光秀は幕府武家衆として従軍し続けた。元亀2年（1571）9月「比叡山焼き討ち」では信長の命とはいえ、光秀は容赦なく放火、抹殺を遂行する。同年9月には義昭と袂を分かち出し、元亀3年「小谷城攻め」でも従軍し、本格的に信長家臣となる。

元亀4年（1573）2月の「義昭の反信長挙兵」には、光秀は義昭与党を攻めるまでとなる。同年7月信長は義昭を追放し、畿内の戦国時代は終わり、織田政権となり「安土桃山時代」がはじまる。

さあ、年表帖（下巻）がはじまります。

この下巻は、天正2年（1574）からはじまり、天正10年（1582）6月の「本能寺の変」、そして翌年、羽柴秀吉が織田家中の第一人者になるまでを掲載しております。

※参考図書及び関連図書は上巻に記載しております。

一部を除き日付までを記載しています。なお、不明な月・日付に関しては「−」で割愛、または「夏」「頃」などと表記している箇所もございます。ご了承下さい。特に重要と思われる事項（歴史的流れのために必要と思われた事件等）は、太字で記載しております。

西暦 和暦	月日	出来事	No.
1574 天正2	1月1日	**「信長、薄濃を肴に祝宴」。**	2477
	1月2日	筒井順慶、美濃へ赴いて織田信長に謁見。信長へ正式に随身する事になる。	2478
	1月11日	織田信長、大和多聞山城番として明智光秀を派遣、この日、光秀、入城。	2484
	1月18日	**「越前一向一揆－1月17日～4月14日」蜂起。**吉田郡志比荘の一向一揆蜂起。	2491
	1月-	この月、羽柴秀吉が、居城を近江小谷から今浜に移す。この月、築城に際して今浜を「長浜」と改める。	2504
	2月3日	**「明智光秀、東美濃参陣」。**織田信長、明智光秀へ、東美濃参陣を命令。武田勝頼の美濃岩村城攻略に対し、迎撃のためである。光秀へ故郷の道案内を指示した。	2511
	2月5日	織田信長父子、美濃国明知城救援のために、岐阜を出陣し美濃国御嵩に布陣。	2514
	2月7日	武田勝頼、山県三郎兵衛昌景に命じて兵六千で信長の退路を断つ。明知城救援の信長、山岳戦の不利を思い、動かず、やがて兵を撤退。	2518
	2月7日	武田勝頼、信長の援軍を失った美濃国明知城内の飯羽間右衛門を内応させて攻略する。『信長公記』では2月5日。	2519
	2月-	**「越前一向一揆」。**本願寺、惣大将として下間頼照を派遣。	2530
	3月12日	信長に上洛の勅使が来た。織田信長、上洛のため岐阜を発ち、佐和山へ入る。	2537
	3月17日	信長、上洛して相国寺に初めて寄宿する。また、天下第一の名香と謳われる大和国東大寺所蔵の「蘭奢待」を所望する旨を正親町天皇へ奏聞する。	2541
	3月24日	**「信長は、堺の運営を会合衆に任せる」。**信長、相国寺で茶会。	2549
	3月27日	織田信長、軍勢三千余を率い大和国多聞山城へ到着。（『多聞院日記』）。	2555
	3月28日	**辰刻に大和国東大寺正倉院が開かれる。**織田信長、「本法に任せて」一寸八分を切り取り、「御馬廻」衆へ「末代の物語に拝見仕るべき」旨を通達。（『信長公記』）。	2558
	4月1日	織田信長、朝早々に大和国奈良を出立、京に戻る。（『多聞院日記』）。	2563
	4月2日	**「石山本願寺、再び挙兵」。**本願寺顕如・石山本願寺、織田信長に対して再び挙兵。	2564
	4月13日	**「近江守護六角氏の姿は近江から消える」。** 織田信長、近江国石部城に六角承禎・六角義治を攻囲、陥落させる。	2572
	4月14日	**「越前一向一揆（1月17日～4月14日）－一揆持の国成立」。** 越前は、大坂石山本願寺の手に一統され、「一揆持」の国となる。	2575
	5月12日	**「第一次高天神城の戦い」はじまる。**徳川家康配下・小笠原信興（長忠）（遠江国高天神城将）、武田勝頼に包囲される。	2580
	5月16日	徳川家康、織田信長に、高天神城の援軍を要請。	2581
	5月28日	高天神城援軍の織田信長、京からようやく、美濃国岐阜城に到着。	2586
	6月17日	**「第一次高天神城の戦い」。**武田勝頼、不落と名高い遠江国高天神城を陥落させる。	2597
	6月19日	織田信長、三河国今切を渡る前に小笠原信興（長忠）（「小笠原与八郎」）の逆心により遠江国高天神城が陥落した旨を知り、三河国吉田城へ引き返す。（『信長公記』）。	2598
	6月21日	織田信長・織田信忠、美濃国岐阜城に帰城。（『信長公記』）。	2600

西暦 和暦	月日	出来事	No.
1574 天正2	7月12日	**「信長の第三次伊勢一向一揆討伐戦－7月12日～9月29日」はじまる**。織田信長父子、三回目、最後の伊勢長島一向一揆を鎮圧するために出陣。(『信長公記』)。	2608
	7月20日	荒木村重、石山本願寺の出城である摂津国中島城を攻めるも、過半が討死。	2611
	7月27日	明智光秀、大坂表における本願寺・三好勢挙兵の模様を信長に報告する。	2620
	8月5日	織田信長、奥州より献上された鷹見物のため一旦岐阜城に戻る。	2628
	8月8日	「第三次伊勢一向一揆討伐戦」。織田信長、岐阜城より、長島陣所へ帰陣。	2631
	8月12日	「第三次伊勢一向一揆討伐戦」。織田信長、伊勢国「しのはせ籠城の者」の助命し長島に入城させる。(『信長公記』)。	2633
	9月29日	「第三次伊勢一向一揆討伐戦」。織田信長、長島一揆の「御侘言」を許容して一旦長島城退去させたところ、船にて包囲し「鉄炮を揃へうたせ」て、「際限なく川へ切りすて」る。一揆勢中の腕利き者たち七、八百人ばかりが「抜刀」で織田軍を襲撃。損害が甚大であった。(『信長公記』)。	2649
	9月29日	**「第三次伊勢一向一揆討伐戦－7月12日～9月29日」終結**。長島一向一揆平定。「信長、一向衆門徒約二万人を焼き殺す」。	2650
	9月29日	信長、美濃国岐阜城へ凱旋。(『信長公記』)。	2651
	11月13日	織田信長、上洛して大和国方面と、義昭に付いた伊丹親興の反乱平定にあたる。	2665
	11月15日	荒木村重ら、織田信長に反乱した摂津三守護の一人・伊丹親興を攻撃。	2668
	11月25日	織田信長、岐阜に帰国する。	2673
1575 天正3	1月-	**この月、明智光秀、丹波を与えられ、その平定を命じられる。**	2686
	1月21日	明智光秀、丹波平定と坂本城に帰城のため岐阜を出立する。	2689
	2月6日	明智光秀、大江山に眺む。また、丹波守護代内藤氏の一族、口丹波亀山城主・内藤忠行は、光秀の入部を祝し、忠行の主従を始め諸将が光秀に随身する。	2693
	2月13日	明智光秀、村井貞勝と共に、山城嵯峨清涼寺へ全三ヶ条の禁制を下す。	2696
	2月27日	織田信長、上洛のために岐阜城を出立、美濃国垂井まで移動。(『信長公記』)。	2703
	2月29日	明智光秀、宇津根・雑水川・安王山の三方から攻撃し、過部城(余部城、丸岡城)を攻略。福井因幡守貞政は討死。光秀は、明智治右衛門を留守居として入れる。	2706
	3月3日	織田信長、新道を経て上洛。	2709
	3月28日	織田信長、関白二条晴良(「二条殿」)との間に祝言を執り行う。(『多聞院日記』)。	2721
	4月1日	織田信長、「主上・公家・武家ともに御再興」を公表。(『信長公記』)。	2723
	4月4日	明智光秀、二千の軍勢を率い河内国へ出陣。	2726
	4月6日	織田信長、一万余の軍勢を率い河内国(「南方」)へ出陣。(『兼見卿記』)。	2729
	4月8日	**「高屋城の戦いの二―4月8日～4月19日」(第二次石山合戦)はじまる**。 織田信長、河内国高屋城の三好康長(後の咲岩、笑岩)への攻撃を開始。	2733
	4月14日	織田軍、大坂石山本願寺近くを攻撃。作毛悉く薙捨てた。(『信長公記』)。	2736

西暦 和暦	月日	出来事	No.
1575 天正3	4月19日	「信長、河内国平定—高屋城の戦いの二—4月8日～4月19日」（第二次石山合戦）終結。高屋城の三好康長、松井友閑を介して降伏をし、赦免される。	2743
	4月20日	織田信長及び織田軍、夕刻に河内国より京に向かう。（『多聞院日記』）。	2744
	4月21日	織田信長、河内国より帰陣し入京す。（『兼見卿記』）。	2746
	4月28日	吉田兼見、満千代を同行し神楽岡辺で美濃国岐阜へ下向する織田信長を見送る。	2748
	4月29日	織田信長、この日の辰刻に美濃国岐阜城へ帰城。	2749
	5月13日	織田信長、長篠城救援のため、信忠と共に、美濃国岐阜より三河国へ向けて出陣。	2756
	5月14日	明智光秀、坂本にて島津家久・里村紹巴らを饗す。	2757
	5月18日	信長と徳川家康の軍勢三万が布陣。家康、長篠城西方設楽原高松山に布陣。東向きに敵に備え、馬防柵を設置。信長は極楽寺山に布陣、長篠の後詰めをする。	2769
	5月21日	「信長、武田勝頼を破る—長篠・設楽ヶ原の戦い」。	2773
	5月25日	織田信長、美濃国岐阜城に凱旋。（『信長公記』）。	2777
	6月2日	織田信長、山城勧修寺門跡聖信の敵意の無きにつき、越前の所領安堵を、明智光秀に一任すると伝える。	2780
	6月-	「第三次岩村城の戦い—6月～11月21日」はじまる。長篠の戦いに勝利した信長は、そのまま、嫡男・織田信忠に軍を預けて、「裏切り者」の美濃国岩村に侵攻させる。	2781
	6月10日	織田信長、小畠左馬之助（永明）へ、明智光秀を派遣した際に丹波の案内者となるよう命じ、手柄次第で新たな領地も加増するだろうと朱印状を送る。	2787
	6月17日	「第一次丹波国征討戦（天正3年6月17日～天正4年1月15日）—光秀の丹波攻めがはじまる」。	2792
	6月26日	織田信長、岐阜城を発し、近江国佐和山城に於いて休息をとり、「早舟」にて近江国坂本より渡海。小姓衆五、六名を随行させていた。（『信長公記』）。	2799
	6月27日	「絹衣相論—信長が、禁裏五奉行を定め、朝廷政治に関与しはじめる」。	2800
	7月7日	明智光秀、村井貞勝・原田（塙）直政と共に、山城野中郷の畠の壬生朝芳と黒瀬清秀の所領争論を裁許する。壬生官務宛てに所領安堵の連署状を出す。	2809
	7月15日	織田信長、京都を発し美濃国岐阜城へ向かう。（『信長公記』）。	2815
	7月16日	「長宗我部元親、土佐統一」。「四万十川の戦い」で一条軍を撃破した元親、その勢いで甲浦城を攻略。十五年の歳月を要した。やがて四国制覇に赴くこととなる。	2816
	7月17日	信長、美濃国岐阜城へ帰還。（『信長公記』）。	2818
	7月19日	明智光秀、岐阜に伺候する。	2820
	7月24日	明智光秀、小畠永明（左馬之助）に書状を送り、内藤氏と宇津氏討伐のため、「宇津表」に動員を要請する。が、始まったばかりの「丹波攻め」は、翌8月には早くも停滞する。	2823
	8月12日	「越前一向一揆平定戦—8月12日～8月19日」はじまる。織田信長、十万の軍勢を率い、再び、越前一向一揆討伐に向けて美濃国岐阜城を出陣。『信長公記』）。	2827

西暦 和暦	月日	出来事	No.
1575 天正3	8月15日	「越前一向一揆平定戦」。織田信長、織田軍先鋒隊と「越前牢人衆」先陣として三万余騎を越前国諸口より乱入させる。(『信長公記』)。	2832
	8月15日	「信長の越前一向一揆平定戦」。羽柴秀吉、明智光秀と相談し、この夜中に海沿いに進んで大良越諸口より乱入し敵城を次々と攻め落とし、府中へ進撃。『信長公記』)。	2835
	8月16日	「越前一向一揆平定戦」。明智光秀・羽柴秀吉が府中へ侵入し敵兵を掃討したこと、越前国は「一国平均」に属し「府中町ハ死かい計にて一円あき所な」い状態となる。	2838
	8月19日	「信長、一向一揆三万余人を殺害─越前一向一揆平定戦(8月12日～8月19日)終結」。一揆衆の越前支配は一年半余りで終わりをつげた。	2845
	8月23日	稲葉一鉄(良通)と稲葉貞通父子をはじめ、明智光秀・羽柴秀吉・長岡(細川)藤孝・簗田広正(別喜右近)、加賀国へ進撃する。(『信長公記』)。	2855
	9月2日	「信長、越前国割」。織田信長、越前国坂井郡豊原寺を焼き払い、越前国北庄へ移動し、縄張を開始。堅城を築くよう命じた。	2864
	9月2日	織田信長、明智光秀に再び丹波出陣を命じる。	2865
	9月-	織田信長、越前国支配を担当した柴田勝家の「目付」に任命した不破光治・佐々成政・前田利家へ、全九ヶ条の越前国「掟条々」を通達。	2869
	9月15日	信長、上洛、京都妙覚寺を宿所とする。「公家衆」は信長の北国からの凱旋を祝賀	2876
	9月17日	信長、岐阜へ帰るため京を発つ。	2880
	9月23日	明智光秀、越前より帰国。これより先、越前を平定し加賀代官職を命じられ、その処置に当たる。	2887
	9月26日	織田信長、美濃国岐阜城に帰還。(『信長公記』)。	2892
	9月27日	「明智光秀今井郷惣中宛書状」。明智光秀、大和国今井郷惣中へ、津田宗及の斡旋により武装解除を承認。また詳細は藤田伝五(行政)より伝達させる。	2893
	10月1日	「信長は西方への領土拡大戦を策定し、丹波、丹後両国の平定を、光秀に命じていた」。	2898
	10月5日	「第二次和睦をはかる」。織田信長、また、石山本願寺との和睦締結をはかる。	2904
	10月10日	織田信長、陸奥国より献上された鷹十四足と鶴三足を伴い、上洛のため岐阜城を発す。この日は美濃国垂井に宿泊。(『信長公記』)。	2911
	10月13日	織田信長十月十日、上洛し衣棚押小路の妙覚寺に入る。(『信長公記』)。実は13日。	2915
	10月中旬	「第一次丹波国征討戦─第一次黒井城の戦い(天正3年10月～天正4年1月15日)」はじまる。	2916
	10月20日	織田信長、京都二条妙覚寺に於いて別所長治・小寺政職・赤松広秀(斎村政広)ら播磨国衆の参洛礼問を受ける。(『信長公記』)。	2924
	10月21日	「石山本願寺との第二次和睦、正式に成立─第二次石山合戦終結」。	2926
	10月26日	「長宗我部元親、明智光秀の取次ぎで信長と同盟を結ぶ」。	2930
	10月28日	織田信長、衣棚押小路の妙覚寺に於いて京都・和泉国堺の「数寄仕候者」十七名を招喚し、信長の茶頭となった千宗易(千利休)の点前による茶会を開催。	2931

西暦 和暦	月日	出来事	No.
1575 天正3	11月7日	「**信長、武家の棟梁として地位を得る**」。織田信長、正親町天皇より「御かはらけ」(土器)を下賜された。また同日、織田信長は「右大将」を兼任することになる。	2938
	11月-	「**第三次岩村城の戦い**」。岩村城籠城の秋山信友軍は、織田家臣・塚本小大膳を介して降伏を申し入れる。五ヶ月間持ちこたえた城衆の降伏が認められた。	2948
	11月13日	信長、武田勝頼の美濃国岩村城への侵攻により、俄かに京都を出立、岐阜へ下向。	2950
	11月-	「**第一次黒井城の戦い**」。この月も、明智光秀、丹波黒井城を攻める。包囲を完了した光秀は、黒井城の周囲に陣地となる付城を多数築き、戦は持久戦になった。	2952
	11月21日	「**第三次岩村城の戦い(6月〜11月21日)終結─信長、秋山信友の降伏条件を反故**」。	2956
	11月28日	「**信長、信忠に家督譲与**」。織田信長、織田信忠(「菅九郎」)に織田「家督」を譲与す。	2960
	12月2日	明智光秀、在々所々百姓中へ徳政令を発す。	2967
	12月29日	明智光秀・村井貞勝、山城国若宮八幡宮領と西九条名主・百姓中へ、境内(「縄内」)の年貢・地子銭を「当知行」として諒承し、社納することを命令。	2976
1576 天正4	1月15日	「**第一次丹波国征討戦(天正3年6月17日〜天正4年1月15日)─第一次黒井城の戦い(天正3年10月〜天正4年1月15日)終結─明智光秀大敗**」。	2981
	1月中旬	織田信長、丹羽長秀(「丹羽五郎左衛門」)へ、近江国安土山「御普請」を命令。	2982
	1月21日	丹波で苦戦の明智光秀、丹波国より近江国坂本へ帰還。	2987
	2月8日	足利義昭、備後鞆に移る。	2994
	2月18日	「第一次黒井城の戦い」で敗れたが、再び戦の準備を整えた明智光秀が、丹波に向けて、坂本城を出陣。防備は固く、この時はほとんど戦わず短期間で引き揚げた。	2999
	2月23日	岐阜城を信忠に譲った織田信長、建築中の近江国安土城に御座を移す。	3001
	2月26日	明智光秀、安土に伺候し、安土城の普請を進言する。	3005
	3月-	「**石山本願寺の籠城五年**」(第三次石山合戦─天正4年(1576)3月〜天正8年(1580)閏3月5日)はじまる。石山本願寺が織田信長に対して三度、挙兵する。	3026
	4月3日	「**第三次石山合戦**」。信長、石山本願寺を攻撃中の明智光秀・長岡(細川)藤孝へ、「立札」を諸口に立てることを命令。	3030
	4月14日	明智光秀、河内国平野へ出陣。(『兼見卿記』)。	3034
	4月29日	織田信長(「右大将信長卿」)、近江国安土城より上洛。(『言経卿記』)	3040
	5月3日	「**第三次石山合戦**」。 石山本願寺一揆勢、摂津国天王寺砦を守備する明智光秀らを攻囲。	3048
	5月5日	織田信長(「右大将」)、未明に大坂へ向けて出陣。(『言経卿記』)。	3055
	5月7日	「**第三次石山合戦**」。織田信長は、わずか三千ばかりの兵で出撃し、一万五千もの敵勢へ打ち向かった。	3058
	5月8日	明智光秀、信長から戦功の褒賞として家臣の御目見を許される。	3063
	5月10日	筒井順慶が信長から大和の支配権を認められ、松永久通は、軍事的には佐久間信盛与力となり、奈良の統治者を自認する松永久秀最終の謀反の背景となる。	3067

西暦 和暦	月日	出来事	No.
1576 天正4	4月13日	織田信長、丹波国国人領主・矢野弥三郎宛に、丹波の「赤井五郎」・「荻野悪右衛門尉」を救免することとしたが、矢野弥三郎の所領安堵するの朱印状を出す。所領での問題は惟任(光秀)と相談し、忠節に励む事を命じる。	3073
	5月14日	「第三次石山合戦―天正4年(1576)3月〜天正8年(1580)閏3月5日」。 **この頃、明智光秀、石山本願寺攻めの途中、病となり帰京する。**	3075
	5月18日	上杉謙信、越中・加賀の一向一揆、本願寺顕如光佐と和睦する。	3080
	5月26日	織田信長(「左大将殿」)、明智光秀(「惟日」)への病状見舞の使者として埴原新右衛門(「隼原」)を派遣。(『兼見卿記』)。	3087
	6月5日	「第三次石山合戦」。 織田信長、石山本願寺に対する守備を調えて帰陣、河内国若江城に宿泊。	3095
	6月6日	廷臣等、妙覚寺に於いて織田信長上洛を祝賀。上下貴賤が群集していた。	3098
	6月8日	織田信長、未刻に今道(新道)を経て、近江国安土城へ帰還。	3104
	6月12日	「第三次信長包囲網」。室町幕府十五代将軍足利義昭、北条氏規(北条氏康の五男)に御内書を送り、北条・武田・上杉の和睦を勧める。	3109
	7月13日	「第三次石山合戦―第一次木津川口の戦い―本願寺への兵糧搬入を許す」。	3124
	7月15日	織田信長、天王寺定番の佐久間信盛・佐久間信栄父子へ、摂津国木津口に於ける戦闘の報告に対し、更なる詳細な報告を要求。	3127
	10月10日	「第三次石山合戦―松永久秀、三度、信長に離反」。 松永久秀、織田信長に逆襲と評定が一決した。	3164
	10月27日	「明智光秀、病が回復し上洛」。「惟日在京也…………」。(『兼見卿記』)。	3173
	11月4日	織田信長、安土より上洛の途に就き、陸路をとって瀬田を抜け、申刻に上洛。	3179
	11月13日	織田信長、正三位に昇進。右近衛大将兼任。	3188
	11月21日	**織田信長、内大臣に昇進。右近衛大将兼任。**	3192
	11月25日	織田信長、近江国安土城へ帰還。	3197
	11月25日	「北畠氏が滅亡―三瀬の変」。前年に北畠家の家督を継いだ北畠信意(織田信雄)が、信長の命により、隠居の伊勢国司北畠家の第八代当主・北畠具教を謀殺。	3198
	12月11日	織田信長、岐阜城に入る。	3204
	12月22日	織田信長、二十二〜二十五日まで三河吉良で逗留。	3212
	12月31日	織田信長、岐阜城にて越年。	3214
	1月2日	織田信長、三河吉良への放鷹、そして岐阜城から安土城に戻る。	3216
1577 天正5	1月14日	信長、安土から入洛、二条妙覚寺に入る。	3219
	1月25日	織田信長、未明に近江国安土へ下向。(『兼見卿記』)。	3227
	2月2日	「信長の第一次紀州征伐―2月2日〜3月15日」はじまる。信長は、三緘衆らの内応を受けて、残り二組の雑賀・根来一向一揆討伐のために領国内に動員をかけた。	3228
	2月8日	信長、二条妙覚寺入る。	3229

西暦 和暦	月日	出来事	No.
1577 天正5	2月13日	「第一次紀州征伐」。紀伊雑賀衆一向一揆討伐の織田信長、十万余を率いて河内国へ京を出陣。(『兼見卿記』)。	3233
	3月1日	「第一次紀州征伐」。織田信長、滝川一益・明智光秀・長岡(細川)藤孝・筒井順慶などに鈴木重秀(雑賀孫一)の居城・雑賀城を攻めさせる。	3254
	3月12日	「第一次紀州征伐」。雑賀党の七頭目である土橋若大夫平次・鈴木重秀(雑賀孫一)らが連署して、織田信長に降伏を申し出た。	3258
	3月15日	**「第一次紀州征伐(2月2日〜3月15日)終結─信長、紀州平均」。** 織田信長・信忠、雑賀一揆を屈服させる。	3260
	3月21日	織田信長、停戦の監視のため佐久間信盛・明智光秀・丹羽長秀・羽柴秀吉・荒木村重の軍勢を後に残し、香庄に移陣、撤兵する。	3264
	3月25日	織田信長、凱旋入京し妙覚寺に宿泊。	3269
	4月6日	「千句第五、何田百韻」。 明智光秀、長岡(細川)藤孝・里村紹巴・津田宗及・威徳院行祐らと連歌を詠む。	3276
	4月13日	**信長、荒木村重に、武将として最初の茶湯の会席を許す。**	3278
	4月21日	織田信長、近江国安土城に帰還。	3283
	6月-	「安土山下町中掟書」。この月、織田信長、安土に楽市・楽座を令する。	3299
	6月12日	明智光秀、紀伊国雑賀五郷と土橋平次胤次へ、全三ヶ条を通達。	3300
	閏7月6日	織田信長、上洛し二条新第(押小路烏丸殿・二条晴良邸跡)に入る。	3312
	閏7月12日	織田信長、前関白近衛前久の嫡子(後の信尹)の元服にあたり加冠、理髪は広橋兼勝、諸家は一人残らず出頭。退出後、贈物の披露は津田(織田)信張。(『兼見卿記』)。	3318
	閏7月14日	織田信長、安土帰城。	3320
	閏7月20日	**近衛前久、朝廷に出仕する。**永禄11年(1568)以来の出仕であった。「永禄の変」への関与を疑われ、足利義昭らと対立、朝廷を追放されていた。	3321
	閏7月24日	長続連の三男・宗先(還俗して長好連)(後の長連龍)、越中国七尾城を出発し近江国安土へ向かう。安土城の信長のもとへ走り救援を求める。	3326
	8月1日	明智光秀、雑賀一揆の攻撃に際し、使者として和泉淡輪氏の許に赴く。	3328
	8月8日	**「信長、加賀へ出兵」。**信長、上杉謙信の出兵に備え、柴田勝家らを加賀国に派遣。	3330
	8月17日	**「松永久秀、謀反実行(三度目)─第三次石山合戦─**天正4年(1576)3月〜天正8年(1580)閏3月5日」。	3334
	9月15日	「第二次七尾城の戦い」終結。遊佐続光や温井景隆らとクーデターを起こし、能登国鳳至郡穴水城主・長続連ら一族百余人を殺害して上杉謙信に投降。	3346
	9月22日	織田信長、大和国の岡周防守(旧松永久秀家臣)へ、松永久通が「雑説」ありとて織田信長に反し大和国信貴山城に籠城したことは言語道断であることを通達。	3349
	9月23日	**「手取川の夜戦─織田軍、謙信に敗れる」。**	3350
	9月28日	織田信忠、松永討伐の軍勢を率いて安土に入る。	3354

西暦 和暦	月日	出来事	No.
1577 天正5	9月29日	織田信長の二条新第(のちの二条御所)、竣工。(『兼見卿記』)。	3355
	10月-	この月、長浜城主・羽柴秀吉、織田信長より播磨国を賜る。	3357
	10月1日	信長軍先陣の長岡(細川)藤孝・明智光秀・筒井順慶ら、大和国片岡城の森秀光・海老名勝正(松永被官)を攻略し敗死させる。	3358
	10月5日	「信貴山城の戦い～10日」。 織田信忠を総大将とした四万の兵が信貴山城へ一斉に攻め寄せた。	3367
	10月10日	「信貴山城の戦い―松永久秀自害」。 この夜に松永久秀・松永久通父子は「腹切自焼」し果てる。(『多聞院日記』)。	3370
	10月16日	「第二次丹波国征討戦―天正5年10月16日～天正7年8月9日」はじまる。 明智光秀軍、長岡(細川)藤孝・与一郎(忠興)父子の助勢を得て、波多野氏の手に落ちた口丹波亀山城を攻撃。	3378
	10月20日	明智光秀、松永久秀党の討伐後、丹波口の警護に当たる。	3384
	10月23日	「秀吉の中国攻め」はじまる。「羽筑至播州出陣云々」。(『兼見卿記』)。	3387
	10月29日	「第二次丹波国征討戦」。明智光秀(「惟任日向守」)、丹波国籾井城を攻撃。 (『兼見卿記』)。	3390
	11月14日	織田信長、未明に上洛、二条新第(二条御所)に入る。	3393
	11月16日	織田信長、従二位に昇進。	3395
	11月18日	信長、禁中へ参内し小御所で「御盃」を受け、その後に東山において鷹狩を行う。	3396
	11月20日	織田信長、右大臣に昇進。右近衛大将兼任。	3402
	11月-	この頃、織田信長、京を発つ。	3410
	12月2日	明智光秀、長岡(細川)藤孝・里村紹巴らと連歌を詠む。	3412
	12月3日	織田信長、安土に帰城。	3413
	12月10日	織田信長は、但馬・播磨で戦功のあった秀吉への褒美として、「乙御前の釜」を与えるように命じて、鷹狩のため吉良へ出発。この日は、佐和山の丹羽長秀居城に宿泊。	3420
	12月12日	信長、三河吉良に放鷹のため、岐阜城に到着。	3423
	12月21日	織田信長、安土城に帰城。	3427
1578 天正6	1月6日	織田信長、正二位に昇進。	3433
	1月11日	明智光秀、近江国坂本城に於いて津田宗及らを招き茶会を催す。	3437
	1月13日	信長、三河吉良に放鷹に安土出立、柏原へ着。	3439
	1月25日	信長、安土城に到着。	3451
	2月3日	「織田信澄、大溝城主となる」。磯野員昌は信長の意思に背いて叱責され出奔し、領地の高島郡は津田信澄に与えられた(『信長公記』)。	3454
	2月23日	羽柴秀吉、再び、播磨国へ出陣。別所与力・加古川の糟屋(賀須屋)内膳の城を借り本陣とし、秀吉は書写山に在陣。	3456

西暦 和暦	月日	出来事	No.
1578 天正6	2月-	**「別所長治、信長に謀反」**。この月、別所長治、毛利に通じて織田信長から離反する。	3457
	2月-	この月、本願寺顕如、別所長治と盟約。	3458
	3月4日	「織田信長朱印状」。信長、長岡兵部大輔（細川藤孝）へ、、丹後一色氏攻めの明智光秀へ助勢のため、近日中の丹波国出陣を命令。	3460
	3月6日	織田信長、三日間に渡り、近江の奥島山に放鷹、長命寺若林坊に宿泊。	3461
	3月8日	織田信長、安土城に帰る。	3462
	3月13日	**上杉謙信、春日山城で急死。享年49。**	3468
	3月-	**「第二次丹波国征討戦—第六次八上城の戦い（天正6年3月～天正7年6月1日）」。** 明智光秀・長岡（細川）藤孝・丹羽長秀・滝川一益の四将、八上城を攻める。	3472
	3月20日	「第二次丹波国征討戦」。明智光秀、坂本を出陣。	3474
	3月23日	織田信長（「右府信長」）、申刻に上洛。（『兼見卿記』）。	3477
	3月27日	**播磨「三木合戦（天正6年3月27日～天正8年1月17日）」がはじまる。**	3482
	4月上旬	「第二次丹波国征討戦」。この頃、明智光秀、長岡（細川）藤孝、丹後国に攻め入る。	3488
	4月3日	「織田信長朱印状」。信長、惟任日向守（明智光秀）・長岡兵部大輔（細川藤孝）へ、本願寺付近の麦苗薙ぎ捨てと退去勧告を指示。	3491
	4月-	「第二次丹波国征討戦—第六次八上城の戦い」。織田軍、八上城と氷上城の包囲を完成させる。その時、光秀らは、信長より、石山本願寺攻めを命じられる。	3492
	4月5日	「第三次石山合戦」。 織田軍、六日まで大坂へ押し寄せ、付近の麦苗をことごとく薙ぎ捨てて帰陣。	3495
	4月9日	**「信長、征伐未だ成らずとして、右大臣、右近衛大将の両官辞任を奏聞、勅許裁可」。**	3499
	4月10日	「第二次丹波国征討戦—光秀、再び丹波に入る」。信長、摂津出陣の滝川一益・明智光秀・丹羽長秀を丹波に派兵して荒木山城守氏綱の居城・細工所城を攻囲する。	3500
	4月18日	**「第二次上月城の戦い—4月18日～7月5日」はじまる。**小早川隆景・吉川元春率いる毛利軍が播磨上月城を包囲し、毛利輝元は備中松山城に本陣を構える。	3502
	4月22日	織田信長、安土城に戻る。	3503
	4月26日	「第二次丹波国征討戦」。明智光秀ら丹波に派兵の織田軍、帰陣。	3506
	4月27日	織田信長、入京する。五月一日に自らの播州出陣を宣言。	3508
	4月29日	「第二次上月城の戦い」。滝川一益・明智光秀・丹羽長秀、信長の命により播磨国上月城を救援のため、先陣として播磨へ出陣。	3510
	5月1日	織田信長、播磨国方面への出撃を予定するも、佐久間信盛らの諫止により中止。	3513
	5月2日	「第二次上月城の戦い」。織田の大軍、兵庫に入り、明石に着陣、明智光秀らと合流。	3515
	5月13日	織田信長、播磨出陣の予定につき、淀、鳥羽、宇治、槙島、山崎などより、洪水をついて軍船数百艘、五条油小路に集結。信長、出陣を停める。	3523

西暦 和暦	月日	出来事	No.
1578 天正6	5月27日	織田信長、安土の洪水災害視察のため下向し、大津の松本より草津の矢橋まで乗船して安土に帰城。	3527
	6月10日	織田信長（「右府信長」）、上洛。（『兼見卿記』）。	3530
	6月16日	「第二次上月城の戦い―4月18日～7月5日」。 **羽柴秀吉、信長の指示を仰ぐため密かに播磨から上京。**	3535
	6月21日	織田信長（「右府」）、未明に安土へ下向。（『兼見卿記』）。	3537
	6月26日	「第二次上月城の戦い」。 滝川一益・明智光秀・丹羽長秀が上月城への防備のため三日月山へ配された。	3541
	6月27日	**「神吉城の戦い―6月27日～7月16日」はじまる。** 織田信忠の軍勢が、別所方の神吉城を取り囲む。	3543
	7月5日	**「第二次上月城の戦い―4月18日～7月5日」終結。** 毛利軍により、織田方の播磨国上月城落城。	3547
	7月16日	**「神吉城の戦い（6月27日～7月16日）終結―神吉城、落城」。**	3556
	8月11日	織田信長、明智光秀宛の書状で、細川忠興と明智玉子（珠子）の婚姻命令を出す。	3568
	9月5日	明智光秀、丹波山辺城を退き但馬に向かった一色義道を追討する。長岡（細川）藤孝・忠興父子は、丹後へ討ち入る。そしてまた、播州へ転戦。	3579
	9月7日	吉田兼見、明智光秀（「惟日」）を近江国坂本に訪問、連歌会が開催される。吉田兼見、間もなく帰宅。（『兼見卿記』）。	3581
	9月11日	「第二次丹波国征討戦」。光秀は、この後、丹波に下る。	3586
	9月24日	信長は辰刻に上洛し、二条新第（二条御所）に入る。	3591
	9月24日	越中調略を断念した織田信長、斎藤新五郎（利治）に越中攻めを命じる。	3592
	9月27日	信長、九鬼嘉隆の鉄船を観覧するため、京を発し和泉国堺に下向。	3594
	9月30日	織田信長、払暁より和泉国堺に入り、九鬼嘉隆率いる鉄船を視察。	3597
	10月1日	織田信長（「右府」）、入夜に上洛。（『兼見卿記』）。	3599
	10月15日	信長に茶を許された羽柴筑前守秀吉、初めての茶会を催す。（『宗及他会記』）。	3615
	10月18日	「第二次丹波国征討戦―天正5年10月16日～天正7年8月9日」。明智光秀、丹波福智山に参着する。	3618
	10月21日	**「織田信長配下の荒木村重謀反―有岡城の戦い―天正6年10月21日～天正7年11月19日」はじまる。**	3619
	10月23日	「第二次丹波国征討戦―天正5年10月16日～天正7年8月9日」。 明智光秀、鬼ケ嶽城を攻め陥れる。	3622
	10月25日	「織田信長黒印状」。信長、細川藤孝へ、「摂津国の雑説」（荒木村重の謀反）に関する様々な報告について、松井友閑・万見重元（仙千代）を派遣したことを通達。	3624
	11月3日	「有岡城の戦い」。織田勢は、荒木村重を慰諭するが、村重は頑として応ぜず。使者として有岡城に赴いた黒田官兵衛（孝高）が監禁され土牢に閉じ込められる。	3630
	11月3日	信長、上洛し、二条新第に入る。	3631

西暦 和暦	月日	出来事	No.
1578 天正6	11月3日	「有岡城の戦い」。明智光秀、二条新第にて宮内法印(松井友閑)らと共に、荒木村重の赦免を請うが聞き入れられず。光秀は、滝川一益援軍として出陣する。	3632
	11月4日	織田信長、京都「二条之御殿」より村井貞勝を以て正親町天皇(「禁裏様」)へ、本願寺顕如(「大坂本願寺」)に「勅定」を以て和議締結を通達するよう上奏させる。	3634
	11月4日	正親町天皇、広橋兼勝に毛利輝元へ、織田信長との「相剋」は「都鄙錯乱之基」であるので「和談」命令と、思慮を廻らして忠功を為すべきことを通達させる。	3635
	11月6日	**「第三次石山合戦—天正4年(1576)3月～天正8年(1580)閏3月5日—第二次木津川口海戦—信長勝利—石山本願寺の孤立化に成功」。**	3638
	11月9日	「有岡城の戦い」。織田信長、京都から摂津国へ向けて出陣し、山城国山崎に布陣。	3641
	11月10日	**「有岡城の戦い—高山右近が降る」。**	3643
	11月10日	「有岡城の戦い」。明智光秀ら、茨木への付城として太田砦建設。光秀、滝川一益・丹羽長秀らと芥川・糠塚付近に陣を置き、茨木城に向かう。	3645
	11月14日	「有岡城の戦い」。大田砦の普請衆であった織田軍の明智光秀・長岡(細川)藤孝・滝川一益ら、荒木村重の籠城する摂津国有岡城に攻撃を開始。	3650
	11月15日	織田信長、安満から摂津国郡山に移陣する。	3653
	11月23日	織田信長、滝川一益・羽柴秀吉・明智光秀へ、「中国」方面の戦況報告を諒承し、毛利氏への「勅使」下向は寒天の時分でもあり、「路次送」も不充分であるので延引することを「京都」に上申することを命令。	3661
	11月24日	**「有岡城の戦い—中川清秀が降る」。**	3663
	11月28日	「有岡城の戦い」。織田信長、滝川一益・明智光秀を遣わし、西宮から生田にかけて兵を出し、花隈城への押さえの兵を配置。	3667
	12月8日	「有岡城の戦い—天正6年10月21日～天正7年11月19日」。織田軍、摂津国有岡城を攻撃す。万見重元(「万見仙千代」)、摂津国有岡城攻撃の際に討死す。	3674
	12月11日	「第二次丹波国征討戦—第六次八上城の戦い(天正6年3月～天正7年6月1日)」。**明智光秀は家臣に命じて、波多野秀治の居城(八上)の封鎖を強化する。**	3678
	12月20日	二十一日まで明智光秀、坂本にて茶会を催す。	3685
	12月21日	織田信長、摂津国古池田より上洛。	3687
	12月21日	明智光秀、この日、丹波多紀郡に入る。	3689
	12月25日	織田信長、安土城に帰る。	3691
1579 天正7	1月7日	明智光秀、坂本城に津田宗及を招き、八日にかけて茶会を催す。	3700
	2月18日	織田信長(「前右府」)、近江国安土より「御上洛」し「二条御所」に入る。	3724
	2月21日	信長、東山慈照寺辺に於いて鷹狩を催す。(『信長公記』)。	3726
	2月28日	「第二次丹波国征討戦—明智光秀、丹波国亀山へ出陣」。	3736
	3月6日	織田信長、天神馬場から道々で放鷹し郡山に着陣。(『信長公記』)。	3745

13

西暦 和暦	月日	出来事	No.
1579 天正7	3月7日	「有岡城の戦い―天正6年10月21日～天正7年11月19日」。 織田信長、古池田に移陣、本陣とする。(『信長公記』)。	3746
	3月-	「第二次丹波国征討戦」。この月、明智光秀、八上城主波多野秀治と黒井城主後見の 赤井幸家の分断を目的に、去年九月から築城はじめた金山城がほぼ完成。	3756
	3月31日	信長、鷹狩の後、箕雄滝を見物。(『信長公記』)。	3760
	4月4日	「第二次丹波国征討戦―第六次八上城の戦い(天正6年3月～天正7年6月1日)」。 「堀をほり、塀・柵幾重も付けさせ、透間なく堀際に諸卒、町屋作に小屋を懸けさせ、 其上、廻番を丈夫に警固を申付けられ、誠に獣の通ひもなく在陣候なり」。	3763
	4月10日	織田信長、播磨攻略中の羽柴秀吉の援軍として惟住長秀(丹羽長秀)・筒井順慶及 び山城衆らを派遣。(『信長公記』)。	3770
	4月15日	丹波路の明智光秀より馬が進上されてきたが、信長公は「日向にやる」といって光秀 に返し与えた。(『信長公記』)。	3774
	5月1日	織田信長、摂津国より上洛する。(『信長公記』)。	3784
	5月3日	織田信長、山中越えから坂本へ出て、舟で安土帰城。(『信長公記』)。	3787
	5月5日	「第二次丹波国征討戦」。明智光秀、長岡(細川)藤孝、波多野宗長らと合戦、死傷者 多数を出すも打ち勝つ。	3791
	5月6日	「第二次丹波国征討戦」。明智光秀、長岡(細川)藤孝、羽柴長秀(のちの秀長)ら、丹 波氷上城を攻略する。	3794
	5月-	この頃、羽柴長秀(のちの秀長)、綾部城・塩見信房の横山城を攻め落とす。 明智光秀は、横山城を大修築し「福智山城」と改名する。	3797
	5月11日	安土山麓居館の信長、吉日というので近江国安土城の天主に、正式に移徙する。	3798
	6月1日	**「第二次丹波国征討戦―第六次八上城の戦い(天正6年3月～天正7年6月1日)終結 ―光秀、八上城を開城」。**	3812
	6月8日	**「信長、波多野氏を殲滅」。**織田信長、安土に送られた波多野兄弟らを、安土慈恩寺で 磔にして殺す。丹波一国を支配した波多野氏は滅亡。	3818
	6月15日	「第二次丹波国征討戦」。明智光秀、赤井家本拠の沼貫郷後野の赤井伊賀守・同弟 和泉守、その子新五郎を攻め、赤井伊賀守を大手にて討つという。	3824
	6月18日	中将信忠卿、安土御見舞として、御成り。(『信長公記』)。	3829
	6月24日	明智光秀、大和吉野表に出陣する。	3837
	6月27日	「第二次丹波国征討戦―八木城の戦い」。明智光秀軍、内藤一族の八木城を攻略と される。戦国大名内藤氏は滅亡という。(『内藤盛衰記』)。	3841
	―	この年、徳姫(徳川信康の正室)、父の信長に、築山殿と信康の罪状(武田との密通な ど)を訴える十二ヶ条の訴状を書き送ったという。	3844
	7月16日	**「信長、家康嫡男信康切腹を家康に命じる」。**	3851
	7月19日	「第二次丹波国征討戦」。光秀は丹後へ出陣した。明智勢進入の報に接した敵の宇 津頼重は城を出て退却していったが、光秀は軍勢を進めてこれを追撃し、数多を討 ち取ることに成功した。	3854

西暦 和暦	月日	出来事	No.
1579 天正7	7月24日	明智光秀、正親町天皇より、御料所丹波国山国荘回復の賞として物を賜る。	3860
	7月-	この月、明智光秀、波多野氏の余党を丹波峰山城に攻めてこれを陥れる。	3864
	8月9日	「第二次丹波国征討戦（天正5年10月16日〜天正7年8月9日）終結─第二次黒井城の戦い─光秀、丹波を平定」。 明智光秀、荻野（赤井）直義（正直）の丹波国黒井城を、8月から取り掛かり攻略。	3871
	9月2日	「有岡城の戦い」。夜、荒木摂津守（村重）、五、六人召し列れ、伊丹を忍び出で、尼崎へ移り候。（『信長公記』）。	3879
	9月2日	信長の命で、明智光秀・長岡（細川）藤孝父子が、丹後国田辺城の一色義道を囲み攻める。二千四百余騎をもって攻め立てたたが落ちることはなかった。	3881
	9月5日	丹後国人の相次ぐ織田方への寝返りを招き、丹後守護所の詰城である建部山城も落城する。田辺城の一色義道は但馬国の山名氏への亡命を企てて途中、丹後中山城に身を寄せたが、城代・沼田幸兵衛は織田方に内応したため行き場を失う。	3884
	9月11日	織田信長、安土を出て、申刻に上洛。（『信長公記』）。	3886
	9月15日	徳川家康長男・信康、遠江国二俣城で切腹。信康は父家康の命により切腹する。	3894
	9月16日	「第一次天正伊賀の乱」はじまる。北畠信意（織田信雄）、一万余の兵で伊賀に侵攻。	3897
	9月17日	第一次天正伊賀の乱終わる。北畠信意（織田信雄）、一万余の大軍を率い、南は名張郡、北は場尾口（馬野）両所より伊賀国に入るも、伊賀衆の奇襲作戦に遭い敗北。	3899
	9月21日	「有岡城の戦い」。織田信長、有岡城へ向けて京を出陣、山崎に至る。	3907
	9月22日	明智光秀、丹波国領城を攻略。さらに鬼ヶ城も攻略。そして、猪崎城の塩見利家の和久城の和久長利を落として、ダメ押しの丹波平定を完了する。	3909
	9月24日	織田信長、山城国山崎から摂津国へ発足、古池田に向かい、陣を敷く。	3911
	9月28日	織田信長、摂津国より帰洛する。	3914
	10月8日	織田信長、戌刻、二条新第（二条御所）を発ち、翌朝、安土に到着。	3919
	10月11日	吉田兼見、明智光秀を見舞うため丹波国へ下向、この日は本免に宿泊。また加伊原城普請の最中である明智光秀へ、明日下着する旨を通知。	3920
	10月15日	「有岡城の戦い」。内応者が上臈塚砦へ滝川勢を導き入れ、織田軍は、敵勢数多を斬り捨てた。この謀叛により荒木勢は崩れ、取るものも取り敢えず有岡城に逃げ込む。	3924
	10月24日	**明智光秀、長岡（細川）藤孝ら、安土城へ凱旋、登城し丹波国・丹後国の平定を報告。**	3933
	11月4日	織田信長、巳刻（10時）に上洛。（『信長公記』）。	3940
	11月15日	織田信長、誠仁親王へ二条新第（二条御所）を献上。（『兼見卿記』）。	3947
	11月19日	「有岡城の戦い（天正6年10月21日〜天正7年11月19日）─開城」。 荒木村重の重臣荒木久左衛門らが、有岡・大物城を明け渡して人質を救うよう村重を説得するため、尼崎へ向かう。（『信長公記』）。	3949
	11月20日	「織田軍、有岡城を接収」。	3951
	12月-	この月、織田信長、朝廷に本願寺との和睦を働きかける。	3958

西暦 和暦	月日	出来事	No.
1579 天正7	12月7日	「第三次石山合戦―天正4年(1576)3月～天正8年(1580)閏3月5日」。石山本願寺出城の一つである「森口」が、織田信長に帰参したことを知る。(『多聞院日記』)。	3962
	12月10日	織田信長、「南方」へ京を出陣。この日は山城国山崎に布陣。(『兼見卿記』)。	3964
	12月12日	「信長の荒木村重の人質処刑がはじまる」。	3967
	12月14日	伊丹有岡城の警固を小姓衆に二十日交替で命じた信長、摂津国方面の軍事行動がが悉く「一着」したとのことで山城国山崎より帰陣、妙覚寺に入る。(『信長公記』)。	3973
	12月16日	**「信長、十三日に続き荒木村重縁者を大量処刑―本願寺への見せしめとなる」。**	3974
	12月19日	織田信長、未明に近江国安土へ下向。(『兼見卿記』)。	3978
	12月25日	**正親町天皇、本願寺に対し信長との講和を勧める。**	3979
1580 天正8	1月13日	明智光秀、中国方面出陣のため、丹波国中に十五日間の普請役を命じ、三上大蔵大夫・古市修理進・赤塚勘兵衛・寺本橘大夫・ら六人に知行分の開墾を命じる。	3992
	1月17日	**「三木合戦(天正6年3月27日～天正8年1月17日)終結―秀吉、三木城攻略―東播平定」。** 二ヶ年の「三木城の干殺し」が終わる。	3994
	1月23日	「山何百韻」。明智光秀、里村紹巴・行祐(愛宕西之坊威徳院住職)・斎藤利三・光慶らと連歌会を催す。	3998
	2月14日	明智光秀(「惟任日向守」)、大和国の筒井順慶のもとへ到来する。(『多聞院日記』)。	4006
	2月21日	織田信長、未刻に上洛、妙覚寺に入る。(『信長公記』)。	4010
	2月26日	織田信長、京都所司代・村井貞勝に本能寺の普請を命じる。(『信長公記』)。	4017
	2月27日	織田信長、摂津国へ向けて京を出陣し、山崎に至る。	4018
	3月1日	織田信長、正親町天皇に願い、勅使を本願寺に下して同寺と和睦を図る。	4022
	3月3日	放鷹三昧の信長、有岡城に移陣、かつて荒木村重の居城であった有岡城を検分。	4023
	3月8日	織田信長、摂津国より上洛し、直接京都北山に向かい放鷹。妙覚寺に寄宿。	4026
	3月9日	「加賀征伐」。柴田勝家・佐久間盛政ら、加賀一向一揆の「金沢(尾山)御坊」を攻撃。	4027
	3月10日	**「北条家、信長に従属」。**	4029
	3月10日	織田信長、巳刻に出立し、近江国安土へ下向。(『兼見卿記』)。	4030
	3月17日	「第三次講和―石山戦争の終結―第三次信長包囲網がほぼ崩れる」。	4038
	閏3月5日	**「11年に及ぶ石山合戦(元亀元年(1570)8月26日～天正8年(1580)閏3月5日)終結」。**	4053
	閏3月9日	信長と本願寺に講和が結ばれた途端、柴田勝家が加賀へ侵入。	4057
	閏3月11日	織田信長、柴田勝家へ、石山本願寺を「赦免」するにつき加賀国方面での「矢留」を厳命する。	4063
	閏3月13日	本願寺教如、織田信長との和睦を拒否し、大坂を守る旨、紀伊門徒に呼びかける。	4064
	閏3月13日	明智光秀(「惟任日向守」)、近江国坂本城の修築を開始。(『兼見卿記』)。	4065

西暦和暦	月日	出来事	No.
1580天正8	8月26日	織田信長、午刻に近江国安土へ下向。(『兼見卿記』)。	4216
	8月-	一年にわたる長岡(細川)藤孝らの攻撃に抵抗を続けた丹後弓木城の一色義定(義有)が、明智光秀の仲介で藤孝(のちの幽斎)の娘・伊弥(伊也)を娶り和睦する。	4220
	9月13日	織田信長、大友義統・父大友宗麟へ、芸州出馬のため大友氏・島津氏の和睦を勧告。	4229
	9月21日	「第一次鳥取城攻撃(天正8年6月～9月21日)」。山名家臣森下道誉・中村春続が毛利氏に通じ、織田氏に降伏しようとした主君山名豊国を、籠城中の鳥取城から追放する。	4236
	9月21日	**信長は、この日、御室御所の任助法親王の令旨をもって高野聖を捕らえるよう各地の諸将に命じた。**	4238
	9月25日	織田信長「御上使」の明智光秀・滝川一益、大和国興福寺吉祥院・興福寺成身院にそれぞれ到着。二人は信長に、指出検地を指示されていた。	4242
	10月6日	明智光秀、御料所丹波山国荘の貢租を献ず。	4246
	11月2日	滝川一益・明智光秀、この暁七つ時分に大和国興福寺を発す。指出徴収のための滞在は三十八ばかりであった。(『多聞院日記』)。	4257
	11月9日	**信長、筒井順慶を大和(三十七万石余)の守護となし郡山城を与える。**	4259
	11月12日	松平家忠、高天神城を攻めるにより、信長に援兵を請う御使いを承り、安土に赴く。	4261
	11月17日	**「加賀平定」。**柴田勝家、一揆の最後の砦、鳥越城を攻略し、加賀一向一揆を鎮圧。	4264
	12月20日	津田宗及、明智光秀・筒井順慶と茶会、夜、斎藤利三の屋敷で茶器を拝見。	4278
1581天正9	1月3日	徳川家康が攻囲する高天神城に、武田勝頼が赴援のため出陣するという情報がある。信長は、家康を援護すべく織田信忠を岐阜城を出立させ、清洲城に在陣させる。	4297
	1月10日	十一日まで、明智光秀、茶会を催す。津田宗及・山上宗二(初めて同行)であった。	4301
	1月15日	近江国安土に於いて「爆竹」(左義長)・「御馬沙汰」(馬揃)が行われる。	4303
	1月23日	「正月廿三日、維任日向守に仰付けられ、京都にて御馬揃なさるべきの間、各及ぶ程に結構を尽し罷出べきの旨、御朱印を以て御分国に御触れこれあり」。	4310
	2月-	この月、織田信長、越中国を佐々成政に与える事とする。	4324
	2月20日	織田信長、申下刻、入京し、本能寺に入る。(『信長公記』)。	4331
	2月24日	柴田勝家、前田利家らと共に一万の騎兵、六千の兵を率いて上洛。本能寺の織田信長に「加賀平定」を報告。(『信長公記』)。	4339
	2月25日	「予がいるところでは、汝らは他人の寵を得る必要がない。なぜならば予が(天)皇であり、内裏である」。織田信長、耶蘇会日本巡察使ヴァリニャーノらを謁見。	4344
	2月28日	**二月二十八日、畿内および近隣諸国の大名・小名・武将たちを召集し、駿馬を集めて、京都で馬揃えを行い、天皇に御覧いただいた。**(『信長公記』)。	4346
	3月1日	正親町天皇、織田信長の「御官位を被仰付候」とて「上﨟御局」を「勅定」として「御勅書」を携帯させ派遣。その内容は織田信長を「左府に被仰出」であった。	4352
	3月5日	信長は二月の馬揃えに気をよくしたのか、京で二回目の「馬汰」を行う。	4359

西暦 和暦	月日	出来事	No.
1581 天正9	3月5日	信長、細川藤孝に丹後における新たな軍事編成方式を指示。丹波国での領地の調査を命じ、新たに服属した土豪たちの知行地や軍兵動員数等を調べさせる。	4360
	3月9日	朝廷、上﨟局、勾当内侍の両女官を本能寺の宿所へ派遣し、正式に推任を伝える。	4365
	3月10日	織田信長、未明に近江国安土へ下向。(『信長公記』)。	4369
	3月11日	**織田信長、正親町天皇に譲位を迫る。**	4370
	3月20日	「四国担当は、光秀から秀吉になった」。	4374
	3月22日	「高天神城、陥落」。徳川軍、武田属城となっていた遠江国高天神城を攻略。	4375
	3月24日	金神を理由に譲位を中止した朝廷より譲位拒否を伝える使者が安土に遣わされた。	4376
	3月28日	「能登平定」。信長は菅屋長頼を能登七尾城代として派遣し、能登が平定される。	4381
	4月12日	「連歌百韻─細川忠興の茶会」。津田宗及、明智光秀父子、長岡(細川)藤孝父子らと丹後宮津にて朝食の膳、その後、天橋立にて振舞があり、連歌を行った。	4392
	4月18日	明智光秀は、亀山城の普請を本格的に開始し、丹波支配の拠点とする。	4398
	5月10日	「槇尾寺焼亡」。織田信澄らが坊舎を検分。検使のもと一宇も残さず焼き払う。	4411
	5月13日	明智光秀、丹波にて、織田信長より因幡平定の陣触を受け、大船に兵糧を積み因幡のとっとり川(南袋川)に派遣する。	4412
	6月1日	「織田信長黒印状」。信長、羽柴藤吉郎(秀吉)へ、鳥取城攻めに指示。	4416
	6月2日	**明智光秀、明智家中へ全十八ヶ条の「軍法」を発する。**	4417-1
	6月5日	相模国北条氏政が、信長に馬三頭を献上、滝川一益がこれを取り次ぐ。	4419
	6月12日	信長、香宗我部親泰へ、三好清長の事については「別心」を持っていないこと、阿波国方面の件は奔走することが大事であり、詳細を三好康長より伝達する旨を通達。	4423
	6月27日	織田信長、菅屋長頼に命じ、能登七尾城において悪逆を重ねていた遊佐続光・義房兄弟・伊丹孫三郎、家老三名など遊佐続光一族を能登国内で殺害させる。	4431
	7月12日	「第二次鳥取城攻撃(鳥取の渇え殺し)─7月12日～10月25日」はじまる。羽柴秀吉、吉川経家が守備する鳥取城を包囲し兵糧攻めを開始。	4436
	7月15日	織田信長、盂蘭盆会に帰国を控えた日本巡察使ヴァリニャーノらを安土城に迎えた。	4439
	8月1日	織田信長、近江国安土に於いて「御馬汰」を開催。(『兼見卿記』)。	4453
	8月12日	「第二次鳥取城攻撃(鳥取の渇え殺し)」。明智光秀・長岡(細川)藤孝父子、鳥取沖に松井康之ら水軍を出して、羽柴秀吉の鳥取城攻めを支援。	4458
	8月17日	「能登は前田利家へ与えられる」。	4464
	8月17日	「信長、高野聖を殺戮」。	4465
	8月19日	惟任日向守」(明智光秀)、この朝早々に大和国興福寺成身院に到来す。	4469
	8月20日	織田信長、羽柴秀吉の注進状に応え、全三ヶ条の指示を下す。	4471
	8月21日	多聞院英俊、「惟任」(明智光秀)が、この暁に大和国郡山城より帰還したこと、去る8月7日か去8月8日の頃に明智光秀の妹「御ツマキ」が死去したこと等を知る。	4472

西暦 和暦	月日	出来事	No.
1581 天正9	8月22日	明智光秀、佐竹出羽守宗実(明智秀慶)へ、これより因幡へ出陣する旨を返書。	4474
	9月2日	「第二次天正伊賀の乱―9月2日〜9月14日」。織田信長、総大将次男織田信雄、信包(信長の弟)に命じて伊賀に出兵。信雄にとっては、二年前の雪辱戦である。	4480
	9月4日	「織田信長朱印状」。信長、長岡兵部大輔(細川藤孝)へ、丹後国の一色満信(義有、義定)の「知行出来分」を明智光秀に預けることとしたので、相談すべきことを命令。	4482
	9月7日	織田信長、惟任日向守(明智光秀)へ、丹後国の一色義有(義定)知行の「出来分」前後合わせて二万石を今度の検地による員数で引き渡すことを命令。	4487
	9月10日	「織田信長朱印状」。信長、長岡兵部大輔・惟任日向守(細川藤孝・明智光秀)宛に、丹後国の統治権委譲の進め方について指示する。	4492
	9月10日	「第二次天正伊賀の乱」。織田軍は攻撃を開始。	4493
	9月11日	「高野山攻め」。織田信長、紀伊国根来寺の弥勒院・池上坊・岩室坊・愛染院へ、高野山への軍事行動での働きを「感情不斜」であると賞し、今後の奔走を促す。	4494
	9月14日	**「伊賀平定―第二次天正伊賀の乱(9月2日〜9月14日)」終結。**	4497
	9月17日	明智光秀、信長の命により、筒井順慶の郡山城普請の見舞に来る。	4504
	10月9日	織田信長、平定なった伊賀巡国のため安土城を出立、近江国飯道寺に宿泊。	4522
	10月12日	織田信長、この暁に伊勢国より近江国安土に向かう。(『信長公記』)。	4527
	10月13日	織田信長、伊賀国一之宮より安土に至りて帰城。	4530
	10月25日	「因幡平定―第二次鳥取城攻撃(鳥取の渇え殺し)―7月12日〜10月25日」終結。	4539
	11月8日	羽柴秀吉、播磨国姫路城に帰陣し、直ちに淡路島への陣を整える。	4546
	11月18日	**「淡路平定」。**羽柴秀吉、洲本城(淡路国)に攻め入る。	4554
	11月19日	光秀、里村紹巴らと「五吟一日千句」を詠む。光慶・梅松丸・亀菊各一句を詠む。	4555
	11月24日	織田信長、安土城で元服させ、織田源三郎信房とし、犬山城主とする。	4559
	12月4日	**明智光秀は、家中に対する五ヶ条の法度「定家中法度」を制定とされる。**	4566
	12月-	この月、織田信長の使者が徳川家康に対し、来年の信長による甲斐侵攻の予定を示し、兵糧などの準備を促す。	4571
	12月18日	「高野山攻め」。織田信長、一雲斎針阿弥を紀伊国高野山に派遣す。	4574
	12月18日	信長、黄金五十枚で米八千俵を買い、徳川家康属城の遠江国牧野原城に貯える。	4575
	12月22日	秀吉は、茶湯道具十二種を授与される。信長より茶会開催を公認された秀吉は、姫路城へ帰還ため安土を発つ。	4579
1582 天正10	1月7日	織田信長、明智光秀と軍議。「二月に甲州を征伐する。長岡(細川)藤孝は、在国して安土を警護せよ」。	4592
	1月7日	明智光秀、近江国坂本城に於いて茶会を開催。床の間に信長の直筆書を掛ける。	4593
	1月11日	斎藤利三、実兄石谷頼辰の義父・空然(石谷光政)に書状を出す。石谷頼辰を派遣する旨を伝えると同時に、空然に長宗我部元親の軽挙を抑えるように依頼する。	4600

西暦 和暦	月日	出来事	No.
1582 天正10	1月21日	織田信長、安土城に羽柴秀吉が引連れた備前国宇喜多家の老臣・岡平内(家利)等を引見、八郎(後の宇喜多秀家)の家督相続を認める。(『信長公記』)。	4612
	1月23日	**「紀州雑賀の兵乱」**。紀州雑賀の鈴木重秀(雑賀孫一)、信長の後援を得て、同地の土橋若大夫(土橋平次胤次)を自刃に追い込む。	4615
	1月25日	信濃の木曾義昌(信玄の娘婿)、弟上松蔵人(義豊)を人質として織田信長に通ずる。	4622
	1月27日	「紀州雑賀の兵乱」。信長の将・織田信張を大将とする根来・和泉衆が、鈴木重秀(雑賀孫一)救援のため土橋若大夫の子(土橋平次)を攻める。	4625
	1月28日	**「天正遣欧少年使節」が長崎からローマに出航。**	4627
	2月1日	**「信長の武田征伐(天正10年2月1日〜3月11日)はじまる」。** 織田信長、甲斐・武田勝頼討伐の大動員令を発する。	4631
	2月2日	近衛前久、太政大臣宣下。	4633
	2月3日	「武田征伐」。総師織田信忠、森長可・団忠正らを先鋒とし、尾張・美濃の軍勢を木曽口・岩村口の各方面に出勢させる。(『信長公記』)。	4635
	2月3日	「天正十年作暦問題」。土御門久脩、近江国安土より上洛、織田信長より「暦」の件でこの年に閏十二月を入れるかどうかとの意見が出されたことを上申する。	4636
	2月3日	「武田征伐」。織田信長、甲斐国討伐の進路と分担を決定。	4639
	2月8日	**「紀州雑賀の兵乱」終結。**孫一方と土橋方の和睦は成立。	4653
	2月9日	織田信長、武田勝頼討伐のために全十一ヶ条の「条々」を発す。	4655
	2月16日	「武田征伐─第二次鳥居峠の戦い」。織田・武田両軍の大激突がはじまる。	4664
	2月21日	「武田征伐」。徳川家康、駿河国駿府城を占領。	4674
	2月23日	信長、河尻与兵衛へ、武田勝頼討伐にあたり全七ヶ条の指示を下す。	4676
	2月27日	「明智光秀書状」。光秀、大和国の細井戸右近宛、出陣の贈り物を謝し、筒井順慶らと甲州出陣の予定日等を知らせ、油断無きよう伝える。	4679
	2月29日	**「武田征伐」。織田信忠、織田信長へ、武田勝頼の撤退を報告する注進状を発す。**	4687
	3月1日	「武田征伐」。松平家忠、穴山信君(駿河国江尻城主)が家康に寝返ったことを知る。	4694
	3月1日	**柴田勝家、手取峡谷の山野に大規模な残党狩りが行い、三百余人の本願寺門徒が磔刑に処せられ、加賀一向一揆は最終的に終結する。**	4695
	3月2日	「武田征伐」。織田信忠、信濃国高遠城を攻略して甲斐国へ進軍す。	4699
	3月4日	明智勢が「大事ノ陣」というので信濃国へ向けて「ちりちり」と出発。兵卒はまさに「しほしほ」とした様相であったと聞く。(『晴豊記』)。	4711
	3月5日	**「武田征伐─信長、出陣」。**織田信長、明智光秀・筒井順慶・長岡(細川)忠興・長谷川秀一らの諸将を率い、甲斐に向けて暁に安土城を出陣。	4715
	3月11日	正親町天皇、諸社寺に信長の戦捷を祈らせる。	4728
	3月11日	**「信長の武田征伐(天正10年2月1日〜3月11日)─甲斐武田氏滅亡」。** 武田勝頼一党、全滅す。(『立入左京亮入道隆佐記』)。	4734

21

西暦 和暦	月日	出来事	No.
1582 天正10	3月11日	**「魚津城の戦い―天正10年3月11日〜6月3日」はじまる。** 柴田勝家ら、攻撃を再開して魚津城・松倉城を包囲。	4737
	3月14日	織田信長、平谷を越え信濃国伊那郡浪合に着陣。武田家滅亡の知らせと武田勝頼・信勝父子の首を信長の元に持参する。(『信長公記』)。	4742
	3月15日	羽柴秀吉、備中国攻略のために播磨国姫路城より出陣。	4743
	3月19日	**信長、高遠を経て、この日、諏訪郡上諏訪法華寺に着陣し、徳川家康と会見する。**	4756
	3月19日	「明智光秀、上諏訪法華寺寺にて陣取りを命じられる」。	4757
	3月22日	吉田兼見、情報に接す。その内容は、甲斐武田氏は「敗軍」し、武田勝頼・武田信勝・武田信豊の三人は甲斐国の「天目谷一揆」に討ち取られたことというものであった。	4765
	3月29日	新領の知行割が以下のごとく発せられた。同時に国捉も発布された。(『信長公記』)。	4782
	4月-	この頃、織田信長、正親町天皇より勅使が到着し、信忠共々、宸翰を下賜される。	4788
	4月3日	織田信長、織田信忠に命じて、武田家菩提寺の恵林寺を焼きうち。	4796
	4月5日	上杉氏に与する事を決めた芋川親正ら牢人・土民・百姓らの川中島一揆が起きる。	4800
	4月10日	「光秀・忠興・順慶ら、信長に供奉」。織田信長、甲斐国甲府を出発し、甲斐国右左口峠に着く。そして、徳川家康が普請・警護し、駿河に向かう。	4810
	4月14日	羽柴秀吉、宇喜多勢一万を加えて総勢三万の軍勢と共に、備前から備中国へ進軍。	4821
	4月16日	信長、鎌田・三ヶ野坂で休息。天龍川に舟橋を架けて渡河。	4832
	4月21日	多聞院英俊、筒井順慶が「東陣」より帰還したことを知る。(『多聞院日記』)。	4842
	4月21日	**武田を滅ぼした織田信長、近江国安土城に凱旋。**	4844
	4月23日	勧修寺晴豊(勅使)とその一行、明け方に近江国安土城へ到着。	4848
	4月25日	羽柴秀吉、備中国冠山城の城主・林三郎左衛門・松田孫次郎および三百人を討ち果たし、大将両名の首を近江国安土城へ進上。	4852
	4月25日	「三職推任問題」。誠仁親王からの「安士へ女はうしゆ御くたし候て、太政大臣か関白か将軍か、御すいにん候て可然よし」という意向を村井貞勝に伝達した。	4853
	4月-	「高野山攻め」。この月、堀秀政、一万五千にて麻生津荘の飯盛城を攻めた。	4860
	5月4日	「三職推任問題」。女房衆、近江国安土城へ登城し正親町天皇・誠仁親王より下賜された贈物を渡す。	4867
	5月6日	「三職推任問題」。織田信長、勧修寺晴豊(勅使)と上臈御局(花山院家輔女)に対面。	4871
	5月7日	**「信長、神戸(織田)信孝に四国攻めを命令―神戸信孝宛朱印状」。**	4875
	5月8日	**「備中高松城水攻め―天正10年5月8日〜6月5日」はじまる。**羽柴秀吉、城を包囲し川を切って水攻めにする。	4876
	5月12日	**「信長、神格化宣言」。**織田信長は自身の誕生日に「神格化宣言」を発布したという。	4881
	5月14日	吉田兼見、この度徳川家康が近江国安土城の織田信長に礼参するために登城すること、また明智光秀が「在庄」(饗応役)を命じられたことを知る。	4885

西暦 和暦	月日	出来事	No.
1582 天正10	5月15日	**家康一行は安土に到着。**（『多聞院日記』）。	4888
	5月-	この頃、羽柴秀吉より備中高松城の陣への援軍要請が、信長の元に届く。	4889
	5月17日	織田信長は、明智光秀、長岡与一郎らは先陣として出勢するよう指示し、すぐさま御暇を下した。光秀は安土より坂本帰城、皆も本国に帰り出陣の用意をした。	4892
	5月19日	織田信長は、徳川家康一行の道中の労をねぎらうために、安土城内摠見寺において幸若八郎九郎大夫の舞や丹波猿楽・梅若大夫の能を舞わせることにした。	4900
	5月21日	長宗我部元親、斎藤利三に書状（『石谷家文書』）。	4906
	5月21日	織田信忠（「三位中将殿」）・徳川家康（「参川徳川」）、上洛す。（『言経卿記』）。	4909
	5月23日	前田利家、能登国の長連龍へ、去る五月二十二日に長景連を討ち取ったことを賞し、景連の首を近江国安土城へ送付することと、残敵掃討を指示する。	4915
	5月26日	**明智光秀、中国出陣のため勝竜寺で斎藤利三と落ち合い、丹波亀山城に移動。**	4923
	5月27日	「四国攻め」。総大将織田信孝、四国侵攻のため安土を出陣、堺へ向かう。	4927
	5月27日	明智光秀、亀山より愛宕山愛宕権現へ詣る。本殿の勝軍地蔵の御前にて、二度三度まで籤を引く。この日は参籠。	4931
	5月28日	明智光秀、伯耆国の国衆・福屋彦太郎（石見国尼子旧臣）へ返信を送る。	4934
	5月28日	「愛宕百韻連歌」。（『信長公記』）。	4935
	5月29日	「四国攻め」。三好康長の養子で四国攻めの大将・神戸（織田）信孝は堺の北の住吉で、副将丹羽長秀・津田信澄は大坂、蜂屋頼隆は岸和田に軍を集結。	4938
	5月29日	**朝、安土を発った織田信長、中国攻めのため、雨天の中、未刻に入洛。**	4942
	5月29日	明智光秀、中国出陣のため弾薬・長持を西国へ発送。（偽装工作・逡巡説などあり）。	4943
	6月1日	勅使の勧修寺晴豊・甘露寺経元および「其外公家衆」、京都本能寺へ出仕し、村井貞勝（「村井」）より通達されたとおりに織田信長が引見した。	4947
	6月1日	「本能寺名物開き」。織田信長、博多の豪商島井宗室（宗叱）らを招き、本能寺の書院で前太政大臣近衛前久を主賓として茶会を開く。	4950
	6月1日	京の森成利（蘭丸）より飛脚があって、中国出陣の準備ができたか陣容や家中の馬などを信長様が検分したいとのお達しだ」（『川角太閤記』）と物頭たちに説明して、申の刻より準備ができ次第、逐次出発した。	4953
	6月1日	**光秀、午後10時頃、軍一万三千を率いて、丹波亀山城を出陣。**	4954
	6月2日	**「本能寺の変」。信長自刃、49歳。**すでに御殿には火がかけられていて、近くまで火の手が及んでいたが、信長は殿中の奥深くに篭り、内側から納戸を締めて切腹した。	4961
	6月2日	信忠、事変の急報に接し直ちに「ワヅカニ無人にて」本能寺に向けて出発したが既に「本能寺ハヤ落居」という注進を受けて誠仁親王の御座所である二条御所に移る。	4967
	6月2日	誠仁親王（「親王御方」）・「宮」・「館女中」、二条御所（「御殿」）を脱出し禁裏（「上ノ御所」）へ御成す。（『兼見卿記別本』）。	4970
	6月2日	二条御所の織田信忠、前田玄以に岐阜城にいた嫡男・三法師（信長の孫・後の秀信）を保護し清洲城に匿うよう指示という。	4972

西暦 和暦	月日	出来事	No.
1582 天正10	6月2日	織田信忠軍、御所の門を開放し御所内より「切テ出」て、「御門前ニテ半死半生戦」をし、三度も寄手の明智軍を「退散」させる。しかし「多勢二無勢」であったために織田信忠らは討死する。二条御所、炎上、これにより「洛中洛外以外騒動」となる。	4975
	6月2日	朝、徳川家康主従、信長に面会のため、和泉国堺に出立。河内の飯盛で先駆けの本多忠勝より変の第一報を聞いた。	4978
	6月2日	「四国攻め」。(織田信孝は、)「三日朝に阿波へ出港するところだったという。しかし二日の朝に信長の自害につき、岸和田城から摂津方面へ陣替えをした」。	4979
	6月2日	明智光秀は、山岡景隆兄弟へ人質を出し同心するよう説得するも、この日、安土攻めを断念し居城・坂本城に、夕方入城。	4986
	6月2日	「高野山攻め」。夕刻に至って、高野山に本能寺の変の情報が届く。まもなく、織田方寄手は撤退を開始し、高野山勢はこれを追撃して打ち破る。	4989
	6月3日	五つ時分(8時半)、紀伊へ一報が届く。(『宇野主水日記』)。	4993
	6月3日	明智光秀が、京都近郊の大山崎に禁制を発行する。(『離宮八幡宮文書』)。	4998
	6月3日	明智光秀、瀬田に仮設の橋を架けはじめ、坂本城に入る。	4999
	6月3日	吉田兼見は記す。明智光秀、四日にかけて、近江・美濃の諸将に降誘を勧める。	5000
	6月3日	未刻、安土城の蒲生賢秀は、日野城へ退去する。	5003
	6月3日	朝、丹後の宮津城へ一報が届く。	5005
	6月3日	「魚津城の戦い(天正10年3月11日〜6月30日)―魚津城を攻略」。 柴田勝家軍が上杉方の魚津城を落とす。	5009
	6月3日	羽柴秀吉、明智光秀が毛利氏に送った密使を捕獲し本能寺の変報を知る。	5010
	6月4日	羽柴秀吉、毛利輝元らへ宛て血判起請文を提出し毛利氏と和睦締結。	5012
	6月4日	多聞院英俊、順慶のもとへ南方衆と井戸一手衆が集結し、この日、光秀のもとへ出陣すると聞く。	5014
	6月4日	「惟任日向を中将に任じ、将軍職に補し、この上とも忠勤を励むように」。朝廷、明智光秀に勅諚を出す。	5015
	6月4日	明智光秀(「日向守」)、近江国を制圧す。(『兼見卿記別本』)。	5016
	6月4日	徳川家康主従、伊勢の白子から船で、この日、三河大浜に上陸し岡崎城に入る。	5020
	6月5日	備中高松の毛利軍へ、紀伊雑賀衆の反信長派から変の一報が届く。	5024
	6月5日	「備中国高松城水攻め(天正10年5月8日〜6月5日)―高松城開城」。 「中国大返し―6月5日〜6月13日」はじまる。	5025
	6月5日	多聞院英俊、昨日山城へ出陣した軍勢が早々と大和に戻って来たこと、摂津国大坂に於いて織田信澄が生害したことを知る。	5027
	6月5日	勧修寺晴豊、明智光秀が近江国安土城へ出向き在城する旨の通知を受ける。	5030
	6月6日	「光秀は、上杉に援軍を依頼」。安土城の明智光秀、上杉景勝に使者を送る。	5040
	6月6日	越中宮崎城の柴田勝家へ、変の一報が届く。	5043

西暦 和暦	月日	出来事	No.
1582 天正10	6月6日	越後で上杉と交戦中の森長可、本能寺の変報を入手。	5044
	6月7日	**「勅使吉田兼見、安土城入城」**。光秀と対面。	5048
	6月7日	信長の兵は離散、甲斐・信濃・越中は台風が止むが如く静かになった。	5053
	6月7日	この頃、甲斐の河尻秀隆のもとに、信長横死の知らせが届く。	5055
	6月8日	明智光秀、安土城から居城の坂本城に帰還。そして、朝廷工作すべく、京へ向かう。	5061
	6月8日	明智光秀の上洛のため、明日の摂津国への軍事行動のために、明智軍は安土城を出動。吉田兼見、禁裏へ祗候し「委細」を上奏のため誠仁親王と対面し、直接上奏す。	5062
	6月8日	**明智光秀、細川幽斎（藤孝）・忠興父子に書を与えて参加を望むが、父子応ぜず。**	5063
	6月8日	上杉景勝、上方で凶事があり柴田勝家ら織田軍は悉く敗軍したと家臣へ伝える。	5067
	6月9日	光秀、藤田伝五を筒井順慶の所に派遣し、再三、味方するよう説得する。	5070
	6月9日	**筒井順慶、秀吉上洛の情報を得て、河内出陣を中止し、籠城の準備を始める。**	5071
	6月9日	**鳥羽に出陣の明智光秀は、未刻に上洛する。**	5073
	6月9日	朝廷は、明智光秀へ「京頭之儀」を「かたく申付」け、「文」にて光秀の銀子進上を賞す。また朝廷は、吉田兼見を下鳥羽「なんてん寺」の明智光秀本陣へ派遣する。	5075
	6月9日	越中宮崎城から撤退した柴田勝家、北ノ庄城へ帰城する。	5080
	6月9日	上野の厩橋の滝川一益へ、変の一報が届く。（『石川忠総留書』）。	5082
	6月10日	筒井順慶、誓紙を秀吉に届け恭順を示す。	5086
	6月10日	明智光秀、京都山崎八幡の「ホラカ峠」に着陣。	5087
	6月11日	「中国大返し」。羽柴秀吉、午前、摂津国尼ヶ崎に着陣。	5091
	6月11日	筒井順慶が動かぬと知った光秀、洞ヶ峠から兵を引き上げ、夕刻、再び下鳥羽に着陣する。男山八幡と山崎からも撤兵した。同時に淀城にも兵を送り、防備を固める。	5095
	6月12日	羽柴秀吉軍先鋒隊、京都山崎に於いて明智軍と交戦。	5102
	6月13日	**「中国大返し6月5日〜6月13日」**。秀吉軍に、昼頃、名目上の総大将・織田信孝（信長三男）らが淀川を越えて合流。	5113
	6月13日	明智光秀軍、丹波国勝龍寺城を出撃し山崎へ進軍。桂川支流の円明寺川に沿って布陣。総勢一万六千。	5115
	6月13日	**「山崎の戦い」**。織田信孝（「織田三七殿」）・羽柴秀吉（「羽柴筑前守」）ら、「南方」より進軍し明智光秀軍と「合戦」す。（『言経卿記』）。	5117
	6月13日	**「光秀の三日天下」**。明智光秀（「向州」）、この夜に丹波国勝龍寺城を「退散」す。明智光秀、逃走中に京都郊外小栗栖村の土民に殺害される。（『兼見卿記』）。	5120
	6月13日	勧修寺晴豊、早天に明智光秀の陣所が「はいくん」した旨を知る。（『日々記』）。	5122
	6月14日	勧修寺晴豊、正親町天皇「勅使」として京都郊外塔の森に於いて「両人」（織田信孝・羽柴秀吉）へ「御太刀拝領」を行う。	5129
	6月14日	秀吉軍、近江国において明智残党の掃討作戦を実行。	5135

西暦 和暦	月日	出来事	No.
1582 天正10	6月15日	「安土城、三年で焼亡」。	5145
	6月15日	「明智一族滅亡」。明智秀満（左馬助）、光秀の妻子らを刺殺し、自害する。	5148
	6月15日	丹波亀山城も落城し、明智光秀の長男・十五郎（光慶）は、十四歳の生涯を終える。	5151
	6月17日	斎藤利三（「斎藤蔵助」）が「誅」される。（『言経卿記』）。	5159
	6月18日	甲斐の新領主・河尻秀隆は、甲斐からの撤退を決意するが、一揆軍に包囲され、岩窪において武田の旧臣・三井弥一郎に討ち取られる。享年56。	5170
	6月20日	羽柴秀吉、美濃国次いで尾張国清須城に入城。	5180
	6月20日	北条氏直に敗れた滝川一益、厩橋を出て、伊勢本領長島に向かう。	5184
	6月23日	明智光秀と斎藤利三の各々の首と胴体を繋ぎ、粟田口の東に晒す。	5190
	6月26日	能登国主前田利家、援軍である金沢から来た佐久間盛政ら、能登荒山城を攻略。	5204
	6月27日	「清須会議」。柴田勝家、惟住（丹羽）長秀、羽柴秀吉、池田恒興ら、清須城に会する。	5206
	7月2日	吉田兼和（兼見）、明智秀満の親が粟田口で張り付けにされたことを知る。	5221
	7月9日	羽柴秀吉、長浜城より織田三法師丸を伴って上洛。	5231
	7月11日	羽柴秀吉、細川幽斎（藤孝）・忠興父子の本能寺の変（信長御不慮）に際する態度を賞し、全三ヶ条にわたる待遇を保証する旨の起請文を送付。	5235
	7月19日	武田元明、「本能寺の変」に加担したため、近江海津の宝幢院で自害。	5245
	7月26日	「石動山全山焼き討ち」。	5250
	9月2日	羽柴秀吉が、織田信長の葬儀を行う意向を示すも、滝川一益、柴田勝家、丹羽長秀、長谷川秀一、織田信孝（信長の三男）、池田恒興らが挙って反対する。	5261
	9月11日	柴田勝家、室・お市の方をして、妙心寺に信長百ヶ日忌の法要を行う。	5265
	9月12日	羽柴秀吉、信長の第六子（四男）である養子於次丸秀勝をして、大徳寺に、故織田信長の追善百ヶ日忌の法要を行う。	5267
	9月21日	「長宗我部氏、阿波平定」。	5272
	9月-	この月以降、細川忠興は、妻・珠子（ガラシャ）を丹後味土野の山中に幽閉する。	5278
	10月3日	正親町天皇、羽柴秀吉に対して、古今稀有の武勇を称えた綸旨を出す。	5279
	10月6日	柴田勝家、堀秀政へ、羽柴秀吉の専横を戒めるよう全五ヶ条の覚書を遣わす。	5280
	10月15日	「信長の葬儀」。羽柴秀吉、大徳寺において故織田信長の葬儀を執行。	5287
	10月20日	堀秀政、近江神照寺に安堵状を発する。その署名に「羽柴久太郎秀政」と書き記す。	5291

西暦 和暦	月日	出来事	No.
1582 天正10	10月28日	羽柴秀吉、本國寺に、丹羽長秀・池田恒興と会談、二人を秀吉派に完全に取り込む。	5297
	11月1日	羽柴秀吉、徳川家臣の石川数正に書を送り、柴田勝家と織田信孝(信長の三男)が謀反を企てたので、織田信雄(信長次男)を、織田家督に据える事にしたと伝える。	5299
	11月3日	前田利家ら、羽柴秀吉と山城国山崎城で会見。秀吉は、ただちに柴田勝家との和睦に応じる。この時、利家らは秀吉側に付くことを勧められたという。	5303
	11月27日	羽柴秀吉からの一色義定による謀反企図の報に接した細川忠興、自らの居城・宮津城に、義兄弟で、明智光秀に味方した一色義定(義有)を呼び誘殺。	5308
	12月9日	長浜城主柴田勝豊、秀吉に包囲され無条件開城した上で、羽柴軍に編入される。	5315
1583 天正11	閏1月4日	織田信雄は、三法師(後の織田秀信)に代わって政務を執る。安土城で秀吉や筒井順慶らの諸将が、三法師の後見役としての織田信雄に臣下の礼を取る。	5330
	2月28日	**「賤ヶ岳の戦い―2月28日〜4月21日」はじまる。**柴田勝家、羽柴秀吉に抗して前田利勝(利長)を、先手として出陣させる。利長、大雪の中、近江国柳ヶ瀬に布陣。	5344
	3月3日	「賤ヶ岳の戦い」。柴田勝家、深雪を冒して出陣を決行。佐久間盛政、前田利家らを先発に出陣させ、この日、近江国伊香郡柳ケ瀬に本陣を構える。。	5348
	3月10日	羽柴秀吉、弟秀長・甥三好信吉(後の豊臣秀次)らの大軍を発し、北伊勢に進軍。	5351
	4月16日	神戸(織田)信孝(信長の三男)が、岐阜城下へ進出。	5367
	4月16日	秀吉、長浜城より直ちに、美濃に進軍。	5368
	4月19日	「賤ヶ岳の戦い―2月28日〜4月21日」。柴田勝家、佐久間盛政に、直ちに大岩山砦を攻撃させる。	5370
	4月20日	「賤ヶ岳の戦い―美濃大返し」。	5373
	4月21日	「賤ヶ岳の戦い―前田利家、秀吉に降る」。	5374
	4月21日	**「賤ヶ岳の戦い―2月28日〜4月21日」終結。秀吉の反撃にあい、さらに前田利家らの裏切りもあって柴田軍は大敗を喫し、柴田勝家は越前に撤退した。**	5375
	4月24日	**「越前北ノ庄城、落城」。**柴田勝家、お市の方(小谷の御方)(信長妹)を手刃。辰下刻に自ら北ノ庄城に放火し自刃。	5378
	4月24日	賎ケ岳の秀吉勝報に接した織田信雄(信長次男)、織田信孝の岐阜城を囲み、攻略。	5379
	4月28日	羽柴秀吉、金沢城に入り北陸方面の仕置を定める。	5383
	5月2日	織田(神戸)信孝(信長三男)、尾張国知多郡野間の大御堂寺に送られ、自刃。	5387
	8月1日	**「滝川一益、降伏―秀吉は織田家臣第一の地位を確立」。**	5395

天正2	1月1日	「正月朔日、京都隣国の面々等、在岐阜にて、御出仕あり。各三献にて、召し出だしの御酒あり。他国衆退出の已後、御馬廻ばかりにて、古今に承り及ばざる珍奇の御肴出で候て、又、御酒あり。去る年北国にて討ちとらせられ候 一、朝倉左京大夫義景首。一、浅井下野、首。一、浅井備前、首。已上三つ、薄濃にして、公卿に居置き、御肴に出だされ候て、御酒宴。各御謡、御遊興。千々万々、目出たく、御存分に任せられ、御悦ぶなり。」（『信長公記』）。 ²⁴⁷⁷
		「信長、薄濃を肴に祝宴」。織田信長（1534〜1582）、美濃国岐阜城に於いて京都周辺の面々（「他国衆」）の「出仕」を受けて各自に三献ずつ下賜。「他国衆」退出後「御馬廻」のみで朝倉義景（「朝倉左京大夫義景」）・浅井久政（「浅井下野」）・浅井長政（「浅井備前」）の首級「薄濃」を酒肴に祝勝会を行う。
	1月2日	**筒井順慶（1549〜1584）、美濃へ赴いて織田信長（1534〜1582）に謁見**。信長へ正式に随身する事になる。 ²⁴⁷⁸
	1月6日	織田信長、山城国本圀寺へ、贈られてきた杉原紙十帖と「板札」を謝す。 ²⁴⁷⁹
	1月6日	織田信長、尾張国の岩室小十蔵へ知行を安堵。 ²⁴⁸⁰
	1月6日	織田信長、幸若八郎九郎義重に越前で領地を与える。 ²⁴⁸¹
		信長は、幸若太夫（六代）八郎九郎（義重）に対し、越前朝日村周辺に百石、幸若領としての知行領地の朱印状を下賜した。
	1月8日	松永久秀（1508？〜1577）・久通（1543〜1577）父子が、大和から岐阜を訪れ、織田信長に赦免の礼を述べる。 ²⁴⁸²
	1月9日	上杉謙信（1530〜1578）、西上野を経略せんとし、徳川家康（1543〜1616）に、織田信長と共に信濃・甲斐に出陣せんことを求む。 ²⁴⁸³
	1月11日	「タモン山ルス番替ニ明智来了云ゝ」。（『多聞院日記』）。 ²⁴⁸⁴
		信長、大和多聞山城番として明智光秀（1528？〜1582）を派遣、この日、光秀、入城。
	1月12日	織田信長、陶工の加藤景茂（「加藤市左衛門尉」）へ、「瀬戸焼物釜」（竈）は「先規」の如く加藤景茂が尾張国瀬戸でだけ使用することを許可し、他所の陶器の竈は一切許可しないことを通達。 ²⁴⁸⁵
		信長は、瀬戸物を焼く窯を尾張瀬戸の加藤市左衛門のみに許し、他所の窯業を禁止した。

本國寺跡碑

^{西暦}**1574**

天正2	1月-	この月、織田信長、以前焼き払った京都上京中へ、復興建築が開始されたため軍勢の寄宿を禁止し、市中再興を促す。	2486
	1月15日	筒井順慶、美濃国岐阜より大和国へ帰還。（『多聞院日記』）。	2487
	1月15日	興福寺大乗院尋憲（1529？～1585？）、明智光秀（1528？～1582）へ音信する。	2488
	1月16日	織田信長、越前国の千福式部大輔へ、越前国府中近辺に於いて一揆を誘発しようとした「村主」を子息の千福又三郎が捕縛したことを賞す。	2489
	1月17日	織田信長、明智光秀へ、汝を西国征将とする。先ず丹波を征伐すべし、藤孝も共に赴くべし」と述べ、「（天正二年甲戌正月）十七日御饗応有、（中略）此時信長公仰に明智光秀の四男を筒井主殿入道順慶の養子とし、光秀の娘を織田七兵衛信澄（信長の御舎弟勘十郎の子なり）に嫁すへき由、又藤孝君に光秀と縁家たるへきよし被命候、」（『綿考輯録　巻三』）。細川家記である。 織田信長（1534～1582）、明智光秀（1528？～1582）へ、子息十二郎（自然、定頼）を筒井順慶（1549～1584）の養嗣子として、娘二人（三女川手の方と四女珠子（玉子、後のガラシャ）？）を織田信澄（信長実弟・信勝（信行）の子）と細川与一郎（忠興）に、それぞれ嫁がせることを約束させる。	2490
	1月18日	「越前一向一揆－1月17日～4月14日」蜂起。 吉田郡志比荘（福井県吉田郡永平寺町志比）の一向一揆蜂起。越前守護代・桂田長俊（前波吉継）（1524～1574）に不満を抱いていた富田長繁（越前国府中城将）（1551～1574）、安居景健（朝倉景健）（1536？～1575）らは一向衆に同調して決起する。	2491
	1月19日	「越前一向一揆」。越前国一揆・富田長繁ら、一乗谷城を攻撃して越前国守護代・桂田長俊（前波吉継）（1524～1574）を殺害。	2492
	1月19日	「越前一向一揆」。越前一向一揆蜂起で、この日、桂田長俊（前波吉継）殺害の報に接し、織田信長は、羽柴秀吉・武藤宗右衛門舜秀・丹羽長秀・不破光治・不破彦三郎直光・丸毛兵庫頭長照・丸毛三郎兵衛兼利・若州衆を越前国一揆鎮圧のために越前国敦賀へ出陣させる。（『信長公記』）。	2493
	1月21日	「越前一向一揆」。越前足羽郡北庄にいた織田家の津田元嘉・木下祐久（？～1584）・三沢秀次（溝尾茂朝）（1538～1582）の北庄三人衆、一揆の襲撃を受けるも、朝倉旧臣の仲介によって岐阜に帰される。	2494
	1月24日	「何人百韻」。明智光秀（1528？～1582）、多聞山城（奈良市法蓮町）にて里村紹巴（1525～1602）らと連歌会を催す。	2495
	1月24日	「越前一向一揆」。富田長繁、魚住景固父子を殺害。 敵対していなかった魚住一族まで滅ぼしたことに一揆衆は反発し、無策な長繁と手を切った。	2496
	1月26日	「連歌百韻」。明智光秀、多聞山城にて中坊駿河守の興行で覚祐（奈良連歌師）、里村紹巴らと連歌を詠む。 この場合の百韻とは連歌・俳諧で、百句を連ねて一巻きとする形式。懐紙四枚を用い、初折は表八句・裏十四句、二の折・三の折は表裏とも各十四句、名残の折は表十四句・裏八句を記す。連歌は短歌の五・七・五の上句と七・七の下句を交互に詠み続ける、一種の連想ゲームで、前に詠んだ人の句を解釈して、その句から連想してさらに新しい句を詠むのである。	2497
	1月27日	多聞院英俊、明智光秀（『明智』）へ、礼間使として川西佐馬を派遣。	2498

天正2	1月27日	武田勝頼(1546〜1582)、美濃国岩村口(岐阜県恵那市岩村町)に出陣し、岩村城付城十八城を次々と攻略、織田方の明知城(恵那市明智町)へ向かう。	2499
	1月28日	「越前一向一揆」。一向一揆勢、加賀より七里頼周(しちりよりちか)(1517〜1576)を大将として招く。	2500
	1月30日	明智光秀(1528 ?〜1582)、石原勘左衛門を使いとして興福寺大乗院尋憲(1529〜1586)に、寺宝になっていた法性五郎の長太刀閲覧を依頼。二月二日、これを拝覧する。そして、礼を言って返しに来た。(『尋憲記』)。	2501
	1月30日	織田信長、某へ、小姓両人が不届きを働いたため今後の懲戒のために「成敗」することを命令したところ、特に努力し「生害」させた心遣いを賞して長井隼人分の知行のうち三万疋の年貢のある知行を宛行う。	2502
	1月-	この月、足利義昭(1537〜1597)、紀州由良の興国寺から泊城(和歌山県田辺市)に移る。紀伊は畠山氏の勢力がまだ残る国であり、特に畠山高政(1527〜1576)の重臣であった湯川直春(?〜1586)の勢力は強大であった。	2503
	1月-	**この月、羽柴秀吉 (1537〜1598) が、居城を近江小谷から今浜に移す。この月、築城に際して今浜を「長浜」と改める。** 秀吉は、信長に承った大切な小谷のお城を琵琶湖畔に移転させ、尚且つこの今浜という地名を信長の「長」という一字を拝領して「長浜」と改名、その城を長浜城 (信長の江浜のお城) という大義を示したという。それは、長浜城の完成した天正3年秋ともいう。	2504
	1月-	織田信長、越前国の橘屋三郎五郎へ、全三ヶ条の「条々」を下す。 この月、信長、北庄の橘屋三郎五郎に、唐人座・軽物座の支配を安堵。 「唐人座」は薬種商売、「軽物座」は、各種衣料、特に生糸・絹織物商売。	2505
	1月-	織田信長、大和国法隆寺へ全三ヶ条の「掟」を下す。	2506
	2月1日	明智光秀、筒井順慶の訪問を受ける。	2507
	2月1日	織田信長、美濃国吉村名字中・木村十兵衛・田中真吉・西松忠兵衛へ、高木貞久(「高木彦左衛門尉」)(?〜1583)に美濃国今尾城(岐阜県海津市平田町今尾)を守備させるので協力を命令。	2508
	2月1日	**織田信長、武田勝頼が攻囲している美濃国明智城へ、尾張衆・美濃衆から編制された援軍を派遣。(『信長公記』)。**	2509
	2月3日	織田信長 (1534〜1582)、岐阜を訪ねた津田宗及 (?〜1591) に秘蔵の茶器を披露する茶会を催す。 織田(津田)信澄(1555 ?〜1582)は、美濃岐阜城で開かれた信長主催の茶会に御通衆の「御坊様」として出席。	2510
	2月3日	**「明智光秀、東美濃参陣」。**織田信長、明智光秀(1528 ?〜1582)へ、東美濃参陣を命令。武田勝頼の美濃岩村城攻略に対し、迎撃のためである。光秀へ故郷の道案内を指示した。多聞山城の留守番役に長岡(細川)藤孝(1534〜1610)が入る。	2511
	2月4日	明智光秀、石清水八幡宮善法寺に、美濃生津(岐阜県本巣市)の直務を命じる。 生津荘公用について、善法寺が能村甚八郎より七貫文を借銭していたため、数十年にわたり能村が二倍の額の所務を徴収していたが、このたび五石を善法寺が能村に返却したので、公用は善法寺に直接納めるように同寺に伝える。	2512
	2月4日	織田信長、佐久間信盛へ、武田勝頼が美濃国明智城を攻撃したのに対して「十六かしら」を随行させ出撃を命令。	2513

西暦1574

天正2	2月5日	織田信長(1534〜1582)・信忠(1557〜1582)父子、美濃国明知城(岐阜県恵那市明智町)救援のために、岐阜を出陣し美濃国御嵩に布陣。(『信長公記』)。	2514
	2月5日	織田信長・織田信忠、美濃国神篦に布陣。(『信長公記』)。	2515
	2月5日	上杉謙信、沼田城(群馬県沼田市)に入る。謙信が徳川家康に書を送り、自身の関東出馬を報じ、織田信長と連携しての武田勝頼への牽制を依頼する。	2516
	2月6日	織田信長・織田信忠、美濃国明知城救援のために山中を行軍。(『信長公記』)。明知城の西方鶴岡山に布陣。	2517
	2月7日	武田勝頼(1546〜1582)、山県三郎兵衛昌景に命じて兵六千で信長の退路を断つ。明知城救援の信長、山岳戦の不利を思い、動かず、やがて兵を撤退。信長、高野に城を普請して河尻秀隆(1527〜1582)を入れ、また小里にも付城を築いて池田恒興(1536〜1584)に守らせ、武田勢に備えさせた。	2518
	2月7日	武田勝頼、信長の援軍を失った美濃国明知城内の飯羽間右衛門(？〜1582)を内応させて攻略する。『信長公記』では2月5日。飯羽間右衛門は、東濃衆として信長に従い明智城を守備していたが、武田勝頼軍に囲まれた時、城内にて謀反、他の守将を殺して開城したという。	2519
	2月-	この月、家臣団によって隠居させられた土佐中村の一条兼定(1543〜1585)が豊後に追放される。妻の実家である豊後国・大友氏のもとへ送られる。この混乱に乗じ、叛乱鎮定に名を借りた長宗我部元親により中村を占領されることになる。 土佐をほぼ統一した長宗我部元親(1539〜1599)、翌年7月の「四万十川の戦い」で、統一を決定づける。	2520
	2月11日	「足利義昭御内書」。義昭、一色式部少輔入道(一色藤長)宛送付。	2521
	2月13日	織田信長、小早川隆景(「小早川左衛門佐」)へ、「因州之儀」について毛利氏が鳥取(「鳥執」)をはじめとして国人らを掌握し「赦免平均」したことはもっともであり、以前要請された「但州出勢之事」は油断無く、機会をみて連絡する旨を通知。	2522
	2月18日	明智光秀、長岡(細川)藤孝へ、信長軍の状況について報告する。	2523
	2月18日	「越前一向一揆」。旧朝倉家臣と割れた越前一向一揆、富田長繁(1551〜1574)や府中三門徒衆らを討ち取り、府中城を攻略する。	2524
	2月19日	「越前一向一揆」。越前一向一揆、信長方の越前金津の溝江館(福井県あわら市大溝一丁目)を攻略する。溝江・富樫一族が自刃。溝江景逸・長逸父子および一族郎党30余人は館に火を放ち、客人富樫泰俊(1511？〜1574)・植春)(1548？〜1574)父子らと共に自刃した。	2525
	2月23日	一色藤長・長岡(細川)藤孝、大友義鎮(「左衛門督入道」)へ、「豊芸和融」は「先御代」(足利義輝)以来の命令事項であり、「公儀於御馳走者都鄙静謐之基併可為御大忠」の旨の足利義昭御内書の添状を送る。詳細は久我宗入が通達する旨を通知。	2526
	2月24日	織田信長、嫡子信忠と共に、岐阜城に帰陣。(『信長公記』)。	2527
	2月28日	「越前一向一揆」。一向一揆勢、大野郡平泉寺を攻撃するが敗れる。	2528
	2月29日	筒井順慶、夕刻に美濃国岐阜より大和国へ帰還。(『多聞院日記』)。	2529
	2月-	「越前一向一揆」。本願寺、惣大将として下間頼照(1516〜1575)を派遣。	2530

天正2	3月2日	織田信長、毛利輝元(「毛利右馬頭」)・小早川隆景(「小早川左衛門佐」)へ、聖護院道澄(「聖門」)が長期にわたり毛利領国に「在国」しているが、聖護院道澄(1544～1608)の下国に際して織田信長書状(「愚札」)を送付したことがあることに触れ、毛利元就以来の織田信長に対する毛利氏の入魂および詳細なる音信を喜ぶ。また聖護院道澄の「御上国」の際には織田信長が馳走を承ることを通知。	2531
	3月5日	織田信長、佐久間信栄(1556～1632)へ、近江国甲賀郡の地侍が降伏出頭して来たという報告を受けて、その恭順を承認し、六角承禎(1521～1598)・義治(1545～1612)父子の籠もる石部城に対して、付城を構築して攻撃を継続するよう命令。	2532
	3月7日	村井貞勝、旧に依り、山科の沢野井氏に夫役を免じる。	2533
	3月8日	筒井順慶・高田某・岡某・箸尾為綱(高春)ら大和国人衆が悉く上洛す。(『多聞院日記』)。	2534
	3月9日	柴田勝家(1522?～1583)、夕刻に大和国多聞山城(奈良市法蓮町)番替として着任。大軍勢のため、一部が興福寺に陣取る。(『多聞院日記』)。	2535
	3月10日	柴田勝家、大和国興福寺(「寺門」)へ使者を派遣し「ナラ中ノ成敗」を厳重に通達。(『多聞院日記』)。	2536
	3月12日	**信長に上洛の勅使が来た。織田信長、上洛のため岐阜を発ち、佐和山(滋賀県彦根市古沢町)へ入る。**	2537
	3月13日	筒井順慶(1549～1584)、織田信長を迎えるためにこの朝に上洛。(『多聞院日記』)。多聞院英俊、昨夜に箸尾為綱・高田某・岡某ら大和国人衆「一類」が悉く帰還させられたことを知る。大和国人衆が「人質」提出を「難渋」したためという。(『多聞院日記』)。	2538
	3月16日	織田信長、近江国永原(滋賀県野洲市永原)に宿泊。	2539
	3月17日	柴田勝家(1522?～1583)、織田信長の上洛に際し十市常陸介遠長(「十常」)(?～1593)を同行して上洛。(『多聞院日記』)。	2540
	3月17日	織田信長、近江国志那(滋賀県草津市志那町)より坂本へ渡海する。**信長、上洛して相国寺に初めて寄宿する。また、天下第一の名香と謳われる大和国東大寺所蔵の「蘭奢待」を所望する旨を正親町天皇へ奏聞する。**	2541
	3月18日	**織田信長(1534～1582)、正四位下に昇進、下参議に叙任される。**嫡男信忠(1557～1582)は従五位下、次男北畠具豊(信雄)(1558～1630)は従五位下・侍従。	2542
	3月20日	足利義昭(1537～1597)、武田勝頼・上杉謙信・北条氏政に、互いに講和することを命じ、徳川家康と本願寺顕如と共に、室町幕府の再興に尽力することを指示。謙信には、自分が上洛できたなら、天下の政治はこれを任せると、甘言をいう。	2543
	3月20日	足利義昭、水野信元(家康の生母・於大の方(伝通院)の異母兄)(?～1576)に御内書を送り、武田勝頼と協力して信長を討伐せよと促す。	2544
	3月21日	筒井順慶、京都より大和国へ下向。(『多聞院日記』)。	2545
	3月21日	塙直政(「塙九郎左衛門」)(?～1576)、大和国多聞山城(「此城」)に在番す。(『多聞院日記』)。	2546
	3月23日	筒井順慶の妻と母・向井・井戸が「人質」として上京させられる。(『多聞院日記』)。	2547
	3月23日	塙直政(?～1576)・筒井順慶(1549～1584)が、東大寺に対して、蘭奢待切り取りを申し入れる。東大寺側、そのためには勅許がいると返答。	2548

天正2	3月24日	**「信長は、堺の運営を会合衆に任せる」**。信長(1534～1582)、相国寺で茶会。信長は、堺の有力者十人を招いた。紅屋宗陽・塩屋宗悦・今井宗久(1520～1593)・茜屋宗左・山上宗二(1544～1590)・松江隆仙・高三隆世・千宗易(利休)(1522～1591)・油屋常琢(伊達常言)・津田宗及(？～1591)。お茶の後、今井宗久、千宗易および津田宗及には書院にて名物の千鳥の香炉、ひしの盆、香合が披露された。	2549
	3月25日	多聞院英俊、明後日に織田信長が大和国奈良へ下向するという報に接す。(『多聞院日記』)。	2550
	3月26日	「大乗院新御所」、京都宇治まで信長を出迎える。(『多聞院日記』)。尋憲(1529～1586)であろうか。	2551
	3月26日	勅使の日野輝資(1555～1623)・飛鳥井雅教(1520～1594)、正親町天皇「勅定」として「御院宣」を奉じて大和国東大寺に派遣される。蘭奢待切り取りを許可する綸旨が下され、勅諚を拝受した東大寺の僧衆は、蘭奢待の開封を認めた。	2552
	3月27日	大和国衆も悉く織田信長を出迎えに京都へ上る。(『多聞院日記』)。	2553
	3月27日	信長を出迎えるために大和国神人は百人、地下衆(領民)は、一町より十人ずつ肩衣・袴の装束で木津まで出向く。(『多聞院日記』)。	2554
	3月27日	**織田信長、軍勢三千余を率い大和国多聞山城(奈良市法蓮町)へ到着、奈良中僧坊以下へは陣取りを厳重に禁止した。**(『多聞院日記』)。「重御奉行」は「津田坊」(津田信澄)(1555？～1582)、「御奉行」は塙直政・菅屋長頼・佐久間信盛・柴田勝家・丹羽長秀・蜂屋頼隆・荒木村重・武井夕庵・松井友閑であった。(『信長公記』)。	2555
	3月27日	筒井順慶(1549～1584)、大和国多聞山城に於いて織田信長に夕飯を振る舞う。(『多聞院日記』)。	2556
	3月28日	**織田信長、大和国東大寺に於いて「闌奢待」(蘭奢待)を五片切り取り、「三庫」(東大寺正倉院)へ返還。それ以外は切り取らなかった。**「勅使」三名が再度「勅符」を付けた。蘭奢待は全長五尺、直径一尺ほどの香木であった。正倉院からは蘭奢待と同様に「紅沈」も取り出されたが、これは切り取りの「先規」が無いということでそのまま返還。(『多聞院日記』)。 辰刻(8時)に大和国東大寺正倉院が開かれる。蘭奢待(「彼名香」)の入った六尺の長持は大和国多聞山城に運ばれ、「御成の間舞台」にて織田信長が一見した。そして「本法に任せて」一寸八分を切り取り、「御馬廻」衆へ「末代の物語に拝見仕るべき」旨を通達。(『信長公記』)。 **「信長、天皇家への高圧的な態度を示す」**。信長名代の「津田坊」(津田信澄)ら、大和国東大寺正倉院へ向かう。辰刻(8時)に東大寺正倉院が開かれる。蘭奢待を多聞山城に運び、信長の前で一寸八分四方を切り取った。寛正6年(1465)室町八代将軍足利義政以来である。信長は蘭奢待の他に銘木紅沈を見たが、切り取りはしなかった。その晩、信長は、八幡宮、大仏殿に参詣した。 **信長から届けられた木片を見て、天皇は「不覚にも正倉院を開けられてしまった」**と悔しさを記す。天皇は抗議の意味を込めて、その木片を信長と対立している毛利氏に贈った。また、正親町天皇(1517～1593)は、蘭奢待を泉涌寺、尾張一宮(真清田神社)に納める。	2557
	3月28日	明智光秀・村井貞勝、山城法金剛院宛てに所領安堵の連署状を出す。	2559
	3月-	この月、織田信長、三淵藤英の旧城伏見を壊す。	2560

天正2	3月-	織田信忠(1557~1582)、美濃国立政寺へ全三ヶ条の禁制を下す。	2561
	3月-	織田信忠、津田愛増(津田秀政)(1546~1635)へ、祖父の津田玄蕃允(織田秀敏)「跡職」・知行方・被官・家来等を以前の如く給与する。また近江国虎御前山に於いて津田甚三郎を勘当した際に減少した知行については、織田信長「朱印」を以て他人に知行させた分以外を糺明の上で給与することを通達。	2562
	4月1日	織田信長、朝早々に大和国奈良を出立、京に戻る。(『多聞院日記』)。	2563
	4月2日	「石山本願寺、再び挙兵(第二次石山合戦—天正2年4月2日~天正3年10月21日)」。本願寺顕如光佐(1543~1592)・石山本願寺、織田信長に対して再び挙兵。	2564
	4月3日	「第二次石山合戦」。織田信長、本願寺顕如(「大坂」)が「御敵の色を立申」したため即時軍勢を派遣し、苅田および放火を実行させる。(『信長公記』)。	2565
	4月3日	織田信長、筒井順慶(「筒井房」)へ、石山本願寺の「大坂惣張行之造意」に対して織田軍は近辺に放火することを通達し、来たる四月十二日に総攻撃を仕掛けるので筒井順慶は四月十一日に大坂表に出陣して石山本願寺攻撃に参加することを命令。詳細は蜂屋頼隆(「蜂屋兵庫助」)・塙直政(「塙九郎左衛門尉」)に伝達させる。	2566
	4月3日	織田信長、相国寺で会合衆十人を招いて茶会。不住庵梅雪のお手前でもてなし、茶会が終わってから、切り取った蘭奢待を扇子に乗せてその銘香を楽しみ、千宗易(千利休)と津田宗及にも分け与えた。 信長は、堺の交易によって、鉄砲、鉛、硝石などを手に入れることをねらった。堺の輸出品は、銅、硫黄、刀剣、漆器、扇、工芸品などで、輸入品は、綿花(木綿)、陶磁器、中国産生糸(白糸)・絹織物、南方産の物資(香木、香辛料など)、鉄砲、ガラス、時計、硝石、鉛などであった。	2567
	4月4日	筒井順慶、妻と母の見舞のため上京す。(『多聞院日記』)。	2568
	4月9日	「織田信長黒印状」。織田信長、山城国の松尾左衛門佐・松尾社務東相房へ、音問で祈祷巻数、菓子一籠の贈呈を謝す。矢部家定、副状を発給。	2569
	4月11日	筒井順慶軍、河内国へ出陣。織田信長の命令により「一揆対治」(石山本願寺攻略)のための出陣であった。筒井順慶は自軍を率いて下向したという。 (『多聞院日記』)。	2570
	4月12日	多聞院英俊、織田軍先発隊(「信長先之衆」)が河内国へ出撃し放火したことを知る。(『多聞院日記』)。 「第二次石山合戦」。織田軍先発隊、河内国へ出撃し放火。河内口には、明智光秀、長岡(細川)藤孝らを配した。	2571
	4月13日	「近江守護六角氏の姿は近江から消える」。 織田信長(1534~1582)、近江国石部城に六角承禎・六角義治を攻囲、陥落させる。六角義賢(「佐々木承禎」)は雨夜に紛れて近江国石部城を脱出。信長、近江国石部城には佐久間信盛(「佐久間右衛門」)を配置する。(『信長公記』)。 佐久間信盛(1528~1581)、近江国石部城(滋賀県湖南市石部中央2丁目)に六角承禎・義治父子を攻囲、陥落させる。承禎(1521~1598)は雨夜に紛れて落城前に信楽へ逃れる。	2572
	4月14日	足利義昭、島津義久(1533~1611)へ、織田信長と不和になり紀伊国に滞在している旨を通知。「諸口調略」に関して江月斎を派遣し指令を下す。詳細は一色藤長・真木島昭光に伝達させる。	2573

天正2	4月14日	柳生宗厳（「柳生但馬」）(1527～1606)父子、筒井順慶(1549～1584)と敵対していた十市遠長（「十常」）(?～1593)と入魂にする。（『多聞院日記』）。	2574
	4月14日	「**越前一向一揆（1月17日～4月14日）──一揆持の国成立**」。 信長の一字を取って名を「土橋信鏡」と改めた朝倉景鏡(1525?～1574)が、平泉寺（福井県勝山市平泉寺町平泉寺）と共同して一向一揆衆に決戦を挑んだが、一向衆と内通した一部の兵士によって平泉寺を放火され、土橋信鏡は討ち死。 かくして越前は、大坂石山本願寺の手に一統され、「一揆持」の国となる。	2575
	4月20日	二条晴良(1526～1579)、「源氏物語」秘訣を、権大納言・三条西実澄（実枝）(1511～1579)から伝授される。	2576
	4月20日	織田信長、京都紫野大徳寺へ大坂方面出陣に際し銀子十両を贈られたことを謝し、上洛した時に詳細を連絡する旨を通知。	2577
	4月25日	織田信長、島田秀満（「島田但馬」）(?～?)・山岡景佐（「山岡対馬」）(1531～1589)へ、大和国東大寺八幡宮の社人・大仏殿寺人の件は「先規」に任せて諸役以下を免除する旨を命令。	2578
	5月5日	「賀茂祭」の「競馬御神事」が「天下御祈祷」のために挙行された。信長は幸いにも在洛中であったので「度々かち合戦にめさせられ候蘆毛の御馬」をはじめ駿馬を出して「何れも勝」った。信長は、葦毛と鹿毛の御馬を供出、度々勝ち戦で信長が乗った。これ以外に、臣下の持つ駿馬十八匹と合わせて都合二十四匹を供出した。（『信長公記』）。	2579
	5月12日	「**第一次高天神城の戦い**」はじまる。徳川家康配下・小笠原信興（長忠）（遠江国高天神城将）(?～?)、武田勝頼(1546～1582)に包囲される。	2580
	5月16日	徳川単独では後詰は不可能だとも理解していた**徳川家康**(1543～1616)、**織田信長**(1534～1582)に、**高天神城**（静岡県掛川市上土方・下土方）の援軍を要請。	2581
	5月16日	**織田信長、「四之時分」に鷹広栖に於いて子を産むところを見物するため、大和国へ下国。**（『多聞院日記』）。	2582
	5月17日	羽柴秀吉(1537～1598)、河内国の遊佐盛（「遊佐勘解由左衛門」）(?～?)へ、保田知宗（「安田佐介」）(?～1583)（紀伊国在田郡八幡山城主）に人質提出を督促する旨を命令。	2583
	5月20日	織田信長、羽柴秀吉に、丹後若狭の船を、越前国敦賀立石浦に移す準備をするように命じる。	2584
	5月26日	「織田信長朱印状」。信長、根尾三人衆（根尾右京亮・市介・内膳亮）宛へ、越前国小山七郷（福井県大野市周辺）とその公文跡職の宛てがい状を発給。 信長は、根尾谷（岐阜県本巣市）を治める根尾三人衆を土地の支配と現地の役人を任命して、敵対していた大坂の石山本願寺と越前の朝倉義景との連携を防ぐために、加賀・越前その他北国から大坂に行く商人・旅人の通行を止めるように命令した。	2585
	5月28日	**高天神城援軍の織田信長、京からようやく、美濃国岐阜城に到着。**	2586
	5月-	三月、三淵藤英の旧城伏見を壊した信長、この月、塙直政(?～1576)を南山城守護に任じ、槇島城（京都府宇治市槇島町）に置く。	2587
	6月1日	**信長**(1534～1582)は**上杉謙信**(1530～1578)との同盟関係維持を望み、狩野永徳筆「洛中洛外図屏風」一双を上杉謙信に贈る。	2588

天正2	6月5日	織田信長、尾張国の佐治左馬允へ、「遠州在陣衆」の兵粮米の件で「商買之八木船」にて搬送するので商人共へ順路等の連絡を命令。 信長、尾張国知多郡の商人に遠州出陣の兵粮を調達させる。 佐治左馬允は、知多郡大野城(愛知県常滑市金山)主・佐治為平で信方(為興)(1553?～1574？)の父であろう。
	6月5日	武田勝頼(「武田四郎勝頼」)、遠江国高天神城を攻囲。(『信長公記』)。
	6月5日	岐阜城の織田信長に、武田勝頼の軍勢が遠州高天神城へ攻め寄せたとの報が入る。
	6月6日	羽柴秀吉(1537～1598)、平方・箕浦・川道・大安寺らの名主・百姓に、八日の長浜城普請の人足役を課す。 三層の天守閣は、小谷城の鐘丸を移築。天秤楼は新築、石垣等その他の城楼は小谷城より移築。小谷より、大谷市場、伊部、郡上、呉服の商人を移住させる。
	6月9日	織田信長、美濃国の根尾三人衆、根尾右京亮・根尾市助・根尾五郎兵衛へ、高天神城救援のための遠州出馬に際し、越州一揆が蜂起すると判断したので防御を堅固にすべきことを命令。
	6月14日	**織田信長、ようやく、嫡男信忠(1557～1582)と共に、遠江国高天神城救援のために美濃国岐阜城を出陣。**(『信長公記』)。
	6月17日	織田信長、酒井左衛門督忠次居城の三河国吉田城(愛知県豊橋市今橋町)に着陣。(『信長公記』)。
	6月17日	織田信長、三河国岡崎に到着。
	6月17日	**「第一次高天神城の戦い」。** **武田勝頼(1546～1582)、不落と名高い遠江国高天神城(静岡県掛川市上土方・下土方)を陥落させる。** 織田・徳川氏の来援が遅れたため、籠城する小笠原信興(長忠)(遠江国高天神城将)は、穴山信君(1541～1582)の講和に応じて降伏、武田に降る。
	6月19日	**織田信長、三河国今切を渡る前に小笠原信興(長忠)「(小笠原与八郎)」の逆心により遠江国高天神城が陥落した旨を知り、三河国吉田城へ引き返す。** (『信長公記』)。
	6月19日	織田信長(1534～1582)、遠州浜松から礼参の家康に、兵粮代として黄金を皮袋二つ分を与え遅参を詫びる。
	6月21日	**織田信長・織田信忠、美濃国岐阜城に帰城。**(『信長公記』)。

勝竜寺城公園

西暦1574

天正2	6月29日	織田信長、上杉謙信へ、全七ヶ条の「覚」を発す。	2601

その内容は山崎専柳斎（上杉使者）と対面したこと、信長が信濃国・甲斐国へ出陣しないのは五畿内・江北・越前国方面での戦闘に集中していたためであること、上杉謙信からの来秋の信濃国・甲斐国方面への出撃要請を承諾したこと、九月上旬頃の出陣を予定しているが、詳細な日限は協議の上で決定すること、武田勝頼は若輩ではあるが「信玄掟」を遵守しており表裏もあるので油断は出来ないこと、信長が謙信からの五畿内表に執心せず信濃国・甲斐国方面に尽力するという要請は承諾したこと、大坂表の件は畿内の軍勢に委任し、「東国」への軍事行動は近江国・尾張国・美濃国・三河国・遠江国の軍勢で出撃すること等を通知。

	6月-	この月、長岡（細川）藤孝（1534～1610）が、勝龍寺城殿主（天守）において、三条西実澄（実枝）（1511～1579）より古今集切紙を伝授される。	2602

三条西家に代々伝わる古今伝授は一子相伝の秘事であったが、息子・公国（1556～1587）が若かったため、やむなく弟子の細川藤孝（幽斎玄旨）に初学一葉を与え、「たとえ細川家の嫡男の一人といえども、絶対に他人には伝授しないこと、三条西家に、もし相伝が断絶するようなことがあれば、責任をもって伝え返すこと」等を誓わせ、古今伝授を行った。後にこれは現実のものとなり、公国が早世すると、幽斎は実枝の孫の実条（1575～1640）に古今伝授を伝えた。

	6月-	「越前一向一揆」。一向一揆勢、木ノ芽城（木ノ芽峠城）（福井県南条郡南越前町板取）の阿閉貞征（貞秀）（？～1582）を攻撃。	2603

	7月1日	武井夕庵（「尓云」）、長景連（「長与一」）へ、「御書」頂戴及び上杉謙信「御使」として山崎専柳斎が到来したことについて織田信長は満足していること、この春の上杉謙信「関東御進発」の折りの活躍に触れ、上杉謙信から要請された織田信長にこの秋の「信州表可被及御行」きの件は好機であること、「第一御入魂」は下々までも大慶であること、詳細は山崎専柳斎が伝達する旨を通知。	2604

	7月4日	「何人百韻」。明智光秀、長岡（細川）藤孝・里村紹巴らと連歌を詠む。	2605

	7月6日	坂本城において義昭の旧臣、三淵藤英（？～1574）・秋豪（？～1574）父子が切腹する。	2606

この年、信長によって突如所領伏見城（京都市伏見区桃山町松平越前）を没収されて明智光秀の元に預けられていたが、自害を命じられた。信長に疎まれたという。伏見城は廃城となる。
三淵藤英は、長岡（細川）藤孝（1534～1610）の異母兄。

	7月8日	明智光秀（1528？～1582）、伊藤宗十郎（？～1615？）へ、坂本での商売役については同所の舟奉行・町人中が管掌することを伝える。	2607

宗十郎は、伊藤祐広の子。名は祐道。永禄9年（1566）織田信長判物を受けて、父と共に織田信長に仕え、元亀3年（1572）朱印状を得て尾張美濃の呉服商を統括した。慶長16年（1611）名古屋に呉服小間物問屋いとう呉服店（大丸松坂屋百貨店の前身）を創業。慶長20年大坂の陣で戦死したという。のち子の祐基が営業を再開、伊藤次郎左衛門（初代）を名乗る。

	7月12日	「信長の第三次伊勢一向一揆討伐戦－7月12日～9月29日」はじまる。織田信長・信忠父子、三回目、最後の伊勢長島一向一揆を鎮圧するために出陣。十三日、伊勢国津島に布陣。（『信長公記』）。	2608

天正2	7月14日	「第三次伊勢一向一揆討伐戦」。織田信長（1534～1582）、伊勢長島城に通ずる諸口へ旗下の大軍勢を進軍させる。 柴田・佐久間隊を北西の香取口より中州に攻め入らせ、信忠隊を北東の市江に留めて予備隊として備えさせ、自らは丹羽隊を従わせて北方から攻め込むとする。	2609
	7月15日	「第三次伊勢一向一揆討伐戦」。九鬼右馬允嘉隆の安宅船と滝川一益・伊藤三丞・水野監物らの安宅船、および島田秀満・林秀貞・北畠（織田）信雄の囲船ら、伊勢国河内長島一揆鎮圧のため水軍を率いて参陣。 四方より取り詰められた一揆勢は妻子を引き連れて長島城へ逃げ入る。 信長・信忠は、殿名（桑名）に本陣を敷く。	2610
	7月20日	荒木村重（「アラキ信濃」）の軍勢、摂津国中島に於いて過半が討死す。 （『多聞院日記』）。 **「第二次石山合戦」。織田家臣荒木村重（1535～1586）、石山本願寺の出城である摂津国中島城を攻めるも、過半が討死し退けられる。**	2611
	7月20日	織田信長、高田専修寺・朝倉景健（「朝倉孫三郎」）・堀江景忠（「堀江中務丞」）・大井四郎・細呂木某・嶋田某・実乗坊・了実坊へ、「越州出馬之刻」における忠節を賞し、知行は望みの通りに宛行う旨を通達。 朝倉旧臣のうち、信長に臣従するに際して姓や名を改めた者が少なくない。 桂田長俊の旧姓名は前波吉継、同様に、富田長繁は富田秀、土橋景鏡は朝倉景鏡、三富景冬は朝倉景冬、安居景健は朝倉景健である。	2612
	7月20日	織田信長、越前国高田専修寺へ、「鼓之革大小若松」二懸を贈られたことを謝す。	2613
	7月20日	羽柴秀吉（1537～1598）、越前国敦賀より高田専修寺・朝倉景健（「朝倉孫三郎」）・堀江景忠（「堀江中務丞」）大井四郎・細呂木某・嶋田某・実乗坊・了実坊へ、越前国への「信長出馬之刻」の際の忠節に対し織田信長「直札」を以て望み通りの知行宛行が通達されたので菅屋長頼（「菅屋玖右衛門尉」）と相談の上で実行する旨を通達。	2614
	7月22日	筒井順慶（1549～1584）、十市遠長（「十市」）（？～1593）と「入魂誓紙」を交換し同盟を締結。（『多聞院日記』）。	2615
	7月23日	「第三次伊勢一向一揆討伐戦」。伊勢国長島一向一揆討伐に進軍の織田信長に、信忠軍、信雄軍、信孝軍も従軍。	2616
	7月23日	織田信長、荒木村重（「荒木信濃守」）へ、去七月二十日に石山本願寺出城の摂津国中島城（堀城、大阪市東淀川区塚本町）を攻略した「武勇」を賞し、荒木側（「味方」）の損害は「古今有習」であるので「不苦」ということ、織田信長が在陣している伊勢国長島方面の戦況は塙直政（「九郎左衛門尉」）より通知した通りで、現在は長島一向一揆の包囲網を縮小しているので「落居」は間も無いこと、鎮圧後は上洛して面談することを希望する旨を通知。	2617
	7月23日	織田信長、河尻秀隆（「河尻与兵衛尉」）へ、伊勢国長島一向一揆は種々の「懇望」を申し入れてきたが、織田信長は「根切」る決意であり「其答」は免じない方針であることを通達し、河尻秀隆が出陣している大坂方面の件は心配であるので油断無く守備することを命令。	2618
	7月24日	織田信長、筒井順慶へ、伊勢国長島一向一揆包囲網を縮小、間も無く鎮圧する予定であること、近日中に上洛して大和国方面の状況について面談することを通知。詳細は塙直政（「九郎左衛門尉」）に伝達させる。	2619

西暦1574

天正2	7月27日	「第二次石山合戦」。明智光秀（1528？～1582）、大坂表における本願寺・三好勢挙兵の模様を信長に報告する。	2620
	7月28日	「織田信長黒印状」。織田信長、近江国多賀神社不動院へ、伊勢国陣中に於いて「当陣につき牛王・札・守・巻数頂戴せしめ候、遠賜祝着致し候」と陣中見舞いを謝し、戦況は織田信長に有利に展開しているので心配は無用であること、また対面希望の旨を通知。	2621
	7月29日	「織田信長黒印状」。「先書之返事、廿七之日付、今日披候、切々口寛寄特候、次南方之趣、書中具ニ候ヘハ、見ル心地ニ候」。 信長、明智（明智光秀）へ、「南方」の戦況報告に満足、先度の荒木村重が戦果を挙げて以後目覚ましい功績が無いこと、反逆した伊丹親興の伊丹城は兵粮が欠乏すれば「落居」は必然であること、伊丹城は後巻きにするべきか否かは明智光秀の判断に任せること、信長在陣の伊勢国戦況は篠橋・大鳥居を包囲し、これらに兵粮が皆無であることは確実で数日のうちに「落居」するであろうこと、この二拠点を陥落させれば伊勢国長島一向一揆を攻略したも同然であること、早くも城内に於いては男女の餓死者がことに多いという情報を入手したこと、以上のような戦況であるので近日戦闘を終結させて帰陣し、上洛する予定であることを通知。 伊丹親興（？～1574）は、足利義昭方に付いていた。	2622
	7月30日	長岡（細川）藤孝（1534～1610）、織田側の河内国若江城（大阪府東大阪市若江南町）などに攻撃を仕掛けてきた遊佐信教（1548～？）・三好康長（後の咲岩、笑岩）（？～？）・一向一揆勢を撃退する。	2623
	8月2日	「第三次伊勢一向一揆討伐戦」。織田軍、この夜に夜陰と風雨に紛れて伊勢国大鳥居城を脱出しようとした一揆勢一千人ばかりを殺害。（『信長公記』）。	2624
	8月3日	織田信長、細川藤孝（「長岡兵部大輔」）へ、去七月晦日に河内国若江城など織田側の拠点に「敵」（遊佐信教・三好康長ら）が攻撃を仕掛けた時に撃退したという報告を受けたこと、織田信長が在陣している伊勢国方面の戦況について「端之一揆」が籠城する拠点を攻略し、敗走する一揆勢を「追討」ちして多数を討ち取り、長島城一ヶ所に追い詰めたので、近日中に「落居」させる見通しであること、その際に織田信澄（「津田」）の件で「粗々承」けたことについては上洛してから相談することを通知。詳細は塙直政（「塙」）に伝達させる。	2625
	8月3日	「第三次伊勢一向一揆討伐戦」。 織田信長、伊勢国長島一揆の拠点・大鳥居砦（三重県桑名市多度町大鳥居）を攻略。	2626
	8月5日	「織田信長朱印状」。織田信長、長岡兵部大輔（細川藤孝）へ、「本願寺一揆を根切之覚悟」で臨むべきこと、詳細は明智光秀と相談するべきこと、尾張国・伊勢国中の一揆は捜索の上で悉く「根切」りにしたこと、伊勢国長島城に一揆勢が「北入」ったので織田信長は「取巻詰寄」せており、城内に兵粮は欠乏しているので「落居」は間近いこと、長島城陥落後は直ちに上洛し石山本願寺との戦線を「平均」する予定であることを通知。	2627
	8月5日	織田信長、奥州より献上された鷹見物のため一旦岐阜城に戻る。	2628
	8月7日	武井夕庵（「夕庵尓云」）、山城国安楽寿院年行事へ、織田軍の陣取り免除を通達。	2629

天正2	8月7日	織田信長、河尻秀隆(「河尻与兵衛尉」)(1527～1582)へ、伊勢国長島方面の戦況「河うち敵城共落居」の様子を伝達。 その内容とは「男女悉撫切」にし「身をねけて死候者」も数多く、本拠の願証寺陥落の間近いこと、願証寺から「色々わひ」を申し入れてきたが取り合わず「根切」とする方針であることを通達。また河尻秀隆が付城番手を油断無く行っていることを賞し、伊勢国長島方面を鎮定してから摂津国方面の河尻秀隆陣所を視察する予定であること、上杉謙信が越後国より武田勝頼分国の信濃国へ「出張」することは無いという見通し、陸奥国より「鷹共」が献上されたので一覧するために八月五日に美濃国岐阜城へ帰還したこと、翌八月八日に長島陣所へ帰陣するが布陣の堅固な様子を通達。	2630
	8月8日	**「第三次伊勢一向一揆討伐戦」。織田信長、岐阜城より、長島陣所へ帰陣。**	2631
	8月9日	織田信長、伊勢国長島陣所へ音信・贈物を送付してきた本郷信富(「本郷治部少輔」)(1531～1605)へ、長島方面の鎮定後に上洛することを通知し、若狭の本郷信富の「涯分守護」を命令。	2632
	8月12日	**「第三次伊勢一向一揆討伐戦」。織田信長、伊勢国「しのはせ籠城の者」の助命し長島に入城させる。(『信長公記』)。** 信長、伊勢国篠橋砦(三重県桑名郡長島町小島)の一揆勢を申し出(「長島城で織田に通じる」と約束してきた)により、助命し長島城(桑名市長島町)に追い込む。 しかし長島には何の動きも起こらず、籠城戦が続いて、城中では多くの者が餓死した。	2633
	8月13日	織田信長(1534～1582)、近江国福正寺(滋賀県近江八幡市魚屋町元)に、道場境内四壁の件は「先判之例」に任せて地子銭・諸役等を免許する。詳細は羽柴秀吉(「木下」)・明智光秀(「明智」)に伝達させる。	2634
	8月17日	「越前一向一揆」。越前一向一揆が木の芽峠の砦を襲撃し、これを奪取する。守将の樋口直房(?～1574)は一揆と和議を結び、逐電する。 一揆勢力と単独で講和・退転したことが、羽柴秀吉の知るところとなり、逆鱗に触れた直房は、妻・一族郎党と共に秀吉の追跡を受け、関盛信(?～1593)をして十八日以降、命を落とす。鎌刃城(滋賀県米原市番場)主・堀秀村(1557～1599)は、旧家老樋口直房が討たれたことにより改易となる。	2635
	8月17日	「織田信長黒印状」。織田信長、細川藤孝(「長岡兵部大輔」)より受けた「敵」である一向一揆・三好氏らの摂津国進撃報告に対して些細な事であっても各自相談の上で「手当」するべきこと、進撃報告が事実であれば期日以前でも出陣すべきであること、織田信長の在陣している伊勢国長島方面の戦況については、篠橋砦を「落居」させて以来いよいよ追込んで、「長島構」は「江河一重之為体」となり、手を換え品を換えて「侘言」を申し入れてくるが「火急ニ可相果」き事なので承引はしないこと、本願寺顕如(「大坂坊主」)は伊勢国長島一向一揆との関係を「迷惑」しているということを通知し、この状況であれば各個撃破の「調略」は可能であるので、摂津国方面の作戦も明智光秀(「明智」)と相談して油断無く遂行することを命令。また近日の上洛予定に触れ、摂津国・河内国方面は「平均」に属するであろうことを通達。	2636
	8月24日	本願寺顕如光佐(1543～1592)、武田勝頼(1546～1582)に長島への赴援を求める。	2637

西暦**1574**

天正2	8月-	羽柴秀吉（「藤吉郎秀吉」）、近江国国友村（滋賀県長浜市国友町）の藤二郎へ、国友村内に百石を扶助するので「鉄炮」生産の件は従来の如き旨を通達。 信長は、羽柴秀吉に命じ、この地の鉄砲業の発展を目指した。	2638
	9月2日	織田信長、伊達輝宗（「伊達次郎」）へ、贈られた鷹を自愛していることに触れ、五種の贈物を呈し交誼を願う。 信長、伊達輝宗の音問に答へ、金襴や虎皮などを贈り、好誼を通ずる。	2639
	9月11日	織田信長（1534～1582）、直江景綱（「直江大和守」）（1509～1577）・河田長親（「河田豊前守」）（1543?～1581）へ、上杉謙信（1530～1578）に対する年頭の礼のため佐々長穐（「佐々権左衛門尉」）（1537?～1615?）を派遣した旨を通知。	2640
	9月16日	武藤舜秀（もと越前国敦賀城主）・不破光治（「不破河内守」）、越前国西福寺へ寄進。	2641
	9月18日	「第二次石山合戦」。信長の将佐久間信盛、明智光秀、長岡（細川）藤孝、筒井順慶等、河内に入る、是日、三好氏の兵及び一向宗徒と飯森に戦ひて、之を破る。 飯盛山城は、現在の大阪府大東市と四條畷市。	2642
	9月19日	佐久間信盛・明智光秀・長岡（細川）藤孝・筒井順慶ら、三好一族と、本願寺一揆勢が合力して立て籠もる河内国萱振砦（大阪府八尾市萱振町）を攻略する。	2643
	9月22日	羽柴秀吉（「羽柴藤吉郎秀吉」）、近江国竹生島宝厳寺衆中へ、近江国浅井郡早崎郷のうち三百石を寄進。9月11日とも。	2644
	9月22日	「織田信長黒印状」。織田信長、細川藤孝（「長岡兵部大輔」）へ、去九月十七日に河内国飯盛城下に於いて「一揆」らを撃破して「首注文」を送付してきたことについて織田信長は「近比心地能」き状態であり、また伊勢国長島城も間も無く「打果」し直ちに上洛する予定であることを通知。	2645
	9月24日	「織田信長黒印状」。織田信長、細川藤孝（「長岡兵部大輔」）へ、河内国萱振砦を攻略して「首注文」を送付してきたこと、およびその戦功を賞す。	2646
	9月25日	明智光秀（1528?～1582）、佐竹秀慶（佐竹出羽守宗実）（?～1590）へ、武功を褒め疵の養生を努めるよう労う。 佐竹出羽守宗実は、吉田兼見室「青女」の兄という。	2647
	9月28日	信長の妹（お犬の方、霊光院）夫・佐治信方（1553?～1574?）、長島攻めの時に討ち死、22歳という。元亀2年（1571）5月に長島で没ともある。（異説あり）	2648
	9月29日	「第三次伊勢一向一揆討伐戦」。織田信長（1534～1582）、伊勢国長島一揆の「御侘言」を許容して一旦長島城退去させたところ、船にて包囲し「鉄炮を揃へうたせ」て、「際限なく川へ切りすて」る。一揆勢中の腕利き者たち七、八百人ばかりが「抜刀」で織田軍を襲撃。損害が甚大であった。（『信長公記』）。 **ついに伊勢長島城降伏開城**。降伏を許された一揆勢は、それぞら、船に乗って城砦を出ようとしたところ、織田勢は彼らに鉄砲を一斉掃射し、逃げた者は白刃をもって追い、際限なく川へ斬り捨てる。織田勢の違背を知った一揆勢は怒り狂って死を忘れ、七、八百ばかりが裸体に抜身一本のみをたずさえて織田勢の中へ突入していった。陣所を切り崩し、織田勢の数多の将兵を討死に追い込んだ。一部は、大軍の中を切り抜けて、川を越えて多芸山・北伊勢口へ散り、そこから大坂へ逃れた。 激戦で信長庶兄の織田信広（信秀側室長男）（?～1574）と叔父の織田信次（?～1574）、弟の織田秀成（信秀の八男または九男）（?～1574）らを失う。	2649

天正2	9月29日	「第三次伊勢一向一揆討伐戦－7月12日～9月29日」終結。長島一向一揆平定。 **「信長、一向衆門徒約二万人を焼き殺す」**。織田信長、伊勢国長島の中江城・屋長島城に籠もる一揆勢二万ばかりを「焼ころし」を断行。(『信長公記』)。 激怒した織田信長が、残る中江砦、屋長島砦 (三重県桑名市西汰) に立て籠もる一向衆門徒約二万人を焼き殺す。	2650
	9月29日	**信長、美濃国岐阜城へ凱旋。**(『信長公記』)。	2651
	9月-	伊勢長島一向一揆討伐戦に勝利した織田信長、この頃、滝川一益 (1525～1586) に北伊勢八郡のうち五郡を与え、長島城に入れる。	2652
	9月-	羽柴秀吉(1537～1598)、この頃より「筑前守」の受領名を称す。	2653
	10月1日	織田信長、伊勢大神宮御師の上部大夫 (上部貞永) (1528－1591) へ、輩下の高向源二郎・高向二頭大夫の両人が尾張国中の「旦那契約」をしたことを承認。上部大夫、信長より尾張における檀那職を安堵される。	2654
	10月19日	**「第二次石山合戦」。明智光秀・羽柴秀吉、長岡(細川)藤孝ら、本願寺に呼応した、河内高屋城 (大阪府羽曳野市古市) の三好康長攻撃のため着陣。二十日、翌日攻撃の旨を根来表在陣衆に伝える。** 「昨十九日、この表に着陣した。明二十一日には高屋で働くつもりである。だから二十三日には根来寺の在陣衆も高屋の南に出て共同作戦を取るように」。しかし、高屋城攻めは不首尾に終わる。	2655
	10月22日	織田信長、山城国宝鏡寺へ、寺領の丹波国八田庄の所々散在分および三宅河原尻村の件は以前より「守護使」の不入地であるから、山林・竹木・人夫等に非分を申し懸ける者がいれば「曲事」であり、宝鏡寺寺領中に居住する者で「権威」を以て「本所」(宝鏡寺)に背く者があれば「成敗」する旨を通達。	2656
	10月22日	織田信長、山城国の宝鏡寺雑掌へ、寺領の山城国平川郷大窪村の件は「先規」のごとく「守護使」不入地であるから、山林・竹木・人夫等に非分を申し懸ける者がいれば「曲事」であり、宝鏡寺寺領中に居住する者で「権威」を以て「本所」(宝鏡寺)に背く者があれば「成敗」する旨を通達。	2657
	10月29日	丹羽長秀、塙直政、蜂屋頼隆、羽柴秀吉、明智光秀、佐久間信盛、長岡(細川)藤孝ら、連署して河内誉田八幡(大阪府羽曳野市誉田)へ禁制を発行。	2658
	10月29日	羽柴秀吉 (「藤吉郎秀吉」)、近江国国友村の藤二郎へ国友村河原「代官職」を申し付ける旨を通達。	2659
	11月7日	柴田勝家 (「柴田修理亮勝家」)、山城国山科七郷名主・百姓中へ、山科七郷は往吉より「御大裏様」の「御役人」として様々な雑公事・陣詰夫役などは一切賦課されないことになっていたことを織田信長が聞き入れられたが柴田勝家は病気により「両人」(金森長近・飯尾尚清)を以て従来の如く負担を免除するという織田信長の命令を通達。	2660
	11月10日	織田信長、大和国法隆寺へ「西東諸式」が混合している現状を指摘し、「各別」とする旨を命令。また「東之寺領」は散在しているが、これを安堵すること、「西寺」が「段銭」以下を「恣令取沙汰」ていることを厳禁すること、違反する者に対しては「成敗」を加えることを通達。 信長、大和国法隆寺に命じ東寺と西寺との混合を正し、東寺に寺領を安堵、西寺の段銭徴収を禁止した。信長は、法隆寺の堂衆 (東寺) と学侶 (西寺) の対立に裁可を下した。	2661

西暦1574

天正2		
11月11日	織田信長、細川藤孝（「長岡兵部大輔」）へ、上洛にあたり音信および小袖一重の送付を謝す。	2662
11月11日	織田信長、山城国賀茂の瑞川軒へ、先年（元亀元年十月）「徳政棄破」の旨の織田信長「朱印」を二度にわたり発給したのもかかわらず、現在まで「難渋」しているので、「永地」・「借物」は証文に任せて催促・収納することを命令。	2663
11月13日	織田軍（「信長人数」）、大和国岡の周辺（奈良県香芝市）へ進撃し放火する。（『多聞院日記』）。 羽柴秀吉（「藤吉」）、夕刻に大和国奈良へ到来。（『多聞院日記』）。	2664
11月13日	織田信長（1534〜1582）、上洛して大和国方面と、足利義昭に付いた伊丹親興の反乱平定にあたる。	2665
11月14日	明智光秀（1528？〜1582）、淡路入道へ、使者を送り綿帽子などを送ってくれたことの礼を返信。	2666
11月14日	明智光秀、光源院領について、村井貞勝に依頼すべきことを承認する。光源院は相国寺塔頭。	2667
11月15日	荒木村重（1535〜1586）ら、織田信長に反乱した摂津三守護の一人・伊丹親興を攻撃。摂津国伊丹城（兵庫県伊丹市伊丹）は陥落し伊丹親興（？〜1574）は自害。 伊丹城は、信長の命により「有岡城」と改称。	2668
11月16日	織田軍（「信長衆」）、大和国奈良より退却。（『多聞院日記』）。	2669
11月22日	羽柴秀吉、河内国金剛寺上綱御坊へ、「先規」からの諸役免除の由を了承し、不届きがあった場合は織田信長の「御詫」により成敗を加えることを通達	2670
11月22日	塙直政（「塙九郎左衛門尉」）（？〜1576）、河内国金剛寺三綱御坊へ、「先規」からの諸役免除について織田信長「御朱印」で安堵された旨を通達。もし不届きが発生した場合は織田信長「御詫」を得て譴責することを通知。	2671
11月24日	「織田信長朱印状」。「沢与助如当知行宛行畢」。 信長、近江国鷹匠の沢源三郎宛、知行宛を発給。	2672
11月25日	織田信長、岐阜に帰国する。	2673
11月-	織田信長、山城国の金戒光明寺へ全三ヶ条の「定」を下す。	2674
閏11月2日	「山何百韻」。明智光秀（1528？〜1582）、居城坂本において、雪の琵琶湖に舟を浮かべ、長岡（細川）藤孝・里村紹巴・今井宗久・自然丸らと連歌会を催す。	2675
閏11月23日	織田信長、尾張国の篠岡八右衛門尉・坂井利貞（「坂井文助」）・河野藤三（氏吉）（1527〜1616）・山口太郎兵衛へ、尾張国中の道路は年間に三度修築すること、橋は「先規」の通りに架設した現地に修繕すること、「水道」（農業用水路）の維持も関係村落に厳命することを通達。	2676
12月9日	「織田信長朱印状」。信長、高木彦左衛門宛、駒野（岐阜県海津市南濃町駒野）と今尾（海津市平田町）知行宛を発給。 信長、高木貞久（「高木彦左衛門」）（？〜1583）へ、織田信長の鷹狩に際して「鉄炮」使用を停止するが、織田信長はその周辺に行かないでの美濃国中分の諸鳥は冬・春の鷹野の間に撃っても追立てて織田信長の鷹狩りに諸鳥が行くよう命令。	2677

西暦1574

天正2	12月9日	織田信長、美濃国の不破大炊助・田中真吉へ、「鉄炮停止」について美濃国には諸鳥が少なく、その周辺の知行人に対して「鉄炮」を放ち諸鳥を追い立てることを命令。	2678
	12月9日	織田信長、美濃国の神野源六郎・伊藤七郎左衛門・吉村安実(「吉村又吉郎」)へ、「鷹野鉄炮」について使用停止を命令し、美濃国周辺には諸鳥が少なく、冬・春の「鷹野」の間に美濃国中に諸鳥を撃って追い立てることを命令。	2679
	12月9日	織田信長、太田左馬助へ、「鷹野鉄炮」について使用を停止し、織田信長は美濃国周辺に出向かないので美濃国中分の諸鳥は冬・春の「鷹野」の間に諸鳥を撃って追い立てることを命令。	2680
	12月15日	織田信長、紀伊国高野山金剛峰寺衆徒・在陣衆中へ、在洛の音信として銀子十枚が贈呈されたことを謝す。また大和国宇智郡の「敵陣」に対して織田軍「陣取」の馳走を賞し、三好康長の河内国高屋城(大阪府羽曳野市古市)は来春早々に攻略する見通しであるので油断しないことが大事であることを通知。詳細は柴田勝家(「柴田修理亮」)に伝達させる。	2681
	12月21日	**明智光秀、村井貞勝と共に、山城加茂社へ、境内・六郷・散在分の知行を織田信長「御朱印」により安堵する旨を通達。**	2682
	12月23日	織田信長(1534~1582)、右筆・明院良政(?~1570?)を追善して連歌会を催す。里村紹巴(1525~1602)興行といい、多くの連歌師からその死を惜しまれて逝くという。 明院良政は、元亀1年(1570)6月28日の姉川の戦い時か、それ以降に没したと思われる。	2683
	12月24日	松永久秀(1508?~1577)、「落髪」して「道意」と号す。(『多聞院日記』)。	2684
	12月24日	織田信長、津田主水に対して、内裏修理のために招提から人足を出すよう命ずる。河内津田城(大阪府枚方市)城主津田主水(津田正時)であろう。	2685

西暦1575

天正3	1月-	**この月、明智光秀(1528?~1582)、丹波を与えられ、その平定を命じられる。** 丹波は、古より京の背後を扼し、山陰・山陽に繋がる街道を押さえる要衝で、京の安定的な確保と来るべき中国の毛利攻めには無くてはならない土地であった。	2686
	1月10日	織田信長、洛中洛外寺社・本所雑掌中へ、「洛中洛外寺社本所領」について、雑掌が管理を請け負っているとか、「手続」の代官だと称して「押妨」し年貢・所当(雑税)を納入しない者がおり、「太以曲事之次第」であるから、今後は「補任」状で宛行われていても「改易」し「順路之輩」に申し付けて寺社・公家衆が退転しないように覚悟するよう通達。 信長、洛中洛外の寺社本所領において、年貢不納を禁じた。	2687
	1月11日	織田信長、美濃国の斎藤利堯(「斎藤玄蕃助」)(道三の子)(?~?)へ、美濃国福光郷の「一円」扶助と、牛洞野村内の「月成方」を安堵する旨を通達。また美濃国福光郷内に「段銭」五十貫文の知行を、「犬山之伊勢守息女」へ支給する旨を命令。「犬山之伊勢守」は、同族の誼から、信長より罪を許された織田信安(?~1591/1614)であろうか。	
	1月21日	**明智光秀、丹波平定と坂本城に帰城のため岐阜を出立する。**	2689

44

天正3	1月24日	「去年春、国々に道路を造るよう、坂井利貞・河野氏吉・篠岡八右衛門・山口太郎兵衛の四人を担当の奉行に任命し、領国内には信長の朱印状をもって通達した。工事は早く今年一月・二月のうちに竣工した。入り江や川には舟橋を架け、急勾配の道はゆるやかにし、岩石のために狭められているところは岩石を取りのけて道を広げた。道幅は三間半とし、両側に松と柳を植えた」。 織田信長、尾張国の祖父江五郎右衛門尉（祖父江秀重（1524〜1585））らへ、道根堤・横野堤の件で尾張国内の十一ヶ郷が先例で修築してきたが、去年（天正二年）は普請が行われず未だに修築が完了しないことは「曲事」であるので、早急に修築命令を実行させ、十一ヶ郷以外にも「水懸之在所」には相応の負担命令を通達すること、今後も江川堤などは毎年修理することを命令。	2690
	1月30日	織田信長、伊勢国豪族の大多和氏らへ、柴田勝家より伊勢国長島城の復旧普請のために石材を徴集した際に宿所借用を拒絶したとの報告を受けた旨に触れ、伊勢国長島城は織田氏にとって重要な拠点であり、柴田勝家も拒絶されるような言い方をしてはならないことを指摘し、百姓らが宿を貸すことを「迷惑」がっているのであろうから、大多和氏をはじめ三名が各自説得して馳走するべきことを通達。さらに不承知ならば「成敗」することを通達。	2691
	2月5日	明智光秀、京都西桂の里に着陣する。	2692
	2月6日	**明智光秀、大江山に眺む。また、丹波守護代内藤氏の一族、口丹波亀山城主・内藤忠行（内藤備前守定政）は、光秀の入部を祝し、忠行の主従を始め諸将が光秀に随身する。** 後、口丹波亀山に入城し、すぐ西の過部城（余部城、丸岡城）（京都府亀岡市余部町）主・福井因幡守貞政、これを支援する宇津右近大夫頼重を攻撃。	2693
	2月8日	筒井順慶、美濃国岐阜より大和国に帰国。（『多聞院日記』）。	2694
	2月11日	多聞院英俊、筒井順慶（1549〜1584）に織田信長の娘か妹かが「女中」として遣わされることを知る。（『多聞院日記』）。	2695
	2月13日	**明智光秀、村井貞勝と共に、山城嵯峨清凉寺へ全三ヶ条の禁制を下す。** 清凉寺の千部経読経中の不法行為などを禁止する。	2696
	2月15日	**織田信長、織田分国中在所へ、幅三間の道路作事を命令。** 村井貞勝、吉田兼見へ吉田郷など十郷に山中路次六百間を賦課する旨を通達。 吉田兼見、作事免除を申請するも許可されず。（『兼見卿記』）。 村井貞勝、信長上洛につき山中越道普請を、上京ほか洛東諸郷に命じる。	2697
	2月19日	村井貞勝、吉田兼見へ、織田信長が来二十六日に上洛する旨を通達、それ以前に路次普請を完成するよう厳命。（『兼見卿記』）。	2698
	2月20日	織田信長、初めて音信した安東愛季（「下国殿」）へ、「鷹師」二名を派遣するので往還の諸役所・路次番を異議無く通行させ、餌の調達も準備し、「珍鷹」などが入手できるよう馳走を依頼。また、京都（「上口」）で相応の用件があれば承ることを通知。詳細は陸奥国八戸の南部季賢（「南部宮内少輔」）より伝達させる。 信長、下国安東愛季郎従南部宮内少輔季賢（波岡御所北畠顕村の使節か）の帰国に際して、書を愛季（1539〜1587）へ送り鷹の所望と鷹師下向を伝える。 安東愛季は、天正元年（1573）から天正10年（1582）まで織田信長に毎年の貢物を贈ることで誼を通じたという。	2699

天正3	2月26日	河尻秀隆（「河尻与兵衛尉秀隆」）、小笠原貞慶（「小笠原右近大夫」）（信濃国守護）へ初めて通信し、今度「信長直札」を以て交誼を願うことを通知。また、この秋に織田信長は信濃国へ出勢する予定であるので、その際に信濃国守護職に「還補」することを勿論であること、特別に小笠原貞慶（「貴殿」）の「才覚」を発揮する好機であること、信濃国・美濃国境目の「有事」が発生した際には相応の尽力をすることを通知。詳細は小牧但馬守に伝達させる。 **是より先、織田信長**(1534〜1582)、**小笠原貞慶**(1546〜1595)**に書を送り、共に信濃に出陣せんことを勧む、是日、信長の将・河尻秀隆**(1527〜1582)**、貞慶に決意を促す。**	2700
	2月27日	「信長ヨリ筒井順慶へ祝言在之、塙九郎左衛門尉送テ来」。（『多聞院日記』）。 筒井順慶(1549〜1584)と、織田信長の娘か妹（または養女か）との祝言が行われる。塙直政(？〜1576)がその娘を送り届けた。 東大寺手掻祇園社の前に於いて祝言が行われ、「筒井諸与力」が迎え「美々敷」様子であった。「都鄙之見物衆」で混雑した。	2701
	2月27日	村井貞勝、三間幅に作りかえられた上京の路次を巡検する。（『兼見卿記』）。	2702
	2月27日	**織田信長、上洛のために岐阜城を出立**、美濃国垂井(岐阜県不破郡垂井町)まで移動。（『信長公記』）。	2703
	2月28日	織田信長、雨のため美濃国垂井に滞留。	2704
	2月29日	織田信長、丹羽長秀の守備する近江国佐和山城(滋賀県彦根市佐和山)に入る。（『信長公記』）。	2705
	2月29日	**明智光秀**(1528？〜1582)、**宇津根・雑水川・安行山の三方から攻撃し、過部城（余部城、丸岡城）**(京都府亀岡市余部町古城)**を攻略。**福井因幡守貞政は討死。 光秀は、明智治右衛門(1540〜1582)を留守居として入れる。	2706
	3月2日	織田信長、近江国永原(滋賀県野洲市永原)に宿泊。（『信長公記』）。	2707
	3月3日	筒井順慶、織田信長への礼問のために上京す。（『多聞院日記』）。	2708
	3月3日	**織田信長**(1534〜1582)、**新道を経て上洛。** 吉田兼和（兼見）(1535〜1610)、満千代を同行し山中辺で信長を迎礼する。信長、馬上より満千代へ餅を下賜。信長、相国寺慈照院を宿所とする。（『兼見卿記』）。	2709
	3月4日	羽柴秀吉・武井夕庵（「尓云」）、吉川元春（「吉川駿河守」）へ、旧冬に出征先の因幡国陣所より心蓮坊を派遣してきたことに応え、山中幸盛（「山鹿」）の件は許容しないということであるが頃合いになれば心蓮坊へ通達すること、因幡国方面のことは吉川元春に任せるので「開陣」を希望する旨を通知。また聖護院道澄（「聖門様」）より詳細は通達することを通知。	2710
	3月4日	吉田兼見、織田信長を礼問。「公家衆」も多数列参する。公家衆、村井貞勝よりこの日の信長への謁見は無き旨を通達され帰路に就くが、謁見が可能になった旨が帰途において再通知されたので引き返し織田信長宿所に出仕する。（『兼見卿記』）。	2711
	3月11日	多聞院英俊、織田信長が摂津国「千町カナハラ」を攻略したことを知る。英俊は摂津国・河内国二国の「田地過分損亡」かと推測。（『多聞院日記』）。	2712
	3月13日	美濃の長井利重(？〜？)、織田信長より、桑原から穂積に至る舟荷と馬の諸役に対する郷質を禁じられる。	2713

西暦**1575**

天正3	3月13日	徳川家康、織田信長へ、武田勝頼との交戦を前に兵粮を過分に搬送されたことは「外聞実儀」・「敵国覚」は「恐悦不及是非」であること、特に諸城見舞として佐久間信盛の派遣を「過当至極」であることを謝し、三河国長篠城方面の状況については佐久間信盛より上申してもらうこと、徳川側より使者を派遣して織田信長「御意」を承ることを通知。	2714
	3月14日	織田信長、村井貞勝・丹羽長秀に命じて徳政令を発して門跡・公家衆の借銭・借米を帳消しにする。	2715
	3月16日	織田信長（1534〜1582）、今川氏真（義元の子）（1538〜1615）の出仕を受ける。氏真が百端帆を献じた。（『信長公記』）。 氏真からはこれ以前にも千鳥の香炉が献上せられていた。氏真は、徳川家康（1543〜1616）の同盟者にして「父の仇」でもある織田信長と京都の相国寺で会見、信長は氏真に蹴鞠を所望。	2716
	3月20日	織田信長、京都相国寺に於いて今川氏真と公家衆との蹴鞠を見物。（『信長公記』）。	2717
	3月21日	**多聞院英俊、織田信長の命令で「神鹿」二頭が京都へ上納されたことを知る。英俊はこの出来事を「前代未聞」・「寺社零落大物恠ノ事」であると評す。（『多聞院日記』）。**	2718
	3月22日	「織田信長朱印状」。信長、右筆武井夕庵をもって長岡兵部太輔（細川藤孝）に朱印状を発し、この秋に「大坂合戦」（石山本願寺との戦闘開始）の予定を通達。また、丹波国の舟井、桑田両郡諸侍を、細川藤孝の与力とし、丹波の兵を動員して大坂への出陣を命じる。	2719
	3月23日	南山城守護・塙直政（？〜1576）、織田信長より大和国の守護兼任に任命される。信長は、畿内の支配を固めた。直政は、石山本願寺との全面抗争（石山合戦）への対処として、山城・大和国の軍勢を束ねる司令官として抜擢されたとされる。	2720
	3月28日	織田信長、関白二条晴良（「二条殿」）との間に祝言を執り行う。（『多聞院日記』）。信長養女を大納言二条昭実（1556〜1619）に嫁がせ、二条家と縁類となる。信長養女は、赤松政秀（1510？〜1570）の娘「さごの方」であろう。	2721
	3月下旬	織田信忠（「織田菅九郎」）（1557〜1582）、尾州衆を率いて三河国足助に侵攻してきた武田勝頼（「武田四郎」）を迎撃するため出陣。（『信長公記』）。	2722
	4月1日	**織田信長、「主上・公家・武家ともに御再興」を公表。（『信長公記』）。**	2723
	4月3日	信長、相国寺に廷臣を招き蹴鞠を催す。	2724
	4月4日	柴田修理亮勝家、佐久間右衛門尉信盛、瀧川左近一益、明智十兵衛尉連署状。「來十四日河州へ　可被出御人数相　定候、然者有御出　勢合城之事、堅　固ニ可被仰付之旨候、番手可被置　模様者、貴國衆　被成調談、此節　別而御馳走肝　要ニ存候、此通可申　入之旨候、不可有御　油断候、恐々謹言、」。 明智光秀ら、河内国住人の片岡弥太郎（交野城主）へ、来たる四月十四日の織田軍河内国出征が決定したために片岡弥太郎の「出勢」と「合城」厳命を通達。	2725
	4月4日	「明智十兵衛尉出陣南方、二千騎、」。（『兼見卿記』）。 **「第二次石山合戦」。明智光秀（1528？〜1582）、二千の軍勢を率い河内国へ出陣。**	2726
	4月5日	織田信長、小早川隆景へ、播磨国三木城の別所長治（1558〜1580）の件を承ったこと、別所長治は「連々対信長」して疎意無いというので「大切」に扱うことを通知し、また安芸国毛利氏へも毛利元就以来と同様の交誼を願う。	2727

天正3	4月5日	細川昭元(信良)(1548〜1592)が率いる旧幕府奉公衆、河内に向け出陣。 [2728]
	4月6日	織田信長(1534〜1582)、一万余の軍勢を率い河内国(「南方」)へ出陣。(『兼見卿記』)。「第二次石山合戦」。京を出て大坂石山に向かう織田信長、転じて、一万余の軍勢を率い河内国へ出陣。この日は八幡に布陣。 [2729]
	4月7日	本願寺顕如、北陸道門徒中へ、信長の「破却宗旨之企」により石山に「籠城」したので兵粮米の遅滞無き搬送を命令し、「仏法擁護再興」の機会であることを通達。 [2730]
	4月7日	織田信長、河内国若江に到着、布陣。(『信長公記』)。 [2731]
	4月7日	羽柴秀吉・武井夕庵、織田信長へ音信および使僧を派遣した小早川隆景へ、信長「御返事」を送付する。織田・毛利間の「御用」は相互に「墨付」を以ての厚誼を願う。毛利側より質問された播磨国英賀方面の件は、羽柴秀吉より後便にて織田信長の「存分」を通知する旨を報告。
	4月8日	「高屋城の戦いの二―4月8日〜4月19日」(第二次石山合戦)。織田信長、河内国高屋城(大阪府羽曳野市古市)の三好康長(後の咲岩、笑岩)(?〜?)への攻撃を開始。信長自身は駒ヶ谷山より戦況を見物す。(『信長公記』)。織田軍は、誉田八幡道明寺周辺に布陣。信長、佐久間信盛・柴田勝家・丹羽長秀・塙直政に命を飛ばし、四方へ足軽を放って谷々村々を放火させたうえ近隣の田畑を薙ぎとらせた。 [2733]
	4月12日	織田信長、摂津国住吉に陣替。(『信長公記』)。 [2734]
	4月13日	織田信長、摂津国天王寺に移陣。織田軍勢は、天王寺・住吉・遠里小野周辺に布陣する。(『信長公記』)。 [2735]
	4月14日	「第二次石山合戦」。織田軍、大坂石山本願寺近くを攻撃。作毛悉く薙捨てた。(『信長公記』)。このとき信長に従った軍勢は総勢十万余にも及ぶという。 [2736]
	4月14日	織田信長、陣中見舞を送付してきた青蓮院尊朝法親王(1552〜1597)へ、大坂陣中より礼状を発す。また近日中に開陣し、青蓮院尊朝法親王の「賢慮」を欲す旨を通知。詳細は明智光秀(1528?〜1582)に伝達させる。 [2737]
	4月14日	織田信長、越前国の桜井平右衛門へ、朝倉信鏡(もと朝倉景鏡)からの「注進飛脚」である桜井平四郎(桜井平右衛門子息)が往還したところ、途中の石徹白に於いて杉本勘解由父子・「善実」が相談し「生害」させたことについて慰問し、越前国平定の上は杉本勘解由らの「徒党」を「成敗」する旨を通達。またいよいよ朝倉信鏡への忠節を促す。 [2738]
	4月16日	織田信長、遠里小野へ布陣。信長自身が苅田を行い、さらに三好・本願寺方の守将十河因幡守一行・香西越後守長信の籠もる和泉国新堀城(大阪市住吉区長居)に迫る。(『信長公記』)。 [2739]
	4月17日	「第二次石山合戦」。織田信長、和泉国新堀城を攻囲。(『信長公記』)。 [2740]
	4月18日	「織田信長黒印状」。信長、仁和寺成多喜御房宛て、「在陣につき、御巻数頂戴せしめ候、殊に一折過当の至りに候、毎度御懇意更に謝し難く候」と任助法親王からの大坂陣所への見舞を謝し、近日「開陣」予定であることを通知。 [2741]
	4月19日	「第二次石山合戦」。織田軍、和泉国新堀城を総攻撃し陥落させる。十河因幡守は討死。香西越後守長信(?〜1575)らは捕虜として織田信長のもとへ引き立てられ、誅殺された。(『信長公記』)。 [2742]

西暦 1575

天正3	4月19日	「信長、河内国平定」。「高屋城の戦いの二―4月8日～4月19日」（第二次石山合戦）。三好一族の中では最後まで抵抗を続けた高屋城の三好康長（後の咲岩、笑岩）（？～？）、松井友閑（？～？）を介して降伏をし、赦免される。（『信長公記』）。河内は信長家臣佐久間信盛（1528～1581）の統治下におかれる。 この頃織田信長、塙直政（？～1576）に河内国内の城塞を悉く破却させる。（『信長公記』）。 河内が平定されたことにより、もはや大坂落城も時間の問題かと思われた。	2743
	4月20日	織田信長及び織田軍、夕刻に河内国より京に向かう。（『多聞院日記』）。	2744
	4月21日	六角義堯（義治）（1545～1612）、大和国本善寺へ、石山本願寺（「大坂表」）に織田信長が軍事行動を起こしたこと、大和国方面の情勢を知るために使者の本須を派遣したこと、武田軍（「東国之人数」）が三河国に侵入してきている旨は追々注進することを通知。	2745
	4月21日	織田信長（1534～1582）、河内国より帰陣し入京す。吉田兼見、室町通で織田信長を出迎える。（『兼見卿記』）。	2746
	4月27日	織田信長、大和十市郷を三分し、塙直政（？～1576）、松永久秀（1508？～1577）及び十市後家（遠勝後室）に頒ち与える。	2747
	4月28日	吉田兼見、満千代を同行し神楽岡辺で美濃国岐阜へ下向する織田信長を見送る。（『兼見卿記』）。 信長、京都を発し岐阜を目指す。風が激しかったため、明智光秀の調達した船を止め、経路を変更して近江国常楽寺（滋賀県湖南市西寺六丁目）から近江国佐和山城（滋賀県彦根市古沢町）に入る。	2748
	4月29日	織田信長、この日の辰刻（8時）に美濃国岐阜城へ帰城。	2749
	5月2日	織田信長、織田長益（有楽斎）（信長の末弟）（1547～1622）へ、岐阜城への帰城祝儀として両種・一荷を贈られたのを謝し、参上の際に戦況を談ずることを通知。	2750
	5月3日	織田信長、美濃国安養寺へ地子免除を安堵。	2751
	5月4日	六角承禎、穴山信君（「武田玄蕃頭」）へ、武田勝頼の三河国方面への出馬により徳川氏属城を攻略していることを賞し、六角賢永（義定、承禎二男）（「中務大輔」）（1547～1582）を武田軍に従軍させたがその待遇を謝す。また「南方」（大坂方面）の戦況については深い事情があるので書簡では通知しないことに触れる。詳細は六角高盛（「高盛」）・落合八郎左衛門尉に伝達させる。	2752
	5月7日	明智光秀、里村紹巴らと連歌を詠む。	2753
	5月11日	多聞院英俊、最近甲斐国の武田勝頼が出撃し、武田軍先発隊が尾張国熱田まで進撃したことを知る。（『多聞院日記』）。	2754
	5月13日	足利義昭、足利家（「当家」）への馳走を約諾した毛利輝元（「毛利右馬頭」）（1553～1625）へ誓約を下す。	2755
	5月13日	織田信長、長篠城（愛知県新城市長篠市場）救援のため、嫡男信忠（1557～1582）と共に、美濃国岐阜より三河国へ向けて出陣。後詰として出陣で、この日、尾張国熱田に布陣し、熱田社荒廃に対して御大工岡部又右衛門に造営の件を命令する。（『信長公記』）。	2756

天正3	5月14日	明智光秀(1528？〜1582)、坂本にて島津家久(1547〜1587)・里村紹巴(1525〜1602)らを饗す。	2757
	5月14日	**織田信長・織田信忠、三河国岡崎城に到着。**（『信長公記』）。	2758
	5月15日	明智光秀、坂本にて島津家久・里村紹巴らを饗し連歌を詠む。	2759
	5月15日	「織田信長黒印状」。織田信長、細川藤孝（「長岡兵部大輔」）へ、「鉄炮放」および「玉薬」の調達報告を受け「弥家中被相改可然」こと、三河国「長篠」城の守備は堅固であるので後詰を油断無くすること、兼日の通達どおりに五月十三日に織田信長は出馬して、五月十四日に三河国岡崎に着陣したこと、明日五月十六日には「敵陣取近所」（武田軍陣所）に攻撃を仕掛けるので軍備を調えること、「敗軍」無きに於いては天の与えるところであるので「根切」にすべきであることを通達。更に「南方辺」の件は油断無く備えることを通達。 **信長、細川藤孝へ、鉄砲射手や火薬を用意した功を賞賛。**信長は、藤孝の合戦に備えた鉄砲射手・弾丸・火薬を送るとの書状に対し、その確認と最近の動きを伝える。信長から藤孝は、山科に在陣して摂津・河内の兇徒を抑えよと、指示されていた。	2760
	5月15日	**奥平貞昌（後の信昌）家臣・鳥居強右衛門（勝商）、長篠城より岡崎城の織田信長に注進。** 貞昌は最後の手段として、家康のいる岡崎城へ使者を送り、援軍を要請しようと決断した。強右衛門は十四日の夜陰に乗じて城の下水口から出発。川を潜ることで武田軍の警戒の目をくらまし、無事に包囲網を突破。翌十五日の朝、長篠城からも見渡せる雁峰山から烽火を上げ、脱出の成功を連絡。当日の午後に岡崎城にたどり着いて、援軍の派遣を要請したとされる。	2761
	5月16日	織田信長・織田信忠、三河国牛窪城(愛知県豊川市牛久保町)に入り、城の警固役として丸毛兵庫頭長照・福田三河守を配備。（『信長公記』）。	2762
	5月16日	鳥居勝商、篠場野において磔殺される。 強右衛門は、信長・家康軍来援の朗報を一刻も早く味方に伝えようと、すぐに長篠城へ向かって引き返す。この日の早朝、往路と同じ山で烽火を掲げた後、さらに詳報を伝えるべく入城を試みた。が、城の近くの有海村（城の西岸の村）で、武田軍の兵に見付かり、捕らえられたという。	2763
	5月17日	「岐阜へ筒井ヨリテッパウ衆五十余合力ニ被遣之………」。（『多聞院日記』）。 筒井順慶、織田信長の命令により美濃国岐阜へ鉄砲部隊（「テッパウ衆」）五十名を派遣。派遣されることになった「テッパウ衆」は迷惑であるとして妻子に形見を残したことを知り、多聞院英俊は「アワレナル事」、「遠国陣立浅猿」と評す。	2764
	5月17日	織田信長・織田信忠、牛窪城より出撃、三河国野田原に野陣を設営。	2765
	5月18日	**織田信長、「志多羅」郷極楽寺山に布陣し、武田軍（「敵かた」）に姿が見えないように各部隊を配備させる。**（『信長公記』）。	2766
	5月18日	織田信忠、「志多羅」郷新御堂山に布陣。（『信長公記』）。	2767
	5月18日	織田信長、三河国長篠より三里余りの地点に於いて武田軍と遭遇。「鉄炮放」で撃退する。（『信長公記』）。	2768

西暦1575

天正3	5月18日	信長と徳川家康の軍勢三万が布陣。家康、長篠城西方設楽原高松山に布陣。東向きに敵に備え、馬防柵を設置。信長は極楽寺山に布陣、長篠の後詰めをする。織田軍の鉄砲の数は三千（または一千）といわれ、鉄砲奉行は佐々成政（1516～1588）・前田利家（1538～1599）・野々村正成（1536？～1582）・福富秀勝（？～1582）・塙直政（？～1576）だった。	2769
	5月20日	織田信長、この戌刻に軍勢を「のりもと川」を渡河し武田勝頼（「武田四郎」）の布陣する鳶巣山へ向かわせる。（『信長公記』）。	2770
	5月20日	「織田信長黒印状」。「折岑令披見候、鉄炮之事被申付、令祝着候、此表之儀弥任存分候、…………」。 「天下布武」の印判。織田信長、細川藤孝（「長岡兵部大輔」）へ「鉄炮」調達を賞し、三河国長篠方面の戦況を通達。去る五月十七日に三河国牛久保より進撃し、三河国長篠との距離三里余りの所に武田軍（「敵」）の陣所が設営されているというので五月十八日に攻撃を仕掛けて「鉄炮放」したこと、また武田軍を「根切」にする予定であることを通達。 長篠で宿敵の武田軍を前にした信長が、後方で支援していた藤孝に宛てた書状。信長、細川藤孝へ、合戦直前の情勢報告として武田との戦いへの自信を記す。武田家を「根切」つまり根絶やしにするのは目前だと、武田に対しての激しい恨みをぶつけた。	2771
	5月20日	「織田・徳川連合軍、戦評定」。 信長（1534～1582）、酒井忠次（1527～1596）を召し寄せ、彼を大将として徳川勢のうち弓・鉄砲の精兵二千と信長公馬廻の鉄砲五百挺、それに検使として金森長近・佐藤六左衛門・青山新七父子・賀藤市左衛門らを添えた都合四千ばかりの軍勢を率いさせる。この軍勢は、戌刻（20時）に大野川を越え、南の深山を迂回。	2772
	5月21日	「信長、武田勝頼を破る―長篠・設楽ヶ原の戦い」。 織田信長、この辰刻（8時）に数百挺の「鉄炮」を発砲し三河国長篠城を救援。（『信長公記』）。 信長、高松山の徳川家康陣所を訪れ、武田軍の動向を把握。千挺ばかりの「鉄炮」部隊を佐々成政・前田利家・野々村正成・福富秀勝・塙直政に引率させて武田軍へ攻撃を加えさせた。（『信長公記』）。 「御敵入れ替へ候へども、御人数一首も御出でなく、鉄砲ばかりを相加へ、足軽にて会釈、ねり倒され、人数をうたせ、引き入るるなり」。（『信長公記』）。 織田・徳川連合軍へ武田軍の山県昌景（「山県三郎兵衛」）・武田信繁（「正用軒」）・「赤武者」小幡一党・「黒武者」の武田信豊（「典厩」）一党・馬場信春（「馬場美濃守」）が部隊毎に攻撃を仕掛けるも「鉄炮」と「足軽」によって大損害を被る。 武田軍（家臣団・「宗徒の侍」・「雑兵」）ら大損害を被り、武田勝頼（「武田四郎」）（1546～1582）らは鳳来寺山へ向けて敗走。（『信長公記』）。	2773
	5月21日	羽柴秀吉、丹羽長秀・滝川一益と共に、連合軍中央部の有海原に陣して武功をあげる。（『信長公記』）。	2774
	5月21日	「織田信長朱印状」。織田信長、細川藤孝（「長岡兵部大輔」）へ、この日の早天より武田軍と交戦、残さず敵兵を討ち捕らえ、捕虜も多数になったこと、「仮名改首注文」も送付すること、かねてより通知していたように作戦については「始末無相違」く、「天下安全之基」が確固たるものとなったことを通知。また戦前に「鉄炮放」を調達したことを賞し、任務終了したので帰還させることを通知。	2775

西暦1575

天正3	5月24日	「明十爲見舞下向坂本了、薫衣香十袋持参、今度三州表之儀自信長對明智被仰上御折帋、令披見也、悉討果之儀如定也、公私安堵了」。(『兼見卿記』)。[2776]

吉田兼和(兼見)(1535～1610)は、明智光秀(1528？～1582)に会うため坂本を訪問。服に忍ばせる香袋を十個持参した。このたび三河長篠での戦について、信長から光秀に対して頂いた御折紙を、二人で開けた。武田勢を残らず討果たしたとの事で光秀も私も安心した。

| | 5月25日 | 織田信長、美濃国岐阜城に凱旋。(『信長公記』)。[2777] |
| | 5月26日 | 「織田信長黒印状」。織田信長、細川藤孝(「長岡兵部大輔」)へ、去る五月二十一日の「合戦」の戦果について通知。その内容は武田軍を即時切り崩して数万人を討ち捕らえたが、武田勝頼(「四郎」)の首は未見であり、殆どを切り捨てたので河に漂っている武者の死体に紛れているかもしれないこと、武田軍の甲斐国・信濃国・駿河国・三河国の軍兵で生き残った者はさほどいないという見通し、織田信長はこの勝利で「近年之散鬱憤」したことを通知。また「京都」・近江国・越前国の件で忙殺されていた際に武田信玄(「信玄入道」)が「構表裏」て「旧恩」を忘れ敵対行動に出たこと、武田勝頼(「四郎」)もまた同様の行動に出たことは是非無きことで大勝利は織田信長の予想通りであったこと、敵対勢力は「小坂」(石山本願寺)一ヶ所のみで取るに足らないという予測を通知。[2778] |

信長、細川藤孝へ、長篠・設楽ヶ原の戦い勝利を記す。武田信玄への恨みは強かった。

	5月-	長篠の戦いにおいて織田・徳川連合軍は武田軍を破った。この年、奥平貞昌(1555～1615)、この時の戦いぶりを織田信長から賞賛され、信長の偏諱「信」を与えられて名を「信昌」と改めた。
	6月2日	織田信長(1534～1582)、山城勧修寺門跡聖信(？～1592)の敵意の無きにつき、越前の所領安堵を、明智光秀(1528？～1582)に一任すると伝える。[2780]
	6月-	「第三次岩村城の戦い—6月～11月21日」はじまる。[2781]

長篠の戦いに勝利した信長は、そのまま、嫡男・織田信忠(1557～1582)に軍を預けて、「裏切り者」の美濃国岩村城(岐阜県恵那市岩村町)に侵攻させる。信長は、武田勢が弱体化した期に乗じ岩村城奪還を行う。

	6月4日	村井貞勝、岐阜城(美濃国)より上洛。(『兼見卿記』)。[2782]
	6月6日	織田信長、越前国大野郡池田荘の諸給人中・日蓮宗門徒中・「三門徒中」(誠照寺・証誠寺・専照寺)へ、越前国「出馬」を前にして織田側に恭順すれば、たとえ「一揆」に参加していても罪を赦免し、本知行・新知行を宛行う旨を通達。[2783] 信長、越前国大野郡の日蓮門徒・三門徒に織田軍の侵攻の際に忠節を尽くせば、旧罪があっても赦免の上、知行の安堵、宛行を行う旨を伝える。
	6月7日	織田信長、筒井順慶(「筒井順慶御房」)へ、錫製の瓶子・堤の贈呈を謝し、筒井順慶とは連年の疎意無き関係であり今後も相談していくこと、近日近江国佐和山城(滋賀県彦根市古沢町)に移ってから音問を発すことを通知。[2784]

西暦**1575**

天正3	6月7日	織田信長（1534～1582）、丹波国の川勝継氏（「川勝大膳亮」）へ、「京都錯乱（永禄十二年一月の本国寺襲撃事件）の際に三好三人衆に加担し織田信長に未だ「逆心」している内藤氏（丹波国守護代）・宇津頼重（丹波国宇頭郡土豪）の件で、織田信長に「出仕」しなければ「誅罰」を加えるために明智光秀（「明智十兵衛」）を派遣するので馳走するよう命令。 明智光秀(1528？～1582)が六女を、継氏(1531～1602)子・川勝氏(1555/1575～1607)に嫁がせたされるのは、この頃とも、丹波平定後ともいう。	2785
	6月9日	織田信長、山城国賀茂神社の祠官民部丞・紀伊守両名へ、三河国長篠に於いて「敵」（武田軍）を悉く撃破し、これで「弥天下可為静謐」き状態になったこと、また音信として巻数・太刀・馬代を贈呈されたことを謝し、近日の上洛予定を通知。	2786
	6月10日	「今度、其国案内者ニ付、其方肝煎を以、明智十兵衛指遣候処…」。（『小畠文書』）。織田信長、小畠左馬之助（永明）へ、明智光秀を派遣した際に丹波の案内者となるよう命じ、手柄次第で新たな領地も加増するだろう。ついては明智十兵衛（光秀）を派遣するので、よく相談するようにと朱印状を送る。	2787
	6月11日	「織田信長朱印状」。織田信長、兼松正吉（「兼松又四郎」）へ、美濃国長森の長谷河甚兵衛分の二百貫文を扶持する旨を通達。 信長、朝倉攻め・石山本願寺攻めで軍功のあった兼松又四郎正吉に所領を宛行う。	2788
	6月13日	織田信長、上杉謙信へ、武田勝頼が三河国・信濃国境目に進出してきたので即時「出馬」し、去る五月二十一日に一戦に及び撃破、「平均」に属したのでその旨を通知するため三河国長篠陣中より使者を派遣したこと、信長が「畿内」・「北国」・「南方」（大坂方面）の件で忙殺されていた時に信玄が遠江国・三河国境目へ進出してきたので織田側は応戦の準備をするも「信玄断絶」後に勝頼が「出張」し、これは「誠天与之儀」であるので武田軍を悉く撃破し、勝頼は「赤裸之体」で「一身逃入」ったという風聞、信長にとって武田軍撃破は「数年之鬱憤」を晴らしたことであることを通知。また勝頼の要害美濃国岩村城を攻囲し城中より種々の懇望が申し入れられたので、攻め殺す覚悟であったが赦免すること、間も無く「落居」するので信長自身は信濃国方面に出勢する予定であるので上杉謙信の信濃国・甲斐国方面への軍事行動の好機であること、徳川家康は駿河国に進出して伊豆国との境目まで放火し、今川氏真の身柄を確保していること、「兵粮」の調達が不十分であるためにひとまず「納馬」して来たる秋に軍事行動を起こす予定を通知。	2789
	6月14日	織田信長、越前国誠照寺・山本寺・中野寺へ、「大坂」（石山本願寺）とは別派であることを諒承し、織田側に忠節を尽くすのは神妙であることを賞し、寺舎以下を従来のように建立して忠義を尽くすことを命令。	2790
	6月16日	織田信長、並河因幡守（宗隆）、同弟・兵庫介（掃部介、易家、明智掃部）宛の朱印状を出す。 「丹波守護代・内藤忠俊（内藤如安）(1550?～1626)と、宇津城（京都市右京区京北下宇津町殿ノ谷）主・宇津頼重(?～?)は、元亀4年(1573)の京都騒動の際、十五代将軍足利義昭方に付き、信長に対して逆らい出頭もしないので、誅罰を加える為、明智光秀を遣わした。協力すれば、本領安堵する。もし、内藤・宇津側に付く者があれば、同じく成敗せよ、信長に忠節を尽くすように」。 並河兄弟は、信長の丹波侵攻へ協力し、明智光秀に丹波衆の一人として従うようになったとされる。	2791

| 天正3 | 6月17日 | 織田信長、丹波国の小畠左馬助へ、「京都錯乱」（永禄十二年一月の本國寺襲撃事件）の際に三好三人衆に加担し織田信長に未だ「逆心」している内藤氏（丹波国守護代）・宇津頼重（丹波国宇頭郡土豪）の件で、織田信長に「出頭」しなければ「誅伐」を加えるために明智光秀（「明智十兵衛尉」）を派遣したので、丹波国船井郡内の土豪たちが疎略無きように奔走すれば身上の件は安堵するが、内藤氏・宇津頼重に「一味之族」があれば「成敗」するので忠節を督促する。 | 2792 |

「第一次丹波国征討戦─光秀の丹波攻めがはじまる」。信長は、明智光秀に丹波攻略を命じていた。

	6月19日	明智光秀（1528？～1582）、信長の命により、小畠左馬進（左馬助）の知行を安堵し、忠節次第で新知を給与することを伝達する。	2793
	6月19日	羽柴秀吉、近江国堅田の猪飼甚介（猪飼野昇貞）へ、織田信長（「此御方」）に奥州より某が上洛し、近江国竹生島に参詣することになったので船の調達を命令。	2794
	6月20日	塙直政（「塙九」）（？～1576）、大和国多聞山城に入城。（『多聞院日記』）。	2795
	6月23日	織田信長、「御茶セン」（二男信雄）を伊勢北畠氏（「伊勢国司家」）の跡目継承のため伊勢国に入国させる。（『多聞院日記』）。	2796
	6月24日	塙直政（「塙九」）、多聞山城を修築する。（『多聞院日記』）。	2797
	6月24日	北畠家督となった織田信雄（1558～1630）、大河内城（三重県松阪市大河内町城山）を出て、田丸城（三重県度会郡玉城町田丸）に移る。	2798
	6月26日	織田信長、岐阜城を発し、近江国佐和山城（滋賀県彦根市古沢町）に於いて休息をとり、「早舟」にて近江国坂本より渡海。小姓衆五、六名を随行させていた。（『信長公記』）。	2799
	6月27日	**「絹衣相論─信長が、禁裏五奉行を定め、朝廷政治に関与しはじめる」**。「御上着相国寺御寄宿」。（『信長公記』）。 **織田信長、岐阜から上洛し相国寺に寄宿する。** 天台宗と真言宗の争論のことを知り、天皇近臣である公家の中から五人の奉行（中山孝親・勧修寺晴右・庭田重保・甘露寺経元・三条西実枝）を任命して問題の解決に当たらせた。 常陸国水戸を拠点とした江戸氏領下で、天台・真言両宗間に真言宗の素絹衣着用をめぐる一大相論が起きた。江戸重通（常陸国水戸城主）（1556～1598）は、保護していた真言宗の僧侶に絹衣の着用を許可した。これは、朝廷が定めた僧侶の服装規定に反するものであったため、正親町天皇と織田信長が揃って問責の使者を出した。ところが、重通はこれを逆手に取って朝廷と信長に自分を売り込む。	2800
	6月28日	前関白近衛前久（1536～1612）、丹波国黒井城（兵庫県丹波市春日町）の赤井悪右衛門直正（1529～1578）のもとから帰洛する。 天正元年（1573）に将軍義昭が信長によって京都を追放され、一方の関白二条晴良も信長から疎んじられるようになると、前久は再び赤井直正のもとに移って「信長包囲網」から離脱していた。赤井直正は、前関白近衛前久の妹を継室としていた。この年二月、信長の奏上により、帰洛を許された。	2801
	6月-	織田信長、越前国の建部周光へ、一向一揆蜂起に抵抗して織田信長に忠義を尽くしたので所領を安堵。詳細は武藤舜秀（「武藤」）（？～1579）に伝達させる。	2802

西暦1575

天正3	7月1日	塩河伯耆（長満）は御馬拝領、畿内隣国面々御出仕これあり。織田信長、「摂家」・「清花」と播磨国の別所長治（「別所小三郎」）・別所孫右衛門、河内国の三好康長（「三好笑岩」）、若狭国の武田元明（「武田孫犬」）、そのほか畿内周辺の逸見駿河・粟屋越中・熊谷伝左衛門・山県下野守・内藤筑前・白井某・松宮某・畑田某・塩河伯耆らの「出仕」を受ける。（『信長公記』）。 摂家・清華家の面々が、信長に礼参。播磨の別所小三郎長治（1558〜1580）・孫右衛門重宗（1529〜1591）・河内の三好康長（後の咲岩、笑岩）（？〜？）・若狭の武田元明（1552？〜1582）らが、相国寺の織田信長に謁見。	2803
	7月1日	聖護院道澄（1544〜1608）、安芸国より帰洛。（『御湯殿上日記』）。	2804
	7月3日	織田信長（1534〜1582）、七度目の禁裏参向。禁中において誠仁親王（1552〜1586）による蹴鞠の儀が催された。信長も馬廻を引き連れて参会した。御鞠の終了後、信長は黒戸御所の置き縁まで伺候し、内侍所の官女より天盃を拝領。 **同日、信長、「御官位を進められ候」という正親町天皇勅諚を拝辞。代わりに家臣の賜姓、任官を請い、勅許を得る。** 家老衆のうち松井友閑（？〜？）を宮内卿法印に、武井夕庵（？〜？）を二位法印にそれぞれ任官させ、また**明智光秀（1528？〜1582）には惟任日向守**、羽柴秀吉（1537〜1598）は筑前守、塙直政（？〜1576）は原田の姓を下賜され備中守、村井民部少輔貞勝（？〜1582）は長門守、簗田広正（？〜1579）は別喜（戸次右近）姓を、丹羽長秀（1535〜1585）には惟住姓を授からせた。 秀吉は、天正2年9月頃より「筑前守」の受領名を称す。 **信長は、これを境に自身「上様」の呼称を適用させる。**	2805
	7月-	「四万十川の戦い」。長宗我部元親、土佐一条軍を破る。	2806
	7月6日	京都の上京・下京衆、妙顕寺（京都市上京区妙顕寺前町）に於いて織田信長のために観世座与左衛門・観世又三郎の能八番を興行する。桟敷で見物したのは「摂家・清華家衆」と武井夕庵・松井友閑・楠木長安妙虎・長雲坊（長雲軒妙相）ら側衆（坊主衆）であった。（『信長公記』）。	2807
	7月6日	織田信長、小早川隆景へ、安芸国（毛利氏）・但馬国（山名韶熙（祐豊））間の「和与」の報告について、但馬国は以前に通知したように信長「分国」であることは「兼約」であるから、近年疎遠となり「遺恨」があるといえども、毛利氏が出雲国・但馬国を維持して尼子勝久（155〜1578）・山中幸盛（鹿介）（1545？〜1578）以下の「諸牢人」退治するのに適切であるというのであれば無事に成功を期待する旨を通知。詳細は武井夕庵に伝達させる。	2808
	7月7日	**明智光秀（「惟任日向守」）、村井貞勝（「村井長門守」）・原田（塙）直政（「原田備中守」）と共に、山城野中郷の畠の壬生朝芳と黒瀬清秀の所領争論を裁許する。壬生官務宛てに所領安堵の連署状を出す。** 京都における連署状の最後とされる。 **信長は、光秀を文官としてではなく、武官として活用するようになる。これ以降、村井貞勝が専任となって京都を支配する。**	2809
	7月8日	織田信長、小早川隆景へ、和平仲介のため安芸国に滞在していた聖護院道澄上洛の馳走を諒承し、信長は毛利氏に対して特別に疎意無く「感悦」していること、毛利輝元は相変わらずの様子で特に事態の変化も無いことはよいことであること、毛利氏と織田側の入魂な関係は道澄より聞いていること、「天下猶以静謐」であること、詳細は聖護院道澄が連絡することを通知。	2810

天正3	7月12日	織田信長、村井貞勝（「村井長門守」）へ、久我家領の件で先年の織田信長「朱印」の旨を重ねて安堵するよう命令。 信長、伊勢国久我家領を安堵。	2811
	7月12日	織田信長、近江国勢田の「大橋」の修築を実施し、この日は吉日であったので「柱立」を行う。（『信長公記』）。 信長の命により木村次郎左衛門を奉行として瀬田架橋はじまる。	2812
	7月13日	織田信長、朝廷に、禁裏周辺に公家第を再建することを奏する。	2813
	7月14日	**明智光秀（1528？～1582）、高倉永相（1531～1586）へ、知行分の竹田半分と地子銭の納入を命ず。**	2814
	7月15日	**織田信長、京都を発し美濃国岐阜城へ向かう。** この日、常楽寺（滋賀県湖南市西寺）に到着。（『信長公記』）。	2815
	7月16日	**「長宗我部元親、土佐統一」。**「四万十川の戦い」で一条軍を撃破した長宗我部元親（1539～1599）、その勢いで甲浦城（高知県安芸郡東洋町大字甲浦字古城山）を攻略。十五年の歳月を要した。やがて四国制覇に赴くこととなる。 同年十月、元親は、織田信長（1534～1582）に、明智光秀（1528？～1582）を通じて嫡男の弥三郎（後の信親）（1565～1587）の烏帽子親を申請する。元親は、幾内周辺をも支配した信長の存在を無視できず、誼を通じようとした。	2816
	7月16日	織田信長、美濃国垂井に宿泊。（『信長公記』）。	2817
	7月17日	織田信長（1534～1582）、美濃国曽根（岐阜県大垣市）へ立ち寄る。稲葉一鉄（良通）（1515～1589）、孫たちに能を舞わせ饗応した。これに対して信長はその時「さ、せられ候御腰物」を「彦六息」（後の稲葉貞通（1546～1603））に下賜。（『信長公記』）。 その日、**信長、美濃国岐阜城へ帰還。**（『信長公記』）。	2818
	7月19日	塙直政（「塙九」）（？～1576）、松永久通と十市後室との婚姻を延引させる。（『多聞院日記』）。	2819
	7月19日	明智光秀、岐阜に伺候する。	2820
	7月20日	織田信長、村上国清（「村上源五」）へ、「甲州武田」は村上国清にとって「旧敵」であり「鬱憤」を晴らしたい意志を織田信長に依頼していたが、今度三河国方面に於いて武田勝頼と一戦を遂げて悉く撃破するも少々残党が存在していること、まさに好機であるので早々に信濃国方面に出撃するように三河国長篠の合戦場より使者を派遣し通達すること、この軍事行動に同心するということは「累年契約之筋目」であるし、織田側よりも美濃国・信濃国境目の美濃国岩村城に先発隊として織田信忠（「管九郎」）を派遣したが、村上国清は越中国方面に出陣しているために数度の軍事計画も無駄となり、「表裏之為体」で「外聞」が悪く「無念」であることを通知。このまま信濃国を放置しておくのは「口惜」しく、村上国清（「貴所」）は特別に信濃国に注意を払うべきことを促し、重ねて使者を派遣する旨を通達。 織田信長、村上国清（山浦景国）（1546～1592）に書を送り、上杉謙信に信濃出兵を催促せんことを請ふ、尋いで、謙信、信濃に出陣せんとし、諸将の参陣を促す。	2821
	7月23日	金森長近（1524～1608）、越前国大野郡の高田派専福寺や国侍野尻氏などに与同を求める。	2822

西暦1575

天正3	7月24日	明智光秀(1528？～1582)、小畠永明(左馬之助)に書状を送り、内藤氏と宇津氏討伐のため、「宇津表」(京都市右京区京北下宇津町)に動員を要請。 が、始まったばかりの「丹波攻め」は、翌8月には早くも停滞する。光秀は、越前一向一揆攻めに駆り出される。	2823
	8月4日	**「絹衣相論」。正親町天皇、江戸重通へ常陸国内での天台宗・真言宗の相論停止と比叡山延暦寺の指示に従う旨の勅命を下す。** 問題の原因を作っていると認識されていた領主の江戸重通（常陸国水戸城主）(1556～1598)に対して、天台宗・真言宗の区別なく保護すること、常陸国の寺院はこの問題に関する相論を止めて本寺の方針通りに従うこと、天文24年7月の後奈良天皇綸旨と天正2年7月の柳原資定謀書綸旨は共に破棄すること、今後朝廷はこの問題に関する訴訟は受け付けないことを記した正親町天皇綸旨を出す。 そして、この日付で江戸重通を従五位下・但馬守に補任して事態収拾への協力を求めた。	2824
	8月6日	織田信長、北条河内守（河内国土豪）へ、大坂方面の戦況報告を諒承。詳細は明智光秀に伝達させる。	2825
	8月9日	多聞院英俊、この日織田信長の命令を受けて大和国衆（「当国衆」）が越前国へ出陣したこと、「山城衆」も同様であることを知り、遠国への出陣は「浅猿事」で「亡国ノ基」であると評す。(『多聞院日記』)。	2826
	8月12日	**「越前一向一揆平定戦—8月12日～8月19日」はじまる。** 武田軍を破って、東方の憂いをなくした織田信長 (1534～1582)、**十万の軍勢を率い、再び、越前一向一揆討伐に向けて美濃国岐阜城を出陣**。信長、美濃国垂井(岐阜県不破郡垂井町)に布陣。(『信長公記』)。 越前一向一揆は、内部分裂を起こしていた。	2827
	8月13日	織田信長、羽柴秀吉が守備している近江国小谷城に宿泊。羽柴秀吉（筑前守）より兵粮供出を受ける。(『信長公記』)。	2828
	8月13日	織田信長、狛秀綱（「狛左馬進」）へ、越前国在陣見舞を謝し、近日の上洛予定を通達。信長、山城国上狛の狛左馬進の陣中見舞で沈香一両の贈呈を謝す。	2829
	8月14日	朝廷、織田信長の越前国出陣をの陣中見舞として勅使・勧修寺晴豊(1544～1603)を派遣。吉田兼見が晴豊に同行。 二人は坂本で明智光秀（「惟任日向守」）と面会し、高嶋新城で宿泊。(『兼見卿記』)。	2830
	8月14日	織田信長、越前国敦賀に宿泊。武藤舜秀（「武藤宗右衛門」）(？～1579)の宿所に布陣。(『信長公記』)。	2831
	8月15日	「越前一向一揆平定戦」。織田信長 (1534～1582)、織田軍先鋒隊と「越前牢人衆」先陣として三万余騎を越前国諸口より乱入させる。(『信長公記』)。 明智光秀(1528？～1582)、杉津口(福井県敦賀市杉津)に配置される。	2832
	8月15日	「今度就可忠節、最前雖朱印遣之、自然他朱印有之者、令棄破為申付、重而朱印遣之訖、全領知不可有相違候也」。 織田信長、越前国三国湊の森田三郎左衛門尉（廻漕問屋）へ、入津禁止命令を遵守したことに対し最初に織田信長「朱印」を発給するが、矛盾する内容の織田信長「朱印」が存在すれば無効として、再び織田信長「朱印」を発給し所領・営業を安堵。	2833

天正3	8月15日	「越前一向一揆平定戦」。織田信長、越前国敦賀より木ノ芽峠及び浜手へ軍勢を進発させる。敵軍の数多くの首を切り、信長は気を散らす。また海上からは、水軍が攻め寄せ津々浦々へ押し上がり、諸所へ火焔を立ちのぼらせた。	2834
	8月15日	「信長の越前一向一揆平定戦」。羽柴秀吉、去年、木芽城を奪取された遺恨があるため明智光秀と相談し、この夜中に海沿いに進んで大良越諸口より乱入し敵城を次々と攻め落とし、府中(福井県武生市)へ進撃。 **明智光秀・羽柴秀吉、大良越城の大塩「円強寺」と杉津城の若林長門父子を討ち取り、敦賀の織田信長陣所へその首級を送る。(『信長公記』)。**	2835
	8月15日	「越前一向一揆平定戦」。織田軍が大良(福井県南条郡河野村)へ攻めかかる。明智光秀・羽柴秀吉が海沿いに進んで敵城(河野村)を攻め落とし、夜、三宅権丞の籠城する府中竜門寺(福井県越前市本町)を攻める。	2836
	8月16日	「越前一向一揆平定戦」。織田信長、越前国敦賀を出立。一万余騎を率いて木目峠を経由し、三宅権丞の籠城する越前国府中竜門寺を攻囲。(『信長公記』)。 夜襲で三宅権丞は討死。明智光秀・羽柴秀吉、二手に分かれて敵兵を待ち伏せする。越前国府中町中に於いて加賀国・越前国の一揆二千余騎を切り捨てる。	2837
	8月16日	**「越前一向一揆平定戦」。**織田信長は越前国木ノ芽峠(「木目口」)へ「出馬」、明智光秀(「維任日向守」)を浜手より越前国府中町へ向かわせる。織田信長は木ノ芽峠(「木目」)を突破するが、敵兵が越前国府中へ流入するのを防ぐため待機。 **明智光秀(「維任」)・羽柴秀吉(「羽柴筑前守」)、が越前国府中へ侵入し敵兵を掃討したこと、越前国は「一国平均」に属し「府中町ハ死かい計にて一円あき所な」い状態となる。**	2838
	8月16日	織田信長、信長に臣従した越前の国侍・諏訪三郎に領知朱印状を交付。	2839
	8月16日	勧修寺晴豊・吉田兼見、越前国敦賀を出発し越前国府中に到着。羽柴秀吉(「羽柴藤吉郎」)陣所を訪問し面会。(『兼見卿記』)。	2840
	8月17日	「越前一向一揆平定戦」。織田信長、越前国内の残敵掃討戦を実行。越前国木芽城・鉢伏城を撃破して下間頼総・若林某・豊原西方院・朝倉三郎景胤らを刎首。その後に軍勢を四分割し残敵掃討を実施。この日に織田信長陣所に到来した敵首は二千余であった。また捕虜七、八十人は即時首を切った。	2841
	8月17日	勧修寺晴豊・吉田兼見、織田信長の越前国北之庄本陣に到着。村井専次が取次をする。信長、勧修寺・細川昭元・兼見を謁し饗応する。(『兼見卿記』)。	2842
	8月17日	織田信長、八月十五日付書状を送付した村井貞勝(「村井長門守」)へ、全三ヶ条にわたり越前国の状況を通達。 信長は八月十五日に越前国敦賀より木ノ芽峠(「木目口」)および浜手へ軍勢を進発させ、織田軍は浜手の篠尾城・杉津城を攻略し敵軍の「数多くひ」を切り織田信長は「気を散」らすほどの戦果であったこと、八月十五日に明智光秀(「維任」)・羽柴秀吉(「羽柴筑前守」)が越前国府中へ侵入し敵兵を掃討したこと、八月十五・十六日の両日で越前国「一国平均」に属し「府中町ハ死かい計にて一円あき所な」い状態を「見せ度」く思うこと、八月十七日に越前国内の残敵掃討戦を実行し、大将分の西光寺・下間頼総(「下間和泉」)・若林某を討ち取ったこと、越前国が「即時属存分」という状態で諸口も同様に制圧するので安心すべきことなどを荒木村重(「荒木信濃守」)・三好康長(「三好山城守」)以下に伝達し「よろこはせ」るよう命令す。	2843

西暦 **1575**

天正3	8月18日	「越前一向一揆平定戦」。織田信長、陣所にて方々より敵首五百または六百ずつ到来したのを受ける。総数は不明であった。 柴田勝家・丹羽長秀・織田（津田）信澄、越前国鳥羽野城（福井県鯖江市鳥羽野町）を攻略し、五・六百人を討ち取る。（『信長公記』）。	2844
	8月19日	「信長、一向一揆三万余人を殺害—越前一向一揆平定戦（8月12日〜8月19日）終結」。 織田信長、原田（塙）直政・滝川一益・北畠信意（織田信雄）・神戸（織田）信孝・織田信包を掃討戦に投入し六百余の敵首級をあげる。氏家直通（直昌）・武藤舜秀の部隊は「一乗可然者共」の首級三百をあげる。柴田勝家・丹羽長秀は、朝倉与三郎の籠もる要害を攻略し、朝倉与三郎「左右之者」六百余を討ち取り、捕虜百人余りは即時「くひをきり」という処置を下す。三万余人を殺害という織田軍により、越前一向一揆平定。一揆衆の越前支配は1年半余りで終わりをつげた。	2845
	8月20日	織田信長、越前国府中の竜門寺より北畠信意（「茶筅殿」）（織田信雄）へ、大滝・白山に一揆勢が集結したというので滝川一益（「滝川」）・津田一安（「織田忠寛」）（「掃部助」）を派遣し四、五百人を討ち捕ったことを通知し、谷々の捜索を実施した。 北畠信意（織田信雄）には日数限定の軍事行動であるので「いかにも念に入」れ「一人も不残打果」すよう命令。また北畠信意（織田信雄）が塙直政（「原田備中守」）を赤谷（越前国今立郡今立町）に派遣したことは諒承したことを通達。	2846
	8月20日	織田信長、越前国「ひなかたけ」山に菅屋長頼（「玖右衛門尉」）、前田利家（「前田又左衛門尉」）・「馬廻」衆を投入し千余人を討ち取り、捕虜百余人は即時「刎首」に処す。 北畠信意（「茶箋」）（織田信雄）・滝川一益（「滝川」）、大滝・白山を攻略し平野定久（「平野土佐」）・「あさみ」某をはじめ「鉄炮者共」五十、六十名を切り捨て、総数六百余を討ち取った。また捕虜十、二十名の捕虜を織田信長の陣所に送付。	2847
	8月21日	「一疵如何候哉、無御心元候…」。明智光秀（1528？〜1582）、小畠左馬進へ、越前豊原（福井県坂井市丸岡町豊原）より戦傷を心配する書状を送る。	2848
	8月21日	「山々谷々無残所捜出、くひをきり候…………千余人切捨之、生捕百余人、これも則刎首候…………柴田・惟任方より千余切之由注進候…………佐久間甚九郎ニテ五百余、則くひをきり候…………」。（『信長公記』）。 織田信長、佐久間信栄（信盛の長男）（1556〜1632）の部隊が討ち取った五百余の首注文と捕虜十余人を受け、即時「くひをきり」という処置をとる。 織田信長、柴田勝家・丹羽長秀より、千余人を切ったとの注進を受ける。 織田信長、氏家直通（直昌）・武藤舜秀より「二谷」を撫切にしたので討ち取った数は知れぬという注進と捕虜三十六名を受ける。捕虜の内には「河野代坊主了源」がおり、即時「くひをきり」という処置を下す。	2849
	8月21日	織田信長（1534〜1582）、越前国の風尾城に籠城し種々の投降要請を申し入れていた安居（朝倉）景健（1536？〜1575）を、越前一向一揆に投降したとして「生害」させる。また、朝倉景健被官の金子兄弟以下の首をはねる。 景健は、本願寺顕如によって派遣された一揆の指揮官であった下間頼照（1516〜1575）・頼照長子の下間頼俊らの首を持参して信長に許しを乞うたが認められず、信長の命を受けた向久家により自害させられた。このすぐ景健家臣である金子新丞父子・山内源右衛門の三名が追腹を切り殉死したという。（『信長公記』）。 実際に下間頼照が討たれたのは、10月である。	2850

天正3	8月22日	「第二次石山合戦」。大坂石山本願寺、籠城を決め、雑賀衆に協力を頼む。	2851
	8月22日	本願寺顕如、信長の越前侵入にあたって勝山の北袋五十三か村へ忠節を求める。	2852
	8月22日	近衛前久（1536～1612）、島津歳久を上洛させた島津義久（「島津修理大夫」）（1533～1611）へ、近衛前久自身が織田信長と「一味」して帰洛するも家領は返付されなかった旨を報告。また「家門再興」のための助成を依頼するため島津歳久（「島津左衛門佐」）に詳細を伝達させ、「琵琶引」の一冊を贈与。	2853
	8月22日	織田信長、越前国府中の陣所に於いて小数の捕虜を受け取る。各部隊からの注進は無くなり、大略打målたしたので、全軍に明日八月二十三日一乗谷へ陣替する予定を通達し、更に越前国中を悉く捜索し残敵掃討を実施させる。	2854
	8月23日	稲葉一鉄（良通）と稲葉貞通父子をはじめ、**明智光秀・羽柴秀吉・長岡（細川）藤孝・簗田広正（別喜右近）**（？～1579）、加賀国へ進撃する。（『信長公記』）。	2855
	8月23日	**織田信長、越前国一乗谷に移陣。**（『信長公記』）。信長の許に、明智光秀・羽柴秀吉・長岡（細川）藤孝らが加賀に侵入したとの報が届く。	2856
	8月24日	織田信長、越前国「一揆蜂起」に際して国外へ「退出」していた越前国の橘屋三郎左衛門尉へ、「還住」を命令す。	2857
	8月24日	武井夕庵（「二位法印尓云」）、越前国「一揆蜂起」にあたり能登国へ避難していた越前国の橘屋三郎左衛門尉へ、織田信長より「還住」命令が下されたことを喜び、織田信長朱印状（「上様御朱印」）が発給されたのは「面目」（名誉なこと）であることを告げ、「御服衣」（中国製高級織物）の取り扱いも織田信長「御朱印」で安堵されたことを通達。また橘屋三郎左衛門尉の一類の還住も安堵するが、「大坂門徒之衆」は許容しないことを通達。	2858
	8月28日	近衛前久、酒井忠次（「酒井左衛門尉」）へ、自らの「身上之儀」については羽柴秀吉・村井貞勝・塙直政（「原田」）らの奔走により織田信長が「被聞召」れ、「殊更一廉可被申付」るといい「安堵」されたことを通知。また「永々牢籠」であったため「当分在京」は困難であるので徳川家康への「好力」（合力）（経済的な援助）を取り成してくれるように依頼する。そのために事情を申し含めた二俣左馬助の派遣を通知。	2859
	8月28日	**織田信長、越前国豊原へ移陣。**（『信長公記』）。	2860
	8月29日	信長の陣中見舞いと称して、越前を訪問中の大乗院門跡尋憲、織田信長に興福寺領河口荘・坪江郷の回復を求める。	2861
	8月29日	幸若太夫、坂井郡豊原寺（福井県坂井市丸岡町豊原）の信長陣で、幸若舞「烏帽子折」を舞う。	2862
	8月29日	「織田信長黒印状」。信長、瀧川左近（滝川一益）へ、越前一向一揆の徹底殲滅を指示。	2863
	9月2日	**「信長、越前国割」。** 織田信長、越前国坂井郡豊原寺（福井県坂井市丸岡町豊原）を焼き払い、越前国北庄（福井市中央）へ移動し、縄張を開始。堅城を築くよう命じた。 **北の庄で諸将に分封。越前八郡を柴田勝家（1522？～1583）に与える。**前田利家（1538～1599）ら府中三人衆に二郡、敦賀郡は武藤舜秀（？～1579）の在地に、大野郡の三分の二は金森長近（1524～1608）に、残り三分の一は原長頼（彦二郎、政茂）（？～1600）に宛行われ、以後両人とも大野郡に在城することとなった。	2864

西暦**1575**

天正3	9月2日	**織田信長**(1534〜1582)、**明智光秀**(1528？〜1582)**に再び丹波出陣を命じる。**

2865

山名詔熙（祐豊）(1511〜1580) は、中国地方に勢力を広げていた毛利氏と織田氏とのはざまで揺れ動いていたが、祐豊は信長に救援を要請、これに応えるとの大義名分をも得て、明智光秀が丹波に入っていくことになる。信長は丹波征討を決意し、京都代官・明智光秀を山陰道の司令官に据えた。
「戦後、明智光秀にはただちに丹後出陣の命が下された。この出兵ののち丹後国は一色満信殿に与えられ、丹波国のうち桑田郡・舟井郡は細川昭元殿に下されることとなった。また荒木村重にも越前より直に播州奥郡へ出兵してかの地の人質を取りかためるべしとの命が与えられた」。（『信長公記』）。

	9月2日	長岡（細川）藤孝(1534〜1610)、丹波の内船井・桑田の両郡を領有。

2866

	9月3日	「織田信長黒印状」。信長、青蓮院宛へ、「此面在陣につき、御祈禱巻数ならびに弓懸五具拝受、恐悦の至りに候」と謝す。青蓮院尊朝法親王へ在陣見舞を謝し、北国が「早速属存分」したら上洛する予定を通知。

2867

	9月5日	織田信長、某へ、越前国方面はますます織田信長「存分」を徹底させていること、昨日は加賀国奥郡の「大坂代坊主兵衛卿」・「松浦子共」ら千余人を討ち取ったこと、近日中に美濃国岐阜城へ帰還する予定であることを通知。

2868

	9月-	**織田信長、越前国支配を担当する柴田勝家**(1522？〜1583)**の「目付」に任命した不破光治**（「不破河内守」）(？〜?)**・佐々成政**（「佐々内蔵助」）(1516〜1588)**・前田利家**（「前田又左衛門尉」）(1538〜1599)**へ、全九ヶ条の越前国「掟条々」を通達。**

2869

新事態が発生した場合は何事に於いても「信長申次第」とすることが重要であること、また「とにもかくにも我々を崇敬」して「影後にてもあたにおも」ってはいけないし「我々あるかたへハ足をもさ、さるやうに」注意を払うことが重要であること、これを遵守すれば「侍の冥加有て長久」となることを通達。
信長、府中三人衆の前田利家、佐々成政、不破光治に、府中十万石を与え、越前国掟を出す。前田利家、越前国の府中城（三万五千石）の城主（大名）となる。
越前府中（武生市）周辺の今立・南条二郡に前田利家・佐々成政・不破光治（府中三人衆）を置き、越前物主となった柴田勝家への目付の職責を負わせた。
この九ヶ条の越前国掟は、信長の分国統治方針を明示するものであり、一国支配の柴田勝家と府中三人衆とによる相互監察の態勢は織田氏の大名支配の構造を示すものであった。

	9月7日	羽柴秀吉、織田信長に対して足利義昭の「御入洛」の斡旋を依頼した毛利輝元へ、信長の了承と、足利幕府奉公衆の上野秀政・真木島昭光の赦免、毛利氏家臣として仕える柳沢元政(1536〜1613)の使者との交渉を報じ、馳走は羽柴秀吉・朝山日乗より詳細が通達される旨を通知。

2870

	9月10日	菅屋長頼（「菅屋九右衛門尉」）・下石頼重（「下石彦右衛門尉」）、越前国府中三人衆の前田利家（「前田又左衛門尉」）・不破直光（「不破彦三」）・佐々成政（「佐々内蔵助」）へ、「織田大明神」が「大破」したことについて「御両三人」（前田利家・不破直光・佐々成政）が下達すべき神領についての織田信長「御朱印」を未だ越前国織田剣神社へ渡していないのが原因であるので直ちに下達すること、「寺社領高頭」は「両人」（菅屋長頼・下石頼重）より「上使」を派遣し糺明するよう織田信長より命令を受けているので、隠蔽工作を行えば「御為如何敷」き状態となることを通達。

2871

	9月11日	柴田勝豊（勝家の甥で養子）(？〜1583)、豊原本陣に戻った織田信長より、越前国坂井郡豊原寺の城の守備を命じられる。

2872

天正3	9月11日	織田信長、山城国賀茂神社へ在陣見舞を謝す。 [2873]

9月― **明智神社**(福井市東大味町)は、明智光秀が朝倉氏に身を寄せていた時の住居跡。 [2874] 柴田勝家が一向一揆を鎮めるために、現在明智神社のある 東大味(ひがしおおみ)地区に兵を送り込もうとしたが、光秀は住民を守るため勝家に申し入れをしたと伝えられている。光秀は、家族と親しく過ごした住民を守るため、この日付で柴田勝家・勝定兄弟に安堵状を出させたという。西蓮寺(天台宗)には、柴田勝家と勝定の二通の安堵状「この寺者等は元の場所に帰って住むこと」、「理不尽なことを言う者がいれば、その者の名前を伝えよ。厳罰に処す」が残されており、いずれも福井市の文化財に指定されている。御内陣には勝家の御木像が安置されている。

これによって虐殺を免れた光秀屋敷跡に住居のある三軒の農家は、光秀の遺徳を忘れず400年にわたり光秀の高さ13cm程の木像を奉ってきた。明治19年(1886)になり、ようやく光秀屋敷跡に小さな祠を建てて、「明智神社」とし、現在に至るまで、東大味の人々は光秀を慕いこの神社を守り続けてきた。この土地の人たちは明智神社を「あけっつぁま」と呼んで親しんでいる。年に一度、光秀の命日である6月13日のみ御開帳が行われ、本尊である光秀を象った木像を見ることができるという。光秀の娘・細川ガラシャ(明智珠)の生誕地でもあるという。

	9月14日	織田信長、越前国豊原本陣を引き払い、馬回り・弓衆に前後を囲ませて越前国北庄に移動。また滝川一益・原田(塙)直政・丹羽長秀に、越前国北庄足羽山(あすわやま)に陣屋普請を命令。(『信長公記』)。 [2875]
	9月15日	**信長**(1534〜1582)**、上洛、京都妙覚寺を宿所とする。**「公家衆」は織田信長の北国からの凱旋を祝賀。(『兼見卿記』)。 [2876]
	9月15日	織田信長、紀伊国熊野本宮へ神領を安堵。 [2877]
	9月16日	「就越前出馬、鉄炮之玉千到来、遥々之懇志喜入候、」。 [2878] 織田信長、千宗易(千利休)(「抛筌斎」)へ、越前出馬に際し「鉄炮之玉」一千発を贈られたことを謝す。詳細は塙直政(原田備中守)(?〜1576)に伝達させる。
	9月16日	明智光秀(1528?〜1582)、越前まで文をよこした小畠左馬進へ、返礼と見舞いの品を送る。返礼では、繰り返し傷の療養を勧め、「たとえ傷がよくなっても、肌寒い時期のことであるし、しばらく出陣を控えられてもよい。どうしてもの場合には乗物(駕籠)を使われるよう…」とまで気を配る。 [2879]
	9月17日	**信長、岐阜へ帰るため京を発つ。** [2880]
	9月18日	織田信長、越前国陣所へ正親町天皇より「勅使」として派遣された勧修寺晴右(「勧修寺大納言」)へ、「御作薫物并唐墨」を「両御所様」(正親町天皇・誠仁親王)より「拝領」し「頂戴」したことは忝く感じていることを通知。また北国平定の状況を言上すべきではあるが「一揆之類還如何」と遠慮していたが勅使下向は「無冥加之次第」であり、このような信長の意向を正親町天皇「叡聞」に達するよう依頼する。 [2881]
	9月18日	信長坊主衆長雲軒妙相(?〜?)、河内国人・安見新七郎宿所へ宛て音信す。 [2882]
	9月20日	織田信長(1534〜1582)、越前国内の占領状況と「普請注文」等を報告してきた羽柴秀吉(1537〜1598)へ、越前国北庄城の普請が完了したので来たる九月二十三日には必ず秀吉の陣所へ赴くので、この旨を蜂屋頼隆(よりたか)(1534?〜1589)への伝達を命令。 [2883]

62

西暦**1575**

天正3	9月20日	近衛前久（さきひさ）（1536～1612）、京都を発って九州薩摩の島津義久（1533～1611）のもとへ向かう。 毛利輝元（1553～1625）への包囲網構築を画策する織田信長に要請される形で、九州に下向し、大友氏・伊東氏・相良氏・島津氏の和議を図る。	2884
	9月21日	明智光秀、愛宕山威徳院へ、丹波出陣にあたり祈念の礼に銀子五枚奉納を告げる。	2885
	9月23日	織田信長、不破光治（「不破河内守」）・佐々成政（「佐々内蔵助」）・前田利家（「前田又左衛門尉」）へ宛行った越前国今立郡・南条郡の内の寺庵領・社領を全て没収すべきことを命令。但し「織田大明神領」については「先祖別而子細有之」というので没収はしないことを通達。 信長、府中三人衆に対し宛行う二郡内の、織田社以外の寺社領の没収を指示。	2886
	9月23日	明智光秀、越前より帰国。これより先、越前を平定し加賀代官職を命じられ、その処置に当たる。	2887
	9月-	「近江坂本に於て、一七日間晝夜二次の説法をなし、妙顯寺の日教、明智光秀等來聽し光秀は古筆色紙を贈り、日珖亦後柏原院宸筆の詞花集を贈つた」（『堺市史第七巻』）。 この月、京都鷹司新町の日蓮宗頂妙寺三世・日珖（にちこう）（1532～1598）、坂本に明智光秀（1528？～1582）を訪ね、十七日間に渡って談義する。日珖を慕う京都衆が多数参詣。	2888
	9月24日	村井貞勝、夜、吉田兼見のもとを訪れる。二十五日に織田信長が吉田社の近くで鷹狩をするため茶の湯菓子を用意するよう依頼する。（『兼見卿記』）。	2889
	9月25日	織田信長、美濃国垂井に到着。（『信長公記』）。 さらに進み、山城国愛宕郡の一乗寺辺で鷹狩りを行う。兼見、一乗寺の織田信長を訪問し茶湯菓子を、勢子衆（列率衆）に焼餅を振る舞う。織田信澄（「七兵衛尉」）・村井専次、吉田兼見の織田信長への暇乞の挨拶を馳走。（『兼見卿記』）。	2890
	9月25日	明智光秀、山城国愛宕山威徳院へ、越前を平定し坂本へ帰陣した旨と綿十把を奉納する旨を伝える。	2891
	9月26日	織田信長、美濃国岐阜城に帰還。（『信長公記』）。	2892
	9月27日	「明智光秀今井郷惣中宛書状」。 明智光秀（1528？～1582）、大和国今井郷惣中へ、津田宗及（そうぎゅう）（？～1591）の斡旋により武装解除を承認。また詳細は藤田伝五（行政）（ゆきまさ）（？～1582）より伝達させる。 前年、信長から今井郷に対し降服勧告があった。その条件とは「土居構」を崩し、土民の列に復帰し、武装しないということであった。	2893
	9月29日	柴田勝家、北庄橘屋三郎左衛門に唐人座・軽物座の支配を安堵。	2894
	9月下旬	この頃、長岡（細川）藤孝（1534～1610）、家臣松井康之（1550～1612）をして、西岡の国衆・物集女宗入（忠重）を勝龍寺城下におびき寄せ謀殺。	2895

天正3	9月-	織田信長、越前国織田庄へ全三ヶ条の「禁制」を下す。	2896

織田信長、越前国織田庄へ全三ヶ条の「禁制」を下す。
信長、越前国熊坂郷へ全三ヶ条の「禁制」を下す。
信長、越前国永平寺へ全三ヶ条の「禁制」を下す。
信長、越前国寮村へ三ヶ条の「禁制」を下す。
信長、越前国竹守村へ全三ヶ条の「禁制」を下す。
柴田勝家、越前国織田寺・門前へ全三ヶ条の「禁制」を下す。
柴田勝家、越前国新郷郷へ全三ヶ条の「定」を下す。
菅屋長頼、美濃国安養寺へ全五ヶ条の禁制を下す。

10月初め [2897]
織田信長、「大将御拝賀の政」を執行するために木村治郎左衛門（木村次郎左衛門）を「御奉行」として「禁中」に「陣座」建立を命令。（『信長公記』）。
木村次郎左衛門は、信長大将の官拝賀の時、陣の座設営の奉行を命じられた。

10月1日 [2898]
「信長は西方への領土拡大戦を策定し、丹波、丹後両国の平定を、光秀に命じていた」。織田信長、丹波国の片岡藤五郎へ、赤井直正（「荻野悪右衛門」）が未だに「出頭」しないので「退治」のために明智光秀（「維任日向守」）を派遣することを通達。また明智光秀（「日向守」）へ協力して戦闘に参加することを命令し、知行安堵と戦功によっては新恩給与の予定を通達。（『新免文書』）。
赤井直正（赤井悪右衛門）(1529〜1578)は、元亀2年(1571)に氷上郡へ侵攻してきた、信長の支援する山名祐豊(1511〜1580)を打ち破り、逆に山名氏が治める此隈山城・竹田城を占拠すると、信長の丹波侵攻を招くこととなった。信長は、吉川元春（毛利元就の次男）(1530〜1586)を討つ前に、京都に近い丹波を平定し、背後の敵対勢力を平定しようとした。
光秀は、この後、信長に丹波表のことを度々報告する。

10月2日 [2899]
明智光秀(1528 ?〜1582)、近江小松庄へ、鵜川（近江国滋賀郡鵜川村）で稲を刈って約束の如く光秀に納入するよう命じる。

10月2日 [2900]
「織田信長黒印状」。信長、小早川左衛門左（隆景）へ、越前一向一揆退治への祝賀物の贈り物に答え、昨月二十六日納馬、近日の上洛を伝える。

10月3日 [2901]
織田信長、美濃国岐阜城に於いて陸奥国から届けられた鷹五十足のうち二十三足を召し上げ、残りは家臣たちに与えた。（『信長公記』）。

10月4日 [2902]
「織田信長黒印状」。信長、長岡兵部大輔（細川藤孝）へ、越前国・加賀国平定の際の「先衆同前」の戦功を慰労し、その後に播磨国・丹後国方面の戦陣から情報収集のために飛脚を派遣したことを賞す。変動があれば逐一報告することを命令し、山城国物集女城の物集女忠重が「曲者儀連々申」したので生害させたことを賞す。また来たる十月十日の上洛予定を通知。

10月5日 [2903]
荒木村重(1535〜1586)、播磨国天神山城（浦上宗景属城）(兵庫県加古川市志方町西飯坂)に兵粮を搬入する。

10月5日 [2904]
「第二次石山合戦─本願寺と信長、第二次和睦をはかる」。織田信長(1534〜1582)、また、石山本願寺との和睦締結をはかる。信長、「条目」と「誓詞」を以て和議を求めてきた本願寺顕如光佐へ「赦免」の旨を通達し、今後は信長に対し敵対行為をしないよう申し入れる。顕如光佐(1543〜1592)は和平の「しるし」として、秘蔵する小玉潤・枯木・花の三幅対の絵を信長に差し出すこととする。
伊勢長島と越前の一向一揆が鎮定されたのを受け、本願寺顕如光佐が和睦を申し入れて来た。お互いの一時の策略であった。

西暦**1575**

天正3	10月5日	織田信長、松井友閑（「宮内卿法印」）へ、本願寺顕如（「大坂」）が「侘」を申し入れ「条目」と「誓紙」を送付してきたがこれを諒承したこと、敵対行為は無くとも今後の動向を見定め、相違が無ければ「赦免」することを通達。また織田信長「朱印」を発給するが、松井友閑がこれを保管し、本願寺顕如の「条目」全てを糾明した後に渡すことを命令。本願寺顕如は以前より敵対していたので軽率に織田信長朱印状を送付しないように念を押す。さらにその状況を三好康長（「三好山城守」）へ伝達するよう命令。	2905
	10月5日	「第二次石山合戦」。織田信長、三好康長（咲岩、笑岩）（？～？）へ、本願寺顕如からの「条目」が松井友閑（「宮内卿」）へ届けられたこと、本願寺顕如は今後織田信長に敵対しない意向であることを通知。詳細は松井友閑（「宮卿」）に伝達させる。	2906
	10月6日	塙直政（「原田備中守」）（？～1576）、大和国より山城国槙島城へ帰還する。	2907
	10月8日	「織田信長黒印状」。信長、播磨国・丹後国方面より戦況を「注進」してきた長岡兵部大輔（細川藤孝）へ、宇喜多直家の端城を奪取し浦上宗景に守備させたこと、荒木村重が帰陣したこと、丹波国・丹後国平定については明智光秀からも詳細な報告がなされているが、「誠せいを被入度々被申越」れて「喜悦之至」であると喜ぶ。また明後日十月十日の上洛予定を通知。	2908
	10月8日	織田信長、尾張国の河野藤三氏吉・山口太郎兵衛・坂井利貞（「酒井文助」）・篠岡八右衛門尉へ、尾張国中の橋梁架設を命令。	2909
	10月9日	「織田信長黒印状」。信長、長岡兵部大輔（細川藤孝）へ、丹波方面の件で重ねて詳細な報告を賞し、先ほども明智光秀より注進があり藤孝からの報告どおりであったこと、明日上洛予定であることを通知。	2910
	10月10日	織田信長、陸奥国より献上された鷹十四足と鶴三足を伴い、上洛のため岐阜城を発す。この日は美濃国垂井に宿泊。（『信長公記』）。	2911
	10月11日	柏原で三条実綱・水無瀬兼成の両公家が信長を出迎えた。織田信長、この日は近江国佐和山城（滋賀県彦根市古沢町）に宿泊。（『信長公記』）。	2912
	10月11日	万見重元（「万見仙千代重元」）・堀秀政（「堀久太郎秀政」）（1553～1590）、近江国の木村藤兵衛へ、近江国朝妻村に五百石の知行分を安堵。	2913
	10月12日	織田信長、近江国永原に寄宿。新たに架けられた瀬田橋を見物するために陸路にて上京する。信長の上洛にあたり、「摂家」・「清花」・「隣国の面々」が近江国瀬田・逢坂、京都山科・粟田口周辺に「御迎衆」として出向く。	2914
	10月13日	織田信長十月十日、上洛し衣棚押小路の妙覚寺に入る。（『信長公記』）。実は13日。	2915
	10月中旬	「第一次丹波国征討戦―第一次黒井城の戦い（天正3年10月～天正4年1月15日）」はじまる。 この頃、明智光秀（1528？～1582）が丹波の国衆の大半を配下とし、荻野（赤井）直正（赤井悪右衛門）（1529～1578）の居城である氷上郡黒井城（兵庫県丹波市春日町黒井）を包囲する。攻城戦は、二ヶ月以上となる。 明智光秀与力となった脇坂安治（1554～1626）も参戦し勇名をはせるという。脇坂は後に秀吉に仕え、賤ヶ岳の七本槍の一人に数えられた。	2916
	10月18日	織田信長、石清水八幡宮祠官の田中長清（「田中殿」）へ、宮領の山城国狭山郷については去る永禄十二年と元亀二年の織田信長「朱印」の旨を遵守して「直務」として「進止」することを命令。	2917

天正3	10月-	下間頼照 (1516~1575)、越前国坂井郡下野村で高田派黒目称名寺門徒に討たれる。一揆の主力である地元の勢力は、大坂から派遣された頼照や加賀の七里頼周らによって家臣のように扱われることに不満をもち、反乱を企てた。天正2年(1574) 閏11月、頼照はじめ本願寺側の勢力はこれを弾圧した。天正3年 (1575) 8月、織田の勢力が越前に進攻。頼照は観音丸城に立て籠り、木芽峠で信長を迎え撃つ準備をする。8月15日、信長は3万の軍をもって越前総攻撃にとりかかった。地元の一揆勢の十分な協力を得られなかったこともあり、織田方の猛攻に拠点の城は落城、頼照は海路を逃れようとしたが、真宗高田派の門徒に発見され、首を討たれた	2918
	10月18日	柴田勝家に仕える柴田勝定(「柴田源左衛門尉」)、越前国称名寺(福井県坂井市三国町黒目)へ、下間頼照(「下間筑後法橋」)を討ち取った戦功を賞す。また「勝家折紙」によって「門徒帰参人」の支配を承認されたこと、黒目村・米納津村・野中村・下野村の連中が「腰刀」・「武具」を準備し忠節を尽くしたいとの要望を許可したことを通達。	2919
	10月19日	織田信長、京都にて伊達輝宗より名馬「がんぜき黒」・「白石鹿毛」二頭と「鶴取りの御鷹」二足の献上を受ける。(『信長公記』)。 **織田信長、京都清水寺に出向く。**また村井貞勝に伊達輝宗(政宗の父)(1544~1585)より派遣された使者を清水寺にて饗応することを命令。鷹居菅小太郎・馬添樋口某の引見した使者二名には黄金二枚が下賜された。(『信長公記』)。	2920
	10月20日	多聞院英俊、この日在京中の織田信長の命令により「神鹿」一疋が生捕りにされ京都に送付されたことを知る。英俊は前にも同様の事があり「前代未聞ノ事、浅猿々々」と嘆く。(『多聞院日記』)。	2921
	10月20日	織田信長、和泉国五社府中の神主へ社領を安堵。	2922
	10月20日	織田信長(1534~1582)、毛利輝元(1553~1625)へ、大友宗麟(1530~1587)が内々に上洛を希望してきたので諒承したこと、宗麟と参会したとしても毛利輝元に疎意は無いことを通知。詳細は使僧に伝達させることを通知。	2923
	10月20日	織田信長、京都二条妙覚寺に於いて別所長治(1558~1580)・小寺政職(1529~1584)・赤松広秀(斎村政広)(1562~1600)ら播磨国衆の参洛礼問を受ける。(『信長公記』)。 信長、備前国の浦上宗景(?~?)や但馬国の山名韶熙(祐豊)(1511~1580)と対面する。	2924
	10月20日	今井宗久(1520~1593)、和泉国府中の在庁官人・田所氏へ、織田信長「御朱印」の件を塙直政(原田備中守)(?~1576)に直談し、発給される運びとなったことを祝す。また塙安弘(塙喜三郎)(?~1576)より伝達がある旨を通達。	
	10月21日	**「第二次和睦成立―第二次石山合戦終結(天正2年4月2日~天正3年10月21日)」。** 織田信長、三好康長(「三好笑岩」)(?~?)・松井友閑(?~?)を「御使」として本願寺顕如(「大坂門跡」)を「御赦免」。本願寺「年寄共」の平井・八木・今井ら、織田信長へ「小玉檻」・「枯木」・「花の絵」三軸を、三好康長を介して「三日月の葉茶壺」を献上し礼問す。(『信長公記』)。 信長、三好康長・松井友閑を「御使」として、和を請う本願寺顕如光佐を赦免。本願寺年寄の平井越後・八木駿河・今井某ら、織田信長へ「小玉檻」・「枯木」・「花の絵」三軸を、三好康長(咲岩、笑岩)を介して「三日月の葉茶壺」を献上し礼問する。	2926
	10月23日	織田信長、上洛した姉小路頼綱(自頼)(飛騨国司姉小路中納言卿)(1540~1587)の礼問を受け、栗毛馬を献上される。(『信長公記』)。	2927

西暦1575

天正3	10月25日	織田信長(1534～1582)、伊達輝宗(政宗の父)(1544～1585)へ、「弟鷹」二居を贈られたことを謝し、「五畿内」の件はいうに及ばず「至西国加下知」える状態であること、武田勝頼が信長に敵対し去る五月に三河国・信濃国の境界へ乱入してきたので即時出馬・交戦し甲斐国・信濃国・駿河国の軍勢を撃破し「散鬱憤」したこと、去る八月には越前国・加賀国の凶徒等数万人を撫切りに処して平定したこと、信長にとって越前国・加賀国両国の一揆之類はものの数ではないが「対天下成其禍」すので退治しなければ「不可有際限」ずというので討ち果たしたこと、関東八州の件はつまるところ信長存分に従う状態になるので程近く切々と音信を通ずることを通知。また所用之儀は疎意無きことを通知。[2928]
	10月25日	織田信長、初めて音信してきた遠藤内匠助(伊達家宿老・遠藤基信)へ、贈られた黒毛馬は乗り心ち勝るので特別に秘蔵することにしたことを通知し、来春には音信を通達することを約する。[2929]
	10月26日	「長宗我部元親、明智光秀の取次ぎで信長と同盟を結ぶ」。 「対惟任日向守書状令披見候、仍阿州面在陣尤に候、弥可被抽忠節事肝要候。次に字の儀、信遣之候、即信親可然候、猶惟任可申候也」。 **織田信長、明智光秀に書状を送付した長宗我部元親の嫡男・千雄丸(後の長宗我部信親)(1565～1587)へ、阿波国方面での軍事行動を賞してますますの忠節を促す。また「字之儀」は「信」字を遣わして「信親」と名乗るよう通知。詳細は明智光秀に伝達させる。** 長宗我部元親室石谷氏は、光秀家老・斎藤利三の異父妹で、その母(幕府奉公衆蜷川親順の次女)は光秀の叔母であった。光秀正室(妻木氏)の姉妹であるその母は、幕府奉公衆石谷光政に再嫁し、次女(長宗我部元親正室)をもうけた。[2930]
	10月28日	織田信長(1534～1582)、衣棚押小路の妙覚寺に於いて京都・和泉国堺の「数寄仕候者」十七名を招喚し、信長の茶頭となった千宗易(千利休)(1522～1591)の点前による茶会を開催。「御座敷の飾」は「三日月の御壺」・「白天目」・「つくもかみ」・「おとごぜの御釜」・「松島の御壺」であった。(『信長公記』)。 茶道具に開眼した信長は、丹羽長秀(1536～1585)や腹心の家臣・松井有閑に命じて銘品狩りといわれる本格的な茶道具の収集を始めた。これらの名器は一個一城の知行同等と価値づけられ、武功のあった家臣にこれを下賜、また、茶湯の催しを許すなど政治の方便としても用いた。織田信長は、堺の茶匠の指導のもと茶趣味に没頭し、茶湯は単なる遊芸や慰みとは異なり政道(「茶湯政道」)として武将の間に茶湯が盛行する要因となった。[2931]
	11月2日	多聞院英俊、在京中の「大乗院殿」の「御書」により織田信長の「公家ニ可成」くこと、来四日に「宣下」があり、来十日には「参内」、来十五日には「陳座」が設けられることを知る。(『多聞院日記』)。[2932]
	11月4日	「信長、公卿として正式に国政に参与することになる」。 織田信長(「平信長」)(1534～1582)、権中納言・従三位に昇進。[2933]
	11月5日	織田信長、某へ、「京上之人質」の件を油断無く扱うこと、また和泉国堺津の年貢納入を厳重にすることを命令。[2934]
	11月5日	吉田兼見、織田信長へ祗候、出仕していた「公家衆」六・七人と相談。その後、兼見は飛鳥井雅敦を訪問し、信長からの申請により「陣座」において七日に織田信長が「大納言」・「左大将」に叙任される旨を知る。その後、兼見は近衛前久・近衛信基・聖護院道澄を訪問。(『兼見卿記』)。[2935]

天正3	11月6日	織田信長、山城国の若王子神社へ、山城国西院内に三十石、三時知恩寺へ三十石、曇華院へ三十石、宝鏡寺へ三十石、宝鏡寺南御所へ二十石、仁和寺御室任助法親王へ百石、聖信法親王（勧修寺門跡）へ三十石、実相院へ十石、近衛前久へ山城国五箇庄八十石・西院内百石・西九条内四十石余・唐橋十石・岩倉谷諸散在分七十石余、内大臣一条内基へ百石などを新地として安堵するので、直務すべきことを通達。	2936
	11月7日	多聞院英俊、大和国十市城(橿原市十市町)主・十市常陸介遠長(?～1593)が、織田信長に敵対し籠城することを知る。（『多聞院日記』）。 十市郷は三分されて十市氏には三分の一が安堵された。さらにその三分の一も後室方と十市常陸介方とに二分されたため、十市氏は勢力を大きく失うことになった。	2937
	11月7日	**「信長、武家の棟梁として地位を得る」。** 織田信長、「御拝賀の御礼」があり、大納言三条西実枝を名代として帝に御礼を言上。正親町天皇より「御かはらけ」（土器）を下賜された。また同日、織田信長は「右大将」を兼任することになり、正親町天皇へ莫大な砂金・巻物を献上。献上物は正親町天皇「叡覧」を受けた後に、「諸公家衆」が「御支配」した。また信長より、公家衆に知行安堵も行われた。（『信長公記』）。 岩村城(岐阜県恵那市)攻城中で不在のまま、織田信忠、秋田城介に、北畠信意（織田信雄）、左近衛権中将に就任。	2938
	11月7日	「織田信長朱印状」。「天下布武」朱印。織田信長、藤波慶忠（『祭主殿』）へ山城国松崎の三淵某知行分の十石を、近衛家の御霊殿代へ山城国深草内に五十石を、尊朝法親王（『青蓮院殿』）へ山城国粟田口に七十二石と花園に二十八石を、鷹司家（『鷹司殿』）へ山城国八条内に十石を、西洞院時通（『西洞院殿』）へ山城国川勝寺内の二十石を、勘解由小路在富（『在富』）へ山城国上鳥羽に二十石を、土御門有脩（『有脩』）へ山城国上鳥羽に十石を、立入宗継（『立入左京入道』）へ山城国富森に十五石を、山城国下三栖二百九十石・塔森九十九石・吉祥院西条四十七石・島村七石余を内侍所刀自らへ、山城国深草の三十石を院庁官らに配分する。	2939
	11月7日	「織田信長朱印状」。馬蹄形の子持ち枠の中に「天下布武」の文字。信長、高倉永孝に新地（新しい領地）として二十石を与える。 公家領回復のため信長が出した徳政令関連文書で、信長は公家に対する支配を強化した。	2940
	11月8日	公家衆、悉く織田信長に参賀（『信長左大将之御礼云々』）。（『兼見卿記』）。	2941
	11月9日	織田信長、大和国今井郷(興福寺一乗院門跡被官、石山本願寺門徒)へ、「赦免」の旨、今後は万事石山本願寺（『大坂』）と同様とすることを通達。	
	11月9日	織田信長、戦火に見舞われた河内国道明寺へ、僧侶の帰寺と寺領安堵を通達。	2943
	11月10日	織田信長、山城国北野社松梅院へ、京都内野「警固銭」六十貫文余、「八木」(米)九石を寄付し、社頭造営に専念する旨を通達。	2944
	11月10日	「織田信長朱印状」。信長(1534～1582)、夫・佐治信方が戦死(伊勢長島攻め)した霊光院殿（お犬の方、信長妹）へ、京都下京の毎月の地子銭百二十四貫余を付与する。 お犬の方(?～1582)は、天正4年(1576)、細川晴元の子・昭元(1548～1592)と再婚する。 お犬の方長男の佐治一成(1569?～1634)は、お市の娘・お江と結婚するも、羽柴秀吉と対立したため離縁させられ、後に信長の娘である於振と再婚する。	2945

西暦1575

天正3	11月10日	「第三次岩村城の戦い」。この夜、武田軍の手に落ちた美濃国岩村城への織田「攻衆」が布陣する水精山に武田軍が夜襲を仕掛ける。 この武田軍の夜襲を織田軍の河尻秀隆（「河尻与兵衛」）・毛利秀頼（「毛利河内」）・浅野左近（盛久）・猿荻甚太郎らが撃退。（『信長公記』）。	2946
	11月-	「第三次岩村城の戦い」。夜襲が失敗に終わったことを知った岩村の城兵は柵を破って夜襲の衆を収容し、彼らと一手になろうとした。織田信忠（1557～1582）、先駆けとして美濃国岩村城を攻撃、多数を打ち取る。（『信長公記』）。	2947
	11月-	「第三次岩村城の戦い」。岩村城籠城の秋山信友軍は、織田家臣・塚本小大膳を介して降伏を申し入れる。 五ヶ月間持ちこたえた城衆の降伏が認められた。塙伝三郎は、降参の次第を信忠・信長に通告。元亀3年（1572）11月の「岩村城無血開城」に怒る織田信長、塚本小大膳を「目付」として、塙伝三郎に処置を命令。（『信長公記』）。	2948
	11月13日	多聞院英俊、十市遠長（？～1593）の籠城する大和国十市城が織田軍により総攻撃を受けていることを知る。 遠長は、松永久通（1543～1577）らに攻められ、十市平城も落とされて所領を失う。後、筒井順慶（1549～1584）に仕える。	2949
	11月13日	織田信長（1534～1582）、武田勝頼（1546～1582）の美濃国岩村城（岐阜県恵那市岩村町字城山）への侵攻により、俄かに京都を出立、美濃国岐阜へ下向。	2950
	11月15日	織田信長、美濃国岐阜城に到着。（『信長公記』）。	2951
	11月-	「第一次黒井城の戦い」。この月も、明智光秀（1528？～1582）、丹波黒井城（兵庫県丹波市春日町）を攻める。包囲を完了した光秀は、黒井城の周囲に陣地となる付城を多数築き、戦は持久戦になった。	2952
	11月17日	織田信長、近江国の田辺与左衛門尉へ、近江国黒田北方内に四百石を宛行う。 信長、近江国の箕浦次郎右衛門へ、近江国東柏原内に四百石石を宛行う。	2953
	11月17日	「第三次岩村城の戦い」。織田信忠、岩村城内へ和議の使者を差し向け、兵の救命を条件に和議を整え城内へ食糧を贈る。	2954
	11月21日	明智光秀、小松庄へ、滋賀郡・高嶋郡の境を定めたので違乱があれば注進するよう命じる。	2955
	11月21日	「第三次岩村城の戦い（6月～11月21日）終結─信長、秋山信友の降伏条件を反故」。 織田信忠（1557～1582）に降伏し、城主秋山信友（1527～1575）が大嶋長利・座光寺貞房の二名を伴い、「御赦免の御礼」のために、信忠本陣に参上したところを捕縛され、美濃国岐阜に連行され、十一月二十六日信長の命で長良川の河原に於いて「張付」に処される。織田軍、おつやの方（信長叔母）（？～1575）もまた捕らえ、逆さ磔で処刑、城に残る遠山一党を全滅させる。	2956
	11月24日	「第一次黒井城の戦い─天正3年10月～天正4年1月15日」。 但馬国八木城（兵庫県養父郡八鹿町）主・八木豊信（？～？）、吉川元春（毛利元就の次男）（1530～1586）へ、明智光秀（1528？～1582）が黒井城に荻野（赤井）直正（悪右衛門）（1529～1578）を包囲し、丹波衆の過半が光秀に一味していると報ず。	2957
	11月24日	河尻秀隆（1527～1582）を岩村城に入れ置いた織田信忠、美濃国岐阜城へ凱旋。（『信長公記』）。	2958

天正3	11月25日	織田信長、赤座吉家（「赤座小法師」）へ、越前国内に前波長俊（「桂田播磨」）（越前国守護代）の書出の如く新知を宛行う旨を通達。	2959
	11月28日	**「信長、信忠に家督譲与」。** 織田信長、織田信忠（「菅九郎」）に織田「家督」を譲与す。信長は信忠へ「星切りの御太刀」などの重宝を与え、織田信忠へ「尾州・濃州共に御与奪」なされ、織田信長自身は「御茶の湯道具」のみを携え、佐久間信盛（「佐久間右衛門」）邸に移る。（『信長公記』）。 織田信長（1534～1582）が、家督と岐阜城を嫡男信忠（1557～1582）に譲り、尾張・美濃二ヶ国を与え、自らは茶道具のみを携えて佐久間信盛の屋敷に移る。 織田氏をも含めた諸大名の上に立つ「天下人」（公儀）が信長、その下で美濃・尾張を支配する分国大名織田氏の当主が信忠、という分担が行われる。	2960
	11月28日	織田信長、初めて陸奥国田村清顕（「田村大膳大夫」）、下野国小山秀綱（「小山殿」）、常陸国佐竹義重（「佐竹左京大夫」）らに音信し交誼を通じる。長篠の戦いの勝利について伝え、武田勝頼を征伐するときには、味方するように促す書状を出した。小山秀綱には、小笠原貞慶（1546～1595）をして秀綱に伝達せしむ。	2961
	11月28日	佐久間信栄（「佐久間甚九郎信栄」）、河内国天野山金剛寺へ、寺領・山林竹木・被官人らは織田信長の「御朱印」により安堵されたので、新儀課役は賦課しない旨を通達。	2962
	11月29日	**明智光秀、村井貞勝と共に、山城若宮八幡宮領西九条名主百姓中の年貢未進を糺責する。**	2963
	11月-	この月、本願寺顕如光佐（1543～1592）、屈辱の講和に時を借り、信長の決戦の時に備えて、毛利の吉川元春（1530～1586）に、本願寺を援けて来春の出兵を依頼。	2964
	11月-	織田信長、織田信忠（「城介殿」）へ、尾張国に於いて「鶴」を捕らえて送付する旨を通知。	2965
	12月1日	織田信長、丹波国桐野河内方の伊勢貞知（貞常）（？～1637）の所職を没収、左京大夫（細川信良）女房衆に給与することとし、明智光秀に、この処置を命じる。 貞知父貞倍（？～1672）が永禄12年（1569）10月15日に丹波桐野・河内等を信長に安堵されたていたが、信長に従っていなかった。	2966
	12月2日	**明智光秀（1528？～1582）、在々所々百姓中へ徳政令を発す。** 光秀は、一年季売買の田畠・賭け事の銭・未納年貢を破棄する徳政令を発布した際、永代売買地・質物を徳政から除き、年寄層を保護した。	2967
	12月12日	塙直政（「塙九郎左衛門尉直政」）（？～1576）、大和国法隆寺「東寺」は以前の裁決に不服で上申し格別の織田信長「御朱印」を受けたが、法隆寺「西寺」は去年発給された織田信長「御朱印」により諸事「先規」の如く東寺・西寺の別を厳守する命令が出されており、この矛盾について法隆寺堂衆中より訴訟があったため、来春の織田信長「御上洛」に際して糺明するので、それまでは「諸色如先規」とすることを通達。	2968
	12月13日	織田信長、松浦肥前守（和泉国岸和田城主）（？～1575）へ、伊予国産の「鶴」二羽・「鈴」（銘酒）・「マナカツホ」十匹を贈られたことを謝す。また松浦肥前守の身上については細川昭元（「細六」）が「異見」を持っているというが、このことを織田信長は知らないし、少しの別条も無いことを通達。詳細は柴田勝家（「柴田」）より伝達させる。	2969

西暦 1575

天正3	12月15日	織田信長、中山孝親・庭田重保・勧修寺晴右・甘露寺経元へ、泉涌寺造営の件で正親町天皇「叡慮」を重ねて承ったので、即時修造普請を命令したことを、正親町天皇に奏達することを依頼する。 天正4年、信長により泉涌寺再建がはじまる。	2970
	12月20日	村井貞勝、山城国長国寺へ、織田信長「御朱印」により寺領安堵がなされたことを通達。	2971
	12月27日	掃部助（並河易家）、曾祢六郎左衛門へ、今度の徳政は明智光秀の花押があるので、もし違乱する者あれば連れてくるよう命ず。	2972
	12月27日	徳川家康（1543〜1616）、織田信長の命により、岡崎城に水野信元を呼び出し切腹を命じる。 家康の生母・於大の方（伝通院）の異母兄・水野信元（？〜1576）は、佐久間信盛（1528〜1581）の讒言により武田勝頼との内通を信長に疑われた。	2973
	12月28日	織田信長、尊朝法親王（「青蓮院殿」）へ、大和国多武峯寺本領の件で依頼されたことを諒承、織田信長「朱印」を発給して安堵することを通知。詳細は塙直政（「原田備中守」）に伝達させる。	2974
	12月28日	織田信長、大和国多武峯惣分老若中へ、寺領の件で「近年武士押領分」が問題となったので全てを「還附」したこと、その他往古からの寺領・供物料所で大和国内の入地を安堵すること通達。また大和国土豪の「私徳政」や「地興」（土地のみの徳政）を厳禁すること、本郷領中への臨時の課役と山林・竹木伐採を禁止することを通達。	2975
	12月29日	明智光秀・村井貞勝、山城国若宮八幡宮領と西九条名主・百姓中へ、境内（「縄内」）の年貢・地子銭を「当知行」として諒承し、社納することを命令。また「無沙汰」をすれば「譴責」することを通達。 明智光秀・村井貞勝、西九条の名主や百姓より、若宮八幡宮領の地子銭を徴す。	2976
	12月-	三好康長（「三好山城守」）・松井友閑（「宮内卿法印」）、石山本願寺坊官の下間頼慶（「下間上野法眼」）・下間頼廉（「下間刑部卿法眼」）・八木駿河守・平井越後法橋・井上出雲法橋に対して「霊社起請文上巻前書」を呈す。 「前書」は、約束は間違いないとする宣誓（約束確信）である。	2977

泉涌寺

天正4	1月5日	織田信忠(「平信忠」)(1557~1582)、「従四位下」に昇進。	2978
	1月10日	織田信長、「桶狭間の戦い」で信長の目前で討死した千秋季忠の忘れ形見・尾張国熱田社大宮司千秋季信(「千秋喜七」)へ、「熱田太宮神職」を「一円ニ宛行」い、「沽却地」であっても改めて指示を下し完全な「直務」とすべきことを通達。	2979
	1月11日	佐久間信盛(「佐久間右衛門尉信盛」)・佐久間信栄(「佐久間甚九郎信栄」)、尾張国熱田社大宮司の千秋季信(「千秋喜七郎」)へ、織田信長・織田信忠が「熱田太宮神職」を安堵したので「沽脚地」でも織田信長「御朱印」の旨に任せて全て社領とすることを通達。	2980

1月15日　「**第一次黒井城の戦い(天正3年10月~天正4年1月15日)終わる─明智光秀大敗─波多野氏、織田家に反旗**」。 ^2981^

「丹州黒井之城、萩野悪右衛門在城也、旧冬以来惟任日向守取詰在陣也、波々野令別心、惟日在陣令敗軍云々」。(『兼見卿記』)。吉田兼見、丹波国黒井城を攻囲している明智光秀が波多野秀治の逆心により敗北を喫した旨を知る。

明智光秀軍は黒井城の前方(南側)にあたる「平松」という土地に移動し、城の東側に大路城主波多野秀香(波多野晴通の三男)(?~1579)の軍、西側に霧山城主波多野秀尚(晴通の次男)(?~1579)の軍、城の北側八上城(兵庫県丹波篠山市八上)主波多野秀治(晴通の長男、波多野元秀の養子)(1529?~1579)の軍と、黒井城の四方に陣取る。二ヶ月にわたり赤井直正(悪右衛門)(1529~1578)の丹波国黒井城(兵庫県丹波市春日町黒井)を攻囲している波多野秀治軍らが、突如、明智光秀軍の背後をつき三方向から攻めて、光秀軍は総退却となり大敗。

物語的には、矢・弾丸が飛び交い、馬がいななき、刀や槍の穂先が光り、両軍死力を尽くしての戦いが続く。と、どうしたことか、突然赤井の軍勢は一斉に軍を引き、黒井城に引き上げた。気を抜かれた明智の軍兵も、戦いを止め、戦場はしばらく静けさが漂う。その時、後ろの隠れていた赤井勢が、明智軍の最後から猛然と襲いかかった。不意を衝かれて驚いた明智軍は、雪崩を打って黒井城下から敗走していく。これが世に名高い「赤井の呼び込み戦法」といわれている。織田信長勢力の伸張を嫌う毛利氏が働きかけという。

光秀退却の道案内をしたのが、並河掃部(易家、明智掃部)、松田太郎左衛門(政近)(?~1582)・開田太郎八・荻野左兵衛・波々伯部(ほうかべ)五郎三郎らという。光秀は並河一族の案内で辛うじて丹波を脱出できた。

	1月中旬	**織田信長、丹羽長秀(「丹羽五郎左衛門」)へ、近江国安土山「御普請」を命令。**(『信長公記』)。 この頃、織田信長(1534~1582)、安土城(滋賀県近江八幡市安土町下豊浦)築城に着手。丹羽長秀(1535~1585)を普請奉行、岡部又右衛門以言(?~1582)を大工総棟梁とし近江の安土山に築城を開始。木村次郎左衛門が普請奉行だったという。	2982
	1月中旬	**この頃、信長、二条御新造造営「御普請」を命令。** 天正5年(1577)閏7月6日、信長はこの邸に移る。二条新第(押小路烏丸殿・二条晴良邸跡)である。	2983
	1月17日	織田信長、去年の織田信長「昇進」の祝儀を贈呈した小早川隆景(「小早川左衛門佐」)へ、その懇志を謝し、詳細を武井夕庵・羽柴秀吉より伝達させる。 信長は、小早川隆景の昇進祝儀で太刀一腰、馬一疋の贈呈を謝す。	2984

西暦1576

天正4	1月18日	「自高嶋七兵衛尉上洛、今度丹州之義爲見舞下向云々北白川在陣也」。（『兼見卿記』）。 織田（津田）信澄(1555？～1582)、丹波攻めの明智光秀(1528？～1582)救援のために近江国高嶋郡より上洛、北白川で在陣中。 信澄は、信長の実弟である織田信勝（信行）の子であり、正室は明智光秀の三女（川手の方）。	2985
	1月19日	羽柴秀吉（「羽柴筑前守秀吉」）、小早川隆景（「小早川左衛門佐」）へ、織田信長（「右大将殿」）に対する祝儀に謝意を表し、織田信長「御返書」が発給される旨を毛利輝元（「右馬頭殿」）に対しても別紙が送付されること、別条の無いことの伝達を依頼する。	2986
	1月21日	「惟任日向守自丹州上洛、直坂本下向之間、至白川罷出、今度不慮之儀驚入之由申了」。（『兼見卿記』）。 丹波で苦戦の明智光秀、丹波国より近江国坂本へ下向。吉田兼和（兼見）(1535～1610)は白川において光秀を見舞う。 光秀に替わり、織田（津田）信澄が丹後に向かったのか。	2987
	1月28日	多聞院英俊、明智光秀が丹波国経略を仕損じて近江国坂本城へ漸く退却したこと、また織田軍の摂津国「大坂之軍」(対石山本願寺)の敗北と聞く。（『多聞院日記』）。	2988
	1月28日	織田信長、別所長治（「別所小三郎」）へ、「年甫之祝詞」(改年祝儀)としての太刀一腰、馬一疋、板物三端の贈呈を謝し、近日の上洛予定を通知。	2989
	1月29日	織田信長(1534～1582)、丹波国の川勝継氏(1531～1602)へ、丹波国八上城(兵庫県丹波篠山市八上)の波多野秀治(1529？～1579)の違背にあたり「堅固覚悟」を賞し、以後の忠節を督促。また信長は近日中に上洛し、逆徒等（波多野秀治ら）を討伐する予定を通達。詳細は明智光秀に伝達させる。	2990
	1月-	織田信長、播磨国網干郷へ、全三ヶ条の「禁制」を下す。違反者は「忽」厳罰に処す旨を通達。	2991
	2月2日	明智光秀、荒木藤内へ、丹波黒井城での手柄に対して感状を発行し、高山次右衛門に伝えさせる。 荒木藤内は、丹波波多野氏の老中家の荒木藤内左衛門氏修か。高山次右衛門は、天正10年6月15日、坂本城天守に放火して自刃。	2992
	2月7日	足利義昭、吉川元春(1530～1586)へ、毛利輝元(1553～1625)に幕府再興を通達するよう命令。	2993
	2月8日	足利義昭(1537～1597)、備後鞆(広島県福山市鞆町)に移る。一色藤長（？～1596？）、鞆動座に遅れて参上し、足利義昭に不興をこうむる。 上野秀政（？～？）、真木島昭光（？～？）、柳沢元政(1536～1613)、六角義堯（義治）（大本所）(1545～1612)と若狭武田信景（右衛門佐）（？～1582)らが、同行したとされる。	2994
	2月8日	「足利義昭御内書」。義昭、小早川左衛門佐(小早川隆景)宛送付。	2995
	2月15日	織田信長、本願寺に朱印状。石山合戦で和睦したので、参詣衆や末寺に対して不穏な動きをしないよう命令する。	2996
	2月16日	吉田兼見、近江国坂本へ下向し明智光秀（「惟日」）を訪問。（『兼見卿記』）。	2997

西暦1576

天正4	2月18日	多聞院英俊、織田信長が近日近江国へ移動し、「アツチ山」(安土山)に要害を建造する用意を行うこと、それに対し松永久通(久秀の子)(1543～1577)が迎えに赴いたことを知る。(『多聞院日記』)。	2998
	2月18日	「惟日下向丹州、以使者音信也」。(『兼見卿記』)。吉田兼見、丹波国に下向する明智光秀(「惟日」)へ、音信を携えた使者を派遣。 **「第一次黒井城の戦い」で敗れたが、再び戦の準備を整えた明智光秀(1528？～1582)が、丹波に向けて、坂本城を出陣。** **赤井軍の防備は固く、この時はほとんど戦わず短期間で引き揚げてしまった。** 一方、この戦いで織田軍を破ったことで赤井直正(悪右衛門)(1529～1578)は、「丹波の赤鬼」という名を広めた。	2999
	2月20日	「明智光秀判物」。光秀、曽祢(曽根)村惣中へ、氷上(丹波氷上郡)表での手柄を賞し、諸役などを免除する。	3000
	2月23日	「一月中旬から近江の安土山に築城を開始するよう、丹羽長秀に命じた。二月二十三日、信長は安土に移った。城の普請は信長の意にかない、褒美として名物の珠光茶碗を長秀に送った。……その他に天守閣を建築するようにとの命令であった。尾張・美濃・伊勢・三河・越前・若狭・畿内の諸侍、および京都・奈良・堺の大工や職人を召集し、安土に詰めさせ、また瓦焼き職人の唐人一観を召し出した」。(『信長公記』)。 岐阜城を信忠に譲った**織田信長(1534～1582)、建築中の近江国安土城(滋賀県近江八幡市安土町下豊浦)に御座を移す**。普請の様子は信長御意に叶ったので、丹羽長秀(1535～1585)に褒美として「珠光茶碗」を下賜する。 近江国安土山下には馬廻衆の屋敷地が与えられた。のち、村井貞勝(？～1582)は、前将軍義昭の二条御所を壊して安土城に運ぶ。	3001
	2月24日	織田信長、近江国安土城へ移徙。(『兼見卿記』)。	3002
	2月24日	「今度従氷上表打入候刻、当村百姓別而馳走之段、懇志不浅候、依之諸役・万雑公事令免許畢、仍如件、」。 **明智光秀、曾根村(丹波印南郡)惣中宛へ諸役務を免除する書状を出す。** 光秀家臣・三沢秀儀(秀次)(明智少兵衛尉、溝尾茂朝)(1538～1582)は添書きで、惣代に対し光秀に対する奉公を褒め、田畑の安堵ならびに諸役の免除を伝える。	3003
	2月25日	織田軍、大和国森屋城(奈良県磯城郡田原本町蔵堂)を接収。(『多聞院日記』)。	3004
	2月26日	**明智光秀、安土に伺候し、安土城の普請を進言する。** 安土に城を築こうとした信長は、古今の出来事に通じた光秀に意見を求めたところ、光秀は里見義弘や大内義興の城のことを述べると、「安土の城に置かれましては、天下布武の総仕上げとも言える御城ゆえ、五常五行を表して五重の天守を建られるのがよろしいかと思いまする」と細かいところまで申し上げた。信長は大層喜び、光秀を安土城天守の奉行に任じたという。	3005
	2月27日	吉田兼見、「茶湯風炉」の件で南都へ使者を派遣。また吉田兼見は大和国多聞山城在城の山岡景佐(かげすけ)(「山岡対馬守」)(1531～1589)に書を遣す。(『兼見卿記』)。	3006
	2月-	織田信忠(1557～1582)、尾張国の篠岡八右衛門尉・坂井利貞(「坂井文助」)・河野藤三へ、尾張国中の道普請について、「本海道」は三間に尺、「脇道」は二間二尺、「在所道」は一間とし、高さ三尺の松・柳の樹木を植えることを命令。	3007

天正4	3月2日	大和国木津の関所が織田側に接収され、在地衆は十市遠長（「十方」）（？〜1593）のもとへ「牢人」として身を寄せる。（『多聞院日記』）。	3008
	3月4日	吉田兼見、織田信長（「左大将殿」）を近江国安土城に訪問。（『兼見卿記』）。	3009
	3月4日	**織田信長の命令で勢田橋（瀬田橋）普請が大方出来上がる。**吉田兼見は初めて瀬田橋を見物。兼見、近江国蒲生郡西庄に赴き旅宿から村井専次（清次）（村井貞勝次男）（？〜1582）へ使者を派遣し村井専次の下向を要請。専次は早々に安土へ到着。兼見、専次のもとへ出向くが安土登城中というので、兼見自身も安土城へ登城し「天主」近辺で待機していると、橋普請から戻った織田信長と面会。兼見は堀秀政（1553〜1590）を介して信長へ貢物を献上。（『兼見卿記』）。	3010
	3月4日	武井夕庵（「二位法印尓云」）（？〜？）、吉川元春（「吉川駿河守」）に織田信長（「信長卿」）への年頭祝儀を賞し、答礼を通知。また武井夕庵自身への太刀・馬を拝領したことを謝し、詳細は聖護院道澄（「聖門様」）が伝達することを通知。	3011
	3月4日	羽柴秀吉（「羽柴筑前守秀吉」）、吉川元春（「吉川駿河守」）に織田信長（「右大将家」）への「青陽之嘉慶」を賞し、答礼を通知。また羽柴秀吉自身への太刀・馬を拝領したことを謝し、詳細は聖護院道澄（「聖門様」）が申し送ることを通知。	3012
	3月5日	織田信長、見舞を送ってきた織田信忠（「城介殿」）へ謝意を表し、近江国安土城の普請は進行中であること、尾張国・美濃国の「弥静謐」を堅守すべきこと、「此辺」を制圧して状況を報告する予定であることを通知。	3013
	3月6日	長浜城主・羽柴秀吉（1537〜1598）、近江の女舞を禁中に催す。	3014
	3月8日	吉田兼見、佐竹宗実（「佐竹出羽守」）（後の明智秀慶）（？〜1590）より招待され晩に赴く。（『兼見卿記』）。	3015
	3月11日	聖護院道澄（1544〜1608）、吉川元春（「吉川駿河守」）へ、因幡国の件を即時織田家中の武井夕庵（「二位法印」）・羽柴秀吉（「羽筑」）・塙直政（「原備」）に通知したこと、山中幸盛（「山鹿」）から受けた救援要請に対し織田信長は「許容」せず、その方針に変化が無いこと、詳細は返書に記載した通りであること、今後の状況を逐次報告することを通知。	3016
	3月11日	岡本貞俊（松井友閑上使）・長谷川重元（塙直政上使）、河内国「尼野寺」（金剛寺）へ、「徳政」の件は塙直政（「原田備中守」）・松井友閑（「宮内法印」）が織田信長「御朱印」を調え、「惣国」に通達したにもかかわらず、河内国金剛寺は承引しなかった旨が三好康長（「三山」）より報告されたため、織田信長が塙直政・松井友閑に、命令が遵守されない場合は「成敗」を加えるよう指示を下した旨を通達。	3017
	3月16日	吉田兼見、佐竹宗実（「佐竹出羽守」）の訪問を受ける。また東寺の津田宗及宿所に長岡（細川）藤孝（「長兵」）が滞在しているというので、連絡を取り訪問。（『兼見卿記』）。	3018
	3月17日	近衛前久（1536〜1612）、鎮西諸侯の戦闘を停止させる目的で薩摩国鹿児島に到着。	3019
	3月17日	吉田兼見、細川藤孝（「長兵」）の近江国下向に途中まで同行。（『兼見卿記』）。	3020
	3月21日	十市常陸介遠長（「十常」）（？〜1593）、塙小七郎により河内国へ駆逐される。十市内衆は大和国森屋城（奈良県磯城郡田原本町）へ入る。（『多聞院日記』）。原田（塙）直政（？〜1576）、十市城を接収し十市遠長を河内へ追放する。	3021
	3月25日	近衛前久、薩摩国伊集院に到着。	3022

西暦1576

天正4	3月28日	山科言経(1543～1611)、父山科言継(1507～1579)・葉室長教(「葉室弁」)を同行し報恩寺普請を見物。織田信長(「右大将殿」)が近々報恩寺に二条晴良(「二条殿」)を移徙させるため明智光秀(「明智十兵衛尉」)が普請奉行であるという。(『言経卿記』)。	3023
	3月30日	織田信長、聖護院道澄(「聖護院殿」)へ、安芸国からの「年頭祝儀」の書状を謝す。詳細は武井夕庵(「二位法印」)より伝達させる。	3024
	3月30日	織田信長、小早川隆景(「小早川左衛門佐」)へ、「年甫之祝詞」として贈呈された太刀一腰、馬一疋を謝す。詳細は武井夕庵(「二位法印」)・羽柴秀吉(「羽柴筑前守」)に伝達させる。	3025
	3月-	「石山本願寺の籠城五年(第三次石山合戦—天正4年(1576)3月～天正8年(1580)閏3月5日)」はじまる。 この月、信長・本願寺の「第二次講和」が破られ、石山本願寺が織田信長に対して三度、挙兵する。木津・難波に城を構えた。 本願寺顕如は、毛利輝元に庇護されていた将軍足利義昭と与して三度挙兵した。	3026
	4月1日	織田信長(1534～1582)、近江国安土山の石垣構築を開始。またその石垣上に「天主」構築を命令。尾張国・美濃国・伊勢国・三河国・越前国・若狭国・畿内の諸侍に普請役を課す。京都・大和国奈良・和泉国堺の大工・諸職人と「一観」(唐人瓦焼職人)を近江国安土に召喚し、天主台は「唐様」にする旨を命令。(『信長公記』)。	3027
	4月1日	羽柴秀吉(「羽柴筑前守」)、小早川隆景(「小早川左衛門佐」)に織田信長への「年頭之御礼」として御札・太刀・馬代を贈呈されたことを披露したこと、返書が認められたことを通知。また羽柴秀吉自身への馬代銀二枚二十文目を贈呈されたことを謝す。更に近日の上洛予定と、「京都」より音信することを通知。	3028
	4月2日	織田信長、山城国東山慈照寺(銀閣寺)へ、近江国安土城への移徙祝儀として十六島海苔一折を贈呈されたことを謝し、安土城普請が完成すれば上洛する予定を通知。	3029
	4月3日	「光秀・藤孝は、再蜂起した本願寺勢に対応すべく大坂派遣を命じられた」。 織田信長、石山本願寺を攻撃中の明智光秀・長岡(細川)藤孝へ、全ての麦の刈り取りと「大坂籠城候男女」へ赦免するので早々に退去することを促す旨を表示した「立札」を諸口に立てることを命令。また坊主以下の再起を期そうとする連中は「不可赦免」を命令。	3030
	4月5日	「従当所大阪兵糧入事、可為曲事候、堅停止簡要候、若猥之族聞立、可令成敗之状如件」。 織田信長、摂津国平野庄惣中へ、大坂石山本願寺に兵粮を運搬することは「曲事」であるので厳禁すること、もし違反者が発生した場合は成敗することを通達。	3031
	4月7日	三好康長(「三好山城守」)(咲岩、笑岩)(?～?)、織田信長が「先例」に任せて命令した「徳政」を遵守しない河内国金剛寺年預御房へ「証跡」や「証文」を携帯し事情徴収に応ずるよう命令。	3032
	4月10日	関白二条晴良(1526～1579)・二条昭実(1556～1619)・九条兼孝(1553～1636)父子、報恩寺新邸に移徙。報恩寺造作は織田信長の命令で行われたという。(『言経卿記』)。 信長は、一条川端の報恩寺を摂取して二条家に贈与した。	3033
	4月14日	「惟任日向守至南方出陣、通比表也、罷出申礼、河州在陣平野云々」。(『兼見卿記』)。 「第三次石山合戦」。明智光秀(「惟任日向守」)(1528?～1582)、河内国平野へ出陣。山城国吉田郷付近で吉田兼見は明智光秀を見送る。	3034

天正4	4月14日	織田信長、荒木村重（「荒木摂津守」）・細川藤孝（「永岡兵部大輔」）・明智光秀（「惟任日向守」）・原田（塙）直政（「原田備中」）に「上方の尾人数」を加勢し摂津国大坂の石山本願寺を攻撃させる。（『信長公記』）。	3035
		「第三次石山合戦」。荒木村重（1535〜1586）は、大坂の北野田の地に三ヶ所の砦を築いて川手の通路を封鎖。原田（塙）直政（？〜1576）は天王寺まで進出し、ここに要害を築いた。明智光秀（1528？〜1582）、長岡（細川）藤孝（1534〜1610）らと共に、大坂東南の森口・森河内の取出（砦）の守備を命じられる。また、佐久間信盛（1528〜1581）と天王寺取出の守備も命じられる。付城を十ヶ所築くという。石山本願寺勢は楼岸と木津を抱えて海上を難波口から通行していた。この木津さえ押さえれば石山本願寺勢の通路のすべてを閉ざすことができたため、信長は攻囲勢にこの地を攻略させようと考えた。そして天王寺砦を佐久間甚九郎信栄（1556〜1632）と明智光秀に守らせ、その上で猪子高就（兵助）（1546〜1582）・大津伝十郎（長昌）（？〜1579）を現地へ検使に遣わして木津攻略の方針を伝えさせた。	
	4月18日	**「第三次石山合戦」**。石山本願寺勢は、この日、雑賀衆の援助を請う。	3036
	4月21日	吉田兼見、織田信長が大坂に付城七所を築いた旨を知る。（『兼見卿記』）。	3037
	4月22日	**「第三次石山合戦」**。織田信長（1534〜1582）、蒲生賦秀（「蒲生忠三郎」）（のちの氏郷）（1556〜1595）へ、石山本願寺との戦闘で敵首二つを取った戦功を賞す。	3038
	4月28日	**「第三次石山合戦」**。織田信長、塩川長満（「塩川伯耆守」）（1538〜1586）・安東平右衛門へ、全五ヶ条の「覚」を下す。その内容は敵がどの口から出撃してきても迎撃することを命令し油断した連中は「曲事」であり「交名」にて報告すべきこと、「番」等の件は昼夜の別無くすること、「敵」（石山本願寺）に対して織田軍側より攻撃を仕掛けることは停止するが攻略するに都合の良い攻め口があれば調査して攻撃命令を待つこと、守備兵（「番手人数」）が「退屈」しないように厳命すること、いずれ「当年中ニハ可為一着」くという見通しであるから不要な動向により有能な士卒（「可然もの」）が「鉄炮」などに当たらないように注意しながら防備することを命令す。	3039
	4月29日	織田信長（「右大将信長卿」）、近江国安土城より上洛。（『言経卿記』）。信長、近江国安土城より上洛、妙覚寺に入る。吉田兼見、満千代を同行し上洛した織田信長（「左大将殿」）の宿所二条妙覚寺を訪問。（『兼見卿記』）。	3040
	4月29日	織田信長、押小路烏丸殿（二条晴良第）に、二条御新造（居館）を建築することを目論み、村井貞勝に普請の細目を申し聞かせる。	3041
	4月30日	織田信忠（1557〜1582）、信長上京のため、安土普請の総指揮を任される。	3042
	4月30日	大和国興福寺常如院、丹波国勝龍寺城の長岡（細川）藤孝を礼問する。	3043
	5月1日	廷臣公家衆ら、織田信長の妙覚寺宿所へ祇候し上洛を賀す。但し「草臥」というので対面は無かった。近衛前久の子（後の近衛信尹）（1565〜1614）のみが対面したという。公家衆の大部分は帰宅、少数が居残った。（『言経卿記』）。	3044
	5月2日	織田信長、摂家・清華ら公家衆の出仕を受ける。献上物を披露したのは村井貞勝。（『兼見卿記』）。	3045
	5月2日	織田信長、筒井順慶へ、早速の「竹釘」調達を賞す。	3046

天正4	5月3日	この早朝より石山本願寺一揆勢、数千挺の「鉄炮」を以て織田軍を攻撃、敗走させる。一揆勢の追撃を阻止した塙直政(「原田備中」)・塙安弘(「塙喜三郎」)・塙小七郎・蓑浦無右衛門・丹羽小四郎が討死。(『信長公記』)。	3047
		「第三次石山合戦—天王寺合戦」。石山本願寺攻めの佐久間信盛・長岡(細川)藤孝は北方森口表より、松永久秀は住吉口より、荒木村重は西の海上より、原田備前守直政・筒井順慶は、南方天王寺より攻め入った。	
		この早朝より、雑賀衆・鈴木重秀(雑賀孫一)ら石山本願寺一揆勢、数千挺の「鉄炮」を以て、三津寺砦(大阪市中央区心斎橋筋2丁目)を攻める原田(塙)直政・三好康長ら織田軍を攻撃、敗走させる。一揆勢の追撃を阻止した原田(塙)直政(?～1576)・塙安弘・塙小七郎・蓑浦無右衛門・丹羽小四郎が討死。	
	5月3日	石山本願寺一揆勢、摂津国天王寺砦を守備する佐久間信栄(「佐久間甚九郎」)・明智光秀(「惟任日向守」)・猪子高就(「猪子兵介」)・大津長昌(「大津伝十郎」)らを攻囲。(『信長公記』)。	3048
		「第三次石山合戦」。勝ちに乗じた雑賀衆・鈴木重秀(雑賀孫一)らは信長勢の佐久間信栄(1556～1632)・明智光秀(1528 ?～1582)・猪子高就(兵助)(1546～1582)・大津長昌(?～1579)の籠もる天王寺砦(大阪市天王寺区生玉寺町3　現・月江寺)を包囲する。	
	5月3日	織田信長、関白二条晴良を訪問。(『兼見卿記』)。	3049
	5月3日	柴田勝家(「柴田修理亮勝家」)、初めて音信を通ず遠藤基信(「遠藤山城守」)(伊達輝宗重臣)へ、自身が「北国表為警固」に越前国に「居置」かれたことを通知。さらに去年(天正三年)織田軍は加賀国・越中国・能登国を「以覚悟平均申付」けたが詳細な作戦の計画中である旨、そして遠藤基信の出羽国に於ける織田信長(「天下」)への入魂を賞し、「上方」への御用は疎意無く取り次ぐ旨を通知。今後「都鄙」の様子に関する委細は「石神博士」に伝達させる。	3050
	5月4日	山科言経、織田軍が大坂出征のため上洛し二条等持寺(京都市中京区柳馬場御池付近)辺に陣取っている由を知る。山科言経・中山親綱(「中山新宰相」)・五辻元仲・中原師廉(「局務」)等を同行し等持寺辺を見物に赴く。(『言経卿記』)。	3051

天王寺跡付近にある茶臼山

西暦1576

天正4	5月4日	「於天王寺表大阪衆及一戦、原田備中討死、惟日・荒木・三好山城各令籠城、既及難義…………」。（『兼見卿記』）。 吉田兼見、織田軍と本願寺勢（「大坂衆」）の天王寺表における戦闘で原田直政（「原田備中」）（？～1576）が戦死した旨、明智光秀（「惟日」）・荒木村重（「荒木」）・三好康長（「三好山城」）が籠城するも苦戦を強いられており、明日織田信長（「左大将殿」）が出馬するので、織田信長分国衆は残らず上洛するという報に接する。	3052
	5月4日	長浜城主・羽柴秀吉、下京まで上洛。	3053
	5月5日	「第三次石山合戦」。佐久間信盛（「佐久間右衛門」）（1528～1581）、織田信長の先陣として出撃。巳刻に河内国若江に着陣。（『多聞院日記』）。	3054
	5月5日	五月五日、後詰として、御馬を出だされ、明衣の仕立繿か百騎ばかりにて、若江に至りて御参陣（『信長公記』）。 織田信長（「右大将」）、未明に大坂へ向けて出陣。（『言経卿記』）。 「辰刻左大将殿御出馬、二千計、追・上洛次第出勢」。（『兼見卿記』）。 **「第三次石山合戦―天王寺合戦」。戦いの事態を重く観た織田信長（「左大将殿」）、未明に、寝間着のまま、明智光秀・荒木村重らの救援のため二千余の軍勢を率いて出陣、摂津国大坂に向かう。午刻（12時）に石清水八幡宮を通過して、河内国若江城（大阪府東大阪市若江南町）に到着。そして、分国衆は追々上洛次第出征すべきことを命じる。**	3055
	5月6日	京を出た信長、河内国若江城に在城。（『兼見卿記』）。 「第三次石山合戦」。若江城に於いて戦況についての情報を収集。織田軍の軍勢編制が難航する。（『信長公記』）。	3056
	5月7日	毛利輝元（1533～1625）、弟・穂井田元清（1551～1597）へ、織田信長との断交を通知。信長と毛利氏は正面衝突することになった。毛利輝元は、武田勝頼・上杉謙信とも連繋をとって信長挟撃の策を図る。	3057
	5月7日	**「第三次石山合戦―天王寺合戦―信長勝利」。**「一万五千ばかりの御敵に、繿カ三千ばかりにて打ち向かはせられ御人数三段に御備へなされ……御先一段、佐久間右衛門、松永弾正、永岡兵部大輔……先手の足軽に打ちまじらせられ、懸け廻り、愛カしこと、御下知なされ、薄手ヲ負はせられ、御足に鉄炮あたり申し候へども……今度間近く寄り合ひ事、天の与ふる所の由、御詮候て、後は二段に御人数備へられ、又、切り懸かり、追ひ崩し……大坂城戸口まで追ひつき、頚数二千七百余討ち捕る」。（『信長公記』）。 織田信長（1534～1582）は、わずか三千ばかりの兵で出撃し、一万五千もの敵勢へ打ち向かった。先手第一段は佐久間信盛・松永久秀・長岡（細川）藤孝と若江衆、続く第二段は滝川一益・蜂屋頼隆・羽柴秀吉・丹羽長秀・稲葉一鉄・氏家直通（直昌）・安藤守就が務め、最後の第三段は馬廻が固めた。**信長自身は、先手の足軽と共に攻撃に参加し的確に指令を発していたが、足に鉄炮疵を負うなど負傷するも、二段の陣で接近戦をもって一揆勢を撃破し天王寺砦まで追撃、敵首二千七百余を獲った。** この戦いの後、信長は、付け城を十ヶ所築き、諸将を入れた。	3058
	5月7日	「第三次石山合戦」。本願寺顕如、美濃国長久寺門徒中へ、籠城状況を通知し極楽往生のための忠勤を促す。	3059

天正4	5月7日	多聞院英俊、織田軍(「信長惣勢」)が総攻撃を仕掛けて「大坂衆」(石山本願寺一揆衆)を撃破、多数を討ち取ったこと、「一揆衆」は「大坂」(石山本願寺)へ退却した旨を知る。(『多聞院日記』)。 [3060]
	5月7日	正親町天皇・誠仁親王(「親王御方」)、禁裏に於いて「八幡御法楽」、すなわち「右大将出陣之御祈祷」を行う。(『言経卿記』)。 [3061]
	5月7日	吉田兼見、午刻(12時)に織田信長が天王寺表へ出撃し本願寺勢(「大坂衆」)を撃破した報を申刻(16時)に接す。兼見は織田信長の勝利を「公私大慶安堵了」と表現。(『兼見卿記』)。 [3062]
	5月8日	**明智光秀(1528？〜1582)、信長から戦功の褒賞として家臣の御目見を許される。** [3063]
	5月8日	「自南方右大将注進度々有之……萬計討捨云々……さいかの孫一等討取云々」。(『言経卿記』)。 「第三次石山合戦」。織田勢は、万の敵を討ち取り、雑賀衆・鈴木重秀(雑賀孫一)の首級を挙げたと振れまわる。 [3064]
	5月9日	「就天王寺取立之城普請、門井家・堀・柱等事、委曲申含蜂屋兵庫助差越候、為庄中別而馳走、可為忠節候也」。 「第三次石山合戦」。織田信長、摂津国平野庄惣中へ、付城を作る為に、蜂屋頼隆を派遣するから建築材料の調達に奔走するよう命じる。 [3065]
	5月9日	「さいかの孫一首昨日上云々、早旦勘解由小路室町武家之御堀之端懸之云々」。(『言経卿記』)。 「第三次石山合戦」。織田軍、雑賀孫一の首級とされるものを足利義昭邸の堀の端に曝す。後日分かるといい、偽物である。 [3066]
	5月10日	「大和一国一円筒井順慶存知」(『多聞院日記』)。多聞院英俊、この日巳刻に和泉国が完全に筒井順慶(「筒井順慶」)の「存知」となったことを織田信長の「両使」明智光秀(「明智十兵衛」)・万見重元(「万見専千代」)より通達を受けた森弥四郎の書状で成身院経由で知る。 **戦死した原田(塙)直政に代わり、筒井順慶(1549〜1584)が大和国守護となる。**明智光秀(1528？〜1582)・万見重元(仙千代)(1549？〜1579)、この旨を伝達する。 筒井順慶が信長から大和の支配権を認められ、松永久通は、軍事的には佐久間信盛与力となり、奈良の統治者を自認する松永久秀最終の謀反の背景となる。 [3067]
	5月-	この月、織田信長は、雑賀五組のうちの宮郷太田党に謀略をめぐらせる。 [3068]
	5月12日	吉田兼見、未明に摂津国へ出立。未刻(14時)に天王寺へ到着。長岡(細川)藤孝陣所を訪問し、本陣に滞留。藤孝(「長兵」)が来訪者を応対。吉田兼見、村井専次(「村井専次」)・村井貞成(「作右衛門」)へは書状を携帯させた使者を、佐竹宗実(「佐竹羽州」)(明智秀慶)へは使者を派遣。(『兼見卿記』)。 [3069]
	5月12日	禁裏より陣中見舞いの勅使・甘露寺経元(かんろじつねもと)(1535〜1585)、吉田兼見を同行し、長岡(細川)藤孝と面会、明智光秀を訪問も不在。 [3070]
	5月13日	多聞院英俊、去五月八日に大和国吉野飯貝の「一向衆ノ坊主」が紀伊国根来寺を経由して摂津国大坂へ出ようとしたところを織田軍に捕縛された旨を知る。(『多聞院日記』)。 [3071]

天正4	5月13日	吉田兼和（兼見）(1535～1610)、村井貞成（貞勝の長男）(？～1582)と共に本陣所へ祗候。献上物は堀秀政(1553～1590)が披露。次いで細川昭元・明智光秀・長岡（細川）藤孝へ陣中見舞。（『兼見卿記』）。	3072
	4月13日	「赤井五郎・荻野悪右衛門尉、種々令侘言候状、赦免候、然而去年以来此方令一味之輩身上事、猶以無異儀申付之上者、当知行等御不可有相違候、惟任相談弥忠節専一候也、」。 **織田信長**(1534～1582)、丹波国国人領主・矢野弥三郎宛に、丹波の「**赤井五郎**」（忠家）（赤井直正の甥）(1549～1605)、「**荻野悪右衛門尉**」（幸家）（赤井直正の弟）(？～1579)を赦免することとしたが、矢野弥三郎の所領安堵する朱印状を出す。所領での問題は惟任（光秀）(1528？～1582)と相談し、忠節に励む事を命じる。年次は異説あり。	3073
	5月14日	吉田兼見、上洛のついでに和泉国堺を見物、未刻（14時）に長岡（細川）藤孝が在城する河内国森口（守口）砦へ到着、宿泊。（『兼見卿記』）。	3074
	5月14日	**この頃、明智光秀(1528？～1582)、石山本願寺攻めの途中、病となり帰京する。**	3075
	5月15日	多聞院英俊、昨夕、丹羽二介が井戸良弘の宿所に於いて織田信長の「下知」により捕縛され、この朝に河内国の織田信長陣所へ送られたことを知る。多聞院英俊は丹羽二介が塙安弘の信頼を受けて（大和国）「当国率一円代官」として専制を揮った「冥罰」だと判断する。また多聞院英俊は塙孫四郎も信長「下知」により捜索の対象とされたが、山城国槇島へ避難したらしいことも知る。（『多聞院日記』）。 大和を牛耳った原田（塙）直政の家臣、丹羽二介・孫四郎は捕縛された。信長は、武将が一揆勢に負けることは許さず、罪とまで考えたようだ。 佐久間信盛もしかりか。	3076
	5月15日	多聞院英俊、筒井順慶より大和国興福寺（「寺門」）および「ナラ中」へ、原田（塙）直政（「原田」）「一類ノ衆」の「預リ物」があれば「紙一枚ノコサス」織田信長が収公すること、また塙直政一類（「彼流類」）を匿うことの禁止を厳重に通達されたことを知る。また多聞院英俊はこのような状況のため塙小七郎（「塙小七」）の米を提出したが「今更不便之次第」と不満を持つ。（『多聞院日記』）。 新たに大和の支配を委ねられた筒井順慶(1549～1584)、原田（塙）直政の一類の者よりの預り物の提出、寄宿厳禁の触れを大和国に回す。	3077
	5月17日	多聞院英俊、丹羽二介（元大和国代官）が多聞山城の牢獄へ入れられたことを知る。（『多聞院日記』）。	3078
	5月18日	織田信長、越智玄蕃の音問で饅頭一折の贈呈を謝す。 常に筒井氏と大和の覇権を争う勢力、大和国の越智玄蕃頭家秀(？～1583)か。	3079
	5月18日	上杉謙信(1530～1578)、越中・加賀の一向一揆、本願寺顕如光佐(1543～1592)と和睦する。 信長の北陸経路に危機感を持った謙信、信長と敵対。信長と謙信との同盟関係は崩壊し、加賀・能登・越中で攻防を展開する事になる。	3080
	5月18日	加賀の一向一揆奥政堯(？～？)、上杉謙信の臣・吉江資堅(1537～1582)等に、謙信の本願寺と和したるを祝す。	3081
	5月22日	信長に人質として差し出していた筒井順慶の実母が帰国。	3082
	5月23日	「第三次石山合戦」。織田信長、丹波国の谷野衛好（「谷野大膳亮」）(1530～1579)へ、石山本願寺攻撃の際に木津・難波に於いて戦功を挙げたことを賞す。	3083

天正4	5月23日	「第三次石山合戦」。織田信長、淡路国の安宅信康(三好長慶の弟・安宅冬康の長男)(1549～1578)へ、毛利輝元(1553～1625)より石山本願寺に兵粮搬入する風聞が事実であれば、その阻止を命令。詳細は三好康長(咲岩、笑岩)(?～?)に伝達させる。	3084
	5月23日	「惟日以外依所労飯陣、在京也、罷向、道三療冶云々」。(『兼見卿記』)。 **明智光秀(1528？～1582)、帰陣し在京。**吉田兼見、光秀を見舞い、光秀が摂津陣中に病み、曲直瀬正盛(初代曲直瀬道三)(1507～1594)の治療を受けた旨を知る。	3085
	5月24日	「惟日祈念之事自女房衆申来、撫物以下之事以一書返答」。(『兼見卿記』)。 **吉田兼見、明智光秀室より、明智光秀病治癒の祈念を依頼される。**	3086
	5月26日	「入夜自惟日女房衆、以大中寺祈念之事申来、為惟日御見廻自左大将殿埴原御使云々」。(『兼見卿記』)。 夜になり再度光秀正室から志賀郡代官大中寺をもって、祈念に関して問い合わせがあり、同日、織田信長(「左大将殿」)、明智光秀(「惟日」)への病状見舞の使者として埴原新右衛門(「隼原」)を派遣。	3087
	5月28日	吉田兼見、広橋兼勝(1558～1623)より織田信長戦捷祈祷(「左大将殿為御祈祷」)命令を受けて、村井貞勝(「村長」)にその旨を相談。村井貞勝、吉田兼見へ織田信長陣所(「左大将殿御在陣」)へ御祓の使者を派遣するよう促す。(『兼見卿記』)。	3088
	5月29日	吉田兼見、織田信長(「左大将殿」)への御祓を鈴鹿喜介(吉田家雑掌)を使者として進上。村井専次が披露。(『兼見卿記』)。	3089
	5月30日	「明智煩付、従筒井彼坊舎衆七人へ祈祷事被申」。(『多聞院日記』)。 多聞院英俊、明智光秀(「明智」)が煩ったというので筒井順慶より「彼坊舎衆」七人へ祈祷が依頼されたことを知る。	3090
	5月-	織田信長、紀伊国大田村へ全三ヶ条の「禁制」を下す。	3091
	5月-	水無瀬兼成(権中納言)(1514～1602)・水無瀬親具(兼成の養嗣子、左近衛中将)(1552～1632)、所領をめぐって訴訟に及ぶ。	3092
	6月2日	毛利輝元(1553～1625)、山内隆通(「山内新左衛門尉」)(1530～1586)・山内元通(「山内刑部少輔」)父子へ、足利義昭の「御内書」により入洛援助の「御請」に応ずるよう命令す。詳細は渡辺長(「渡辺左衛門大夫」)に伝達させる。	3093
	6月4日	織田信長、荒木村重へ、石山本願寺北口に城内より雑兵共が出てくるという事態に指示を下したが、摂津国中島辺には出ないという条件に対する石山城内からの返事を披閲したことを通知し、石山城より一人たりとも脱出させないようにすることを厳命。また信長が帰陣した後に状況変化の無いようにすること、荒木村重は早々に摂津国尼崎城へ帰城し大坂への水路・陸路を遮断すること、信長らはこの夜に八幡に宿泊するので「珍事」出来の場合は報告することを通達。	3094
	6月5日	「第三次石山合戦」。織田信長、石山本願寺に対する守備を調えて帰陣、河内国若江城(大阪府東大阪市若江南町)に宿泊。佐久間信盛・信栄父子、松永久秀・同久通父子らが、天王寺定番。長岡(細川)藤孝は、大坂に留まる。	3095
	6月5日	織田信長、京都紫野大徳寺より近江国佐和山城への陣中見舞を謝す。	3096
	6月6日	織田信長(1534～1582)、故原田直政の居城であった山城国横島城(京都府宇治市槇島町)へ立ち寄り、この地を、筒井順慶(1549～1584)に属する井戸若狭守良弘(1534～1612)に与えた。**信長、この日、京都二条妙覚寺に入る。**	3097

西暦1576

天正4	6月6日	廷臣等、妙覚寺に於いて織田信長上洛を祝賀。上下貴賤が群集していた。（『言経卿記』）。	3098
	6月7日	信長、妙覚寺において公家衆の祗候を受けるも対面せず。（『兼見卿記』）。	3099
	6月7日	吉田兼見、妙覚寺の織田信長へ祗候し林檎を献上、村井専次が披露するが対面は無し。また兼見は、猪子高就(兵助)に西天王社のことを依頼。（『兼見卿記』）。	3100
	6月7日	織田信長、水無瀬兼成(権中納言)・その養子水無瀬親具(左近衛中将)の紛争解決のために御朱印を下す。調停のために信長より矢部家定(1530？〜1611？)が派遣される。	3101
	6月8日	織田信雄(1558〜1630)および「勢州衆」、この朝に大和国興福寺を出発。（『多聞院日記』）。	3102
	6月8日	山科言経をはじめ廷臣等、織田信長へ祗候。上下群集の様であった。（『言経卿記』）。	3103
	6月8日	**織田信長、未刻(14時)に今道(新道)を経て、近江国安土城へ帰還。吉田兼見は息子満千代を同行し見送る。（『兼見卿記』）。**	3104
	6月10日	信長の奏請に依り常陸佐竹義重(1547〜1612)を従五位下に叙し常陸介と為す。	3105
	6月10日	金森長近(1524〜1608)、美濃国の石徹白平左衛門へ、「白山三之室」と水のみの勧進について従来の如く指示を下す。	3106
	6月11日	上杉謙信(1530〜1578)、小早川隆景(毛利元就の三男)(1533〜1597)へ、毛利輝元(1553〜1625)の所領備後に憑る足利義昭の上意により上洛の準備として加賀国・越前国一向一揆と和睦して出馬する予定を通知。	3107
	6月12日	備後鞆の足利将軍義昭は、信長に対抗して京都回復を企て、上杉謙信・武田勝頼に御内書を送る。	3108
	6月12日	「第三次信長包囲網」。 室町幕府十五代将軍足利義昭(1537〜1597)、北条氏規(北条氏康の五男)(1545〜1600)に御内書を送り、北条・武田・上杉の和睦を勧める。 信長と上杉謙信との関係悪化、毛利輝元・石山本願寺・波多野秀治・紀州雑賀衆などが反信長に同調する	3109
	6月13日	「一返々遠路切々預飛脚候、御懇意難申尽候…」。 明智光秀(1528？〜1582)、丹波から光秀を見舞った小畠永明(左馬之助)へ返信。	3110
	6月18日	堀秀政(「堀久太郎秀政」)(1553〜1590)、和泉国の日根野弘就(「日根野孫二郎」)(1518〜1602)へ、天王寺合戦に於ける「御手負」を賞し、飛脚を以て「疵平喩次第」に参洛すべきことを通達。	3111
	6月23日	信長(1534〜1582)、近江国安土城に於いて大和国興福寺別当職の件(「寺務ノ事」)に裁決を下す。（『多聞院日記』）。	3112
	6月23日	この頃、信長が興福寺大乗院尋円と興福寺東北院兼深の確執の処置を誤って禁中において度々糺明された武家伝奏の「四人之衆」勧修寺晴右・中山孝親・甘露寺経元・庭田重保を譴責。（『兼見卿記』）。	3113

天正4	6月24日	多聞院英俊、京都の興福寺大乗院尋円(「大乗院新御所」)より「御書」及び使者少輔の到来を受ける。 多聞院英俊、去六月二十三日に織田信長が近江国安土城に於いて大和国興福寺別当職の件(「寺務ノ事」)を「治定」したこと、「勅使奉行」(武家伝奏)であった庭田重保・甘露寺経元・勧修寺晴右・中山孝親の四名の「知行取上」げたこと、武井夕庵の家中を「払」ったことなど、厳重な処置を知る。この裁決は去六月二十日に大和国興福寺(「寺門」)へ織田信長の「御両使」が「連判ノ一札」を取ったものによるという。別当職を剥奪された東北院兼深(「東北院」)は「迷惑」に感じたという。興福寺大乗院尋円(「大乗院殿」)・興福寺は「旁々天下ノ面目」を保てたという。(『多聞院日記』)。	3114
	6月28日	織田信長、長岡(細川)藤孝へ、淡路国岩屋に碇泊した毛利氏「警固船」は、安宅(あたぎ)信康(三好長慶の弟・安宅冬康の長男)(1549~1578)が信長側に「別心」しなかったので四散したこと、三好康長(「三好山城守」)が河内国東条氏へ宛てた書状を披見したこと、状況に変化があった場合は報告すべきこと、度々の状況報告は油断無きことで喜ばしいことを通達。	3115
	6月28日	大乗院尋円(大乗院新門主)、近江国安土城の織田信長を礼問する。 (『多聞院日記』)。	3116
	6月29日	織田信長、筒井順慶(大和国守護)へ、大和国多聞山城の件の「京都」への報告に対し、「上使」村井貞勝を派遣したので、貞勝の到着次第詳細な指示を通達すること、多聞山城は「無越度」き様に人夫等の指示を下すこと、順慶自身は「南都」に赴き大工・人夫の準備を調えること、佐久間信盛・信栄父子へ詳細に報告・相談し「南都」へ赴くことを命令。また「くれぐれ要害留守」の件は「無越度」き様に命令を遵守することが重要であると通達。	3117
	7月1日	織田信長、近江国安土城普請を重ねて命令。功労者には褒美を下賜。(『信長公記』)。	3118
	7月1日	信長の許しを得て、この時期、丹羽長秀(1535~1585)が「市絵」、羽柴秀吉(1537~1598)が「大軸の絵」を所持した。	3119
	7月6日	吉田兼見、出京し三条西実枝・勧修寺晴右・徳大寺公維を訪問。そこで兼見は勧修寺晴右・中山孝親・甘露寺経元・庭田重保の四人が織田信長伝奏となった旨を知る。(『兼見卿記』)。	3120
	7月9日	「第三次石山合戦」。織田信長、和泉国綾井城(大阪府高石市綾園)主の沼間(ぬまの)義清(?~1576)・寺田又左衛門尉・松浦安大夫・佐野在城衆中へ、信長の「大坂出馬」以前に周辺の麦「作毛」の刈り取りを命令。詳細は佐久間信盛より伝達させる。	3121
	7月9日	織田信長、某へ、伊勢国長野二郡の城・拠点となりうる要害(足懸)で不要なものは全て破却することを命令。	3122
	7月13日	足利義昭、備後国移座に際し山内隆通(「山内新左衛門尉」)(1530~1586)へ、自身の「入洛」の件で戦功を督促。詳細は毛利輝元(「輝元」)より通達させる。	3123

西暦1576

天正4	7月13日	「第三次石山合戦─第一次木津川口の戦い─本願寺への兵糧搬入を許す」。	3124

毛利水軍、和泉国堺津住吉表から摂津国木津川口に進み織田水軍に攻撃を開始、戦闘は明朝まで継続。

毛利水軍が木津川河口より石山本願寺に兵糧を運び込もうとした。これを信長配下の織田水軍が阻止しようとしたが失敗、翌日には敗れる。毛利輝元配下児玉就英（なりひで）(1544～1596)、乃美宗勝（小早川水軍）(1527～1592)、村上元吉（能島村上水軍）(みむねかつ)(もとよし)(1533～1600)らの石山本願寺への兵糧搬入を許す。信長方の真鍋七五三兵衛貞友・沼野伝内・沼野伊賀ら多くの和泉衆が討ち死にする。

陸でも大坂の楼岸や木津の穢田城から一揆勢が出勢し、足軽を先頭に住吉浜手の城へ攻めかけてきた。これに対しては天王寺から佐久間信盛らが出撃して一揆勢の横手を衝き、双方押しつ押されつの激戦を数刻にわたって繰り広げた。

	7月14日	「惟任日向守爲見廻下向坂本、帷一端持参、面會、申刻飯宅」。（『兼見卿記』）。	3125

吉田兼見、近江国坂本に帷一端持参して明智光秀を見舞う。翌々月の9月には、光秀(1528？～1582)は病平癒したのか。

	7月15日	「第三次石山合戦」。安芸毛利水軍、石山本願寺へ兵糧を運搬。織田水軍を撃破して石山本願寺への兵糧搬入に成功。（『信長公記』）。	3126

毛利水軍の村上元吉（「村上少輔太郎」）・乃美宗勝（「乃美兵部丞」）・村上吉継（「村上河内守」）・香川広景（「香川左衛門尉」）・村上景広（「村上少輔五郎」）・桑原元勝（「桑原右衛門大夫」）・包久景勝（「包久少輔五郎」）・井上春忠（「井上又右衛門尉」）・粟屋元如（「粟屋右近允」）・村上武満（「村上刑部少輔」）・富川秀安（「富川平右衛門尉」）・児玉就英（「児玉内蔵大夫」）・生口景守（「生口刑部丞」）・村上吉充（「村上新蔵人」）・木梨元恒（「木梨又五郎」）、児玉元良（「児玉三郎右衛門尉」）・児玉春種（「児玉東市助」）・岡就栄（「岡和泉守」）へ、織田水軍を撃破した旨を報告。

	7月15日	「第三次石山合戦」。織田信長(1534～1582)、天王寺定番の佐久間信盛(1528～1581)・佐久間信栄(1556～1632)父子へ、摂津国木津口に於ける戦闘の報告に対し、更なる詳細な報告を要求。	3127

	7月15日	長浜城主・羽柴秀吉(1537～1598)、信長より中国出兵を命じられ、近江国長浜より上京、西国出陣の準備を始める。	3128

	7月16日	村井貞勝（「村長」）、洛中へ躍興行を許可。（『兼見卿記』）。	3129

	7月21日	織田信長、稲葉一鉄（「稲葉伊予守」）(1515～1589)の普請見舞で瓜十籠の贈呈を謝し、城普請用の人夫供出を謝す。	3130

	7月21日	建築工が成った南蛮寺（中京区蛸薬師通室町西入姥柳町）で献堂式が行われ、オルガンティーノ(1533～1609)によって初めてミサが捧げられ、洛内外の多くの信徒が参集する。	3131

俗に「南蛮寺」と呼ばれた三階建てのこの聖堂は、一躍都の名所となったが、天正15年(1587)秀吉の追放令により取り壊された。その時の鐘が、妙心寺塔頭春光院に残されていると伝承される。

	7月25日	足利義昭、毛利輝元（「毛利右馬頭」）(1553～1625)へ、摂津国木津川口に於ける毛利水軍の織田水軍撃破を賞す。また上杉謙信の「言上」の通りに上野秀政・真木島昭光より詳細の伝達を通知。	3132

天正4	7月25日	織田信長、滝川一益へ、伊勢国長島城内の屋敷を解体して搬送した「門矢蔵」(櫓)築造用の材木を「我々矢蔵」用として譲り受けたい意向を示し、遠路運搬したのに「無心」ではあるが適材であるし「第一心安さのまゝ」に申したので承知してもらいたいこと、一益が「同心」してくれるのであれば、滝川屋敷の「矢蔵こしらへ候大工功者」五名を派遣して欲しいことを通知。	3133
	7月27日	織田信長、近江国建部油座へ、「先規」に任せて「座人」以外の売買を厳禁することを通達。	3134
	7月29日	「絹衣相論」。正親町天皇(1517〜1593)、真言宗の素絹衣着用を停止する綸旨を下す。天皇綸旨とその趣旨に沿った信長の裁決（判物発給）によって、絹衣相論は天台宗側の勝利に終わる	3135
	7月29日	「織田信長黒印状」。信長、長岡兵部大輔（細川藤孝）へ、「八朔之祝儀」として帷子二(生絹)を贈呈してきたことを謝す。また石山本願寺より出撃してきた「一揆」を追撃し敵首三つを討ち取って近辺に梟首したこと、さらに毛利水軍の船舶を奪取したことを賞す。	3136
	8月2日	堀秀政（「久太郎」）(1553〜1590)、本願寺顕如が加賀国門徒へ派遣した密使を捕縛し上洛、堀秀政は村井貞勝（「村長」）と共に囚人在京時の宿屋を糾問。（『兼見卿記』）。	3137
	8月3日	村井貞勝（？〜1582)・堀秀政(1553〜1590)、本願寺顕如光佐が加賀国に遣わした密使を、安土の信長の元へ連行。	3138
	8月4日	織田信忠（「平信忠」）(1557〜1582)、従四位上に昇進。	3139
	8月5日	村井貞勝（「村長」）、上洛。(『兼見卿記』）。	3140
	8月6日	吉田兼見、昨日安土から帰洛した村井貞勝を訪問。貞勝、兼見を同行し勧修寺晴右を訪問。以前、信長に折檻された「四人之公家」勧修寺晴右・中山孝親・庭田重保・甘露寺経元への譴責を免除する旨を伝達。(『兼見卿記』）。	3141
	8月13日	備後鞆の足利将軍義昭、上杉謙信へ、本願寺をして加賀の一向一揆の妨害を停めしめたるを以て、速かに越前に出陣すべきことを求む。	3142
	8月20日	毛利輝元(1553〜1625)、山内隆通（「山内新左衛門尉」）(1530〜1586)へ、「公方様」（足利義昭）からの重ねての「御内書」を受けたことを通知、足利義昭入洛の援助を督促す。	3143
	8月22日	「織田信長黒印状」。**信長、長岡兵部大輔（細川藤孝）へ、佐久間信盛の動静を訊く。**	3144
	8月22日	「第三次石山合戦」。織田信長、長岡（細川）藤孝へ、一昨日八月二十日に佐久間信盛が和泉国より木津川沿岸を苅田したことの報告を賞す。	3145
	9月2日	「絹衣相論」。織田信長、醍醐寺三宝院義演(1558〜1626)へ、常陸国で発生した「天台宗」と「真言宗」との「絹衣相論」の件で去年江戸重通（江戸但馬守）に対して「本寺之法度」と寺の「先規」に任せて沙汰するようにとの正親町天皇綸旨が発給されたが、醍醐寺戒光院深増がこの「勅裁」をごまかして寺法に背き、諸末寺の僧侶たちへ絹衣を免許していることは、言語道断であることを通知。また「真言宗」の「制符」(絹衣着用停止)については、仁和寺と醍醐寺三宝院に対して通達され、「禁裏御一行」は明白であるので青蓮院宮尊朝法親王と醍醐寺三宝院義演へ、正親町天皇「綸命」によって「本寺之下知」に従うべきことを通知。更に醍醐寺戒光院深増は処罰すべきであることを通知。	3146

天正4	9月2日	松井友閑（「徳斎友閑」）、出羽国の遠藤基信（「遠藤内匠助」）へ去年十月に織田信長へ「御礼」・「御鷹」を贈呈したことは喜ばしいことで返答したけれども、その後の交信が無かったので書状を以て「可然之様御取成」することが重要であることを通知。また去年松井友閑らへの遠藤基信「御状」を謝し、松井友閑への縮羅一端の贈呈に対する謝意を表した音信を通ず。	3147
	9月-	この月、京都頂妙寺の日珖（1532～1598）（法華宗僧侶）、近江坂本で談義し、京都の町衆が多数臨席する。	3148
	9月10日	「第三次石山合戦」。織田信長、石山本願寺攻囲中の長岡（細川）藤孝・稲葉一鉄・羽柴秀吉に、簗田広正・武藤舜秀・万見重元への愁訴に対し、別喜右近（簗田広正）（?～1579）を「目付」として駐在させるために派遣し、石山周辺の「苅田」実行が重要であることを「早飛脚」を以て通達。	3149
	9月11日	柴田勝家、北庄に楽市令を発する。	3150
	9月12日	織田信長、播磨国御着城（兵庫県姫路市御国野町）主の小寺政職（1529～1584）へ、備前国天神山城（岡山県和気郡和気町）落城により、浦上宗景（?～?）が小寺政職領内に「引退」したので、浦上宗景の居所構築のために荒木村重を派遣するので協力することを通知。詳細は荒木村重に伝達させる。	3151
	9月13日	織田信長、足利義昭の幕府御所（二条城）（烏丸中御門第）に残っていた南門・東門などを解体し、石垣の石と共に安土城に運ばせる。	3152
	9月13日	山科言継（1507～1579）・子の山科言経（1543～1611）、織田信長（1534～1582）の二条新邸（二条御所）を見物。山科言経の評は「言語道断見事」。（『言経卿記』）。	3153
	9月14日	山科言経、「武家古城」（旧足利義昭二条邸）を見物。織田信長の命令により石垣の破却および石の搬出が行われていた。（『言経卿記』）。	3154
	9月17日	筒井順慶、河内国の戦闘より大和国へ帰還。（『多聞院日記』）。	3155
	9月18日	「絹衣相論」。尊朝法親王（「青蓮院宮」）、江戸重通（「江戸但馬守」）へ、醍醐寺戒光院深増が「勅命」をごまかし天台宗の比叡山延暦寺法度（「本寺之法度」）に背く不遜な行為をしたことについて、織田信長が「下知」を下し処罰したので、今後同様の不正行為が無いようにすべきことを通達。詳細は南禅寺上乗院道順（「上乗院僧正」）に伝達させる。	3156
	9月19日	**朝廷、秀吉を介して信長に皇室領率分回復を重ねて要求する。**	3157
	9月20日	織田信長、天王寺在陣中の蜂屋頼隆（1534?～1589）へ、摂津国平野庄からの織田信長「朱印」の礼儀として、小袖十・金子二十両を贈呈したことに対する謝意を通達させる。	3158
	10月2日	真木島昭光、山内元通（「山内刑部少輔」）へ太刀・馬の贈呈を謝す。 真木島昭光（「玄蕃頭昭光」）、山内元通へ足利義昭「御入洛」のための忠節を賞す。重ねて足利義昭「御内書」が下されることに触れ、詳細は毛利輝元より通達させることを通知。 真木島昭光、山内隆通（「山内新左衛門尉」）（1530～1586）へ、足利義昭「御入洛」のための忠節を賞す。重ねて足利義昭「御内書」が下されることに触れ、詳細は毛利輝元より通達させることを通知。	3159

天正4	10月2日	織田信長、北畠信意（「北畠三介」）（織田信雄）へ、北畠氏粛正作戦において逃亡した連中は残念であるが、北畠残党は全て掃討することは当然であること、伊勢国境目に潜伏している者たちを探索し刎首したという報告と、その他の注進が到来したことは心地能きことであることを通知。また「城々破却」は入念に実行すべきことを指示。更に北畠残党で分国（伊勢国）中に潜伏している連中を捜索・殺害することについては、残党の切首りに出兵した者は誰であっても褒美を与え、隠蔽した者はその「一類」まで成敗すべきことを通知。
	10月3日	安国寺恵瓊（1539?～1600）、山内隆通（「山内新左衛門尉」）へ、備後国鞆津の足利義昭（「上様」）への名代派遣を賞し、「御内書」が発給されたことは「御面目之至、御大慶不可過之」とし、詳細は口上によって通達する旨を通知。
	10月3日	六角義堯（義治）（1545～1612）、山内元通（「山内刑部少輔」）へ、足利義昭に随従し備後国へ「下国」した際に贈物を贈呈されたことを謝す。
	10月4日	足利義昭、山内隆通（「山内新左衛門尉」）（1530～1586）へ、自身の「当国移座」（備後国移座）にあたり「帰洛」援助命令に応じたことを賞す。詳細は毛利輝元より通達させる。 足利義昭、山内元通へ、自身の「当国移座」（備後国移座）にあたり「帰洛」援助命令に応じたことを賞す。詳細は毛利輝元より通達させる。
	10月10日	**「第三次石山合戦―松永久秀、三度、信長に離反」。** 松永久秀（1508？～1577）、仏徒として門徒（本願寺）を敵にするのは同じ仏門徒として耐え難いと言う意見も有り、織田信長に逆襲と評定が一決した。この度の信長への離反は家臣一統の献策であった。
	10月10日	「足利義昭御内書」。義昭、小早川左衛門佐（小早川隆景）宛送付。
	10月10日	織田信長、長谷川秀一（「長谷河竹」）・野々村正成（「野々村三十郎」）へ、近江国「こんせの坊主」（金勝山金勝寺）の寺領の件は昨日通達したように金勝山金勝寺浄厳坊を安土に招致し寺領を与え、指定した近江国中の寺院も招致に応じなければ寺領没収とすることを通達。
	10月10日	「惟日女房衆所勞也、祈念之事申来、祓・守令持参見廻了」。（『兼見卿記』）。 明智光秀（1528？～1582）、吉田兼見に、室（妻木勘解由左衛門範煕の娘）の病平癒の祈祷を依頼する。兼見は、祓・守令を持参して見舞う。
	10月12日	長岡（細川）藤孝（1534～1610）、古今伝授証明書を受ける、伝受完了。
	10月18日	吉田兼見、在京中の長岡（細川）藤孝を訪問し、村井貞勝より織田信長の茶湯座敷庭の小石調達命令を通達される。（『兼見卿記』）。
	10月19日	織田信長、伊勢国の分部光嘉（「分与三左衛門尉」）（1552～1601）・中尾新左衛門尉・川北二介へ、北畠氏粛正作戦における織田信包（「上野介」）への忠節を賞す。
	10月22日	織田信長、「条々」の報告を送付してきた武藤舜秀（「武藤宗左衛門尉」）へ、「鷹鳥屋」造作法を問い、また「釘」十箱の到来を賞す。
	10月24日	「惟日女房衆所勞驗氣也…………」。（『兼見卿記』）。光秀室の病状は芳しくない。明智光秀、吉田兼見に、室煕子の病祈祷の礼を贈る。非在軒という者が、銀一枚を持参して礼に行ったという。

3160
3162
3163
3164
3165
3166
3167
3168
3169
3170
3171
3172

西暦1576

天正4		
10月27日	**「明智光秀、病が回復し上洛」**。「惟日在京也…………」。（『兼見卿記』）。 吉田兼和（兼見）（1535～1610）、在京中の明智光秀（1528?～1582）を訪問。その後、兼見は山芋を携え村井貞勝を訪問し暫し将碁を楽しむ。さらにその後に兼見は光秀と共に丹波国勝龍寺城の長岡（細川）藤孝（1534～1610）を訪問。与一郎（忠興）（1563～1646）に大鼓徹一懸、弟頓五郎（興元）（1566～1619）へ小鼓徹一懸を贈る。そして兼見、藤孝へ、古今伝授内で「日本紀」（日本書紀）神代巻の中の疑問点を問う。	3173
10月29日	「織田信長朱印状」。織田信長、坂井利貞（「坂井文助」）へ、近江国河南・新村内萩野知行分の四十五石を扶助す。 織田信長、岡部長左衛門へ、近江国御庄内三十石を扶助する。 織田信長、兼松正吉（「兼松又四郎」）へ、近江国内に三十五石を扶持する。	3174
10月29日	織田信長、近江国正覚院へ、全三ヶ条の寺領還附の朱印状を下す。	3175
11月2日	「……惟日女房衆所労見廻龍向、惟日面會……」。（『兼見卿記』）。 **吉田兼見、村井貞勝を訪問。その後、明智光秀室（「惟日女房衆」）の病状を見舞い、光秀と面会。**さらに三条西実枝（1511～1579）の病状を見舞う。そして勧修寺晴右を訪問し、中山孝親・庭田重保と談義。	3176
11月3日	明智光秀（1528?～1582）、当尾の代官ら津田備中守・津田利右衛門尉へ、来年二月に大坂へ信長が出陣する旨を伝える。	3177
11月3日	長岡（細川）藤孝、吉田兼見を訪問し、明日の織田信長上洛にあたり出迎命令を通達。	3178
11月4日	**織田信長（1534～1582）、安土より上洛の途に就き、陸路をとって瀬田を抜け、申刻（16時）に上洛。衣棚押小路の妙覚寺に入る。** 吉田兼見、織田信長（「左大将殿」）出迎えのため午刻（12時）に長岡（細川）藤孝（「長兵衛」）・吉田兼治と共に山科へ出発。申刻に織田信長は上洛し、吉田兼見らは路次に於いて挨拶する。（『兼見卿記』）。	3179
11月5日	公家衆、織田信長に祗候するも、遅参により謁見は無くなる。（『兼見卿記』）。	3180
11月6日	織田信長、京都東山において鷹狩。この朝の訪れた使者の通達により吉田兼見、茶菓子を携え東山慈照寺（銀閣寺）へ祗候、信長に謁見。信長は「一段之御機嫌」であった。（『兼見卿記』）。	3181
11月7日	**明智光秀室・妻木熙子（細川ガラシャらの母）（?～1576）、坂本城で没、享年42と伝わる。**滋賀県大津市坂本の明智氏、妻木氏の菩提寺である西教寺に墓がある。	3182
11月9日	織田信長、上山城諸侍中へ、大工・人足の徴発を命令。詳細は万見重元・堀秀政に伝達させる。	3183
11月10日	織田信長、赤松孫三郎へ、上洛に際して使者を派遣し太刀一腰、馬一疋を贈呈したことを謝す。詳細は佐久間信盛に伝達させる。赤松孫三郎は、斎村政広（赤松広秀）（1562～1600）か。	3184
11月11日	織田信長、近江国の木村治郎左衛門尉へ、全五ヶ条の手工業者統制の「条々」を下す。木村次郎左衛門尉は、安土城の普請奉行。	3185
11月12日	中国より赤松孫三郎・別所小十郎長治（1558～1580）・別所孫右衛門重宗（1529～1591）・浦上遠江守宗景・浦上小次郎らが、織田信長に参礼に訪れる。	3186
11月13日	正親町天皇、織田信長の奏請により神泉苑を東寺へ還付して天下泰平を祈祷させる。	3187

天正4	11月13日	織田信長(1534～1582)、正三位に昇進。右近衛大将兼任。	3188
	11月13日	織田信長、山城国「宝鏡寺殿代」へ、丹波国内の寺領のうち、散在しているもので「当知行」分を安堵する。	3189
	11月18日	大和国興福寺、山城国三郡の社領について加増の件を織田信長(「右大将殿」)へ松井友閑(「宮内卿法印」)を通して申請したところ、許可された旨が寿福院より通知された。しかし織田信長「朱印」を発給するためには「朱印銭」が必要であり、それは「大儀」なものであった。(『多聞院日記』)。	3190
	11月19日	織田信長、烏丸光康(「烏丸殿」)へ、山城国深草郡内五十石を「宛行」ので「進止」すべきことを通達。 織田信長、花山院家輔(「花山院殿」)へ、山城国横大路五十石を安堵するので「進止」すべきことを通達。 織田信長、竹田定加(「竹田法印」)へ、山城国上鳥羽二十八石と深草三十八石を「扶助」するので「領知」とすべきを通達。 竹田定加(1546～1600)は、医師。 織田信長、大和国東大寺へ、山城国・大和国内の東大寺大仏殿・寺社・堂塔・諸院領は従来の如く安堵することを通達。	3191
	11月21日	織田信長、内大臣に昇進。右近衛大将兼任。上卿は庭田重保(1525～1595)、奉行は烏丸光宣。午刻(12時)より陣儀があり、諸家祗候す。 信長は摂家・清華家などの公卿へ知行を加えたほか、禁中へも黄金二百枚・沈香・巻物など名宝の品々を献上した。	3192
	11月21日	織田信長、京都を発して昇官の吉例によって石山寺世尊院に参詣。 ここで山岡景隆(1526～1585)・景猶(？～1599)兄弟の祝賀の膳を受けた。信長、自邸への招引の使者を派遣してきた織田信忠へ謝意を示し、「善右衛門尉」の所に入ったので、連絡するようにとのことを通知。	3193
	11月22日	織田信長、山城国大覚寺へ山城国伏見庄に五十石を加増「宛行」いし、「寺務」すべきことを通達。	3194
	11月23日	正親町天皇(1517～1593)、織田信長(「内府」)へ(1534～1582)小葵模様の冬直衣を下賜。(『言経卿記』)。	3195
	11月23日	織田信長(「内府」)、禁裏へ御礼として銀百枚を献上、その後織田信長は石山へ下向し一両日滞在。吉田兼見は粟田口において織田信長に挨拶、その後村井貞勝(「村長」)を訪問。(『兼見卿記』)。織田信長、二十四日まで石山で放鷹を楽しむ。	3196
	11月25日	織田信長、近江国安土城へ帰還。	3197
	11月25日	「北畠氏が滅亡―三瀬の変」。 前年に北畠家の家督を継いだ北畠信意(織田信雄)(1558～1630)が、信長の命により、三瀬御所で隠居の伊勢国司北畠家の第八代当主・北畠具教(1528～1576)を謀殺。 その後も、長野具藤(具教の次男)はじめ北畠一門の主な者は、信雄の居城・田丸城(三重県度会郡玉城町)において殺害される。具教嫡男の具房(1547～1580)は幽閉の身となり、その身柄を滝川一益(1525～1586)に預けられて安濃郡河内に三年間幽閉された。26日とも。	3198

西暦1576

天正4	11月-	正親町天皇、三条西実世(「三てう大納言」)(1511〜1579)へ、荒廃していく「神せんゑん」(神泉苑)の件で「てん下」も穏やかならざるというので織田信長(「右大将との」)より東寺への返付を奏請されたので、織田信長の「さしつのことくさいこう」(指図の如く再興)することとし、「いよいよてん下の御いのり」を実行する事が重要であること、水田になってしまっていた神泉苑に年貢などが徴収されていることは「ひふんのくせ事」(悲憤の曲事)であるので「そせう」(訴訟)は受け付けないこと、神泉苑の「さうち」(掃除)を徹底させることを通達するよう命令。	3199
	12月5日	大和国興福寺、近江国安土の織田信長へ金壹両二文目を送付。(『多聞院日記』)。	3200
	12月6日	大和国興福寺、近江国安土の織田信長へ礼銀一枚を送付。(『多聞院日記』)。	3201
	12月10日	打下城(滋賀県高島市勝野)(または新庄城)主・織田信澄(1555？〜1582)、船木・朽木の材木商人衆に対して、朽木谷材本の独占的取扱いを承認。	3202
	12月10日	**信長、三河の吉良に鷹狩りのため東下し、佐和山城(滋賀県彦根市古沢町)に入る。**	3203
	12月11日	織田信長、岐阜城に入る。	3204
	12月13日	堀秀政(「堀久太郎秀政」)(1553〜1590)、和泉国の日根野弘就(「日根野孫次郎」)(1518〜1602)へ、内々に要請された「御本地」・「軍忠」の披露について、織田信長(「上様」)へ詳細に報告したところ、織田信長は「御感」であり日根野弘就の願望を叶える決断を下したこと、しかし年内は日数が無いので来春に詳細を通達することを通知。	3205
	12月13日	織田信長、清洲城(愛知県清須市一場)に入る。しばらく逗留。	3206
	12月14日	石谷頼辰(？〜1587)、先年預け置いた茶臼を取りに山科言継を訪問。(『言継卿記』)。	3207
	12月15日	津田一安(津田掃部、織田忠寛)(？〜1577)、織田信長に粛清される。北畠家と縁戚関係を結んでいた津田一安は、11月25日「三瀬の変」時に、北畠親族を養い扶助すると言った事を柘植保重(？〜1579)、滝川雄利(1543〜1610)に讒言されたために、この日に田丸城(三重県度会郡玉城町田丸字城郭)の普請場にて日置大膳亮により討たれたという。	3208
	12月20日	筒井順慶、上洛。(『多聞院日記』)。	3209
	12月21日	織田信張(1527〜1594)、従五位下の叙される。	3210
	12月22日	織田信長、松井友閑へ、上杉謙信に関する報告を受けたことを通知。越後国については未だ誰にも命令していないが、その計画を「可引破之調儀」があるというので、この旨を柴田勝豊(勝家の甥で養子)(？〜1583)へも通達したことに触れ、特別に「馳走」することが重要であることを通知。	3211
	12月22日	織田信長、二十二〜二十五日まで三河吉良(愛知県西尾市吉良町)で逗留。その間、鷹野で数多くの獲物を得る。	3212
	12月26日	織田信長、清洲城に入る。	3213
	12月31日	**織田信長、岐阜城にて越年。**	3214
	－	この年信長、姉妹のお犬の方(大野殿)(？〜1582)を、丹波守護で管領を世襲する細川京兆家当主・細川昭元(信良)(1548〜1592)の正室とすることに成功し丹波を掌握する。細川昭元は、「京兆家当主の義兄」となった信長からの偏諱を受けて信元、さらに信良と名を改めた。	3215

天正5	1月2日	**織田信長、三河吉良への放鷹、そして岐阜城から安土城に戻る。**	3216
	1月4日	信長、城中で茶会を開く。	3217
	1月5日	織田信忠（「平信忠」）(1557～1582)、正四位下に昇進。	3218
	1月14日	織田信長（「内府信長」）、入洛。吉田兼見、眼疾で禁裏参賀を延引したため、織田信長入洛の御迎には吉田兼治を派遣。(『兼見卿記』)。 **信長(1534～1582)、安土から入洛、二条妙覚寺に入る。**	3219
	1月14日	浦上遠江守宗景（？～？)・別所長治(1558～1580)、上京して、信長に挨拶。	3220
	1月14日	紀伊国根来寺杉之坊（？～1585)、妙覚寺の織田信長を訪問し、紀伊国方面の戦況を報告。	3221
	1月15日	吉田兼見（1535～1610)、眼疾のため禁裏参賀せず、吉田兼有を参勤させる。また諸家は織田信長（「内府」）へ祗候。(『兼見卿記』)。	3222
	1月18日	織田信長、正親町天皇より太刀を下賜される。	3223
	1月19日	信長、朝廷に太刀・馬などを献上する。	3224
	1月20日	織田信張(1527～1594)、左兵衛佐に任官。	3225
	1月24日	信長、三河名物の菱を献上する。	3226
	1月25日	**織田信長、未明に近江国安土へ下向。(『兼見卿記』)。**	3227
	2月2日	**「信長の第一次紀州征伐ー2月2日～3月15日」はじまる。** 信長は、三緘衆（雑賀三組）らの内応を受けて、残り二組の雑賀・根来一向一揆討伐のために領国内に動員をかけた。	3228
	2月8日	**織田信長（「内府信長」）、上洛。**吉田兼見、吉田兼治を同行し山科において織田信長を出迎える。織田信長の今度の上洛は南方調略（一向衆徒対策）の目的だという。(『兼見卿記』)。信長、二条妙覚寺入る。	3229
	2月10日	羽柴秀吉(1537～1598)、黒田松壽丸（松寿丸)に、別所重棟（重宗)(1529～1591)の娘を娶らせ、さらに信長へと送り人質とする。 重宗は、三木城主別所長治(1558～1580)の補佐役であった。松壽丸は、黒田長政（黒田孝高（官兵衛・如水)の嫡男)(1568～1623)である。	3230

妙覚寺跡周辺

西暦**1577**

天正5	2月10日	「織田信長朱印状」。「至泉州近辺可罷立候条、左候者、我々則可進発候条、彼面行之儀者可申付候、…………惟任・荒木比分申付候間、可相談候也」。	3231

信長、長岡兵部大輔（細川藤孝）へ、本願寺に味方する雑賀および根来の一揆衆を攻撃せよと、河内方面の出陣を命じる。また、同様の命を伝えた明智光秀・荒木村重と相談すべきことを命じる。

信長、雑賀党攻撃を命じ、紀伊国根来寺僧兵中で織田側の杉之坊（？～1585）の後援命令を下す。

根来寺には新義真言宗の教学を学ぶ学侶（衆徒）と、寺院経営の実務を執り行う行人がいたが、乱世になると行人の組織が大きな力を持つようになっていった。さらに、紀北や泉南の土豪は高野山内に行人方の院を建て、子弟を出家させて住職とした。実家を背景としたかれらが行人の主力となり、やがて、水利権をめぐって紀伊守護である畠山氏と争い、守護方に大きな損害を与える軍事集団に成長した。

巨大化した根来寺の僧兵軍団を率いた旗頭は、行人方である杉之坊・岩室坊・閼伽井坊・泉識坊の四坊で、いわゆる根来寺の家老格の院主として地方大名級の勢力を誇った。

	2月11日	「織田信長朱印状」。信長、長岡兵部大輔（細川藤孝）へ、紀伊国「根来寺」方面の件で、来たる二月十三日に信長は淀川を渡河する予定であるが、藤孝は明日二月十二日に出陣し和泉国まで進軍し、「一左右」（一報）次第に出撃することを命令。	3232

	2月13日	「第一次紀州征伐」。紀伊雑賀衆一向一揆討伐の織田信長（1534～1582）、十万余を率いて河内国へ京を出陣。（『兼見卿記』）。	3233

織田信長（「信長自身」）、織田信忠（「城介」）・織田信孝（「三七殿」）・織田信雄（「勢州御茶セン」）らの「分国人数」十五万余騎を率いて河内国へ出陣。「一揆退治」のための軍事行動であった。（『多聞院日記』）。

信長、容易に落城しない石山本願寺の外堀を埋めるべく、雑賀衆征伐を目論む。

信長、淀川を渡河し八幡宮に布陣。織田信忠・明智光秀・長岡（細川）藤孝・荒木村重ら、従軍する。

	2月14日	織田信長、尾張・美濃・近江・伊勢の軍勢と合流。	3234
	2月14日	織田信長、雨天のために紀伊国鳥取郷若宮八幡宮（和歌山市有本）に滞陣。	3235
	2月15日	信長、紀伊国鳥取郷若宮八幡宮から河内国若江城（大阪府東大阪市若江南町）へ到着。	3236
	2月16日	織田信長、和泉国香庄（大阪府岸和田市）に布陣。	3237
	2月17日	「第一次紀州征伐」。	3238

織田軍先陣、貝塚に到着して砦へ攻めかかるも、敵は信長軍攻撃の情報を得て夜半に船に乗って砦を退散。根来杉之坊、信長参礼に訪れる。

	2月18日	織田信長、和泉国佐野郷へ進軍。	3239
	2月18日	根来寺快宥、紀伊国高野山金剛峰寺へ、「雑賀為御成敗」にあたり織田信長が進撃して来るので根来寺は信長に「御味方」申して参陣することを通知し、金剛峰寺も織田信長側として出撃すべきことを勧誘。	3240
	2月20日	織田信長、織田信張（「左兵衛佐」）（1527～1594）へ、その「一左右」（一報）を待って織田軍（「諸卒」）が在陣しているので、織田側に味方した「三組」（宮郷・中川郷・南郷）と「根来衆」の動向を見極めて報告すべきこと、その報告によって加勢し、織田信長自身も進軍するので油断しないように備えることを命令。	3241

天正5	2月21日	「第一次紀州征伐」。長岡(細川)藤孝(1534〜1610)ら、和泉国長尾に於ける合戦で「先駈」として敵を撃破。	3242
	2月22日	「**第一次紀州征伐−2月2日〜3月15日**」。 「山谷乱入、中筋道通、長岡兵部大輔、惟任日向守打チ入ラレ候ノトコロ、雑賀ノ者ドモ罷リ出デ、相支へ、一戦ニ及ブ」。(『信長公記』)。18日という。 織田信長、和泉国志立(信達)(大阪府泉南市)に移動。全軍を山中と海岸沿いの二手に分けて進軍させた。 その部隊のうち、山中を通った方は、杉之坊・三緘衆を先頭に、佐久間信盛・羽柴秀吉・堀秀政・荒木村重・別所長治らが雑賀に乱入し、小雑賀川(和歌川)で敵の守備に進軍を阻まれ、ここを境として両軍が対峙。稲葉一鉄らは紀ノ川河口に布陣した。海岸沿いを進む部隊の明智光秀・滝川一益・丹羽長秀・長岡(細川)藤孝・筒井順慶らと、織田信忠・北畠具豊(織田信雄)・神戸信孝・織田信包の、淡輪からさらに三手に分かれて孝子峠を越え、雑賀側の防衛線を突破して南下し、中野城(和歌山市中野)を囲んだ。**明智光秀は、長岡(細川)藤孝、初陣の細川与一郎(忠興)と共に中筋を進軍。**	3243
	2月23日	「織田信長黒印状」。信長、長岡兵部大輔(細川藤孝)へ、和泉国長尾に於ける合戦で小数にもかかわらず先駈として敵を撃破した戦功を賞す。堀秀政が添状。	3244
	2月23日	堀秀政(「堀久太郎秀政」)(1553〜1590)、細川藤孝(「長岡兵部大輔」)へ、昨日二月二十一日の和泉国長尾に於ける戦闘での戦功を賞し、織田信長は「別而御祝着ニ被思食」れて即時「御感状」を発給したこと、雨天により野陣は迷惑であることを慰労し、変化があれば注進することが重要であることを通知。	3245
	2月26日	織田信長、松田豊前守(松田頼隆)の音問で帳一折の贈呈を謝す。	3246
	2月26日	近衛前久(1536〜1612)、薩摩から帰京する。	3247
	2月27日	村井貞勝、六条八幡宮が諸国に募縁して社殿を造営するのを許可する。	3248
	2月28日	「**第一次紀州征伐−長尾合戦**」。 織田信長(1534〜1582)、和泉国淡輪まで進軍。浜手の織田信忠(1557〜1582)は、連枝衆らを率いて紀伊中野城(和歌山市中野)を落とし、その城を守備。	3249
	2月28日	織田信長、立政寺の陣中見舞で枝柿之折の贈呈を謝す。	3250
	2月30日	「第一次紀州征伐」。信長が雑賀の前線に移動、野陣を張り、戦地の地形を視察。	3251
	2月-	織田信長、紀伊国大田村に全三ヶ条の「禁制」を下す。	3252
	3月1日	織田信長、某より上杉謙信が能登国七尾城(石川県七尾市古城町)より「引退」した報告を受け、漸く雪が消えたというので加賀国への進軍に遅滞無きことを命令。また堅苦の贈呈を謝す。詳細は武藤舜秀(?〜1579)に伝達させる。	3253
	3月1日	「**第一次紀州征伐−2月2日〜3月15日**」。織田信長、滝川一益・明智光秀・長岡(細川)藤孝・蜂屋頼隆・筒井順慶・若狭衆などに鈴木重秀(雑賀孫一)の居城・雑賀城(和歌山市和歌浦)を攻めさせる。 **この時光秀らは、竹束を盾に鉄砲の弾丸を防いで攻め寄せ、櫓を建てて逆に城中に鉄砲を撃ち込むという攻撃を行った。**	3254
	3月2日	織田信長、鳥取郷若宮八幡宮(波太神社)へ移陣。	3255
	3月2日	長岡(細川)藤孝(1534〜1610)、大和国興福寺に来訪。「色々芸尽ス」。(『多聞院日記』)。	3256

西暦**1577**

天正5	3月8日	織田信長、尾張国の水野直盛（「水野監物」）（？～1598）へ、在陣見舞を謝し、摂津国住吉城普請についての指示を下す。	3257
	3月12日	「第一次紀州征伐」。雑賀党の七頭目である土橋若大夫平次・鈴木重秀（雑賀孫一）・岡崎三郎大夫・松田源三大夫定久・宮本兵部大夫・島本左衛門大夫・栗村二郎大夫が連署して、織田信長に降伏を申し出た。	3258
	3月12日	内裏築地の修築につき、村井貞勝が奉行し、これを上京・下京町人に命じる。町人、風流を尽くしてその工を賑わす。	3259
	3月15日	「第一次紀州征伐（2月2日～3月15日）終結―信長、紀州平均」。織田信長（1534～1582）・信忠（1557～1582）、雑賀一揆を屈服させる。信長、雑賀党の七頭目へ、今度の雑賀成敗を前に織田側として忠節を尽くすという「折紙」（誓紙）を受け、赦免することを通達。また小雑賀に向かい、在陣している軍勢にも指示を下すことを通達。	3260
	3月15日	「織田信長黒印状」。「猿帰候テ、夜前之様子具言上候、先以可然候、又一若ヲ差遣候…………各辛苦令察候、今日之趣徳若ニ可申越候也」。織田信長、紀伊国在陣中の細川藤孝（「長岡兵部大輔」）・丹羽長秀（「惟住五郎左衛門尉」）・滝川一益（「滝川左近」）・明智光秀（「惟任日向守」）へ、羽柴秀吉（「猿」）の帰還により戦況報告を受けたことに触れ、「一若」を派遣すること、在陣辛労を慰労、この日の状況は「徳若」に報告することを通達。信長は、秀吉を「猿」と書く程、両者は近いようだ。	3261
	3月16日	織田信長、山城国等持院へ在陣見舞を謝し、近日の帰陣予定を通知。	3262
	3月20日	「織田信長黒印状」。信長、山城国賀茂社惣中宛で、「在陣につき、祈禱巻数ならびに房鞭二懸到来、悦び入り候」と謝す。詳細は丹羽長秀（「惟住」）に伝達させる。	3263
	3月21日	**織田信長、停戦の監視のため佐久間信盛・明智光秀・丹羽長秀・羽柴秀吉・荒木村重の軍勢を後に残し、香庄（大阪府岸和田市）に移陣、撤兵する。**	3264
	3月22日	織田信長、佐野（大阪府泉佐野市）に砦を築き、杉之坊（？～1585）・津田（織田）太郎左衛門信張（1527～1594）を要害の定番に命じた。	3265
	3月22日	多聞院英俊、織田信長が紀伊国雑賀の一揆を鎮圧し、昨日天王寺周辺まで改陣したことを知る。（『多聞院日記』）。	3266
	3月23日	織田信長、若江城（大阪府東大阪市若江南町）に帰陣。信長、天王寺屋了雲の「貧狄の花入れ」・今井宗久（1520～1593）の「開山の蓋置き」、「二銘の茶杓」を、召し上げ、金銀が与える。	3267
	3月24日	織田信長、八幡に宿泊。	3268
	3月25日	**織田信長、凱旋入京し妙覚寺に宿泊。**	3269
	3月26日	織田信長、松井友閑（「宮内卿法印」）へ、和泉国堺津に塩飽船が往来することを承認、違反者は「成敗」すべきことを命令。信長、讃岐塩飽衆に、塩飽船の堺への航行を認める朱印状を発し、毛利方からの離反を促す。	3270
	3月27日	**織田信長、近江国安土城へ帰還ため京を発つ。**	3271
	3月-	織田信長、和泉国松尾寺へ、全三ヶ条の「禁制」を下す。違反者は「忽」ち厳罰に処すこととする。	3272

天正5	－	この頃、明智光秀の長女倫子が荒木村次(荒木村重の長男)に嫁ぐとされる。	3273
	4月2日	大和国興福寺に於いて集会が開かれる。新屋郷に付いて織田信長「朱印」を発給してもらうよう筒井順慶(「筒順」)から意見があった。(『多聞院日記』)。	3274
	4月3日	織田信長、大和国興福寺の圓明院と蓮成院の宗論を裁決する。	3275
	4月6日	「千句第五、何田百韻」。明智光秀(1528 ? ～1582)、長岡(細川)藤孝(1534～1610)・里村紹巴(1525～1602)・津田宗及(？～1591)・威徳院行祐らと連歌を詠む。	3276
	4月7日	柴田勝家、越前国の新開一右衛門尉へ、知行分二百石について再度の織田信長「御朱印」が発給されたので、越前国王見郷宮森村を「検地」の上で遣わすこと、但し山林・野川には別に「給人」を配置することを通達。	
	4月13日	**信長(1534～1582)、荒木村重(1535～1586)に、武将として最初の茶湯の会席を許す。** 信長家臣たちや堺の商人たちも信長に名器(茶湯道具)をしばしば献上した。それだけでなく、京都や堺に一流の茶器を集めていた。信長は、自分が収集した茶の湯道具を恩賞として領土の代わりに家臣に与えた。それも「領土の代わり」というのではなく、「領土をもらうより価値あるもの」として与えたのである。本来、武士にとっては「価値あるもの」とは「土地」であった。しかし、信長は土地よりも格の高い名誉あるものとして「茶の湯」という文化を利用したのである。恩賞として土地を与えるのは限界があるが、茶道具であれば、限りなく与えられるのである。	3278
	4月15日	武藤舜秀(？～1579)、越前国敦賀の川船衆中へ従来の規定に従い商売すべきを命令。	3279
	4月17日	足利義昭、伊集院忠棟・河(川)上忠克・平田光宗・村田経定へ、足利義昭の帰洛援助に毛利氏が応え、更に武田氏・北条氏・上杉氏に合力させ、今度は島津氏が加担する旨を賞す。詳細は真木島昭光・一色昭秀に伝達させる。	3280
	4月17日	織田信長、和泉国綾井城(大阪府高石市綾園)の沼間主膳興清へ、在陣見舞を謝し、和泉国住吉浜砦普請について命令。 沼間清成の嫡子越後守義清は、代々の居城である綾井城に拠り、織田信長に仕えた。そして、天正4年7月、大坂木津川口において織田軍と毛利水軍との合戦で討死。この越後守の子・主膳興清は、父に継いで綾井城に住し七千石を領し、中村式部少輔一氏(？～1600)の与力となった。	3281
	4月19日	織田信長、飯尾信宗(尚清)・丹羽長秀・猪子高就(兵助)・堀秀政へ、石山本願寺攻撃の付城普請を命令。	3282
	4月21日	**織田信長、近江国安土城に帰還。**	3283
	5月3日	大和国興福寺、新屋郷についての「糺決」が下るというので圓明院・蓮成院を使僧として近江国安土へ派遣。(『多聞院日記』)。	3284
	5月3日	織田信長、加賀国人の柴山長次郎へ、忠節を尽すことに偽り無ければ「本地」は安堵し、戦功によっては恩賞を加える旨を通達。	3285
	5月7日	近江国安土より大和国奈良中の「ネコ」・「ニワ鳥」を徴集するというので、多聞院英俊らは僧坊の方々へ隠した。「タカノエ」(鷹餌)として用いるということであった。(『多聞院日記』)。	3286
	5月7日	加賀国の水越左馬助は上杉謙信に従っていたが、信長に通じ、太刀一腰(代金壱両)を進上。この日、織田信長、黒印状でその音信・贈物を謝す。	

西暦1577

天正5	5月8日	大和国興福寺、新屋郷の件で去五月三日に圓明院・蓮成院が使僧として近江国安土へ派遣したが、興福寺側の要望に叶う結果を受ける。織田信長「朱印」は発給されなかったが、従来の如くすべきという内容の万見重元（「万見仙千代」）の「書出」が出された。多聞院英俊は「先々珍重々々」と評す。（『多聞院日記』）。 [3288]
	5月10日	織田信長、山城国の津田利右衛門尉へ、上山城の当野の件は去年（天正四年）の「指出」の際に「隠田」が発覚したので「代官」の「筋目」を以て早々に検地を命令する。これより先に織田信長は、各地に検地指出を命じていた。 [3289]
	5月14日	「英賀の戦い」。播磨国御着城（兵庫県姫路市御国野町御着）主小寺政職（1529～1584）、かねてから織田氏と誼を通じていた黒田孝高（官兵衛、如水）（1546～1604）の進言に従って、英賀（姫路市飾磨区）で、毛利軍小早川隆景の水軍の将・浦宗勝（乃美宗勝）（1527～1592）を破る。 当時の播磨国は、東から織田氏、西から毛利氏と大勢力が迫り、いずれにつくかという緊迫した状況にあり、親織田派であった小寺氏に対し、毛利氏はその十倍の数となる五千の兵を送り込んだが、対する小寺側は、家臣小寺孝隆（官兵衛、のちの黒田孝高）の奇策により毛利軍を撃退した。 [3290]
	5月16日	織田信長、紀伊国三組（宮郷・中川郷・南郷）惣中へ、「雑賀成敗」（雑賀党残党の掃討戦）に際し織田側に協力することを賞し、紀伊国根来寺は既に織田側に味方する意志を表明しているので、紀伊国三組が挙兵次第に出兵する旨を通達。恩賞は戦功によって望むとおりとする旨を通達。 [3291]
	5月16日	織田信長、荒木村重へ、報告書と小寺政職からの注進状を披見し、一昨日五月十四日に小寺政職が播磨国英賀方面に出撃し敵を撃破したことを賞す。また、黒田孝高（「官兵衛」）の戦功も賞す。 [3292]
	5月18日	荒木村重（「荒摂村重」）、黒田孝高（「小官兵」）へ、播磨方面についての先日の注進状を早々に近江国安土城へ言上し、織田信長が小寺政職へ「御書」を下されたのは「御面目之至」であり荒木村重（「我等」）にとって「珍重大慶」であることを通知。また黒田孝高の「御かせき」は織田信長の「上聞」に達して荒木村重（「我等」）宛の織田信長「御書」中に加筆されたことに触れ、送付する旨を通知。さらに黒田孝高の普段の心懸けは織田信長「上覧」に至ったことは「御名誉」であることを通知。詳細は築山市兵衛尉に伝達させる。 [3293]
	5月18日	長岡（細川）藤孝（1534～1610）、有馬温泉で伊勢内宮神宮荒木田守平に、歌・連歌について話を求められて応じる。 [3294]
	5月19日	織田信長、紀伊国太田城（和歌山市太田）の太田源三大夫左近と紀伊名草郡神崎村の神崎中務丞へ、雑賀成敗について織田側として忠節を尽くすことを諒承し、急速に挙兵することを通達。 [3295]
	5月20日	織田信長、織田信張（1527～1594）へ、全五ヶ条の指示を下す。その内容は今度「東国一篇」を平定するにあたり贈呈された祝儀を謝し、紀伊国雑賀より黄金十枚が献上されたので信張に二枚を下賜すること、鈴木重秀（雑賀孫一）が信長に参上し忠節を誓ったこと、「根来寺」と「粉河寺」らへも書状を送付したこと、織田信張の担当方面の軍備に「調儀」を用いることは重要であるとのことであった。 [3296]
	6月1日	織田信長（1534～1582）、出羽国の安東愛季（1539～1587）へ、去々年（天正三年）の「弟鷹」十聯と去年（天正四年）の鷹二居到来を謝し、自愛している旨を通知。その返礼として「紀新大夫」の太刀を贈呈。 [3297]

天正5	6月5日	「織田信長黒印状」。信長、長岡兵部大輔(細川藤孝)へ、去年(天正四年)に「矢蔵」を築造した時に召集した「大工」のうちで、「上手」の二名とそれ以外の大工で計十名を早々に送るよう命令。	3298
	6月-	**「安土山下町中掟書」。この月、織田信長、安土に楽市・楽座を令する。** 本文は全文十三ヶ条からなり、第一条で山下町中を楽市と定め、座の特権を廃止し、山下町住人に対する諸課役、諸公事の賦課を免除する、第二条で中山道往還の商人は安土を通過せず必ず安土に寄宿するよう命じる。第三・四条は住民に対する普請役、伝馬役、家屋税の免除などを記載。第五条は火事の際、付け火ならば死罪、自火であっても調べた上追放にする。第六条は借屋や同居人から犯人が出ても、主人が知らない場合は処罰しない。第七条は盗んだものを買っても、もしその事を知らなければ罪にならない。第八条は徳政の免除。第九条は他国から来た人を同様に扱う。第十条は喧嘩、口論、押売や押買を禁止。第十一条は町人に譴責使を入れる時は、安土町奉行に届けて許可を得てから行う。第十二条は町並みに居住する者は町並役を免除する。第十三条では近江国内の博労の馬売買を山下町に限定するなど、当時としては、急進的及び斬新的な政策で城下町繁栄のための住人の保護や町内の治安、統制に関する条項などを記す。	3299
	6月12日	「尚以、急度御入洛義御馳走肝要候、委細為上意、可被仰出候条、不能巨細候」。 **明智光秀(1528?~1582)、紀伊国雑賀五郷と土橋平次胤次へ、全三ヶ条を通達。** その内容は織田信長に謁見するために上洛の指示を通達し、「高野山」・「根来寺」・雑賀衆らが相談し和泉国・河内国へ出撃することを督促、知行等の件は年寄を以て相談させること、近江国・美濃国は「悉平均」して織田信長「覚悟」のままになっていることを通達。	3300
	6月13日	「第三次石山合戦」。織田信長(1534~1582)に摂津石山城を攻囲された本願寺顕如(1543~1592)、信濃長沼(長野市)浄興寺の武田勝頼(1546~1582)に救援を要請。	3301
	6月24日	織田信長、伊勢大神宮御師の北監物大夫へ、不法行為を承引しないことを通達し、北畠信意(織田信雄)の「一札」により息子の鍋次郎に御師福嶋家を相続させることを指示。	3302
	6月29日	津田宗及(?~1591)、堺の商人・茶人若狭屋宗啓、明智少兵衛(溝尾茂朝)(1538~1582)を招いて茶会。	3303
	7月3日	織田信澄(1555?~1582)、横江村(滋賀県高島市安曇川町横江)の崇禅寺に対し、「当寺三屋敷之儀、如二先々不可有相違候」と三屋敷の領有を認める。	3304
	7月3日	「奥州伊達御鷹のぼせ、進上」。(『信長公記』)。 伊達輝宗(政宗の父)(1544~1585)、織田信長(1534~1582)へ鷹を献じる。	3305
	7月10日	織田信長、山城国上狛の狛秀綱(「狛左馬亮」)へ、三百十一石を知行として「扶持」す。	3306
	7月21日	織田信長、敦賀三国の森田三郎左衛門らに、越後・越中・能登の船の三国への入船禁止を命じる。	3307
	7月22日	三条西実枝(「実枝」)、織田信長へ書状で、安東愛季(「安倍愛季」)の「御執奏」の件を禁中「宿老中」で談合の上で正親町天皇へ披露したところ、安東愛季の先祖が「勅勘」を蒙っていたかどうかが問題となったが、「所詮叙爵」ということで「宣下」があり、「口宣案」が発給された事情を通知。 安東愛季(「安倍朝臣愛季」)(1539~1587)、「従五位下」に叙位。	3308

天正5	7月23日	羽柴秀吉(1537~1598)、播磨国平定にあたり黒田孝高(「小寺」)(1546~1604)へ、秀吉舎弟の羽柴秀長(「小一郎長秀」)(1540~1591)と同様に親身に感ずる旨を通知。その上で直々の相談を促す。	3309
	7月23日	屋代左近将曹、正親町天皇の宣旨により「馬道天下一」とされる。 本能寺の変で、厩から敵勢(明智勢)に斬り込んだが討死した矢代勝介(屋代勝助)という。	3310
	閏7月4日	筒井順慶(1549~1584)・越智家秀(?~1583)ら大和衆、信長の上洛を迎えるため安土へ向かう。(『多聞院日記』)。	3311
	閏7月6日	**織田信長、上洛し二条新第(押小路烏丸殿・二条晴良邸跡)に入る。** 吉田兼見、長岡(細川)藤孝・吉田兼治と共に山科まで出迎える。(『兼見卿記』)。 二条新第が信長政権の京都の政庁となる。	3312
	閏7月8日	上杉謙信(1530~1578)、越中魚津へ出陣。	3313
	閏7月9日	織田信長、大和国宇陀郡の沢兵部大輔房満へ、身上・知行を安堵す。また沢兵部大輔房満は東門院と談合したが「赦免」された以上は「別儀」は無い旨を通達。詳細は滝川一益(「滝川左近」)に伝達させる。 沢兵部大輔房満は、北畠具教の弟具親が北畠旧臣を募って蜂起(織田信雄によって鎮圧された)したが、房満はそれに参加することはなかった。	3314
	閏7月10日	織田信長、正親町天皇に奏請し、出羽国の秋田(安東)愛季が勅免される。	3315
	閏7月10日	菅屋長頼(「菅屋九右衛門尉長行」)、柴田勝定(「柴田宮内少輔」)へ、「織田大明神」領・寺社領の「一色」を委任されたことに触れ、織田信長(「上様」)は特別に諸事厳命を下したことを強調。また織田剣神社・織田寺は菅屋長頼「申次之寺」であるので入魂本望であることを通知。 菅屋長頼、越前国の織田剣神社・織田寺へ、社殿造立の「訴訟」を織田信長へ披露したところ、「内々」の「御心得」が得られるという「御意」であったので、後に正式に通達がなされることを通知。	3316
	閏7月11日	信長、去年来より村井貞勝に命令していた禁裏築地普請の首尾を夕方見物、八度目の参内。そのため堂上衆・堂下衆が悉く参内。織田信長、禁裏および誠仁親王(1552~1586)へ越後布三十端を献上。(『兼見卿記』)。	3317
	閏7月12日	**織田信長(1534~1582)、前関白近衛前久(1536~1612)の嫡子(後の信尹)の元服にあたり加冠、理髪は広橋兼勝(1558~1623)、諸家は一人残らず出頭。退出後、贈物の披露は津田(織田)信張(1527~1594)。** (『兼見卿記』)。 前久嫡子は、信長の一字を貫い「信基」と名乗る。本阿弥光悦(1558~1637)・松花堂昭乗(1582~1639)と共に「寛永の三筆」として日本書道史上にその名を謳われてきた近衛信尹(1565~1614)である。	3318
	閏7月13日	**織田信長、近江国安土へ下向。** 吉田兼見、息子満千代を同行し粟田口辺で見送る。(『兼見卿記』)。 信長は、勢田城(瀬田城)の山岡景隆(1525~1585)のもとに宿泊。	3319
	閏7月14日	**織田信長、安土帰城。**	3320
	閏7月20日	**近衛前久、朝廷に出仕する。** 永禄11年(1568)以来の出仕であった。「永禄の変」への関与を疑われ、足利義昭らと対立、朝廷を追放されていた。	3321

天正5	閏7月20日	安東（秋田）愛季、織田信長へ、去々年（天正三年）の「御鷹師」派遣の際に鷹を贈呈したことに対する謝意に応え、特に返礼として贈呈された「紀新大夫」の太刀は末代迄も重宝とすること、浪虎（ラッコ）皮十枚を贈呈することを通知。また羽柴秀吉を以て織田信長の「上聞」に達するよう依頼する。	3322
	閏7月20日	菅屋長頼（？～1582）、柴田勝家（「柴田修理亮」）・柴田勝定（「柴田宮内少輔」）へ、越前国織田剣神社領織田寺領は「縄打」を実施し「一職」（一切の所有権排除）に境界を決定したにもかかわらず、再度柴田勝家が「上使」を派遣して「検地」を実施するのは迷惑であるという訴えがあったことに触れ、織田信長（「上様」）が特別に念を入れて下された命令は少々の余分があったとしてもこの春に決定された境界を遵守することを通達。また境界に近い神領の百姓らに対する諸役は「用捨」すべきことを通達。	3323
	閏7月22日	多聞院英俊、大和国多聞山城の破却が大旨済んだことを知り、「尤珍重々々」と評す。（『多聞院日記』）。	3324
	閏7月23日	織田信長、伊達輝宗（「伊達左京大夫」）へ、上杉謙信の「悪逆」を追伐するので越後国の本庄繁長と相談することと、「軍忠」を督促する。 本庄繁長（1540～1614）は、織田信長に教唆され、度々上杉家に矛先を向けていた。	3325
	閏7月24日	**長続連の三男・宗先（還俗して長好連）（後の長連龍）（1546～1619）、越中国七尾城を出発し近江国安土へ向かう。** **安土城の信長のもとへ走り救援を求める。**	3326
	閏7月29日	足利義昭、毛利輝元（「毛利右馬頭」）へ、今度の讃岐国に於ける三好軍の撃破を賞し、褒美として「吉次」の太刀と馬一頭を遣わし、詳細は「貞長」に伝達させる。	3327
	8月1日	**明智光秀、雑賀一揆の攻撃に際し、使者として和泉淡輪氏の許に赴く。**	3328
	8月1日	万見重元（仙千代）（1549？～1579）、和泉国淡輪城（大阪府泉南郡岬町淡輪）の淡輪大和守・淡輪徹斎へ、「上使」として美濃国へ下向したが昨則帰城したこと、雑賀一揆が蜂起したことは織田信張からの注進状によって知っていることに触れ、奔走し防備を堅固にしていることを織田信長「御気色」をうかがって披露することを通達。また明智光秀へ合流すべきことを通達。 淡輪徹斎娘は、関白豊臣秀次の妾となり、聚楽第に入りて「お小督局」と呼ばれ、秀次の胤を宿して女子を産むが、秀次の文禄4年（1595）7月高野山に自裁後、31歳を以て京都三条河原に於て斬られる。	3329
	8月8日	**「信長、加賀へ出兵」。**「八月八日、柴田修理亮、大将トシテ、北国へ御人数出ダサレ候。滝川左近、羽柴筑前守、惟住五郎左門…………富樫ノ所々焼キ払ヒ、在陣ナリ。羽柴筑前、御届ヲモ申シ上ゲズ、帰陣仕リ候段、曲事ノ由、御逆鱗ナサレ、迷惑申サレ候。」（『信長公記』）。 織田信長（1534～1582）、上杉謙信（1530～1578）の出兵に備え、柴田勝家（1522？～1583）を大将、滝川一益（1525～1586）・羽柴秀吉（1537～1598）・丹羽長秀（1535～1585）・斎藤新五（利治）（道三の末子）（1541？～1582）・氏家直通（直昌）（？～1583）・安威守就（1503？～1582）・稲葉一鉄（1515～1589）・不破光治（？～？）・前田利家（1538～1599）・佐々成政（1516～1588）・原長頼（？～1600）・金森長近（1524～1608）ら及び若狭衆らを加賀国に派遣。 織田軍が手取川を渡った直後に、羽柴秀吉（1537～1598）は、柴田勝家や滝川一益と意見が合わず届出もなしに勝手に長浜に帰兵した。その後、信長から厳叱され謹慎を命じられる。	3330

天正5	8月8日	織田信長、祖父江五郎右衛門へ、「領知」・「家来」・「買得」地を安堵する。また櫛田三平の件は従来の如く「家来」とすべきことを通達。 信長、尾張国の祖父江秀重（1524〜1585）に領知・家来及び買得分を安堵。	3331
	8月10日	柴田勝家（「修理亮勝家」）、加賀国の柴山長次郎へ、山中氏が織田側に「御味方」として奔走するというのは結構なことであり、加賀国「一国之儀」は柴田勝家が織田信長より与えられたので、偽りが無ければ「本知」分は永代安堵する旨を通達。	3332
	8月12日	仁和寺の任助法親王・大覚寺尊信・上賀茂社・伏見社・吉田兼見等、織田信長の二条新第の堀普請の人足供出を賦課される。（『兼見卿記』）。	3333
	8月17日	**「第三次石山合戦—松永久秀、謀反実行（三度目）」**。石山本願寺攻囲中、定番として入れ置かれていた摂津国天王寺城の付城の松永久秀（1508？〜1577）・久通（1543〜1577）父子が、上杉謙信・毛利輝元の同盟や、石山本願寺などの反信長勢力と呼応して、石山本願寺攻めを離脱、信長に反旗を翻して信貴山城（奈良県生駒郡平群町）に籠る。家臣の森秀光・海老名勝正は片岡城（奈良県北葛城郡上牧町）に籠城する。 **信長は、松井友閑（？〜？）を派遣し理由を問い質そうとしたが、使者には父子が釈明に現れることはなかった。**（『信長公記』）。	3334
	8月17日	織田信長、筒井順慶へ、去る八月十五日に和泉国久米田に出撃したことを賞し、佐久間信盛へ相談して油断無く軍備を調え、変事が生じた場合は報告すべきことを命令。	3335
	8月24日	佐久間信盛（「右衛門尉信盛」）・佐久間信栄（「甚九郎信栄」）、摂津国平野庄へ荷馬往来について従来の如く諸役を免除する旨を通達。	3336
	8月24日	吉田兼見、荒木村重より摂津国有岡城に日吉社を勧請するための神体所望について答申。（『兼見卿記』）。	3337
	8月25日	吉田兼見、荒木村重へ神体の件で鈴鹿右正を派遣。（『兼見卿記』）。	3338
	8月26日	荒木村重のもとへ派遣された鈴鹿右正、吉田兼見のもとへ帰着。社殿の形や拝殿の様子を聞いた兼見は一般的な物であると感想を述べた。そして、大工に神体設置に関する道具の作製を申し付けた。（『兼見卿記』）。	3339
	9月1日	織田信長、加賀国の水越左馬助へ、上杉謙信が加賀国方面に出馬するという報告に対し、柴田勝家へ防御命令の飛脚を派遣したことに触れ、その返答によって「無事」に処置するよう相談すること、無事にならなければ援軍派遣を実行し「何篇不可見放」という意志を通達。また防備を堅固にすべきことを命令す。	3340
	9月3日	吉田兼見、神人に日吉社神体を持たせ荒木村重のもとへ派遣。（『兼見卿記』）。	3341
	9月7日	吉田兼見、山城国愛宕郡高野の佐竹宗実（佐竹出羽守）（明智秀慶）の茶湯興行に招請される。（『兼見卿記』）。	3342
	9月10日	柴田勝家ら織田家臣団、連署で、織田信長側近の堀秀政（1553〜1590）に書を送り、能登方面の戦況を報告する。	3343
	9月14日	吉田兼和（兼見）（1535〜1610）、村井貞勝（？〜1582）を訪問、その後に上洛した明智光秀（1528？〜1582）を訪問し連歌を楽しむ。吉田兼見、帰宅後に細川信元（昭元）（1548〜1592）より「金神鎮札」の件で問い合わせを受ける。（『兼見卿記』）。	3344
	9月15日	「惟日在京、罷向、果子三種持参、於徳雲軒面會、」。（『兼見卿記』）。 吉田兼見、在京中の明智光秀を、施薬院全宗の宿所に訪問、菓子を三品持参。	3345

西暦 1577

天正5	9月15日	「第二次七尾城の戦い」終結。上杉謙信（1530～1578）、畠山七人衆の遊佐続光に密書を送り、畠山氏の旧領を与えるという約束で内応を誘う。以前より能登の領主能登畠山氏重臣・長続連が実権を握る事に不満を抱いていた遊佐続光（？～1581）や温井景隆（？～1582）らとクーデターを起こし、能登国鳳至郡穴水城（石川県鳳珠郡穴水町）主・長続連ら一族百余人を殺害して上杉謙信に投降。七尾城が陥落する。密かに派遣した長好連（後の長連龍）（1546～1619）が引き連れた織田の援軍が到着する数日前の出来事であった。	3346
	9月17日	「上杉軍、能登統一」。加賀国との国境に近い能登末森城（石川県羽咋郡宝達志水町）を攻略。城主・土肥親真を撃破、降伏させる。	3347
	9月18日	上杉謙信（1530～1578）、織田軍総勢四万八千で加賀湊川（手取川、石川県石川郡美川町）を越えたという報せを受ける。	3348
	9月22日	「松永右衛門佐事、今度号雑説、奇事於左右、信貴籠城、言語道断之次第候、…………」。織田信長、大和国の岡周防守（旧松永久秀家臣）へ、松永久通が「雑説」ありて織田信長に反し大和国信貴山城に籠城したことは言語道断であることを通達。また松永久通の「知行分」については差し押さえ、松永久秀・久通父子が織田信長に出頭しないのは「以外」であり、百姓が松永父子へ年貢を上納すれば成敗を加えるべきこと、大和国人が松永父子に味方すれば同罪とすることを通達。	3349
	9月23日	「手取川の夜戦―織田軍、謙信に敗れる」。柴田勝家は、上杉謙信（1530～1578）が能登の七尾城（石川県七尾市古城町）・末盛城（石川県羽咋郡宝達志水町竹生野）を落として南下しているのに気づかずに、加賀北部へ進撃していた。しかし、手取川を越えた後で、勝家は謙信が加賀の松任城（石川県白山市古城町）まで迫っているのを知り、23日深夜に退却を開始した。勝家・前田利家（1538～1599）は退却中に謙信の追撃を受け、手取川を渡河中に大敗北を喫した。	3350
	9月26日	上杉謙信、七尾城を修築、家臣の鰺坂長実・国衆代表の遊佐続光らに守らせ、ひとまず関東を平定してから上洛しようと春日山城（新潟県上越市）に帰還する。加賀北半（河北郡・石川郡）と能登・越中は上杉勢力圏に、加賀南半（能美郡・江昭郡）は織田勢力圏となる。	3351
	9月27日	織田信長、山中幸盛（鹿介）（1545？～1578）を介して信長に降った美作国の江見九郎次郎為久へ、中国方面への「進発」について、羽柴秀吉（1537～1598）を派遣する旨を通達。全ては羽柴秀吉の指示に従って忠節を尽くすよう命令。秀吉の謹慎は、すぐに解けていた。	3352
	9月27日	明智光秀（1528？～1582）、近江来迎寺（滋賀県彦根市本町）に、仏供料として七十八石九斗二合を寄進する。	3353
	9月28日	織田信忠、松永討伐の軍勢を率いて安土に入る。	3354
	9月29日	織田信長の二条新第（のちの二条御所）、竣工。（『兼見卿記』）。	3355
	9月29日	織田信長（1534～1582）、松永久秀父子の籠る大和国信貴山城（奈良県生駒郡平群町信貴山）へ、先陣の軍勢を派遣。奈良中へは陣取りは無く、多聞院英俊は「珍重々々」と評す。（『多聞院日記』）。	3356
	10月-	この月、長浜城主・羽柴秀吉（1537～1598）、織田信長より播磨国を賜る。	3357

西暦1577

天正5	10月1日	信長軍先陣の長岡（細川）藤孝・明智光秀・筒井順慶ら、大和国片岡城（奈良県北葛城郡上牧町）の森秀光・海老名勝正（松永被官）を攻略し敗死させる。	3358

「十月一日、片岡の城へ取懸け攻められ候。永岡与一郎・同弟頓五郎、あには十五、おとゝは十三、」。（『信長公記』）。
細川与一郎忠興（1563〜1646）と、初陣の弟の頓五郎昌興（興元）（1566〜1619）の兄弟、大和片岡城攻撃で一番乗りの戦功をあげる。
明智光秀は、屈強の侍二十余名を失う。

	10月1日	多聞院英俊、大和国楊本城（柳本城）（奈良県天理市柳本町）・「クロツカ」（黒塚）も「内ワレ」て、楊本城衆は松永久通（「金吾」）を生害させようとし、入夜に城は陥落したことを知る。（『多聞院日記』）。	3359

松永久通（1543〜1577）、楊本衆より「楊本城」で殺害される。

	10月1日	織田信忠、安土を発って山岡景隆居城へ宿泊し、翌日槙島へ入った。	3360

	10月2日	「おりかみ披見候、いよいよ働候事候、無油断馳走候へく候、かしく」。	3361

織田信長、細川与一郎（忠興）の折紙の報告に対し、その軍功を賞した自筆書状を送る。堀久太郎秀政（1553〜1590）、添状を出す。

	10月3日	「織田信長黒印状」。信長、長岡兵部大輔（細川藤孝）へ、一昨日（十月一日）に松永久秀方の片岡城を攻略、敵を多数討ち取った軍功を賞す。	3362

	10月3日	「信貴山城の戦い—3日〜10日」織田信忠（1557〜1582）、信貴山へ押し寄せ、城を囲んで陣を据え、城下へ火を放ってことごとく灰にした。	3363

	10月3日	柴田勝家らの軍勢は国中の作物を薙ぎ捨てたうえで御幸塚（石川県小松市）に城塞を築き、そこに佐久間盛政（1554〜1583）を入れた。さらに大聖寺（石川県加賀市）にも普請を施して柴田勝家の手勢を入れ置き、柴田勝家（1522〜1583）は越前に引き上げた。勝家は、上杉謙信が七尾城から動こうとせず進軍が止まった、との報告を、この日、安土城の織田信長に報告。信長、加賀国に出陣していた部隊を、信貴山城（奈良県生駒郡平群町信貴山）攻城の援軍として送り込む。	3364

	10月4日	「松永右衛門佐人質自安土上洛—明日渡洛中成敗云、人質両人」。（『兼見卿記』）。松永久通（「松永右衛門佐」）（1543〜1577）の人質二名（12歳と14歳）、矢部家定（「矢部善七」）・福富秀勝（「福角」）に連行され近江国安土より上洛、明日の処刑のための上洛であった。	3365

	10月5日	**明智光秀（1528？〜1582）ら、大和に向かう織田軍に、片岡城から合流する。**	3366

	10月5日	**「信貴山城の戦い」。** 織田信忠を総大将とした四万の兵が信貴山城へ一斉に攻め寄せた。久秀軍の抵抗も必死であった。	3367

	10月5日	四日安土から連行された松永久秀の人質二名（松永金吾の息子、12歳・14歳）、久秀の反逆により、上京一条の辻で車に乗せられて市中引き回しの上で、京都六条河原のおいて処刑される。奉行が福富秀勝（？〜1582）と矢部善七郎家定（1530？〜1611？）。『信長公記』には、信長はこの時村井貞勝に命じて、この二人の命を助けようとしたとある。	3368

	10月9日	多聞院英俊、夕刻六ツ過より大和国信貴山城（奈良県生駒郡平群町信貴山）が猛火に包まれ、陥落したことを確信し「先以珍重々々」と評す。松永久秀は永禄二年八月八日に大和国入部以来、大和国内の神社仏閣を悉く荒廃させたからである。（『多聞院日記』）。	3369

天正5	10月10日	**「信貴山城の戦い（3日〜10日）—松永久秀自害」。** [3370] この夜に松永久秀・松永久通父子は「腹切自焼」し果てる。（『多聞院日記』）。 「松永在城之城シギ落城、父切腹自火、悉相果云ゝ、時刻光源殿御罰眼前」。（『兼見卿記』）。兼見は、将軍義輝殺害の天罰だと言う。 織田信長（1534〜1582）、織田信忠（1557〜1582）を大将に、羽柴秀吉・明智光秀・丹羽長秀・佐久間信盛らを従軍させ、反旗を翻した松永久秀（1508？〜1577）・久通（1543〜1577）父子を大和国信貴山城で自害させる。（『信長公記』）。 松永久秀、「白髪首と名物平蜘蛛釜は渡さぬ」と自爆というのは、後の俗説という。大仏殿が焼けた永禄10年10月10日からちょうど10年後の10月10日、久秀は灰になった。久通は、10月1日に楊本城で殺害された。
	10月11日	多聞院英俊、昨夜松永久秀・久通父子が腹切自焼し果てたこと、この日、近江国安土城へ「首四ツ」が送付され織田軍は撤兵する。英俊は、松永久秀が先に東大寺大仏を焼失させた同日同時刻に滅亡したことを「仏ヲ焼ハタス、我モ焼ハテ」と表現し、また大仏焼失翌朝は雨天であったが、この日も雨天であることは「奇異ノ事」と評す。（『多聞院日記』）。 [3371]
	10月13日	織田信忠（1557〜1582）、帰陣上洛して二条妙覚寺に寄宿。 [3372] 従三位左近衛中将に任ぜられた。信忠は父の許しがなければ三位中将を請けられないと朝廷に固辞し、信長に許可を求めてから拝命するとした。
	10月-	**この頃、明智光秀は坂本に帰還。** [3373]
	10月14日	公家衆（「諸家」）、悉く直垂を着用し織田信忠（「城介殿」）へ凱陣「御礼」として参集。（『兼見卿記』）。 [3374]
	10月15日	秀吉（1537〜1598）は、播磨出陣に先立って小寺（黒田）官兵衛（1546〜1604）に起請文を送った。 [3375] 「佐用郡之内七条殿分領、同淡川（淡河）之事」を与えること、官兵衛を粗略に扱うことなく何事も直接相談すること、人質の身の安全を保障すること、官兵衛の居城を借用すること、そして英賀合戦での軍功を褒め称えるもので、秀吉は小寺政職（1529〜1584）よりもむしろ官兵衛の力量を頼みとして、強固な関係を結ぼうとしていた。
	10月15日	**織田信忠（1557〜1582）、左中将・従三位に昇進。信忠、安土で松永父子討伐につき、父信長に報告。** [3376]
	10月16日	織田信忠（「三位中将殿」）、この夜自邸において地下を召し乱舞興行す。（『兼見卿記』）。「地下」は、官人の総称 [3377]
	10月16日	**「第二次丹波国征討戦—天正5年10月16日〜天正7年8月9日」はじまる。** [3378] **明智光秀軍、長岡（細川）藤孝・与一郎（忠興）父子の助勢を得て、波多野氏の手に落ちた口丹波亀山城を攻撃。この日より、三日三晩、亀山城を攻撃という。** 丹波国征討戦と違い、明智光秀軍は一挙に黒井城を攻めようとせず、慎重に周りの城から攻城していく個別撃破戦略をとった。
	10月17日	織田信忠、岐阜へ帰陣。（『兼見卿記』）。 [3379]
	10月18日	多聞院英俊、織田信長（「大将殿」）が「右大臣ニ転任」、織田信忠（「城介殿」）は「三位中将ニ昇進」することを知る。（『多聞院日記』）。 [3380]

西暦1577

天正5	10月19日	「第二次丹波国征討戦─亀山城の戦い」。口丹波亀山城主・内藤備前守定政は病死し継嗣なく、家老の安村治郎右衛門ら老臣一族で守っていたが、大手口を光秀、搦め手口を忠興が担当した。両方から攻められたので、安村氏は降参をし開城。信長の光秀一任によって、内藤家人と、並河掃部（易家、明智掃部）・四天王但馬守・荻野彦兵衛・中沢豊後守・波々伯部氏などが、明智光秀旗下になる。後には、宇津氏の丹波船坂城（京都府南丹市園部町船阪）を攻略という。	3381
	10月20日	織田信長、筒井順慶へ、明智光秀を丹波国へ派遣することを通達。また筒井順慶に、石山本願寺攻囲の付城である森口（守口）砦と森河内砦に勤番し、石山本願寺への通路・「夜待」（夜番）以下を油断無きように指令を下す。	3382
	10月20日	織田信長、美作国の江見九郎次郎為久へ、後藤元政（1560〜1579）の織田信長への出頭に奔走し、同心すれば忠義を尽くすという内容の書状が山中幸盛（鹿介）（1545？〜1578）に到来したことに触れ、それが事実であれば、美作の毛利方・江見為久に本領とそれ以外の恩賞地を宛行う予定を通達。詳細は明智光秀に伝達させる。	3383
	10月20日	**明智光秀（1528？〜1582）、松永久秀党の討伐後、丹波口の警護に当たる。また、美作の江見為久の勧誘に当たる。**	3384
	10月21日	佐久間信栄・佐久間信盛、某へ、近江国安土城へ使者が到来・報告したことに触れ、松永久秀の「一類・歴々衆」を討ち取ったことは「御忠節無比類」であり、その功績を佐久間信盛父子が織田信長へ披露し、「松永跡職」と松永「与力」は未だ処置が下されていなく、松永「知行方」は概ね「糺明」が済み、今度の「忠節人」へ下されるという裁決になったこと、来月早々には必ず上洛すべきこと、その上洛の際に松永「知行分」の処置がなされること、近江国安土城への参上は延期して「京都」に於いて織田信長へ「御礼」をすべき旨を通達。また状況に変化があれば上申するよう通達。	3385
	10月22日	長浜城主・羽柴秀吉、上洛。（『兼見卿記』）。	3386
	10月23日	**「秀吉の中国攻め」はじまる。**「羽筑至播州出陣云々」。（『兼見卿記』）。羽柴秀吉（「羽筑」）（1537〜1598）、播磨国へ京を出陣して中国経略を開始。信長、秀吉に中国地方攻略を命じる。	3387
	10月26日	羽柴秀吉、初めて音信する美作国の江見為久（「江見九郎次郎」）へ、「西国行」の件で羽柴秀吉自身が美作国に着陣したことを通達。また山中幸盛（「山中鹿之助」）を通じてきた「内存」を諒承したという織田信長「御朱印」が発給されたので忠節を促す。さらに詳細は山中幸盛（「山鹿」）より通達したように「加彦四」が伝達することを通知。	3388
	10月28日	羽柴秀吉、信長へ向け、翌月十日頃までには播磨表の平定が完了するであろう見通しを申し送る。	3389
	10月29日	明智光秀（「惟任日向守」）、丹波国籾井城を攻撃。（『兼見卿記』）。**「第二次丹波国征討戦」。明智光秀（1528？〜1582）、長岡（細川）藤孝（1534〜1610）、多紀郡の東の入り口に当たる、波多野方の丹波国籾井城（福住城）（兵庫県丹波篠山市福住）を攻撃。** 11月に入り、「丹波の青鬼」と称された籾井教業は、敗れて自刃。城主を失った波多野方の籾井城も落城したという。次いで安口城（丹波篠山市安口字殿奥）を落城させた。	3390

天正5	10月-	織田信忠（1557～1582）、大和国法隆寺内東寺へ、織田信長「朱印」の旨に任せた全三ヶ条の「禁制」を下す。 織田信忠、大和国薬師寺へ全三ヶ条の「禁制」を下す。	3391
	11月1日	織田信長、北畠信意（「茶筅殿」）（織田信雄）へ、春日若宮の拝殿領の大和国宇多郡宇賀志庄と五節供料所の西殿庄を大和国人の沢氏・秋山氏が「押妨」しているので、この「違乱」を停止させることを命令。	3392
	11月14日	**織田信長、未明に上洛、二条新第（二条御所）に入る。**	3393
	11月16日	生駒近清（「生駒市左衛門尉」）、織田信長「御朱印」を獲得するために使僧が長期逗留して折衝に当たっている大和国薬師寺惣中に対して、織田信長「御朱印」の件は一雲斎針阿弥（「一雲」）（？～1582）と相談し発給に至ること、要請のあった最前の織田信長「御朱印」は少も相違なく発給されることになったので満足すべきであると「御両所」（織田信長・織田信忠）が仰せ下したことを通達。	3394
	11月16日	**織田信長（1534～1582）、従二位に昇進。**織田信張（1527～1594）、従五位上に昇進。 室町幕府の管領職でも正三位どまりだったというので、信長は異例の昇級という。	3395
	11月18日	織田信長（「内府」）、禁中へ参内し小御所で「御盃」を受け、その後に東山において鷹狩を行う。「大雷」により間もなく帰京。（『兼見卿記』）。 信長、九度目の禁中へ参内。家臣らは思い思いの服装をし、変わった頭巾や金銀に塗った杖を持ったりした。一番手の百人ほど弓衆は信長が与えた虎の皮のウツボ（矢入れの道具）を背負い、二番手の年寄衆の中には鷹を据えさせ、信長自身も鷹狩り姿でお気に入りの鷹を据え、小姓衆や馬廻り衆に警護されながら御所に向かい京の町衆は美しく・面白く着飾った信長一行を見物し驚嘆したという。信長はそのまま馬廻り衆らを引き連れ参内し、鷹を正親町天皇にお披露目し、簡単に挨拶を済ませると鷹狩りに向かった。 **信長は、一度も正式な参内はしていないとされ、正親町天皇（1517～1593）との正式な対面は、九回とも無かったという。信長は、天皇の下に就くということは、徹底して忌避していたものとされる。**	3396
	11月18日	吉田兼見、眼病のため吉田兼治（「侍従」）を東山に派遣し織田信長へ茶菓子を進上させる。吉田兼治は「古今希代之物見」であったこと、織田信長（「内府」）が吉田兼見の病状を尋ねた旨を報告。（『兼見卿記』）。	3397
	11月18日	丹羽長秀（「丹羽五郎左衛門尉長秀」）（1535～1585）、大和国薬師寺に対して陣取・乱暴・狼藉を働いた者には「御成敗」を加える旨の織田信長「朱印」が下されたので、丹羽長秀（「我等」）の配下が違法行為に及んだ場合は報告すべきことを通達。	3398
	11月19日	南大和の越智家秀（？～1583）、行方不明になった信長秘蔵の鷹を見つけ出して進上、信長は服一重と秘蔵の駿馬を与え、賞として旧領を安堵を下た。（『信長公記』）。	3399
	11月19日	織田信長、某へ、「雑賀成敗」にあたり速やかに挙兵し織田側に忠節を尽すよう命令。	3400
	11月19日	吉田兼見、村井貞勝（「村長」）より織田信長から昨日の「御茶湯」菓子の返礼として雁を贈られた旨を通達される。（『兼見卿記』）。	3401
	11月20日	**織田信長、右大臣に昇進。右近衛大将兼任。** 右大臣は朝廷の最高機関である太政官の職のひとつで太政大臣・左大臣に次ぐ職。これ以降信長は、「右府様」と呼ばれる。	3402

西暦**1577**

天正5		
11月20日	**信長、安土城に戻るため、京を発する。のち三河吉良で放鷹、さらに美濃岐阜向かう。**	3403
11月21日	「織田信長朱印状」。「天下布武」の朱印。信長、「やうしゅん院」へ、祇園内に二十三貫文の地子銭、「きつち」内に二貫文の地子銭と地子米二石を付与する。	3404
11月21日	吉田兼見、織田信長（「内府信長」）が「右府」宣下を受けた旨を知る。（『兼見卿記』）。	3405
11月22日	織田信長、久我季通（敦通）（「久我殿」）へ、去る永禄十一年十月二十日付の織田信長「朱印」の旨に任せて本知分を還附する。	3406
11月27日	織田信長（「右大臣兼右近衛大将平朝臣」）、山城国松尾神社へ社領を安堵。	3407
11月28日	織田信長、土御門久脩（「土御門治部大輔」）へ、若狭国内の領知は父の土御門有脩（「有長」）の「当知行」に任せて安堵するので「進退」すべきことを通達し、「家業」に邁進することを命令。	3408
11月29日	大和国興福寺大乗院の「御反銭」の件で、織田信長（「右大臣公」）の「副使」藤田伝五（？～1582）が去十一月二十六日より奈良へ到来しており、督促を受けて興福寺側は「以外取乱」す。（『多聞院日記』）。	3409
11月-	**この頃、岐阜から上洛した織田信長、京を発つ。**	3410
12月1日	織田信長、山城国等持院へ、摂津国瓦林・野間・友行名の散在分は数通の「判形」・「証文」所持の上は「直務」すべきことを通達。また近年問題が生じている院領の年貢収納を許可し、臨時課役を免除する。	3411
12月2日	明智光秀、長岡（細川）藤孝・里村紹巴らと連歌を詠む。	3412
12月3日	**織田信長、安土に帰城。**	3413
12月3日	羽柴秀吉（1537～1598）、備前国宇喜多氏の播磨国七条城（上月城）（兵庫県佐用郡佐用町）を攻略し、尼子氏残党である尼子勝久（1553～1578）・山中幸盛（鹿介）（1545？～1578）主従に守備させる。	3414
12月5日	織田信長、黒田孝高（「小寺官兵衛尉」）・岡本但馬守・福田孫八郎へ、去る十一月二十六日の「佐用表」（播磨国福原城）攻略の戦功を賞し、ますますの軍功を励行。詳細は羽柴秀吉より伝達させる。	3415
12月6日	織田信長（1534～1582）、摂津国高槻城・高山右近（重友）（1552～1615）に茶湯の会席を許す。	3416
12月7日	佐久間信盛（「佐久間右衛門尉」）、織田信長の意を受けて山城国狭山郷の件で田中長清（石清水八幡宮祠官）との交渉を無視した御牧摂津守の被官である片岡俊秀（「片岡左衛門尉」）へ、来春の織田信長上洛以前に押領地返還を指示。	3417
12月-	**この月、羽柴秀吉、安土へ凱旋。秀吉、安土城へ登城し織田信長へ戦果を復命。後に秀吉、信長より、殊勲の朱印状を賜る。**	3418
12月10日	羽柴秀吉、別所重宗（1529～1591）・黒田孝高（「小寺」）（1546～1604）に対し、別所重宗娘と黒田孝高子息の縁談成立と今後合力して尽力する旨を命令。	3419
12月10日	**織田信長は、但馬・播磨で戦功のあった秀吉への褒美として、「乙御前の釜」を与えるように命じて、鷹狩のため吉良へ出発。**この日は、佐和山（滋賀県彦根市古沢町）の丹羽長秀居城に宿泊。	3420
12月11日	丹波国勝龍寺城に新たに忠興舘完成。明智光秀の娘、玉（後のガラシャ夫人）と細川忠興の結婚のためか。	3421

西暦1577

天正5	12月11日	織田信長、垂井着。	3422
	12月12日	信長、三河吉良に放鷹のため、岐阜城に到着。	3423
	12月14日	信長、清洲城に入る。	3424
	12月15日	信長、三河吉良(愛知県西尾市吉良町)で放鷹を楽しむ。	3425
	12月19日	信長、岐阜城に戻る。	3426
	12月21日	**織田信長、安土城に帰城。**	3427
	12月28日	織田信忠(1557~1582)、岐阜より安土へ参上し、父信長(1534~1582)に歳末を賀し、丹羽長秀の屋敷に宿泊。信忠は寺田善右衛門(？~1582)を使者に立て、信忠へ名物の御道具八種を贈る。	3428
	12月29日	さらに信長は、松井友閑を使者に立て、織田信忠へ名物の御道具三種を贈る。	3429
	12月-	村井貞勝(「村井長門守貞勝」)、川端道喜(「道喜入道」)へ、今度の「禁裏様」御築地の「御作事奉行之忠恩」として親子酒役・諸公事・諸役の免許を織田信長「御下知」によって安堵する旨を通達。	3430

西暦1578

天正6	1月1日	**正月一日、五畿内・若狭・越前・尾張・美濃・近江・伊勢など、近隣諸国の大名・武将たちが安土に滞在して出仕し、信長に新年の挨拶をした。まず、朝の茶会は、織田信長(1534~1582)自ら招き入れ配膳する。**筆頭として織田信忠(1557~1582)、さらに武井夕庵(？~？)、林佐渡守秀貞(1513~1580)、滝川一益(1525~1586)、長岡(細川)藤孝(1534~1610)、明智光秀(1528？~1582)、荒木村重(1535~1586)、長谷川与次(？~1600)、羽柴秀吉(1537~1598)、丹羽長秀(1535~1585)、市橋長利(1513~1585)、長谷川宗仁(1539~1606)の主要な家臣十二名が招かれた。床の間に岸の絵を飾り、東に松島茶壷、西に三日月茶壷、四方盆、万歳大海、帰花水指、珠光茶碗を置き、囲炉裏には姥口の茶釜を据え、くさりで花入れ筒を釣っていた。茶頭は松井友閑(？~？)がつとめた。 朝の茶会が終わると、さらに諸大名・諸将の出仕があった。彼らには信長より三献の盃が下され、矢部家定(1530？~1611？)・大津伝十郎長昌(？~1579)・大塚又一・青山虎が御酌に立った。その後、信長は出仕した面々にみずからの座所を見物させた。座所の内装は三国の名所を写した狩野永徳筆の濃絵で飾られ、さまざまな名物が馳せ集められて並び、まことに心も言葉も及ばぬ豪壮さで、計りしれぬ威光を放っていた。信長はこの座敷に見物の面々を上げ、全員に雑煮と唐物の菓子をふるまった。それはまさに生前の思い出、末代の物語で、かたじけなき事この上ない饗応であった。(『信長公記』)。 明智光秀は信長から八角釜を拝領した。これにより、光秀は自ら茶会を開ける立場となる。信長の嫡男信忠が「ゆるし茶之湯」の資格を得たのに続いて、この特権を与えられたのが光秀であったという。これによって光秀は織田家中において、重臣筆頭と見なされるようになったともいう。	3431
	1月1日	朝廷、「節会」を二十年ぶりに再興。(『兼見卿記』)。 京都では、久しく絶えていた朝廷の「節会」が信長の援助により復活し、神楽が執り行われた。	3432
	1月6日	**織田信長、正二位に昇進。**	3433

_{西暦}1578

天正6	1月7日	信長に茶湯の会席を許された明智光秀、坂本城に茶会。信長武将では三番目であったとされる。	3434
	1月10日	信長、朝廷に鷹狩の獲物の鶴を献上。同日、前関白近衛前久(1536~1612)へも、信長の同朋衆・一雲斎針阿弥(?~1582)が使者に遣わされ、同じく鶴が進ぜられる。	3435
	1月11日	近衛前久が鶴の礼のため、安土へ下向、信長に対面。	3436
	1月11日	「坂本城で津田宗及(?~1591)・平野道是(?~?)・銭谷宗訥(?~1590)を招いて、拝領した八角釜の釜開きの茶会を開いた」。（『天王寺屋会記』）。	3437
		明智光秀(1528?~1582)、近江国坂本城に於いて津田宗及らを招き茶会を催す。	
	1月12日	堺の豪商津田宗及が安土に年賀の礼参に訪れた際、信長から直々に安土城内を案内され居間の襖絵を見物した後、「黄金一万枚ほと見申候」と日記に記す。	3438
	1月13日	信長、三河吉良に放鷹に安土出立、柏原へ着。	3439
	1月14日	筒井順慶(1549~1584)、箸尾為綱(高春)(1546~1615)と和睦する。（『多聞院日記』）。	3440
	1月14日	信長、岐阜城に到着。	3441
	1月16日	信長、清洲城に到着。	3442
	1月16日	織田信長、柴田勝家・佐久間信盛へ、加賀国方面に於ける防備を慰労し、見舞として公方衆の松田監物を派遣。	3443
	1月18日	羽柴秀吉、美作国の江見為久（「江見九郎次郎」）へ、年頭祝儀を謝し、美作国方面の件については山中幸盛（「山鹿」）と相談した内容に変化が無いのは大慶であり、気遣いは無用であることを通知。詳細は蜂須賀正勝（「蜂須賀」）に伝達させる。	3444
	1月18日	信長、三河吉良で放鷹を楽しむ。	3445
	1月19日	織田信長、音信として黄金十枚を贈呈してきた山名豊国(1548~1626)へ、但馬国方面への「出馬」に内応することを確認。詳細は松井友閑より伝達させる。	3446
	1月20日	近衛前久(1536~1612)、准三宮宣下。	3447
	1月21日	織田信長、三河国岡崎城へ到着。	3448
	1月22日	織田信長、尾張国へ向けて三河国岡崎城を発す。	3449
	1月23日	信長、岐阜城に到着。	3450
	1月25日	信長、安土城に到着。	3451
	1月29日	明智光秀(1528?~1582)、伊藤民部丞ら四名へ、鵜川の川地の耕作を保障する。	3452
	1月29日	安土城下のある弓衆の家（福田与一郎）で失火があった。信長の家臣はかねてから安土居住を命じられていたが、尾張に妻子を残す者も多かった。この弓衆の家にも妻子は移住していなかった。信長は、留守宅だからこそ今回の失火が生じたのだと言って、菅屋長頼(?~1582)を奉行として台帳を作らせ調査をしたところ、弓衆と馬廻衆百二十名が妻子を尾張に残していた。信長は信忠に命じて、尾張の彼らの私宅は焼き払われ、妻子たちは強制的に安土へ移住させられた。妻子を尾張に残していた家臣たちには罰として安土城南側の入江の新道作事が課せられた。	3453

天正6	2月3日	**「織田信澄、大溝城主となる」**。磯野員昌は信長の意思に背いて叱責され出奔し、領地の高島郡は津田信澄に与えられた(『信長公記』)。	3454
		新庄城(滋賀県高島市新旭町新庄)主であった磯野員昌(1523〜1590)が逐電、高野山に走る。員昌は浅井長政の家臣だったが、信長に降った。その後、近江高島郡の支配を委ねられていたが、突然逐電した。一説に、員昌は、養子信澄への家督相続を拒否したという。	
		この日、信長は、ただちに磯野旧領の高島一円を織田信澄(1555 ？〜1582)へ与え、大溝城(高島市高島勝野)主とする。信長は、打下城(高島市勝野)主・信澄に大溝築城を命じ、坂本城主だった義父・明智光秀(1528 ？〜1582)が設計したとされる。	
		琵琶湖西岸の中央部、乙女ケ池と呼ばれる内湖(洞海)のほとりに武骨な石垣が残る。大溝城(高島城)跡の天守台である。本格的に石垣が導入され始めた近世城郭の初期の姿をとどめ、湖水を取り込んだ水城であった。	
		信長は坂本、長浜、安土に続いて大溝に城を築き、湖岸の要衝を結ぶ城郭網を完成させた。四地点で軍事的、経済的に琵琶湖水運を押さえるためであった。	
	2月9日	足利義昭挙兵時に信長に反抗し、吉野山中に逃亡していた磯貝(磯谷)新右衛門久次を土地の者が殺害し、首を安土へ進上してきた。彼らには信長より褒美として黄金が与えられた。(『信長公記』)。	3455
	2月23日	羽柴秀吉、播磨国へ出陣し書写山に在陣。(『信長公記』)。	3456
		羽柴秀吉(1537〜1598)、再び、播磨国へ出陣。 別所与力・加古川の糟屋(賀須屋)内膳の城を借り本陣とし、秀吉は書写山(兵庫県姫路市書写)に在陣。	
	2月-	**「別所長治、信長に謀反」。**	3457
		この月、播磨三木城(兵庫県三木市上の丸町)主の別所長治(1558〜1580)、毛利に通じて織田信長から離反する。3月7日ともいう。	
		織田勢による上月城の攻略と虐殺、中国方面総司令官が成り上がりの羽柴秀吉であることに不満を感じ、妻の実家である丹波国の波多野秀治(1529 ？〜1579)と呼応して信長に反逆した。多くの周辺勢力が同調、従わなかった勢力も攻め、東播磨一帯が反織田となる。翌月には、約2年に及ぶ三木城籠城戦がはじまる。	
	2月-	**この月、本願寺顕如(1543〜1592)、別所長治と盟約。**	3458
	2月29日	信長、江州中の相撲取り三百名を安土へ召し寄せ、相撲を見物。	3459
	3月4日	**「織田信長朱印状」。信長、長岡兵部大輔(細川藤孝)へ、丹後一色氏攻めの明智光秀へ助勢のため、近日中の丹波国出陣を命令。** また丹波国氷上郡・多紀郡への道路は二筋も三筋も人馬の往還に支障の無い様に来たる三月二十日までに整備すること、大軍の通過であるから油断しないこと、重ねて「検使」を派遣することを通達。	3460
		信長は、光秀らに、あらためて多紀郡と奥郡への出陣の準備を命じた。	
	3月6日	織田信長、三日間に渡り、近江の奥島山に放鷹、長命寺若林坊(滋賀県近江八幡市長命寺町)に宿泊。	3461
	3月8日	**織田信長、安土城に帰る。**	3462

西暦1578

天正6	3月9日	信長と敵対する**丹波黒井城の赤井悪右衛門直正（荻野直正）(1529〜1578)、病死**。顔の腫物という。日は、14日など異説あり。 直正の死によって、丹波の反信長勢力は重要な核を失った。直正の嫡男・赤井直義（正直）(1571〜？)が幼少であったため、直正弟の赤井幸家(1532〜1606)が後見となり赤井家の統率することになる。	3463
	3月9日	長岡（細川）藤孝、近江国坂本へ下向。（『兼見卿記』）。	3464
	3月10日	「連歌百韻」。明智光秀、長岡（細川）藤孝・里村紹巴・藤孝家臣の米田求政・斎藤利三・嫡男光慶と連歌会を催す。	3465
	3月13日	羽柴秀吉、美作国の江見為久（「江見九郎次郎」）へ、知行を山中幸盛（「山中鹿之助」）同前に安堵。	3466
	3月13日	所司代村井貞勝、清凉寺に禁制を掲げる。	3467
	3月13日	関東侵攻後、信長を打倒し京へ上洛と、遠征を開始する予定だった**上杉謙信(1530〜1578)、春日山城で急死**。享年49。上杉家では、養子の景虎(1554〜1579)と景勝(1556〜1623)が争う後継者争いの「御館の乱」勃発。	3468
	3月14日	吉田兼見、丹波国の荻野（赤井）直正（「荻野悪右衛門尉」）の病死を知る。	3469
	3月14日	信長の命により明智光秀加勢の長岡（細川）藤孝・丹羽長秀・滝川一益、丹波に討ち入り、この夜、夜討して一揆勢を悉く討ち取る。	3470
	3月15日	織田信長、「第二次丹波国征討戦」等の明智光秀・滝川一益・丹羽長秀・長岡（細川）藤孝の行動を是認し油断無きことを通達。	3471
	3月-	**「第二次丹波国征討戦—第六次八上城の戦い（天正6年3月〜天正7年6月1日）」**。明智光秀・長岡（細川）藤孝・丹羽長秀・滝川一益の四将、八上城（兵庫県丹波篠山市八上）を攻める。波多野秀治(1529？〜1579)は、用意周章に弟波多野遠江守秀尚・二階堂伊豆守秀香などと頑強に抵抗する。光秀は評議しこの城要害攻落は食攻にすべしと、光秀家兵に八上城攻囲、通路を絶つ事として光秀・長岡（細川）ら、一旦帰陣する。	3472
	3月18日	「第二次丹波国征討戦」。長岡（細川）藤孝(1534〜1610)支援のため丹後宮津にいた三宅弥平次（明智秀満）(1536〜1582)、福智山に入る。明智光秀(1528？〜1582)は、三宅弥平次に、藤田行政（伝五）(？〜1582)、四王天政考(？〜1582)、小野木重勝(1563〜1600)ら二千の兵をもって黒井城攻めを命じた。 四王天政考は、天正10年(1582)6月13日、山崎の戦いで光秀に先んじて戦死。	3473
	3月20日	**「第二次丹波国征討戦」。明智光秀、坂本を出陣。**	3474
	3月22日	織田信長、黒田孝高（小寺孝高）へ、播磨国の別所長治が羽柴秀吉に「存分有之」と号したにもかかわらず「敵」（毛利氏）に同意したことは「言語道断」であり、黒田孝高の忠節は神妙であることを賞す。また別所長治を速やかに成敗を加えるので、その際には忠節を励むべきことを命令。詳細は羽柴秀吉に伝達させる。	3475
	3月22日	織田信長、去年以来数度にわたり山中幸盛（鹿助）に状況報告してきた美作国の草刈景継（「草刈三郎左衛門尉」）へ、羽柴秀吉の美作国在陣にあたり、相談して織田側への忠節を尽くすことを命令。「恩賞」は望み通りとする旨を通達。詳細は蜂須賀正勝（小六）(1526〜1586)に伝達させる。	3476
	3月23日	織田信長（「右府信長」）、申刻(16時)に上洛。（『兼見卿記』）。 **信長(1534〜1582)、上洛して二条新第（二条御所）に入る。**	3477

天正6	3月24日	羽柴秀吉、織田信長へ宛て、播磨国方面の注進状を発す。	3478
	3月25日	信長、朦気を病み公家衆（「諸家」）との対面は中止。（『兼見卿記』）。	3479
	3月26日	吉田兼見、織田信長（「右府」）の小者「尉若」の来訪を受け、茶菓子を調える。（『兼見卿記』）。	3480
	3月27日	織田信長、羽柴秀吉へ、去る三月二十四日の注進状に応え、数度にわたる別所長治の動静報告を諒承し、去る三月二十三日に八幡山奈波方面への軍事行動を賞す。また近日中の播磨国三木城攻撃の予定を諒承し、要請次第で援軍を派遣すること、状況によっては信長自身の出馬もあり得ることを通達。さらに上杉謙信が「相果」てたという風聞があり、加賀国よりの注進状を写して送付すること、「珍事」であれば信長からも通達するので、羽柴秀吉へも「言上」を命じる。	3481
	3月27日	播磨「三木合戦（天正6年3月27日〜天正8年1月17日）」がはじまる。 羽柴秀吉（1537〜1598）、播磨国三木城の兵糧攻めを開始。	3482
	3月28日	吉田兼見、織田信長（「右府信長」）を訪問。土産物は松井友閑（「宮内卿法印」）が披露。（『兼見卿記』）。	3483
	3月29日	吉田兼見、織田信長を訪問。（『兼見卿記』）。	3484
	3月-	筒井順慶（1549〜1584）の養嗣子・定次（1562〜1615）と信長の養女・秀子（12歳）（？〜1632）との祝言が行われるという。 明智光秀（1528？〜1582）の五女という。のちに「上野御方」と称されたという。 上野御方は、織田信長の十四番目の息女ともいう。	3485
	3月-	二月、伊賀国の郷士・下山甲斐守が北畠（織田）信雄（1558〜1630）を訪れ、伊賀国への手引きを申し出た。この月、信雄は、家臣滝川三郎兵衛（雄利）に丸山城（三重県伊賀市枡川）の修築を命じた。「**第一次天正伊賀の乱**」につながる。	3486
	4月1日	公家衆、勧修寺晴豊・飛鳥井雅敦（「武衛」）の連絡で織田信長（「右府」）への対面のため直垂にて伺候するも織田信長への対面は無かった。（『兼見卿記』）。	3487
	4月上旬	この頃、明智光秀（1528？〜1582）、長岡（細川）藤孝（1534〜1610）、丹後国に攻め入る。 一色義定（義有）（？〜1582）と戦う。一色は不利な戦いを切り抜け、丹後弓木城（京都府与謝郡与謝野町）に退く。	3488
	4月2日	羽柴秀吉、毛利軍（「芸州衆」）と紀伊国「雑賀者共」が連合して別所孫右衛門（重宗）の播磨国阿閉砦に攻撃を仕掛けたのに対し、黒田孝高（「小寺官兵衛尉」）を派遣して撃破させる。	3489
	4月2日	羽柴秀吉、織田信長へ宛て、戦況報告の注進状を発す。	3490
	4月3日	「織田信長朱印状」。信長、惟任日向守（明智光秀）・長岡兵部大輔（細川藤孝）へ、本願寺付近の麦苗薙ぎ捨てと退去勧告を指示。 信長は本願寺の一向一揆に揺さぶりをかける。	3491
	4月-	「**第二次丹波国征討戦―第六次八上城の戦い―天正6年3月〜天正7年6月1日**」。 織田軍、八上城（兵庫県丹波篠山市八上）と氷上城（兵庫県丹波市氷上町氷上）の包囲を完成させる。**その時、明智光秀らは、織田信長より、石山本願寺攻めを命じられる**。 光秀は、明智治右衛門（1540〜1582）に兵を預け八上城包囲を続けさせた。	3492

西暦1578

天正6	4月4日	「**織田信澄・明智光秀、石山本願寺攻めに大坂表へ出陣**」。 3493

織田信長、大坂表へ軍勢を遣わす。織田信忠を総大将として尾・濃・勢州の兵が従い、北畠（織田）信雄・織田信包・織田信孝・織田信澄・滝川一益・明智光秀・蜂屋頼隆・丹羽長秀が参陣させたほか、江州・若州・五畿内からも各衆が集まっていた。

	4月4日	織田信長、羽柴秀吉へ、去る四月二日の黒田孝高の播磨国阿閉砦に於ける戦功を賞し、援軍要請次第に派遣する旨を通達。 3494

| | 4月5日 | 「**第三次石山合戦**」。 3495 |

織田軍、六日まで大坂へ押し寄せ、付近の麦苗をことごとく薙ぎ捨てて帰陣。

	4月7日	織田信長、越中の神保長住（?~?）を二条新第（二条御所）へ召し寄せ、武井夕庵・佐々長穐（権左衛門）（1537?~1615?）を通じ、神保へ近頃対面が無沙汰となっていた理由を告げさせ、黄金百枚と、しじらの織物百反を与える。 3496

信長は上杉謙信の死亡を受けて越中への進出を考え、11月頃、神保に佐々権左衛門を添え、飛騨国司姉小路頼綱（1540~1587）に命じて、彼らを飛騨から越中へ入国させる。

	4月7日	近衛前久（1536~1612）、島津義弘（1535~1619）と喜入季久（1532~1588）へ、日向国攻略を賞し、近衛前久自身は織田信長と好を通じたことを報告。また、出水郡の島津義虎を経由して日向国の「大鷹」を所望。詳細は伊勢貞知に伝達させる。 3497

| | 4月8日 | 織田信忠ら、摂津国大坂表より帰陣。（『兼見卿記』）。 3498 |

| | 4月9日 | 「**信長、征伐未だ成らずとして、右大臣、右近衛大将の両官辞任を奏聞、勅許される**」。 3499 |

織田信長（1534~1582）、広橋兼勝らに、正親町天皇へ、自身の「辞一官」と「顕職」を以て嫡男信忠（1557~1582）に譲与する旨の奏達を依頼。

織田信長、勾当内侍（葉室氏）へ「のぶ長位の事」で先ず辞官の上で、織田信忠へ「よたつ」を奏上す。その上で「朝庭の御事」は織田信忠が「馳走」することは聊かも油断することが無いという意志を奏上す。詳細は三条西実世へ申し含めているので、この旨の披露があるであろうことを上申す。

織田信長（「右府」）、右大臣・右大将を辞任。

	4月10日	「**第二次丹波国征討戦―光秀、再び丹波に入る**」。 3500

織田信長、摂津出陣の滝川一益・明智光秀・丹羽長秀を丹波に派兵して荒木山城守氏綱の居城・細工所城（荒木城）（兵庫県篠山市細工所）**を攻囲する。**

窮した荒木氏綱は降伏開城。信長命令で明智光秀の軍勢が入れ置かれる。

	4月12日	本願寺顕如（1543~1592）、上杉謙信の逝去を伝聞し、加賀国能美郡の鈴木出羽守等に戒心（用心）せしむ。 3501

| | 4月18日 | 「**第二次上月城の戦い―4月18日~7月5日**」はじまる。 3502 |

小早川隆景（毛利元就の三男）（1533~1597）・吉川元春（毛利元就の次男）（1530~1586）率いる毛利軍が播磨上月城（兵庫県佐用郡佐用町）を包囲し、毛利輝元（1533~1625）は備中松山城（岡山県高梁市内山下）に本陣を構える。

	4月22日	**織田信長、安土城に戻る。** 3503

| | 4月23日 | 吉川元春等、加賀の一向一揆に、上杉謙信と和して織田信長に抵抗せんことを勧む。 3504 |

天正6	4月24日	織田信長、織田信忠へ、自身の播磨国への出馬にあたり、織田諸軍を早々に京都へ召集すべきこと、織田信長は来たる四月二十七日に上洛する予定であること、北畠(織田)信雄・織田信孝・織田信包へもこの指令を通達し、「諸軍勢不残京着」するよう厳命すべきを通達。	3505
	4月26日	「第二次丹波国征討戦」。明智光秀(1528 ?~1582)ら丹波に派兵の織田軍、帰陣。	3506
	4月27日	「第二次上月城の戦い」。筒井順慶、大和国衆を率い播磨国へ出陣する。(『多聞院日記』)。筒井順慶(1549~1584)、大和国衆を率い播磨国へ出陣。順慶は信長の命により秀吉の上月城攻めの援軍として出陣した。	3507
	4月27日	織田信長(1534~1582)、入京する。五月一日に自らの播州出陣を宣言。しかし、これに佐久間信盛・滝川一益・蜂屋頼隆・明智光秀・丹羽長秀の諸将が反対。「播州の敵は険難節所の地を押さえ、その上要害を堅固に構えて在陣しているとの由、聞き及んでございます。まずはわれらが出陣いたし、かの地の様子を見届けて申し上げますゆえ、しばしの間御配慮くだされ」というのであった。明智光秀は、秀吉の播州別所長治の三木城攻めに助勢命令を受け、播州へ転戦することになる。	3508
	4月29日	「第二次上月城の戦い」。滝川一益・明智光秀・丹羽長秀(1535~1585)、信長の命により播磨国上月城を救援のため、先陣として播磨へ出陣。	3510
	4月30日	佐々長穐(「佐々権左衛門尉長穐」)、上杉謙信の「不慮御死去」にあたり、越中国の若林助左衛門尉へ、上杉氏の「御国御法度」への配慮から無音であったことを詫び、河田長親(「豊州」)が織田信長(「上様」)に「御一味」する予定を告げ、同意するのであれば織田信長「御前」へ馳走することを通知。「越国之内方々ヨリ尾侘言申仁」は多いけれども、若林助左衛門尉からは内応の意志を受けていないことに触れ、河田長親は「江州御本国」(近江国が出身地)であるので織田側に内応するであろう予測を通知。また神保氏張(「神保殿」)(織田信長に内応)の越中国入国にあたり佐々長穐が「御使」として飛騨国へ下向するのは好機であるから、河田長親へ書状を以て会見し内存を受ける予定であることに触れ、近日上洛する織田信長「上聞」に達する予定を通知。そして佐々長穐の「名乗」と「判形」が少し変わったので不審に思わないよう依頼する。	3511
	4月-	織田信長、摂津国四天王寺へ全三ヶ条の「禁制」を下す。	3512
	5月1日	織田信長、播磨国方面への出撃を予定するも、佐久間信盛(1528~1581)らの諫止により中止。	3513
	5月1日	「第二次上月城の戦い」。織田信長、総大将織田信忠・北畠(織田)信雄・織田信孝・長岡(細川)藤孝・佐久間信盛ら尾張・美濃・伊勢三ヶ国の大軍を播磨国に派遣。この日は郡山(大阪府茨木市郡山)に宿陣。翌日兵庫に入る。	3514
	5月2日	「第二次上月城の戦い」。織田の大軍、兵庫に入り、明石に着陣、明智光秀らと合流。	3515
	5月4日	明智光秀、里村紹巴へ、播磨国生田・須磨・明石を通過し紹巴のことを思いだした旨、施薬院全宗等が言伝を欲している旨を通知。	3516
	5月4日	「第二次上月城の戦い─4月18日~7月5日」。明智光秀ら、書写山に着陣。	3517
	5月5日	吉田兼見、矢部家定の意を受けた小笠原貞慶(1546~1595)より、織田信長の盆山・鉢木所望の旨を通達される。兼見、盆山・鉢木を携え早速持参、矢部家定が披露。信長、兼見へ帷子を下賜、また知行給与を通知。(『兼見卿記』)。	3518

天正6	5月6日	「第二次上月城の戦い」。 総大将織田信忠の大軍、播州の明石に近接する大窪という在所に陣を構えた。その先陣は敵城の神吉・志方・高砂へ差し向かい、加古川近辺に展開した。	3519
	5月6日	吉田兼見、吉田兼治を同行して、前日、信長より下賜された帷子を着して信長へ祗候。兼見、信長へ「大鷹」を進上し村井貞勝が披露。（『兼見卿記』）。	3520
	5月7日	この日より大雨が続き京都市中が大洪水となる。	3521
	5月12日	京で大洪水、溺死者多数出る。また、新造の四条橋も流失する。	3522
	5月13日	**織田信長（1534～1582）、播磨出陣の予定につき、淀、鳥羽、宇治、槙島、山崎などより、洪水をついて軍船数百艘、五条油小路に集結。信長、出陣を停める。**	3523
	5月16日	**羽柴秀吉（1537～1598）、内応を申し入れてきた山名豊国（「山名殿」）（1548～1626）へ、全三ヶ条にわたる「条々」を送付し、その身上を保証する。**	3524
	5月24日	竹中重治（半兵衛）（1544～1579）が信長に、備前八幡山城（岡山市西大寺）城主が味方したことを報告した。 信長はこれを賞して羽柴秀吉に黄金百枚を送り、重治に銀子百両を与えた。	3525
	5月26日	織田信長、山城国の柳芳軒へ、軒領は「先規」の如く安堵し、たとえ「毀破」の織田信長「朱印」が発給されても承諾ぜずとも良く、諸公事を免除することを通達。	3526
	5月27日	**織田信長、安土へ下向。（『兼見卿記』）。** 安土の洪水災害視察のため下向し、大津の松本より草津の矢橋まで乗船して安土に帰城。	3527
	5月27日	織田信長（1534～1582）、近衛前久（1536～1612）へ、京都の羽柴秀吉邸（二条御新造の隣接地という）に屋敷を移すよう命令。（『兼見卿記』）。	3528
	6月3日	「第二次上月城の戦い」。 播磨出陣の長岡（細川）藤孝（1534～1610）、高砂近辺の刀田寺に陣す。	3529
	6月10日	織田信長（「右府信長」）、上洛。吉田兼見、吉田兼治（「侍従」）を同行し山科で出迎える。（『兼見卿記』）。 **信長、上洛の途に就き、再び矢橋・松本間を乗船して未刻（14時）に上洛。**	3530
	6月10日	「第二次上月城の戦い―4月18日～7月5日」。 **あまりの毛利の大軍で、上月城で進退に窮した羽柴秀吉、播磨から京に向かう。**	3531
	6月14日	織田信長、近衛前久に、山城国普賢寺の地知行千五百石をすすめる。	3532
	6月14日	「祇園繪依右府御見物早天云々、祭礼者如常、於西天王御旅所参神供参勤、妻木所へ喜之物、看色々・双瓶以使者持遣、猪子兵助へ遣角豆一折、出頭也、夕立頻。後刻晴」。（『兼見卿記』）。 **織田信長、祇園御霊会を見物。妻木（御ツマキ）と信長の側近・猪子兵助へ贈物。**	3533
	6月16日	織田信長、荒木村重へ、毛利氏警固船百艘計りが淡路国岩屋に到着したことについて、荒木村重が摂津国尼崎城へ赴き、「船揃」して対処したことを賞し、佐久間信盛・淡輪氏との共同作戦を実行することが重要であること、和泉国堺の松井友閑へも連絡を取り「随分調儀」が重要であることを通達。	3534

天正6	6月16日	「**第二次上月城の戦い―4月18日～7月5日**」。羽柴秀吉(1537～1598)、織田信長(1534～1582)の指示を仰ぐため密かに播磨から上京し、上月城の尼子氏を見捨て三木城攻略に全力を注ぐよう命令を受ける。「謀略武略もなしに長陣していても詮はなし。まずは陣を払い、軍勢を神吉・志方へ寄せて攻め破り、その上で別所が籠る三木の城を囲むべし」と。上月城は見殺しとなる。	3535
	6月18日	「**織田信長黒印状**」。 信長、荒木村重へ、全六ヶ条の指示を通達。「大船」の調達、「毛利水軍」の編制が不充分であり、その上兵糧も少なく石山本願寺は「落居」するであろう見通し、毛利氏による安宅信康の勧誘は不調なので、三好康長と荒木村重へ、安宅信康を繋ぎ止める調略を命令したこと、別所長治が播磨国高砂の梶原平三兵衛を攻撃しているが早速攻略するよう命令したこと、宇喜多直家が八幡山へ進軍したが大したことは出来ないが変化あれば報告すべきこと、和泉国の沼間氏・田内氏・真鍋氏らが海上封鎖作戦を実行している旨を諒解したことを通達。	3536
	6月21日	織田信長、（「**右府**」）、未明に安土へ下向。吉田兼見、下向の情報を知らず見送らず。（『兼見卿記』）。	3537
	6月23日	織田信長、斎藤次郎右衛門尉の音問で帷十、蝋燭一箱、塩引五の贈呈を謝す。	3538
	6月25日	「**第二次上月城の戦い～熊見川の戦い**」。 羽柴秀吉軍、撤退準備に入るも、これを察知され、毛利軍の攻撃を受け、一時は総崩れとなり、大打撃を被った。 羽柴秀吉は但馬国へ出兵していた。そして以前のごとくに国衆を服属させ、竹田城(兵庫県朝来市和田山町竹田)に羽柴秀長を入れ置いたのち、自身は書写山へ軍勢を返していた。	3539
	6月25日	織田信長(1534～1582)、見舞を贈ってきた遠江国の徳川家康(1543～1616)へ、播磨国方面の戦況を告げ、去る六月二十一日に敵軍を撃破し「是式不物数」と虚勢を張り（実際に羽柴秀吉は上月城で毛利軍に敗北を喫す）、武田勝頼が信濃国飯山に布陣しているが手出しは無用であることを通達。	3540
	6月26日	「**第二次上月城の戦い**」。滝川一益・明智光秀・丹羽長秀が上月城への防備のため三日月山へ配された。羽柴秀吉・荒木村重らが高倉山の手勢を払って平井山・書写山、さらに姫路まで撤退。	3541
	6月26日	「**第三次石山合戦―淡輪沖海戦―本願寺補給路封鎖**」。九鬼嘉隆(1542～1600)ら、織田信長に命じられて建造した新造の鉄船等七隻を中心とした船団は率いて紀伊国熊野浦を出撃、堺へ向かう。堺へ回航中の二十八日、淡輪沖で雑賀の小舟群に攻撃を受けるが、大砲で数多を撃沈させ、追い払った。	3542
	6月27日	「**神吉城の戦い―6月27日～7月16日**」はじまる。織田信忠(1557～1582)の軍勢が、別所方の神吉城(兵庫県加古川市)を取り囲む。城北から城東の山へかけて信忠・織田信孝・林秀貞・長岡(細川)藤孝・佐久間信盛らが前後左右に段を連ねて布陣した。	3543
	6月27日	「**神吉城の戦い**」。織田信忠・羽柴秀吉ら、別所長治(1558～1580)の属城・神吉城を攻めるも敗退。翌日になって竹束をつらねて本城塀際まで詰め寄り、堀を草で埋め、築山を盛って城攻めを続けた	3544
	6月29日	織田信長、兵庫・明石・高砂の間に水軍警固の砦を築くことを命じ、津田(織田)信澄(1555?～1582)と万見仙千代(重元)(1549?～1579)が派遣された。	3545

西暦**1578**

天正6	7月3日	織田信長、大和国法隆寺東寺惣中へ、西寺・東寺の別を遵守することについて祝儀のため使僧が到来し、金子三十両と蚊帳一張の贈呈を受けたことを謝す。今後、問題が発生した場合は近江国安土城（「庭中」）に於いて訴訟すべきことを通達。	3546
	7月5日	**「第二次上月城の戦い―4月18日～7月5日」終結**。 小早川隆景（1533～1597）・吉川元春（1530～1586）ら毛利軍により、織田方の播磨国上月城（兵庫県佐用郡佐用町）落城。尼子勝久（1553～1578）ら、上月城に於いて自刃。山中幸盛（鹿介）（1545？～1578）は、捕虜となる。3日ともいう。	3547
	7月7日	松平家忠、「上方」へ戻った山岡半左衛門尉の使者より、播磨国神吉城での織田軍敗北の報を知らされる。神吉城を織田信忠・滝川一益・美濃三人衆（稲葉一鉄・氏家直通（直昌）・安藤守就）・明智光秀・丹羽長秀が攻撃したが、織田軍は多数の負傷者を出し、滝川一益自身も負傷したということであった。	3548
	7月8日	石山本願寺の坊官である下間頼龍（「按察法橋頼龍」）・下間仲之（「少進法橋仲之」）、紀伊国雑賀門徒に敵対している織田信長の命令により伊勢国から「大船」が紀州浦に向かうとの情報を通達し、織田軍（九鬼水軍）「大船」は海上に於いて「自由」ではないけれども、もし運航すれば「大事之始末」であるので攻撃を仕掛ける旨を命令。	3549
	7月8日	織田信長、越中国の二宮左衛門大夫へ、知行を安堵するので、神保長職（「長職」）の折紙と織田信長朱印状により「進退」すべきことを通達。	3550
	7月10日	織田信長、蜂屋頼隆へ、大坂湾で封鎖作戦を展開している九鬼嘉隆の兵粮が欠乏しているので、松井友閑より一ヶ月の十五日ずつ支給すべきであるが、摂津国平野庄の収納米を立て替えて九鬼嘉隆には「不事欠」るようにすることを命令。	3551
	7月14日	九鬼嘉隆、伊勢国より新造の鉄船を率いて和泉国淡輪浦に到着。	3552
	7月15日	佐久間信栄（1556～1632）、寅刻に和泉国の淡輪徹斎・淡輪大和守からの書状を受け取る。 佐久間信栄（「佐甚九定栄」）、九鬼嘉隆の率いる伊勢国の「警固」船が和泉国淡輪浦に到着したとの報告をしてきた和泉国の淡輪徹斎（「徹斎」）・淡輪大和守（「淡和」）へ、即時に近江国安土の楠長諳（「式法」）・万見重元（「万仙」）へ宛て織田信長「上聞」に達するように転送した旨を通達。	3553
	7月15日	「神吉城の戦い」。 滝川一益・丹羽長秀の両勢は夜に入って神吉城東の丸への突入に成功。	3554
	7月16日	九鬼嘉隆、大坂湾に入る。	3555
	7月16日	**「神吉城の戦い（6月27日～7月16日）終結―神吉城、落城」**。20日ともいう。織田信忠軍ら、神吉城中の丸まで攻め込んで城主・神吉民部少輔元頼を討ち取る。西の丸は荒木村重の攻め口であった。城方では神吉藤大夫が守っていたが、これに対しては佐久間信盛・荒木村重の両人が降伏を取り持った。藤大夫は赦免され、志方城へ退去していった。 『細川家記』では、「藤孝并瀧川・荒木・惟任・惟住ノ數氏稠敷攻」と、長岡（細川）藤孝・滝川一益・荒木村重・明智光秀・丹羽長秀の調略と記す。	3556
	7月18日	「第三次石山合戦」。17日堺に接岸した織田方・九鬼嘉隆（1542～1600）、新造の鉄船にて大坂湾の海路を封鎖。	3557
	7月18日	織田信長、禁裏へ白鳥二十羽・塩引鮭三十を献上。（『兼見卿記』）。	3558

天正6	7月18日	織田信長、松井友閑へ、九鬼嘉隆率いる「勢州大船」が一昨日七月十四日に和泉国淡輪浦へ到着したことが早々に注進されたことを喜び、和泉国の土豪である淡輪徹斎・淡輪大和守・沼間主膳興清よりの早速の報告を受けたことに触れ、何れ九鬼水軍は和泉国堺津へ向かうので物資調達を命令。	3559
	7月20日	**多聞院英俊、近日伊勢国より摂津国堺浦に横七間・縦十二～十三間の五千人が乗船できる「鉄ノ船」が到来したこと、「テツハウ」(鉄砲)が通らない様に工夫がなされ、石山本願寺(「大坂」)への補給路を遮断したことを知る。**(『多聞院日記』)。	3560
	7月21日	多聞院英俊、前日七月二十日に播磨国神吉城が「落居」したことを知る。(『多聞院日記』)。	3561
	7月22日	織田信長、北条氏と戦い続ける武蔵国の太田資正(三楽斉)(1522～1591)へ、上杉謙信の死去について、「以道可相果候処」であったのに病死してしまったのは「残多」きことであり、関東への出勢は遅延するので「計策」を講ずことが重要であることを通達。詳細は万見重元に伝達させる。	3562
	7月23日	岐阜の織田信忠、鷹匠の山田・広葉の両人を安士へ遣わし、鷹4羽を信長のもとへ持参させる。信長はそのうちの一羽を手元に召し置き、残りを信忠に返し、鷹匠には辛労への報酬として銀子五枚と御服をそれぞれに与えた。(『信長公記』)。	3563
	8月3日	村井貞成(「作右衛門尉」)(貞勝の長男)、近衛町社領の件で法念寺の違乱を停止。(『兼見卿記』)。	3564
	8月5日	蠣崎季広の四男正広、南部季賢と共に近江国安士に立ち寄る。(『信長公記』)。「奥州津軽の南部氏より南部宮内少輔が鷹五足を進上してきた。これに対し、信長公は八月十日南部の使者を万見仙千代邸に迎え、かれらを饗応して返礼をおこなった。」(『信長公記』)。 安東愛季郎従の南部季賢(「奥州津軽之南部宮内少輔」)、近江国安土城の織田信長へ鷹五足を進上。	3565
	8月10日	織田信忠(1557～1582)・羽柴秀吉(1537～1598)ら、櫛橋政伊の播磨国志方城(兵庫県加古川市志方町)を降伏させ攻略。城は神吉城と共に秀吉の手に委ねられた。これにより**播磨の織田全軍が別所長治(1558～1580)の主城三木城(兵庫県三木市上の丸町)に振り向けられた。**	3566
	8月10日	信長、南部季賢を万見重元(仙千代)の安土屋敷に於いて饗応す。さらに、遠路より近江国安土へ鷹を持参した南部季賢へ「綱切貞宗」を下賜。(『信長公記』)。	3567
	8月11日	織田信長、明智光秀宛の書状で、細川忠興と明智玉子(珠子)の婚姻命令を出す。	3568
	8月14日	明智光秀娘・珠は、輿入れのため坂本城を出発し、京の公家清原頼賢の屋敷に宿泊する。	3569
	8月15日	**珠子(後のガラシャ)(1563～1600)と長岡(細川)忠興(藤孝の嫡男)(1563～1646)の婚儀が行われる。**松井康之(1550～1612)、三宅左馬助(明智秀満)(1536?～1582)と山城国勝龍寺城で輿請渡し。	3570

西暦1578

天正6	8月15日	光秀四女珠子、後の細川ガラシャである。16歳で同い年の細川忠興に嫁いだ。利発で天性の美貌は、三人の姉を凌ぎ、若い家臣たちの憧憬の的であった。忠興の父、藤孝は足利将軍義輝の庶兄とも言われる名門で、明智光秀と共に義輝死後、弟の足利義昭を信長のもとに担いで入京させ、将軍位に立たせるなどの働きをした同士であった。ゆえに明智と細川の婚姻は信長にとっても心強い家臣の提携であった。ところが本能寺の変によって細川家の態度は一変し、離縁された珠子は藤孝父子によって辺地丹後三吉野に幽閉された。光秀と一味同心してきたはずの舅藤孝の仕打ちに珠子は苦しみ、悲しみ、果ては怨んだ。 そして秀吉の時代になると、忠興は丹後宮津に12万石を与えられ、藤孝（剃髪して幽斎）も別に4万石を加増された。そうした細川氏の転身が珠子をさらに傷つけた。秀吉によって幽閉を解かれ、天正12年（1584）3月、復縁して大坂の細川屋敷に戻ってきた珠子はかつての珠子ではなかった。天正14年（1586）珠子は、大坂に滞在していたイエズス会士グレゴリオ・デ・セスペデス神父の計らいで、自邸でマリアから密かに洗礼を受け、ガラシャという洗礼名を受ける。 慶長5年（1600）7月12日、上杉征伐（会津攻め）に参加した大名の妻子が人質に取られるという噂がガラシャに伝えられる。細川忠興（丹後宮津城主）老臣の小笠原少斎秀清、河喜多石見一成が、侍女であった霜女に伝えたという。ガラシャは、宣教師に手紙を書き、身の危険が迫ったときの態度について助言を求める。7月17日、大坂城から、ガラシャを略奪するために兵五百が向けられ屋敷を囲む。ガラシャは、侍女たちに形見を渡し別れを告げる。その後、小笠原少斎の介錯で死亡する。18日とも。留守居役の小笠原少斎（秀清）・河喜多石見一成は、屋敷に火を放ち、切腹する。砲術家稲富祐直（1552～1611）は、なぜか珠子（ガラシャ）の護衛の役を放棄して逃亡。この時、細川屋敷から、姉の豪姫（利家の四女）が嫁していた隣の宇喜多秀家邸に逃れた長男与一郎（忠隆、長岡休無）（1580～1646）の妻千世（前田利家六女）（1580～1641）は、岳父忠興の怒りを買って離縁される。ガラシャは大阪城へ人質として入ることを拒み、自害が許されないクリスチャンゆえに、老臣小笠原少斎の長刀で胸を突かれて37歳の生涯を終えた。オルガンティーノ（1533～1609）が細川邸の焼け跡からガラシャ夫人とその殉死者の遺骨を拾い細川家ゆかりの寺に埋葬したという。	3571
	8月15日	織田信長、近江・京都の相撲取りら千五百人余を安土へ召し寄せ、相撲を取らせて観覧。織田信澄（1555？～1582）、堀秀政（1553～1590）、蒲生賦秀（のちの氏郷）（1556～1595）、青地与右衛門らと共に奉行を務める、	3572
	8月17日	長岡（細川）藤孝、播磨より丹波国勝龍寺城へ帰陣する。	3573
	8月17日	織田信忠、播磨国から美濃国岐阜へ帰還する。	3574
	8月22日	「筒井順慶幡州ヨリ丹波へ越、今日帰国了」。（『多聞院日記』）。 筒井順慶、播磨国より丹波国を経由して大和国へ帰国する。	3575
	8月24日	筒井順慶（「筒順」）、近江国安土へ赴く。（『多聞院日記』）。	3576
	8月-	三好康長（「三好山城康慶」）（咲岩、笑岩）（？～？）、「禁裏様御倉」立入宗継（「立入左京進」）へ河内国牧郷の一部を寄進。	3577
	9月4日	吉田兼治（1565～1616）、侍従に任じられる。	3578

天正6	9月5日	明智光秀(1528？~1582)、丹波田辺城(京都府舞鶴市)を退き但馬(兵庫県北部)に向かった一色義道(よしみち)(？~1579)を追討する。長岡(細川)藤孝(1534~1610)・忠興(1563~1646)父子は、丹後へ討ち入る。そしてまた、播州へ転戦。宇喜多和泉守直家の播州出張のためという。ついで、再度丹後へ。	3579
	9月6日	織田信長、黒田孝高(小寺孝高)へ、備前国方面への進撃と、羽柴秀吉の指示に従って軍事行動および人質の差配すべきことを命令。	3580
	9月7日	吉田兼見、明智光秀(「惟日」)を近江国坂本に訪問、連歌会が開催される。吉田兼見、間もなく帰宅。(『兼見卿記』)。	3581
	9月9日	織田信長、安土城にて相撲を興行。信忠・信雄に相撲を見物させる。	3582
	9月10日	明智光秀、木俣守勝(1555~1610)へ、播磨神吉城攻めの際の手柄を褒め賀茂庄五十石を与える。 守勝は、幼い時から徳川家康に仕え、元亀元年(1570)に元服。清三郎と名乗って19歳の頃、岡崎で刃傷事件をおこし、城下を出奔。当時織田政権下で力を発揮していた明智光秀に仕えた。戦功により50石を与えられて織田信長にも拝謁を許される。天正9年27歳のとき家康の命によって帰参する。家康は光秀との外交手段、情報収集のパイプ役として木俣守勝を織田政権下へ放ち明智光秀もその辺りのことを内心承知の上で守勝を受け入れたという。	3583
	9月11日	足利義昭、自身の帰洛を毛利輝元が後援している旨、毛利氏の妨害をしている大友氏に軍勢を差し向けることを通知し、島津義久へ豊後表への乱入を賞す。詳細は毛利輝元・小早川隆景・吉川元春に伝達させる。	3584
	9月11日	吉田兼見、近江国坂本の明智光秀を訪問、面会。明智光秀は兼見所持の茶碗を所望、兼見は了承。兼見、即時上洛し茶碗を明智光秀のもとへ贈る。入夜、明智光秀書状を携えた使者の礒谷小四郎が到来。礒谷小四郎は直接丹波国の長岡(細川)藤孝のもとへ下向するというので明後日に返事をする旨を伝えて帰す。(『兼見卿記』)。	3585
	9月11日	「第二次丹波石征討戦」。光秀は、この後、丹波に下る。 この時に、織田信澄・明智光秀・長岡(細川)藤孝・滝川一益ら、波多野・長沢治部太輔義遠の丹波小山城(京都府南丹市園部町小山)攻め、治部太輔切腹の間に城に火を懸け焼き払う。さらに、大舘左近将監氏忠の高城(高山寺城)(兵庫県丹波市氷上町柿柴)攻め、大槻(京都府綾部市西部)の一揆も逃げ去る。そして、馬堀城(京都府亀岡市篠町馬堀)の城兵、退散。	3586
	9月13日	明智光秀、津田加賀守へ、十四日亀山に着陣し、十八日には八上城攻めに向かうので人数を率いて出陣するように命じ、委細を明智次右衛門に伝達させる。 明智光秀は、配下の筒井順慶(1549~1584)の参陣を促した。	3587
	9月15日	織田信長、大坂表の城砦群に入る番衆たちの目付として小姓衆・馬廻・弓衆を派遣することを決め、彼らを二十日勤番で各砦に遣わしはじめる。	3588

西暦1578

天正6	9月22日	柴田勝家、能登国の長好連（「長九郎左衛門尉」）（後の連龍）へ、能登国穴水城（石川県鳳珠郡穴水町）の攻略を賞し、その軍功については深尾入道より織田信長「上聞」に達したこと、本来の取次役である堀秀政（「堀久太」）が「御使」として別任務を遂行しているため下石頼重（「下石彦右衛門尉」）が馳走することになったこと、この年は海路状況が好転しないので、来春早々には織田信長「御行」（出陣）と柴田勝家自身の従軍予定を通達。また長好連からの報告に対して織田信長「御諚」は疎意の無いこと通知。	3589
	9月23日	織田信長（1534～1582）、安土城を出立、瀬田の山岡景隆居城に泊まる。	3590
	9月24日	吉田兼見、早天に織田信長上洛というので吉田兼治（「侍従」）を同行し出向く。織田信長は辰刻に上洛し、吉田兼見・吉田浄慶（「盛方院」）・舟橋国賢（「清少納言」）らが山科六地蔵において出迎える。（『兼見卿記』）。 **信長は辰刻（8時）に上洛し、二条新第（二条御所）に入る。**	3591
	9月24日	越中調略を断念した織田信長、斎藤新五郎（利治）に越中攻めを命じる。 神保長住（?～?）の援軍として越中へ派遣され斎藤利治（織田信忠家臣）（斎藤道三の末子といわれる）（1541?～1582）は、尾張・美濃勢を率い行動を開始。越中太田保の津毛城（富山市東福沢）には上杉勢の椎名小四郎と河田豊前守長親（1543?～1581）が軍勢を入れていたが、たちどころに退散した。 労せず津毛を手にした斎藤新五は、神保長住勢を城に入れ置き、自らは三里ほど進んだ場所に陣を構えて各所へ出陣を繰り返していった。	3592
	9月25日	「織田信長黒印状」。信長、賀茂社中宛で「南方発足につき、祈禱巻数ならびに縮羅二端到来、懇志悦び思召し候」と謝す。詳細は丹羽長秀（「惟住」）に伝達させる。	3593
	9月27日	吉田兼見、吉田兼治（「侍従」）を同行し織田信長（「右府」）の南方（和泉国堺）下向にあたり早天より門外にて見送る。この度の出陣には近衛前久（「近衛殿」）も従軍。この日は石清水八幡宮に滞留という。（『兼見卿記』）。 **信長、九鬼嘉隆の鉄船を観覧するため、京を発し和泉国堺に下向。**	3594
	9月28日	信長、河内若江着。	3595
	9月29日	信長、天王寺に着き、佐久間信盛の陣所で暫く休み、道すがら放鷹しながら住吉大社（大阪市住吉区住吉）に着き、社家に宿泊。	3596
	9月30日	織田信長（1534～1582）、払暁より和泉国堺に入り、九鬼嘉隆率いる鉄船を視察。 近衛前久（1536～1612）・細川信良（昭元）（1548～1592）・一色満信（義定）（?～1582）らが大船見物のため同行。ついで、津田宗及ら堺衆の屋敷に立ち寄り、今井宗久宅を訪れ茶会、住吉社家に戻る。 戻った住吉で九鬼嘉隆（1542～1600）を召し寄せ、黄金二十枚と御服十着・菱喰の折箱二行らを下賜、その上に九鬼と滝川一益（1525～1586）へそれぞれ千人扶持を与える。	3597
	9月-	**この月、明智光秀（1528?～1582）は、氷上郡の円通寺（兵庫県丹波市氷上町御油）の要請に応じて禁制を発給。** 寺に軍勢が近づいた時、この地の豪氏荻野喜右衛門が光秀の本陣に赴き必死の説得の結果、兵火を免れたという。	3598
	10月1日	織田信長（「右府」）、入夜に上洛。（『兼見卿記』）。 信長、住吉を出て帰洛の途に就き、途中、安見新七郎（?～?）の居城・交野城（大阪府交野市私部）で休息、入夜に上洛、二条新第（二条御所）へ到着。	3599

天正6		
	10月2日	信長、留守中に不都合ありと住阿弥という者を成敗、さらには長らく召し使っていた、「さい」という女をも同罪に処す。(『信長公記』)。 [3600]
	10月2日	吉田兼見、織田信長がこの度の南方(和泉国堺)出陣での留守中に宝鏡院が来訪し安土女房衆が遊宴した件を激怒し(「以外之逆鱗」)、重傳(同朋衆)・女房「さい」を処刑した旨を知る。(『兼見卿記』)。 [3601]
	10月3日	織田信長、畿内より「スマウノ名仁」を召集し、禁裏に於いて「スマウ」(相撲)を興行。(『多聞院日記』)。 [3602]
	10月4日	「月岡野の戦い」。調略を断念した信長に越中攻めを命じられた斎藤利治(新五郎)(1541?~1582)、出撃中の越中国の太田本郷城(富山市太田南町)に入り、今和泉城(富山市今泉)の城下まで押し寄せて、上杉方の河田長親(1543?~1581)・椎名小四郎の軍勢と一揆軍の三千余を討ち取る。河田長親は逃走。 戦いの結果、日和見の越中国人らが続々と織田信長に帰順。 [3603]
	10月5日	信長、五畿内・江州の相撲取りを集めて二条新第(二条御所)で相撲を取らせ、摂家・清華家の面々に見物させる。 [3604]
	10月6日	吉田兼見、吉田兼治(「侍従」)を同行し織田信長(「右府」)が今道を経由して安土へ下向するので路次にて見送る。(『兼見卿記』)。 **信長、出京し坂本より乗船し安土城に戻る。** [3605]
	10月8日	吉田兼見、山中路次普請の不出来という理由で村井貞勝(「村長」)の招喚を受け、織田信長(「右府」)より今度の「道作之奉行」は鳥見衆に命令されたことを知らされる。また吉田兼見は村井貞勝(「村長」)へ吉田郷は普請免許の織田信長「御朱印」がある旨を陳情。(『兼見卿記』)。 [3606]
	10月8日	長岡(細川)藤孝(「長兵」)、吉田兼見を訪問し、来る十日に丹波国勝龍寺城において囲碁興行を開催するため招待する。(『兼見卿記』)。 [3607]
	10月11日	佐久間信盛(1528~1581)、南方(和泉国堺)出陣の途中に丹波国勝龍寺城へ立ち寄る。(『兼見卿記』)。 [3608]
	10月11日	「織田信長朱印状」。「書状并鈴木越後口上之趣聞届候、河田至太田面罷出候由、幸之儀候間、此時為可打果、重而毛利河内守、坂井越中、森勝蔵以下遣之、可相談事専一候、次斎藤次郎右衛門尉別而可抽忠儀候由、神妙候、然者朱印之儀遣之候、何も神保越中守相談尤候、猶、鈴木越後守可申候也」。 織田信長(1534~1582)、斎藤新五郎(利治)(1541?~1582)へ、その書状と鈴木越後守の口上を受けて、河田長親(上杉方部将)が越中国太田方面に出撃したのは好機であるので撃滅を命令。毛利秀頼・坂井越中守・森長可以下を派遣するので軍議を指示。また斎藤信利(1554~1610)が特別に忠節を尽くしたいということを諒承し、織田信長「朱印」を発給する旨を通達。また万事は神保長住と相談することを指示。詳細は鈴木越後守に伝達させる。 [3609]
	10月11日	織田信長、越中国進撃中の斎藤新五郎(利治)へ、去る十月四日に河田長親・椎名小四郎の軍勢を撃破し三千余人を討ち取ったことを賞し、「誠天下之覚」は然るべきことであると評す。 [3610]
	10月12日	「第三次石山合戦」。九鬼嘉隆(1542~1600)、木津川に於いて敵軍を撃破。 [3611]

西暦1578

天正6		

10月12日 織田信忠、越中国進撃中の斎藤新五郎へ戦功を賞す。「越度」無き様に命令し、援軍として毛利秀頼（「毛利河内守」）・森長可（「森勝蔵」）・坂井越中守・佐藤六左衛門尉（秀方）（？～1594）を派遣する旨を通達。 [3612]
坂井越中守（？～1582）は、坂井政尚の子で、兄・父の戦死で家督を継ぎ織田家に仕えた。天正10年（1582）6月2日の本能寺の変で信長が明智光秀に殺害されると、信忠に従って二条城で明智軍と戦い戦死した。

10月13日 織田信長、九鬼嘉隆が前哨戦木津川に於いて敵を討ち取ったことと、海老を贈呈したことを賞す。詳細は堀秀政より伝達させる。 [3613]

10月14日 織田信長、近江国長光寺で鷹狩を行う。 [3614]

10月15日 **信長に茶を許された羽柴筑前守秀吉（1537～1598）、初めての茶会を催す。**
（『宗及他会記』）。 [3615]
三木城（兵庫県三木市上の丸町）の北東の平井山の本陣に入り三木城の監視に当たっていた秀吉は、堺の津田宗及（そうぎゅう）（？～1591）らを招いて茶会を開いた。この時、信長から拝領した乙御前の釜や月の絵の掛物を使うという。

10月15日 大津長昌（「大津伝十郎長昌」）（織田信長側近）（？～1579）、遠藤基信（「遠藤山城守」）（伊達輝宗重臣）へ、上杉謙信の「遠行」以来の越後国方面への軍事行動を慰労し、織田軍も越中国方面へ進撃し「一国平均」に帰した旨を通知。また越後国に即時「退治」を加えることを促し、詳細は小笠原貞慶（「小笠原殿」）より伝達がある旨を通知。 [3616]

10月17日 「対当寺一味之上者、善悪付付而互相談可令入魂候、従是可申懸処、遮而承快然候、…………知行方之儀、惣別不相構候、取分其方知行分猶以無意趣候、…………摂津国之儀者不及申、御望之国々右如申、知行方従当寺裁判・寺規、法度候被対申公儀併芸州御忠節之儀候間、被任存様……」。 [3617]
摂津の国は言うに及ばず、公儀（義昭）、芸州（毛利氏）に忠節を示す事で、御望みの国を守護するのを認めるとまで言う。

「第三次石山合戦」。本願寺顕如光佐（1543～1592）は、荒木村重・新五郎（村次）父子へ、全三ヶ条の「誓詞」を認め、同盟を要求する。

10月18日 **「第二次丹波石征討戦」。明智光秀（1528？～1582）、丹波福智山に参着する。** [3618]

福知山駅前の福知山踊り像

天正6	10月21日	**「織田信長配下の荒木村重謀反―有岡城の戦い（天正6年10月21日～天正7年11月19日）」はじまる。**	3619
		摂津の有岡城（在岡城）（兵庫県伊丹市伊丹1丁目）の荒木村重（1535～1586）が、備後鞆の足利義昭・石山本願寺らと通じ毛利氏側に付く。荒木村重が有岡城に籠城。縁故の中川清秀（1542～1583）も茨木城へ引き上げ、高槻城の高山飛騨守友照（？～1595）・右近（重友）（1552～1615）父子も村重に従う。	
		荒木村重は、将軍足利義昭を支援する毛利軍と石山本願寺との戦いで織田軍の形勢が不利となり、摂津国の周囲を敵に囲まれたことから織田政権の命運を見限り、謀反を起こすことを決めたともされる。	
	10月21日	「有岡城の戦い」。信長（1534～1582）もとへ、摂津の有岡の荒木村重が逆心を企てているとの報が各所よりもたらされる。謀反の情報を松井康之（1550～1612）が入手、長岡（細川）藤孝（1534～1610）は信長へ注進。信長はこの報を疑い、後日、村重方へ宮内法印（松井友閑）（？～？）・明智光秀（1528？～1582）・万見仙千代（重元）（1549？～1579）を遣わして、問わせしめた。村重は「野心など、少したりともありませぬ」と答えてきた。信長はこの返答に安堵し、人質として御生母を差し出すことを約束した上で、「別儀なくば出仕すべし」と命じた。	3620
	10月22日	明智光秀、鬼ケ嶽城（京都府亀岡市千歳町国分）に逃れ、付近を徘徊する残党討伐のため出陣する。	3621
	10月23日	**「第二次丹波石征討戦」。明智光秀（1528？～1582）、鬼ケ嶽城を攻め陥れる。この後、氷上郡（兵庫県丹波市氷上）を経て赤井幸家（1532～1606）の立て籠る城を巡検し、金山城（兵庫県篠山市追入）に入城する。この夜、赤井幸家に、築城中の金山城を奇襲され敗北し、口丹波亀山城に退却する。**	3622
	10月24日	万見重元（「まん仙千世重元」）・九藤深宮（「九藤肥前守深宮」）・松井友閑（「宮内卿法印友閑」）、大和国法隆寺東寺惣中へ東寺・西寺が「段銭」を半分ずつ上納すべきことを通達。	3623
	10月25日	「織田信長黒印状」。「就摂津雑説、切々様体申越候、懇切之儀祝着候、其付宮内卿法印・万見仙千代遣之、併又惟任日向守中含越置候、相談候、外聞可然候様気遣専一候、猶委曲松井可申候也」。	3624
		信長、長岡兵部大輔（細川藤孝）へ、「摂津国の雑説」（荒木村重の謀反）に関する様々な報告について、松井友閑・万見重元（仙千代）を派遣したことを通達。またいろいろと含ませた明智光秀を遣わすから相談し、噂は広がりやすいので注意するよう命令。詳細は松井康之より伝達させる。	
	10月末	「有岡城の戦い」。織田信長、謀反した摂津国の荒木村重を説得するため福富秀勝・佐久間信盛・堀秀政・矢部家定を派遣し慰留を試みる。	3625
	10月28日	織田信長、越中国進撃中の斎藤新五郎（利治）（1541？～1582）へ、以前の越中国太田方面での戦功を賞する。また斎藤新五郎の越中国に於ける軍事行動を「誠心地能」と評し、「天下之覚」は悦ばしいことであるからと今後の軍事行動を激励し、援軍と相談し急ぎ帰陣することを命令。また神保長住（？～？）との相談も命令。	3626
	10月28日	多聞院英俊、摂津国の荒木村重が織田信長に謀叛したという「雑説」が流布していること、織田信長は誓紙を遣わしたことを知る。（『多聞院日記』）。	3627
	10月30日	長岡（細川）藤孝（1534～1610）、取得の古今集に、三条西実枝（1511～1579）の奥書を得る。	3628

西暦**1578**

天正6	11月1日	「一播津守逆心ニ極候…」。（『小畠文書』）。	3629

明智光秀（1528？～1582）、小畠越前守へ、書状が今朝届いた旨、荒木村重謀反への対応の状況、荒木勢が丹波の光秀勢を攻めて来た時の対応を示す。
また、三宅弥平次（明智秀満）（1536～1582）を亀山に派遣し自分も一両日中に行く旨、孫十郎は若年につき諸事異見を頼みいる旨を返書。
小畠永明（左馬之助）は、明智姓と越前守の受領名を与えられ、明智家の重臣になっていた。

	11月3日	「有岡城の戦い」。織田勢は、荒木村重（1535～1586）を慰諭するが、村重は頑として応ぜず。使者として有岡城(兵庫県伊丹市伊丹1丁目)に赴いた秀吉の家臣・黒田官兵衛(孝高)(1546～1604)が監禁され土牢に閉じ込められる。	3630

	11月3日	「有岡城の戦い」。	3631

荒木村重の謀反は明らか、「この上は是非に及ばす」といって安土に織田信孝・稲葉一鉄・不破光治・丸毛長照を残し、**信長、上洛し、二条新第に入る**。

	11月3日	「有岡城の戦い」。明智光秀、二条新第にて宮内法印(松井友閑)(？～？)らと共に、荒木村重の赦免を請うが聞き入れられず。	3632

光秀は、滝川一益援軍として出陣する。

	11月3日	明智光秀、佐竹秀慶（佐竹出羽守）（？～1590）へ、十二日に信長が南方へ出陣の由につき亀山城の普請は延期する旨、十一日には河内に着く旨を通知。	3633

	11月4日	織田信長、京都「二条之御殿」より村井貞勝（「村井長門守」）を以て正親町天皇（「禁裏様」）へ、本願寺顕如（「大坂本願寺」）に「勅定」を以て和議締結を通達するよう上奏させる。（『立入左京亮入道隆佐記』）。	3634

	11月4日	「前右府与当国之事、相克之段、併御錯乱之基、太以不可然候、此節自他和談之儀仰出候者、被廻思慮候者可為忠功候、然者、対本願寺門跡同前被仰出候、猶、可被仰含源大納言、勧修寺中納言候者、依天気執達如件」。	3635

正親町天皇、広橋兼勝に毛利輝元へ、織田信長との「相剋」は「都鄙錯乱之基」であるので「和談」命令と、思慮を廻らして忠功を為すべきことを通達させる。また本願寺顕如光佐にも同様の旨を通達するため庭田重保・勧修寺晴豊が下向することを通達させる。

	11月-	「有岡城の戦い」。この月、荒木村重の嫡男新五郎（村次）に嫁していた明智光秀の長女倫子（ガラシャの姉）が離別され、光秀の許に帰る。	3636

後年、三宅弥平次(明智秀満)(1536～1582)に再嫁する。

	11月6日	毛利水軍(「諸警固」)、石山本願寺救援のため摂津国木津浦に到着。	3637

	11月6日	「第三次石山合戦（天正4年(1576)～天正8年(1580)閏3月5日）―第二次木津川口海戦―信長勝利―石山本願寺の孤立化に成功」。	3638

九鬼嘉隆、大船六艘を率い大坂湾に於いて毛利水軍六百余艘を撃破。
（『信長公記』）。
辰刻（8時）から午刻（12時）までの長きにわたる船戦が、木津川口南方の海上で繰り広げられる。始めは織田方・九鬼水軍が不利とみられたが、毛利の大将のものと思われる船を大砲で砲撃すると、毛利水軍は大船を恐れて近づくことができず、木津沖へ追い返すことに成功。石山本願寺の孤立化に成功。
また、有岡城も孤立し村重は苦境に立たされる。

天正6	11月6日	「有岡城の戦い」。 織田信長、滝川一益へ、見舞として矢部家定・明智光秀を派遣し、摂津国有岡城の情報収集を指示。また、織田信忠へも同様の指示を下したことを通達。
	11月8日	下 間頼廉(「下刑法」)(1537~1626)、宇喜多直家(「宇泉」)(1529~1582)へ、去十一月六日に毛利水軍が石山本願寺救援のために摂津国木津浦へ到着したこと、荒木村重(「荒摂」)より「証人」と「血判之誓詞」が提出されたこと、摂津国中島の付城の破却が決定したこと、河原林越後守(「瓦林越後」)も「人質実子」と「神文」を提出してきたこと、荒木村重(「荒摂」)と毛利氏被官の乃美宗勝(「乃兵」)・児玉就英(「児宮」)との「往来」があることを通知。
	11月9日	「有岡城の戦い」。信長、京都から摂津国へ向けて出陣し、山城国山崎に布陣。
	11月10日	「有岡城の戦い―天正6年10月21日~天正7年11月19日」。 織田信長(1534~1582)は、滝川一益(1525~1586)・明智光秀(1528?~1582)・丹羽長秀(1535~1585)・蜂屋頼隆(1534?~1589)・氏家左京(直昌)(?~1583)らを摂津国茨木へ、織田信忠(1557~1582)・北畠信意(織田信雄)(1558~1630)・織田信包(1543/1548~1614)・織田信孝(1558~1583)・前田利家(1538~1599)・金森長近(1524~1608)らを摂津国高槻へ派遣。また宣教師オルガンティーノ(1533~1609)に佐久間信盛(1528~1581)・羽柴秀吉(1537~1598)・松井友閑(?~?)らを同行させ、荒木村重派の高山重友(右近)(摂津国高槻城主)(1552~1615)を勧誘させる。
	11月10日	「有岡城の戦い―高山右近が降る」。織田信長、安満(大阪府高槻市)に布陣。 高山重友(右近)はオルガンティーノの説得に従い、剃髪、一人だけ降る。高槻開城。信長は一案を廻らし陣中へバテレンの宣教師を召し寄せ、「右近に忠節を働きかけよ。さすれば何処にキリシタン寺を建設しようとも許可する。しかしもし請けぬというなら、その時は宗門を断絶する」と申し渡した。かくして宣教師は佐久間信盛・羽柴秀吉・松井友閑・大津伝十郎に同道されて高槻に入り、理をわけて右近を説得した。 高山右近は、自身の妹や息子を人質として差し出してまで荒木村重の謀反を翻意させようと努力したが失敗した。当時キリスト教の布教に理解を示していた織田信長と主君・荒木村重の間で板挟みにあって悩み、尊敬するイエズス会会員オルガンティーノ神父に助言を求めた。神父は、織田信長の元に降りるのが正義であると助言を与え、右近は、高槻城主の地位を辞し家族を捨てて織田信長の元に行き、畿内の宣教師とキリシタンの身分を救う道を選んだとされる。
	11月10日	織田信長、紀伊国高野山金剛峰寺老若衆中へ、上洛に際しての使僧派遣と銀子五十両の贈呈を謝し、金剛峰寺と大和国吉野郷内に於いて「大坂門下」(石山本願寺門徒)が「往還」しているというので、急ぎ「成敗」すべきことを通達。また来春の河内国方面への「出馬」の際の軍事行動を命令。
	11月10日	「有岡城の戦い」。明智光秀ら、茨木への付城として太田砦建設。光秀、滝川一益・丹羽長秀らと芥川・糠塚付近に陣を置き、茨木城に向かう。またこの時、大田郷北山に取出(砦)の普請を命じられる。
	11月11日	織田信長、佐々長穐へ、能登国の長好連(後の連龍)が越中国森山(富山県高岡市東海老坂)へ退去したとの報告を受け、来春は援軍を派遣する予定であることを通達し、また長好龍より、所持している「香西長光」の進上する意志はあるが道中が心配だというので佐々長穐(1537?~1615?)が近江国安土城に向かう際に持参するよう命令。詳細は堀秀政より通達させる。

3639
3640
3641
3642
3643
3644
3645
3646

天正6	11月11日	堀秀政（「堀久太郎秀政」）（1553～1590）、能登国の長好連（後の連龍）（「長孝恩寺」）へ使札と腰物「元重」の贈呈を謝す。 また能登国から無事に越中国森山へ退去したことを喜び、織田信長（「上意」）も退去を祝して織田信長「御朱印」が発給されたこと、長好連の身上馳走を指示した織田信長「御朱印」が神保長住（「神保越中」）・神保氏張（「神保安芸」）・寺崎盛永（「寺崎」）へ送付されること、神保氏張（「神安」）と佐々長穐（「佐権左」）へ送付されるの織田信長「御書」は「実書」（原本）であり、神保長住（「神越」）と寺崎盛永へは写しが送付されること、来春は必ず織田信長が「御出勢」するので軍議を入念にするべきこと、荒木村重（「荒木」）が織田信長に対して「不慮ニ相構敵心」えたので織田信長は「御成敗」のために「御動座」され摂津国中の諸城を放火したので荒木村重の摂津国有岡城の「落居」は時間の問題であること、「香西長光」の献上を喜ぶことを通達。	3647
	11月14日	小早川隆景（「隆景」）、粟屋元種（「粟蔵」）へ、摂津国木津川に於いて毛利氏水軍が織田軍を撃破したこと、毛利陣営に味方する荒木村重（「荒木摂津守」）・荒木元清（「同名志摩守」）・河原林越後守が人質を提出し摂津国大坂の端城を破却、「血判之神文」を提出し「無二ニ対公儀可致忠誠之覚悟」を表明したこと、織田信長が京都を経由して摂津国へ進撃する予定であることなどに触れ、毛利輝元の「御出張」を促す旨の案文を認める。	3648
	11月14日	小早川隆景（「左衛門佐隆景」）、粟屋元種（「粟蔵」）へ、一千貫の催促、今度毛利氏に味方する荒木村重（「荒木」）への礼使派遣、荒木村重（「荒摂」）および荒木元清（「志摩守」）・河原林越後守への進物送付は「天下之致大忠」であるので談合の上で実施することを通知。	3649
	11月14日	「有岡城の戦い」。大田砦の普請衆であった織田軍の明智光秀・長岡（細川）藤孝・滝川一益ら、荒木村重の籠城する摂津国有岡城（兵庫県伊丹市伊丹1丁目）に攻撃を開始。織田の先陣が有岡城を攻め、刀根山（大阪府豊中市）付近に布陣。	3650
	11月14日	正親町天皇（1517～1593）、織田信長（1534～1582）の意を受けた村井貞勝の上奏により、本願寺顕如光佐（1543～1592）へ和議締結の「勅使」として庭田重保（1525～1595）・勧修寺晴豊（1544～1603）を、そして禁裏御倉職の立入隆佐（宗継）（1528～1622）を添えて下向させる。	3651
	11月14日	織田信長、青蓮院の陣中見舞で弓懸二具の贈呈を謝す。青蓮院尊朝法親王へ、摂津国陣中への見舞を謝し、「摂州一国平均」を申し付けて上洛する旨を通知。	3652
	11月15日	織田信長、安満から摂津国郡山（大阪府茨木市郡山）に移陣する。	3653
	11月15日	**明智光秀（1528？～1582）、小畠越前守（左馬進）・彦介・波々伯部蔵介へ、荒木勢へ対応するため亀山近辺に在陣している諸勢を加勢させる旨を、野々口西蔵坊豪淵（野々口清親）が伝達すると、返書。** 西蔵坊は、使僧として交渉ごとにあたったり、丹波の武将して、光秀の命で都で使う木材調達の業務にあたった。	3654
	11月16日	摂津国高槻城を出た高山友祥（右近）（1552～1615）が郡山へ伺候し、織田信長（1534～1582）へ帰服の御礼を言上する。信長は喜んで着ていた陣羽織を脱いで右近に与えたほか、秘蔵の名馬も下賜した。信長はさらに帰服の褒美として高山右近に摂津国芥川郡を与えた。（『信長公記』）。 実際は17日という。	3655

天正6	11月18日	「有岡城の戦い」。織田信長（1534～1582）、摂津国惣持寺（大阪府茨木市総持寺）に移陣する。ここから織田信澄勢に命じて茨木城（大阪府茨木市片桐町）の小口を押さえさせ、同時に、攻め手を敵城へ近づける。	3656
	11月19日	明智光秀、丹波宍人城（京都府南丹市園部町宍人）の小畠越前守へ、荒木村重謀反への対応状況、高山右近が出頭したこと、普請の道具を用意すべきことなどを通知。光秀は、亀山城（京都府亀岡市荒塚町）普請の指示をする。 光秀は、亀山城を修築して丹波攻略の拠点とした。	3657
	11月20日	「荒木摂津守儀、連々以申通候首尾、人質等差出之現形候誠太利之段、不可過之候」。毛利輝元（1553～1625）、湯浅将宗（「湯浅治部大輔」）へ、荒木村重（「荒木摂津守」）との同盟成立を通知。	3658
	11月20日	「織田信長黒印状」。信長、長岡兵部大輔（細川藤孝）へ、摂津国有岡城より脱出した連中が摂津国尼ヶ崎に於いて城内状況の報告をなしたことを諒承し、監視を付けて対処することを指示する。	3659
	11月22日	羽柴秀吉、美作国の新免宗実（「新免弾正左衛門尉」）へ、新免無二斎の派遣と美作国方面の状況報告に対し、織田信長「御朱印」が発給され美作国吉野郡・佐用郡・八頭郡を安堵することになった旨を通達。	3660
	11月23日	織田信長、滝川一益（1525～1586）・羽柴秀吉（1537～1598）・明智光秀（1528？～1582）へ、「中国」方面の戦況報告を諒承し、毛利氏への「勅使」下向は寒天の時分でもあり、「路次送」も不充分であるので延引することを「京都」に上申することを命令。 信長、荒木村重鎮圧のため、毛利氏との和睦を決意。	3661
	11月23日	信長、再び、摂津国惣持寺（大阪府茨木市総持寺1丁目）を訪れる。	
	11月24日	「有岡城の戦い―中川清秀が降る」。織田信長、刀根山の陣を見舞う。そして、荒木村重派の中川清秀（摂津国茨木城主）を勧降させる。 織田信長、中川清秀（「中川瀬兵」）を「帰参」させることに成功す。（『立入左京亮入道隆佐記』）。その夜、中川清秀（1542～1583）の内応で茨木城が開城する。信長、調略に当たった古田佐介（重然）（後の織部）（1543～1615）・福富秀勝（？～1582）ら4名を茨木城の警固役として入れ置く。 賞された中川清秀は、子の秀政（1568～1592）に鶴姫（信長十女）（1567～？）が与えられたという。清秀は、古田織部の義兄である。	3663
	11月24日	庭田重保・勧修寺晴豊の「両勅使」に立入宗継（「宗継」）が随行し十一月二十六日に安芸国へ下向する予定であったが、中川清秀が織田信長に帰参したため織田側より安芸国への「勅使之下向延引」が上申された。 「本願寺・信長和議延期」。 信長は中川清秀が降ることにより意見を変え、勅使下向は無期限延期となり、戦闘は継続となった。	3664
	11月26日	織田信長、中川清秀（摂津国茨木城主）・高山重友（右近）（元摂津国高槻城主）へ、金子三十枚と二十枚をそれぞれ下賜、使いの者に渡す。	3665
	11月27日	織田信長、郡山（大阪府茨木市郡山）から古池田（大阪府池田市）に陣を移す。晩になって、古池田の陣所に中川瀬兵衛（清秀）の出仕を受け、賞賜し、馬を与え歓待する。	3666
	11月28日	「有岡城の戦い」。織田信長、小屋野（兵庫県伊丹市昆陽）に陣を移し、四方より攻囲の輪を縮めさせる。信長、滝川一益・明智光秀を遣わし、西宮から生田にかけて兵を出し、花隈城（神戸市中央区）への押さえの兵を配置する。	3667

西暦1578

天正6	11月30日	「精入度々注進、尤以感悦候、猶々惟任相談時宜、追々可申越事専一候也」。**織田信長、長岡（細川）藤孝へ、入念なる度々の注進を賞し、荒木村重のことについて明智光秀と相談すべきことを命じる。**	3668
	11月-	織田信長、山城国上牧郷へ全三ヶ条の「禁制」を下す。	3669
	11月-	織田信長、摂津国塩川領へ全三ヶ条の「禁制」を下す。	3670
	12月1日	「有岡城の戦い—柴山監物と安部二右衛門が信長に降る」。蜂須賀正勝（小六）（1526〜1586）の説得に応じ、尼崎に隣接する大和田城（大阪市西淀川区大和田）の城主・安部二右衛門が、すでに織田方に内通していた芝山（柴山）監物と共に小屋野の信長のもとに挨拶に訪れた。喜んだ信長は、安部と芝山の二人に黄金二百枚与えた。（『信長公記』）。	3671
	12月3日	「有岡城の戦い」。織田軍、荒木村重の属城・摂津国大矢田城（大和田城）（大阪市西淀川区大和田4丁目）を陥落させる。夜、安部二右衛門が信長に味方するため、父・叔父を欺いて、荒木村重の属城・摂津国大矢田城（大和田城）を明け渡す。子細を聞き感心した信長は、安部へ返してきた黄金二百枚を贈り、さしていた秘蔵の「左文字の脇差」と馬・馬具を与え、あわせて摂津川辺郡の一職進退を任せる。仲立ちをした芝山（柴山）監物にも馬を与えた。（『信長公記』）。	3672
	12月4日	「有岡城の戦い」。滝川一益・丹羽長秀、兵庫・一ノ谷を放火。塚口（兵庫県尼崎市）を、有岡城への押さえとして陣取る。	3673
	12月8日	「有岡城の戦い—天正6年10月21日〜天正7年11月19日」。織田軍、摂津国有岡城を攻撃する。（『家忠日記』）。**万見重元（「万見仙千代」）、摂津国有岡城攻撃の際に討死す。**（『多聞院日記』）。織田信長、申刻（16時）より、堀秀政（1553〜1590）・万見仙千代（重元）（1549？〜1579）・菅屋長頼（？〜1582）の三名を奉行として鉄砲衆を率いさせ、弓衆と共に、摂津国有岡城（兵庫県伊丹市伊丹1丁目）を攻撃させる。弓衆指揮は、七本槍の一人、中野又兵衛（一安）（1526〜1598）、平井久右衛門、芝山次大夫であった。弓衆を三手に分けて火矢を討ち入れ有岡の町を焼きはらった。万見重元、摂津国有岡城攻撃の際に討死。小瀬甫庵の『信長記』によると、自ら塀を乗り越えようとしたところ、長刀で突き貫かれたとされる。	3674
	12月10日	多聞院英俊、昨暁に摂津国有岡城に於いて戦闘があり、多数の死傷者が発生したこと、大和国衆には損害は無かったことを知る。（『多聞院日記』）。	3675
	12月11日	「有岡城の戦い」。織田信長、荒木村重を離れた塩川（塩河）長満（1538〜1586）の古池田（大阪府池田市）に陣を移す。有岡包囲のための付城築城を諸将に命じた。信長は、羽柴秀吉の助勢として佐久間信盛・明智光秀・筒井順慶を加えた軍勢を播磨へ派遣。別所長治（1558〜1580）の籠る三木城へ差し向かう付城群に兵粮・鉄砲・弾薬の補給や普請等を行ったのち帰陣。	3676
	12月11日	長岡（細川）藤孝（1534〜1610）、丹波に戻る。	3677
	12月11日	「第二次丹波国征討戦—第六次八上城の戦い（天正6年3月〜天正7年6月1日）」。**明智光秀（1528？〜1582）は家臣に命じて、波多野秀治（1529？〜1579）の居城（八上）の封鎖を強化する。**八上城（兵庫県丹波篠山市八上）の周囲を手兵で取り巻き、堀を造り、塀や柵を設け、塀際には諸卒の小屋を設けた。	3678

天正6	12月12日	多聞院英俊、去る十二月九日の摂津国有岡城攻防にて二千人ほどが死傷した旨を知る。また万見重元の討死を知る。(『多聞院日記』)。	3679
	12月12日	織田信長、長岡(細川)藤孝・忠興父子へ、特に「一書」を以て担当「番」の守備を厳重にして敵地への「調儀」が成功するよう尽力すること、守備兵の交替する在所を慰問し、留守以下を厳命し、「越度」の無い様に心懸けておれば苦戦することは無いこと、来春は早々に摂津国有岡へ出陣し尼崎・花隈の陣地を構築して石山本願寺を攻撃する意志を通達し、使者の口上にて詳細を伝達させる。	3680
	12月15日	織田信長、紀伊国根来寺在陣衆中へ、摂津国方面での長期在陣を慰労し、これを機に「領知方」加増を予定したが年内は余日が無く、特に「関東」で問題(武田勝頼の遠江国小山への侵入)が発生したため、緊急に近江国安土城へ帰還することを通達し、来春早々に上洛するので、それまでの間の在陣を命令。詳細は柴田勝家に伝達させる。	3681
	12月16日	**土佐の長宗我部元親(1539〜1599)、石谷頼辰(いしがいよりとき)(？〜1587)へ、斎藤利三(としみつ)(1534〜1582)に依頼して信長に烏帽子親になってもらった喜びを伝える。**	3682
	12月19日	織田信長、大和国法隆寺東寺諸進へ在陣見舞を謝し、先年発給した織田信長「朱印」で安堵した内容を確認する。信長、法隆寺東寺(東院の堂衆)の陣中見舞で小袖一重の贈呈を謝す。	3683
	12月19日	松井友閑(「宮内卿法印友感」)、大和国法隆寺西寺惣中へ「反銭」・「反米」の件で数度にわたり指示を下したが承引もせず織田信長「御朱印」に背いたために、即時に織田信長(「上様」)の「御意」を受けたところ、「御墨印」を法隆寺東寺へ発給するので、直ちに法隆寺東寺に返納する旨を命令。	3684
	12月20日	二十一日まで明智光秀、坂本にて茶会を催す。	3685
	12月20日	**明智光秀(1528？〜1582)、別所勢と戦う小寺休夢斎(黒田官兵衛の叔父)(1525〜1594？)へ、摂津・播磨の戦況を返信。**	3686
	12月21日	**織田信長、摂津国古池田(大阪府池田市)より上洛。**	3687
	12月21日	九藤深宮(くとうしんきゅう)(「九藤肥前守深宮」)、「反銭」・「段米」の件で実禅房咄斎を派遣してきた大和国法隆寺東寺諸進中へ、重ねて織田信長「御墨印」が発給されたので、九藤深宮側より「税新右」を派遣することを通達。	3688
	12月21日	「**第二次丹波国征討戦」。** **摂津の三田に付城を四ヶ所設けた明智光秀、この日、丹波多紀郡に入る。**	3689
	12月22日	「**明智光秀、奥村源内あて文書」。** 光秀(1528？〜1582)、近江の土豪・奥村源内に宛て音信を謝し、天王寺在番の労を労い、有岡方面のことが望みどおりになったことを祝い、かつ自らも有馬郡に出動し三田の付城を処理し、丹波多紀に着いた。いずれ此地方からもわが意の如くなるだろうと書く。(『御霊神社文書』)。	3690
	12月25日	**織田信長、安土城に帰る。**	3691
	12月26日	村井貞勝、上賀茂社領を安堵する。	3692
	12月-	織田信長、大和国吉野金峯山寺へ全三ヶ条の「禁制」を下す。	3693

西暦1579

天正7	1月2日	この年信長公は、近江国安土山で越年して新年を迎えたが、歴々の将領たちは摂津伊丹表に散らばる付城群に在番していたため、新年の出仕はなかった。（『信長公記』）。	3694
	1月2日	**織田信長（1534〜1582）、大小名に安土城を見せる。長岡（細川）忠興（1563〜1646）、信長の太刀持ちを勤める。忠興の丹波攻めの武功に信長が感じて、小姓に召し出していた。** 「細川家九曜紋」は、信長使用の小柄に付いていた九曜紋を見た忠興が自分の衣服に使用したいと信長に願い出たところ、しからば定紋にせよとの言葉を添えて与えられたのだという。	3695
	1月2日	吉田兼見、旧冬に村井貞成（貞勝の長男）の勘気を蒙って三井寺に隠居させられた村井清三（貞勝の一門衆で家臣）へ、慰労のため神人を派遣。（『兼見卿記』）。	3696
	1月3日	多聞院英俊、去年十一月始めより摂津国へ織田信長が「出勢」、筒井順慶ら大和国衆は悉く従軍、その後に播磨国へ転戦してこの日に大和国へ帰還した旨を知る。（『多聞院日記』）。	3697
	1月5日	九鬼右馬允、堺の津より罷り上り、安土御山にて、年頭の御礼申し上ぐるのところ、今の透に、在所へ罷り越し、妻子見申し候て、頓て上国仕るべきの旨、忝くも御暇下され、満足にて、勢州へ罷り下るなり。（『信長公記』）。 （九鬼嘉隆が堺湊より安土へ上り来て、信長公へ年頭の御礼を行った。すると信長公は「今のうちに在所へ帰り、妻子の顔でも見たのちに上国するが良い」とかたじけなくも九鬼へ暇を下された。九鬼は信長公のはからいに感謝しつつ伊勢へ下っていった）。 九鬼嘉隆（1542〜1600）、堺湊より安土城に伺候、歳首を賀す。嘉隆は信長から伊勢への帰郷を許された。	3698
	1月6日	吉田兼見、吉田牧庵（兼見叔父）・佐竹宗実（「佐竹羽州」）（兼見義兄弟）を茶会に招く。（『兼見卿記』）。	3699
	1月7日	明智光秀、坂本城に津田宗及を招き、八日にかけて茶会を催す。	3700
	1月8日	信長公は小姓衆・馬廻・弓衆に命じ、馬淵から切石三百五十余を運び上げさせた。そして翌日、信長公はかれらに鷹野で得た雁や鶴といった獲物を分け与えた。いずれの者も、これらをかたじけなく頂戴したものであった。（『信長公記』）。 信長、小姓・馬廻・弓衆に命じて馬淵（滋賀県近江八幡市）から、切石三百五十余を運び上げさせた。翌日、その褒美として鷹狩りの獲物である雁・鶴が下された。長岡（細川）忠興は、鶴を松井康之等諸将に分ける。	3701
	1月8日	智仁親王（「若宮御方」）（1579〜1629）、寅刻に誕生。（『言経卿記』）。 正親町天皇の孫にして、誠仁親王の第六皇子	3702
	1月11日	長浜城主・羽柴秀吉、浅野長吉（後の長政）（1547〜1611）に近江国北郷福永内に三百石を宛行う。	3703
	1月11日	織田信長、津田宗及（？〜1591）に、安土城天主閣（天守閣）を自ら案内し見物させる。	3704
	1月12日	「織田信長黒印状」。信長、長岡兵部大輔（細川藤孝）へ、以前派遣した下石頼重（？〜1582）より戦況報告を受け、細川藤孝父子が交替で在番することを命令。また去る一月九日に尾張国知多郡に於いて捕獲した「鯨」が到来したので即時「禁裡御二御所様」（正親町天皇・誠仁親王）へ進上し、藤孝が服用するための「すそわけ」を送付することを通知。	3705

天正7	1月12日	「織田信長黒印状」。「先度下石彦右衛門尉越置、鵰遣之付而、尤悦入候、父子番替可然候…………」。 織田信長、長岡与一郎（細川忠興）（1563～1646）へ、以前派遣した下石頼重（「下石彦右衛門尉」）を介して鵰を贈呈してきたことを謝し、細川藤孝父子の「番替」すべきことを命令。	3706
	1月15日	吉田兼見、幕府奉公衆・熱田大宮司一族の千秋月斎（晴季）の連歌会に赴く。長岡（細川）藤孝（「長兵」）・里村紹巴・里村昌叱も参席。（『兼見卿記』）。	3707
	1月16日	長岡（細川）藤孝（1534～1610）、藤原「定家色紙」を感得し、里村紹巴宅にて茶会を張行。長岡治部少輔も来訪。兼見、長岡治部少輔が吉田兼見所持の釜を所望というのでこれを贈る。兼見、近衛前久（「近衛殿」）、竹田定珪・細川信良（昭元）（「細川右京兆」）へ祓を送る。（『兼見卿記』）。 藤孝、定家筆色紙「来ぬ人をまつほの浦の夕凪に焼くや藻塩の身も焦がれつつ」を入手。長岡治部少輔は、誰だろうか。竹田定珪は、竹田定加（1546～1600）の間違いであろう。	3708
	1月17日	「為惟任日向守礼下向坂本、同道三郎左、即面会、百疋持参、在夕食之儀、丁寧也、滞留之中雨降、令起座之処、抑留之間又對本座、以饂飩・肴有一之義、重畳之義也、入夜飯宅、…………」。（『兼見卿記』）。 吉田兼見、近江国坂本の明智光秀（「惟任日向守」）を訪問。兼見は、夕食を馳走になったのに対し「丁寧也」と感激し、その後も雨降りのため「対座」が続いたので、うどんと肴で再度もてなされたため「重畳之義也」と喜んでいる	3709
	1月18日	「…………妻木在京也、五十疋持参、祓持参、逗留村作也、直罷向…………」。（『兼見卿記』）。 吉田兼見、村井貞成（「村作」）（貞勝の長男）邸へ逗留している妻木氏（御ツマキ）を訪問。村井貞成は、御ツマキの娘婿とされる。	3710
	1月19日	織田信長、長九郎左衛門尉（長好連（後の連龍））へ、年頭の祝儀（塩引十）を謝し、「南方」（石山本願寺）と「中国」（毛利氏）が「属平均」したので、この秋には北陸方面への軍事行動を予定している旨を通達。	3711
	1月21日	吉田兼見、室（「青女」）と吉田兼治（「侍従」）を同行し佐竹宗実（「佐竹羽州」）（明智秀慶）を訪問。（『兼見卿記』）。	3712
	1月21日	この頃、長岡（細川）藤孝（「長兵」）・佐竹宗実（「佐竹羽州」）、吉田兼見を訪問。（『兼見卿記』）。	3713
	1月23日	小早川隆景（「左衛隆景」）、妙寿寺・「鵜新右」（鵜飼元辰か）へ、毛利輝元が荒木村重（「荒摂」）を招喚することにつき、荒木村重のことを「都鄙無隠者」であるので敢えて安芸国吉田に於いて懇談する必要の無い旨を毛利輝元・吉川元春（「両御所」）へ上申するよう依頼する。	3714
	1月25日	吉田兼見（1535～1610）、佐竹宗実（「佐竹羽州」）（？～1590）を同行し東陽坊長盛（1515～1598）の招待で茶会に赴く。（『兼見卿記』）。	3715
	1月26日	「一明越討死仕候條、難成筆者候…」。（『泉正寺文書』）。 明智光秀、某へ、丹波籠山の合戦で明智越前守（小畠左馬進、永明）が討死したこと、油断なきことを伝える。	3716

天正7	1月28日	織田信長、播磨国の赤松広秀（斎村政広）（1562～1600）へ、別所長治が「対信長無礼」したので成敗するために羽柴秀吉を派遣し三木城攻囲させていること、赤松広秀の播磨国龍野城（兵庫県たつの市龍野町）は「西国手宛」として存続させたところ、「芸州之者共」（毛利軍）の襲撃を撃退したことは秀吉の注進を受けており、その戦功を賞し、今後の更なる努力を促す。「天下之覚」はこれに過ぎることは無いので「西国表之才覚」は赤松広秀を頼りにしていることを告げ、近日の上洛予定を通達。	3717
	2月2日	「有岡城の戦い」。織田信長、中川清秀（摂津国茨木城主）へ、荒木村重の謀反は信長だけの問題ではなく「天下無道族」として討ち果たさなければならないことを告げ、今月は早々に上洛し「諸卒」を率いて摂津国方面へ出馬するので、荒木村重の籠もる摂津国有岡城に対する砦二・三ヶ所の構築を命令。	3718
	2月3日	羽柴秀吉、伊勢神宮に近江国北郷福永を寄進。	3719
	2月3日	山本加賀入道、丹波国勝龍寺城の長岡（細川）藤孝（「長兵」）へ名香を贈る。（『兼見卿記』）。	3720
	2月6日	「一越前討死、忠節無比類候、然而、伊勢千代丸幼少之条、十三歳迄、森村左衛門尉名代申付、可然之由、各任訴訟之旨、令承諾num…」（『小畠文書』）。 **明智光秀（1528？～1582）、丹波国宍人城（京都府南丹市園部町宍人）・小畠伊勢千代丸（左馬助）の相続を承認する。明智越前守（小畠左馬進、国明）の討死後、嫡男伊勢千代丸が幼少の為、森村左衛門尉が補佐し、一族で支えるよう命じた。** 光秀は、伊勢千代丸にも明智姓（明智千代丸）を名乗らせ、森村左衛門尉と一族全員から誓紙をとる。二度にわたる「丹波攻め」の間、光秀は常に他の戦線と掛け持ちをさせられて腰を据えられず、丹波においては味方の国人たちをつなぎ止めながら作戦を展開していた。	3721
	2月9日	朝廷、村井貞勝に太元帥法料所の山城北小栗栖等への臨時課役を停める。	3722
	2月14日	「織田信長黒印状」。信長、山城国賀茂神社祠官の刑部少輔・紀伊守両名に、「年頭之慶事として、巻数ならびに板物……祝着せしめ候」と年頭の祝儀を謝し、近日の上洛予定を通達。	3723
	2月18日	織田信長（「前右府」）、近江国安土より「御上洛」し「二条御所」に入る。「迎衆」の堂上・地下・町人の祗候は無用であるとの通達により山科言経は帰宅す。（『言経卿記』）。 信長公は上洛して二条御新造へ座を移した。（『信長公記』）。 **織田信長（1534～1582）、近江国安土より上洛し、二条新第（二条御所）に入る。**	3724
	2月18日	「汝両人諸役令免許畢、於用所者直可申付者也、仍如件、」。 **明智光秀（1528？～1582）、丹波国多紀郡の宮田村鍛冶次郎太郎・矢代村鍛冶与五郎へ、諸役免除を通達。**	3725
	2月21日	信長、東山慈照寺辺に於いて鷹狩を催す。（『信長公記』）。 吉田兼見、吉田兼治（「侍従」）より織田信長が鷹狩「列卒衆」へ焼餅を賦り、「一段御機嫌」であった由を知らされる。（『兼見卿記』）。	3726
	2月22日	織田信長、備前国の中嶋新左衛門尉（宇喜多直家老臣）へ、宇喜多直家からの内通の件の諒承を通達。 **宇喜多直家（1529～1582）、毛利家と手を切って信長に臣従する。以降美作・備前各地を転戦して毛利氏と合戦を繰り返す。**	3727

天正7	2月22日	公家衆、織田信長へ祗候。(『兼見卿記』)。	3728
	2月23日	**吉田兼和(兼見)、明智光秀在京というのでその京宿を訪問。兼見、前日、逐電した小姓の与次について光秀へ訴訟、光秀もこれを了承。(『兼見卿記』)。**	3729
		与次は光秀領内の雄琴の者であったので、兼和(兼見)は契約書を持参の上、光秀に訴える。すると光秀は「在所に命じて捜索させる」と約束し、家臣「磯谷新介」が兼和の家人一人を伴って雄琴へ出発している。	
	2月24日	吉田兼見、磯谷新介(明智光秀使)より逐電した小姓与次捜索のため吉田家人一人の同行を要請される。(『兼見卿記』)。	3730
	2月25日	吉田兼見、織田信長(「右府」)を訪問し鞦一通を献上、松井友閑(「宮内卿法印」)が披露。(『兼見卿記』)。 「鞦」は、馬の尻から鞍にかける組み緒。	3731
	2月26日	織田信長、大和国法隆寺東寺諸進へ、上洛見舞「筒服の贈呈」を謝す。詳細は一雲斎針阿弥(「針阿弥」)に伝達させる。	3732
	2月26日	織田信長(「右府」)、東山において鷹狩を行う。(『兼見卿記』)。	3733
	2月26日	吉田兼見、茶湯菓子を携え織田信長へ祗候。吉田兼見自身は帰宅し、吉田兼治(「侍従」)を供奉させる。(『兼見卿記』)。	3734
	2月28日	織田信長、この日も東山慈照寺(銀閣寺)辺に於いて鷹狩を催す。(『信長公記』)。	3735
	2月28日	**「第二次丹波国征討戦─明智光秀、丹波国亀山へ出陣」。** 佐竹出羽守宗実(明智秀慶)(?~1590)とその弟左近允らも随従。 吉田兼見、近江国坂本に下向し、丹波国亀山へ出陣する明智光秀と門外に於いて面会。逐電した小姓与次に関する報告を受ける。(『兼見卿記』)。	3736
	2月29日	吉田兼見、逐電した小姓与次探索のため丹波国亀山へ使者を派遣。入夜に明智光秀から在所代官(雄琴荘代官の大中寺・川野藤介)に宛てた小姓与次探索についての書状が到来。(『兼見卿記』)。	3737
	2月-	織田信長、大和国法隆寺へ全三ヶ条の「掟」を下す。	3738
	3月1日	織田信長、美濃国吉田寺(新長谷寺)へ諸事を安堵。	3739
	3月1日	吉田兼見、昨日到来した小姓与次探索に関する明智光秀書状を在所代官(雄琴荘代官の大中寺・川野藤介)へ送付。(『兼見卿記』)。	3740
	3月2日	織田信長、賀茂山に鷹狩を行う。(『信長公記』)。	3741
	3月4日	織田信忠、上洛。織田信雄・織田信包・織田信孝も上洛。(『信長公記』)。	3742
	3月4日	吉田兼見、織田信澄(「七兵衛尉」)が上洛というので祗候したところ、今朝出陣したという。(『兼見卿記』)。	3743
	3月5日	**「有岡城の戦い」。織田信長・織田信忠ら、摂津国有岡城**(兵庫県伊丹市伊丹1丁目)**に向けて京を出陣し、山城国山崎へ布陣。(『信長公記』)。**	3744
	3月6日	織田信長、天神馬場(高槻の上宮天満宮への参道)から道々で放鷹し郡山(大阪府茨木市郡山)に着陣。(『信長公記』)。	3745

西暦 1579

天正7	3月7日	「有岡城の戦い─天正6年10月21日〜天正7年11月19日」。 織田信長（1534〜1582）、古池田（大阪府池田市）に移陣、本陣とする。（『信長公記』）。信長公に従う諸卒もこれに合わせて伊丹の四方に陣を取って攻囲を固めた。なお参陣した諸将の中には、不破・前田・佐々・原・金森ら越前衆の姿もあった。一方中将信忠殿は加茂岸・池の上の二砦を堅固に固めたうえで、四方に築かれた付城群の前衛に堀を作り、塀と柵を普請していった。（『信長公記』）。	3746
	3月8日	「伊丹向城ノ面々藤孝ヲ初メ諸将士卒ノ働キマデモ聞届ケ感賞アリ　サテ去年ヨリ在陣ノ大小名ニ暇賜ハリ代テ勤ムヘキ旨命セラレケレハ藤孝父子モ勝龍寺ニ歸城康之モ屛嶋ヲ引渡シテ歸ル」。（『細川家記』）。	3747
	3月10日	羽柴秀吉、織田信長の摂津国出陣に先立ち摂津国有馬郡山口庄の百姓等に路次普請を命令。	3748
	3月10日	織田信長、大和国法隆寺東寺惣中へ、金子二枚と紅緒の贈呈を謝し、今度法隆寺西寺へ織田信長「続目朱印」を発給したので法隆寺東寺へも織田信長「朱印」を発給する旨を通達。	3749
	3月13日	高槻城番手衆の一人として派遣されていた大津伝十郎が病死するという変報が届いた。（『信長公記』）。 信長の馬廻と側近を務めた大津長昌（？〜1579）である。	3750
	3月14日	多田の谷御鷹つかはされ候、塩河勘十郎、一献進上、其時御道複（道服）下され頂戴、忝き次第なり。（『信長公記』）。 （織田信長、摂津国多田（兵庫県川西市辺り）に放鷹。「そのさい塩河勘十郎が一献を捧げたが、信長公はその返礼として道服を下された。かたじけなき次第であった」。	3751
	3月15日	礒谷新介及び雄琴荘代官の大中寺・川野藤介、逐電した小姓与次を伴い吉田兼見を訪問し赦免を請う。（『兼見卿記』）。	3752
	3月16日	吉田兼見、丹波国多紀郡へ在陣中の明智光秀（「惟日」）へ、小姓与次の探索を謝する贈物を携えた使者を派遣。（『兼見卿記』）。 明智光秀（1528？〜1582）、丹波多紀郡表（兵庫県篠山市）に在陣する。陣中に吉田兼見の使者を迎えた。 兼見ハ、「与次の事を厳重に仰せ付けられ吉田家に帰ってきたことは祝着」と家司喜助を光秀のもとに遣わし、「軍陣御祓・手繩・腹帯」を贈っている。 光秀は、丹波は部下に任せて自らは京都に帰り、石山本願寺、伊丹城や播磨に兵を進めている。	3753
	3月17日	吉田兼見、丹波国より戻った鈴鹿喜介（吉田家雑掌）より小姓与次に関する明智光秀（「惟日」）返札を受ける。（『兼見卿記』）。	3754
	3月18日	一雲斎針阿弥（「一雲斎針阿」）（？〜1582）、大和国法隆寺に織田信長（「上様」）への進上物は前回から日数がたっていないので、一雲斎針阿弥の「分別」により受領したこと、法隆寺西寺への使者は松井友閑（「宮法印」）と相談して申し付ける旨を通達。	3755
	3月-	「第二次丹波国征討戦─第六次八上城の戦い（天正6年3月〜天正7年6月1日）」。 この月、明智光秀、八上城（兵庫県丹波篠山市八上）主波多野秀治（1529？〜1579）と黒井城主後見の赤井幸家（1532〜1606）の分断を目的に、去年九月から築城はじめた金山城（兵庫県丹波篠山市追入）がほぼ完成。	3756

天正7	3月22日	吉田兼見、摂津国陣中へ見舞として鈴鹿喜介（吉田家雑掌）を派遣。織田信長へ「勝軍御祓入箱」・菓子五種・山芋・焼栗・煎餅・大豆飴・「小指フ」を、松井友閑（「宮内卿法印」）へは書状と焼鮒十匹を、猪子高就（「猪子兵介」）へは書状と焼鮒十匹を、村井貞成（「村井作右衛門尉」）へは書状と焼鮒十匹、近衛前久（「近衛殿」）へは焼鮒十匹を送付。（『兼見卿記』）。	3757
	3月25日	「織田信長黒印状」。織田信長、山城国賀茂神社へ摂津国有岡城攻撃のための「出馬」につき陣中見舞いを謝す。詳細は丹羽長秀（「惟住五郎左衛門尉」）より伝達させる。信長、「出馬につき、祈禱の巻数ならびに菓子一合・房鞦二懸到来、悦び入り候」と謝す。	3758
	3月28日	織田信長、堺の南北馬座の商売を安堵。	3759
	3月31日	信長、鷹狩の後、箕雄滝（大阪府箕面市）を見物。（『信長公記』）。	3760
	3月-	織田信長、摂津国名塩村に全五ヶ条の「定」を下す。	3761
	3月-	織田信定（「信定」）、大和国西京の薬師寺へ、織田信長「御判形」に任せて織田軍による薬師寺への乱暴・狼藉・陣取・放火・矢銭賦課・寺領違乱を停止する。 織田信定は、通称は彦七郎。信長父織田信秀の孫であり、織田信興（信与）（信長の弟）（？～1570）の子という説がある。	3762
	4月4日	**「第二次丹波国征討戦—第六次八上城の戦い（天正6年3月～天正7年6月1日）」。（丹波八上城攻囲は、）堀をほり、塀・柵幾重も付けさせ、透間なく堀際に諸卒、町屋作に小屋を懸けさせ、其上、廻番を丈夫に警固を申付けられ、誠に獣の通ひもなく在陣候なり。（『信長公記』）。** 「はや籠城之輩、四五百人も餓死候」。（『下条文書』）。光秀は、餓死者が四・五百人に及び降伏してきた者の顔は青く腫れていたと書く。 明智光秀、丹後国衆・和田弥十郎からの音信に対し、太刀・鯛の贈呈の礼を述べると共に、丹波八上城落城後は信長の命により和田の援助に赴くことを通達する。光秀使者は、三沢秀儀（秀次）（明智少兵衛尉、溝尾茂朝）（1538～1582）であった。	3763
	4月5日	羽柴秀吉、摂津国有馬郡湯山阿弥陀堂に、有馬又次郎の時と同様に寺領を安堵す。	3764
	4月5日	村井貞勝、禁中に女舞を催す。	3765
	4月7日	近衛前久、喜入季久へ島津氏の日向国併合を賞す。また近衛前久自身は織田信長と入魂の間柄にあることを強調し、安心する旨を通知。さらに日向国「鷹」の献上を所望。	3766
	4月8日	信長、鷹狩に出て、古池田で「御狂」。信長公が供衆を二手に分け、馬廻・小姓衆を騎乗させ、弓衆は自身の周囲に配置して徒歩組とし、騎乗組が徒歩組の中に乗り入って来ようとするのを防ぐというもので、信長公は徒歩組と一緒になって騎乗組をさえぎり、しばしの間狂い騒いで気を散じたものであった。また御狂のあとは、すぐに鷹野が行われた。（『信長公記』）。	3767
	4月8日	**「織田信澄、播州方面へ出陣」。**織田信長は、兵を播州方面へ派遣しはじめた。この日遣わされたのは越前衆の不破光治・前田利家・佐々成政・原長頼（彦二郎、政茂）・金森長近に、織田信澄・堀秀政といった面々であった。（『信長公記』）。	3768
	4月9日	竹中重治（半兵衛）（1544～1579）、某へ、黒田孝高の恭順および織田信長（「上様」）の黒田孝高に対する懇意を通知。更に真木島昭光・安国寺恵瓊の書状を羽柴秀吉（「藤吉」）へ回送し織田信長（「上様」）へ披露するよう依頼する。	3769

西暦 1579

天正7	4月10日	織田信長、播磨攻略中の羽柴秀吉の援軍として惟住長秀(丹羽長秀)・筒井順慶及び山城衆らを派遣。(『信長公記』)。	3770
	4月12日	毛利良勝(「毛利新介良勝」)(？～1582)、実宝院を派遣して長期にわたり交渉した大和国薬師寺へ織田信長「御朱印」の調進と薬師寺については異儀の無い旨を通達。また織田信長(「上様」)へ金子一枚と帷子二枚を献上、「取次」役へ金子五両と「筆号銭」として銀子一枚を渡したことは「御大義」であり、「御用」を承ることを通達。更に筒井順慶への「内義」も調えたので安心するよう通達。	3771
	4月12日	織田信忠・織田信雄・織田信包・織田信孝も、播磨に進発。(『信長公記』)。	3772
	4月12日	「三木合戦(天正6年3月27日～天正8年1月17日)」。 織田信長の命令で、飯尾隠岐守信宗(尚清)(1528～1591)、猪子兵助(高就)(1546～1582)と共に、三木表の砦普請の検使として出張。(『信長公記』)。	3773
	4月15日	「丹波より、惟任日向御馬進上のところに、即ち、日向に下さるの由にて、御返しなされ候」。(『信長公記』)。 **丹波路の明智光秀より馬が進上されてきたが、信長公は「日向にやる」といって光秀に返し与えた。**	3774
	4月17日	常陸的多賀谷修理亮向信長献上馬「星河原毛」。(『信長公記』)。 「関東常陸国の多賀谷修理亮が長四寸八分・年七歳、星河原毛の骨柄太く逞しき駿馬を東国よりはるばると献じてきた。三十里の道をも乗りこなすという評判の悍馬で、信長公はいたく喜び、青地与右衛門に命じて馬を調練させた。このとき、信長公は青地に正宗の腰物を与えた。この正宗は元々佐々木氏が所蔵していたものを佐々成政が求め、黄金二十枚を費やして鞘巻きののし付き添えに作り直して信長公へ献じたものであった」。	3775
	4月18日	「有岡城の戦い」。塩川伯耆守へ銀子百枚遣はされ候、御使森乱(蘭丸)中西権兵衛相副へ下さる、過分呑みの由候なり。(『信長公記』)。 (信長は荒木村重を離れた塩川長満(塩川伯耆守)(1538～1586)へ銀子百枚を与えた。塩川への使者は森蘭丸(森長定(成利))が務め、中西権兵衛が副使として添えられた)。	3776
	4月18日	「妻木惟向州妹参宮、神事之義以書状尋来、月水之義也、則答、神龍院へ向、晩炊、月斎・元右・侍衆及夕聖護院邊遊覧」。(『兼見卿記』)。 **光秀妹の妻木、参宮せんとし月水(月経)のことにつき兼見に尋ねる。兼見は、女中衆が生理になったら、一週間以内は絶対に神事に参加させてはいけない、十一日を過ぎたら寺社への参詣は問題なしと普段から述べていた。**	3777
	4月21日	「有岡城の戦い」。稲葉典通(1566～1626)が守る河原口の砦へ有岡城(兵庫県伊丹市伊丹)から足軽が攻めかかってきた。これに対し織田勢からは塩河長満(塩川長満(塩川伯耆守))(1538～1586)・氏家直通(直昌)(？～1583)が応戦に出、しばしの交戦ののち敵方の主だった侍三名を討ち取る功を挙げた。(『信長公記』)。	3778
	4月21日	「三木合戦」。織田信忠が包囲中の三木城(兵庫県三木市上の丸町)から攻勢があるが、数十人を討ち取り信忠が勝利したという報がもたらされた。(『信長公記』)。	3779
	4月23日	「隼、巣子、丹波より惟任日向求め、進上なり」。(『信長公記』)。 **明智光秀、丹波で手に入れた巣に入った隼の雛を、信長に献上する。**	3780
	4月26日	織田信長、古池田(大阪府池田市)で「御狂い」。馬廻・小姓衆に加えて近衛前久・細川信良(昭元)も騎馬で参加。(『信長公記』)。	3781

天正7	4月29日	中将信忠殿は播州三木表にあって新たに六ヶ所の地へ砦を築き、その上で小寺藤兵衛政職の御着城へ押し寄せ、攻囲を固めて放火を行っていた。そして二十八日には有馬郡まで馬を進め、そのまま野瀬郡へ攻め入って田畑薙ぎを行った。(『信長公記』)。 織田信忠(1557〜1582)、古池田に帰陣し、播磨の様子を信長に報告し、岐阜帰国を許される。信忠は、当日のうちに東福寺まで出、翌日には岐阜へ帰城を果たした。播磨に出陣していた越前衆(前田利家・佐々成政等)も帰国を許される。そして残った諸勢に伊丹表の定番を申し付けた。
	4月-	織田信長、大和国西京の薬師寺へ全五ヶ条の「禁制」を下す。
	5月1日	**織田信長(1534〜1582)、摂津国より上洛する。(『信長公記』)。**
	5月1日	一雲斎針阿弥(「一雲斎針阿」)(?〜1582)、大和国法隆寺東寺へ、織田信長(「上様」)への音信として帷子五種の進上を賞し、即時披露したところ特別に織田信長「御感」により織田信長「御黒印」が発給されるはこびとなった旨に触れ、「反銭」以下は松井友閑(「宮法」)の「御前」に於いて詳細を上申し織田信長「御朱印」に任せて法隆寺東寺・西寺が等分に納所すべきという裁決が下された旨を通達。また一雲斎針阿弥へ百疋を贈呈したことを謝す。
	5月2日	「前右府ヘ罷向了、無對面、糉被出了、次各被帰宅了、今日衆者、…………其外近所女房衆ツマキ・小比丘尼・御ヤ、等ニ、帯　二筋　ツ、遣了、……」。(『言経卿記』)。 山科言経(1543〜1611)、「北向」(山科言経室冷泉氏)・山科言緒(「阿茶丸」)を同伴し織田信長(「前右府」)へ祗候。山科言継の逝去にあたり、山科家領には別儀無しという決を下され礼を上申す。但し、織田信長は「面顔」に腫物が出来たため来客には対面しないとのことであった。其外近所女房衆ツマキに贈物と記す。
	5月3日	織田信長、山中越えから坂本へ出て、舟で安土帰城。(『信長公記』)。 **織田信長、「今路」を経由して俄かに近江国安土へ下向。(『兼見卿記』)。**
	5月4日	「第二次丹波国征討戦」。信長指示により羽柴長秀(のちの秀長)(秀吉弟)(1540〜1591)ら、四万余の兵を率い西丹に侵入。
	5月4日	「第二次丹波国征討戦」。丹波氷上城城主波多野主殿助宗長・子の同美作守宗貞ら、一万の兵で八幡山に陣す。
	5月-	「惟任光秀丹波二在陳シテ國中ノ諸将ヲ攻ム　藤孝助勢ス」。(『細川家記』)。 **「第二次丹波国征討戦」。明智光秀(1528?〜1582)、丹波に在陣して丹波の諸将を攻撃、長岡(細川)藤孝(1534〜1610)は、助勢する。**
	5月5日	**「第二次丹波国征討戦」。明智光秀、長岡(細川)藤孝、波多野宗長らと合戦、死傷者多数を出すも打ち勝つ。宗長らは氷上城へ退く。** 光秀、藤孝は、東丹波峠杳掛細野西ノ岡本目等の城、丸山岡山等城々を攻落する。
	5月5日	羽柴長秀ら、柏原村に入る。
	5月6日	**「第二次丹波国征討戦—第六次八上城の戦い(天正6年3月〜天正7年6月1日)」。** 明智光秀、田中某・小畠助大夫(左馬助の後見役)に宛てた書状で、八上籠城中の兵を攻撃しないこと、落ち武者に対する対応、落城後の処置など波多野方への対応策も細かく記す。 しかし光秀は、八上籠城に潜かに糧を運び入れた御用商人に便宜をはかり、多くの寺院を焼き、僧を殺害したという。石山本願寺の八上城援助であろう。

3782 3783 3784 3785 3786 3787 3788 3789 3790 3791 3792 3793

西暦1579

天正7			

5月6日 「第二次丹波国征討戦」。明智光秀（1528？〜1582）、長岡（細川）藤孝（1534〜1610）、羽柴長秀（のちの秀長）（秀吉弟）（1540〜1591）ら、丹波氷上城（兵庫県丹波市氷上町）を攻略する。城主波多野主殿助宗長・子の同美作守宗貞、自害。 3794

5月6日 「第二次丹波国征討戦—第六次八上城の戦い」。明智光秀、丹波の土豪小島助太夫・田中宮内少輔「一乗寺渡辺宮内少輔」らに、丹波八上城（兵庫県丹波篠山市八上）攻撃を指示する。 3795

5月7日 織田信長（1534〜1582）、佐久間玄蕃（盛政）（1544〜1583）へ、早々の帰陣祝儀としての「障泥」二懸の贈呈を賞し、佐久間盛政に、上杉方の河田禅忠（長親）（1543?〜1581）の守備する越中国松倉城（富山県魚津市鹿熊）に対する軍備強化を命令。 3796

5月- 「第二次丹波国征討戦」。この頃、羽柴長秀（のちの秀長）、綾部城（京都府綾部市上野町上野）・塩見信房の横山城（京都府福知山市字内5）を攻め落とす。明智光秀は、横山城を大修築し「福智山城」と改名する。福知山は、城下町として栄え、現在でも「鋳物師町」、「呉服町」など地名にその名残を残している。また、光秀は、たびたび大氾濫を起こしていた由良川の治水に成功し、地子銭を免除するなどの善政を敷いたことから、御霊神社に祀られ、現在でも市の花も明智氏の家紋であるキキョウとするなど、光秀への信望は厚い。 3797

5月11日 **安土山麓居館の織田信長（1534〜1582）、吉日というので近江国安土城の天主に、正式に移徙する。（『信長公記』）。**
天正四年一月築城開始から三年以上の歳月が過ぎていた。同時代としては、異例の長期に渡る大築城工事であった。

この城からはじまる近世城郭の三要素は石垣、天守、瓦といわれる。従来の石垣は斜面の土留めが目的だったが、重い建築物を支える土台としての機能が求められるようになった。信長は城作りの工人集団を抱え、新たな城の石垣や天守、瓦の有無まで指示したという。石垣を築く石工集団や、金山衆、木地屋、鍛冶職人、そして金具師の後藤光乗、躰阿弥永勝、大工頭岡部又右衛門・宗光父子、塗師刑部、銀細工師宮西遊左衛門、絵師狩野永徳・光信父子、職人頭竹尾源七などであった。
安土城跡からは金箔瓦が出土している。織田信忠が譲り受けた岐阜城跡や次男織田信雄の伊勢松ヶ城跡でも、金箔瓦が出土しており、金箔瓦の使用が、信長直系一族にのみ許された特権であったとされる。松永久秀の多聞山城に始まった、天主を核とした城塞建築技術は、光秀の坂本城に受け継がれ、安土城で花を咲かせ、藤堂高虎らを経て完成度の高いものになったとされる。
「彼は近江国の安土山に、実に見事で不思議なほど清潔な城と宮殿を造営した。彼が最も誇っていたことの一つは、その邸の美麗さと財産、ならびに七層を数える城塞であった。彼は同城の麓に市街を設けたが、それはますます発展し、すでに一里、もしくはそれ以上の長さに達している。彼は征服した諸国を安全に保つために、それら諸国の主の領主たちに、妻子ともども同所に居を定め、宏大で豪華な邸宅を建てるように命じた」。（『完訳フロイスの日本史』）。 3798

5月12日 織田信長、畠山氏の遺臣・能登国の長好連（後の連龍）へ、音信として刀「貞宗」の贈呈を謝し、能登国・越中国・加賀国の件は得心したこと、この秋には必ず出馬するので調略に油断無きよう指示を下す。併せて温井景隆（？〜1582）・三宅長盛に対し遺恨を懐くべからざることを告ぐ。 3799

天正7	5月中旬	「安土宗論」。「五月中旬の事に候。関東より浄土宗霊誉と云ふ長老上国候て、安土町にて談儀をのべられ候。法花衆建部紹智、大脇伝介両人、説法の座へ罷り出で、不審を懸け申し候……」。(『信長公記』)。	3800
		安土で、関東の浄土宗の霊誉という長老の説法を、法華宗を信奉する建部紹智・大脇伝介が論難した。騒ぎを聞きつけた信長が調停に入り、両宗の言い分の是非を宗論で決することになった。	
	5月18日	吉田兼見、室(青女)及び吉田兼治(1565～1616)を同行し、出陣中の佐竹宗実(明智秀慶)(?～1590)留守を見舞う。(『兼見卿記』)。 「丹州波多野在城今度惟向(惟任日向守)取詰、近々可令落着云々」。(『兼見卿記』)。 **兼見、八上城**(兵庫県丹波篠山市八上)**が近々落城することを知る。**	3801
	5月21日	村井貞勝(「村井長門守」)、公家衆に対して「禁中北御門番」と「庭中」の警衛について、来たる六月一日より「堂上」の侍一人ずつを供出する旨と禁裏内における衆庶の狼藉を禁じた旨の「目六」を携えた庭田重保・甘露寺経元の奉行を以て布達。(『言経卿記』)。	3802
	5月22日	前田玄以(1539～1602)、美濃国真長寺へ全五ヶ条の定書を下す。	3803
	5月27日	「安土宗論」。京都から頂妙寺の日珖(1532～1598)ら法華宗僧侶が呼ばれ、浄土宗からは霊誉と西光寺の聖誉貞安が出て、近江国安土浄厳院(滋賀県近江八幡市安土町慈恩寺)における浄土宗と法華宗との宗論の様子が記録され、法華宗が閉口することで敗北。判者は南禅寺長老と因果居士ら。奉行衆は菅屋九右衛門長頼・矢野善七郎(家定)・堀久太郎秀政・長谷川竹(秀一)。「信長殿御名代」として織田信澄(1555?～1582)が立ち合った。(『信長公記』)。	3804
		近江国安土浄厳院における浄土宗と法華宗との宗論の様子が記録され、法華宗が閉口することで敗北。判者は南禅寺秀長老因果居士。奉行衆は菅屋長頼・堀秀政・長谷川秀一。「信長殿御名代」として織田信澄が立ち合った。(『知恩院文書』)。	
	5月27日	**「安土宗論」。** 勝利の判定を下されたのは浄土宗だった。宗論判定後に信長が浄厳院やってきた。浄土宗の僧侶たちに褒美として団扇・扇子を与えた。また、信長は、ことの発端を作り騒動を惹起したとして大脇伝介を処刑した。今回の宗論を利用して己の名声を高めようと法華宗に肩入れしたとして、普伝が処刑、建部紹智も大脇伝介と同罪に問われ、逃亡先の堺で捕まり処刑された。(『信長公記』)。	3805
	5月27日	「安土宗論」。 法華宗僧侶、菅屋長頼・堀秀政・長谷川秀一へ、今後は「他宗一切不可致法難」という旨、法花宗を「可被立置之旨」に感謝する旨など全三ヶ条の起請文を提出。(『言経卿記』)。 「安土宗論」。 妙覚寺代日諦・頂妙寺代日珖・久遠寺代日雄、菅屋長頼・長谷川秀一・堀秀政へ、今度の法華宗「被立置之儀」を感謝し、今後は「他宗法難」は一切しない旨を誓う。もし違反した場合は法華宗悉く成敗されても恨みに思わない旨の披露を依頼。(『言経卿記』)。	3806

西暦1579

天正7	5月28日	**「安土宗論—信長、京の町衆徒らが支える法華宗を、見せしめとして弾圧」**。 織田信長、村井貞勝へ、浄土宗・法華宗の「宗論」に関して、法華宗の誓紙及び一行案文写を知恩院と織田側へそれぞれ提出させること、そしてこの旨を洛中洛外に公表することを命令。詳細は矢部家定・一雲斎針阿弥に伝達させる。 （『言経卿記』）。 織田信長、教蓮社聖誉貞安へ慈恩寺浄厳院における法華宗との問答で勝利したことを賞す。 **よって洛中法華宗諸山に暴徒が乱入する。町衆徒らも難を洛外に逃れる**。 （『言経卿記』）。	3807
	5月28日	「安土宗論」。安土宗論の結果、日蓮宗の京都地下人が久遠院（くおんいん）に監禁されたため「騒動」が著しかった。「新サイ家衆」らが山科言経邸に避難した。（『言経卿記』）。	3808
	5月-	「安土宗論」。この月、織田信長の使者・矢部善七郎家定（1530？～1611？）、入洛、法華宗十三ヶ寺の僧俗に対して黄金二千六百枚を、信長に上納するよう命じる。矢部、堺の法華宗へ向かう。	3809
	6月-	「安土宗論」。この頃、織田信長、織田信忠（「城介殿」）へ、安土宗論での法華宗敗北を報じ、詳細は蒲生賦秀（やすひで）（後の氏郷）（1556～1595）に伝達させる。織田信長は法華宗を「彼いたつらもの」（悪さをする者）と表現。	3810
	6月1日	「安土宗論」。山科言経、「落人」（避難者）の大部分を帰宅させる。織田信長（「右府」）の追求は無くなったとのことであった。（『言経卿記』）。	3811
	6月1日	**「第二次丹波国征討戦—第六次八上城の戦い（天正6年3月～天正7年6月1日）終結—光秀、八上城を開城」**。 さる程に、丹波国、波多野館、去年より、惟任日向守（明智光秀）押し詰め、取り巻き、三里四方に堀をほらせ、塀、柵を丈夫に、幾重も申し付け、責められ候。籠城の者、既に餓死に及び、初めは、草木の葉を食とし、後には、牛馬を食し、了簡尽き果て、無体に罷り出で候を、悉く切り捨て、波多野兄弟三人の者、調略を以て召し捕り、（『信長公記』）。 明智光秀軍、極度の飢餓状態になった波多野秀治（1529？～1579）の丹波八上城（兵庫県丹波篠山市八上）を開城する。光秀（1528？～1582）に調略された城兵が助命と引き換えに、兄弟（秀治・秀尚・秀香）を捕らえて差し出したとされている。光秀は、この城に明智治右衛門（1540～1582）を駐屯させた。 光秀が、波多野秀治を神尾山城（かんのおさんじょう）（本目城（もとめじょう））（京都府亀岡市宮前町宮川）で和議と偽り捕らえた時、並河掃部（はざま）（易家、明智掃部（ひではる））は同席して波多野秀尚を捕らえたともいう。波多野を連行したのが、光秀が八上城攻めの中継基地として使った神尾山城ともいう。	3812
	6月1日	丹州高城落城、四百余人討死云々、搦捕波多野兄弟、亀山在之云々、数日取詰、盡兵糧如此。（『兼見卿記』）。 吉田兼見、丹波国八上城が兵粮尽き落城し、四百余人が討死し、波多野秀治三兄弟が捕虜となって亀山に移送されたこと、光秀軍の佐竹宗実（明智秀慶）・佐竹左近允が負傷した旨を知り、見舞使者を派遣。	3813
	6月4日	**明智光秀（1528？～1582）、波多野兄弟を安土に送る**。（『信長公記』）。 光秀は、馬首を西して金山城（兵庫県篠山市追入）に入る。	3814

天正7	6月5日	「有岡城の戦い―天正6年10月21日～天正7年11月19日」。 羽柴秀吉（1537～1598）、茨木城の中川清秀に宛て起請文を出す。織田信長に対し疎略に感じていないことを賞し、今後「兄弟之契約」を結び、本知行と河内国・摂津国某郡を宛行われるよう上申すること約束し、偽りの無い旨を通知。 荒木村重の謀反に驚いた信長は、摂津衆に慎重に接するよう努めた。	3815
	6月5日	吉田兼見、佐竹宗実（「佐竹羽州」）上洛にあたり吉田兼治（「侍従」）を同行して見舞う。（『兼見卿記』）。	3816
	6月6日	「波多野秀治兄弟三人、洛中を引き回され今道経由で坂本へ送られる。諸人が見物するが、吉田兼見は見物できず」。（『兼見卿記』）。 丹波八上城の波多野秀治（1529？～1579）兄弟三人（波多野秀治・秀尚・二階堂秀香）、洛中を引き回され今道経由で坂本へ送られる。 兼見は、「諸人見物、無念の仕合也」と書く。見物人が多く見られなかった。	3817
	6月8日	吉田兼見、波多野秀治兄弟三人が近江国安土において処刑された旨を知る。（『兼見卿記』）。 **「信長、波多野氏を殲滅」。織田信長、度重なる波多野の裏切りは明智光秀の不手際として激怒。安土に送られた波多野兄弟らを、安土慈恩寺で磔にして殺す。丹波一国を支配した波多野氏は滅亡。** 怒った八上城（兵庫県丹波篠山市八上）では、人質の明智光秀の母（お牧の方）（？～1579）を楼上で磔にして報復したという。	3818
	6月10日	明智光秀（「惟任日向守」「坂本城主」「志賀郡主」）、波多野秀治兄弟を捕獲し京都を通過。近江国安土に向かう。（『立入左京亮入道隆佐記』）。 **立入隆佐（宗継）（1528～1622）、波多野秀治兄弟を召し取って京を通った明智秀光（1528？～1582）を、美濃国住人土岐の随分衆なり、名誉の大将なりと讃える。**	3819
	6月12日	織田信長、筒井順慶へ、大和国法隆寺東寺・西寺の係争について、西寺が東寺に対して狼藉を働いたことは「曲事」であるが、東寺・西寺の片方を「打果」しても法隆寺は「滅亡」してしまうので、この度反銭などについては「東寺破却」分をと同様の破却を西寺へ申し付け、今後は東寺・西寺が等分に収納すべきことを命令。またこの度の西寺で「悪張行之者」は「成敗」することを命令し、東寺・西寺の別を念入りに確認す。	3820
	6月―	岐阜県恵那市明智町東町にお牧の方墓所がある。岐阜県教育委員会の駒札には「天正七年十月、信長の命によって丹波攻略に向かった明智光秀に対し、八上城を守る波多野秀治は一年有余も籠城を続けた。「もし開城を迫られるならば、波多野一族の保障と光秀殿の母御を差し出されよ」と秀治は申し出た。光秀の母於牧は「和平のためなら喜んで人質になりましょう」と断腸の想いの光秀をはげまし、従容として八上城に入った。開城降伏した波多野氏は、恭順の礼を尽くすため安土城に向かったが、信長から即刻切腹を命じられた。八上城ではこの事を知り、光秀の前で母於牧を十字架にかけて磔にした。「いかに主君といえども、母の仇は不倶戴天の仇」。光秀の心に重い澱の固まりが沈んだ。……」。 江戸時代元禄15年（1702）になってから遠山信春が書いた軍記物、『総見記』という読みものの中で描かれたもので、創作とされる。	3821
	6月13日	竹中重治（半兵衛）（1544～1579）、没。享年36。播磨三木城の包囲（三木合戦）中に病に倒れ、陣中にてに没という。（異説1575年）。	3822

西暦1579

天正7	6月13日	丹後の松田摂津守、隼巣子二ツ進上。（『信長公記』）。 丹後黒部城（京都府京丹後市弥栄町黒部）の松田摂津守が、巣の子の隼二羽を、織田信長に進上。	3823
	6月15日	**「第二次丹波国征討戦」。光秀、赤井家本拠の沼貫郷後野（兵庫県丹波市氷上町谷村）の赤井伊賀守・同弟和泉守、その子新五郎を攻め、赤井伊賀守を大手にて討つという。** 丹羽長秀・羽柴秀長の連合軍に攻められたともいう。	3824
	6月16日	長岡（細川）藤孝、島津義久（1533～1611）へ、備後鞆の足利義昭が「日向巣」の若鷹を所望する「御内書」と小袖を送付するので、「面目」の至りであるので若鷹の献上を促す。	3825
	6月17日	長岡（細川）藤孝（1534～1610）、三条西公国（1556～1587）へ、古今和歌集還し伝授。	3826
	6月18日	飛鳥井雅継、北郷時久（1530～1596）へ、前年の北郷右兵衛督不慮にも関わらず織田信長は従前の如く折衝する旨を通知。また日州表（日向国表）における戦功は京都まで聞き及んでいること、織田信長上洛時には取り成しを買って出ることを通知。詳細は志水入道に伝達させる。	3827
	6月18日	長岡（細川）藤孝（「長兵」）、吉田兼見を訪問。細川藤孝の今度の在京は三条西公国（「三条亜相」）への古今伝授であるという。（『兼見卿記』）。	3828
	6月18日	中将信忠卿、安土御見舞として、御成り。『信長公記』。 織田信忠、近江国安土城の織田信長を訪問。	3829
	6月19日	楠長諳（「式部卿法印長諳」）、大和国法隆寺東寺へ、この度の織田信長「御朱印」の「筆耕」銭として銀子一枚を受けたことを謝す。また詳細は「御使」（松井友閑か）と一雲斎針阿弥（「針阿」）が伝達することを通達。 一雲斎針阿弥、大和国法隆寺東寺惣中へ、西寺・東寺の係争について織田信長「上意」を得たところ法隆寺東寺の要請通りに諒承したことは「外聞実儀」であり、筒井順慶に対し非法を働いた法隆寺西寺への坊舎破却という「御成敗」を指示したが実施されていないことについては織田側より使者を派遣し筒井順慶へ早急に実行を命令することを告げ、それでも命令遂行が遅延したならば織田信長「上意」を得るので報告すべきこと通達。また「段銭」・「反米」の件も筒井順慶へ届け出て納所すべきことを通達。	3830
	6月20日	伊丹表に在陣の衆、滝川、蜂屋、武藤、惟住、福富、此の五人衆へ、鶴三聯・小男鷹二、青山与三御使として、忝く拝受され候なり。（『信長公記』）。 織田信長、摂津国有岡城（在岡城）の荒木村重攻略中の滝川一益・蜂屋頼隆・武藤舜秀・丹羽長秀・福富秀勝の五人衆を労い鷹を進上。青山与三を使者に送り、端鷹三連と小男鷹二羽を与えた。 青山与三は、与三右衛門で知られる青山信昌（?～1547?）の子・青山吉次（青山与三）（1542～1612）か？	3831
	6月20日	筒井順慶、大和国興福寺一乗院へ「カワラケノ大ナル馬」を進上。この馬は先頃、明智光秀が丹波国へ出撃した際に乗っていた「見事」な馬であった。（『多聞院日記』）。	3832
	6月20日	大和国の筒井順慶、織田信長の上洛に応じて上洛。（『多聞院日記』）。	3833
	6月22日	吉田兼和（兼見）（1535～1610）、明智光秀（1528?～1582）を見舞うため近江国坂本へ下向。兼見は光秀に帷子一枚を持参し、小姓の問題で世話になった大中寺と川野の両人に三〇疋ずつ銅銭を渡す。（『兼見卿記』）。	3834

天正7	6月22日	「三木合戦」。羽柴筑前（秀吉）与力に仰せ付けられ候竹中半兵衛（重治）、播州御陣にて病死候。其の名代として、御馬廻に候ひつる舎弟竹中久作（重隆）、播州へ遣はされ候。（『信長公記』）。 織田信長、播磨国三木城を囲む羽柴秀吉の陣で与力の竹中半兵衛（重治）（1544～1579）が6月13日病死したので、馬廻り衆を勤めている半兵衛の弟・竹中重隆（久作・重矩）（1546～1582）を後任として派遣。	3835
	6月23日	織田信長、能登国へ進撃した長好連（後の長連龍）へ、詳細な報告に応え、越中方面には神保氏張（1528～1592）が入国して過半を制圧したとの報告が入ってきていること、この秋には織田信長が出馬するので「属平均」することを通達。併せて温井景隆・三宅長盛等と妥協すべきことを告ぐ。氏張の妻は織田信長の姉という。（後に離縁し、稲葉貞通継室となる）。	3836
	6月24日	明智光秀、大和吉野表に出陣する。	3837
	6月24日	**信長の馬廻の毛利良勝（？～1582）、明智光秀（1528？～1582）へ、丹波国は光秀「御存分」通りとなったことを喜び、その功績を「于今不始候へ共He てから」と評す。**その後の大和国吉野方面への軍事行動についても「御大儀」であり、西京の薬師寺へは良勝の「馳走」により重ねて織田信長「御朱印」が下されているので下々の者共まで陣取りを厳禁するように通達。また良勝自身が摂津国昆陽野（兵庫県伊丹市）の「御番」に付くことに触れ、大和国吉野表より帰陣したら必ず報告をすべきことを指示し、薬師寺への陣取り以下の厳禁について念を押す。	3838
	6月24日	先年、惟住五郎左衛門（丹羽長秀）拝領の周茶碗、召し上げられ、其の御かはりと御諚候て、鑢切の御腰物下さる。作長光、一段の出来物、系図これある刀なり。（『信長公記』）。 織田信長、先年、丹羽長秀（1535～1585）に下賜した「珠光茶碗」を召し上げ、代わりに長船長光の「鉋切の名刀」を下賜する。	3839
	6月27日	松井友閑（「友閑」）（？～？）、上洛。（『兼見卿記』）。	3840
	6月27日	**「第二次丹波国征討戦―八木城の戦い」。明智光秀軍、内藤一族の八木城（京都府南丹市八木町）を攻略とされる。戦国大名内藤氏は滅亡という。（『内藤盛衰記』）。**明智光秀は、八木城の城兵に内通謀反を工作していたとされる。	3841
	6月-	この月、正親町天皇が日吉社「百八社再造」の綸旨を出す。 元亀二年比叡山焼き討ちをした信長は、再造の停止を申し渡した。信長は、「判形」をもって下知した以上、朝廷の沙汰に及ばないとし、実質的に天皇の上位に立つとされる。	3842
	6月-	織田信長、尾張国小松寺・遍照寺へ全三ヶ条の「条々」を下す。	3843
	一	この年、徳姫（徳川信康の正室）、父の信長に、築山殿と信康の罪状（武田との密通など）を訴える十二ヶ条の訴状を書き送ったという。 徳姫は、天正4年（1576）3月に登久姫、天正5年（1577）7月に熊姫を生んだ。しかし、いつまでも嫡子が生まれぬのを心配した姑の築山殿が、部屋子をしていた女性を側室に迎えさせたため、この頃から築山殿と徳姫が不和になったといわれている。また、信康とも不仲になったともいわれる。	3844
	7月3日	武藤宗右衛門、伊丹御陣にて病死なり。（『信長公記』）。 伊丹の陣で武藤舜秀（？～1579）が病死。子康秀が遺領を継ぐ	3845

西暦1579

天正7	7月5日	吉田兼見、沼田弥七郎入道・長岡治部少輔の訪問を受け、旧冬の釜の贈与の返礼として鞍鐙を贈られる。晩に及び沼田弥七郎入道・長岡治部少輔は丹波国勝龍寺城へ帰還。（『兼見卿記』）。 沼田弥七郎入道は、若狭国遠敷郡熊川城主沼田光兼の男で、細川幽齋（藤孝）室・麝香（1544～1618）の兄にあたるらしい。	3846
	7月6日	両日、安土御山にて御相撲これあり。（『信長公記』）。 七日にかけて安土城内で相撲が開催。	3847
	7月8日	足利義昭、山内元通（「山内刑部少輔」）へ摂津国出陣を賞す。詳細は毛利輝元が「演説」し、真木島昭光より添状が送付される。	3848
	7月11日	織田信長（1534～1582）、能登国に進撃中の長好連（後の連龍）（1546～1619）からの能登国七尾城や能登国内について詳細な注進状二通に応え、要請された信長「出勢」の件は、少しも油断していないので、急ぎ軍勢を集結させることを命令。「南方」（摂津国方面）は厳命したことに異儀の無いこと、丹波国方面は平定済みであることは聞き及んでいることを確認し、諸事「調略」に努めることを命令。詳細は堀秀政・佐々長穐より伝達させる。	3849
	7月16日	家康公より、坂井左衛門尉御使として、御馬進せらる。奥平九八郎、坂井左衛門尉両人も御馬進上なり。（『信長公記』）。 徳川家康、酒井左衛門尉忠次・奥平九八郎信昌を使者として遣わし、信長へ馬を進上。また使者である奥平・酒井の両名もそれぞれに馬を進上した。 その際、信長は酒井忠次に、家康嫡男・徳川（松平）信康の武田氏通謀の噂を確認した。	3850
	7月16日	**「信長、家康嫡男信康切腹を家康に命じる」**。織田信長（1534～1582）、徳川家康（1543～1616）に、長男信康（1559～1579）の処断を命ずる	3851
	7月18日	出羽大宝寺より駿馬を揃へ、御馬五ツ、並に御鷹十一聯、此の内、しろの御鷹一足これあるを、進上。（『信長公記』）。 （出羽大宝寺氏の使者が駿馬を揃えて上国し、信長公へ馬五頭・鷹十一連を進上した。十一連の鷹の中には白鷹も一連入っていた）。 出羽庄内の大宝寺氏（武藤義氏）が、信長に馬・鷹を献じた。それにより武藤義氏が屋形号（大名の特権的称号）を許された。	3852
	7月19日	中将信忠卿へ仰せ出だされ、岐阜にて、津田与八、（前田）玄以、赤座七郎右衛門両三人として、井戸才介御生害。子細は、妻子をも、安土へ越し候はで、所々の他家をかずへあるき、不断、安土にはこれなく、無奉公者にて候。其の上、先年謀書いたし、深尾和泉を支へ申し候。重畳曲事ども相積り、御成敗候ひしなり。（『信長公記』）。 信長は信忠に指示し、津田与八・前田玄以・赤座七郎右衛門の三名に岐阜で井戸才介を殺害させた。井戸は妻子を安土へ移そうともせず、自身も所々の他家を転々とする毎日で、安土では中々見かけぬ無奉公者であった。その上に先年偽書をもって深尾和泉を応援するなどの曲事が重なったため、このたび成敗の憂き目を見ることになったのだった。	3853

天正7	7月19日	惟任日向守（明智光秀）、丹後へ出勢のところに、宇津構へ明け退き候を、人数を付け、追討ちに、数多討ち捕り、頸を安士へ進上。それより鬼ヶ城へ相働き、近辺放火候て、鬼ヶ城へ付城の要害を構へ、惟任人数入れ置く。（『信長公記』）。	3854

（明智光秀は丹後へ出陣した。明智勢進入の報に接した敵の宇津頼重は城を出て退却していったが、光秀は軍勢を進めてこれを追撃し、数多を討ち取ることに成功した。斬獲された首は安土へ送られた。その後明智勢は鬼ヶ城へ攻め寄せて近在を放火し、周囲に付城を築いて軍勢を入れ置いた）。

「第二次丹波国征討戦」。黒井城攻略に向かう明智光秀（1528？～1582）、**宇津頼重**（？～?）**の丹後国桑田郡宇津城**（京都市右京区京北下宇津町）**を攻略。頼重は退去、光秀は追手を向け多数を討ち取る。**

さらに赤井忠家（赤井直正の甥）（1549～1605）**の守る鬼ヶ城**（京都府福知山市大江町南山）**へ攻め寄せて近在を放火し、周囲に付城を築いて軍勢を入れ置く。**

明智光秀は、土豪の押さえ、また京と若狭を結ぶ周山街道の押さえの城として、付近の寺を壊し、その木材等を利用して周山城（京都市右京区京北周山町）を築き始めるという。光秀は、中国の周の武王の故事にならい周山城と名づけた。「周」とは殷の暴君紂王を滅ぼした武王が建てた国名である。

	7月20日	織田信長、初めて音信する陸奥国の遠野広郷（「遠野孫次郎」）へ、多数の「白ノ鷹」の贈呈、特に「雪白之鷹」はそれまで見たことが無く、自愛することを通知。（『奥南旧指録』）。	3855

信長は、奥州の遠野孫次郎広郷から進上されて来た、まことに雪のごとく白い羽根をした「しろの御鷹」をこよなく愛し、以後この鷹をつれた鷹野が、ますます頻繁に行われるようになる。

	7月21日	多聞院英俊、織田信長（「安土」）が大和国で鷹餌とする犬を調達する旨を知る。（『多聞院日記』）。	3856

	7月23日	武藤康秀（「武藤助」）（舜秀の子）、越前国西福寺へ寄進。	3857

武藤康秀、越前国西福寺へ山林の竹木伐採違反者の引き渡しを命令。

	7月24日	羽柴秀吉、仙石秀久（1552～1614）を摂津国有馬郡湯山「奉行」に任命し諸事は従前の如くとする。	3858

秀吉は、三木合戦で三木城を包囲しており、三木城から幾度も通った有馬を最古参の家臣仙石秀久に任した。

	7月24日	「明智光秀、小畠左馬進宛書状」。	3859

「明後日廿六、宇津表行に及ぶにつき、桐野河内にいたり着陣候、しからばおのおのその御心得あり、勤鍬そのほか普請道具用意あり、かの表にいたり着あるべく候、人数の事、土民・侍・男の類によらず、召しそなえられるべく候、柚り次第、まさかりを持ちあい連れらるべく候、もし雨降り候わば廿七日たるべく候、少し降り候義は苦しからず候、いささかも油断あるべからず候、様体においては面をもって申し談ずべく候、恐々謹言」。

	7月24日	**明智光秀**（1528？～1582）、**正親町天皇**（1517～1593）**より、御料所丹波国山国荘回復の賞として物を賜る。**	3860

天皇より、馬・鎧・香袋を賜ったという。

西暦1579

| 天正7 | 7月25日 | 織田信長、丹羽長秀（1535～1585）へ、明智光秀が丹波国宇津城を攻略したが「未逆心相止」という状況のため「調儀」を実行させていること、昨夜、宇津頼重が逃散し丹波国・若狭国境深山に隠居して「西国」への便船を求めていると推察されるので、若狭国より「西国」へ向かう船は、成敗すべきことを厳命する。 | 3861 |

7月25日　奥州の遠野孫次郎と申す人、しろの御鷹、進上。御鷹居石田主計、北国辺舟路にて、はるばるの風波を凌ぎ罷り上り、進献。誠に、雪しろ容儀勝れて、見事なる御鷹、見物の貴賤、耳目を驚かし、御秘蔵、斜ならず。又、出羽の千福と申すところの前田薩摩、是れも、御鷹居ゑさせ、罷り上り、御礼申し上げ、進上。（『信長公記』）。（今度は奥州の遠野孫次郎という者から白鷹が進上されてきた。鷹居の石田主計が北国の船路を風雨を凌いではるばる進上してきたもので、雪のような白毛に包まれた鷹であった。その容姿はすぐれて見事で、見る者はみな耳目を驚かせ、信長公の秘蔵もひとかたならぬものがあった。またこれと同じくして出羽千福の前田薩摩という者も鷹を据えて上国し、信長公へ参礼したのち鷹を進上していった）。 [3862]

7月26日　石田主計、前田薩摩、両人召し寄せられ、堀久太郎にて御振舞仰せ付けられ候。相伴は津軽の南部宮内少輔なり。御天主見物仕り候て、か様に御結構の様、古今承り及ばず、生前の思い出、忝きの由候ひき……。（『信長公記』）。

信長は石田主計・前田薩摩の両名を召し寄せ、堀秀政邸で饗応を行った。相伴者には安土滞在中の津軽の南部宮内少輔もいた。饗応後、信長は客達に安土の天主を見物させたが、かれらは一様に「かように素晴らしきさま、古今に承ったこともない。まことに生前の思い出、かたじけなし」と嘆息したものであった。さらに信長は、遠野孫次郎方へ当座の返礼として、一、御服十着　織田家の紋入り上等品で色は十色、裏着もまた十色。一、白熊二付。一、虎革二枚。以上三種の品を贈り、使者の石田主計にも御服五着と路銀の黄金を与えた。また前田薩摩にも同様に御服五着に黄金を添えて与えられた。両人はかたじけない恩恵にあずかりつつ奥州へと下っていった。 [3863]

7月-　「第二次丹波国征討戦」。
この月、明智光秀（1528？～1582）、長岡（細川）藤孝（1534～1610）と共に、波多野氏の余党を丹波峰山城（京都府京丹後市峰山町大字吉原）に攻めてこれを陥れる。 [3864]

8月1日　多聞院英俊、この頃に織田信長の命令で筒井順慶が大和国多聞山城の石を奈良中の人夫に運ばせることを知る。「各迷惑」であったが、多聞院英俊にとっては多聞山城の破却（「山ヲクツス」）は大慶であった。（『多聞院日記』）。 [3865]

8月2日　以前、法花宗と法文仕り候貞安長老へ、一、銀子五十枚、貞安へ下さる。一、銀子三十枚、浄厳院長老へ。一、銀子拾枚、日野秀長長老へ。此の如く送り遣はし、忝き次第なり。（『信長公記』）。
（織田信長、「安土宗論」を行った浄土宗の貞安長老（1539～1615）へ銀子五十枚、浄厳院の長老へ銀子三十枚、日野秀長長老へ銀子十枚をそれぞれ贈り遣わす。これもかたじけなき事であった）。 [3866]

8月3日　多聞院英俊、筒井順慶が去八月二日に上洛したことを知る。（『多聞院日記』）。 [3867]

8月3日　本國寺日禛（1561～1617）、美濃国法華寺へ、安土宗論（「法難」）後ではあるが織田信長から仏法再興許可が出されたこと、信長が法華寺を入魂に思っていたための処置と見なし、尾張国・美濃国末寺衆は法華寺を尊敬するよう通達。 [3868]

天正7	8月6日	江州国中の相撲取召し寄せられ、安土御山にて相撲とらせ、御覧候ところ、甲賀の伴正林と申す者、年齢十八、九に候か、能き相撲七番打ち仕り候。次の日、又、御相撲あり。此の時も取りすぐり、則ち御扶持人に召し出さる。鉄炮屋与四郎、折節、御折檻にて、籠へ入れ置かる。彼の与四郎私宅、資財、雑具共に御知行百石、熨斗付の太刀、脇指大小二ツ、御小袖、御馬皆具共に拝領。名誉の次第なり。(『信長公記』)。(信長が近江国中の関取を召し寄せて安土で相撲を見物したところ、甲賀の伴正林という歳十八、九ほどの者が良き相撲を七番まで取った。相撲は翌日も行われたが、伴はその日にもすぐれた技量を見せた。これにより伴は御扶持人に取り立てられることとなった。ところでこの折、鉄砲屋の与四郎という者が信長より懲罰を受けて投獄されていた。このため信長は伴を取り立てるにあたって与四郎の私宅・私財・雑具を彼に与えてやり、加えて知行百石および熨斗付の太刀・脇差の大小二刀、さらに小袖と皆具付きの馬まで添えて下された。まことに名誉の次第であった)。 [3869]
	8月8日	徳川家康(1543〜1616)、織田信長側近の堀秀政(1553〜1590)に、「信康の追放」を報せる。 [3870]
	8月9日	「第二次丹波国征討戦(天正5年10月16日〜天正7年8月9日)終結─第二次黒井城の戦い─光秀、丹波を平定」。八月九日赤井悪右衛門楯籠り候黒井へ取懸け、推し詰め候ところ、人数をだし候。則ち、嘩と付け入るに、外くるはまで込み入り、随分の者十余人討ち取るところ、種々降参候て、退出。(『信長公記』)。惟任、右の趣、一々注進申し上げられ、永々、丹波に在国候て、粉骨の度々の高名、名誉も比類なきの旨、忝くも御感状なしくだされ、都鄙の面目、これに過ぐべからず。(『信長公記』)。(光秀は上の次第を信長公へ詳細に言上した。これに対し、信長公は「永年丹波に在国しての粉骨の働きと功名の数々、比類なきものである」として感状を下された。誠にかたじけなき次第であり、面目これに過ぎたるものはなかった)。**明智光秀**(1528 ?〜1582)、**赤井幸家**(直正の弟)(1532〜1606)が後見する荻野(赤井)直義(正直)(1571〜?)の丹波国黒井城(兵庫県丹波市春日町黒井)を、8月から取り掛かり攻略し、斎藤利三(1534〜1582)に守備させる。利三は籠の下館(現在の興禅寺)に住んで町を治めた。お福(春日局)はこの地で、利三の三女として誕生している。光秀は、丹波支配のための居城として荒塚山に亀山城を築き着々と基盤を固めた。福智山城(京都府福知山市内記内記一丁目)に三宅弥平次(明智秀満)を、黒井城に斎藤利三を、八上城(兵庫県丹波篠山市八上)に並河飛騨守易家(明智掃部)。そして周山城(京都市右京区京北周山町)に、八上城の明智治右衛門を配したという。 [3871]
	8月9日	柴田修理亮、賀州へ相働き、阿多賀、本折、小松町口まで焼き払ひ、其の上、苅田に申し付け、帰陣の由なり。(『信長公記』)。(柴田勝家が加賀へ攻め入り、阿多賀・本折・小松町口までを焼き払っていた。柴田勢はその上で周辺の田畑を薙いで帰陣したとのことであった)。 [3872]
	8月20日	仰せ出だされ、中将信忠、摂津表へ御出馬。其の日、柏原に御泊り。次の日、安土御出で。廿二日、堀久太郎相添へられ、古屋野に至って御在陣。(『信長公記』)。中将信忠は兵を動員して摂津表へと出馬した。そして20日は柏原に宿泊し、翌日になって安土へ出た。軍勢は安土で22日信長から堀秀政を添えられ、そののち古屋野に至って着陣した。 [3873]

西暦1579

天正7	8月22日	織田信忠（「三位中将殿」）、夜に上洛。（『兼見卿記』）。 織田信忠（1557～1582）、信長から堀秀政（1553～1590）を添えられ、夜に上洛。	3874
	8月23日	吉田兼見、村井貞勝（「村長」）を訪問し織田信忠（「中将殿」）への祗候について相談。その後、吉田兼見は弓懸三具を持参し織田信忠へ祗候。（『兼見卿記』）。 その後、信忠は摂津古屋野（兵庫県伊丹市昆陽）に出陣。	3875
	8月24日	「明智光秀書状」。光秀、戦勝祈願した山城国愛宕山の威徳院法印御坊へ、約束どおり二百石を奉納すると伝える。また、赤井忠家（直政の甥）（1549～1605）の居城高見城（兵庫県丹波市氷上町佐野）がまもなく落城し、一両日中には和田方面に進軍すると報じている。	3876
	8月24日	「丹波氷上郡寺庵中等宛惟任光秀副状」。明智光秀（1528？～1582）、丹波国氷上郡寺庵中へ、この度織田信長より赤井忠家（赤井五郎）を「御成敗」する命令を受け、信長「上意」に任せて軍事行動を終了したので「還住」を命令。	3877
	8月29日	徳川家康の正妻・築山殿が信康連座として、家康（1543～1616）の命により殺害される。	3878
	9月2日	**「有岡城の戦い」。夜、荒木摂津守（村重）、五、六人召し列れ、伊丹を忍び出で、尼崎へ移り候。（『信長公記』）。** 有岡城（兵庫県伊丹市伊丹1丁目）の荒木村重（1535～1586）が夜、妻子一族と城兵を残して、密かに5、6人の兵で、息子・村次（？～？）の拠る大物城（古尼崎城）（兵庫県尼崎市大物町2丁目）に逃亡。	3879
	9月-	この月、荒木村重、「女子共」を残して摂津国有岡城を脱出、摂津国尼崎城に籠城す。（『立入左京亮入道隆佐記』）。	3880
	9月2日	**信長の命で、明智光秀・長岡（細川）藤孝父子が、丹後国田辺城（京都府舞鶴市南田辺）の一色義道を囲み攻める。** **二千四百余騎をもって攻め立てたが落ちることはなかった。**	3881
	9月4日	羽柴筑前守秀吉、播州より安土へ罷り越さる。備前の宇喜田（宇喜多直家）御赦免の筋目申し合せ候間、御朱印なされ候い様にと、言上のところに、御諚をも伺ひ申されず、示し合はすの段、曲事の旨、仰せ出だされ、則ち、播州へ追ひ還され候なり。（『信長公記』）。 羽柴秀吉（1537～1598）が、備前岡山城の宇喜多直家（1529～1582）から降参の申し入れがあったので降参を認めた、所領安堵の朱印状を賜りたいと安土城に参上したが、信長は「わが命を伺わずして降参の許可を出すとは何事か」と激怒し、秀吉を播磨の陣に追い返す。 （宇喜田直家は10月31日に織田に降ることが許された）。	3882
	9月4日	徳川家臣・朝比奈泰勝（1547～1633）、小田原北条氏との同盟締結の報を、遠江国浜松城に届ける。	3883
	9月5日	丹後国人の相次ぐ織田方への寝返りを招き、丹後守護所の詰城である建部山城（舞鶴市喜多建部山）も落城する。丹後国田辺城の一色義道は但馬国の山名氏への亡命を企てて途中、丹後中山城（舞鶴市中山一ノ丸）に身を寄せたが、城代・沼田幸兵衛は織田方に内応したため行き場を失う。この日、一色義道（？～1579）、自害。義道主従三十八騎は、由良川畔で自刃したと伝える。 子の五郎義俊（一色義定）（？～1582）は、退いて弓木城（京都府与謝郡与謝野町弓木）に籠り、一年余の籠城が続く。	3884

天正7	9月10日	3885

「三木合戦—平田・大村の合戦」。

播州の御敵五着、曽根、衣笠の士卒一手になり、敵城三木の城へ兵粮入るべき行候。然れば、三木に楯籠る人数、此の競に罷り出で、谷ノ大膳陣所へ責め懸かり、既に谷ノ大膳を討ち果たし候。羽柴筑前守見合せ、切りかゝり、一戦に及び、相たゝかひ、討ち捕る人数の事、別所右甚大夫、別所三大夫、別所左近尉、三枝小太郎、三枝道右、三枝与平次、とをり孫大夫。此の外、藝州、紀伊州の侍、名字は知らず、数十人討ち取り、大利を得られ候ひ訖んぬ。(『信長公記』)。

(播州の御着・曾根・衣笠の敵勢が一手となり、(平田・大村付近から)三木城へ兵粮を入れようと企てた。すると三木城に籠る城兵たちもこの機を逃さず突出し、平田山砦の谷大膳の陣所へ攻め入って大将の谷を討ち果たす働きを見せた。これに対し織田勢からは秀吉自らが立ち向かい、敵勢へ切りかかって一戦に及んだ。この戦で秀吉勢は別所陣大夫・別所三大夫・別所左近尉・三枝小太郎・三枝道右・三枝与平次・砥掘孫大夫らの首を挙げ、また名は知れぬものの安芸・紀伊の侍数十人をも討ち取ることに成功し、大利を得たのであった)。

	9月11日	3886

信長公御上洛。陸を勢田を通り、御出京、逢坂にて、播州三木表合戦候て、数多討ち取り申す仕合せ、注進候。先度、安土より筑前(秀吉)追ひ帰させられ候に付いて、無念に存知、其の故を以て合戦を励み、勝利を得る事に候。弥三木、一着の間は、詰め候て、虎口の番等已下、油断なく申し付くべき事、肝要の旨、忝くも御書をなされ候ひき。(『信長公記』)。

(**織田信長、安土を出て、申刻(16時)に上洛**。今回は陸路瀬田を通っての出京であった。そして逢坂まで進んだところで、播州三木表で合戦があり羽柴勢が敵首数多を討ち取ったとの勝報が届いた。秀吉は先般安土から追い返されたことを無念に思い、それゆえ合戦を励んで今回の勝利を得たのであった。報を受けた信長公はかたじけなくもみずから書状をしたため、「三木の落着もいよいよであるゆえ、攻囲を詰め、虎口の番等はくれぐれも油断なく申し付けることが肝要である」と秀吉に書き送った)。

	9月11日	3887

今度、相州(北条)氏政の舎弟、大石源蔵氏直、御鷹三足、京都まで上せ進上。(『信長公記』)。

北条氏直(1562~1591)は氏政(1538~1590)の嫡男。大石家に養子に入り大石源三と名乗ったのは氏政の父・氏康の三男、北條氏照(1542~1590)。源蔵ではなく源三である。

	9月12日	3888

織田信長(1534~1582)、頂妙寺の日珖(1532~1598)に、黄金二百枚の上納を命じる。

	9月12日	3889

岐阜中納言信忠、伊丹表の御人数半分召し列られ、尼崎へ御働きなされ、七末と云ふ所に、近々と御取出二ケ所仰せ付られ、塩河伯耆、高山右近、一与に定番として置かる。中川瀬兵衛、福富平左衛門、山岡対馬、一組に仰せ付られ、古屋野へ御人数打ち帰る。(『信長公記』)。

(織田信長、有岡城の攻城軍の半数を、織田信忠(1557~1582)が総大将として大物城(古尼崎城)へ向かわす。信忠、大物城にほど近い七松という地に二ヶ所の砦を築き、塩河伯耆守(塩川長満)(1538~1586)と高山右近(重友)(1552~1615)を一方の定番に入れ置き、もう一方には中川清秀(1542~1583)・福富秀勝(?~1582)・山岡景佐(1531~1589)を守らせる。信忠、その後、古屋野へ帰陣)。

	9月13日	3890

公家衆、織田信長に祗候。吉田兼見、松井友閑(「宮内卿法印」)に隼鷹五筋の進上を披露してもらう。しかし織田信長への対面は無く、吉田兼見は松井友閑(「宮法」)へ綿一屯、猪子高就(「猪子兵介」)へは大豆一俵を贈る。(『兼見卿記』)。

天正7	9月13日	近衛前久、島津義弘へ大友氏・島津氏の「無事」に応じるよう促す。また去春よりの本願寺（「大坂」）の件に関与していたため、豊薩無事の調停を延引したことに触れ、織田信長（「信長公」）より「一書」を携帯した伊勢貞知が派遣されることを通知。さらに「大鷹」の献上をも所望。	3891
	9月13日	北条氏政、駿河黄瀬川で武田勝頼と対陣。	3892
	9月13日	徳川氏・小田原北条氏の間に同盟が完全に成立。 北条氏政（1538～1590）、第二次甲相同盟を破棄し、武田勝頼（1546～1582）と国交断絶をし、徳川家康（1543～1616）と同盟を結ぶ。	3893
	9月15日	**徳川家康長男 ・ 信康（1559～1579）、遠江国二俣城（静岡県浜松市天竜区二俣町）で切腹。** 信康が父家康の命により切腹する。 信長から武田内通の嫌疑がかかり、徳川信康（妻は信長の長女五徳）が家康により切腹させられる。	3894
	9月16日	京都鷹司新町の頂妙寺、摂津出陣のため上洛の信長に、金二百枚を上納。 信長、黄金二百枚を伊丹表・天王寺・播州三木攻めに奮戦した将士に分け与える。 **この頃、洛中法華諸山の上納金、都合二万六千両を超えるに及ぶという。**	3895
	9月16日	滝川左近、惟住五郎左衛門両人に御馬下され、忝き次第なり。青地与右衛門御使にて候なり。（『信長公記』）。 織田信長、青地与右衛門（?～?）を使いとして滝川一益（1525～1586）・丹羽長秀（1535～1585）に馬を与える。	3896
	9月16日	**「第一次天正伊賀の乱」はじまる。** 伊賀忍者・下山甲斐守の進言により、北畠信意（織田信雄）（1558～1630）、織田信長に相談なく一存で一万余の兵で伊賀に侵攻。	3897
	9月17日	織田信長、公家衆（今日「祇候之衆」）と対面。高倉永相（「藤宰相」）・広橋兼勝・日野輝資が祇候したという。（『兼見卿記』）。	3898
	9月17日	**「第一次天正伊賀の乱」終わる。** 北畠中将信雄、伊賀国へ御人数差し越され、御成敗のところに、一戦に及び、柏植三郎左衛門討死候なり。（『信長公記』）。 北畠信意（織田信雄）（1558～1630）、一万余の大軍を率い、南は名張郡、北は場尾口（馬野）両所より伊賀国に入るも、伊賀衆の奇襲作戦に遭い敗北、織田信雄敗走、殿軍の重臣柏植三郎左衛門（保重）、討死。	3899
	9月18日	二条御新造にて、摂家、清花、細川右京大夫殿、御鞠遊ばされ候。信長公は御見物なり。（『信長公記』）。 織田信長（1534～1582）、二条新第（二条御所）に、摂家・清華の諸家・細川信良（昭元）（1548～1592）を招き蹴鞠を興行。	3900
	9月19日	近衛前久（1536～1612）、島津義久（1533～1611）へ「詠歌大概」を送付。更に数度にわたり「大鷹」所望を通知しているが、信長公の分と近衛前久の分を献上するよう依頼。 近衛前久、島津義久へ全七ヶ条の「覚」書を送付。 近衛前久、喜入季久（島津氏家臣）（1532～1588）へ、織田信長（「信長公」）は大友氏に対して疎略にしないこと、芸州辺に関する調談に触れ島津義久の同心を促す。取り成しは近衛前久を始め、松井友閑・猪子高就（兵助）が担当するので何事も相談するよう通知。詳細は金鐘寺和尚・伊勢貞知に伝達させる。	3901

天正7	9月20日	織田信長、一雲斎針阿弥（？〜1582）の仲介で岡屋某（「岡屋若狭守」）を仕官させる。（『兼見卿記』）。	3903
	9月20日	一雲斎針阿弥、大和国法隆寺東寺へ、織田信長（「上様」）の上洛についての音信を披露したところ、織田信長が特別に「御感」なされたことを通達。また一雲斎針阿弥へ献上された「椀」の見事さを謝す。	3904
	9月20日	吉田兼見、織田信長へ菓子柿を進上、村井貞成（「村作」）が披露。（『兼見卿記』）。	3905
	9月21日	「有岡城の戦い」。信長公、京都より摂州伊丹表に至りて御馬を出だされ、其の日、山崎御泊り。廿二、三両日雨降り、御滞留。（『信長公記』）。 **織田信長、有岡城**（兵庫県伊丹市伊丹1丁目）**へ向けて京を出陣、山崎に至る。**大雨のため22・23日も山崎。	3907
	9月22日	今度伊賀堺に於て、越度取り候旨、誠に天道もおそろしく、日月未だ地に墜ちず。其子細は、上がたへ出勢候へば、其の国の武士、或ひは民百姓難儀候条、所詮、国の内にて申し事候へば、他国の陣相通るゝに依って、此の儀尤もと、同心せしめ、あり々々敷く云へば、若気ゆる、実と思ひ、此のごとく候や。さて々々、無念至極に候。此の地へ出勢は、第一、天下の為、父への奉公、兄城介大切、且は、其の方の為、彼れ是れ、現在未来の働きたるべし。剰へ、三郎左衛門を始め、討死の儀、言語道断、曲事の次第に候。実に其の覚悟においては、親子の旧離許容すべからず候。猶、使者申すべく候なり。（『信長公記』）。 **織田信長、北畠信意（織田信雄）へ、伊賀国境に於ける「越度」は「誠天道もおそろしく日月も未落地候哉」と譴責する。** 「上かた」（摂津国方面）へ出勢すれば信雄分国の伊勢国の武士・民・百姓は難儀するであろうから、伊賀国攻撃の意見があることを幸いに「他国之陣」（遠征）を免れるためにこの意見に同意し、ありのままに言えば、若気のためにその思惑を看取ることが出来ずにこのような失態を招いてしまったことは「さてさて無念至極」であり、伊勢国出勢は「天下第一」のため、信長への奉公のため、信忠（兄）を大切にし、ひいては信雄自身のため、かれこれの「現在未来」の軍事行動であるべきにもかかわらず、柘植三郎左衛門を討死にさせたことは「言語道断之曲事」であるから、北畠信意の覚悟によっては「親子之旧離」を許容しないことを通達。	3908
	9月22日	**明智光秀**（1528？〜1582）、**丹波国領城**（兵庫県丹波市春日町）**を攻略。さらに兵を置いていた鬼ヶ城**（京都府福知山市大江町南山）**も攻略、城主・雲林院国任を追放という。**そして、猪崎城の塩見家利の和久城の和久長利を落として、ダメ押しの丹波平定を完了する。 鬼ヶ城では古田重然（後の織部）（1543〜1615）が先発、奮戦して陥落させたという。	3909
	9月23日	明智光秀、某へ、丹波国領城を二十二日落城させて三年来の鬱憤を果たした旨を伝える。	3910
	9月24日	「有岡城の戦い」。山崎より古池田に至りて、御陣を移さる。（『信長公記』）。 織田信長、山城国山崎から摂津国へ発足、古池田に向かい、陣を敷く。	3911

西暦1579

天正7	9月25日	惟任姉妻木在京之間罷向、双瓶・食籠持参、他行也、渡女房館飯、向村長、將碁、。（『兼見卿記』）。 **吉田兼見、光秀の姉「妻木」が都にいる時に、お酒と食べ物を籠に入れ持参したが留守であった。女房の住居に届け帰り、村井貞勝の所に向かい碁を打った。** なお、同年四月の記事に「妻木惟向州妹、参宮」とあることから「姉」は誤記ではないかといわれる。しかし、信長正室（濃姫、帰蝶、胡蝶など）は、光秀父の妹（斎藤道三の正室）の息女だから、そこに光秀の姉が女房として付き添っていたともいう。	3912
	9月27日	「有岡城の戦い」。伊丹四方御取出御見舞。古屋野にて、滝川左近所に、暫く御逗留。其れより、塚口、惟住五郎左衛門が所に御成り、御休息なされ、晩に及び、池田に御帰り。（『信長公記』）。 織田信長（1534〜1582）、伊丹の四方に築かれた付城群を巡視し、諸将を見舞う。小屋野の滝川一益陣所に暫時逗留した。その後はさらに塚口の丹羽長秀陣所まで足を運び、有岡城包囲の様子を見る。晩になって古池田に戻る。	3913
	9月28日	御帰洛。其の日、初めて茨木へ御立寄り。（『信長公記』）。 **織田信長、摂津国より帰洛する。**	3914
	9月29日	賀州（加賀）の一揆、大坂へ通路の者、正親町中納言殿搦め捕り、進上なさる。御祝着斜ならず。則ち、誅させらる。（『信長公記』）。 加賀一向宗徒で大坂へ向かっていた者を、正三位権中納言・正親町季秀（1548〜1612）が捕らえ、信長へ身柄を引き渡してきた。信長、使者を処刑。	3915
	10月1日	山崎の町人、先年、惟任日向守、村井春長軒前にて、一果と候公事を、謀書いたし、直奏仕り候。村井に御尋ねのところに、右の果口言上候。曲事の旨、御詮候て、御成敗候なり。（『信長公記』）。 山崎の町人が、先年明智光秀・村井貞勝の裁きによって判決を下された公事を訴状を偽って信長公へ直奏してきた。ところが訴えを受けた信長公が村井に下問し、村井がその判決の次第を言上したため、偽訴であることが判明した。事の次第を知った信長公は、曲事許しがたしとして町人を成敗した。	3916
	10月2日	吉田兼見、織田信長へ出仕。公家衆も十人計り祗候。（『兼見卿記』）。	3917
	10月6日	多聞院英俊、去る九月二十九日の摂津国天王寺の合戦にて鶴亀の兄、箸尾衆の新堂某と古田某が討死したこと、三十人計が負傷したことを知る。（『多聞院日記』）。	3918
	10月8日	戌の刻、二条を御立ちなされ、夜もすがら御下り、次の朝、九日の日の出に、安土へ御帰城。（『信長公記』）。 **織田信長、戌刻（20時）、二条新第（二条御所）を発ち、翌朝、安土に到着。**	3919
	10月11日	「為惟日見舞丹州罷下、今夜本免（本梅）一宿、於加伊原（柏原）新城普云々、明日下着之由申了」。（『兼見卿記』）。 吉田兼見、明智光秀（1528？〜1582）を見舞うため丹波国へ下向、この日は本免に宿泊。また加伊原城（兵庫県丹波市柏原町）普請の最中である明智光秀へ、明日下着する旨を通知。	3920
	10月12日	吉田兼見、本免を出発し加伊原城に到着。明智光秀と路次に於いて面会し小袖を渡し、城中を案内され夕食のもてなしを受ける。入夜に兼見義兄である高野の佐竹出羽守宗実（明智秀慶）（？〜1590）の宿所に宿泊。（『兼見卿記』）。	3921

西暦1579

天正7	10月13日	吉田兼見、明智光秀へ暇乞をせずに上洛の途。明智光秀、使者を派遣して吉田兼見を留め、面会し土産に鮭五匹を渡す。吉田兼見、この日は本免に宿泊。（『兼見卿記』）。 3922
	10月14日	織田信長、近江国建部油座へ、近来「新儀之族」が近江国中の油座を無視して営業していることは「曲事」であり、今後は誰の家来であっても成敗を加え、また油座の諸公事は免除する織田信長「御朱印」を発給する旨を通達。 3923
	10月15日	「有岡城の戦い」。 滝川一益（1525〜1586）の調略が奏功し、内応者（有岡の将の一人中西新八朗らが、佐治新介に説得された）が、上膾塚砦（兵庫県伊丹市中央6丁目）へ滝川勢を導き入れ、織田軍は、敵勢数多を斬り捨てた。この謀叛により荒木勢は崩れ、取るものも取り敢えず有岡城に逃げ込む。他の砦も攻略した**織田軍、城と町との間にあった侍屋敷に火をかけて城を裸城にすることに成功**。（『信長公記』）。 3924
	10月15日	「摂津有岡之城外城之者令皈参、悉放火、天主計相残云々」。（『兼見卿記』）。 吉田兼見、織田軍が摂津国有岡城を攻略、帰参させた旨を知る。 3925
	10月16日	多聞院英俊、去十月十五日の暁に摂津国有岡城の外の「カワメ市場」が裏切りにより焼亡し織田軍・荒木軍で多数の死者が出たこと、荒木軍は「本ツク」へ逃走したが間もなく攻略される見通しであること、筒井軍では鷹山某・塩屋采女・別所左馬介・和田吉太夫らが討死したということを知る。（『多聞院日記』）。 3926
	10月17日	織田信長、法隆寺東寺（東院の堂衆）の音問で金子一枚、木綿二端の贈呈を謝す。 3927
	10月19日	**「有岡城の戦い」。攻防十ヶ月、有岡城**（伊丹市伊丹1丁目）**城守をしていた荒木久左衛門は開城を決意した。荒木久左衛門は、なんと、池田知正（1555〜1604）であった。** 3928
	10月20日	織田信長、能登国の長好連（後の連龍）へ、越中国「弥静謐」の報告と鰤5匹の贈呈を喜ぶ。また十月十二日付の注進状も同時に到来し、越中国松倉城（富山県魚津市鹿熊）の状況報告を諒承する。 3929
	10月23日	織田信長、大和国薬師寺の音問で小袖、黄金十両の贈呈を謝す。 3930
	10月23日	織田信長、摂津国の塩河長満（「塩川伯耆守」）へ、摂津国木代荘のうちにある石清水八幡宮の善法寺領について荒木村重（「荒木」）から塩川長満（塩川伯耆守）（1538〜1586）に交替する旨を通達。 3931
	10月24日	織田信長、徳川家康へ、「伊丹事」（荒木村重の摂津国有岡城（伊丹城）の外構えを悉く破壊し「天守」ばかりを残すのみとなり、直ちに「落居」させることを通知。詳細は、西尾義次（後の吉次）（1530〜1606）に伝達させる。 信長家臣西尾義次は、徳川家康への担当取次として、家康が信長に書状を送る際は義次を宛先として、意向を伝えていたという。西尾義次は、天正10年6月本能寺の変が起こるとこれを急報し、護衛をして伊賀越えを決行、家康を無事に送り届け、そのまま家康の家臣になった。 3932
	10月24日	「十月廿四日、惟任日向守、丹後、丹波両国一篇に申し付け、安土へまいり御礼。其時、志々良百端進上候へき」。（『信長公記』）。 **「丹波国日向守働き、天下の面目をほどこし候」。明智光秀（1528？〜1582）、長岡（細川）藤孝（1534〜1610）ら、近江国安土城へ凱旋、登城し丹波国・丹後国の平定を報告、志々良百端を進上。織田信長は、翌年、丹波国を明智光秀に、丹後国を長岡（細川）藤孝に与えることになる。** 3933

154

天正7	10月25日	北条氏政（1538〜1590）は、徳川家康（1543〜1616）と結び、約六万の軍勢を率いて武田氏攻撃のため出陣し、甲斐に向かって黄瀬川を隔てた三島に陣をとる、という報が信長に入る。（『信長公記』）。	3934
	10月27日	織田信長（1534〜1582）、河尻秀隆（1527〜1582）へ、「伊丹之儀」（荒木村重の摂津国有岡城）の外構えを悉く破壊し「天守」ばかりを残すのみとなり、金掘作戦を実行し不日「落居」の予定であること、有岡「城中者」は種々の謝罪を申し入れてくるが、「見懲」のために赦免はしないこと、「一人も不漏可刎首」ことを通知。	3935
	10月28日	三木合戦（天正6年3月27日〜天正8年1月17日）。 羽柴秀吉、小寺高友（休夢）（1525〜1594）へ、三木・御着・志方等の処置を指示し、伊丹城攻略の様子を通知。	3936
	10月29日	越中の神保越中守長住（？〜？）が黒葦毛の馬を献上してきた。（『信長公記』）。	3937
	10月30日	羽柴秀吉の取次で備前の宇喜多直家（1529〜1582）が毛利氏と手を切って、信長に帰服を許され、その名代として宇喜多与太郎（基家）（1562？〜1581）が摂州古屋野まで上り来て、織田信忠（1557〜1582）へ御礼を申し上げる。（『信長公記』）。	3938
	11月3日	織田信長、安土城を出立、近江国栗太郡勢田（瀬田）の御茶屋に逗留。そして番衆や伺候してきた客たちへ白の御鷹を披露した。（『信長公記』）。 織田信長、近江国栗太郡勢多に逗留。（『兼見卿記』）。	3939
	11月4日	**織田信長、巳刻（10時）に上洛。（『信長公記』）。**	3940
	11月5日	**多聞院英俊、織田信長が明智光秀（「惟任」）を賞するために近江国坂本へ出向くという風聞に接す。（『多聞院日記』）。**	3941
	11月5日	**織田信長、二条新第（二条御所）を改築造営して禁裏へ献上したい旨を奏聞。** これを受けた禁裏では陰陽博士に日取りを調べさせたうえ、吉日の11月22日を選んで親王様が新御所へ行啓されることに定まり、その準備が進められていった。（『信長公記』）。	3942
	11月6日	信長公は白の御鷹を連れて放鷹に出かけ、北野近辺で鶉鷹を使って狩りを行った。（『信長公記』）。	3943
	11月7日	織田信長、東山において鷹狩を行う。（『兼見卿記』）。	3944
	11月8日	織田信長、東山から一乗寺、修学寺山に放鷹。この日初めて白の御鷹を放って獲物を狩った。（『信長公記』）。	3945
	11月14日	織田信長、大和薬師寺の音問で金子二枚の贈呈を謝す。	3946
	11月15日	**織田信長（1534〜1582）、誠仁親王（さねひと）（1552〜1586）へ二条新第（二条御所）を献上。**（『兼見卿記』）。 信長は誠仁親王に自第（二条家旧宅）を謙譲すると強要。信長は皇子を土御門内裏からまんまとおびき出し、自己の人質として囲みこむことに成功。	3947
	11月16日	**織田信長、亥刻（22時）、二条新第（二条御所）より衣棚押小路の妙覚寺に移る。**（『信長公記』）。	3948

天正7	11月19日	「**有岡城の戦い（天正6年10月21日～天正7年11月19日）終結―開城**」。	3949

荒木村重の重臣荒木久左衛門（池田知正）(1555～1604) らが、妻子を有岡城に人質として残し、有岡・大物城を信長に明け渡して人質を救うよう村重を説得するため、尼崎へ向かう。**明智光秀(1528？～1582)は、尼崎・花隈の開城と引きかえに城内の者達を助命することを進言して許され、信長公へ感謝しつつその旨を荒木方へ申し送っていた。**（『信長公記』)。

	11月-	**この月、荒木久左衛門（池田知正）、織田信長に謀反し摂津国尼崎城に籠城していた荒木村重の説得に失敗。淡路国岩屋へ船路にて逃亡。**	3950

（『立入左京亮入道隆佐記』)。
村重説得に行った荒木久左衛門らを荒木村重は受け入れず、有岡城に引き返しづらくなり、窮した久左衛門らは妻子を見捨てて出奔。淡路国岩屋へ船路にて逃亡という。荒木村重・村次父子は、荒木元清(1535～1610)のいる花隈城（兵庫県神戸市中央区)に移るという。
そのため信長は、村重や久左衛門らへの見せしめのため、人質の処刑を命じた。

	11月20日	「**織田軍、有岡城を接収**」。	3951

織田軍、摂津国有岡城（兵庫県伊丹市伊丹1丁目)を接収する。織田信澄(1555？～1582)は有岡城中に警固の軍勢を差し入れ、櫓々に番衆を配置した。

	11月20日	多聞院英俊、織田信長が「五ノ宮」（邦慶親王）（誠仁親王の第五皇子)(1576～1620)を織田信長の「猶子」として「二条殿ノ御新造」を献上すること、移徙は来十一月二十二日であること、織田信長は京都妙覚寺を宿所とすることを知る。	3952

（『多聞院日記』)。

	11月22日	**誠仁親王(1552～1586)、二条新御所（信長の二条新第)へ移徙**。親王の華やかな行列（行啓の儀)は一条から室町小路を抜ける経路を取った。（『信長公記』)。	3953

明智光秀、村井貞勝、長岡（細川)藤孝らと奉行を勤む。

	11月26日	信長、誠仁親王へ鶴を献上。（『兼見卿記』)。	3954

吉田兼見、招喚により二条御所へ祗候。織田信長より献上された鶴を領賜される。（『兼見卿記』)。

	11月下旬	織田信長、大友義統へ、「左兵衛督」補任を通知。	3955
	11月27日	織田信長(1534～1582)、豊後の大友義統(1558～1610)へ、周防国・長門国両国の「進止」を要求。	3956

大友義統、従五位下・左兵衛督に叙任。信長、これに周防・長門両国を宛行う。
「進止」とは、進退とも呼ばれ、土地・財産・人間などを自由に支配・処分することを指す。

	11月27日	信長、北野辺で放鷹を楽しむ。このとき秘蔵の端鷹がいずこかへと飛び失せてしまったが、方々を捜索させたところ十二月一日になって丹波で発見され、無事信長公のもとへ戻されたのだった。（『信長公記』)。	3957
	12月-	**この月、織田信長、朝廷に本願寺との和睦を働きかける。**	3958
	12月3日	織田信長、衣棚押小路の妙覚寺に家中の上下諸侍ことごとく集めて、座敷に積み上げた千反に余る縮羅・巻物・板物（錦など)等の織物類を馬廻・諸奉公人へ分け与えた。（『信長公記』)。	3959

西暦**1579**

天正7	12月5日	織田信長、青木鶴(?~?)を高山飛騨守(友照、右近父)(?~1595)の北陸送致の使者として北国に遣わす。 信長は昨年、有岡に入って荒木村重方へ味方した高山飛騨守を不忠の廉で、高槻城から越前の柴田勝家のもとへ預けさせた。	3960
	12月6日	羽柴秀吉、播磨国鵤庄惣中へ、諸事は織田信長「御朱印」によって安堵すること、非分の族には成敗を加えることを通達。	3961
	12月7日	多聞院英俊、摂津国大坂の石山本願寺出城の一つである「森口」が、織田信長に帰参したことを知る。(『多聞院日記』)。 のちの慶長11年(1606)に創建された東本願寺の末寺で、「西御坊」と呼ばれた難宗寺(守口市竜田通1丁目)、「東御坊さん」と呼ばれ盛泉寺(大阪府守口市浜町1丁目)辺りが、森口城(守口城)とされる。	3962
	12月9日	京都所司代村井貞勝、祇園社本願以外の勧進聖による勧進活動を禁止するよう祇園社本願に命じる。	3963
	12月10日	**織田信長**(1534~1582)、**「南方」へ京を出陣。この日は山城国山崎に布陣。**(『兼見卿記』)。	3964
	12月11日	織田信長、雨のため十二日まで宝積寺に滞留。信長、山崎の隆光寺にて八幡宮縁起を聞く。 翌日、信長は、山城の代官の武田佐吉・林高兵衛尉・長坂助一郎に、石清水八幡宮の造営を命じる。信長は、山崎八幡宮が「既に朽ち腐り、雨漏り、廃壊正体なきとの由」と、「御造営なさるべき」(修繕しなくてならない)と命じた。(『信長公記』)	3965
	12月12日	吉田兼見、村井貞勝(「村長」)を訪問し、荒木村重女房以下七百余の捕虜を上京させて妙顕寺へ滞在させるため妙顕寺の普請が開始される旨を知る。(『兼見卿記』)。	3966
	12月12日	**「信長の荒木村重の人質処刑がはじまる」。** 信長、荒木村重の人質の処刑を都で行うことを命じ、人質たちを晩刻から夜もすがら京へ上らせた。そして妙顕寺に広牢を構えて三十余人の女達を押し込め、また、吹田村氏(荒木村重の弟)・伯労部左兵衛・荒木久左衛門の息子自念の三名を村井貞勝の屋敷で入牢させた。さらに摂津国では分限の侍の妻子を集めて磔にかけるよう命じ、滝川一益・蜂屋頼隆・丹羽長秀の三名にその執行を申し付けた。	3967
	12月13日	吉田兼見、荒木村重女房衆二十人余が妙顕寺に召し籠められた旨を知る。(『兼見卿記』)。	3968
	12月13日	織田信長、荒木村重の人質の残り女房百二十二人を、辰の刻に尼崎近くの七松で磔にする。端侍の妻子とその付々の女三百八十八人、若党二十四人の合計四百十二人を、尼崎近くの七松の四軒の家に押し込めて焼き殺す。検使は矢部家定という。	3969
	12月-	この頃、織田信忠(「中将殿」)、荒木村重説得に失敗した荒木久左衛門の逃亡により、摂津国有岡城攻撃の陣に於いて荒木与党男女子供四百六十人ばかりを二軒の家屋に押し込め焚殺す。(『立入左京亮入道隆佐記』) この頃、織田信忠、摂津国尼崎にて荒木村重説得に失敗し逃亡した荒木久左衛門の女房衆九十七人を「はたもの」に上げる。(『立入左京亮入道隆佐記』)。	3970

天正7	12月14日	吉田兼見、織田信長（「右大臣信長」）が摂津国有岡城の捕虜男女五百余人を焼き殺した旨を知る。（『兼見卿記』）。	3971
	12月14日	多聞院英俊、織田信長が摂津国有岡城の人質の女房ら六百余人を家に追い込んで焚殺したこと、捕虜となった二十四名が京都へ連行されたことを知り、このことは「浅猿々々トモ不及言慮次第」であるが、「先世ノ因果」であると評価する。（『多聞院日記』）。	3972
	12月14日	伊丹有岡城の警固を小姓衆に二十日交替で命じた**織田信長、摂津国方面の軍事行動がが悉く「一着」したとのことで山城国山崎より帰陣、妙覚寺に入る。**（『信長公記』）。	3973
	12月16日	織田信長、京都六条河原に於いて村井貞勝（「村井長門守」）を「奉行」とし、「越前大名衆」の佐々成政（「佐々蔵助」）・金森長近（「金森五郎八」）・前田利家（「前田又左衛門」）・村井専次ら「村井長門守内衆」の三千人「警固衆」を以て荒木村重子息・女房衆らの処刑を断行。（『立入左京亮入道隆佐記』）。 吉田兼見、荒木村重の捕虜男女三十七人が洛中を車で引き回され六条河原に於いて処刑された旨を知る。（『兼見卿記』）。 **「信長、十三日に続き荒木村重縁者を大量処刑―本願寺への見せしめとなる」。** 織田信長、京都六条河原に於いて村井貞勝（？～1582）を奉行とし、「越前大名衆」の佐々成政（1516～1588）・金森長近（1524～1608）・前田利家（1538～1599）・村井専次（？～1582）らと、「村井長門守貞勝内衆」の三千人「警固衆」を以て、荒木村重子息・女房衆ら三十七人を洛中を車で引き回し、六条河原に於いて処刑。	3974
	12月16日	「織田信長朱印状」。信長、長岡兵部大輔（藤孝）・長岡与一郎（細川忠興）へ、来春の摂津出陣、本願寺攻めを通知。	3975
	12月16日	勅諚のより、石清水八幡宮造営の鋸初め。（『信長公記』）。	3976
	12月18日	織田信長（1534～1582）、戌刻（20時）に二条御所へ祗候。金銀・巻物等数多くを献上。（『信長公記』）。 織田信長（「右大臣信長」）、戌刻に二条御所へ祗候。織田信長、飛鳥井雅教（雅春）（1520～1594）・甘露寺経元（1535～1585）と雑談し、吉田兼見へは「堂上勅許」を祝し、兼見は織田信長「御執奏之故」といたく感激。その後、信長は誠仁親王に謁す。（『兼見卿記』）。	3977
	12月19日	**織田信長、未明に近江国安土へ下向。**（『兼見卿記』）。	3978
	12月25日	**正親町天皇、本願寺に対し信長との講和を勧める。**	3979
	12月25日	吉田兼見、坂本城の明智光秀を綿一屯を持って訪れ、歳末を賀す。伊勢三郎が対座。その後帰洛。（『兼見卿記』）。 兼見は、27日には長岡（細川）藤孝、28日には村井貞勝を訪れている。 伊勢三郎は、伊勢貞興（1562～1582）。	3980
	12月27日	松井友閑（「宮内卿法印友閑」）、山城国石清水八幡宮祠官の善法寺堯清へ、社殿「造営」について紛争が発生したので、織田信長「御下知」を以て指示を下す。その内容は山上の石清水八幡宮と山下の別当寺が和解したので「先規」に従い、神主方の書状に寺方の添状を出すべきことであった。	3981
	12月28日	楠長諳、大友義統へ、「官途」と防長に関して御礼の使僧派遣を披露した旨を通知。	3982
	−	この頃、都のキリシタンは二百ないし三百人、畿内では一万五千人という。	3983

西暦1579

天正7	−	この年、福（春日局）（1579〜1643）（江戸幕府3代将軍・徳川家光の乳母）、明智光秀の重臣斎藤利三（1534〜1582）を父に誕生。母は稲葉良通（一鉄）（1515〜1589）の娘である安、又は稲葉一鉄の姉の娘・於阿牟（おあむ）。	3984
	−	大溝城主・織田信澄（1555？〜1582）、川手の方（明智光秀三女）の間に長男・昌澄（1579〜1641）が生まれる。信澄と川手の方との婚姻は、信澄が大溝城主就任の直後という。 子の織田昌澄は本能寺の変の際、母と共に藤堂高虎を頼る。高虎は幼子に偽名を名乗らせ庇護し育て上げ、成長し藤堂家の家臣として文禄の役に出陣した。しかし母川手の方がその教養や振る舞いを買われ千姫の豊臣への輿入れに際し付いていくと、昌澄も藤堂家を去って豊臣家に仕える。大坂冬の陣では昌澄は活躍し、豊臣秀頼から褒賞を受ける。大坂城が落城すると昌澄は頭を垂れつつ徳川方に出頭するものの、藤堂高虎は、またも昌澄を不憫に思い助命嘆願し、徳川家康から赦されたという。以後、昌澄は剃髪し道半斎と号するが、元和4年（1618）11月に、将軍徳川秀忠に旗本として召し抱えられ、近江甲賀郡内などで二千石を与えられたという。こうして子孫は、織田と明智の血を受継ぎながら江戸幕府旗本として続く。	3985

西暦1580

天正8	1月1日	織田信長、諸将の摂津表に在番を考慮し、旧年中に触れを出して年頭の礼を免じた。	3986
	1月6日	「三木合戦」。 播磨三木表では羽柴秀吉が別所彦進友之（1560〜1580）の籠る宮の上の構えを乗っ取り、攻囲の陣をさらに縮めることに成功した。別所友之は一戦に及ぶことなく三木城本丸へ入り、別所長治（ながはる）（1558〜1580）と合流した。（『信長公記』）。	3987
	1月9日	明智光秀、津田宗及を招き茶会を催す。	3988
	1月-	「三木合戦」。この頃、織田信長（1534〜1582）、中尾源太郎（？〜1582）を使として、三木表在陣の秀吉へ遣わす。	3989
	1月11日	「三木合戦」。宮の上から周囲を見渡した秀吉は、別所山城吉親の居城である鷹の尾城の山下へ軍勢を寄せさせた。支え難いと見た吉親は、これも本丸へ入った。するとそれに付け入った羽柴勢の諸卒も本丸へ攻め込んだのだった。これに対し本丸内から心ある侍たちが防戦に出てきたため、秀吉も後陣をつぎつぎに投入して攻撃を続けた。そして攻防の中で本丸に火が放たれ、辺りを焼き出した。（『信長公記』）。	3990
	1月11日	信長家臣・長好連（ちょうよしつら）（1546〜1619）、この日、「連龍（つらたつ）」と改名。	3991
	1月13日	「来初秋西国可為御陣旨、被仰出候之条、当春国役、為十五日普請、面々知行入立、開作之儀、可申付候、…………聊不可有油断候、然而百姓早明瞭、西国御陣速可相動可有覚悟事肝要候、恐々謹言、」。 **明智光秀（1528？〜1582）、中国方面出陣のため、丹波国中に十五日間の普請役を命じ、三上大蔵大夫・古市修理進・赤塚勘兵衛・寺本橘大夫・中路新兵ロ・蜷川弥某ら六人に知行分の開墾を命じる。** **幕府奉行衆、奉公衆の家柄の者の多くが、光秀の家臣団に組み込まれていた。**	3992

西暦1580

| 天正8 | 1月15日 | 「三木合戦」。 |

秀吉の与力となっていた別所孫右衛門重宗（1529～1591）が城内から小森与三左衛門という者を呼び出し、別所長治・吉親・友之の三名へ書状を届けさせた。

その内容は、「摂津の荒木、丹波の波多野が果てしようになりては末世までの嘲弄、口惜しきこと限りなし。このうえは尋常に腹を切ってしかるべし」というものであった。これに対し、長治らは小森を使者として懇望の旨を伝えてきた。それは「われら三名は腹を切るゆえ、その他の諸卒は助命されたし」という嘆願であり、書状にいわく、「切腹の儀、われらとしては一昨年来敵対して圧迫されている身であるゆえ、謹んで断り申し上げる心底でおり申した。しかし内輪の面々が不慮に考えを変えたため、是非に及ばぬこととなった次第。しかれば、ここに至ってわれらに忠節を尽くした者達まで討ち果たされることは誠に不本意の題目ゆえ、もし御憐憫をもってこの者達を助け置くならば、われら三名は腹を切るべしと相定め申した。このこと相違なきように披露されたし。恐々謹言」。浅野弥兵衛（浅野長政）殿、孫右衛門（別所重宗）殿宛。（『信長公記』）。

1月17日　「三木合戦（天正6年3月27日～天正8年1月17日）終結──秀吉、三木城攻略─東播平定」。

羽柴秀吉（1537～1598）が攻囲する播磨の三木城（兵庫県三木市上の丸町）の城主・別所長治（1558～1580）と一族が、部下の助命を条件に切腹し、二ヶ年の「三木城の干殺し」が終わる。

こうして東播を手中におさめた秀吉の攻撃目標は、長水城（兵庫県宍粟市山崎町）に向けられることとなる。

1月17日　「惟任日向守爲礼下向坂本、路次風寒以外也、午刻着津、面會、百疋持参、妻木五十疋・御祓、下向安土、預置奏者」。（『兼見卿記』）。
吉田兼見、百疋を持って明智光秀を訪問するため近江国坂本へ下向。兼見は「妻木」氏に、五十疋と祓を持参している。「妻木」氏はその後、信長の近江国安土へ下向。
この「妻木」氏は、明智光秀の妹「御ツマキ」で、信長の女房衆であろう。

1月18日　吉田兼見、吉田兼治（「侍従」）・室（「青女」）を同行し山城国愛宕郡高野蓮養坊を訪問、日野輝資（「日野黄門」）より酒肴を贈られる。（『兼見卿記』）。
蓮養坊は、兼見室（「青女」）の父親という。

1月19日　織田信長（1534～1582）、長連龍（1546～1619）に中国地方などの情勢を伝え、重ねて今秋出勢すべきことを報ず。

1月23日　「山何百韻」。明智光秀、里村紹巴・行祐（愛宕西之坊威徳院住職）・斎藤利三・光慶らと連歌会を催す。

1月24日　「時宗の上人が頼みごとがあって坂本の惟任（光秀）のもとへ六寮（僧侶）を派遣した。惟任は越前の長崎称念寺門前に十年間住んでいた。六寮は越前で惟任と懇ろであったので、話がうまく進んだ」とある。（『遊行三十一祖京畿御修行記』）。

時宗の同念上人、光秀（1528？～1582）へ、筒井順慶（1549～1584）への紹介を依頼する使いを送る。光秀が美濃土岐氏の牢人のとき越前朝倉義景を頼って長崎称念寺門前に十年居住していて、六寮とは旧知の故である。

西暦**1580**

天正8	1月26日	吉田兼見、巳刻（10時）に松井友閑に先導され、初めて安土城へ登城。細川信良（昭元）が来会、暫く表座敷で待機。その後、小座敷に於いて織田信長より茶の振舞を受ける。兼見、松井友閑より、織田信長が近江国甲賀より三万疋を入手したことを知らされ、松井友閑点前で茶会が催される。兼見、信長へ五明（扇）十本、松井友閑へ麻木縉羅一面、一雲斎針阿弥へ五十疋、「地伯」（松井友閑奏者）へ二十疋を進上。細川昭元も同前に進物を献上。次いで表座敷に於いて葛・素麺を振る舞われてから下山。この日は大雨のため安土に宿泊（『兼見卿記』）。	4000
	1月27日	吉田兼見、未明に近江国安土を出発、未刻（14時）に帰宅。（『兼見卿記』）。	4001
	1月29日	毛利輝元（1553～1625）、山内隆通（「山内新左衛門尉」）（1530～1586）へ、「内々御愁訴」を承知したこと、今度の「宇喜多逆心」（宇喜多直家の謀叛）については備中国・美作国「一着」の上で「一所」を宛行うことを約す。詳細は宍戸隆家に伝達させる。	4002
	1月-	この春、誠仁親王（1552～1586）、本願寺顕如光佐（1543～1592）へ、織田信長の馳走による和議の件で大坂退城を内々の叡慮を以て通達。詳細は庭田重保・勧修寺晴豊に伝達させる。 誠仁親王、本願寺顕如光佐へ、この度の「和談」については織田信長の奔走により調い、「仏法繁昌の基」であると喜ぶ。また「大坂退城」することが当然であると正親町天皇「内々叡慮」も通知。詳細は庭田重保・勧修寺晴豊に伝達させる。	4003
	2月5日	細川藤孝（「長岡兵部大輔」）、吉田兼見を訪問。吉田兼見、細川藤孝（「長兵」）へ三条西実隆（「逍遙院」）自筆古今和歌集（「古今」）に詰訓の外題があり、「古今集」の編は「毛詩」に模すという舟橋枝賢（「清宮内卿枝賢」）の説を相談する。（『兼見卿記』）。	4004
	2月13日	「当寺事、任往古之旨、諸式令免許訖、仍陣取并竹木等剪捕之事、堅令停止之状、如件」。 明智光秀（1528？～1582）、丹波天寧寺（京都府福知山市字大呂）へ、諸式免除ならびに陣取・竹木伐採の停止を往古のとおり安堵。	4005
	2月14日	**明智光秀（「惟任日向守」）、大和国の筒井順慶のもとへ到来する。（『多聞院日記』）。**	4006
	2月18日	石清水八幡宮、神体を宿院へ遷し、造営工事がはじまる。	4007
	2月19日	羽柴秀吉（1537～1598）、津田宗及らを招待して近江長浜で茶会を催す。（『宗及他会記』）。	4008
	2月20日	徳川信康正室・五徳姫（1559～1636）が家康に見送られ岡崎城を出立、安土の織田家に帰される。二人の娘達（登久姫と熊姫）は家康の元に残していった。 父の信長の元には向かわず、兄の織田信忠（1557～1582）の元に身を寄せたともいう。	4009
	2月21日	**織田信長（1534～1582）、未刻（14時）に上洛、妙覚寺に入る。（『信長公記』）。** やがて摂津国大坂（石山本願寺）への攻撃をしかけるための行動であるという。（『多聞院日記』）。	4010
	2月22日	信長が茶会。この席上、自慢の名刀を披露。	4011
	2月24日	多聞院英俊、遊行上人（同念）が昨日来所、三十六代目で六十三歳、明智光秀から筒井順慶へ紹介があってもてなしたと聞く。（『多聞院日記』）。 遊行上人は、時宗の総本山である清浄光寺（遊行寺）の歴代住職の称。	4012

天正8	2月24日	織田信長、京都東山に於いて放鷹。吉田兼見は二条御所を退出後、茶湯菓子を準備し吉田兼治を同行して辰刻(8時)に東山慈照寺(銀閣寺)へ出向く。吉田兼見、織田信長へ挨拶をし吉田兼治を狩りに同行させ、自身は帰宅。後に餅五百個を送付。兼見、織田信長が「一段機嫌」であった由を吉田兼治より知らされる。(『兼見卿記』)。
	2月25日	織田信長、誠仁親王(1552~1586)に茶を献上する。
	2月25日	織田信長(「右府」)、昨日同様京都東山に於いて放鷹。吉田兼見、茶湯菓子を準備し吉田兼治(「侍従」)を同行して織田信長へ祗候。吉田兼見、「仕合殊能安堵」する。未刻(14時)に織田信長は帰京。(『兼見卿記』)。
	2月26日	織田信長、大和国多武峯惣中へ、「往古以来之知行分」と大和国内の「入地」・「入領」・「近年武士押領之地」・「徳政」・「地興」・臨時課役・山林・竹木の件については先年織田信長「朱印」が発給されたのであるから、その旨を遵守することを命令。
	2月26日	**織田信長、妙覚寺より本能寺へ移座のため、京都所司代・村井貞勝に本能寺の普請を命じる。(『信長公記』)。** 本能寺の宿舎御殿の普請である。
	2月27日	山崎に至って御成り　爰にて津田七兵衛信澄・塩河伯耆・惟住五郎左衛門(丹羽長秀)両三人、兵庫はなくま表へ相働き御敵はなくまへ差し向ひ然るべき地を御取出の御要害に仕候て、池田勝三郎父子(信輝(恒興)・之助(元助)・輝政)三人入れ置き其上帰陣仕るべきの旨仰付けられ訖。(『信長公記』)。 **織田信長、摂津国へ向けて京を出陣し、山崎に至る。**この地で織田信澄・塩河伯耆(長満)・丹羽長秀の三名に向け「兵庫花隈表へ出兵し、花隈城(兵庫県神戸市中央区)に向けてしかるべき地を選んで要害を築き、池田恒興父子三人を入れ置いた上で帰陣すべし」との命を発した。
	2月28日	織田信長、雨のため、山崎に逗留。根来寺の岩室坊がやってきて信長公へ御礼を言上した。これに対し信長公は馬と道服を与えた。(『信長公記』)。 岩室坊清祐(?~1585)であろうか。
	2月29日	~三十日、織田信長、山崎西山に放鷹。(『信長公記』)。
	3月1日	織田信長、山崎から郡山(大阪府茨木市郡山)に至る間、天神馬場、大田にて放鷹。なお郡山の鷹野では賀藤彦左衛門佐より信長公へ目毛の馬が献上された。(『信長公記』)。 「天神馬場」は、天正10年6月の山崎合戦の秀吉本陣跡である。
	3月1日	**織田信長(1534~1582)、正親町天皇(1517~1593)に願い、勅使を本願寺に下して同寺と和睦を図る。** 勅使は近衛前久(1536~1612)・勧修寺晴豊(1544~1603)・庭田重保(1525~1595)で、信長から目付として松井友閑(?~?)・佐久間信盛(1528~1581)も添えられていた。
	3月3日	放鷹三昧の織田信長、有岡城(兵庫県伊丹市伊丹1丁目)に移陣、かつて荒木村重の居城であった有岡城を検分。信長公はそこからさらに兵庫表まで検分の足を伸そうとしたが、織田信澄ら三名に命じた付城の普請が早くも完了し、三名とも花隈を引きとったとの報が届いたため、そのまま伊丹にとどまった。(『信長公記』)。

4013
4014
4015
4016
4017
4018
4019
4020
4021
4022
4023

西暦1580

天正8	3月6日	津田宗及（？～1591）、斎藤利三（1534～1582）、同じく光秀家臣の堀田助左衛門を招いて茶会。 福智山城城代を務めた堀田助左衛門尉道世は、のちの浅野高勝（堀田高勝）（1538～1613）。山崎の戦い後に浅野長政に仕え、数々の功績をあげた。そのため、高勝は浅野姓を名乗ることを許され、浅野高勝に名前を改めたという。	4024
	3月7日	織田信長、伊丹を出て、道中で鷹を放ちつつ山崎に至る。（『信長公記』）。	4025
	3月8日	**織田信長、摂津国より上洛し、直接京都北山に向かい放鷹。妙覚寺に寄宿。**（『信長公記』）。	4026
	3月9日	「加賀征伐」。柴田勝家（1522？～1583）・拝郷家嘉（1549～1583）・徳山則秀（1544～1606）・佐久間盛政（1544～1583）、加賀一向一揆の「金沢（尾山）御坊」を攻撃。	4027
	3月9日	信長に、北条氏政より鷹十三足が進上されてきた。その中には、「鴻取・鶴取・真那鶴取」と名付けられた鷹も入っていた。また同時に馬五匹も進上された。進上は洛中本能寺で行われ、鷹居の者が据木に繋いで信長へ進上した。この時、申次を務めたのは滝川一益であった。（『信長公記』）。 北条氏は、上野国では武田勝頼の攻勢が続き、上野・下野国衆も武田方に転じたため、劣勢に陥っていた。	4028
	3月10日	**「北条家、信長に従属」。** 北条氏政の使者が到来して信長へ御礼を行った。進物の太刀および進物目録の折紙は佐久間信盛が披露した。なお、氏政（1538～1590）の使者は笠原越前守（康明）、舎弟氏照（1540～1590）の使者は間宮若狭守（綱信）（後の子孫に間宮林蔵がいる）であり、さらに下使として原和泉守が同行していた。（『信長公記』）。 織田信長（1534～1582）、相模の北条氏政の使者を引見し、太刀と進物目録の折紙を見る。氏政の使者より、「応対を務めていた御使衆の武井夕庵・滝川一益・佐久間信盛の三使との間で縁組を行い、関八州を織田分国として参らせたい」と、請われる。滝川一益、使者を京都案内することを命ぜられる。	4029
	3月10日	**織田信長、巳刻（10時）に出立し、近江国安土へ下向。**（『兼見卿記』）。 信長は、途中大津の松が崎近辺で白の御鷹を放ったのち、晩になって舟で矢橋（滋賀県草津市）に上陸して安土へ帰城した。（『信長公記』）。	4030
	3月13日	信長、金銀百枚を北条家使者の笠原・間宮両人に贈り、「京都にて田舎の土産を揃えられよ」と告げた。（『信長公記』）。	4031
	3月13日	吉田兼見、当番として二条御所に祇候。誠仁親王、禁裏へ御成。村井貞勝、北条氏政から派遣された織田信長への使者に、二条御所を見物させる。兼見、村井貞勝の要請で御所の案内をする。（『兼見卿記』）。	4032
	3月15日	堀秀政（1553～1590）、摂津国内菟原・八部・武庫・河辺の百姓等に織田信長の「御朱印」を以て還住を指示。詳細は堀直政・落合為右衛門尉に通達させる。	4033
	3月15日	織田信長、近江国長命寺善林坊に移座し、十九日まで奥の嶋山（近江八幡市）に放鷹。信長自愛の白鷹が評判となり、見物人が集まった。（『信長公記』）。	4034
	3月16日	織田信長、越中の屋代十郎左衛門尉・屋代右衛門尉（菊池武勝）（？～1606）へ、氷見郡の内、屋代一家分と二十年来の新知行を安堵。	4035

天正8	3月17日	「今度大坂之使御苦労共候、彼方疑心気遣尤候歟、併者叡慮、前久御取持候上者、聊表裏有間敷候条、能々被申聞、無気遣候様　馳走専一候、恐々謹言」。[4036]

信長、仲介の近衛前久に朱印状。「今度「大坂之使」の任務を賞し本願寺側に疑心と心配があっても当然であること、しかし「叡慮」に従い近衛前久が和議の仲介を為したのであるから織田信長側では表裏が無いので、その旨を本願寺側に通知し奔走するよう指示」。 |
| | 3月17日 | 織田信長（1534〜1582）、石山本願寺へ宛て「惣赦免」をはじめとする全七ヶ条の「覚」を下す。[4037]
一・惣赦免事、一・天王寺北城先近衛殿人数入替、大坂退城候刻、大子塚をも引取、今度使衆を可入置事、一・人質為気仕可遣之事、一・往還末寺如先々事、一・加州二郡（江沼・能美）、大坂退城以後、於無如在者可返付事、一・月切者七月盆前可究事、一・花熊・尼崎、大坂退城之刻可渡事。
織田信長、廷臣庭田重保等に、加賀二郡返付等の条件を以て本願寺と和睦すべきことを報ず。 |
| | 3月17日 | 「第三次講和―石山戦争の終結―第三次信長包囲網がほぼ崩れる」。[4038]

正親町天皇の勅使・近衛前久（1536〜1612）の仲介により、信長と本願寺顕如光佐の講和が成立。
信長、庭田重保・勧修寺晴豊へ、「本願寺赦免」は正親町天皇「叡慮」によるもので、本願寺側に異議が無ければ七ヶ条の覚書の旨に相違の無いことを血判起請文を以て誓う。 |
	3月17日	織田信長、松井友閑（「宮内卿法印」）へ、本願寺顕如に約束した加賀国二郡の返却について、織田信長「朱印」の文面の如く決定すること、今後については「直談」した通りとすること、但し「一儀にても於不相調」の場合は破談とすることを近衛前久（「近衛殿」）によくよく伝達し談合すべきことを命令。[4039]
	3月17日	織田信長、本能寺に居館造営を命令。（『兼見卿記』）。[4040]
	3月18日	長岡（細川）藤孝（1534〜1610）、従四位下侍従に叙任。[4041]
	3月20日	鈴木重秀（「鈴木孫一重秀」）・狐崎吉次（「狐崎左衛門大夫」）・松田定久（「松江源三大夫」）・岡吉正（「岡吉正」）湊高秀（「湊平大夫」）、下間頼廉（「下間刑部卿法橋」）（1537〜1626）へ、この度「京都之御使衆」（和睦使者）へ狼藉を働いた者がいることは「言語道断曲事」であるが、雑賀衆「年寄」は関知しないことであり「千万迷惑」であること、雑賀衆は全てに於いて本願寺顕如（「御門跡様」）の命令通りにすることを誓約。[4042]
	3月20日	織田信長、子の生まれぬ女や病気を患った女に対し、丑時の秘法を授けるといっては「臍くらえ」という紛い事を行っていた廻国僧・無辺を追放。（『信長公記』）。[4043]
	3月21日	信長公は相模の北条氏政への返礼として虎皮二十枚、縮羅三百反・三箱、猩々十五を笠原越前守に持たせた。また北条氏照に対しても間宮若狭守に段子二箱を持たせて送り出したのだった。（『信長公記』）。[4044]

西暦1580

天正8	3月25日	津田宗及（？～1591）、夜の茶会で、「坂本衆斎藤蔵助（利三）、同堀田助左衛門参席」。堀田助左衛門は、浅野高勝	4045
	3月25日	織田信長、奥の嶋山に至り二十八日まで放鷹。（『信長公記』）。	4046
	3月28日	織田信長、狩りの間世話になったとして永田刑部少輔（景弘、正貞）へ葦毛の馬を、池田孫次郎（景雄）（1528～1598）に青毛の馬をそれぞれ与えたのち、安土城に戻る。（『信長公記』）。 池田景雄は、天正10年（1582）6月の本能寺の変の後、明智光秀に降って山崎の戦いでは明智方で従軍。その後、同年10月には羽柴秀吉に服属してその部将となっていたという。	4047
	3月-	織田信長、摂津国塚口へ全三ヶ条の「禁制」を下す。 信長、摂津国有馬郡湯山へ全三ヶ条の「禁制」を下す。 信長、摂津国西宮へ全三ヶ条の「禁制」を下す。	4048
	閏3月1日	織田信長、伊丹城（有岡城）（兵庫県伊丹市伊丹1丁目）の守将を三十日交替で行うことを命じ、矢部家定（1530？～1611？）を現地に遣わす。（『信長公記』）。 織田信澄（1555？～1582）は、検使役矢部家定を警固。 信澄は以後、大坂に常駐し、耶蘇会宣教師は信澄を「大坂の司令官」と称している。	4049
	閏3月2日	**織田信長、本願寺顕如光佐へ、和睦実現の後、加賀国を本願寺に返還する用意がある意向を伝える。**	4050
	閏3月2日	花隈城から敵勢が討って出て池田恒興の砦へ攻撃を仕掛けてきた。これに対し池田勢も足軽を出して応戦したが、その中で池田元助・輝政の兄弟は齢十五、六の若年ゆえに敵勢へ無理に突入し、火花を散らして戦った。そうして激闘するうちに父恒興も駆け付けてきたため、兄弟は父の旗の下で屈強の者五、六人を討ち取る功名を挙げたのだった。（『信長公記』）。 織田方池田恒興（1536～1584）父子ら、有岡城の属城・花隈城（兵庫県神戸市中央区）守兵と戦闘。	4051
	閏3月5日	下間頼廉（1537～1626）・下間頼龍（1552～1609）・下間仲之（1551～1616）、庭田重保・勧修寺晴豊へ、正親町天皇が提示した石山本願寺「御赦免」についての全五ヶ条の「起請文覚書」を提出。	4052
	閏3月5日	**第三次石山合戦（天正4年（1576）3月～天正8年閏3月5日）終結。** **「11年に及ぶ石山合戦（元亀元年（1570）～天正8年閏3月5日）が終結」。** **正親町天皇の勅旨により、本願寺顕如光佐が来る七月二十日までに石山本願寺の退去を約し、和睦が成立。** 天皇は信長の要請にもとづいて顕如に対し勅旨によって信長と講和を結ぶことになった。勅命によるとはいえ、この講和は11年に及ぶ抗争の結末としてはあまりに呆気ない幕切れであった。	4053
	閏3月5日	有岡城攻防戦のさ中に城を脱出した荒木村重家臣五名を、紀伊高野山内が匿っている事が発覚。	4054

天正8	閏3月6日	信長、本願寺へ、青山虎を検使として派遣することを命じ、青山はこの日に安土を出、天王寺に到着。(『信長公記』)。	4055
	閏3月7日	本願寺から誓紙の筆本(ふでもと)が提出された。(『信長公記』)。 本願寺は信長に誓紙の筆本(書き写し)を提出し、信長と本願寺は三度目の講和を果たした。	4056
	閏3月9日	信長と本願寺に講和が結ばれた途端、「柴田勝家(1522?~1583)が加賀へ侵入して添川・手取川を越え、宮の腰に陣を取って諸方へ放火した。このとき一揆勢は野々市という地に川を楯にして立て籠っていたが、勝家はこれを追い立てて敵勢数多を斬り捨てた。そののち柴田勢は数百艘の舟に兵糧を積み、分捕りなど働きながら次第に奥地へと焼き討ちを進めてゆき、ついには越中へ入ったのだった」。(『信長公記』)。 柴田勝家、野々市砦(石川県野々市市本町)を攻略する。さらに、能登の末盛城(石川県羽咋郡宝達志水町竹生野)に迫る。	4057
	閏3月9日	下野国の宇都宮貞林(ていりん)が、立川三左衛門を使者として信長に馬を献上。信長秘蔵の馬となる。(『信長公記』)。	4058
	閏3月11日	**織田信長、本願寺に、講和の後、加賀国二郡の返付を約す。**	4059
	閏3月11日	織田信長、佐久間信盛と佐久間信栄へ、「大坂赦免」について石山本願寺内への通行は海上・陸路共に異儀無きようにすべきことを各部隊に徹底させること、またこの命令を淡輪大和守(たんのわ)らにも通達するよう指示を下す。また石山本願寺への誓詞を交付すべきこと、人質は実子を出すことを通達。詳細は松井友閑に伝達させる。	4060
	閏3月11日	織田信長、九鬼嘉隆へ、石山本願寺を「赦免」することについて、石山本願寺内へは異儀無く往還できるようにすることを通達。「落船」(退去する船)の通路も秩序を維持するようにし、もし横暴する者があった場合は「曲事」とすることを滝川一益の船団へも伝達するよう指示。詳細は松井友閑に伝達させる。	4061
	閏3月11日	織田信長、羽柴秀吉へ、「大坂赦免」について石山本願寺内および末寺の存続を告げ、播磨国英賀(あが)(兵庫県姫路市飾磨区)に於ける「矢留」を命令。	4062
	閏3月11日	織田信長、柴田勝家へ、石山本願寺を「赦免」するにつき加賀国方面での「矢留」を厳命する。但し停戦中は「取出」・「城」を守備し、重ねて指令を下すことを通達。	4063
	閏3月13日	**本願寺教如(1558~1614)、織田信長(1534~1582)との和睦を拒否し、大坂を守る旨、紀伊門徒に呼びかける。**	4064
	閏3月13日	**明智光秀(「惟任日向守」)(1528?~1582)、近江国坂本城の修築を開始。**(『兼見卿記』)。	4065
	閏3月16日	多聞院英俊、この早旦に石清水八幡宮(「男山」)に参詣す。参詣途中で魚・鮒を拾ったので礼をするため急ぎ神前に向かったところ、織田信長(「信長公」)によって新たに造宮された神殿等の見事さを目の当たりにする。(『多聞院日記』)。	4066

天正8	閏3月16日	織田信長、菅屋長頼(？～1582)・堀秀政(1553～1590)・長谷川秀一(？～1594)の三名を奉行に任じ、安土城の南、新道の北に位置する入江を埋め立てさせた。そして周辺の田畑も埋めさせ、その地を屋敷地として伴天連に与えた。さらに馬廻・小姓衆に普請を命じて鳥打の江を埋めさせ、ここに町を築いた。そこに諸将各々の屋敷を与える。(『信長公記』)。	4067

織田信長は、宣教師オルガンティーノらに安土城下の埋立地を与えた。

オルガンティーノ(Gnecchi-Soldo　Organtino、1533～1609)は、ここにセミナリヨ(小神学校、イエズス会司祭・修道士育成のための初等教育機関)を建てる。高山右近が、安土セミナリヨ建立に尽力。

天正9年に京都に着いた宣教師ヴァリニャーノ(Alessandro　Valignano、1539-1606)は、「国民は有能で秀でた理解力を有し、子供達は我等の学問や規律をすべてよく学び取り、ヨーロッパの子供達よりもはるかに容易に、かつ短期間に我等の言葉で読み書きすることを覚える。また下層の人々の間にも、我等ヨーロッパ人の間に見受けられる粗暴や無能力ということがなく、一般にみな優れた理解力を有し、上品に育てられ、仕事に熟達している」。(『外国人が見た近世日本　日本人再発見』)と、記述している。

	閏3月17日	多聞院英俊、筒井順慶が大和国奈良中の諸寺より「ツリ鐘」を徴集することを知る。この日、大和国興福寺大乗院の二つの釣鐘が徴集された。大和国「クツキカ峯」に踏鞴製鉄場を拵え、「テツハウ」を製造するための材料にするということであった。(『多聞院日記』)。	4068
	閏3月20日	本願寺顕如、紀伊国門徒惣中へ、最近数日来の「内輪」での紛争が発生したことについて、本願寺教如に呼応して紀伊国より多人数(雑賀党か)が石山本願寺に向かっているが、その件は本願寺顕如は一切関与していないこと、既に命令を下した二百人の番衆以外の石山到来は無用であること、「大敵」を眼前にして「内輪」(内部抗争)が拡大しては「仏法の果」であるので、本願寺顕如が命令した以外で門徒を動かす者があってはならないから、充分に判断することが肝要であることを通達。詳細は下間頼廉(「刑部卿法眼」)に伝達させる。	4069
	閏3月23日	織田信長の将・柴田勝家、当時越中に潜居して家運再興を策する小笠原貞慶(1546～1595)に書を与え、上方の形勢と織田・武田両氏の国勢の比較を提示し、信長への帰属を勧める。	4070
	閏3月24日	柴田勝家(1522？～1583)、越中河田長親(上杉家臣)(1543?～1581)の家士(年寄衆)山田理助(長秀)・若林宗右衛門に、金澤城以外の加賀を平定したことを報じ、長親の来属を求む。	4071

信長は越後武将の懐柔に乗り出した。上杉景勝の武将で、魚津武将河田長親を本国近江の地を与える約束で味方に誘った。この日、柴田勝家が長親に内応を勧めた。しかし長親は応じなかった。

	閏3月27日	本願寺顕如(「光佐」)、和泉国堺へ下向した庭田重保(「庭田殿」)・勧修寺晴豊(「勧修寺殿」)へ、その労を慰し内部抗争発生のために退去が延引しているが、既に正親町天皇「叡聞」に達しているように少も異論は無いことを近衛前久(「近衛殿」)にも申し入れたく思っており、「内輪之儀」(本願寺教如との反目)は漸く調整がついたので心配しないよう通知。詳細は荒尾善左衛門尉に伝達させる。	4072

天正8	閏3月27日	本願寺顕如、卜半斎へ、織田信長との「和平」に際して本願寺顕如自身が果てれば「一流断絶」であるので、「禁裏」へ仲介を依頼した旨を通知。また雑賀辺への引退は「仏法退転」無きようにという意志の表現であることを報ず。 卜半斎了珍(ぼくはんさいりょうちん)(1526〜1602)は、紀伊国根来寺の出身の和泉国願泉寺初代住持。	4073
	閏3月28日	「惟日此間普請也、爲見廻下向坂本、召具侍従、果子一折五種持参、面會相伴夕食、入魂機嫌也、普請大惣驚目了」。(『兼見卿記』)。 **吉田兼和(兼見)(1535〜1610)、下人を同行し、明智光秀(1528？〜1582)を近江国坂本城に訪問。夕食をごちそうになり、光秀は上機嫌で接し、「普請大惣驚目了」と立派な城普請に驚く。**	4074
	閏3月30日	織田信長、加賀国の戦況報告を送付した能登国の長連龍へ、柴田勝家の指揮下で加賀国奥郡への軍事行動に参加し、「賀州凶徒」(加賀国一向一揆)の過半の殲滅を、心地能きことと賞す。また能登木越城を「落居」した後に能登国七尾城へ進撃し飯山の敵を追い払い勝利を得たことは当然であり、全てにおいて油断無く調儀を計らうことが重要であることを促し、七尾城について言い分があるというが、詳細に注進すべきことを命令。詳細は堀秀政に伝達させる。	4075
	閏3月-	織田信長、某へ「本願寺」を「赦免」することについて摂津国大坂から京都やその他の地域への往還の自由を安堵する旨を通達。	4076
	4月-	**この頃、明智光秀、信長の命により羽柴秀吉を備中に赴援する。**	4077
	4月-	この月、本願寺顕如光佐(1543〜1592)が勅使に対し、七月中旬までに教如らを大坂から退去させ、もし退去しないなら、本願寺として、教如(1558〜1614)を許容しない事、雑賀衆が教如に加勢する事を阻止する旨、誓約する。	4078
	4月1日	伊丹城の番を務めていた矢部家定(1530？〜1611？)にかわって村井作右衛門(貞成)(？〜1582)が新たに城番の任についた。(『信長公記』)。 矢部家定は、13日に安土に戻った。	4079
	4月1日	**本願寺顕如(1543〜1592)、能美郡の一揆、鳥越城**(石川県白山市三坂町)**主・鈴木出羽守に、その織田信長と和睦したることを報ず。** 鳥越城は一向一揆の最後の砦といわれ、砦的防備施設が設けられた鳥越城を中心とした白山麓の要塞であった。総大将・鈴木出羽守は、白山麓門徒を指揮して、最後まで加賀一向宗の信者が城を死守した。鈴木出羽守は、鈴木(雑賀)孫一の一族といわれ、鉄砲に習熟していたといわれる。	4080
	4月2日	**本願寺教如(1558〜1614)、加賀四郡に、その織田信長と和せざることを報じて馳走を求む。**	4081
	4月3日	本願寺教如、能登四郡に、その織田信長と和せざることを報じて馳走を求む。	4082
	4月4日	「長岡兵部大輔・中川瀬兵衛尉宛織田信長朱印状」。信長、長岡(細川)藤孝・中川清秀へ、「大坂赦免」にあたり摂津国尼崎に於ける「矢留」を命令。信長は、本願寺顕如光佐らの石山本願寺退城が近いので「矢留」とする旨を通達。但しその間も付城以下の番役は厳重にすべきことを命令。	4083
	4月4日	本願寺教如、美濃国安養寺へ、石山本願寺と織田信長の間で既に「一和」がなされた旨を通達。しかし教如は信長との和睦を信用しない(「彼方表裏眼前」)こと、教如が本願寺を再建する意思を表明して親鸞(「聖人」)の門弟と称する者が教如に従えば「仏法再興」であり親鸞への「報謝」であるから「安心決定」し、「称名念仏」を油断無く行うことを通達。	4084

西暦1580

天正8	4月6日	明智光秀、山城国の小土豪である柏木左九右衛門・河原村三郎次郎・鳥居与十郎・菟並重大夫・高田善介・城喜七郎・満田新三・西六郎四郎へ、先年「多聞」（大和国多聞山城攻略）の一件以来何の音沙汰もないことで「追放」すべきであるが「赦免」することを通達し、南山城賀茂荘の「定請米」千二百石と夫役を難渋しないことを命令。（『南行雑録』）。 **明智光秀（1528？〜1582）、松永久秀残党の山城の土豪らに降伏を促し、従わなければ改易することを通達。**	4085
	4月7日	足利義昭、毛利輝元（「毛利右馬頭」）へ、本願寺顕如（「大坂」）と織田信長の「和談」が既定したが本願寺教如（「新門跡」）は「無二覚悟」を以てこれに抗していることに触れ、細川輝経（「輝経」）を派遣し急ぎ援軍を発すべきことを命令。また宇喜多直家を「退治」すべきこと、毛利氏が淡路国岩屋の警固を撤したことを咎め堅守すべきことを通達。	4086
	4月7日	「足利義昭御内書」。義昭、小早川左衛門門佐（小早川隆景）宛送付。	4087
	4月9日	**「石山本願寺の籠城五年」、終わる。** 大坂退出の次第、門跡（光佐）より新門跡（光寿）かたへ相渡さるべきの旨、御届けのところに、近年山越を取り、妻子を育み候雑賀、淡路島の者ども、爰を取り離れ候ては、迷惑と存知、新門跡を取り立て候はんの間、先づ本門跡、北の方を退け申され、一先相拘へられ、尤もの由、様々申すに付きて、若門跡此の儀に同事、右の趣、返事候。本門跡、北の方、下間、平井、矢木等、御勅使へ御理申し、雑賀より迎へ舟を乞ひ、四月九日、大坂を退出」。（『信長公記』）。 本願寺の門跡顕如は、寺を新門跡の教如へ渡して大坂を退去する旨を届け出ていた。**本願寺顕如光佐（1543〜1592）、宗祖親鸞の影像を奉じて、石山本願寺を退去。子の教如（光寿）（1558〜1614）は退去を拒否し、雑賀門徒をはじめとする諸国の本願寺門徒の主戦派の支持を受けて籠城を続ける。** 顕如は、長男教如の反抗が信長の勘気に触れることを恐れ、これを勘当して弟・准如光昭（1577〜1631）を嗣子としたとする。 これは後の本願寺東西分裂の端緒となる。	4088
	4月10日	本願寺顕如（1543〜1592）、紀伊国雑賀へ下向。顕如、紀伊国鷺森（和歌山市鷺ノ森）に到着。	4089
	4月11日	織田信長（1534〜1582）、近江国長光寺（滋賀県近江八幡市長福寺町）に放鷹。途中で越中国の神保長住（？〜？）の使者に出会い、馬二頭を進上される	4090

石山本願寺推定値石碑

天正8	4月15日	本願寺顕如、能登の門徒と美濃国某へ、織田信長（「信長公」）との「和平」は正親町天皇（「禁裏」）からの命令であり、協議の結果「大坂退出」となったことを本願寺教如（「新門主」）に直談し、正親町天皇へ進上する「墨付」に判形を加えたのであること、この織田信長との「和平」の件を締結するに至った事情を説明し、「開山尊像」を始め悉く果てること、「法流断絶」の危機に直面しているので正親町天皇「叡慮」へ和議締結に応ずることを上奏したこと、ところが本願寺教如が「不慮之企」をし、「いたつら者」の言動に同心して勝手な振舞に及び本願寺顕如が「隠居」したと放言しているというが、「世務」については無論、「仏法相続」の沙汰にも及んでいないのに諸国の門徒へ通達していることは「言語道断」・「虚言」であること、本願寺顕如は「開山影像」を守って去る四月十日に紀伊国雑賀に下向したので、諸国の門徒は遠近を問わず難路を越えて「開山聖人御座所」に「参詣」することこそ「報謝」であり「信心」を行い阿弥陀如来へ帰依すれば必ず極楽往生できることを通達。詳細は下間頼廉（「刑部卿法眼」）・下間仲之（「少進法橋」）に伝達させる。	4091
	4月15日	本願寺顕如（「顕如」）、能登国坊主衆中・門徒中へ、「大坂退出」の状況を通達。	4092
	4月16日	下間頼廉（石山本願寺坊官）、美濃国高山別院照蓮寺へ、叡慮による本願寺顕如の石山本願寺退去および紀伊国雑賀下向、本願寺教如は大坂に籠城している旨を通知。	4093
	4月21日	本願寺教如、甲斐国坊主衆・門徒中へ、石山本願寺と織田信長との「一和」は既に調い、去る四月九日に本願寺顕如が紀伊国雑賀へ退去したことにつき、本願寺教如は織田信長を信用していない（「彼方表裏眼前」）し、本願寺教如が本願寺を再建するので親鸞（「聖人」）の門弟と号する者共が本願寺教如に従えば「仏法再興」と親鸞への「報謝」となるので「安心決定」し、「称名念仏」を油断無くすべきことを通達。	4094
	4月21日	下間頼廉・下間仲之、大和国本善寺へ、本願寺顕如が旧冬以来「禁裏」よりの和平により石山本願寺を退場した旨、安芸国下向を意図するも宇喜多氏の別心により中止となったこと、雑賀へ下向する予定を通知。	4095
	4月22日	下間頼龍（「頼竜」）、甲斐国諸坊主中・門徒衆中へ、本願寺の件で本願寺教如（「新門主様」）より和議締結に反対する旨の「御書」が発せられたことに触れ、今度の「御一和」は大形調い、本願寺顕如も諒承し摂津国石山を明け渡すことが決定したこと、既に本願寺顕如（「御門主様」）は去る四月九日に紀伊国雑賀へ下向し「万人之歓絶言語」す様子であったが、本願寺教如の「御意」としては石山本願寺（「累代御開山様御座所」）を織田信長（「法敵」）に明け渡すことは「御無念」で各方面に依頼し、正親町天皇「叡慮」にも訴えかけ「御一宗御相続」を「憶念」しており、石山本願寺「御籠城」は万事に於いて「御不如意」であるがこの度は「惜身命」んで奔走し、「当家再興」と「仏法之報謝」をなすべきことを通達。但し決断が遅延することは「曲事」であり、一刻も早く調談の上で本願寺教如の檄に応ずることを命令。	4096
	4月23日	羽柴秀吉、能登国羽咋郡福光より織田信長（1534～1582）に、温井景隆（親上杉派）（？～1582）等の和を請ひたることを報ず。	4097
	4月24日	羽柴秀吉、播磨国宍粟郡の宇野民部を、長水山城（兵庫県宍粟市山崎町宇野）に攻撃。	4098
	4月24日	**「但馬平定」**。この頃、秀吉（1537～1598）に命じられた弟・羽柴長秀（秀長）（1540～1591）による但馬平定が完了。	4099

西暦1580

天正8	4月24日	織田信長、近江国伊庭山に放鷹。 その際、山上で丹羽右近（氏勝）（1523〜1597）の家臣が作業中で大石が落下、この事故がさまざまな不行届きの末に起こったことであるという報告を聞き、激怒した信長は現場年寄衆の一人を手討にする。（『信長公記』）。	4100
	4月26日	羽柴秀吉、播磨国網干百姓中へ、小西立佐（隆佐）（?〜1592）を派遣したので下知に服従するよう命令。	4101
	4月27日	明智光秀娘・細川珠（後のガラシャ）（1563〜1600）、長男・忠隆（後の長岡休無）（1580〜1646）を生む。	4102
	5月3日	「中将信忠卿、北畠信雄卿、安土に至って御出で。御自分御座所の御普請仰せ付けられ候」。（『信長公記』）。 織田信忠・北畠（織田）信雄が安土へ参上。信長、両人に対し安土へ自分の座所を普請することを命じる。	4103
	5月5日	「御山にて御相撲これあり。御一門の御衆御見物なり」。（『信長公記』）。 織田信長、安土城で相撲を催す。	4104
	5月7日	近江国安土城下の堀・舟入・道路工事が終了。信長（1534〜1582）、普請を監督した丹羽長秀（1535〜1585）・織田信澄（1555?〜1582）の辛苦に報いて両名に暇を与えた。これにより信澄は高島へ、長秀は佐和山へと帰っていった。（『信長公記』）。	4105
	5月7日	信長、安土城下に宣教師の宅地を与える。	4106
	5月7日	長岡（細川）藤孝（1534〜1610）、波々伯部貞弘より、弓の印可を受ける。 桑田郡の波々伯部家は、太平記にも登場する弓の名門であった。	4107
	5月10日	織田信長、戦況報告を送付してきた能登国の長連龍へ、能登国七尾城の温井景隆より講和の懇望を受けたことに対して「何篇無越度之様」（過失無き様）に調儀することを指示。詳細は堀秀政に伝達させる。	4108
	5月14日	本願寺教如（1558〜1614）、能登国鹿島郡崎山十八日講中に、大坂籠城の決意を告げてその馳走を求む。	4109
	5月17日	羽柴秀吉、今井宗久へ、播州経略最中に和泉国堺逗留の際の饗応を謝す。	4110
	5月17日	国中の相撲取召し寄せられ、安土御山にて御相撲これあり。御馬廻衆御見物。日野の長光、正林、あら鹿、面白き相撲を勝ち申すに付きて、御褒美として銀子五枚長光に下され、忝く頂戴。甲賀谷中より相撲取卅人参り候。辛労の由、御諚候て、黄金五枚下され、忝き次第なり。布施藤九郎与力に、布施五介と申す者、能き相撲の由候て、召し出だされ、御知行百石仰せ付けられ候。今日の御相撲、あら鹿、吉五、正林、能き相撲勝ち申すに付きて、御褒美として、八木（米）五十石宛下され、忝く拝領なり。（『信長公記』）。 （国中の相撲取りを集めて安土御山で相撲を開催した。見物には馬廻衆が加わった。取組では日野の長光・正林・あら鹿がそれぞれ面白き勝負を勝ち、信長公は褒美として長光に銀子五枚を与えた。甲賀谷中より相撲取三十人も黄金五枚を与えた。また布施藤九郎の与力で布施五介という者もよき相撲を取ったとして召し出され、知行百石を与えられた。さらにこの日の相撲ではあら鹿・吉五・正林がよく勝負を勝ったため、三名には褒美としてそれぞれ米五十石ずつが下された）。	4111

天正8	5月18日	ルイス・フロイス(1532~1597)、北庄城(福井市中央1丁目)の柴田勝家(1522？~1583)を訪ねる。	4112
	5月19日	紀伊国一揆、摂津国中島堀城を攻略。	4113
	5月20日	中川清秀、紀伊国一揆から中島堀城を奪回。	4114
	5月21日	下間頼廉、某へ、紀伊国一揆が調略を以て織田信長打倒を企図、その謀議には高野山も関与しているとの密告を報告。中川清秀が一揆勢と交戦したこと、鉄炮三百挺を「芸州衆」に要求したことを通知。	4115
	5月22日	山城国石清水八幡宮、信長の命で新造なった社殿への上遷宮(本殿へ御神体を戻すこと)が行われる。 抑も、やはた八幡宮造営御奉行として、武田佐吉、林高兵衛、長坂助一、両三人仰せ付けられ、去る年十二月十六日、斫初。然うして、内陳、下陳の間に木戸井これあり。朽腐し、雨漏り、癈壊に及ぶの間、今度は、末代の為に候の間、からかねにて鋳物にさせられ、長さ六間にて候を五つに鋳物に仰せ付けられ、当春三月、下遷宮ありて、程なく、社頭、宝殿、葺合せ、築地、楼門造単せしめ、金を以て塗き立て、神前光明を輝かし、神明納受の社壇、荘厳、巍々堂々と七宝を鏤め、五月廿六日、上遷宮をなし奉り訖んぬ。誠に神は人の敬ひに依って威を増すとは、夫れ是れを謂ふか。倍信長の御武運長久、御家門繁栄の基なり。参詣の輩、貴賎群集をなし、弥尊み拝呈す。八月中旬まで、九ヶ月に成就せしめ畢ぬ。(『信長公記』)では26日。	4116
	5月23日	織田信長、紀伊国雑賀惣中へ、「本願寺門跡光佐赦免」の上は、雑賀門徒でも国人一揆でも浄土真宗以外の宗派と同様の待遇とすることを定め、一人たりとも「大坂」(石山本願寺)と通報することを禁止する。また万が一「大坂相残之輩」(石山本願寺籠城する連中)があれば召還して通路を厳重に封鎖することを通達。	4117
	5月24日	羽柴秀吉、播磨国姫路城より養徳院(信長乳母)へ、贈物を謝し来遊を勧める。	4118
	5月25日	織田信長、山城国石清水八幡宮祠官の善法寺堯清へ、「御遷宮」の件を承知し、扇子三十本の贈呈を謝す。詳細は松井友閑に伝達させる。 信長、石清水八幡宮に黒印状を与える。信長、八幡宮に「金銅樋」を寄進する。	4119
	5月25日	本願寺教如、加賀国能美郡門徒に、大坂籠城の決意を告げてその馳走を求む。	4120
	5月28日	武藤康秀(「一水」)、越前国敦賀郡河舟惣中へ、河舟に対して先規を遵守した新儀を書面で通達し、河舟商売の件での違反者は厳重に処罰する旨を通知。	4121
	5月-	この月、羽柴長秀(のちの秀長)が因幡に侵攻、鳥取城を包囲する。	4122
	5月-	この月、信長、法華諸山へ上納金完済を督促する。	4123
	6月1日	織田信長、山城国鞍馬寺別当職を安堵。	4124
	6月5日	三沢為虎(「三沢少輔八郎」)、毛利家臣の口羽通良(「口羽下野守」)・粟屋元種(「粟屋内蔵丞」)へ、「都鄙就御弓矢」にあたり羽柴秀吉の因幡国侵攻や南条元続が敵対し伯耆国への乱入などに直面しているが、三沢家は毛利元就(「元就様」)の「御意」を得て以来度々毛利家に忠節を尽くし恩義浅からず家であるので足利義昭(「公儀」)に、また毛利家(「貴家」)について奔走する旨を誓約する起請文を提出。	4125

西暦1580

天正8		

6月5日　羽柴秀吉、播磨国宍粟郡の長水山城を陥落。（『信長公記』）。　　　4126
城主宇野民部大輔祐清と父政頼、その他一族郎党は、5月10日頃、城を捨てて脱走。
美作国吉野郡を目指して逃げに逃げたが、追っ手の荒木平太夫重堅に播磨国宍粟郡千草（兵庫県宍粟郡千種町）の地で追いつかれ、ついに自害したという。

6月7日　本願寺教如、越前国敦賀門徒惣中へ、「今度当寺既可相果」きのところ、本願寺　　　4127
教如の覚悟を以て石山本願寺に踏み止まっていることに触れ、紀伊国雑賀に退
去した本願寺顕如が織田信長と「一味同心之内存」していることは「当家破滅之造
意」と嘆息の意を表す。また「聖人の一流退転なきやう」に心懸け、「蓮如上人已来
数代の本寺を此度法敵に可相渡事」は無念であること、仏法再興の際には雑賀へ
退去した本願寺顕如も納得するであろう旨を通知。

6月-　「第一次鳥取城攻撃─天正8年6月～9月21日」はじまる。　　　4128
この頃、羽柴秀吉（1537～1598）、弟の長秀（のちの秀長）（1540～1591）と合流して鳥取
城（鳥取市東町）を攻撃。城主・山名豊国（1548～1626）は、一旦は鳥取城に籠城する。

6月13日　力士・円浄寺源七が、織田信長の勘気を蒙り追放された。（『信長公記』）。　　　4129

6月14日　本願寺顕如、美濃河野十八門徒中へ、大坂退出が近い旨を通知。また織田信長　　　4130
との和談は禁裏の要請であるため受諾したことを報告。詳細は下間頼廉に伝達
させる。

6月15日　織田信長、越中国の屋代右衛門尉（菊池武勝）へ、「葦毛」馬一匹の贈呈を謝す。詳　　　4131
細は屋代左近将曹（「将曹」）に伝達させる。

正親町天皇の宣旨により「馬道天下一」とされた屋代左近将曹は、本能寺の変で、
厩から敵勢（明智勢）に斬り込んだが討死した矢代勝介（屋代勝助）という。

6月20日　**明智光秀（1528？～1582）、城郭破壊命令に背いた丹波土豪・和久左衛門大夫長利を**　　　4132
成敗する。さらに、和久左衛門大夫の謀叛の様子がはっきりしたので処罰した
とし、一族や被官人が逃げ隠れたが匿えば処罰することを通達。

6月21日　「出野左衛門助・片山兵内あて明智光秀文書」。　　　4133
和久左衛門大夫、居城を破却すべきことを昨年命じたところ、寺家などは壊さ
ず残すと主張し、意のまま振る舞いをしており、昨日成敗を行い、逆心を抱い
ていることが明白になった。それで和久の親類縁者・家臣どもが、そこもとの村々
へ逃亡したそうなので、かならず彼らを捕縛するよう。し下々の者が彼らを匿
いなどすれば、後年といえども、こちらの耳に入り次第、在所全体を成敗する
ので、入念に探し出し、裁きの場に出すように。詳しくは上林紀伊守が申します。
謹んで申し上げました。
追って申し述べます。和久左衛門大夫の子息井上介や肥前入道も逃亡した。そ
ちらの山中以外に、行くところもないので入念に探し出すように。以上。

丹波の和久庄の和久左衛門が築いた山家城（京都府綾部市広瀬町山田城）**を攻略した後、**
その処分について配下のものに指示した消息で折紙に認める。明智光秀は、家
臣団の統制を計る。

天正8	6月23日	「新坊主退出遅々付而、門跡存分井雑賀面々書付、無比類候、‥‥‥‥‥‥‥‥‥ 大坂一日も続かたく候に出入事、信長時節歟、若坊主果候歟、‥‥‥‥」。 織田信長、佐久間信盛・松井友閑へ、本願寺教如の石山本願寺退出遅延について、本願寺顕如光佐の意見や雑賀党の書付は立派であり疑念は少しも無いけれども、このような事態（教如の石山本願寺籠城）は、不審千万である一方、石山本願寺より祝儀として使者が到来したことは喜ばしく感じていること、先年「大坂赦免」後に信長が数度にわたって「表裏」（和睦を破棄）した経緯があるので、「大坂一着」（教如の石山本願寺退去）の見当がつく前に石山本願寺側の使者と対面することは織田側にとって、重而天下の面目を失うことになることに触れ、今度の和睦にあたり本願寺使者は織田信忠に謁見すべきであることを指示する。また教如の石山本願寺退去が実現すれば、本願寺使者と対面する意思があるという真意を述べ、もし本願寺使者が織田側の期待は難儀であるとした場合は、人目を忍んで夜中に対面する意思もあることを通達。本願寺顕如光佐や雑賀党の書付を見た上は、本願寺教如の石山本願寺籠城の一日も続き難い状態となるこの紛争は、信長が死ぬ時節か、本願寺教如が死ぬ時節かの二者択一であることを通達。	4134
	6月24日	織田信長、若狭国小浜在陣中の丹羽長秀(1535〜1585)へ、加賀国などの敵地へ、港湾より「八木」(米)を搬送することを厳禁し、若狭国の廻船業者にこの旨の厳守を通達させる。	4135
	6月24日	織田信長(1534〜1582)、羽柴秀吉をして、出雲を与えるとし、毛利輝元(1553〜1625)の家臣・美作国祝山城(医王山城)(岡山県津山市吉見)の湯原春綱(1513〜1591)を招くが、春綱は応ぜず。	4136
	6月24日	織田信長、安土で相撲を開催。明け方から夜になり提灯をつけて続けたいい、この日も大野弥五郎が召抱えられた。(『信長公記』)。	4137
	6月26日	「土佐国捕佐せしめ候長宗我部土佐守、維任日向守執奏にて御音信として御鷹十六聯、并に砂糖三千斤進上。則ち、御馬廻衆へ砂糖下され候き」。(『信長公記』)。 土佐国主一条内政を補佐すると織田政権に認識されていたとする、**長宗我部元親、明智光秀(1528？〜1582)の取次**で、**信長に鷹、砂糖を献上。**	4138
	6月27日	石清水八幡宮正遷宮のため勅使として久我季通（敦通）・万里小路充房が下向。(『兼見卿記』)。 石清水八幡宮の造営が成り正遷宮を行う。	4139
	6月30日	「中将信忠殿が安土へ上ってきた」。(『信長公記』)。	4140
	7月1日	織田信長、越中国の有沢小太郎・栃屋縫右衛門へ、越中国での「土作」を賞す。二人は信長に、越中における国衆の工作を申し出た。	4141
	7月2日	雑賀へと退去した本願寺顕如光佐、藤井藤左衛門・矢木駿河守・平井越後の三使を遣わして信長へ御礼を行わせる。御礼の席には勅使の近衛前久・勧修寺晴豊・庭田重保も同席し、取次は松井友閑・佐久間信盛が務めた。その席上、三使は信忠へ御礼を述べるも、信長は対面に現れなかった。(『信長公記』)。	4142
	7月2日	織田信長(1534〜1582)、本願寺顕如光佐(1543〜1592)へ、祝儀としての「青鳥」・太刀・銀子一千両の贈呈を謝し、黄金三百両を贈答する。詳細は松井友閑に伝達させる。(『信長公記』)。	4143

西暦**1580**

天正8	7月3日	**「花隈城の戦い」。** 4144

「花隈城の戦い」。 4144
織田家臣池田恒興(1536〜1584)、子の元助(1559/1564〜1584)・輝政(1565〜1613)と共に、荒木村重の支城・摂津国花隈城(華熊)(兵庫県神戸市中央区花隈町)を攻め落とす。

この時に、荒木村重・村次父子、荒木元清(1535〜1610)は、安芸の毛利氏を頼り逃亡ともいう。
恒興は、その後、摂津の一部の支配を委ねられた。

7月4日　吉田兼見、当番として二条御所(下御所)へ初めて祗候、織田信忠(1557〜1582)との対面も叶う。(『兼見卿記』)。 4145

7月4日　本願寺顕如の使者三名、二条御所を見物。(『兼見卿記』)。 4146

7月5日　筒井順慶(1549〜1584)、「雑説」の「申分」のために近江国安土城へ出頭す。(『多聞院日記』)。 4147

7月13日　本願寺教如(1558〜1614)、摂津国辻城(兵庫県三田市八景町)・安田城(加古川市尾上町)が陥落したことで織田信長に屈服する。 4148

7月14日　**織田信長、近江国安土より上洛。(『兼見卿記』)。** 4149

7月17日　**織田信長(1534〜1582)、本願寺教如光寿(1558〜1614)へ、その大坂開城の後、加賀を返付すべきこと等全五ヶ条の「条々」を示す。** 4150
信長は、この度の「光寿赦免」の旨を誓約した血判起請文を提出。
来る八月十日までに石山本願寺の退去を命ずる。

7月18日　織田信長、筒井順慶へ、「大坂面」(石山本願寺)を急ぎ攻囲したところ、本願寺教如より「退城」の懇望があったので、今少し軍事行動を継続する旨を通達。 4151

7月20日　筒井順慶、この朝に上洛。(『多聞院日記』)。 4152

7月20日　多聞院英俊、昨夜「雑説」により大和国奈良中が騒動し京都より軍勢が下向、伊勢国からは既に軍勢が到着したと騒ぎになったことを知る。また筒井順慶がこの朝に上洛したことを知る。筒井順慶の上洛は神戸信孝(「三七殿」)を「由子」(猶子)とするためのものであるという風聞であった。(『多聞院日記』)。 4153

7月20日　織田信長、近衛前久へ、今度の本願寺教如(「新門跡」)の石山本願寺「退城」について別儀無く織田信長「朱印」・「誓紙」を送付したことに触れ、退去が遅延した場合に織田側の「外聞面目」は口惜しいので、早々に本願寺教如(「彼長袖」)退出の手筈を調え、石山本願寺側からの「人質」を受領することを通達。また織田軍は淀川(「宇治川」と誤記)しているが、退出遅延となれば士気も衰退するので、急ぎ退出の実現を督促し、この「誓文」を送付。 4154

7月23日　本願寺教如(1558〜1614)、門徒に対し大坂退去を通達。 4155

7月23日　斎藤利三(1534〜1582)、奈良白毫寺に諸夫役を免除。 4156
「雑説」から避難し白毫寺に戻った僧に対してか。

7月23日　**明智光秀(1528？〜1582)、賀茂庄惣中へ、年貢などを納めないと成敗する旨を通達。** 4157

天正8	7月24日	**近衛前久、本願寺教如へ全三ヶ条の「覚」を発す。**	4158
		近衛前久(1536~1612)、本願寺教如(1558~1614)へ、「大坂」(石山本願寺)を来る八月二十日以前の明け渡すという本願寺教如の「誓詞」・「人質」が到来すれば、即刻に織田信長「御朱印」・「誓詞」を送付することを通達。また、この条件が調えられれば「勅使」が本願寺教如を「雑賀之浄土宗」と「同一之筋目」として扱うこと、この実施は近衛前久が担当するので心配はいらないとの誓詞を提出。	
	7月25日	織田信長、正親町天皇に薫物を下賜される。	4159
	7月27日	織田信長、庭田重保・勧修寺晴豊へ、石山本願寺の「人質」請け取りについて早々の報告を謝し、「御馳走」している本願寺教如の石山本願寺「退城」を早々に実現させるよう督促。	4160
	7月28日	吉田兼見、水無瀬兼成(権中納言)(1514~1602)・水無瀬親具(兼成の養嗣子、左近衛中将)(1552~1632)、を同行し織田信孝(「三七殿」)を妙満寺陣所に訪問。即時対面、鞘を進上。(『兼見卿記』)。	4161
	7月28日	多聞院英俊、明智光秀(「惟日」)が「寛一」へ「入魂之由」を返事したことを知る。(『多聞院日記』)。「寛一」は誰なのか。	4162
	7月29日	織田信長、朝廷に鮮魚を献上する。	4163
	7月30日	**織田信長、近衛前久と、本願寺教如の石山本願寺退去の件で談合す。**	4164
	7月-	この月、織田信長、前田利家(1538~1599)と不破光治(?~?)両名を高野山に使者として送り、荒木村重身落ち武者を引き渡すよう交渉させる。	4165
	7月-	この月、長岡(細川)藤孝、大納言三条西公国(1556~1588)(実枝の子)に、古今伝終了証明書を発行。	4166
	7月-	**この月、織田信長(1534~1582)、丹波国一国(二十九万石)と丹波亀山城を明智光秀(1528?~1582)に、丹後を長岡(細川)藤孝(1534~1610)に宛行う。**	4167
		光秀は、坂本城五万石・近江志賀郡五万石を合わせ三十九万石の領主となった。	
	7月-	**この月、明智光秀、丹波国多紀郡宮田市場(兵庫県丹波篠山市宮田)の条規を定む。** 市場での喧嘩口論、押し売り、強引な値引き、市場での人質の交換の禁止、市の開催日(4日、8日、12日、17日、21日、25日)など。	4168
	8月1日	織田信長、矢部家定(1530?~1611?)より到来した注進状を戌刻(20時)に披見、摂津国大坂方面の戦況報告を諒承。また摂津国中島周辺の封鎖を命令し、本願寺教如の石山本願寺「退城」を急ぎ実現させるよう指示。更に昨日近衛前久に、様子を申し含め石山本願寺へ下向させたことを通達。	4169
	8月1日	織田信長、本願寺顕如へ、礼物の虎革三枚・氈一枚の贈呈を謝す。詳細は松井友閑(「宮内卿法印」)に伝達させる。 「氈」は、「せん」とも読み、毛で織った敷物。	4170
	8月1日	摂家・清華家の公家衆、織田信長へ出頭。吉田兼見、吉田兼治を同行し出頭。織田信長の対面は無く、公家衆は織田信忠に八朔参賀をする。	4171
	8月1日	長岡(細川)藤孝(1534~1610)、国替のため、勝龍寺城(京都府長岡京市勝竜寺)を出立、丹波国へ入国。松井康之(1550~1612)は、勝龍寺城引渡し任務で残る。	4172

西暦1580

天正8	8月2日	石山本願寺に向かう勅使は近衛前久・勧修寺晴豊・庭田重保で、下使として荒屋善左衛門が従い、信長からの使者として松井友閑と佐久間信盛も加わる。佐久間、松井と共に教如の本願寺退去を検使する勅使として、本願寺に乗り込む。	4173
	8月2日	**本願寺教如**（1558〜1614）、**元関白近衛前久**（1536〜1612）の説得に応じ、摂津国大坂の石山本願寺を退去し、わずか七、八名の門徒を伴い、紀伊国雑賀へ下向。雑賀の門徒は、顕如と教如を鷺森（和歌山市鷺森）の地に寺を建て迎えた。鷺森本願寺（鷺森御坊・鷺森別院）（和歌山市鷺ノ森）がそれである。 越前の日本海の海上交通の中継点と、摂津の瀬戸内海と太平洋の中継点という本願寺のもつ権益とその領土は信長の手に落ち、長年にわたる信長の宗教勢力との戦いは信長の勝利で終わった。	4174
	8月2日	**近衛前久、摂津国大坂の石山本願寺を接収する。しかし石山本願寺は悉く焼亡する。**（『多聞院日記』）。	4175
	8月2日	吉田兼見、本願寺教如の石山本願寺退去及び織田信澄の大坂出陣を知る。（『兼見卿記』）。	4176
	8月2日	織田信長（1534〜1582）、津田宗及（？〜1591）から昨年召し上げた宗及の家宝である「文琳」（林檎のような形の茶入）を、使者長谷川秀一（？〜1594）を通じて宗及に返す。何と、その日は宗及の父・津田宗達（1504〜1566）の命日だった。	4177
	8月2日	長岡（細川）藤孝（1534〜1610）、八幡山城（兵庫県丹波市柏原町）入城。	4178
	8月4日	吉田兼見、織田信長より長岡（細川）藤孝が丹後国を宛行われた旨を知る。（『兼見卿記』）。	4179
	8月4日	**「信長の大和一国諸城破却令」**。織田信長、筒井順慶（1549〜1584）に、郡山城を除く大和国内諸城の破却を命じる。 信長はあわせて河内も同様の措置を命じ、国人たちの反抗の拠り所を無くし、筒井順慶を通して信長支配の一元化を図った。	4180
	8月4日	多聞院英俊、去八月二日に筒井順慶が上洛し、昨夕に大和国へ帰還したことを知る。また大和国「国中諸城可破」という命令を受けたことも知る。（『多聞院日記』）。	4181
	8月6日	塩河（塩川）長満（摂津国箕輪住人）、織田信長の命に従い摂津国有馬郡湯山阿弥陀堂の寺領ならびに山林竹木を安堵。	4182
	8月6日	吉田兼見、長岡（細川）藤孝（「長兵」）へ、使者を派遣し丹波国入国を祝す。また家中祈念のため大将軍鎮札・百座敷を調えて送付。（『兼見卿記』）。	4183
	8月7日	**「清水寺真乗坊、織田信長によって廃絶」。** 村井貞勝、山城国清水寺成就院本願へ、清水寺真乗坊が「大坂籠城中」に呼応し方々へ「廻文」を以て石山本願寺への「入城」を勧誘したことに対し、織田信長は「御成敗」の命令を下されたこと、これにより清水寺真乗坊の坊舎・屋敷・「銭箱」以下を残さず没収の上で清水寺に寄進し、「本願」を清水寺成就院に委任させることになったことを通達。	4184
	8月8日	多聞院英俊、摂津国・河内国の諸城が悉く破却されたことを知る。また筒井順慶も河内国へ出向いていることを知る。（『多聞院日記』）。	4185

天正8	8月8日	万里小路充房、吉田兼見へ、阿茶々局（勧修寺晴子、誠仁親王妃）からの誠仁親王（「御方御所」）のための祈祷依頼を伝達。織田信長（「右府信長」）が典侍局（冷泉為益女、誠仁親王妃）の件で誠仁親王へ意見を提示したにもかかわらず誠仁親王が聴許しなかったので織田信長が「腹立」て、これにより誠仁親王の無為落居の祈祷を依頼してきたという。 吉田兼見、二条御所へ参内。そしてこの件に関して誠仁親王の命令を奉じて近衛前久（「近衛殿」）を訪問。更に中山親綱（「中山黄門」）・勧修寺晴豊（「勧黄門」）・万里小路充房・阿野休庵と談合。（『兼見卿記』）。	4186
	8月10日	柴田勝家（1522？～1583）、安東愛季（1539～1587）へ、「鷹」を所望し部下の瀧波久兵衛を陸奥国津軽・糠部へ派遣するので上下の路次保証を求む。	4187
	8月12日	織田信長、京を発し宇治の橋を見物し、そこから舟に乗って大坂へ下った。（『信長公記』）。	4188
	8月12日	大坂に着いた織田信長（1534～1582）、「退き佐久間」と呼ばれ戦上手の佐久間信盛（1528～1581）・信栄（1556～1632）父子を弾劾する全十九ヶ条の「覚」を発す。 佐久間父子今度、一天下の面目失い候儀、唐土・高麗・南蛮までも、其の隠れあるまじきの事とし、「いづかたの敵」を平定して「会稽を雪」ぎ、一度帰参致し、又は討死する物かの事。または佐久間父子が剃髪の上で紀伊国高野山に隠棲し「以連々赦免」を請うことの二つに一つを受けなければ、そして「抑も天下を申しつくる信長に口答申す輩」に「二度天下之赦免」は無いと断言する。（『信長公記』）。 その折檻状の三番目に、「丹波国、日向守働き、天下の面目をほどこし候。次に羽柴藤吉郎、数ヶ国比類なし。……」。（丹波の国における惟任日向守（光秀）のめざましい働きは、よく天下に面目を施した）と、秀吉より先に光秀（1528？～1582）の働きを上げた。	4189
	8月12日	織田信長、初めて音信を通ず島津義久（1533～1611）へ、大友義統（1558～1610）と「鉾楯」に及んでいることは不当であり「和合」することがもっともであること、また信長の勢力圏では石山本願寺を「緩怠」を理由に「誅罰」し、石山本願寺側からの懇望により「赦免」して大坂「退散」が実現、本願寺顕如光佐らは紀伊国雑賀へ退去したことで「幾内無残所属静謐」したこと、来年は安芸国へ信長が「出馬」する予定であるので、その際には奔走し「天下」に対して大忠をなすことを促す。詳細は近衛前久より伝達させる。	4190
	8月12日	織田信長、近衛前久へ、大友義統と島津義久が「干戈」に及んでいることは不当であり「和睦」することがもっともであること、また「大坂落着」（本願寺教如の退去）したので、来年は織田信長が「出馬」して毛利輝元を「追伐」する予定なので、その際には大友義統・島津義久の双方が奔走し「天下」に対して大忠を尽くすことを申し含め、伊勢貞知（「伊勢因幡守」）に通達するよう命令。	4191
	8月13日	「織田信長黒印状」。「至其国早々示着候由、尤以可然候、於様子、惟任具申越候、弥相談、政道彼是無由断可申付事専一候、此方見舞遅々不苦候、猶珍儀候者、可注進候也」。 織田信長、丹後国八幡山城（京都府宮津市字宮村身船）に拠点をもうけた長岡兵部大輔（細川藤孝）へ、丹波国入国を祝し、明智光秀からもその様子の報告を受けているので、今後は明智光秀と相談し、「政道」は油断無く執り行うこと、信長への見舞遅延は問題としないこと、状況変化があれば注進すべきことを通達。	4192

天正8	8月13日	吉田兼見、織田信長（「右府信長」）を訪問し菓子を進上。森長定（「御乱」）（1565～1582）が披露。（『兼見卿記』）。	4193
	8月13日	安東愛季（「安倍愛季」（従五位下）、「従五位上」に昇進。 安東愛季（「安倍愛季」（従五位下）、「侍従」に任官。	4194
	8月15日	**「信長、宿老佐久間信盛父子追放」。** 織田信長、佐久間信盛（1528～1581）のもとへ 楠 長韻（楠木正虎）（1520～1596）・松井友閑（?～?）・中野又兵衛（一安）（1526～1598）の三名を遣わして、自筆の覚書をもって、石山本願寺攻略に比類なき戦功無しとして、本願寺攻めの大将佐久間信盛・信栄父子を高野山に追放。 **佐久間信盛の組下の大和の筒井順慶（1549～1584）、摂津の池田恒興（1536～1584）・中川清秀（1542～1583）・高山右近（1552～1615）らが明智光秀（1528 ?～1582）の寄騎となる。**	4195
	8月15日	吉田兼見、織田信長（「右府信長」）の大坂表出陣が未明なので見送らず。（『兼見卿記』）。 **織田信長、宇治から八幡を見て大坂へ向かう。（『御湯殿上日記』）。** 信長が石山本願寺の焼け跡に入り、検分を行う。	4196
	8月16日	本願寺教如、美濃国安養寺へ、去る八月二日に石山本願寺を「退出」して紀伊国雑賀に在城していることに触れ、無念の始末であり「端城」等を「破却」させたことも了簡に及ばなかったからであること、今度本願寺教如に「一味同心之衆」に対して気遣いは無い様にし、本願寺顕如（「御門主」）派と本願寺教如派の間には別儀無きこと、各自「法儀」を嗜み「真俗共」の馳走を依頼する旨を通達。	4197
	8月16日	織田信長、本願寺顕如光佐へ、「当城一着」に際し使者の派遣と中国宋の皇帝「徽宗筆」）の三幅一対絵の贈呈を謝す。詳細は松井友閑に伝達させる。	4198
	8月17日	多聞院英俊、昨日筒井順慶が河内国より大和国へ帰還したことを知る。またこの日の「平城」破却と大和国中の城が悉く破却され、郡山城（奈良県大和郡山市城内町）が残されたことを知る。この破城によって大和国内諸方は「以外騒動」であった。（『多聞院日記』）。 大和は、大寺院が領主であるため、大和の検地にあたって、その拠点を、信長は取り壊したという。	4199
	8月17日	**「信長、さらに宿老を追放」。** **織田信長、宿老の林秀貞（1513～1580）と安藤守就（1503?～1582）・尚就（?～1582）父子と丹羽右近（氏勝）（1523～1597）を、過去の謀反を理由に追放。** 『信長公記』には、林、安藤、丹羽三名の追放の理由として「先年信長公御迷惑の折節、野心を含み申すの故なり」（先年、信長公が苦闘を重ねていた折、それに乗じて野心を含んだためであった）とある。秀貞は、過去の信行（信勝）擁立の謀反の罪を、安藤父子は、武田勝頼と内通したという罪、氏勝は二十五年前の守山城の信次事件や武田家内通疑惑が理由であったという。なんと、天文24年（1555）6月の信長の弟・秀孝を殺害する事件である。	4200
	8月17日	長岡（細川）藤孝・長岡忠興・明智光秀連署、丹後江尻村（京都府宮津市江尻）へ禁制を発行。	4201
	8月17日	明智光秀（1528 ?～1582）、愛宕山威徳院法印へ、丹波多紀郡内の二百石を奉納する。	4202

天正8	8月18日	多聞院英俊、大和国興福寺大乗院門跡を訪問し「御修理反銭」を徴集する件を明智光秀(「惟任」)と筒井順慶(「筒順」)へ「内々」に申請するよう指示を受ける。(『多聞院日記』)。 「反銭(たんせん)」は、即位・内裏修理・社寺造営などの費用にあてるため、幕府・朝廷・領主・守護などが臨時に特定の諸国の田地に対して段別に金銭を徴収すること。	4203
	8月18日	**織田信長、荒木村重の旧領摂津国を、池田恒興(1536〜1584)父子に与える。**	4204
	8月20日	多聞院英俊、大和国中での「破城」が大旨遂行され、大和国郡山城は筒井順慶に与えられるというので残されたことを知る。(『多聞院日記』)。	4205
	8月20日	多聞院英俊、近衛前久(「近衛殿」)の奔走にて超昇寺が退城したので二百石が大和国興福寺に到来したことにつき、この朝に興福寺一乗院尊政(「一門」(近衛前久息)(1563〜1616)自身が御礼奏上のために上洛したことを知る。(『多聞院日記』)。	4206
	8月20日	**明智光秀(1528?〜1582)、長岡(細川)藤孝(1534〜1610)と共に、午刻(12時)に丹波吉原山城(権現山城)(京丹後市峰山町吉原)の吉原西雲の謀反を未然に防ぎ征伐したことを、織田信長に宛て注進状を発する。** 西雲が波多野氏の残党を受け入れたためという。 細川興元(おきもと)(藤孝の次男)(1564〜1619)が城代として入ったという。	4207
	8月21日	「織田信長黒印状」。「……居城之事、宮津与申地可相拵之着、得心候、……就其普請之儀、急度由候、則惟任朱印遣之候間、令相談丈夫可申付儀肝要候……」。 **織田信長、長岡兵部大輔(細川藤孝)へ、丹州方面の報告を受け、藤孝の居城を丹後国宮津に構築することを諒承する。急ぎ宮津城(京都府宮津市鶴賀)普請に着工するよう明智光秀へも織田信長「朱印」を下したので相談の上での実行を命令。** また去る八月十五日に織田信長は大坂に赴き、畿内の存在する諸城の大略を「破却」させ、まもなく上洛する予定を通達。	4208
	8月21日	滝川一益(「滝川」)・矢部家定(「矢部善七郎」)、大和国法隆寺に到着する。(『多聞院日記』)。	4209
	8月22日	「織田信長黒印状」。「一昨日、午相剋之注進、今日申剋到来候……悉討果候由候、尤以可然候、猶々、万方無油断調儀専一候也」。 **織田信長、長岡兵部大輔・惟任日向守(細川藤孝・明智光秀)へ、去八月二十日午刻(12時)の注進状をこの日の申刻(16時)に披見し、丹後入国にあたり、丹波国の土豪吉原西雲が出仕せず、「野心」を働いたので殲滅したことを賞す。**	4210
	8月23日	「織田信長、上洛」。 吉田兼和(兼見)(1535〜1610)、村井貞勝(?〜1582)を訪問したところ、織田信長が大坂表(南方)より上洛という注進が入り、村井邸より直接、東寺辺まで出迎えに赴く。吉田兼見、路次に於いて信長を出迎え、息子吉田兼治(1565〜1616)の病状を見舞われる。(『兼見卿記』)。	4211
	8月23日	菅屋長頼(「菅屋九右衛門尉長頼」)(能登国代官、能登国七尾城駐在)、能登国一宮気多神社惣中へ、能登国羽咋郡は土肥親真(「土肥但馬守」)(能登国羽咋郡末森城主)の知行分であるので、気多神社の修造分・社務分・免田で「当知行分」を土肥親真(「但馬」)より没収したが、菅屋長頼がその件を上申するので従前の如くとすること、なお織田信長(「公儀」)の決裁が得られるまでは気多神社の一切の借物について処置をしないよう通達。	4212

西暦 1580

天正8	8月24日	織田信長、筒井順慶へ、佐久間信盛・佐久間信栄父子の石山本願寺の攻囲（「大坂向之動」）にあたっての「不届」に対し何方に於いてでも「雪会稽」ぐこと（追放すること）を命令したこと、佐久間信盛・佐久間信栄へは「一人も不可罷」とし、「下々未練之族」の追従は「曲事」であるので通過させないこと、大和国に於いても追放した佐久間父子を追従させないよう路次改を実施し「一人も不可通」ことを厳命。筒井順慶が油断した場合は「曲事」とすることを通達。	4213
	8月25日	吉田兼見、若狭国商人より鮭を購入し織田信長へ進上。森長定（成利、蘭丸）が披露。信長は珍物を喜んだという。（『兼見卿記』）。	4214
	8月26日	織田信長、朝廷に初鮭、初雁を献上。	4215
	8月26日	**織田信長、午刻（12時）に近江国安土へ下向。（『兼見卿記』）。**	4216
	8月28日	滝川一益（「タキ川」）、この夜前に京都からの「ハヤ打」にて大和国奈良より上洛す。（『多聞院日記』）。	4217
	8月28日	**織田信長、安土城に戻る。**	4218
	8月-	織田信長、山城国天龍寺へ、「物集女」の所々に散在する諸公事の件で「証文」を携帯していれば「先規」の如く「直務」とすべきこと、「一職」に当年より知行すべきこと、臨時課役は免除することを安堵。 この月、織田信長、山城国天龍寺に、寺領同物集女の諸公事を直務させる。	4219
	8月-	**一年にわたる長岡（細川）藤孝（1534～1610）らの攻撃に抵抗を続けた丹後弓木城（京都府与謝郡与謝野町）の一色義定（義有）（？～1582）が、明智光秀（1528？～1582）の仲介で藤孝（のちの幽斎）の娘・伊弥（1568～1651）を娶り和睦する。** 伊弥は、後に吉田兼治の室となる。 一色義定は以後、丹後を長岡氏（細川氏）と分割統治する。中郡・竹野郡・熊野郡のいわゆる奥丹後（現在の京丹後市）を領し、長岡氏は加佐郡・与謝郡を領有したという。	4220
	9月1日	織田信長、能登国の長連龍（1546～1619）へ、「知行方」の件で能登国七尾城と鹿島郡半分を領知として扶助すること、また降伏した温井景隆（七尾城主）の使者が近江国安土に到来しているのでその旨を申し聞かせること、更に長連龍の居城は羽咋郡「福光」（富山県南砺市福光）とすることを通達。詳細は菅屋長頼に伝達させる。	4221
	9月2日	長岡（細川）藤孝、安土に赴く。（『兼見卿記』）。 **丹後国内での一色氏とその背後に見え隠れする明智光秀の影響力は、細川藤孝・忠興父子には決して愉快なものではなかった。**	4222
	9月3日	庭田重保・勧修寺晴豊、本願寺顕如へ、織田信長の大坂下向につき、使者を以て迎え「御礼」したことを賞し、特に織田信長「御気色」に叶ったことはめでたいこと、本願寺顕如「尊札」を織田信長に披露し、本願寺側からの講和条件三ヶ条の件は近日中に松井友閑が上洛するので直ちに協議して庭田重保・勧修寺晴豊より返答する旨を通達。	4223
	9月6日	近衛前久（1536～1612）、島津氏家臣・喜入季久（1532～1588）へ、大友氏・島津氏の無事について織田信長が伊勢貞知（？～1627）を派遣した旨を通知。異儀無きよう細心の注意を払うよう指示。	4224
	9月8日	織田信長、本願寺顕如光佐へ、重陽祝儀で小袖、袷肩衣、袴の贈呈を謝す。詳細は松井友閑に伝達させる。	4225

天正8	9月8日	吉田兼見、出京し長岡（細川）藤孝の旅宿を訪問。暫く談合し、藤孝は丹波国勝龍寺城へ帰城。（『兼見卿記』）。	4226
	9月8日	9月1日岐阜城に向かった筒井順慶、近江国安土城へ出仕す。（『多聞院日記』）。	4227
	9月13日	下間頼龍（石山本願寺坊官）、美濃国高山別院照蓮寺へ、先年の黄金献上を謝す。更に本願寺顕如は石山本願寺を退去し紀伊国雑賀へ下向したこと、本願寺教如は大坂に籠城している旨を通知。	4228
	9月13日	織田信長（1534〜1582）、大友義統（1558〜1610）・父大友宗麟（1530〜1587）へ、芸州出馬のため大友氏・島津氏の和睦を勧告。「私之以遺恨」て異儀に及ぶ場合は、「敵」と見なすことを通達。	4229
	9月13日	近衛前久、大友宗麟へ、上洛以後の無沙汰を詫び、大友氏・島津氏の和睦については織田信長から伊勢貞知（？〜1627）が派遣される旨を通知し、大友義統と相談すべきことを勧告。	4230
	9月13日	近衛前久、喜入季久と喜入久道へ、大友氏・島津氏の和睦について織田信長から伊勢貞知が派遣される旨、同心するよう取り成す旨を通知。	4231
	9月13日	信長配下の塩河伯耆守（塩川長満）（1538〜1586）は、対立する丸山城（能勢城）（大阪府豊能郡能勢町地黄近隣）主・能勢頼道（？〜1580）を、野間資持（？〜1580）と共に多田に誘殺した。17日ともいう。川辺郡の塩河の自城・山下城（兵庫県川西市）という。**明智光秀（1528？〜1582）は、丹波に隣接する能勢頼道を塩川氏を通じて味方に誘ったが、頼道は代々室町将軍家に仕えてきたことから、将軍家を滅ぼした信長に味方することはできないと招きを退けたようだ。能勢は、信長の召し出しに応じなかった。**	4232
	9月15日	追放された佐久間信盛（「佐久間右衛門入道定盛」）（1528〜1581）、紀伊国高野山金剛峰寺小坂坊持明院へ、八両余の金子九枚と渋紙包を四個預け、「賄方」を依頼。もし「不慮」の事態に及んだ場合は定灯や石塔などの建立に充てることを依頼。	4233
	9月19日	近衛前久、島津義弘へ、薩摩島津氏は大友義統との紛争に及んでいたが、今に及んで「申結」ばれる（和睦する）ことを促す。また大友義統の件は織田信長に対して疎略ではないこと、織田側は毛利氏領国へ軍事行動に及ぶ軍議に於いて島津氏・大友氏の対立は不都合であり、島津義久の存分があったとしても和議締結に応ずべきであること、松井友閑・猪子高就（「猪子兵介」）からも同様の通達がなされること、近衛前久が織田側より受けた「書状」をこの件の参考のために送付するので、この和議締結に「同心」することが重要であることを通達。詳細は金鐘寺和尚・伊勢貞知より伝達させる。	4234
	9月19日	能勢頼道の弟・能勢頼次（1562〜1626）は、兄の仇、塩川氏打倒の兵を挙げ、大槌峠で戦闘となり塩川長満軍を破った。しかし、この日、明智光秀軍に属していた河原宣勝隊が大軍を率いて丸山城（能勢城）周辺に迫る。抵抗していた頼次は、翌天正9年（1581）丸山城を捨てて能勢妙見堂に為楽山城（大阪府豊能郡能勢町妙見山）を築き、織田信長軍の備えとした。その後天正10年6月、本能寺の変の際、明智光秀の交渉に応じて連携し、兄である能勢頼長に兵五百をつけその幕下となった。しかし、能勢頼次は明智光秀に味方したため、羽柴秀吉軍（塩川長満、河原宣勝軍）に攻められ再び丸山城は落城した。為楽山城の頼次は城を退去し落ち延びた。兄・能勢頼長はその後「三宅助十郎」という変名を名乗り、諸国を回ったという。	4235

西暦1580

天正8		

9月21日	「第一次鳥取城攻撃─天正8年6月～9月21日」。山名家臣森下道誉（？～1581）・中村春続（？～1581）が毛利氏に通じ、織田氏に降伏しようとした主君山名豊国（1548～1626）を、籠城中の鳥取城から追放する。 山名豊国は城を落ち延びて羽柴秀吉（1537～1598）を頼る。鳥取城には翌年、吉川経家（1547～1581）を新城主として迎えることとなる。	4236
9月21日	津田宗及（？～1591）、坂本にて明智光秀（1528？～1582）、三宅弥平次（明智秀満）（1536～1582）、明少（明智少兵衛）（溝尾茂朝）（1538～1582）、斎藤（利三）（1534～1582）と茶会。（『宗及茶湯日記』）。	4237
9月21日	さきに、荒木村重の家臣五名が高野山に逃れ、八月、これを探索するため来た信長勢三十二人（松井友閑配下の足軽という）を、高野山は調略をもって皆殺しにした。これに激怒した信長（1534～1582）は、この日、御室御所の任助法親王（1525～1584）の令旨をもって高野聖を捕らえるよう各地の諸将に命じた。	4238
9月21日	織田信長、紀伊国高野山金剛峰寺惣中へ、大和国宇智郡を「如近年」く安堵する。 信長、大和国宇智郡の領有権を認める朱印状を高野山に与える。	4239
9月23日	羽柴秀吉、信長に命じられて、播磨国で検地。	4240
9月25日	佐久間信盛（「夢斎定盛」）・佐久間信栄（「不干斎定栄」）、紀伊国高野山金剛峰寺小坂坊に対して、織田信長に赦免され（「御前相済」）て無事に帰国できれば二百石の寄進を約す。	4241
9月25日	織田信長「御上使」の明智光秀・滝川一益（1525～1586）、大和国興福寺吉祥院・興福寺成身院にそれぞれ到着。二人は信長に、指示検地を指示されていた。	4242
9月26日	この日、大和国で「一円ニ指出」の提出実行が通達される。（『多聞院日記』）。 明智光秀（「惟任日向守光秀」）、大和国興福寺東北院へ、去る九月二十五日に織田信長「御上使」として「南都」に到着したこと、大和国の諸給人の「知行方」と寺社本所の「指出」を命令する織田信長「御朱印」を通達。興福寺の寺領糾明を実施する旨を通達し、この明智光秀「折紙」が到着次第に「老者」と「知行方存知衆」を出頭させるよう指示する。 大和国興福寺衆徒中、大和国指出に関する全五ヶ条の「霊社起請文前書」を織田信長からの上使として派遣された滝川一益・明智光秀に宛てて提出。 （『多聞院日記』）。 **明智光秀、滝川一益と共に、大和の寺社本所以下国衆に指出（土地明細書）を命ず。** 興福寺衆徒、光秀らに対し指出に虚偽がないことを誓い、起請文を提出する。	4243
9月28日	明智光秀、某へ、大和の指出について「有無之儀」（疑点）の糾明を命ず。	4244
9月-	織田信長、大友義統へ、正親町天皇「勅定」を受けて命令を通達する。その内容は、「関東」は残さず「奥州」の果てまで正親町天皇「綸命」に任せて「天下静謐」となったが、「九州」については未だに「鉾楯」が継続していることは不当であり、国境紛争について大友義統と島津義久の意見を聴取し、追って命令を下すこととし、先ず大友義統・島津義久間の「弓箭」を停止すべきことは正親町天皇「叡慮」であるので、この旨を遵守しなければ急ぎ織田信長「御成敗」が行われることになっており、この通達に対する返答は各自にとって「一大事」であるから分別のある返答をするよう命令。	4245
10月6日	**明智光秀、御料所丹波山国荘の貢租を献ず。内侍所以下、誠仁親王（1552～1586）の御所や女中衆までも配分したという。**	4246

天正8	10月13日	菅屋長頼(「菅屋九右衛門尉長頼」)、能登国の土肥親真(「土肥但馬守」)へ、能登国「一宮」は先頃菅屋長頼「書状」を以て申し入れたように「勅定社」(皇室領)であるので不法行為が無い様に、社領に関しては「先規」の如くとし、「社務分目免田」は「当知行」の旨に任せるとの決裁が織田信長より下されたことを通達。もし不法行為があった場合は織田信長へ「直奏」するため「社家」・「衆徒」が近江国安土城へ登ったとしても菅屋長頼は「御理」(道理)を申してあるので責任は無いことを通達。 菅屋長頼(?～1582)、能登国一宮惣中へ、「一宮領」は先頃言って寄越した「筋目」の通りに「前々」の旨は相違の無い様、土肥親真に通達したので、社頭の修理や建立に努力すべきことを通達。詳細は岩越吉久(「岩越小兵衛」)に伝達させる。	4247
	10月18日	**明智光秀、供御料(くごりょう)を再び献ず。**	4248
	10月22日	**大和国奈良中で指出についての調査が大旨落着した。(『多聞院日記』)。**	4249
	10月23日	多聞院英俊、明智光秀(「惟任」)が大和国興福寺の寺社領について少しも相違が無く「指出銭」も不要であることを保証したという風聞を知る。(『多聞院日記』)。	4250
	10月24日	織田信長、本願寺顕如光佐へ、音問としての蜜柑五籠を謝す。また今後紀伊国雑賀惣中からの使者との交渉を奨励することを通達。詳細は松井友閑に伝達させる。	4251
	10月24日	松井友閑(「宮内卿法印友閑」)、本願寺顕如(「本願寺」)に対し紀伊国雑賀惣中からの「御礼」に使者を添えての蜜柑進上を織田信長に披露したところ、織田信長「黒印」礼状を発せられた旨を通達。また本願寺顕如(「御門主」)の紀伊国雑賀滞在について雑賀「五組」の存続は今後も相違無しとする旨の織田信長「朱印」状を発すことを通達。さらに松井友閑に対し「一軸」の進上を謝し、詳細について下間仲之(「少法」)より披露する旨を通達。 そして本願寺顕如からの「三ヶ条」の件は「最前之筋目」であるから正親町天皇「叡慮」を遵守して落着したいとの内意を織田信長より受けているので、詳細は「御使」に申し含めた旨を通達。	4252
	10月28日	多聞院英俊、この日辰刻(8時)過ぎに金蔵院・岡弥二郎・大仏供新屋・高田藤七郎が「生害」したので、滝川一益は岡弥二郎のもとへ、筒井順慶は高田藤七郎のもとへ、明智光秀は、戒重と大仏供新屋へ下向したと聞く。(『多聞院日記』)。	4253
	10月29日	「上使衆」(滝川一益・明智光秀)、去十月二十八日の捜索現場より大和国興福寺へ戻る。(『多聞院日記』)。 **明智光秀らは、かつて松永久秀に追従していた筒井家配下の人物達が、信長に一度離反した咎で光秀らの主導で処断したとされる。**	4254
	10月-	織田信長、春日大社神鹿殺しの犯人を知らせた者に賞金を与え、二人の男を処刑した。	4255
	10月-	大和国法隆寺年会栄甚、滝川一益(「滝川左近」)・明智光秀(「惟任日向守」)へ、大和国法隆寺領および散在入地の「指出」目録を提出。 大和国法隆寺東寺年行事の興戒・晩宣、滝川一益・明智光秀へ、法隆寺東寺「寺領指出」目録を提出。 大和国多武峯、滝川一益・明智光秀へ、大和国多武峯領の「差出」目録を提出。	4256

天正8	11月2日	滝川一益・明智光秀、この暁七つ時分に大和国興福寺を発す。指出徴収のための滞在は三十八日ばかりであった。また藤田伝五行政（「松田伝五」）（？～1582）が残留することになった。多聞院英俊、この上使衆（一益・光秀）が滞在中の苦難の様子を記載する。（『多聞院日記』）。	4257
	11月7日	織田信長、近江国観音寺（滋賀県草津市芦浦町）へ、寺領の蘆浦在所を「一色」に「斗代」三百石余を安堵。また「志那渡船」の権益も安堵す。 田畑の反当たりの公定収穫高を斗代という。志那渡船は、琵琶湖の草津市志那から大津市坂本への渡船	4258
	11月9日	多聞院英俊、去十一月八日夜に近江国安土より注進状が到来したことを知る。この織田信長「御朱印」は去十一月七日付で、内容は、大和国興福寺社領は「先規」の如く、筒井順慶には大和国郡山城を与え、箸尾為綱（高春）（1546～1615）は筒井順慶の「与力」とすること、大和国は「一円筒井存知」とするものであった。（『多聞院日記』）。 **信長、筒井順慶（1549～1584）を大和（三十七万石余）の守護となし郡山城を与える。**	4259
	11月12日	多聞院英俊、筒井順慶が大和国郡山城に入城したこと、これにつき織田信長より「上使」が派遣され大和国郡山城に到来したことを知る。（『多聞院日記』）。 順慶、上使より郡山城を受取る。	4260
	11月12日	**家康家臣・松平家忠（1555～1600）、高天神城を攻めるにより、織田信長に援兵を請う御使いを承り、安土に赴く。**	4261
	11月13日	織田信長、花山院家雅（「花山院宰相」）へ、花山院「家門跡目」を相続し伏見新地分と京都地子銭を従来通りに「進止」し、「朝役」を専らにするよう通達。 信長、参議・花山院家雅（のちの定熙）（1558～1634）に、新地分と地子銭を安堵。	4262
	11月14日	吉田兼見、明智光秀を見舞うため近江国坂本へ下向。光秀を見舞うため綿一屯を持参して坂本を訪れたところ、光秀は出かけるところだったので、門外で対面し、奏者の磯谷新介に二十疋を渡して帰る。（『兼見卿記』）。	4263
	11月17日	「**加賀平定**」。柴田勝家（1522？～1583）、ようやく一揆の最後の砦、鳥越城（石川県白山市三坂町）を攻略し、加賀一向一揆を鎮圧。一揆の首領の若林長門・坪坂新五郎らの首級十九を安土城に送る。（『信長公記』）。 一揆の抵抗に苦戦した柴田勝家は調略をかけ、鈴木出羽守と息子の右京進と次郎右衛門を休戦の名目で呼び出し、松任城（白山市古城町）で謀殺していた。	4264
	11月18日	野々村正成（「野々村三十郎正成」）・長谷川秀一（「長谷川竹秀一」）、近江国蘆浦観音寺へ、「知行分」は織田信長「御朱印」により安堵する旨を通達。この上は織田信長朱印状「御文言」を相違無いように請け取るよう指示する。	4265
	11月21日	本願寺教如、若狭の惣坊主門徒中に石山退城を報じる。	4266
	11月23日	本願寺教如、洛中洛外志衆中へ、この度の石山退去は無念であり、雑賀より種々調略が持ち掛けられたが「内輪之不慮」があったのでそれ以前に退散してしまったこと、また本願寺教如の籠城以来の懇志を謝し、今後の同心を促す。	4267
	11月26日	堀秀政（1553～1590）、織田信長「御朱印」を以て摂津国有馬郡湯山に確保していた竹木を本主へ還付し、湯山からの進物の披露を受けた旨を報ず。詳細は堀直政・落合為右衛門尉に通達させる。	4268

天正8	11月26日	多聞院英俊、昨日十一月二十五日の申刻（16時）に河内国の織田信長よりの命令にて郡代の「クサヘノ肥後」と「ノシリ」の二名が生害したことを知る。（『多聞院日記』）。	4269
	11月27日	織田信長、大和国の箸尾為綱（「箸尾宮内少輔」）へ、蚪二籠の贈呈を謝す。詳細は一雲斎針阿弥（「針阿」）に伝達させる。箸尾宮内少輔（高春）(1546〜1615)である。	4270
	11月27日	団忠正（「団平八忠正」）(?〜1582)、近江国の日比野弥次郎・日比野孫一へ、「陣夫銭」の件で棚橋彦一郎が「違乱」するので和田八郎に指示して「前々」の如く一貫五百文と決定したので異議申し立てをしないように命令し、その上で織田信長「御朱印」の旨を「裁許」されることを通達。信長、近江の日比野氏に陣夫銭を安堵。	4271
	11月28日	本願寺教如、某へ、石山本願寺退去は無念で本願寺教如自身が籠城する石山本願寺への補給を謝す。	4272
	11月29日	大和国興福寺大乗院門跡、近江国安土より大和国奈良へ帰還。信長より「龍門銭」について筒井順慶に命令した織田信長「御朱印」を獲得したという。（『多聞院日記』）。	4273
	12月1日	織田信長、大和国の越智家秀(?〜1583)へ、家臣中で信長に不義を企てた者を提出するよう命じる。（『南行雑録』）。	4274
	12月8日	羽柴秀吉(1537〜1598)、鳥取城攻撃らで戦功を挙げた亀井茲矩(1557〜1612)の功労を賞し、来年は織田信長が西国表へ御動座する旨を通知。	4275
	12月10日	津田宗及(?〜1591)、明智掃部（並河易家）・明智半左衛門を招いて茶会。明智半左衛門は、猪飼野秀貞(1555?〜1596?)という。	4276
	12月19日	筒井順慶(1549〜1584)、近江国坂本の明智光秀(1528?〜1582)を訪問。（『多聞院日記』）。	4277
	12月20日	津田宗及、明智光秀・筒井順慶と茶会、夜、斎藤利三の屋敷で茶器を拝見。	4278
	12月20日	徳川家康・松平家忠ら三河衆、織田信長からの陣中見舞使者である猪子高就（兵助）・福富秀勝・長谷川秀一・西尾義次を迎えるために小笠城に赴く。（『家忠日記』）。	4279
	12月21日	津田宗及、光秀の茶会に出席し茶堂を務める。	4280
	12月21日	**織田信長より派遣された猪子高就（兵助）(1546〜1582)・福富秀勝(?〜1582)・長谷川秀一(?〜1594)・西尾義次（後の吉次）(1530〜1606)ら、遠江国高天神城（静岡県掛川市上土方・下土方）を攻囲する徳川家康陣所（小笠城）を訪れて長期在陣を慰労する。**（『家忠日記』）。	4281
	12月22日	吉田兼見、丹波国勝龍寺城の長岡（細川）藤孝（「長兵」）を訪問。（『兼見卿記』）。	4282
	12月25日	織田信長、温井景隆・三宅長盛に、その歳末の礼物（綿卅把）を贈れるを謝す。詳細は菅屋長頼（「菅屋九右衛門尉」）に伝達させる。	4283
	12月25日	「就大阪属存分音間、殊伊予鶏五居到来、遠境懇情不斜候、隣国千戈事、彼是惟任日向守可申候也、謹言」。織田信長(1534〜1582)、四国の長宗我部元親(1539〜1599)へ、「大坂」（石山本願寺）が織田信長「存分」に属したことについて伊予鶏五居の贈呈を謝す。また「隣国（毛利）干戈」の件は明智光秀より伝達することを通達。明智光秀(1528?〜1582)は、元親に「四国は元親の手柄次第だ」とも伝えていたのか。	4284

西暦1580

天正8	12月25日	織田信長、某（温井景隆・三宅長盛か）へ、歳末祝儀として綿三十把の贈呈を謝す。詳細は菅屋長頼（「菅屋九右衛門尉」）に伝達させる。	4285
	12月27日	織田信長、朝廷に鶴を献上。	4286
	12月29日	織田信長、本願寺顕如光佐へ、歳暮の祝詞として五種・五荷の贈呈を謝す。詳細は松井友閑に伝達させる。	4287
	12月30日	津田宗及（？〜1591）、斎藤利三（1534〜1582）を招いて茶会。	4288

西暦1581

天正9	1月1日	織田信長、他国衆の年頭参賀を免除。馬廻り衆の出仕も雨のため中止。（『信長公記』）。	4289
	1月1日	信長、安土城構えの北、松原町の西の地に湖岸へ面して馬場を築かせる。奉行には菅屋長頼・堀秀政・長谷川秀一の三名が任じられ、元日より普請に当たった。（『信長公記』）。	4290
	1月1日	織田信長（1534〜1582）、能登国の温井景隆（？〜1582）・三宅長盛（？〜1582）へ、「年甫之祝詞」として銀子十両と鰤三匹の贈呈を謝す。詳細は菅屋長頼に伝達させる。「年甫」とは、年のはじめ。	4291
	1月1日	岩越吉久（菅屋長頼の老臣）、温井景隆・三宅長盛へ、近江国安土城への早急な「御出仕」を督促。	4292
	1月2日	織田信長、某へ、「年甫之祝儀」としての太刀一腰・馬代一疋の贈呈を謝す。	4293
	1月2日	織田信長、安土町人に鷹野の雁、鶴を下賜する。町人衆はこれに感謝して佐々木宮（滋賀県近江八幡市安土町常楽寺内の沙々貴神社）で祝いの能を催し、その席で獲物を頂戴した。（『信長公記』）。	4294
	1月2日	菅屋長頼、某（温井景隆・三宅長盛か）へ、「改年之御祝儀」として進上された銀子十枚と鰤三匹を織田信長に披露したところ、早々の祝着との旨の織田信長「御内書」が出されたこと、同様に菅屋長頼への銀子五枚贈呈を謝す。	4295
	1月3日	多聞院英俊、筒井順慶・大和国衆が歳暮礼と年頭祝儀の礼参のため近江国安土城に出仕したところ、織田側より「停止」の通達を受けて織田信長との対面は無く帰ったことを知る。近日中に織田信長が在京するので、その際に礼参を受けるとのことであった。（『多聞院日記』）。	4296
	1月3日	徳川家康（1543〜1616）が攻囲する高天神城（城主・岡部元信、副将・横田尹松）に、武田勝頼（1546〜1582）が赴援のため出陣するという情報がある。信長（1534〜1582）は、家康を援護すべく織田信忠（1557〜1582）に岐阜城を出立させ、清洲城に在陣させる。（『信長公記』）。	4297
	1月6日	「長岡兵部大輔来、……今日於坂本惟任日向連歌興行之由雑談……及深更出京了」。（『兼見卿記』）。 細川藤孝（「長岡兵部大輔」）、吉田兼見を訪問し近江国坂本に於いて明智光秀（「惟任向州」）が連歌を興行する由を知らせる。藤孝は深更に及び帰京。 光秀は本当に連歌が好きで、多くの催行が確認されている。	4298
	1月8日	信長、「馬廻は爆竹を用意し、頭巾・装束を結構にしつらえ、思い思いの出立ちにて十五日に出仕すべし」との触れを出す。（『信長公記』）。	4299
	1月9日	織田信長、朝廷に鯨肉を献上。	4300

天正9	1月10日	十一日まで、明智光秀(1528?〜1582)、茶会を催す。津田宗及(?〜1591)・山上宗二(1544〜1590)(初めて同行)であった。	4301
	1月13日	「次細川丹波守爲使来伝、早々下向過分也、近日所勞之間………」。(『兼見卿記』)。吉田兼見、坂本城を訪れるが、明智光秀所労にて面会せず。磯谷新介を以て案内を乞うたところ、細川丹波守(藤孝)の使者が現れ、光秀は「早々下向過分也」と年始の挨拶に対し礼を述べたあと、近日「所労」(病)で臥せているので、対面しないと断っている。そのため「御祓」と銭百疋を細川氏に渡して帰京。	4302
	1月15日	近江国安土に於いて「爆竹」(左義長)・「御馬沙汰」(馬揃)が行われる。当日、信長自ら「黒の南蛮笠に描き眉、赤色の礼服に唐錦の襖次・虎皮のむかばきといった出立ちで入場」。(『信長公記』)。	4303
	1月16日	細川忠興(「長岡与一郎」)、近江国安土より上洛。(『兼見卿記』)。	4304
	1月18日	織田信長、安土に於いて「御爆竹」を挙行。「諸大名」を召集し、金銀で飾り立て、「天下に其聞無隠事」であった。この頃、正親町天皇、京都に於いて「御興行」を催す「叡慮」を織田側に通達。(『立入左京亮入道隆佐記』)。	4305
	1月20日	多聞院英俊、去一月十五日に近江国安土に於いて「サキチヤウ風流」が行われたことを知る。また来一月二十五日に京都でも行われることになっており、それにつき織田信長が上洛するということも知る。(『多聞院日記』)。	4306
	1月20日	菅屋長頼(?〜1582)、池田元助(1559/1564〜1584)の書状に応え池田恒興(1536〜1584)の摂津国有馬郡進献を報ず。	4307
	1月21日	織田信長、大友義統から献上された馬二疋を謝す。詳細は松井友閑に伝達させる。	4308
	1月21日	織田信忠(1557〜1582)、大友義統から献上された猩々皮一枚を謝す。詳細は松井友閑に伝達させる。	4309

道頓堀

©(公財)大阪観光局

西暦 1581

天正9	1月23日	正月廿三日、惟任日向守に仰付けられ、京都にて御馬揃なさるべきの間、各及ぶ程に結構を尽し罷出づべきの旨、御朱印を以て御分国に御触れこれあり。（『信長公記』）。	4310

織田信長、明智光秀へ、先頃の近江国安土に於ける「爆竹」「諸道具」の製作がとても出来栄えが良く、予想外の音信は念入りで神妙であることを賞し、それならば、今度京都に於いて念入りに馬を乗って遊ぶことにするとし、若作りや思い通りの扮装をすることは光秀はいうまでもなく、「幾内之直奉公之者共」や老若の兵卒も参加すべきことを責任以て申し触れることを命令。また京都に於いて「陣参被仕候公家衆」や「只今信長扶持令請候公方衆」、その他「上山城之者共」は残さず「内々」の用意をあせることは良きことであり、摂津国の高山重友（右近）・中川清秀父子・池田元助・池田輝政へ参加を通達し、池田恒興へは摂津国伊丹城留守居を担当させること、摂津国多田では塩川勘十郎・塩川橘大夫へ参加を通達すること、河内国の多羅尾光俊・多羅尾光太・多羅尾光雅・池田教正・野間長前・三好康長は阿波国へ出陣するので参加用意を除外すること、但し参加希望者は「覚悟次第乗」るべきこと、和泉国の寺田又右衛門尉・松浦安大夫・沼間清成およびその孫、その他「直参之者共」・根来寺連判衆・「扶持人共」は参加用意をすべきことを通達させる。次いで大坂を守備している丹羽長秀・蜂屋頼隆へも参加用意を通達すること、若狭国からは武田元明・内藤筑前・熊谷伝左衛門・粟屋弥四郎・逸見駿河守昌経・山県下野守は参加すべきこと、この件は丹羽長秀より通達させるよう連絡させる。「六十余州」へ知れ渡るよう馬数を多く用意し、明智光秀「年寄」の後ろに参加希望者があれば参席を許可すること、細川藤孝・忠興・興元親子については、藤孝が丹後国守備であるので、都合がつけば細川忠興・興元の兄弟と一色満信が参加すべきことを通達させる。

	1月23日	この頃、近衛前久（1536〜1612）、大友義統へ、織田信長不意の芸州出陣に際し大友氏・島津氏の和睦促進を勧告。	4311
	1月25日	明智光秀（1528？〜1582）、自らの分国・丹波に調馬のことを触達する。	4312
	1月25日	吉田兼見、入夜に明智光秀より書状を受ける。書状には織田信長が、今度京都に於いて「馬汰」を行う由についての通達であった。（『兼見卿記』）。	4313
	1月25日	織田信長、河内国の安井定次（「安井清右衛門」）へ、河内国久宝寺屋敷の「一色」安堵と諸役免除、安井主計兄弟の諸役免除・久宝寺への「禁制」を下す。	4314

信長、河内の安井清右衛門定次に久宝寺屋敷百三十五石を安堵。
定次の子・成安（1533〜1615）は、剃髪後は「道頓」と名乗ったという説がある。

	1月25日	「織田信長朱印状」。天下布武の印文。信長、徳川家康配下の尾張国の水野惣兵衛（忠重）（1541〜1600）へ、遠江国高天神城は混乱で降伏の矢文が近々であろうと、その処遇について指示を下し、武田勝頼程度では反撃不可能であろう見通しと家康の辛労を労い、一両年内に信長自身が駿河国・甲斐国へ「出勢」すれば制圧できること、もし高天神城と同様に小山・滝坂を見捨れば駿河国内の小城も維持できなくなるので、今後の心配事とするか、現時点で骨を折るかの判断は困難であり、この通りに徳川家康へ物語り、徳川「家中之宿老共」にも聞かせて談合することを伝達するよう命令。また、この意見は「信長思寄心底を不残申送」ったものであることを付け加える。	4315

天正9	1月26日	吉田兼見、早々に近江国坂本へ下向。細川丹波守（「細川丹州」）を以て「御馬汰」について吉田兼見は参加命令の対象となっているか否かを問わせる。明智光秀（「向州」）からの返答は、吉田兼見へ通達したのは明智光秀の一存であったということであった。更に吉田兼見、馬揃への参加免除を申請し、万一の際には織田信長への取り成しを依頼する。その後、吉田兼見は上洛、帰宅。（『兼見卿記』）。	4316
	1月26日	太田資正（「太田美濃入道」）（三楽斉）（1522〜1591）、羽柴秀吉へ、織田信長への内応要請の書状を発す。	4317
	1月27日	吉田兼見、村井貞勝（「春長軒」）を訪問し将碁をしながら今度の「御馬汰」に吉田兼見は参加すべきか否かを談合。吉田兼見、村井貞勝と昨日明智光秀（「惟向州」）と相談した由を伝え同心を得る。（『兼見卿記』）。	4318
	2月1日	「出京之刻、於川原惟任日向守参會、惟任下向之間、自路次罷飯、白河邊迄送之間、種々雑談、自白河帰、」。（『兼見卿記』）。 **吉田兼見、京都へ出た際、川原に於いて明智光秀と遭遇。光秀は近江国坂本へ下向（徳雲軒に帰るとも）の途上というので、兼見は白川辺まで雑談しながら見送る。** 光秀は、坂本に移る以前の都での住まいを徳雲軒（施薬院全宗）に与え、そこを都での滞在先としていたともいう。	4319
	2月5日	正親町天皇、織田側へ、「内々」に「上﨟御局」（花山院家輔女）・「御さこ」を、誠仁親王（「下之御所二条之」）は「若御局」（勧修寺晴子）侍女の「五い」を派遣。立入隆佐（立佐）が添えられて近江国安土へ下向した。（『立入左京亮入道隆佐記』）。	4320
	2月6日	**朝廷、勅命をもって都での馬揃を信長に命ずる。**	4321
	2月7日	細川藤孝（「長岡兵部大輔」）、早々に吉田兼見を訪問、晩に及び京都へ出ず。（『兼見卿記』）。	4322
	2月8日	織田信長（1534〜1582）、正親町天皇（1517〜1593）・誠仁親王（1552〜1586）より派遣された内々の使者と対面。この時に織田信長は「御機嫌なのめならず」様子で、「内々御請」と返答する。（『立入左京亮入道隆佐記』）。	4323
	2月-	**この月、織田信長、越中国を佐々成政（1516〜1588）に与える事とする。**	4324
	2月11日	吉田兼見、小笠原貞慶（「小笠原民部少輔」）より書状を受ける。その内容は、織田信長が来たる十五に入洛するにあたり、「御馬汰」の件で「シッカ烏帽子」及び「腰帯」の借用を依頼するものであった。（『兼見卿記』）。	4325
	2月12日	多聞院英俊、明日に織田信長が出京するというのでこの日筒井順慶が上洛したこと、また明日大和国興福寺大乗院門跡が上洛するので費用調達することを知り、銀子二枚を進上。「代米」は教浄が大和国桜井にて渡すことになったことを知る。（『多聞院日記』）。	4326
	2月14日	吉田兼見、佐竹宗実（「佐竹羽州」）（明智秀慶）（？〜1590）を訪問したところ今度の「御馬汰」の用意をしていた。晩に及び帰宅。（『兼見卿記』）。	4327
	2月15日	織田信長、上洛を来二月十八日に延引。（『兼見卿記』）。	4328
	2月19日	織田信忠、北畠（織田）信雄、上洛して二条妙覚寺に宿をとる。（『信長公記』）。 神戸（織田）信孝、上洛す。（『多聞院日記』）。	4329

西暦1581

天正9	2月20日	吉田兼見、近衛前久を訪問したところ織田信長上洛を告げる飛脚が近江国大津より到来したので即時退出。兼見、吉田兼治を同行し山科に於いて待機、路次において信長を出迎える。（『兼見卿記』）。	4330
	2月20日	**織田信長(1534〜1582)、申下刻、入京し、本能寺に入る。**（『信長公記』）。 吉田兼見、近衛前久（「近衛殿」）を訪問したところ織田信長（「右府信長」）上洛を告げる飛脚が近江国大津より到来したので即時退出。兼見、吉田兼治（「侍従」）を同行し山科に於いて待機。信長は申下刻に上洛、兼見らは路次において信長を出迎える。（『兼見卿記』）。	4331
	2月21日	羽柴秀吉(1537〜1598)、亀井茲矩(因幡国鹿野城守将)(1557〜1612)へ、但馬国一揆制圧後に出征、それ迄は城を堅守するよう指示。	4332
	2月21日	信長は、今度の「御馬汰」のため内裏の東方へ馬場を造作させる。南北四町、東西一町余りの馬場であった。（『兼見卿記』）。 **馬揃えの奉行を命じられた明智光秀 (1528？〜1582) は、一月下旬から二月中旬にかけ、「上下京罷出」で上京の東(内裏の東)に馬場を構築。**南北四町、東西一町余の馬場は二日ででき、毛氈で包んだ2.4mの柱で柵を作り、さらに急造の宮殿を建てたという。この宮殿は急造にもかかわらず金銀の装飾を施していた。	4333
	2月22日	興福寺寺門、明智光秀らに音信を送る。 興福寺寺門は、明智勢である。筒井順慶はその将。	4334
	2月22日	内裏東方の馬場、完成。（『兼見卿記』）。信長の天皇に対する示威行動がはじまる。	4335
	2月23日	吉田兼見、長岡（細川）藤孝（「長兵」）より書状を受ける。その内容は後刻、明智光秀（「惟任日向守」）・蜂屋頼隆・松井友閑が吉田の春日馬場に於いて騎乗する由の通知であった。吉田兼見、接待の準備をして了承の意を返答。蜂屋頼隆は到来しなかったが、**明智光秀・松井友閑・細川藤孝が従者二百人余を率いて春日馬場に到来。**乗馬終了後、各々の訪問を受け夕食を接待、その後各自帰京。（『兼見卿記』）。	4336
	2月23日	吉田兼見、村井貞勝（「春長軒」）より出頭命令を受け京都へ出ず。内裏東方馬場に於いて村井貞勝と面会。新馬場普請のために禁裏巽角の小社を天満社の近所へ遷座するようにとの命令を受ける。（『兼見卿記』）。	4337
	2月23日	**耶蘇会日本巡察使アレッサンドロ・ヴァリニャーノが、ルイス・フロイスらを引き連れ京に着き、市中で評判だった黒人を連れて信長に拝謁する。信長、黒人を気に入り「弥助」と名づけ家臣とする。**（『信長公記』）。この時贈ったビロードの大椅子は、同月二十八日の馬揃に用いられ、注目を浴びる。 黄金の十字架を掲げて行列の先頭に歩いた二十五歳ぐらいの肌が黒い男であった。信長は翌日その黒人を本能寺に呼び、信忠や信孝を同席させて対面した。黒人の名前はヤーシェルであり、アフリカのモザンビーク出身であった。肌の色が気になる信長は、蘭丸に「洗ってみろ」と言って何度も洗わせた。信長はその黒人を家臣にしたいといい、後にヴァリニャーノによって献上されて弥助と名付けられ、信長の直臣になった。	4338
	2月24日	柴田勝家(1522？〜1583)、前田利家(1538〜1599)・不破光治(？〜？)・金森長近(1524〜1608)・原長頼(？〜1600)と共に一万の騎兵、六千の兵を率いて上洛。本能寺の織田信長に「加賀平定」を報告。柴田勝家は養子勝豊(？〜1583)・勝政(1557〜1583)と共に、信長に謁して贈り物を献上。（『信長公記』）。	4339

天正9	2月24日	吉田兼見、昨日の礼に松井友閑・明智光秀を訪問。その後、長岡(細川)藤孝を訪問。(『兼見卿記』)。	4340
	2月25日	柴田勝家、信長から名茶器「姥口の釜」を与えられる。	4341
	2月25日	織田信長、「御馬汰」を来たる二十八日に決定。(『兼見卿記』)。	4342
	2月25日	吉田兼見、光秀の三女婿・織田信澄(「七兵衛殿」)(1555～1582)を訪問。入夜に森長定(成利、蘭丸)(1565～1582)・猪子高就(兵助)(1546～1582)を訪問。(『兼見卿記』)。	4343

	2月25日	「予がいるところでは、汝らは他人の寵を得る必要がない。なぜならば予が(天)皇であり、内裏である」。 織田信長(1534～1582)、耶蘇会日本巡察使アレッサンドロ・ヴァリニャーノ(1539～1606)、宣教師オルガティーノ(1533～1609)、ルイス・フロイス(1532～1597)を謁見し、長時間面話を聞く。 ヴァリニャーノは、イエズス会東インド管区の巡察師として活躍し、天正遣欧少年使節派遣を計画・実施した。 オルガンティノは天正4年(1576)に京都に聖母被昇天教会いわゆる「南蛮寺」を完成。天正6年(1578)荒木村重の叛乱時(有岡城の戦い)には家臣と村重の間で板ばさみになった高山右近(1552～1615)から去就について相談を受けた。天正8年(1580)には安土で直接織田信長に願って与えられた土地にセミナリヨを建てた。フロイスは信長とたびたび会っており、去天正7年にも信長は、「自分は皇(国王)であり、内裏である」と再三述べたと記す。	4344
	2月26日	内裏の東に南北四町、東西一町の馬場を造ることを決めた**信長、突如上洛**。	4345

	2月28日	**二月二十八日、畿内および近隣諸国の大名・小名・武将たちを召集し、駿馬を集めて、京都で馬揃えを行い、天皇に御覧いただいた。上京の内裏の東側に、南北の長さ八町の馬場を築き、そのなかに、毛氈で包んだ高さ八尺の柱を縦方向に並べ立てて柵を造った。(『信長公記』)。** 信長、「奥州津軽日本」までの天下の名馬を集めたと称する。 信長(1534～1582)が、五畿内および隣国の大名・小名・御家人を召し寄せ、駿馬を集めて天下に馬揃を催し、帝の叡覧に入れるという式典である。 一番手は、丹羽長秀率いる摂津衆ら、二番手は、蜂屋頼隆を先頭とする河内衆・和泉衆ら。明智光秀は、三番手を勤め大和・上山城衆を従えた。四番手、村井作右衛門(村井貞成)、根来・上山城衆の後、信長連枝衆として先頭をきったのは織田信忠、尾張・美濃衆八十騎がそれに従った。続いて信雄、伊勢衆三十騎を引率。この後、信包十騎、信孝十騎、織田信澄十騎と続く。殿が柴田勝家の越前衆であった。ヴァリニャーノらも招かれる。	4346
	2月28日	京都に於いて「御興行」が挙行される。織田信長は「田舎の事をこそしろしめし候へ」とて開始させた。 「京之公家衆」で「御馬乗」をしたのは日野輝資・正親町季秀・高倉永相・高倉永孝・竹内長治の五人であった。 正親町天皇(「禁裏様」)、「御興行」を桟敷より見物し「驚御目」されて「御書」を認める。その内容は「今度之見物、筆にも御言にもつくしかたく、唐国にもかやうの事有間敷」というものであった。 正親町天皇、織田信長に対して「御勅使」五名を派遣。庭田重保・中山親綱・甘露寺経元・広橋兼勝・勧修寺晴豊が「忝候由御礼」を織田信長に申し上げた。(『立入左京亮入道隆佐記』)。	4347

西暦**1581**

天正9	2月28日	吉田兼見、未明に衣冠を着し幄屋に出向く。御座は一段高く、北側には摂家・清華家・門跡・公卿・殿上人が残らず参席。南側には女中衆が参席。辰刻（8時）より「御馬汰」が開始され、その様子を吉田兼見は「各尽結構中々難述筆短」という程華やかで、行列の様子は「希代此事」であると評す。烏丸光宣・日野輝資・正親町季秀・高倉永孝（「藤右衛門佐」）が「乗馬之衆」であった。未下刻（15時）には終了。（『兼見卿記』）。	4348
	2月28日	京都で織田信長が馬揃えを行った際、山内一豊（1545～1605）、妻千代（見性院）の持参金によって関東の商人から名馬・鏡栗毛を購入し、「高い馬だから、信長の家の者でなければ買えないだろうと持って来た馬を、浪人の身でありながら良く買ってくれた。信長の家も恥をかかなくてすんだ」と、信長の賞賛を得たという。この時ではなく、もっと早い時期に行われた馬揃えの話で、安土ではなく、木之本の馬市で、見性院の出した金子で馬を買ったとされる。	4349
	2月29日	織田信長、紀伊国熊野新宮神主・堀内新次郎へ、知行分同社領地を安堵。堀内新次郎は、熊野水軍の将・堀内氏善（1549～1615）。	4350
	2月29日	柴田勝家、京都より能登国の温井景隆（「温井備前守」）へ、前日二月二十八日に「御馬揃」が挙行され、柴田勝家らも「騎馬」したこと、この様子は温井景隆の使者が「見物」したので帰国後に「物語」るであろうこと、近年柴田勝家は織田信長に対面していなかったので「毎日祇候」していることを通達。また織田信長より「北国表」の状況を諮問されたので「其元之始末」を報告したことに触れ、やがて越前国に下国する予定であること、摂津国有馬に「湯治」することを通達。詳細は山中長俊（「山中橘内」）（1547～1607）に伝達させる。	4351
	3月1日	**正親町天皇（「禁裏様」）、織田信長の「御官位を被仰出候」とて「上﨟御局」（花山院家輔女）を「勅定」として「御勅書」を携帯させ派遣。その内容は織田信長を「左府に被仰出由」であった。**（『立入左京亮入道隆佐記』）。 正親町天皇（1517～1593）は、信長（1534～1582）を左大臣に任じようとする。 信長は、天正6年（1578）4月9日に右大臣・右近衛大将の官位を辞して以来、無官・散位のままであった。	4352
	3月2日	近衛前久（1536～1612）、島津義久（1533～1611）へ、織田信長が「御朱印」を以て大友義統（1558～1610）・島津義久の和睦締結を促し、毛利輝元（1533～1625）を討伐する意向を報告。詳細は伊勢貞知（？～1627）・道叱（天王寺屋）（？～？）に伝達させる。	4353
	3月2日	近衛前久、喜入季久（島津氏家臣）へ、去年以来の大友氏・島津氏和睦に関し織田信長が「御朱印」で通達している「筋目」容認を指示。芸州への出馬前に勧告を容れるよう強く通達。詳細は伊勢貞知・道叱に伝達させる。	4354
	3月-	「諸国より本願寺の参詣の事、雑賀、鷺森に至り、その煩ひあるべからざるものなり」。**この月、織田信長が分国内の本願寺門徒に対し、紀伊雑賀、鷺森への参詣を認める朱印状を発する。**	4355
	3月-	この月、本願寺顕如（1543～1592）、織田信長が分国中の門徒の本願寺参詣を許可した旨を報じる。	4356
	3月4日	吉田兼見、明日に再び内裏東方の馬場に於いて「御馬汰」が行われる由を知る。（『兼見卿記』）。	4357

天正9	3月5日	羽柴秀吉、播磨国姫路城より長谷川秀一（「長竹」）へ、「御馬揃」の「夥敷」様を聞き知り、参上できなかった「無念」を伝え、せめて参加者各自の「御仕立共」を知りたい意向を通知。また播磨国姫路城の普請終了を報告。	4358
	3月5日	**信長は二月の馬揃えに気をよくしたのか、京で二回目の「馬汰」を行う。朝廷からの要望で再び、馬揃えが行われたという。（『信長公記』）。** 京都に於いて「御馬乗」が挙行される。「はや馬共」から選抜した三百余騎が「くろき赤き頭巾」と「思々出立」であった。 京都「御馬乗」に於いて織田信長は正親町天皇（「叡慮」）より「白ふく」を拝領。織田信長は色々な小袖を着用し、度々衣装替えを行ったが、正親町天皇より拝領した「御ふく」を「御うわき」として、「きんらんのそはつき」・「しやうぶかわの皮袴」・「なんばんずきん」という装束であった。 織田信忠（「織田城介殿」）は「しやうしやう皮の御どうふく」・猩々皮の「ずきん」・「黒皮袴」という装束であった。 他の馬廻衆は思い思いに「馬乗」をした。参加した織田信長子息は織田信忠（「城介殿」）・織田信雄（「伊勢之御本所」）・織田信孝（「三七殿」）の三名であった。（『立入左京亮入道隆佐記』）。 公家衆は「異体」の姿で見物。馬数は七百余、先の馬揃で乗馬した日野輝資・烏丸光宣・正親町季秀・高倉永孝及び「公方衆」は乗馬せず、織田信長の御馬廻衆のみで挙行された。（『兼見卿記』）。 誠仁親王（1552～1586）、「御馬乗」を女房衆に「うちまきれ」て見物。（『立入左京亮入道隆佐記』）。	4359
	3月5日	「織田信長朱印状」。「丹後国領知方之事、国中無所無遂糺明、諸給人手前、面々指出之員数無相違充行、於余分者、其方任覚悟、軍役已下速可申付候也」。 織田信長、細川藤孝（「長岡兵部大輔」）へ、丹後国「領知方」の件で国中残すところ無く糺明し、「諸給人」から「指出」を提出させて知行を宛行い、余分は細川藤孝の直轄分として「軍役」以下を賦課することを命令。 信長、藤孝に丹後における新たな軍事編成方式を指示。丹波国での領地の調査を命じ、新たに服属した土豪たちの知行地や軍兵動員数等を調べさせる。 **明智光秀（1528？～1582）と長岡（細川）藤孝（1534～1610）の間には、丹後国統治に関して軋轢があった。藤孝が本能寺後、光秀の動きに同調しなかった一因ともいう。**	4360
	3月6日	神保長住・佐々成政及び越中国衆が、上洛の途に就く。（『信長公記』）。	4361
	3月6日	越中の反織田派国侍たちが上杉景勝を引き入れて蜂起。上杉景勝（1556～1623）、河田長親（1543?～1581）の拠る越中国松倉城（富山県魚津市鹿熊）に入城。	4362
	3月7日	織田信長を左大臣にすることについて、誠仁親王のもとへ使いが立てられる。正親町天皇、信長に左大臣任官を勧める。	4363
	3月9日	織田信長、近江国安土下向を予定するも明日に延期。（『兼見卿記』）。	4364
	3月9日	**朝廷、上﨟局、勾当内侍の両女官を本能寺の宿所へ派遣し、正式に推任を伝える。** 織田信長は、正親町天皇が誠仁親王に譲位すれば、左大臣任官を受けると朝廷の使者に伝えた。（この件は実現せず、信長が左大臣になることもなかった）。	4365

西暦1581

天正9	3月9日	信長は和泉国の検地を行うため堀秀政(1553〜1590)を派遣。(『信長公記』)。	4366

四月、和泉国にある槇尾寺(施福寺)に対しても秀政は、土地目録の提出を要求。槇尾寺は、弘法大師空海が出家した由緒ある寺。僧たちは、検地により寺領の一部を没収されることを恐れ、槇尾山麓の村を占拠し目録の提出を拒否した。この報告を受けた信長は、不届きであるとし、寺僧全員の処刑と堂塔の焼き払いを命じた。

	3月9日	織田信長(1534〜1582)、能登の代官として側近の菅屋長頼(すがやながより)(?〜1582)を派遣する。	4367
	3月9日	佐久間盛政(1554〜1583)、加賀・白山麓・二曲城を攻略し、加賀一揆を鎮圧。	4368
	3月10日	織田信長、未明に近江国安土へ下向。(『信長公記』)。	4369
	3月11日	「参下御所、中山黄門・水無瀬黄門其外各参會、御譲位之事、於右府信長其沙汰也、然間各内々御談合云々」。(『兼見卿記』)。	4370

織田信長、正親町天皇(1517〜1593)に譲位を迫る。吉田兼和(兼見)(1535〜1610)、二条御所へ祗候し中山親綱・水無瀬兼成等と参会。そこでは正親町天皇の「御譲位之事」について織田信長が申し出たという話題が中心であった。公家衆はこの信長の申し出の件について「各内々談合」した。

	3月12日	神保長住(じんぼうながずみ)(?〜?)・佐々成政(1516〜1588)及び越中国衆、安土へ参着。信長へ馬九頭など贈物をする。(『信長公記』)。	4371
	3月15日	朝、信長公は安土城下松原町の馬場で馬を責めた。このとき越中衆が顔をそろえて御礼に訪れたが、信長公はその者たちへかたじけなくも一々言葉をかけてやった。しかし上杉景勝が越中へ侵入して小出城を取り巻いたとの報がもたらされると、信長公はただちに「越前衆の不破・前田・原・金森・柴田勝家の人数は、先手として時日を移さず出陣すべし」と命じ、彼らに暇を出したのだった。軍勢はこののち夜を日に接いで行軍し、越中に入って着陣した。(『信長公記』)。	4372
	3月18日	羽柴秀吉、黒田孝高(官兵衛)(1546〜1604)に、播磨国内一万石を給付。	4373
	3月20日	「四国担当は、光秀から秀吉になった」。	4374

四国阿波に侵攻した長宗我部元親(1539〜1599)に対して、三好康長(咲岩、笑岩)(?〜?)は、中国在陣中の羽柴秀吉(1537〜1598)と連絡を取りながら、十河存保(1554〜1587)と連合して対抗する。

当初の織田信長(1534〜1582)は、元親の四国侵攻を許容していた。しかし、四国で元親が台頭してくると、良好な関係は徐々に崩壊していく。信長は、天正8年6月、元親が力を持ちすぎぬように「一条氏の土佐支配を補佐している元親」と見なしたかったのだが、波川清宗の謀反に加担として、この年2月に元親が娘婿でもあった一条内政(ただまさ)(1557〜1580)を追放すると、織田政権と長宗我部氏の間に亀裂が入り始める。信長は四国政策の路線を大きく変更した。すなわち三好氏への肩入れである。それまで信長は、明智光秀を仲介として長宗我部氏と友好な関係を結んでおり、元親の阿波・讃岐の三好勢力への攻撃を容認していた。が、この方針変換で、信長は元親に対し「土佐一国と阿波南部は与えるが、その他は返上せよ」との使者を出す。元親はこれを拒絶した。

天正9	3月22日	**「高天神城、陥落」。** 徳川軍、武田属城となっていた遠江国高天神城を攻略。	4375

3月22日　**「高天神城、陥落」。** 徳川軍、武田属城となっていた遠江国高天神城を攻略。（『家忠日記』）。

遠江国高天神城(静岡県掛川市上土方・下土方)では籠城していた兵たちの過半が餓死に及んでいた。かろうじて生き残った兵は、亥刻（22時）に柵木を破って討って出てきたが、徳川家康勢はこれを迎え撃って各所で戦闘し、敵兵数多を討ち取った。（『信長公記』は3月25日とする）。

高天神城城将岡部元信は、夜十時過ぎ、残った城兵を率いて、家康勢の最も手薄と見られた石川康通の陣に突撃を敢行。これに対し、大久保忠世や大須賀康高らが迎え撃った。城方の先頭の将を迎撃したのは忠世の実弟の大久保忠教で、忠教はまさか城将元信が先頭に立って突撃して来たとは思っていなかったため、最初の太刀をつけると後は家臣の本多主水に任せて他の敵の追討に向かった。主水は元信に組討ち勝負を挑み、元信は果敢に応戦したが、急坂を転げ落ちたところを討ち取られた。

主水は、討ち取った時はまさか敵の総大将とは思っておらず、首実検で元信と分かって驚愕したという。

また大久保忠教は「城の大将にて有ける岡部丹波をば、平助が太刀づけて、寄子の本多主水に打たせけり。丹波と名のりたらば、寄り子に打たせましけれども、名のらぬへなり」と、『三河物語』で大物を逸した悔しさを著した。元信と共に玉砕した城兵は七百三十余に及んだ。家康は自らを何度も苦しめた元信を討ち取った事を喜び、その首級を安土城の信長の許に送り届けたという。

| | 3月24日 | **朝廷より譲位拒否を伝える使者が安土に遣わされた。** | 4376 |

正親町天皇（1517～1593）は、金神を理由に譲位を中止した。信長の左大臣任官の話もそのまま宙に浮いた。

「金神」とは、陰陽道で祀る方位の神。兵戈、騒乱、水旱、病疾を司る。その遊行の方角に、土木を起し、出行、移転、嫁娶するのを忌むといわれる。

| | 3月24日 | 謙信側近・魚津武将河田長親（1543?～1581）、越中国松倉城(富山県魚津市鹿熊)で急死。 | 4377 |

長親の死で、織田軍の越中侵攻に拍車がかかる。
『信長公記』）では5月24日など、日は異説あり。

| | 3月24日 | 長連龍（1546～1619）、佐々成政（1516～1588）ら、越中国中郡中田に侵攻してきた上杉景勝（1556～1623）を撃破。景勝、越中国小出表へ撤退、越後国に帰国する。 | 4378 |

| | 3月25日 | 「信長公は先年長岡（細川）藤孝・忠興・昌興（興元）父子三人の忠節に報いて丹後国を与えたが、その代わりとして今回勝龍寺を返上させていた。このためこの日、信長公は矢部家定・猪子兵介の両名を勝龍寺へ遣わし、細川知行分を検地した上で現地に居城すべき旨を命じた。」（『信長公記』）。 | 4379 |

松井康之（1550～1612）、矢部善二郎（家定）（1530？～1611？）・猪子兵介（高就）（1546～1582）へ城を渡す。

| | 3月27日 | 織田信長、能登国の長連龍（1546～1619）へ、上杉景勝が越中国へ侵攻に対し去る三月二十四日に撃退した報告を諒承し、越中国方面へ菅屋長頼を派遣する旨を通達。 | 4380 |

| | 3月28日 | **「能登平定」。** 信長は菅屋長頼（？～1582）を能登七尾城代として派遣し、能登が平定される。（『信長公記』）。 | 4381 |

越中を侵す上杉景勝（1556～1623）と佐々成政（1516～1588）との間で激戦が続いていた。

西暦**1581**

天正9	3月29日	羽柴秀吉（「羽柴筑前守」）、松井友閑（「宮内卿法印」）・村井貞勝（「春長軒」）・村井貞成（「作右衛門尉」）と共に清水寺で酒宴を張り地下人の申楽を見物。羽柴秀吉（「羽筑」）は「乱舞之衆」へそれぞれ小袖を与える。（『兼見卿記』）。	4382
	3月-	織田信長、紀伊国雑賀鷺森に滞在する本願寺顕如へ、参詣門徒が不法行為をしないように通達。	4383
	4月1日	吉田兼和（兼見）（1535～1610）、二条御所（下御所）へ祗候。烏丸光宣（1549-1611）と参会。兼見、正親町天皇「御譲位之事」の件で、この年が「金神」であるため延引するということになった由を知る。（『兼見卿記』）。	4384
	4月1日	吉田兼見、晩に及び松井友閑（「宮内卿法印」）を訪問。吉田神社修理の件で織田信長（「右府信長」）への取り成しを依頼し許可を得る。（『兼見卿記』）。	4385
	4月8日	信長の意によって大和国「木守」に於いて「勧進能」が興行される。（『多聞院日記』）。	4386
	4月10日	羽柴秀吉（1537～1598）、竹生島参詣途中の織田信長を出迎える。	4387
	4月10日	**「信長、侍女たちを皆殺し」**。織田信長（1534～1582）、竹生島参詣のため長浜に立ち寄る。秀吉室・於々（？～1624）、於次丸秀勝（信長四男）（1569～1586）が接待。信長、小姓衆五、六人を連れて竹生島に参詣し、急遽、日帰りで帰城。 安土城から長浜まで十五里、湖上五里、日帰りは無いと油断した、留守中に侍女たちが無断で安土城を抜け出していた事に対し、信長の怒りは爆発。外出した侍女たちを縛り上げて皆殺しにし、彼女達の助命を願った桑実寺（滋賀県近江八幡市安土町桑実寺）の長老まで一緒に斬殺するという。 この処理を担当した信長側近・野々村三十郎（正成）（1536？～1582）、長谷川竹（秀一）（？～1594）両名には過分な領地が与えられた。（『信長公記』）。	4388
	4月10日	細川家の茶会に、明智十五郎（光慶）（1569～1582）の名が記される。	4389
	4月10日	津田宗及、福智山にて明知弥平次（明智秀満）（1536～1582）の七五三膳の振舞を受ける。（『宗及茶湯日記』）。 「七五三膳」は、三献の膳で、本膳に七菜、二の膳に五菜、三の膳に三菜を出す盛宴。この頃弥平次（明智秀満）に再嫁した妻（光秀長女・倫子）が、接待したのだろうか。	4390
	4月11日	津田宗及、福智山を発ち、明智光秀の供をして、途中、福寿院（京都府京丹後市網野町浜詰）で七五三膳の振舞を受ける。	4391
	4月12日	**「連歌百韻─細川忠興の茶会」**。津田宗及、明智光秀父子三人、長岡（細川）藤孝父子三人、里村紹巴、山上宗二、平野道是と丹後宮津にて朝食の膳、その後、天橋立にて振舞があり、光秀・藤孝・紹巴で連歌を行った。 馬揃えという大役を果たした光秀は、娘婿忠興から地蔵行平之太刀を進上され、連歌で「　植　松八千年のさなえ哉」と詠む。今植えた松が千年の果てまで栄えることを祈ると。	4392
	4月13日	多聞院英俊、織田信長（「安土」）の意を受けた筒井順慶が「丹波猿楽」を太夫として昨日四月十二日まで五日間の「勧進能」を行ったことを知る。（『多聞院日記』）。	4393
	4月13日	織田信長、長谷川秀一・野々村正成の両名へ加増を行う。（『信長公記』）。 二人は、四月十日の「安土城侍女殺害事件」の処理を担当した。	4394
	4月15日	津田宗及、堅田にて明智半左衛門（猪飼野秀貞）と茶会。	4395

197

| 天正9 | 4月16日 | 織田信長、若狭国の溝口秀勝（「溝口金右衛門」）へ、逸見昌経（「逸見駿河守」）の本地分を扶持するので領知とすべきことまた若狭に於いて万が一不届者があればその「軽重」によらず織田信長に言上すべきこと、油断したならば「曲事」とすることを通達。 [4396] |

若狭高浜城（福井県大飯郡高浜町）主の逸見駿河守昌経が天正9年3月26日病死。その所領は八千石あったが、信長はこのうち新知として与えていた武藤上野介（友益）の所領と粟屋右京亮（元隆）遺領の三千石を武田孫八郎元明（1552？〜1582）へ与えた。残るは逸見本知分の五千石であったが、信長はここで丹羽長秀（1535〜1585）が幼少の頃より召し使っていた溝口定勝（後の秀勝）（1548〜1610）という者を抜擢し、この者へ逸見駿河守遺領五千石を一職進退に任せた。信長はそれだけでなく、溝口を国目付に任じ、若狭に在国して国内の状況を知らせるべき旨を朱印状をもって命じた。（『信長公記』）。

武藤友益（？〜？）は、天正10年（1582）6月、本能寺の変が起こり織田信長が横死すると、明智光秀方についた武田元明に従い近江佐和山城（滋賀県彦根市古沢町）を攻め落とした。山崎の戦いで明智氏が滅び、同年7月武田元明滅亡の後、友益は許されて丹羽長秀に仕えたという。

| | 4月17日 | 「自丹州宇津惟任日向守書状到来、當城堀井、河原者、相添此者急度可罷下之由申来、即申付、差下返状、美濃柿百来々、」。（『兼見卿記』）。 [4397] |

吉田兼見、丹波国桑田郡宇津からの明智光秀書状を受ける。その内容は丹波国宇津城（京都市右京区京北下宇津町）の井戸を掘るために「河原者」を派遣するよう依頼してきたものであった。美濃柿百個も添えられていた。兼見、早速「河原者」山を派遣。

| | 4月18日 | **「明智光秀は、亀山城の普請を本格的に開始し、丹波支配の拠点とする」。** [4398] |

「瀬野右近・東沢加賀守宛明智光秀判物」。「別院倉米、去年分のうちをもって、米六石六斗、六十六人、中村、七石一斗、七十一人、安栖里村、あわせて十三石七斗のこと、亀山普請分は、片山兵内百姓人別廿日飯米として、あい渡さるべく候なり、よってくだんのごとし」。

明智光秀（1528？〜1582）、丹波土豪・瀬野右近らに、亀山普請人足の百姓に飯米を支給するよう命じる。

	4月19日	丹羽長秀（「五郎左衛門尉長秀」）、若狭国の溝口秀勝（「溝口金右衛門尉」）へ、逸見昌経（「逸見駿河守」）の本地分を織田信長「御朱印」に任せて知行とすべきことを通達。 [4399]
	4月19日	所領を与えられた武田元明（1552？〜1582）・溝口金右衛門秀勝（1548〜1610）の両名が岐阜へ御礼にのぼった。（『信長公記』）。 [4400]
	4月20日	夜、槙尾寺の老若七、八百人は武装して織田勢に備えつつ、おのおの観音堂に参じて御本尊との別れを惜しんでいった。離散を悲しんで一度に叫ぶ声は諸伽藍に響きわたり雷鳴のごとくであった。そののち彼らは足取りも弱々と歩き出し、涙と共に寺をあとにした。そして所縁を頼って散り散りに去っていったのだった。（『信長公記』）。 [4401]
	4月20日	織田信長、森成利（長定）（「森乱法師」）へ、近江国内に五百石を扶持するので領知とすべきことを命令。 [4402]
	4月20日	菅屋長頼（？〜1582）、能登七尾城に入り、是日、須田満親（1526〜1598）等に答書して、上杉景勝の非を詰る。 [4403]

天正9	4月21日	織田信長、安土城に相撲を見物。『信長公記』で触れられる信長最後の相撲大会となる。	4404
	4月21日	指出に抵抗した和泉の槇尾寺（施福寺）（大阪府和泉市槇尾山町）が、未明、寺の道具など貴重な品々を避難させ僧たちが退去。 **信長は、「詫言申し上げずして、上意に背くは、曲事なり。急ぎ攻め破り、一々頚を切り、焼き払ふべき」と命じる。**	4405
	4月24日	織田信長、某へ、甲斐国・信濃国への出征予定を告げ、奔走を促す。	4406
	4月25日	若狭国の国目付・溝口定勝（後の秀勝）（1548～1610）、信長に、高麗鷹六連を献上。近来見かけぬ珍種であり、信長公はいたく感じ入って秘蔵自愛した。（『信長公記』）。 溝口定勝は、本能寺の変で信長が横死した後は、羽柴秀吉に属した。	4407
	5月-	小田切宮内少輔春政創築の郡山城の城郭拡張工事がはじまる。この月、筒井順慶（1549～1584）、奈良中の大工を郡山へ集める。	4408
	5月3日	島津義久（正五位下）（1533～1611）、従四位下に叙される。	4409
	5月4日	未明、織田軍菅屋長頼、越中国願海寺城（富山市願海寺）を攻め、家臣が内応して落城させた。 六月十一日、城主寺崎民部左衛門尉盛永と子息の喜六郎は捕らえられて近江佐和山城（滋賀県彦根市古沢町）に送られる。上杉軍に内通していたとの疑いをかけられた。 寺崎父子は七尾城に送られ切腹ともいう。	4410
	5月10日	**「槇尾寺焼亡」。** 織田信澄（1555？～1582）・蜂屋頼隆（1534？～1589）・堀秀政（1553～1590）・松井友閑（？～？）・丹羽長秀（1535～1585）が和泉国槇尾寺へ入り、坊舎を検分。そして建材として利用できそうな部分を解体し持ち運び、残る堂塔伽藍・寺庵僧坊及び経巻は、堀秀政の検使のもと一宇も残さず焼き払う。	4411
	5月13日	明智光秀（1528？～1582）、丹波にて、織田信長より因幡平定の陣触を受け、大船に兵糧を積み因幡のとっとり川（南袋川）に派遣する。	4412
	5月16日	「妻木、所労により在京」。（『兼見卿記』）。 **明智光秀の妹「御ツマキ」の妻木は、四月十日の「安土城侍女殺害事件」の心労であろうか。**	4413
	5月21日	明智光秀（1528？～1582）、嶋左近へ音信の礼を告げる。 島左近（清興）（1540～1600）は、筒井順慶（1549～1584）に仕えていた。順慶の侍大将・島左近は、明智光秀を裏切った主君に仕えるのを潔しとはせず、退去して浪人となるという話がある。	4414
	5月-	この月、長岡（細川）藤孝娘・伊弥（1568～1651）、一色義定（義有）（？～1582）に嫁ぐ。明智、細川氏と一色氏との講和の証としての婚姻で、明智光秀の仲介である。	4415
	6月1日	「織田信長黒印状」。信長、羽柴藤吉郎（秀吉）へ、鳥取城攻めに指示。	4416

天正9　　6月2日　　「定、条々

一、武者於備場、役者之外諸卒高声并雑談停止事、付懸り口其手賦鯨波以下可応下知事

一、魁之人数相備差図候所、旗本侍着可随下知、但依其所為先手可相斗付者、兼而可申聞事

一、自分之人数其手々々相揃前後可召具事、付鉄炮・鑓・指物・のほり・甲立雑卒ニ至ては、置所法度のことくたるへき事

一、武者をしの時、馬乗あとにへたゝるニをいてハ、不慮之動有之といふとも、手前当用ニ不可相立、太以無所存之至也、早可没収領知、付、依時儀可加成敗事

一、旗本先手其たんゝの備定置上者、足軽懸合之一戦有之といふとも、普可相守下知、若猥之族あらハ不寄仁不肖忽可加成敗事、付、虎口之使眼前雖為手前申聞趣相達可及返答、縦蹈其場雖遂無比類高名、法度をそむくその科更不可相遁事

一、或動或陣替之時、号陣取ぬけかけに遣士卒事、堅令停止訖、至其所見斗可相定事、但兼而より可申付子細あらハ可為仁着事、付陣払禁制事

一、陣夫荷物軽量京都法度之器物三斗、但遼遠之夫役にをいてハ可為弐斗五升、其糧一人付て一日ニ八合宛従領主可下行事

一、軍役人数百石ニ六人多少可准之事

一、百石より百五拾石之内、甲一羽・馬一疋・指物一本・鑓一本事

一、百五拾石より弐百石之内、甲一羽・馬一疋・指物一本・鑓二本事

一、弐百石より参百石之内、甲一羽・馬一疋・指物二本・鑓弐本事

一、三百石より四百石之内、甲一羽・馬一疋・指物三本・鑓参本・のほり一本・鉄炮一挺事

一、四百石より五百石之内、甲一羽・馬一疋・指物四本・鑓四本・のほり一本・鉄炮一挺事

一、五百石より六百石之内、甲二羽・馬二疋・指物五本・鑓五本・のほり一本・鉄炮弐挺事

一、六百石より七百石之内、甲弐羽・馬弐疋・指物六本・鑓六本・のほり一本・鉄炮三挺事

一、七百石より八百石之内、甲三羽・馬三疋・指物七本・鑓七本・のほり一本・鉄炮三挺事

一、八百石より九百石之内、甲四羽・馬四疋・指物八本・鑓八本・のほり一本・鉄炮四挺事

一、千石ニ甲五羽・馬五疋・指物拾本・のほり弐本・鉄炮五挺事、付、馬乗一人之着到可准弐人宛事

右、軍役雖定置、猶至相嗜者寸志も不黙止、併不叶其分際者、相構而可加思慮、然而顕愚案条々雖顧外見、既被召出瓦礫沈淪之輩、剰莫太御人数被預下上者、未糺之法度、且武勇無功之族、且国家之費頗以掠　公務、云給云拾存其嘲対面々重苦労訖、所詮於出群抜卒粉骨者、速可達　上聞者也、仍家中軍法如件、

明智光秀 (1528 ?～1582)、明智家中へ全十八ヶ条の「軍法」を発する。明智光秀は詳細な軍役を定めた（『新修亀岡市史資料編』第二巻）。軍役は百石につき六人を基準とし、続いて「百石と百五十石之内」のような形で馬、指物、鑓、鉄砲などの負担を定めている。

次頁に続く

西暦 **1581**

天正9	6月2日	**前頁の続き**	4417-2

『丹波御霊神社文書』に残るこの軍律は、百石刻みで石高に応じて家臣の軍役を定めており、実務に堪能な光秀の性格をよく表すものであるという。

この軍役規定書は、他の織田家武将には見られず、明文化したのは光秀のみとされる。

「自分は石ころのような身分から信長様にお引き立て頂き、過分の御恩を頂いた。一族家臣は子孫に至るまで信長様への御奉公を忘れてはならない」
（『明智光秀家中軍法』）。

	6月2日	細川忠興（1563～1646）、丹後国に於いて病む。（『兼見卿記』）。	4418
	6月5日	相模国北条氏政が、信長に馬三頭を献上、滝川一益がこれを取り次ぐ。（『信長公記』）。	4419
	6月7日	村井貞勝、祇園大宮駕輿丁・摂津今宮社神人に商売のことを安堵する。	4420
	6月11日	信長公は尋問の仔細あって越中国の寺崎民部左衛門・喜六郎父子を召し寄せ、佐和山で丹羽長秀に身柄を預けて拘禁した。（『信長公記』）。 寺崎民部左衛門尉盛永は、上杉氏の勢力が越中に及んでくるとこれに臣従したが、上杉謙信の急死後、織田方へ寝返った。ところが天正9年（1581）2月に上杉軍が来襲した際に、上杉軍に内通していたとの疑いをかけられ、5月4日未明、菅屋長頼の織田軍に居城を攻められ、家臣が内応して落城した。	4421
	6月12日	羽柴秀吉、播磨国姫路城に津田宗及を招待して茶会を開催。（『宗及他会記』）。	4422
	6月12日	織田信長（1534～1582）、香宗我部親泰（長宗我部元親の弟）（1543～1593）へ、三好清長（三好式部少輔康俊、長宗我部元親に服属）の事については「別心」を持っていないこと、阿波国方面の件は奔走することが大事であり、詳細を三好康長（三好康俊の父）より伝達する旨を通達。 **信長は、長宗我部元親（1539～1599）に、阿波南郡半国からの退出を命じた。親泰は前年、兄元親に命じられ渡海して安土城で織田信長と拝謁し、三好康長ら三好氏との和睦を求めていた。**	4423
	6月14日	三好康長（咲岩、笑岩）（？～？）、香宗我部親泰へ添状を発し、阿波国方面の件は織田信長より「朱印」が発給され、今後阿波国方面の事は香宗我部親泰が奔走してくれると快然である旨を通達。また三好清長（「三好式部少輔康俊」）は若輩であり、近年戦乱により無力となっているので諸事「御指南」を依頼する。	4424
	6月15日	筒井順慶、この日今度の「吐田」についての織田信長「御朱印」を賜わった御礼に近江国安土へ赴く。（『多聞院日記』）。 信長、筒井順慶に、大和国吐田村を宛行う。	4425
	6月16日	織田信長、某へ、越後国の新発田重家（「新発田因幡守」）（1547～1587）が織田信長へ「忠節」し、鷹・馬を進上してくるので海上通路の安全を命令。詳細は佐々成政（「佐々内蔵助」）に伝達させる。	4426
	6月16日	織田信長、秀吉の与力・宮部継潤（1528～1599）へ、因幡国方面での長期在陣を慰労する。	4427
	6月22日	織田信長、金剛寺の音問で両種、一荷の贈呈を謝す。「女人高野」と呼ばれる天野山金剛寺（大阪府河内長野市天野町）か。	4428

天正9	6月25日	**羽柴秀吉**（1537～1598）、**因幡国攻略のため播磨国姫路城を出陣**。因幡国摩尼山向城（本陣山）（鳥取市百谷字太閤ヶ平）に入り本陣とする。	4429
	6月25日	松井康之（1550～1612）、秀吉鳥取城責めへ参陣。 秀吉は、長岡（細川）藤孝（1534～1610）へ助勢要請した。	4430
	6月27日	織田信長、菅屋長頼（？～1582）に命じ、能登七尾城（石川県七尾市古城町）において悪逆を重ねていた遊佐続光・義房兄弟・伊丹孫三郎、家老三名など遊佐続光一族を能登国内で殺害させる。（『信長公記』）。 逃走中に長連龍（1546～1619）に捕捉、殺害されたともいう。	4431
	6月28日	織田信長、朝廷に真桑瓜を献上。	4432
	6月28日	島津義久（1533～1611）、織田信長からの上使である伊勢貞知（？～1627）に対し、豊後大友氏との和睦に応じる旨の書状を提出する。 貞知は、天正8年から信長より豊薩和睦のため、大友および島津に遣わされていた。信長は、毛利氏攻撃に大友氏を参戦させるため、大友氏と敵対している島津氏を和睦させようというものであった。この交渉には朝廷の近衛前久が加わる。最終的に義久は信長を「上様」と認めて大友氏との和睦を受諾した。	4433
	7月6日	越中木舟城（富山県高岡市福岡町）の城主・石黒左近（成綱）一族郎党三十人らが近江に呼び寄せられ、丹羽長秀（1535～1585）の伏兵により謀殺された。石黒らは、信長に呼び出されて、丹羽長秀の近江佐和山城（滋賀県彦根市古沢町）に向かっていた。この時、内通の嫌疑を掛けられていることに気が付き、一行は越中に戻ろうとした。しかし、近江・長浜城近くで、丹羽長秀の軍勢に追いつかれて、粛清され、石黒氏は滅亡。（『信長公記』）。 織田氏支配下にあった木舟城は一時上杉氏に奪還されたが、城主不在により織田軍により攻め落とされた。	4434
	7月11日	柴田勝家（1522？～1583）、信長に黄鷹六連と切石数百を献上。（『信長公記』）。	4435
	7月12日	**「第二次鳥取城攻撃（鳥取の渇え殺し）―7月12日～10月25日」はじまる。** 羽柴秀吉（1537～1598）、吉川経家（1547～1581）が守備する鳥取城を包囲し兵糧攻めを開始。	4436
	7月12日	長岡（細川）藤孝、近江国安土より上洛し吉田兼見を訪問。藤孝、去年吉田兼治の昇殿勅許援助要請の際に合力出来なかったので兼見へ金子一枚を贈る。暮れに及び京都へ出ず。（『兼見卿記』）。	4437

豊田秀吉

西暦1581

天正9	7月13日	吉田兼見、晩に及び長岡（細川）藤孝（「長兵」）へ見舞のため京都に出ず。細川藤孝は沼田勘解由左衛門尉（清延）の宿所に逗留というので訪問。（『兼見卿記』）。　　　　　　　　　　　　　　　　　　　　　　　　　　　　　4438
		沼田勘解由左衛門の兄で義輝に仕えた沼田光長は、細川藤孝（1534～1610）の妻である麝香（じゃこう）（1544～1618）の兄であり、勘解由左衛門もこの縁で藤孝の家臣となったという。松井康之室は、沼田光長の娘とされる。
	7月15日	織田信長、盂蘭盆会に帰国を控えた日本巡察使バリニャーニ（ヴァリニャーノ）（1539～1606）らを安土城に迎えた。城下の灯火を全て消させ、天主閣（天守閣）や揔見寺に提灯を吊して火を灯し、堀には船を浮かべ馬廻衆に松明を持たせた。この世の物とは思えぬ程綺麗な情景であった。（『信長公記』）。　　4439
		「すでに盆と呼ばれ日本で異教徒が盛大に行う祭夜、各家の戸口や窓に多くの火を灯し、提燈を掲げるのが習慣であるが、近づき、……例年ならば家臣たちはすべて各自の家の前で火を焚き、信長の城では何も焚かない習わしであったが、同夜はまったく反対のことが行われた。すなわち信長は、いかなる家臣も家の前で火を焚くことを禁じ、彼だけが色とりどりの華麗な美しい堤燈で上の天守閣を飾らせた。七階層を取り巻く縁側のこととて、それは高く聳え立ち、無数の提燈の群は、まるで上（空）で燃えているように見え、鮮やかな景観を呈していた。（『フロイス日本史』）。
		フロイスは、1582年に発行された『イエズス会日本年報』で、「信長は彼の誕生日に安土の總見寺（滋賀県近江八幡市安土町下豊浦）に参拝し、信長を崇敬すれば富と健康と長寿が得られると布告した」ことを記している。
	7月17日	織田信長、寺田善右衛門（？～1582）を使いとして、織田信忠（1557～1582）に秘蔵の雲雀毛（ひばりげ）の馬を贈る。（『信長公記』）。　　　　　　　　　4440
		信忠は能に没頭しすぎていたとして信長から叱責を受けていたが、この頃赦免されたようである。
		昨年の春、信忠はキリシタンに能を見せたという。信長が激怒して、信忠から能道具を取り上げ、猿楽の梅若大夫に下賜したという。
	7月17日	「信長公は佐和山に拘禁していた越中の寺崎民部左衛門（盛永）・喜六郎父子の殺害を命じた。子息の喜六郎はいまだ若年の十七歳、眉目美しく整った若者であり、その最期の辞もまことに哀れであった。父子はまず今生の挨拶をしたのち、「親が先に立つが本義なり」として父の民部左衛門が最初に腹を切り、若党が介錯を行った。続く子の喜六郎も、父の腹から流れる血を手に受けて舐めたのち、「我も御供申す」といって尋常に腹を切って果てたのだった。見事な最期というほかなく、哀れさは目も当てられなかった」。（『信長公記』）。　　　4441
	7月18日	織田信長、長九郎左衛門尉（長連龍）へ、音信として肩衣房十、鯖鮨三百の贈呈を謝す。また「悪逆」（逐電）した遊佐続光を捕獲したことを賞し、近江国安土城へ参上の際に詳細を告げる旨を通達。　　　　　　　　　　　　　　　　4442
		信長、長連龍（ちょうつらたつ）（1546～1619）に、遊佐続光（ゆざつぐみつ）（？～1581）等を誅せるを報じたるに答ふ。長連龍は、七尾城（石川県七尾市古城町）を逃げ出して潜伏していた一族の仇、遊佐続光の一族を6月27日に討ち取ったという。

天正9	7月18日	織田信長、菅屋長頼(「菅屋九右衛門尉」)へ、長連龍(「長九郎左衛門尉」)の報告に返信したことを通知。詳細は帰国後に申し聞くよう命令す。	4443
	7月20日	織田信長、出羽庄内の大宝寺義氏(武藤義氏)(1551〜1583)より馬・鷹が贈られる。信長は翌日御礼として小袖・巻物等を遣わした。(『信長公記』)。	4444
	7月21日	秋田の下国氏が、信長に黄鷹五連と生白鳥三匹を献上。使者の取次は神藤右衛門が務めた。なお鷹の中には巣鷹も一連入っており、信長公の自愛・秘蔵するところとなった。音物に対し信長公は返書に添えて礼品を贈った。(『信長公記』)。下国氏は、出羽国の安東(のちの秋田)愛季(1539〜1587)であろう。	4445
	7月21日	織田信長、正親町天皇より信忠との仲直りを賞され薫物を下賜される。	4446
	7月22日	佐久間信盛(1528〜1581)、没。(『日本史人物生没年表』)。異説は、7月24日、大和国十津川で没。	4447
	7月23日	菅屋長頼(「菅屋九右衛門尉長頼」)、能登国の長連龍へ、先年上杉謙信が能登国へ「乱入」した際に石動山へ寄進した神領を織田信長「御朱印」を以て扶持する旨を通達。また上杉謙信が寄進した能登国鹿島郡内の神領は織田信長(「上様」)の関知するところでは無いので、信長「御朱印」に任せて知行とすべきことを通達。	4448
	7月25日	織田信忠(1557〜1582)、信雄(1558〜1630)、信孝(1558〜1583)三兄弟が安土にのぼり、森成利(蘭丸)を使者として織田信長より、信忠に「正宗」の脇差・信雄に「北野藤四郎吉光」の脇差・信孝に「しのぎ藤四郎吉光」の脇差を夫々与えられる。(『信長公記』)。	4449
	7月27日	菅屋長頼(?〜1582)、能登国一宮気多神社惣中に対して去年近江国安土城に於いて決定された通りに社務「分目」や所々の「免田」などを安堵し、社殿修理・建立を命令す。	4450
	7月28日	「織田信長黒印状」。信長、丹後国宮津城(京都府宮津市鶴賀)より状況報告を送ってきた長岡兵部大輔(細川藤孝)へ、「八朔祝儀」(帷二、袷一)を謝し、丹波より松井康之に「賊船」を指揮させて派遣することを諒承、実施を命令。詳細は見参した際に伝達する旨を通達。	4451
	7月29日	織田信長、金剛寺の音問で樽一荷の贈呈を謝す。	4452
	8月1日	織田信長、近江国安土に於いて「御馬汰」を開催。(『兼見卿記』)。 五畿内隣国の諸侯が安土に参集して馬揃が行われた。この日の信長公は白笠・白装の上に赤い礼服といった束束で、虎皮のむかばきを付けて葦毛の馬にまたがっていた。また近衛前久殿や一門衆の面々もそれぞれ白帷子の上に生絹や辻が花染めの帷子を重ね、袴は金襴緞子・縫物・蒔絵で彩り、思い思いの笠を頭にいずれも盛装で馬を進めていた。見物人の数もおびただしかったとのことであった。(『信長公記』)。 **織田信長、近江国安土に於いて「御馬汰」を開催。信長は葦毛にまたがり、赤いマントを羽織り登場という。**	4453
	8月3日	木食応其(「応其」)、(1536〜1608)、紀伊国高野山に入っていた畠山権守へ、先年の織田信長の軍事行動の際に高野山が忠節を尽くし、紀伊国有田郡より兵糧米を運送した手柄を賞す。またこの時より諸公事を免許することを通達。	4454

西暦**1581**

天正9	8月6日	会津の蘆名盛隆(1561〜1584)が、信長に名馬・愛相駿を献上。(『信長公記』)。盛隆は信長に名馬三頭・蠟燭千挺を献上すると信長はこれに応えて、盛隆が三浦介に補任されるよう朝廷へ斡旋したという。	4455
	8月7日	大和国奈良中、近日中に「惟任」(明智光秀)が到来するということで「さわき」になった。(『多聞院日記』)。	4456
	8月11日	東福寺光璞(住持)・東堂竜喜・東堂善樟・東堂令見・東堂恵級・西堂永幸・西堂恵綺・西堂令憩、唐橋在通(「唐橋殿」)(1563〜1615)へ、東福寺伽藍諸堂が近年「大破」してしまったが、今は「天下太平之時節」であり、織田信長(「上様」)の「御分国中」へ織田信長「御朱印」を以て「勧進」を行うことが望みであり、この旨を堀秀政(「堀久」)に取り成しすることを依頼する。	4457
	8月12日	**明智光秀・長岡(細川)藤孝父子、鳥取沖に松井康之(1550〜1612)ら水軍を出して、羽柴秀吉の鳥取城攻めを支援。**丹後の賊船(海の領主の船)を組織し、羽柴秀吉勢支援に動員した。	4458
	8月13日	織田信長、長連龍(1546〜1619)へ、能登国の「謀叛之輩」(遊佐続光ら)を成敗したことを賞し、連龍としては「鬱憤」を散じたであろうこと、「罷退候族」(温井景隆・三宅長盛ら)が何処に潜伏しても捜索して刎首すべきは勿論であることを通達。また糟毛馬の贈呈を謝す。詳細は菅屋長頼に伝達させる。	4459
	8月13日	**因幡国鳥取表へ、芸州から毛利・吉川・小早川の軍勢が来援するとの風説が流れた。これに対し織田信長は、因幡国出陣を決意し、丹後で長岡(細川)藤孝(1534〜1610)父子三名、丹波で明智光秀(1528？〜1582)、摂津で池田恒興(1536〜1584)を大将に任じ、まず、摂津衆の高山右近(1552〜1615)・中川清秀(1542〜1583)・安部二右衛門・塩河吉大夫らへ出陣を命じる。**(『信長公記』)。	4460
	8月14日	信長、秘蔵の名馬三頭を羽柴秀吉へ贈る。使者は高山右近が務め、信長公より「鳥取表の状勢をつぶさに見及んで報告せよ」との命を帯びつつ鳥取表まで馬を牽いて参陣していった。(『信長公記』)。	4461
	8月14日	津田宗及、丹波周山城にて明智光秀に会う。翌日、月見、連歌を詠む。	4462
	8月17日	正親町天皇、青蓮院尊朝法親王へ、宇治平等院領家を石清水八幡宮新善法寺氏が競望したことへの改替命令の綸旨を下す。	4463
	8月17日	**「能登は前田利家へ与えられる」。**織田信長(1534〜1582)、前田又左衛門(前田利家)(1538〜1599)に能登一国を与える。	4464
	8月17日	**「信長、高野聖を殺戮」。**織田信長、紀伊の高野山金剛峯寺(和歌山県伊都郡高野町高野山)が摂津伊丹の牢人を匿った(荒木村重の家臣を匿うと追求していた信長の家臣を殺害した)として、全国の高野聖を安土に召し寄せ、高野聖数百人を誅する。(『信長公記』)。	4465
	8月17日	織田信長、足利将軍家の畳指の子孫であった畳指新四郎(宗珍)を「石見」と改名させ、「天下一」であるので織田家の大工とすること、今後は諸公事以下を「如先々」く免許することを通達。(『伊阿弥家文書』)。	4466
	8月17日	岩越吉久(「岩越小兵衛吉久」)(菅屋長頼被官)、能登国一宮気多神社に対し「一宮」となったのは「無隠大社」であるからなのに、織田信長(「上様」)への御礼出仕が無いのは「言語道断」であること、明日には気多神社へ赴くのでこの旨に同心するよう通達。	4467

天正9	8月19日	多聞院英俊、佐久間信盛が大和国十津川の「湯ニテ死亡」したので、紀伊国高野山の倉に保管されていた信盛所有物を信長が収公することになり「上使」が派遣されたが、悉く殺害されてしまったので、報復措置として諸国の「高野聖」が捕らえられ、近日中に紀伊国高野山に軍事行動が実行されることになったこと、来八月二十三日に「陣フレ」が発せられることを知る。多聞院英俊は「高野滅亡時刻到来」との感慨を記す。(『多聞院日記』)。	4468

	8月19日	「惟任日向守郡山城普請爲見舞、今朝早々成身…………」。(『多聞院日記』)。	4469

惟任日向守(明智光秀)(1528？～1582)、この朝早々に大和国興福寺 成身院(じょうしんいん)に到来す。信長に命じられた大和国郡山城普請の見舞であった。百名ばかりを随行させた一団であった。十市新二郎(とおち)(藤政、布施次郎)も大和国郡山城へ同行した。

	8月20日	この払暁に大和国興福寺より大和国郡山城に滞在する明智光秀へ御礼として「摩尼」(宝珠)が贈られる。(『多聞院日記』)。	4470

	8月20日	「後巻事仕候幸事候、先書如申聞、惟任・長岡以下申付候……其方一左右次第可出張候、其上人数入次第申付、信長可出馬候条……」。	4471

織田信長、羽柴秀吉の注進状に応え、全三ヶ条の指示を下す。因幡国鳥取城の攻城戦に、より一層の覚悟で臨むことを命令し、城中では日々に餓死者が出ているのは「表裏仕候族」に対する「天罰」であるので打果たすべきこと、毛利氏に対する「目付」の宇喜多直家(1529～1582)からの注進により鳥取城陥落は必然で後援部隊派遣が幸いというので、先書で通達した様に明智光秀・長岡(細川)藤孝以下、摂州衆も準備させているので、羽柴秀吉からの要請が有り次第に出張させること、その上で軍勢は必要なだけ要請し、さらに信長自身も出馬するので油断無く調儀を行うことを命令。また南条元続(1549～1591)が、鹿野(もとつぐ)(因幡国気多郡)と伯耆国の間の敵城を攻略したことを通達。

郡山城

西暦**1581**

| 天正9 | 8月21日 | 「今曉惟任被歸了、無殊儀、珍重々々、去七日・八日ノ比歟、惟任ノ妹ノ御ツマキ死了、信長一段ノキヨシ也、向州無比類力落也」。（『多聞院日記』）。 |

4472

多聞院英俊、「惟任」（明智光秀）が、この暁に大和国郡山城より帰還したこと、去る8月7日か去8月8日の頃に明智光秀の妹「御ツマキ」が死去したこと、この惟任ノ妹は織田信長の「一段ノキヨシ」であり、光秀はとても落胆していることを知る。

天正5年（1577）11月、興福寺・一乗院の御乳人「惟任（光秀）妹御ツマ木」が、光秀と共に東大寺との間の静いの調停を織田家に働き掛けた（『戒和上昔今禄』）。
天正6年6月14日、「妻木所壺之物、肴色々・双瓶以使者持遣、猪子兵助遣角豆一折」。吉田兼見は、妻木氏に贈り物する。
天正7年（1579）1月18日、「妻木在京也、五十疋持参、祓持参、逗留村作也、直罷向」。（『兼見卿記』）。吉田兼見、村井貞成（「村作」）邸へ逗留している妻木氏を訪問。
天正7年4月18日、「妻木惟向州妹参宮、神事之義以書状尋来、月水之義也、則答、神龍院へ向、晩炊、月斎・元右・侍従及夕聖護院邊遊覧」。（『兼見卿記』）。光秀妹が参詣にあたり、神事に関わることを、書状で尋ねてきた。月水とは女性の生理の事、兼見はこの質問に即答した。
天正7年5月2日、「前右府へ罷向了、無對面、粽被出了、次各被帰宅了、今日衆者、…………其外近所女房衆ツマキ・小比丘尼・御ヤ、等ニ、帯　二筋　ッ、遣了、……」。（『言経卿記』）。
織田信長へ山科言経が進物を献上した際に、その近所女房衆「ツマキ」らにも帯を献上した。
天正8年（1580）1月17日、「惟任日向守爲礼下向坂本、路次風寒以外也、午刻着津、面會、百疋持参、妻木五十疋・御祓、下向安土、預置奏者」。（『兼見卿記』）。
吉田兼見、百疋を持って明智光秀を訪問するため近江国坂本へ下向。兼見は「妻木」氏に、五十疋と祓を持参している。「妻木」氏はその後、信長の近江国安土へ下向。
天正9年（1581）5月16日、「妻木、所労により在京」。（『兼見卿記』）。
明智光秀の妹「御ツマキ」の妻木は、四月十日の「安土城侍女殺害事件」の心労であろうか。

この惟任ノ妹は、光秀と信長との間を繋ぐ緩衝地帯役を果たしていた為、その死は、光秀と信長間の亀裂を広げる事となってしまったともされる。
安土城の女房衆を束ねる立場にあったのが、「御ツマキ」といわれる。

なお、「信長一段ノキヨシ也」の解釈については諸説あり。日本史学者の故勝俣鎮夫氏は、「一段ノキヨシ」を「一段の気好し」とし、信長に好かれた側室であった彼女の死が翌年の本能寺の変の遠因となったとしている。光秀室・妻木熙子の瓜二つという妹か？

| | 8月22日 | 織田信長、近江国多賀大社不動院へ、「旦那廻」を「最前」の織田信長「朱印」に任せて安堵。今度の「高野聖」の「成敗」とは別件であるので近年の如く往来を許可する。 |

4473

| | 8月22日 | **明智光秀**（1528？～1582）、**佐竹出羽守宗実**（明智秀慶）（？～1590）へ、**これより因幡へ出陣する旨を返書。** |

4474

天正9	8月23日	「織田信長黒印状」。「……可出陣候旨申候処、無油断用意之趣、尤以可然候、於様躰者惟任申請候、猶々心懸専一候……」。	4475
		信長、長岡兵部大輔（細川藤孝）へ、丹波国方面に敵が侵攻してきたならば出陣すべき旨を命令したところ油断無く用意したことを諒承し、明智光秀へも詳細を指示したので準備に邁進するよう命令。また丹波国より「賊船」を因幡国方面の「身方」諸城へ兵粮を搬入させ、敵船を撃退させることも重要であり、松井康之の折紙を披見することを通達。さらに「南方」への軍事行動の件も通達。	
	8月23日	京都妙心寺・南化玄興（1538〜1604）、その師恵林寺快川紹喜の特命を受けて武田・織田両家の和親を信長に説こうとしたが成らず。	4476
	8月27日	箸尾為綱（高春）（1546〜1615）へ布施某より女子が嫁いで「祝言」が行われる。岡弥二郎が旧冬に生害した時、筒井順慶が「取子」して明智光秀（「惟任」）の仲介によって成立した婚儀であった。（『多聞院日記』）。	4477
		多聞院英俊、光秀の仲介により成立した筒井順慶の養子の婚儀の祝言が行われること、藤田伝五（行政）（？〜1582）が使いに来たことを聞く。順慶（1549〜1584）の養子は、筒井定慶（1556?〜1615）であろうか。	
	8月30日	「信長、高野聖を殺戮」。	4478
		織田信長、高野聖千人余りを処刑する。京都七条河原町、伊勢雲出川という。	
	9月2日	吉田兼見、この日上洛した長岡（細川）藤孝を訪問。藤孝は明日、近江国安土へ下向する予定という。（『兼見卿記』）。	4479
	9月2日	織田信長、伊勢国出勢を実行。東より織田信雄（「伊勢国司」）を、北より織田信澄（「七兵衛尉」）・滝川一益・丹羽長秀（「惟住五郎左衛門尉」）を、南より筒井順慶を進撃させる。（『兼見卿記』）。	4480
		「第二次天正伊賀の乱ー9月2日〜9月14日」はじまる。織田信長（1534〜1582）、総大将次男織田信雄（1558〜1630）、信包（信長の弟）（1543/1548〜1614）に命じて伊賀に出兵。信雄にとっては、二年前の雪辱戦である。	
	9月3日	多聞院英俊、織田信長の命令による伊賀国出勢について知る。甲賀口より堀秀政が「大将」として小姓衆・近江衆を率い、勢州口より北畠信雄（織田信雄）と滝川一益が、南伊賀よりは大和国宇多郡衆が、西よりは大和国衆が、筒井順慶自身は畑口より、福富秀勝を「大将」とした南方衆と共に攻撃、「黒田タヲケ」が名張より攻め入った。後夜より出陣した軍勢は総勢一万余人にのぼったという。「心替衆」が織田軍を引き入れたため攻略は間も無いことであるとの見通しであった。多聞院英俊は「破滅之段、時刻到来」との感慨を記す。（『多聞院日記』）。	4481
	9月4日	「織田信長朱印状」。信長、長岡兵部大輔（細川藤孝）へ、丹後国の一色満信（義有、義定）（？〜1582）の「知行出来分」を明智光秀に預けることとしたので、相談すべきことを命令。	4482
	9月4日	「織田信長朱印状」。信長、長岡兵部大輔（細川藤孝）へ、丹後国一色義有家老・矢野藤一郎へ以前の報告通り知行分四千五百石を渡し、残りは悉く細川藤孝「進止」として戦功を督促す。	4483
		細川氏重臣松井康之、一色氏重臣矢野藤一郎は、秀吉軍の指揮下に入っていた。信長は、室町幕府の丹後守護、丹後の名門一色氏への配慮を指示した。	
	9月5日	長岡（細川）藤孝、近江国安土より上洛し吉田兼見を訪問。丹波国検地の件を雑談。藤孝は「殊更機嫌」であった。（『兼見卿記』）。	4484

天正9	9月6日	正親町天皇(1517〜1593)、恵林寺快川紹喜(1502〜1582)に、「大通智勝国師」の徽号を与える。	4485
	9月6日	「第二次天正伊賀の乱」。織田信長、伊賀国境界に放火。吉田兼見、織田軍の伊賀攻めの戦況を知る。(『兼見卿記』)。 信雄は御代河原(伊賀町)に本陣を構え、甲賀口の滝川一益や丹羽長秀、信楽口の堀秀政らも近くに布陣。織田軍、伊賀国境界に放火。	4486
	9月7日	「織田信長朱印状」。織田信長、惟任日向守(明智光秀)へ、丹後国の一色義有(義定)知行の「出来分」前後合わせて二万石を今度の検地による員数で引き渡すことを命令。残りの分は長岡兵部大輔(細川藤孝)に渡すべきことを通達(『細川家文書』)。 信長は、丹後の名門一色氏も含めて領地の再編を指示した。	4487
	9月7日	織田信長、亀井茲矩(1557〜1612)へ、因幡国方面に於いて忠節を尽くしていることは神妙であり、今後の戦功によっては出雲国を宛行うことを通達。	4488
	9月8日	織田信長、堀秀政(1553〜1590)に、坂田郡台所入二万五千石(織田三法師丸蔵入)運上させ、羽柴秀吉の長浜城を守備させる。 堀秀政は、荒木村重討伐、越前一向宗制圧の功績により、織田信長から長浜城主二万五千石を与えられる。	4489
	9月8日	「諸職人頭(狩野永徳・息右京助、木村次郎左衛門、木村源五、岡部又右衛門・同息、遊左衛門・子息、竹尾源七、松村、後藤平四郎、刑部、新七、奈良大工)に小袖を下した」。(『信長公記』)。 織田信長、賀藤(加藤)与十郎・万見仙千代(故万見重元の子か？)・猪子兵介(兵助)(猪子高就)(1546〜1582)・安西らに知行を宛行い、同日、狩野永徳子息右京助と岡部又右衛門らの職人頭に小袖を与える。 右京助は、右京進の狩野光信(1561？〜1608)か。	4490
	9月10日	猪子高就(「猪子兵介高就」)・矢部家定(「矢部善七郎家定」)、「勅願所」山城国金蔵寺惣中へ「当知行」を安堵し、「如先々」く臨時の課役を免除。	4491
	9月10日	「織田信長朱印状」。**信長、長岡兵部大輔・惟任日向守(細川藤孝・明智光秀)宛に、丹後国の統治権委譲の進め方について指示する。** 矢野知行の出目分は、藤孝のものとした。7日とも。 信長、藤孝・光秀へ、丹後国の矢野藤一郎知行の「出来分」を細川藤孝に遣わしたが、当の矢野藤一郎(一色義有家老)は因幡国方面に在陣しており帰陣はしないので、強制的に「上使」を派遣するようなことはどうかと思うので、まず善処して帰国の際に通達することが相応しいこと、矢野藤一郎の「本地」は員数通りに相違無く「郷切」にして申し分のないよう処置することを命令。 明智、細川氏と一色氏との講和が、信長に破られることとなり、光秀の努力が水泡に帰した。のち、本能寺の変時、一色氏が明智光秀の呼びかけに応じ光秀に加担したのは、一色氏の信長への怒りと旧領回復の願いに基づくものとなる。	4492
	9月10日	「第二次天正伊賀の乱」。 織田軍は攻撃を開始。伊賀壬生野城(三重県伊賀市川東字深田)・佐那具城(三重県上野市佐野具町)を攻撃、一之宮(敢国神社・上野市)の堂坊など一帯を焼き払う。佐那具城に立て籠もる伊賀衆は城外に撃って出るも、滝川・堀両隊に返り討ちされる。織田軍、陣を引く。	4493

天正9	9月11日	「高野山攻め」。織田信長、紀伊国根来寺の弥勒院・池上坊・岩室坊・愛染院へ高野山への軍事行動での働きを「感情不斜」であると賞し、今後の奔走を促す。詳細は「左兵衛佐」(織田信張)に伝達させる。(『八代文書』)。	4494
	9月11日	「第二次天正伊賀の乱」。織田軍は佐那具城を総攻撃する予定も、城兵は夜中に城を捨て退去、織田信雄の軍勢が入城、占拠する。 各方面から攻め入った軍勢が合流し軍議が開かれる。	4495
	9月13日	前関白九条兼孝(1553〜1636)、堀秀政(「堀久太郎」)(1553〜1590)へ、東福寺「大破」について東福寺側からの連署状の要請と、東福寺は九条家「先祖建立」の「由緒」があるため「再興之儀」を許可するよう取り成しを依頼。	4496
	9月14日	**「伊賀平定—第二次天正伊賀の乱—9月2日〜9月14日」終結**。11日からこの日まで、阿我郡(伊賀郡)には信雄軍・山田郡には織田信包軍・名張郡には丹羽長秀や蒲生賦秀(のちの氏郷)らの軍・阿拝郡には滝川一益や堀秀政らの軍が攻め入る。丹羽らの軍は吉原城主や西田原の城主らを討ち取り、滝川らの軍は、河合城主や壬生野城主らを討ち取り、さらに木興城で抵抗していた上服部党や下服部党を壊滅させる。織田軍、ほぼ伊賀全域の城郭を攻略、伊賀を平定する。 信長(1534〜1582)、伊賀三郡(阿我・名張・阿拝)を信雄(1558〜1630)へ、残りの一郡(山田郡)を信包(信長の弟)(1543/1548〜1614)に与える。	4497
	9月14日	この頃、安土では因幡国鳥取より高山右近(1552〜1615)が帰還し、鳥取城攻囲の堅固さを絵図をもってつぶさに報告してきた。伊賀表の情勢とあわせ、信長公の喜びはひとしおであった。(『信長公記』)。 高山右近は八月に鳥取表に派遣されていた。	4498
	9月14日	織田信長、金剛寺の音間で樽の贈呈を謝す。	4499
	9月16日	羽柴秀吉、書状を送付してきた亀井茲矩(「亀新十」)に応えて敵状報告を諒承、因幡国鳥取城の「一着」は近いので因幡国鹿野城の守備を厳重にし持ちこたえるよう指示。また「玉薬」の送付を告げ、追々軍需物資の送付を通達。	4500
	9月16日	「織田信長黒印状」。「松井胃介(康之) ……重面至雲伯境目相働、敵船数艘切取一……羽柴藤吉郎折紙到来、披見、尤以比類粉骨……忠節之旨、能々可申聞候事専一候也」。 織田信長、長岡兵部大輔(細川藤孝)へ、折紙と松井康之からの注進状を披見したこと、伯耆国方面への軍事行動で伯耆国泊城(鳥取県東伯郡湯梨浜町泊)へ進撃・放火、更に敵船(毛利水軍)六十五艘を切り捨てた戦功と因幡国大崎城(鳥取市丸山)を攻略したことを賞し、今後の作戦遂行を命令。	4501
	9月16日	「織田信長黒印状」。信長、長岡与一郎(細川忠興)へ、丹後国の船手衆の伯耆国方面へ出動を諒承し、長岡(細川)藤孝へ詳細を通達したことを通知。また家臣中で「能々粉骨之族」を識別することが重要であることを通達。	4502
	9月17日	多聞院英俊、伊賀国陣中見舞より帰還した教浄より伊賀国の状況を知る。合戦も無く「伊賀一円落居」となり、調略により「破城」が実行され南部に二・三城が残るのみとなったことを知る。多聞院英俊は伊賀国を「五百年モ乱不行国」であるとの認識を示し「悉破滅時刻到来」との感慨を記す。(『多聞院日記』)。	4503
	9月17日	**明智光秀(1528?〜1582)、信長の命により、筒井順慶(1549〜1584)の郡山城普請の見舞に来る。**	4504

西暦1581

天正9	9月18日	大和国興福寺別会五師釈迦院寛尊、今度の伊賀国への織田信長「御手遣」は東より伊勢衆が、北からは「滝川」（滝川一益）、「双場五郎左衛門」（丹羽長秀）が、西からは「順慶」（筒井順慶）らが攻撃を仕掛け、「惣国一時ニ亡所ニ成」る様子であったこと、また「順慶」は伊勢国牢人衆の探索を厳重に実行し老若男女・僧俗問わず刎首したことを知る。（『蓮成院記録』）。	4505
	9月18日	堀秀政（1553～1590）、唐橋在通（「唐橋殿」）へ、東福寺諸堂「大破」にあたり織田「御分国中」における「勧進」の件は織田信長「御上洛」の時に指示が下されることを通達。	4506
	9月21日	明智光秀、津田宗及・里村紹巴・山上宗二らを招いて茶会。	4507
	9月23日	織田信長、京都北野神社松梅院へ、六百二石の知行方目録を下す。松梅院（しょうばいいん）は、北野神社（北野天満宮）の社僧を務めた天台宗寺院。徳勝院・妙蔵院とともに北野天満宮の三院家の一つ。廃絶。	4508
	9月24日	織田信長、細川藤孝（「長岡兵部大輔」）へ、松井康之（「松井胄介」）・加悦勘十郎が重ねて出雲国・伯耆国の境界で軍事行動に及び、敵船（毛利水軍）を撃破して敵勢二十五人を討ち取った「虜等之注文」と羽柴秀吉からの折紙を披見し、その戦功を賞す。また松井康之・加悦勘十郎の忠節を賞賛すべきことを通達。（『細川家記』）。	4509
	9月27日	織田信長、庄吉助（備中国豪族）へ、羽柴秀吉を派遣したので、秀吉の「申次第」に忠節に励むことを指示。（『備中荘家文書』）。	4510
	9月28日	羽柴秀吉（1537～1598）、畳指・石見宗珍へ、「畳指為天下一」として織田信長より織田家「御大工」を仰せ付けられ、諸公事以下を「御免許」することは織田信長「御朱印」の旨に任せることを通達。（『伊阿弥家文書』）。	4511
	9月-	この月、織田信長、菅屋長頼に命じ、能登、越中の諸城を壊す。	4512
	10月2日	**「高野山攻め」**。堀秀政（1553～1590）が根来に着陣。総大将神戸（織田）信孝（1558～1583）以下、岡田重孝（？～1584）、松山庄五郎らが紀ノ川筋に布陣、大和口には筒井順慶（1549～1584）・定次（きだつぐ）（1562～1615）父子を配し、高野七口を塞ぐ。 織田勢は紀ノ川北岸一帯に布陣し、総大将信孝は鉢伏山（背山）城（和歌山県伊都郡かつらぎ町）に本陣を構え、根来衆も織田方として動員された。 **織田勢と高野勢は紀ノ川を挟んで対峙する形になったが、なお交渉は継続しており、同年中は目立った戦いはなかったという。**	4513
	10月2日	織田信長（1534～1582）、前田利家に、越前府中に於ける所領を返上すべきを命ず。信長、前田又左衛門（前田利家）（1538～1599）へ、能登国の国並の知行を与えること、越前国での知行分を菅屋九右衛門尉（菅屋長頼）（？～1582）に宛行うことを通達。また天正九年分の「所務」は前田利家が収納し、来年より菅屋長頼の収納とすべきこと、前田利家の妻子は能登国へ引っ越さなければならないこと、引き継ぎのために九右衛門（菅屋長頼）が近日に越前国へ派遣することを通達。さらに越前国府中の前田利家が守備する要害と部下の私宅まで菅屋長頼へ引き渡すことを厳命。	4514
	10月3日	大和国興福寺大乗院門跡、織田信長への見舞として上洛。	4515
	10月3日	村井貞勝（「春長軒」）、京都鴨社祝造営奉行中へ、全四ヶ条の鴨社法式「定」を下す。	4516
	10月5日	織田信長、稲葉刑部（通明）・高橋虎松・祝弥三郎（重正）らに知行をあてがう。（『信長公記』）。	4517

天正9	10月5日	大和国興福寺大乗院門跡、近江国安土城に出仕する。	4518
	10月5日	織田信長、会津蘆名盛隆の臣・富田左近将監(隆資)へ「北国向」の件は軍勢を派遣して越中国・能登国の平定が完了したので越後国に「乱入」することを念頭に置き本庄繁長・高梨氏らを勧誘することが重要であることを通達。詳細は小笠原貞慶(1546~1595)より伝達させる。	4519
	10月6日	「当寺之事、光秀判形之旨無相違、諸色令免許訖、被得其意、可被任覚悟者也、仍如件」。(『天寧寺文書』)。 丹波福智山城代・明智弥平次秀満(光秀の重臣、娘婿)(1536~1582)、丹波国天寧寺(京都府福知山市)へ、「光秀判形」による免許状を下す。 明智秀満が使用したと伝わる刀と鎧兜が東京国立博物館にある。	4520
	10月7日	織田信長、秘蔵の白の鷹を初めて鳥屋から出し、朝から近江国愛智川に放鷹後、その帰途は桑実寺方面から新町通りを視察しつつ伴天連のもとへ立ち寄り、ここで普請について指示を行った。(『信長公記』)。	4521
	10月9日	**織田信長、平定なった伊賀巡国のため安土城を出立**、近江国飯道寺(滋賀県甲賀市)に宿泊。(『信長公記』)。	4522
	10月9日	前田利家(1538~1599)、能登国正院百姓中へ、織田信長より能登国「一職」を拝領したので近江国安土城に礼問したことに触れ、「代官」その他誰でも非分を申し懸けた場合は百姓は出頭し「訴訟」すべきことを命令。	4523
	10月10日	大和国興福寺大乗院門跡、織田信長の伊賀国出馬にあたり「動座ノ馬」一頭を贈る。(『多聞院日記』)。	4524
	10月10日	**織田信長(1534~1582)、信忠(1557~1582)、信澄(1555?~1582)らを伴って伊賀一之宮に着陣、国見山に登山、山上より伊賀国内の様子を検分。**(『信長公記』)。 三重県伊賀市の南宮山(伊賀小富士)は、敢国神社の御神体山とされ、伊賀国を一望できることから国見山とも呼ばれている。	4525
	10月11日	織田信長、雨により滞留。(『信長公記』)。	4526
	10月12日	信雄殿および丹羽長秀・筒井順慶が陣所を構える奥郡の小波多という地へ家老衆十名余りを伴い見舞いに訪れた。そして要所々々の要害を固めるよう指示を下した織田信長、この暁に伊勢国より近江国安土に向かう。(『信長公記』)。	4527
	10月12日	織田信長、丹羽長秀・蜂屋頼隆へ、前田利家与力・土肥親真(?~1583)が能登国より近江国安土城へ礼問してきたことに触れ、「上辺見物」をさせることにしたので丹羽長秀の近江国佐和山城(滋賀県彦根市古沢町)に宿泊・接待することを命令。「八木」(米)を支給するので、そのために織田信長が「染筆」したことを告げる。	4528
	10月13日	多聞院英俊、去十月十日に織田信長が伊勢国へ進軍し「アラキノ宮」に逗留し「誰ニモ不見参」であったこと、去十月十二日暁に近江国安土城へ帰還したことを知る。また井戸良弘(「井戸若州」)(1534~1612)の大和国帰還も知る。(『多聞院日記』)。	4529
	10月13日	**織田信長、伊賀国一之宮より安土に至りて帰城。**	4530
	10月13日	滝川一益(1525~1586)、三河名倉(愛知県北設楽郡)の豪族・奥平喜八郎信光(後の戸田加賀守信光)へ、織田信長より、武田勢に対抗するため信濃国境目に「御取出」の構築命令を受けたことに触れ、その詳細を伝達するので近江国安土城まで出頭することを通達。	4531

天正9	10月15日	織田信長、富田知信(一白)(？～1599)(「富田左近将監」)へ、「北国向」の件は軍勢を派遣して越中国・能登国の平定が完了したので越後国に「乱入」することを念頭に置き本庄繁長・高梨氏らを勧誘することが重要であることを通達。詳細は小笠原貞慶(小笠原長時の三男)(1546～1595)より伝達させる。 信長、上杉景勝を討つべく越後に出陣を策し、小笠原貞慶に介走させる。	4532
	10月17日	伊賀侵攻の織田軍の将兵、帰陣する。(『信長公記』)。	4533
	10月17日	信長、長光寺山に放鷹。(『信長公記』)。	4534
	10月20日	羽柴秀吉、亀井茲矩(因幡国鹿野城守将)(1557～1612)へ、吉川元春の動向を通知し、なお一層に城の守備を堅固にするよう命令。	4535
	10月20日	織田信長、イエズス会宣教師のために、安土城下の沼を埋め立て、町屋敷普請を命じる。(『信長公記』)。	4536
	10月21日	織田信長、所司代村井貞勝に命じて慈照寺の花壇の石を取らしめる。	4537
	10月23日	羽柴秀吉、与一左衛門へ、淡路国岩屋の船五十七艘が羽柴秀吉「分国中」を廻漕することを許す。詳細は浅野長政(「浅野弥兵衛」)に伝達させる。	4538
	10月25日	「因幡平定―第二次鳥取城攻撃―7月12日～10月25日」終結。 吉川式部少輔経久(吉川経家)は、森下道誉・中村春続と相談し、ここに至って城兵の助命を条件とし、降伏することとなった。「鳥取の事、夜昼二百日耐えたが、兵糧が尽き果てた。私が一人切腹すれば、城の皆が助かる。これは吉川一門の名を上げる事になる。これで良いのだ」。 羽柴秀吉(1537～1598)、因幡国鳥取城を攻略し、3月に鳥取城城将として、毛利氏から派遣された吉川経家(1547～1581)らを自刃させる。秀吉、宮部継潤(1528～1599)に鳥取城を守備させる。	4539
	10月28日	羽柴秀吉、伯耆国高山(鳥取県米子市)へ進軍。	4540
	10月29日	越中の佐々成政(1536～1588)が当歳・二歳馬をはじめとする黒部産の馬十九頭を越中より引きのぼらせて、織田信長に進上。(『信長公記』)。	4541
	10月29日	「馬一疋到来候、誠遠々之懇志、悦喜無他候、殊更葦毛別而相叶心候、馬形・乗以下無比類、彼是秘蔵不斜候……」。 織田信長、下野国の皆川広照(「長沼山城守」)(1548～1628)へ、「葦毛」馬一匹の贈呈を謝し、返礼祝儀として褞百端・虎革五枚・紅緒五十結を贈与。広照は馬一疋を進上した。信長は葦毛を大変気に入つたようで、馬形、乗り心地のよさを絶賛する。	4542
	10月29日	「下つけの国みな川と申もの、いまた御礼不申上候、冥加の為ニ御座候、御馬三進上申度候由候てひき上申候……」。 堀秀政、皆川広照(「皆川山城守」)へ、織田信長(「上様」)への馬三頭の贈呈を謝し、織田信長は特別に「葦毛」を自愛しており、返答の織田信長「御書」が発給されたことを通知。また堀秀政への「栗毛」馬一頭の贈呈を謝し、今後の取次役を承る旨を通達。詳細は智積院前坊より伝達させる。	4543

天正9	10月29日	織田信長、滝川一益(1525~1586)へ、使者を下野国長沼城(栃木県真岡市長沼)主・皆川広照に派遣したことに触れ、さらにその使者を相模国に送る様に馳走を命じる。詳細は西尾光教(1544~1616)より伝達させる。 皆川氏の使者が東海道で栃木へ戻る際、三河、遠江の宿場に七頭の馬を提供するよう指示した。	4544
	10月-	浅野長政(「浅野弥兵衛尉長吉」)(1547~1611)、与一左衛門へ、淡路国岩屋の傳ね七艘が羽柴秀吉(「筑前守殿」)「御分国中」を廻漕することを許可する羽柴秀吉「御判」が発給されたことを通達。また与一左衛門の船は諸公事を免許する旨を通達。	4545
	11月8日	羽衣石(鳥取県東伯郡湯梨浜町)・岩倉(鳥取県倉吉市岩倉)の両城に軍勢を配置し終えた羽柴秀吉、播磨国姫路城に帰陣し、直ちに淡路島への陣を整える。	4546
	11月8日	徳川家康、関口石見守(皆川広照使者)へ、三河国・遠江国宿中で有効な「伝馬」七頭の手形を発行す。	4547
	11月10日	織田信忠、高木貞久(?~1583)へ、新知九十七貫文余を扶助。	4548
	11月12日	「今度安土為御音信、馬御進上候、遠路之儀、御造作令推察候、併信長馬共一段自愛被申、御使者等迄、各馳走可申……」。 徳川家康(1543~1616)、皆川広照(「蟾川山城守」)へ、今度の近江国安土城に音信として馬進上を賞す。また、織田信長はその進上された馬を自愛しており、信長より皆川広照の使者である関口石見守の「馳走」を担当する命令を受けたこと、「東海道」は織田信長の勢力下であるので異議無く帰路についたこと、この様に使者を入念に歓待したのは徳川家康にとって初めてのことであり、近江国安土城での織田信長機嫌の様子(「上方之御仕合」)は使者がよく存じており、家康も大慶に存じていること、家康は幸いにも近江国安土城(「上辺」)への路次中であるので要望があれば承ること、僅かながら「無上」(宇治銘茶)三斤を進上することを通知。詳細は関口石見守より伝達させる。	4549
	11月15日	安土城へ勅使と青蓮院尊朝法親王の坊官が下向する。	4550
	11月16日	羽柴秀吉、生駒親正(「正成」)(1526~1603)へ、明日淡路国出陣のため陣取の用意を命令。更に岩屋城攻略について指示を下す。	4551
	11月17日	織田信長、羽柴秀吉(1537~1598)・池田勝九郎元助(恒興の嫡男)(1559/1564~1584)を派遣して、淡路国岩屋城・由良城(兵庫県洲本市由良町)を攻撃する。	4552
	11月17日	本願寺顕如、美濃国渥美郡門徒へ、大坂退出の状況を通知。詳細は下間頼廉に伝達させる。	4553
	11月18日	「淡路平定」。 羽柴秀吉、淡路に侵攻し所々を放火。洲本城(淡路国)(兵庫県洲本市小路谷)に攻め入るが安宅神五郎が懇望し人質を差し出してきたので和睦。また野口長宗にもとの在所である三原の古城普請を命じる。 安宅神五郎は、安宅冬康の兄・三好実休の三男という。	4554

天正9	11月19日	明智光秀（1528？～1582）、里村紹巴らと「五吟一日千句」を詠む。光慶・梅松丸・亀菊ら各一句を詠む。 梅松丸・亀菊は、坂本城で亡くなった、光秀の息であろうか。	4555
	11月19日	**放鷹を終えた織田信長、この暁に伊勢国より近江国安土に向かう。**	4556
	11月20日	羽柴秀吉、淡路国より播磨国姫路城に凱旋。（『信長公記』）。	4557
	11月24日	青蓮院尊朝法親王、再度近江国安土城へ坊官を派遣す。	4558
	11月24日	これより先、武田勝頼（1546～1582）、信長の子で人質であった御坊丸（織田勝長）を、信長のもとに送り返し和睦をはかるが、一蹴される。御坊丸は美濃岩村の遠山氏の養子となっていたが、武田氏の手により岩村が落ちると甲斐に送られて武田氏の養子（人質）となっていた。 **この日、織田信長、安土城で元服させ、織田源三郎信房（？～1582)とし、犬山城（愛知県犬山市）主とする**。さらに馬・鷹を与えた。（『信長公記』）。	4559
	11月-	この頃、織田信長、尊朝法親王（「青蓮院殿」）へ、京都宇治平等院「住持」の件を諒承し、新善法寺（「新善寺」）は不肖であるので平等院住持を更迭して適切な人物を選考することも諒承したが、近衛前久（「近衛殿」）との「相論」はどうして発生したのか疑問を提示。また平等院領は京都宇治内であり（織田信長直轄地であるので）「代官」に措置を命令したことを通達し、宇治平等院「住持」について織田信長は「無案内」であるが、現状を隠匿すべきではなく、適切な人物を迎えるべきことを通達。その上で平等院領を考慮し処置すること、村井貞勝（「春長軒」）からの使者が詳細を伝達することを通達。	4560
	11月27日	青蓮院尊朝法親王が近江国安土城へ派遣した坊官、織田信長よりの返書を携え帰京。	4561
	11月27日	織田信長、近江国飯道寺（旧飯道寺は明治維新後に廃寺）宛、寺領安堵の朱印状を出す。	4562
	12月-	この月、織田信長の使者に、雑賀衆・鈴木重秀（雑賀孫一）が取次ぐ。	4563
	12月3日	「………於西国之内、両国被仰付、御朱印御頂戴之由、福平左、下彦右、野三十以、被仰候条之事………宇喜泉上様如在被申、彼国於不被仰付者、任御朱印之旨、馳走可申事」。 羽柴秀吉、中川清秀へ、西国の二ヶ国を宛行うとの織田信長「御朱印」が発給され、福富秀勝・下石頼重・野々村正成がその旨を伝達することを通達。また宇喜多直家が信長へ上申して中川清秀への宛行いが実行されなかったならば、秀吉は信長「御朱印」に任せ「馳走」すること、宇喜多直家が信長への忠節を尽すことで信長「御朱印」により備中国を宛行われることになれば、宇喜多直家に宛行われている「備後之次国」を替わりに宛行われるように「馳走」すること、中川秀成（清秀の次男）の件を織田信長へ「御取次」することは「御契約心得」に存じていることに少も相違は無いことを通達。	4564
	12月4日	村井貞勝、松井友閑を訪問して宇治平等院領家の件を談議し、青蓮院の勝訴について確認す。	4565

| 天正9 | 12月4日 | 明智光秀 (1528？～1582) は、家中に対する五ヶ条の法度「定家中法度」を制定とされる。 | 4566 |

一、織田家の宿老や馬廻衆に途中で挨拶をする時は見かけたら、その場の片方へ寄り、丁寧にかしこまってお通し申しあげること。

一、坂本丹波を往復する者は京へは紫野より白河を通って上り、京からは汁谷大津越えで下るべし。(京市中を迂回せよとの意味)。京都での用事には人をつかわしてしっかり調べること。また自分が京都にいなくてはならない事情があるならば説明すること。

一、用事など申し付けた召使などの者が洛中で騎乗することを禁止する。

一、洛中洛外での遊興見物は禁止する。

一、道路に於いて他家の衆とにわかに口論する者は理非によらず成敗を加えるべし。但し考えが及ばない成り行きに至っては、その場で一命をかけて解決すべし。

| 12月4日 | 「丹波国桑田郡宇津領明智光秀年貢米請取状」。 | 4567 |

宇津領内年貢米納めのこと、合わせて参石は黒田・瀬龍両所分ならびに、一斗五升は夫米なり、右、請け取るところくだんのごとし。

| 12月5日 | 宇治七人衆、宇治平等院より退散。 | 4568 |

| 12月5日 | 江州蜂屋の八という者が、東善寺延念に美人局を仕掛けた。後から男どもが押し入って、延念に金銭を要求したものである。この騒動に対し、代官の野々村正成・長谷川秀一の両名は、八らを捕縛して糾問にかけた。そしてその結果、犯人たちは女・男ともに成敗にかけられた。(『信長公記』)。 | 4569 |

| 12月7日 | 織田信長、大和国興福寺大乗院門跡へ、大和国畑庄を「守護不入之地」として安堵する朱印状を下す。(『多聞院日記』)。 | 4570 |

| 12月- | この月、織田信長の使者が徳川家康に対し、来年の信長による甲斐侵攻の予定を示し、兵糧などの準備を促す。 | 4571 |

| 12月15日 | 松井友閑 (？～？)、織田信長の命令を受けて京都宇治へ下向し、宇治七人衆を処断する。 | 4572 |

| 12月18日 | 織田信長、大和国興福寺大乗院門跡へ、炭十荷の返礼の「御墨印」状を発す。(『多聞院日記』)。 | 4573 |

| 12月18日 | 「高野山攻め」。織田信長、一雲斎針阿弥 (？～1582) を紀伊国高野山に派遣する。 | 4574 |

高野山との交渉は、続いていたようだ。天正10年6月「本能寺の変」までは、信長の高野山攻めの小規模な形で戦いがあった。

| 12月18日 | 織田信長、甲州進攻の準備として黄金五十枚で米八千俵を買い、徳川家康属城の遠江国牧野原城(諏訪原城)(静岡県島田市金谷)に貯える。 | 4575 |

松平家忠、遠江国牧野原城に於いて西尾義次(後の吉次)(1530～1606)の来訪を受け、兵粮搬入を受け取る。(『家忠日記』)。

| 12月20日 | 中島元行(備中国高松城将)(1552～1614)、毛利輝元(1553～1625)へ、織田信長の西国出陣の風聞を報告。 | 4576 |

| 12月20日 | 多聞院英俊、大和国興福寺大乗院門跡が安堵された大和国畑庄に於いて焼いた炭十荷を織田信長へ、一雲斎針阿弥(「針阿」)と楠長譜(「長諳」)へ一荷ずつ送ったところ、織田信長より丁寧な返礼の「折紙」(「御墨印」)が到来したことを知り驚く。(『多聞院日記』)。 | 4577 |

西暦1581

天正9	12月20日	**歳暮挨拶の羽柴秀吉（1537〜1598）、近江国安土城において織田信長に因幡国・淡路島平定を復命し感状を授与される。** 4578 秀吉は、小袖二百枚などを献上し、それまでにそのような大量の贈り物はなかったことで、安土城内上下の者は驚いたという。
	12月22日	秀吉は、茶湯道具十二種を授与される。 4579 信長より茶会開催を公認された秀吉は、姫路城へ帰還ため安土を発つ。
	12月23日	羽柴秀吉は、今井宗久（1520〜1593）・子の今井宗薫（1552〜1627）へ、この日、近江国 4580 安土城において織田信長より八種の名物の茶道具を拝領したことを報告。
	12月27日	羽柴秀吉、摂津国茨木城において茶会を開催し播磨国姫路城に帰還。 4581
	冬	大和国興福寺別会五師釈迦院寛尊、「或人物語」により旧冬（天正9年冬）に織田信 4582 澄（「小田七兵衛殿」）が大和国拝領を直訴したところ、織田信長（「上様」）より「大和ハ神国ニテ往代ヨリ在子細」というので「無用之訴訟旨御気色」であったため重ねての懇願を止めたことを知る。（『蓮成院記録』天正十年一月六日条）。 織田信澄（のぶずみ）（1555 ？〜1582）、大和国拝領を信長に申し出るという。信長は「大和ハ神国ニテ住代ヨリ在子細、其国人存知事也」と答え「無用ノ訴訟旨御気色」と怒りを露わにし、信澄は再度の懇願を止めたという。
	12月-	この月、織田信長の四女・永姫（1574〜1623）が前田利長（利家の嫡男）（1562〜1614）に 4583 輿入れする。 天正10年（1582）6月の本能寺の変では、利長は永姫と共に上洛中の近江国瀬田で聞き、その時7歳の永姫を前田の本領・尾張国荒子（愛知県名古屋市中川区）へ逃がし匿わせ、自身は織田信雄の軍に加わったとも、蒲生賢秀（1534〜1584）と合流して日野城に立て籠もったともいう。

高野山金剛峯寺

西暦1582

天正10	1月1日	織田信長、近江国安土城において諸大名の年始祝賀を受ける。(『信長公記』)。 近江国安土城に於ける年頭参賀の際の祝儀は織田信長が「直ニ被仰出」れた「御掟」を遵守して大名・小名同様に十疋宛を献上することになった。年頭参賀には織田信忠・北畠(織田)信雄・神戸(織田)信孝・織田信澄・織田信包・明智光秀・筒井順慶・大和国衆・河内国衆・和泉国衆・摂津国衆、その他諸国衆へ同時に「御礼」が行われた。織田信長が年頭参賀の際に筒井順慶へ「御詞ヲ被懸」た。 (『蓮成院記録』一月六日条)。 「安土へ各礼に被出、諸大名小名悉以十疋つにて一礼在之…………同惣礼布衣の躰……、是は當春頓而可有出陣之間、無用之過善、不入事也と……」。 (『多聞院日記』一月七日条)。 この春に出陣を控えているために無用の出費を避けるために献上物は十疋ずつとし、参賀者はすべて「布衣」を着用した。 **天主に案内された諸大名は、すべて金にちりばめた「御幸の間」、天皇の行幸を迎える座敷を拝見する。** この年は、信長にとって天下統一事業が完成する年のはずであった。	4584
	1月1日	長岡(細川)藤孝(1534~1610)、安土城へ年賀。信長より盃、酌は福富平左衛門秀勝、矢部善七郎家定。年賀の人々が百々橋から總見寺(滋賀県近江八幡市安土町下豊浦)へ上がったが、人出のため高い石垣を踏み崩し、石と人が落下して大勢の負傷者が出た。不吉。	4585
	1月2日	村井貞勝(「むら井」)、禁裏へ美濃紙二帖を献上す。(『お湯殿の上の日記』)。	4586
	1月4日	勧修寺晴豊(1544~1603)、「節分方違」のために明智光秀(「あけち」)配下の井上某を訪問。(『晴豊記』)。	4587
	1月4日	**「高野山攻め」**。織田信長、紀伊国の生地太郎左衛門・贄川治部丞(「熱川治部丞」)へ、「高野面調略」にあたり松山新介(重治)の派遣を通達し出陣を命令。	4588
	1月5日	吉田兼見、この日に細川藤孝(「長岡兵部大輔」)が上洛し里村紹巴(「紹巴」)の連歌興行に参席したことを知る。(『兼見卿記』)。	4589
	1月6日	織田信長、初鯨を正親町天皇へ献上。この献上された鯨肉は摂家・清華家の各家に分配された。(『お湯殿の上の日記』)。 村井貞勝が立入隆佐(宗継)を介して山科言経に初鯨を届ける。後刻に村井貞勝、正親町天皇・誠仁親王・「摂家」・「堂上中」へも初鯨を届けるようにとの目録(「目六」)を山科言経に調えさせる。(『言経卿記』)。	4590
	1月6日	**明智光秀、安土にて信長へ年頭の礼を行う。**	4591
	1月7日	**織田信長(1534~1582)、明智光秀(1528?~1582)と軍議。「二月に甲州を征伐する。長岡(細川)藤孝(1534~1610)は、在国して安土を警護せよ」。**	4592
	1月7日	明智光秀(1528?~1582)、近江国坂本城に於いて茶会を開催。山上宗二(1544~1590)と津田宗及(?~1591)を招待する。床の間に信長の直筆書を掛ける。(『宗及他会記』)。	4593
	1月8日	細川藤孝(「長岡兵部大輔」)・細川忠興(「与一郎」)、近江国坂本城へ急行する途中に吉田兼見を礼問し対面する。(『兼見卿記別本』)。	4594
	1月9日	備前の宇喜多直家(1529~1581)、没。直家は、天正9年(1581)の末頃に岡山城で病死していた。その死はしばらく隠された。	4595

西暦1582

天正10	1月9日	「連歌百韻」。明智光秀、坂本城で藤孝・紹巴・宗及・利三・光慶らと連歌を詠む。	4596
	1月10日	細川藤孝（「長岡兵部大輔」）、近江国坂本城より上洛する途上で吉田兼見を訪問。夕食を共にし、そのまま宿泊す。（『兼見卿記』）。	4597
	1月10日	織田信長、大島光義（「大島新八郎」）へ、近江国南郡小野五百石を扶助。（『記録御用所本古文書』）にある記載だが、「大島新八郎」は、弓の名手、大島雲八（光義）（1508？～1604）ではないか。	4598
	1月11日	吉田兼見、長岡（細川）藤孝（「長兵」）を同行し万里小路充房邸で衣冠を着し「禁裏」へ参内し正親町天皇と対面、御礼を上奏す。申次は万里小路充房であった。（『兼見卿記』）。	4599
	1月11日	**明智光秀家臣・斎藤利三（1534～1582）、実兄石谷頼辰の義父・空然（石谷光政）に書状を出す。石谷頼辰（？～1587）を派遣する旨を伝えると同時に、空然に長宗我部元親の軽挙を抑えるように依頼する。（『石谷家文書』）。** 『南海通記』には「天正十年正月、信長の命を以て明智日向守より使者を下し、元親に達して曰く」と記載。 信長は明智光秀を介して長宗我部は土佐一国と南阿波二郡以外は返上せよという内容の新たな朱印状を出す。 **信長が切り取り次第としていた四国の所領を、前年に朱印を変更し土佐一国と阿波南郡半国のみとされた元親は、所領は自らの手柄であると主張、光秀から石谷頼辰が使者として送られるが元親は朱印変更を拒否すると答えた。** （『元親記』）。 この切り取り次第の信長朱印は、現実には無いという。 「四国は自分の手柄で切り取ったのであり、決して信長からの御恩でない。意外なことを仰せつかり驚いている」。 信長は、「四国切取次第」の約束したはず、それを反故にして長宗我部元親に土佐一国と阿波南半国のみ安堵したため元親が怒って受諾せず。 良好な取次ぎを努めてきた明智光秀（1528？～1582）は、斎藤利三実兄・石谷頼辰（長宗我部元親正室の義兄で光秀家臣）（？～1587）を使者に説得するが拒否される。	4600
	1月12日	吉田兼見、長岡（細川）藤孝（「長兵」）・忠興（「与一郎」）・横浜良慶（「一庵」）（1550～1596）を同行し吉田牧庵の茶席に参席。（『兼見卿記』）。	4601
	1月13日	長岡（細川）藤孝（「長兵」）・忠興（「与一郎」）・松井康之（「松井新介」）、山崎へ下向しそのまま丹波国へ帰国する。（『兼見卿記』）。	4602
	1月15日	近江国安土に於いて「竹爆」・「御馬汰」が行われる。（『信長公記』）。 信長は、近衛前久を安土に招き、二百騎ほどで、爆竹を鳴らし左義長と馬沙汰を開催した。信長は仁田から進上された「やばかげ」・奥州から進上された「駮の馬」「遠江鹿毛」の名馬三匹を乗り回し、矢代勝介（屋代勝助）にも乗させた。	4603
	1月16日	追放された佐久間信盛（1528～1581）が昨年、紀伊国熊野にて病死。織田信長（1534～1582）、信盛の子・信栄（1556～1632）を赦免し、織田信忠（1557～1582）に仕えさせる。（『信長公記』）。	4604
	1月16日	「興福寺大乗院は、金勝院、蓮成院、南井坊らと共に安土に祈祷のため赴いた」。（『多聞院日記』）。	4605
	1月17日	吉田兼見、佐竹宗実（「明智出羽守」）（？～1590）・佐竹左近允（佐竹宗実舎弟）の来訪を受ける。暮れに帰宅した。（『兼見卿記』）。	4606

西暦1582

天正10		

1月18日 「大乗院殿御安土ヨリ御帰座了、一段御機嫌也云々」。(『多聞院日記』)。 ⁴⁶⁰⁷
興福寺大乗院らは安土から戻り、信長がとても機嫌がよかったと多聞院英俊に伝えた。同行した僧侶が残した『蓮成院記録』には織田信忠ら一門衆をはじめ明智光秀、筒井順慶らも参加していたと記されている。

1月20日 紀伊国雑賀に滞在する本願寺顕如からの使者である八木駿河守が朝廷を年頭礼問す。しかし、正親町天皇の見参は長橋局の「ふあんない」により無かったので、下御所へ参上す。(『晴豊記』)。 ⁴⁶⁰⁸

1月20日 「惟任日向守爲坂本下向、御祓・百疋遣之、於小天主対面、茶湯………種々雑談、機嫌也」。(『兼見卿記別本』)。 ⁴⁶⁰⁹
吉田兼見、明智光秀(「惟任日向守」)を近江国坂本城に礼問す。**明智光秀には「小天主」に於いて対面し、「茶湯」や夕食で振る舞われた。「種々雑談」し、明智光秀は「機嫌」であった。**「奏者」は佐竹宗実(「出羽守」)の弟の佐竹弥吉(「出羽守弟弥吉」)であった。吉田兼見、晩に及び上洛す。
佐竹弥吉は、兼見の義兄である山城国愛宕郡高野の明智出羽守秀慶(佐竹出羽守宗実)(?~1590)の弟、佐竹出羽守の妹は、吉田兼見室「青女」であった。
明智出羽守秀慶(?~1590)は、山崎の戦い後、蜂須賀正勝の助力によって秀吉に拝謁し、許されて丹羽長秀の家臣となる。兼見や長岡(細川)藤孝との血縁関係から助命されたのか。

1月21日 吉田兼見、近江国安土より帰還した鈴鹿久左衛門尉より去一月十五日に安土に於いて行われた「竹爆」・「御馬汰」を見物した様子を聞く。馬数は二百頭ばかり、「竹爆」は十五本、「金之扇」は二十から三十本ほど、「紅帯一幡」を十あるいは二十筋を懸けていたという。「焼亡」の時に「御馬ヲ左右へ乗懸」け、あるいは「懸足已下乗之」となり、その様子は「見事さ無比類義」であったという。近衛前久(「近衛殿」)も「御馬汰之御人数」として近江国安土に下向したという。吉田兼見はこれを「希有之儀」と評す。(『兼見卿記別本』)。 ⁴⁶¹⁰

1月21日 羽柴秀吉、安土にて織田信長に謁する。 ⁴⁶¹¹

1月21日 織田信長(1534~1582)、安土城に羽柴秀吉(1537~1598)が引連れた備前国宇喜多家の老臣・岡平内(家利)(?~1592)等を引見、八郎(後の宇喜多秀家)(1572~1655)の家督相続を認める。そして、備前国宇喜多家の老臣に馬を与えた。(『信長公記』)。 ⁴⁶¹²

1月22日 下間仲之(「下間少進」)からの使者、勧修寺晴豊を訪問す。この時、織田信長(「安土前右府」)が「事外気色能」くて上洛す。信長・晴豊の間で下間仲之(法橋)を「法印」に執奏することが談議され、勧修寺晴豊が二条御所、ついで「禁裏」へとこの旨を上奏した。(『晴豊記』)。 ⁴⁶¹³

1月22日 織田信長、朝廷に鷹野の鶴を献上す。 ⁴⁶¹⁴

1月23日 「紀州雑賀の兵乱」。紀伊国雑賀にて織田信長の援助を受けた鈴木重秀(「孫一」)が「土橋」某を討つ。(『晴豊記』)。 ⁴⁶¹⁵
紀州雑賀の鈴木重秀(雑賀孫一)、信長の後援を得て、同地の土橋若大夫(土橋平次胤次)を自刃に追い込む。

1月23日 大和国興福寺「寺門」、織田信長へ年頭礼状・大油煙百挺・巻数一合を送付。また矢部家定(「矢善」)・森成利(「森御乱」)・堀秀政(「堀久」)・長谷川秀一(「長竹」)へは二百疋宛、楠長諳(「式部卿法印」)・一雲斎針阿弥(「針阿ミ」)に百疋宛、明智光秀(「惟日」)へ五百疋、藤田伝五へ百疋が送られた。(『蓮成院記録』)。 ⁴⁶¹⁶

220

西暦 1582

天正10	1月23日	紀伊国「雑賀物共」（本願寺顕如からの使者）、京都より下向す。（『晴豊記』）。 　4617
	1月23日	吉田兼見、家族と共に山城国愛宕郡高野の佐竹宗実（「羽州」）（？～1590）を訪問。「夕食丁寧」という振舞を受け「終日相談」し、暮れに及び帰宅す。（『兼見卿記』）。 　4618
	1月25日	山科言経、白川雅朝女中へ、「平家」物語二巻の「カナ書」にしたものを送付。織田信長（「前右府」）の妾である「御ナヘ」（小倉氏）からの要求によるものであった。（『言経卿記』）。 　4619
	1月25日	織田信長、伊勢国大宮司の河辺常長らへ、伊勢大神宮造営の執行の件で御師の上部貞永（「上部大夫」）（1528～1591）に平井久右衛門尉（？～？）を添えて派遣することを通達。（『松木文書』）。御師は、神宮・神社に属し依頼により代祈祷を行う祈祷師。 伊勢神宮の上部大夫から百年間途絶えている式年遷宮を行いたいと要望を受けた信長は、三千貫を寄進、必要があればさらに渡すことを伝える。（『信長公記』）。 　4620
	1月25日	明智光秀（1528？～1582）、茶会を催す。博多の商人・茶人島井宗室（宗叱）（1539～1615）と津田宗及（？～1591）を招く。 　4621
	1月25日	**信濃の木曾義昌（信玄の娘婿）（1540～1595？）、弟上松蔵人（義豊）を人質として織田信長（1534～1582）に通ずる。** 義昌は、昨年から遠山友忠を仲介役として織田信忠（1557～1582）に通じ、織田信長と盟約を結んで、武田勝頼（1546～1582）に対し反旗を翻したという。 　4622
	1月26日	吉田兼見、村井貞勝（「春長軒」）を訪問し、来一月見二十八日に織田信長が上洛する予定であることを知る。この時に村井貞勝（「春長」）は「取紛」であったので、吉田兼見は間もなく帰宅す。（『兼見卿記別本』）。 　4623
	1月26日	堀秀政、伊勢大神宮大宮司の河辺常長らへ、「御遷宮」執行の件で織田信長「御朱印」が発給され、「御使」として平井久右衛門尉が派遣されるので入念に相談し、適宜適切に奔走することを通達。また伊勢大神宮御師の上部貞永へもこの旨を通達する。 　4624
	1月27日	**「紀州雑賀の兵乱」。** 信長の将・織田信張（1527～1594）を大将とする根来・和泉衆が、鈴木重秀（雑賀孫一）救援のため土橋若大夫の子（土橋平次）を攻める。 土橋平次を殺害するという事態が起きた。その発端は前年に土橋が孫一の継父を討ち殺したことにあり、孫一はその遺恨によって、信長公の黙認を得て土橋を殺害したのであった。（『信長公記』）。 　4625
	1月28日	明智光秀（1528？～1582）、坂本にて堺の商人・茶人銭谷宗訥（？～1590）・山上宗二（1544～1590）・津田宗及（？～1591）と茶会を催す。 　4626
	1月28日	九州のキリシタン大名、豊後の大友宗麟（1530～1587）・島原の有馬晴信（1567～1612）・大村の大村純忠（日本初のキリシタン大名）（1533～1587）が、名代としてローマ法皇に使節を派遣する。 伊東マンショ（1569？～1612）（主席正使、宗麟の名代）、千々石ミゲル（正使、純忠の名代）（1569～1633）、中浦ジュリアン（副使）（1568？～1633）、原マルチノ（副使）（1569？～1629）の「**天正遣欧少年使節**」が長崎からローマに出航。 大型帆船に正使・副使の少年四名とヴァリニャーノ（1539～1606）ら宣教師、船員合わせて三百名が乗船する。 　4627

天正10	1月29日	「天正十年作暦問題」。勧修寺晴豊、二条御所「当番」であった。またこの日、「こゆミ」の件で織田信長（「安土」）より「種々」があり、この年の十二月に「主」（閏月）を入れることを要請してきた。勧修寺晴豊はこれを「せんさく」であると評す。（『晴豊記』）。
	1月29日	「天正十年作暦問題―信長は尾張の暦を支持」。 織田信長、安土城で本年の閏月の有無について、濃尾の暦師・賀茂在昌（1539～1599）と、陰陽頭・土御門久脩（1560～1625）を招き「糺決」。 信長が当年十二月に閏月を入れるよう朝廷に伝える。本来、作暦の権利は朝廷にあり、当時の宣明暦では翌年正月の後に閏月が入るところを、信長が介入し尾張の暦（東国で使用されていた三嶋暦といわれる）を推薦し、十二月の後に閏月を入れることを伝える。
	2月-	「紀州雑賀の兵乱」。 この頃、織田信長が紀伊雑賀での鈴木重秀（雑賀孫一）と土橋氏の抗争に関連して、家臣の野々村三十郎（正成）を本願寺門跡警固のために派遣する。
	2月1日	「信長の武田征伐―2月1日～3月11日」はじまる。中将信忠卿へ苗木久兵衛より調略の使者が遣わされ、「信州の木曾義昌が内通に応じましたゆえ、兵を出されますよう」との内容が伝えられた。これを受けた信忠殿は時日を移さず平野勘右衛門を使者に立て、信長公へ調略の成功を言上した。すると信長公は「まず国境の軍勢が動いて人質を取り固めよ。しかるのち信長が出馬する」との指示を下した。この命を受けた苗木久兵衛父子は木曽勢と一手となって働き、木曽方からまず義昌弟の上松蔵人を人質として進上させることに成功したのであった。信長公はこの人質に満足し、その身柄を菅屋長頼に預けた。（『信長公記』）。 **木曾義昌の寝返りを受け、織田信長、甲斐・武田勝頼討伐の大動員令を発する。**
	2月2日	織田信長、朝廷へ「つる」を五羽献上す。（『晴豊記』）。
	2月2日	**近衛前久（1536～1612）、太政大臣宣下。** 武田氏・毛利氏征伐にあたり、織田軍の官軍化が着々と進行する。
	2月2日	「武田征伐―第一次鳥居峠の戦い」。武田勝頼（1546～1582）、木曾義昌（信玄の娘婿）を撃たんとし、諏訪郡上原に陣す。勝頼、まず、鳥居峠を固める敵を追い払うべし、と命令。今福筑前守を大将に、兵三千騎、鳥居峠へ向かう。鳥居峠で木曾義昌軍と激突、木曾を追い散らす。
	2月3日	「武田征伐」。 総師織田信忠（1557～1582）、森長可（1558～1584）・団忠正（？～1582）らを先鋒とし、尾張・美濃の軍勢を木曽口・岩村口の各方面に出勢させる。（『信長公記』）。
	2月3日	「天正十年作暦問題」。土御門久脩（1560～1625）、近江国安土より上洛、織田信長より「暦」の件でこの年に閏十二月を入れるかどうかとの意見が出されたことを上申する。（『晴豊記』）。
	2月3日	「天正十年作暦問題」。太政大臣近衛前久もこの日、安土より帰京して、すぐさま高倉永相（「藤中納言」）・勧修寺晴豊・中山親綱・広橋兼勝たちを招集し、「こゆミ」の件が近江国安土に於いて「種々」取り沙汰され、織田信長より「一書」にて朝廷へ「申入」れられたことを談合。（『晴豊記』）。
	2月3日	織田信長、美濃国岐阜城の織田信忠へ、以前指示した費用三千貫を伊勢大神宮御師の上部貞永（上部大夫）（1528－1591）と平井久右衛門尉へ送付することを通達。

西暦1582

天正10	2月3日	**「武田征伐」**。織田信長（1534～1582）、甲斐国討伐の進路と分担を決定。 駿河口は徳川家康（1543～1616）、関東口は北条氏政（1538～1590）、飛騨口は金森長近（1524～1608）、伊那口は信長・信忠（1557～1582）父子が二手に分かれて進軍。	4639
	2月4日	**「高野山攻め」**。紀伊国高野山金剛峰寺惣分沙汰所の一蔵坊、大和国千手院西山坊・二見密蔵院へ、織田信長の「御意」として松山新介（重治）が大和国伊都郡に到来し、多和城を構築して九度山方面に毎日毎夜攻撃を仕掛けてくることに対し、軍勢を向けて全滅させることで衆議一決したので両人を「先手之大将」として奮戦することを指示。	4640
	2月4日	「天正十年作暦問題」。吉田兼見、近衛前久（「近衛殿」）を訪問し「御雑談」す。この内容は「当年閏月」の件で、「濃尾之暦者」である「唱門師」賀茂在政（1520?～1519?）と京都より下向した土御門久脩（1560～1625）が近江国安土に於いて「糺決」を行ったが「双方不治定」という結果であった。 この結果により近衛前久が京都の「暦仕者」を招集し糾明するようにということが織田信長より通達された。その糾明は来二月七日に実施されるということであった。近衛信基（信尹）（「近衛殿御方」）と聖護院道澄（「聖護院殿」）がこの談合に加わった。（『兼見卿記別本』）。	4641
	2月4日	吉田兼見、「御使」の招喚を受けて再度近衛前久（「近衛殿」）を訪問。近衛邸には高倉永相・中山親綱・勧修寺晴豊・広橋兼勝が到来し、この度織田信長より贈られた馬を見物。織田信長は近衛信基（信尹）へも馬を贈っていた。（『兼見卿記別本』）。	4642
	2月4日	「天正十年作暦問題」。近衛前久（「近衛殿」）と「こゆミ」の件の「御使」として高倉永相（「藤中」）・中山親綱・広橋・勧修寺晴豊が村井貞勝（「村井」）を訪問。村井貞勝（「村井」）邸に於いて曲直瀬玄朔（「道三」）（1549～1632）が「さんたん」するが、どうしても「主」（閏月）が無いという結果であったので近江国安土へ下向させたところ、夜中に帰ってきた。（『晴豊記』）。 高倉永相（1531～1586）ら四名、太政大臣近衛前久の使いとして、所司代村井貞勝を訪れる。曲直瀬玄朔が吟味の結果、閏は無しとの結論を得る。「道三」らは安土に上り報告し夜中に帰京。 賀茂在政（昌）・土御門久脩の言う天正十年の十二月には「閏」月が無いという意見であった。これが「御使」として高倉永相・中山親綱・広橋兼勝・勧修寺晴豊が得た結果であった。	4643
	2月5日	「天正十年作暦問題」。勧修寺晴豊は「こゆミのさんたん」について奔走し、賀茂家・土御門家共に「主」（閏月）は無いという返答を得る。晴豊、近衛前久（「近衛殿」）を訪問し、その後に村井貞勝（「村井」）邸を訪問。曲直瀬玄朔（「道三けんさく」）も賀茂在政（「在政」）・土御門久脩（「久脩」）の天正十年の十二月には「閏」月が無いという意見であった。これが「御使」として高倉永相（「藤中」）・中山親綱（「中山」）・広橋兼勝（「広橋」）・勧修寺晴豊（「余」）が得た結果であった。（『晴豊記』）。 勧修寺晴豊は「暦」について奔走し、賀茂家・土御門家共に「主」（閏月）は無いという返答を得る。晴豊、太政大臣近衛前久（1536～1612）を訪問し、その後に村井貞勝邸を訪問。	4644
	2月5日	三河国額田郡の深溝城（愛知県額田郡幸田町深溝）城主・松平家忠（1555～1600）、酒井忠次（1527～1596）より木曾義昌の寝返りにより近日中に織田信長の出陣があるので、出陣準備を命令される。（『家忠日記』）。	4645

天正10	2月6日	「紀州雑賀の兵乱」。 勧修寺晴豊、去る一月二十三日に紀伊国雑賀に於いて鈴木重秀（雑賀孫一）が織田信長の後援を受けて土橋某を打倒したこと、本願寺顕如光佐の警固として野々村正成が派遣されたことを知る。また談合により、庭田重保が見舞として袖岡長住を派遣することを上奏し、「両御所」（正親町天皇と誠仁親王）から「女房文」が発給された。（『晴豊記』）。	4646
	2月6日	吉田兼見、「兼約」により佐竹宗実（「佐竹羽州」）の「茶湯」に赴く。「丁寧之興行」であった。吉田兼見は晩に帰宅す。（『兼見卿記別本』）。	4647
	2月6日	「武田征伐」。織田信忠の先鋒軍、甲斐国武田氏への攻撃を開始、滝沢城（長野県下伊那郡平谷村）を陥れる。 伊那の滝沢城を守るは下条伊豆守（信氏）（1529〜1582）。しかし、家老の下条九兵衛（氏長）らが叛逆し、伊豆守を追放。岩村口から河尻与兵衛（秀隆）軍を招き入れる。	4648
	2月6日	「武田征伐」。木曾義昌（信玄の娘婿）（1540〜1595？）、織田信忠の将・塚本三郎兵衛尉に書を送り、信忠の来援を促さんことを請ふ。	4649
	2月7日	高倉永相、「御使」として村井貞勝を訪問。村井貞勝より織田信長が「しなの国を半分」制圧したことを知らされ、高倉永相は「珍重候」と祝意を述べる。（『晴豊記』）。	4650
	2月8日	「紀州雑賀の兵乱」。 鈴木重秀（雑賀孫一）らが、織田信長の支援を得て栗村の城を陥れて、土橋若大夫一派を倒す。土橋平之丞重治らは、泉識坊を頼ったがそこも追撃を受け、牟婁郡矢ヶ谷村に落去。残る土橋の城館も攻め干され、残党が討ち果たされ、その跡には、織田信張（1527〜1594）が城代として入れ置かれる。（『信長公記』）。	4651
	2月8日	「紀州雑賀の兵乱」。 紀州雑賀の土橋方の千職坊らの首が、安土の信長のもとにもたらされる。信長、軍功のあった斎藤六大夫に馬を与える。（『信長公記』）。	4652
	2月8日	「紀州雑賀の兵乱」終結。 再び本願寺顕如（1543〜1592）が仲介を呼びかけ、孫一方と土橋方の和睦は成立。雑賀の内紛は、雑賀孫一の勝利で決着した。 信長の後ろ盾を得た孫一主導の下、雑賀衆は織田信孝の四国攻めに船百艘を提供するなど、織田氏との関係を強めていく。	4653
	2月9日	羽柴秀吉、関東の太田資正（三楽斉）（1522〜1591）へ、織田信長への内応希望を諒承し、五畿内の件は言うに及ばず中国方面および四国方面までも制圧したので、「上辺」に於ける御用を取り次ぐ旨を通達。詳細は宝林坊に伝達させる。	4654

西暦**1582**

天正10	2月9日	**「武田征伐―明智光秀、信長より、甲州出陣用意を命じられる」。**	4655

織田信長（1534～1582）、武田勝頼討伐のために全十一ヶ条の「条々」を発す。

織田信長が近国の諸将（筒井順慶・池田輝政・中川清秀ら）に甲斐信濃への出陣を命じる。

「信長公信濃国ニ至リテ御動座ナサルベキニツイテ条々　御書出　大和ノ人数出張ノ儀、筒井召シ連レ罷リ立ツ……、摂津国、父勝三郎留主居候テ、両人子供、人数ニテ出陣、中川瀬兵衛出陣スベキ事、多田出陣スベキ事、上山城衆出陣ノ用意、油断ナク仕ルベキノ事、永岡（長岡）兵部大輔ノ儀、与一郎、同一色五郎罷リ立チ、惟任日向守、出陣ノ用意スベキ事」。
「遠陣ノ儀条、人数スクナク召シ連レ、在陣中兵糧ツヅキ候ニアテガヒ簡要……粉骨ヲ抽ンズベク候者」。（『信長公記』）。

信長出馬に際しては大和衆を出勢させる、河内の連判衆は烏帽子形・高野山・雑賀表への押さえとする、和泉一国の軍勢は紀州へ備えるべきこと、三好康長は四国へ出陣すべきこと、摂津国は父池田恒興が留守居をつとめ子の元助・輝政両人の軍勢にて出陣すべきこと、中川清秀は出陣すべきこと、多田家は出陣すべきこと、上山城衆は出陣の用意を油断なく行うべきこと、藤吉郎秀吉は中国一円に備えるべきこと、細川忠興と藤孝女婿の一色五郎（満信、義有、義定）（？～1582）などは出陣し、長岡（細川）藤孝は丹後で警護すべきこと、明智光秀は出陣の用意をすべきである。さらに、信長は、以上に出陣を命じた者は遠陣になるゆえ、率いる人数を抑え、在陣中も兵粮が続くよう補給することが肝要である。ただし大軍並みの戦力となるよう、剛力・粉骨の士を選んで引き連れるべきことを伝える。

光秀は、信長と近衛前久らの警護が主な任務となる。

	2月9日	**「四国討伐」はじまる。**	4656

信長、長宗我部元親に対して土佐・阿波二郡を与えた。元親はこれに従わなかったため、この日信長は三男信孝（1558～1583）をしてこの討伐を命じる。この日、信長、三好康長（咲岩、笑岩）（？～？）に、長宗我部征伐の先陣として四国へ出陣命令。

	2月12日	**「武田征伐」。**	4657

岐阜城より織田信忠（1557～1582）・長島城より補佐役滝川一益（1525～1586）が出陣、土田（岐阜県可児市）**に陣をとる。**
信忠を先鋒として信長の命を受けた武田征伐軍は、ぞくぞくと甲斐へ出陣。
（『信長公記』）。

	2月14日	「高野山攻め」。	4658

大和国千手院西山坊（西山喜右衛門）・二見密蔵院（大和宇智郡二見郷の豪族）、辰刻（8時）に織田軍の大和国伊都郡多和城（和歌山県日高郡日高町原谷）山手へ総攻撃を仕掛け、大和衆の三好新丞らを討ち取る。
午刻（12時）に織田軍の「東之城」に総攻撃を仕掛けて損害を与える。

天正10	2月14日	「**武田征伐**」。織田信忠、岩村城(岐阜県恵那市岩村町)へ入る。 配下の武将は、滝川左近(一益)、河尻与兵衛(秀隆)、毛利河内守(長秀)(秀頼)、水野監物(直盛)、水野宗兵衛(忠重)。	4659
	2月14日	「**武田征伐**」。信州松尾の城主小笠原掃部大輔信嶺が内通を申し出てきたため、妻籠口から団平八(忠正)・森長可が先陣に立って出撃し、清内路口より侵入して木曽峠を越え、なしの峠へ軍勢を登らせた。すると小笠原信嶺もこれに呼応して諸所に火煙を上げたため、飯田城に籠っていた坂西織部・保科正直は抗戦を不可能と見、十四日夜に入って潰走した。(『信長公記』)。	4660
	2月15日	「**武田征伐**」。「可為曲事候、城介(信忠)若候、比時一人粉骨尽之、名可取思気相見候間、毎々率爾之儀可有之候、十内十勝手子細候者、…………」。 織田信長、信忠に従って東国へ出陣し国境の難所を突破した滝川一益からの注進に応え、信長側は出陣に備えているので時期を見計い発足日限を上申する旨、また若い信忠を制御する旨を指示。もし失敗したならば織田信長の面前への参上は許可しない旨を通達。	4661
	2月15日	「**武田征伐**」。森長可は三里ほどの距離を進軍し、市田という地で撤退に遅れた敵兵十騎余を討ち取った。(『信長公記』)。	4662
	2月16日	「**高野山攻め**」。 紀伊国高野山金剛峰寺惣分沙汰所の一蔵坊、対織田軍の先手大将として奮戦した大和国二見密蔵院へ、その戦功を賞し、褒美として「珠鑰」を遣わす。	4663
	2月16日	「**武田征伐─第二次鳥居峠の戦い**」。木曾義昌、伊那谷を北進せる織田信忠の兵に呼応して木曽谷を鳥居峠に進み、武田勝頼の将・今福筑前守(昌和)と戦ひて、之を破る。**鳥居峠の戦いにて、両軍の大激突がはじまる。**	4664
	2月16日	「**武田征伐**」。織田信忠(1557~1582)、日向宗栄玄徳斎等を伊那郡大島城(長野県下伊那郡松川町元大島)に攻めて、之を敗走せしむ。尋いで、信忠、河尻秀隆(1527~1582)・毛利秀頼(1541~1593)をして、同城を守らしめ、軍を同郡飯島に移す。	4665
	2月17日	「**武田征伐**」。織田信忠、信濃国飯島に在陣。	4666
	2月18日	勧修寺晴豊、二条御所より禁裏へ祇候。紀伊国雑賀より使者が到来し、八木駿河守と「寺内たくミ」より百疋、「北方」より綿三把などを預かる。返礼が即時発せられた。(『晴豊記』)。	4667
	2月18日	織田信長、紀伊国雑賀へ「朱印」を発す。(『晴豊記』)。	4668
	2月18日	「**武田征伐**」。徳川家康(1543~1616)、**浜松城を発し遠江国掛川城に着陣。駿河西部へ侵攻を始める。** 松平家忠(1555~1600)、遠江国浜松城を出陣。(『家忠日記』)。	4669
	2月20日	筒井順慶、上洛するにあたり大和国興福寺職中へ、全五ヶ条の談合内容を指示する。	4670
	2月20日	勧修寺晴豊、村井貞勝(「村井」)邸へ、「わたほうし」三つを持参。村井貞勝は明日近江国安土城へ下向することを知る。(『晴豊記』)。	4671
	2月20日	上杉景勝(1556~1623)、木曾義昌(信玄の娘婿)(1540~1595?)の武田勝頼に叛くを聞き、勝頼に援兵を送らんとす、是日、勝頼(1546~1582)、之を謝し応援を求む。	4672
	2月21日	「**武田征伐**」。織田信長、滝川一益・川尻秀隆等をして、伊那郡高遠城攻略のため、その道筋に付城を築かしむ。	4673

西暦1582

天正10		
2月21日	「武田征伐」。徳川家康、駿河国駿府城を占領。 松平家忠、遠江国持船城(静岡市駿河区用宗城山町)を包囲。(『家忠日記』)。	4674
2月22日	土御門久脩(「陰陽頭久脩」)、織田信長(「前右府」)の執奏により「堂上」に加えられる。即時正親町天皇「勅許」が得られた。(『言経卿記』)。	4675
2月23日	「武田征伐」。「織田信長黒印状」。**信長、河尻与兵衛(秀隆)へ、武田勝頼討伐にあたり全七ヶ条の指示を下す。信長、信忠軍の軍目付河尻秀隆に、織田信忠の急な進撃を戒めるよう指示する。** 一、城介(信忠)についてだが、信長が出馬するので、前進しないように滝川一益と相談して申し聞かせろ。 一、森長可と梶原景久が談合もなしに前進した件だが、若き者たちであるから、この時に粉骨を尽くして功名を上げ、又それを私に訴えるためだろう。粗忽な行動をせぬよう度々申し聞かせたが、なお申しておく。彼らの面倒をみてよくよく申し聞かせること、それが専一だ。……。	4676
2月下旬	「武田征伐」。北条氏政軍、駿河東部へ侵攻開始。	4677
2月27日	吉田兼見、招請を受けて佐竹宗実(「佐竹出羽守」)の「茶湯座敷会」に参席する。(『兼見卿記別本』)。	4678
2月27日	「明智光秀書状」。**光秀、大和国の細井戸右近宛、出陣の贈り物を謝し、筒井順慶(1549〜1584)らと甲州出陣の予定日等を知らせ、油断無きよう伝える。**	4679
2月27日	「武田征伐」。織田信忠(1557〜1582)、信濃国鳥居峠から信濃国飯田に進軍し大島城(長野県下伊那郡松川町大島)を攻略。織田信忠は大島城を河尻秀隆(1527〜1582)・毛利良勝(？〜1582)に守備させる。	4680
2月27日	「武田征伐」。遠江国持船城との和議が締結される。(『家忠日記』)。	4681
2月28日	勧修寺晴豊、村井貞勝(「村井」)邸へ「御使」として赴き織田信長の「陣立」について信濃国への陣中見舞の「勅使」を派遣するべきかどうかを談議する。村井貞勝、勧修寺晴豊へ「時分はから」って勅使派遣を上奏すると返答する。(『晴豊記』)。	4682
2月28日	織田信長、山城国妙心寺開山慧玄(「開山国師」)へ、「妙心寺法度」について長老衆が連署で制定した条数を承認し、もし違反者が発生した場合には「衆評」のように妙心寺「寺法」にしたがって処断すべきことを通達。	4683
2月28日	「武田征伐」。織田信長、河尻秀隆(「川尻肥前守」)へ、信濃国高遠城攻略のために「繫之城」を構築するよう命令。	4684
2月28日	「武田征伐」。織田信長、再度注進してきた河尻秀隆(1527〜1582)へ、「道筋跡」及び繫ぎの城を普請して織田信長「出馬」以前には竣工すべきこと、「大百性以下」は「草のなひき時分」を見計らうものであるので役に立つものであること、武田勝頼の近所には信長が大軍を以て「御出張」するのでそれ以前は越度無き様にすべきことを命令。またこの旨を織田信忠・滝川一益へも通達したので油断無く「つなぎの城」の構築に努力し、時期が来れば信長が信濃国へ着陣することを通達。	4685
2月28日	大和国興福寺大乗院門跡、近江国安土城に於いて仁王経御修法による祈祷を行う。(『多聞院日記』)。	4686
2月29日	「**武田征伐**」。織田信忠(1557〜1582)、近江国安土城の織田信長へ、武田勝頼の撤退を報告する注進状を発す。去二十八日、武田勝頼父子と同信豊は諏訪の上原の陣を焼き捨て引き払い、新府の館へ軍勢を納めた。	4687

天正10	2月29日	「武田征伐」。織田信忠、伊那郡高遠城（長野県伊那市高遠町）主仁科盛信に降参を促す、盛信等篭城衆、之を肯ぜず。	4688
	2月29日	朝比奈駿河守（遠江国持船城主）、松平家忠の付き添いにより遠江国久野城（^くの）（静岡県袋井市鷲巣字上末元）に退却す。（『家忠日記』）。	4689
	3月1日	「御局」（典侍冷泉氏）（七宮生母）が官女を、「北向」（山科言経室）が官女「小少将」を近江国安土城の織田信長へ「当年音信」を送る。（『言経卿記』）。	4690
	3月1日	「織田信長黒印状」。信長、河尻与兵衛（秀隆）（1527～1582）へ、武田勝頼討伐のための織田信長出陣前に全五ヶ条の指示を下す。 信長は、老将の秀隆に、大将の城介（織田信忠）、先鋒の森勝三（森長可）、梶原平八郎（梶原景久）を制御するよう命じた。	4691
	3月1日	「武田征伐」。信忠はこの日、伊那郡飯島（長野県上伊那郡飯島町）から軍勢を動かし、天竜川を越えて貝沼原（長野県伊那市富県貝沼）に展開させ、ここから松尾城主小笠原信嶺（^{のぶみね}）を案内に立てて河尻秀隆・毛利秀頼・団平八（忠正）・森長可の軍勢をさらに先へ進ませた。そして自らは母衣衆十人ほどを伴い、仁科五郎盛信が立て籠もる高遠城から川を隔てた高山に登って敵城の様子を検分したのち、その日は貝沼原に宿陣したのであった。（『信長公記』）。	4692
	3月1日	「武田征伐」。織田信忠、武田勝頼（「武田四郎」）・仁科盛信（「仁科五郎」）が籠もる信濃国高遠城（^{たかとお}）（長野県伊那市高遠町）への攻撃を開始する。（『立入左京亮入道隆佐記』）。	4693
	3月1日	「武田征伐」。松平家忠、穴山信君（駿河国江尻城主）が徳川家康に寝返ったことを知る。（『家忠日記』）。 徳川家康（1543～1616）、穴山信君（^{のぶただ}）（1541～1582）を勧降させる。	4694
	3月1日	柴田勝家、手取峡谷（石川県白山市下吉谷町）の山野に大規模な残党狩りが行い、三百余人の本願寺門徒が磔刑に処せられ、加賀一向一揆は最終的に終結する。	4695
	3月2日	大和国南衆、信濃国への出征のために先ず山城国まで出陣す。多聞院英俊はこの出征を「上下ノ迷惑無限事」と評す。（『多聞院日記』）。	4696
	3月2日	吉田兼見、近衛前久（「近衛殿」）を訪問。兼見は来三月五日に織田信長（「先右府信長」）の「御進発」が決定したこと、また来五日の早天に近衛前久も「御出陣」ということを知る。吉田兼見は近衛前久より「軍陣祓」・軍陣「祭文」を贈呈す。（『兼見卿記別本』）。	4697
	3月2日	織田信長、村井貞勝へ、「伊勢正遷宮」執沙汰について藤波慶忠（祭主）が早急に「山口祭」を行い、造作を簡素化するよう指示。	4698
	3月2日	「武田征伐」。織田信長、信濃国高遠城を攻略して甲斐国へ進軍す。（『立入左京亮入道隆佐記』）。 仁科盛信（「仁科」）、信濃国高遠城に於いて戦死。（『立入左京亮入道隆佐記』）。 織田信忠（1557～1582）、降伏に応じない伊那郡高遠城を総攻撃して攻略。高遠城落城、守将仁科盛信（信玄五男）・副将小山田昌行ら壮烈な戦死。	4699
	3月2日	「武田征伐」。徳川家康、穴山信君（「穴山殿」）へ、甲斐国「乱入」にあたり甲斐国を進軍する約束について、「所務」（年貢収入）が無くとも二年・三年は織田信長（「安土」）より扶持が加えられるように取り成すこと、もし首尾通りにならなければ徳川家康が「合力」することを通達。	4700

^西暦**1582**

天正10	3月3日	「高野山攻め」。 高野勢五十余人が多和城（和歌山県日高郡日高町原谷）を夜襲して損害を与える。	4701
	3月3日	多聞院英俊、この朝早旦より筒井順慶とその与力の大和国衆が悉く出陣したこと、織田信長は来三月九日に信濃国へ向けて出馬することになっているので、明智光秀が先発として来三月五日に出陣すること、そのために**明智光秀「一手ノ衆」**が、この日に出陣したことを知る。（『多聞院日記』）。	4702
	3月3日	「武田征伐」。吉田兼見、近衛前久（「近衛殿」）を訪問。近衛前久は明後日に出陣というので近江国安土へ下向するとのことであった。（『兼見卿記別本』）。	4703
	3月3日	**「武田征伐」**。「廿九日注進、今日三、到来、披見候、仍於駿州穴山依謀反、四郎甲州北退之旨…………其先一切無用、我々事、近々出馬候間、示合手間不入可討果候、……」。 織田信長、織田信忠「城介殿」）へ、駿河国の穴山梅雪（信君）が謀反して武田勝頼（「四郎」）が甲斐国へ撤退したこと、信君が徳川家康に内通したこと、信濃国大島から飯島への陣替を諒承したこと、信忠のこれ以上前方への進軍は「一切無用」であること、信長自身は近々「出馬」するので武田軍を容易く撃破する予定であることを通達。また先頃に、河尻秀隆へもこの旨を通達したことを通知。	4704
	3月3日	「武田征伐」。「中将信忠卿、上の諏訪表に至つて、御馬を出され、所々放火。抑、当社諏訪大明神…………神殿を初め奉り、諸伽藍悉く一時の煙となされ、御威光、是非なき…………」。（『信長公記』）。 織田信忠、上諏訪表へ出馬し、諏訪大明神や諸所へ放火を行った。	4705
	3月3日	徳川家康、甲斐国南松院へ全三ヶ条の「禁制」を下す。	4706
	3月3日	武藤康秀（「助一得」）、越前国三ヶ市町の越後屋へ諸役末代免除を安堵。	4707
	3月4日	「御局」（典侍冷泉氏）（七宮生母）の派遣した官女と山科言経が派遣した官女（小少将）が近江国安土城より上洛。山科言経、官女より織田信長との交渉は「仕合吉」であったとの報告を受ける。（『言経卿記』）。	4708
	3月4日	「参近衛殿、明日之御用意以外御取乱也、可被預下御馬之由仰畏之由申入了」。（『兼見卿記別本』）。 吉田兼見、近衛前久（「御家門」）を訪問。前久は明日の出陣準備をしていたがうまくいかず、取乱した状態であった。兼見、前久より馬を預かる。	4709

徳川家康

天正10	3月4日	吉田兼和（兼見）、家司鈴鹿氏を明智光秀のもとに下して、「軍陣之祓」と「弓懸^{ゆかけ}一具」を進呈。この配慮に対し、光秀は「祝着」の由返事をした。（『兼見卿記別本』）。 吉田兼見、明智光秀より出陣見舞の返事を受ける。（『兼見卿記別本』）。	4710
	3月4日	**明智勢が「大事ノ陣」というので信濃国へ向けて「ちりちり」と出発。兵卒はまさに「しほしほ」とした様相であったと聞く。（『晴豊記』）。**	4711
	3月4日	「武田征伐」。徳川家康（1543〜1616）、駿河国江尻城（静岡市清水区江尻町）主穴山信君^{のぶただ}（1541〜1582）と対面。	4712
	3月5日	大和国興福寺別会五師釈迦院寛尊、今度の織田信長（「上様」）の「東国御出馬」について大和国衆が昨日より上洛したこと南方衆は山城国まで先勢として着陣したこと、大和国衆の「大将衆」は奈良に滞在し、筒井順慶は明日未明に出陣することを知る。「諸力衆」と「少分限之衆」にとっては他国への軍事行動、特に「遠国迷惑」であり、更に甲斐国・越後国衆は「弓矢天下一之軍士」という風聞が浸透しているので東国陣は「一大事之陣立」であった。（『蓮成院記録』）。	4713
	3月5日	吉田兼見、吉田兼治を同行し近衛前久（「御家門」）の出陣を粟田口周辺で見送る。（『兼見卿記正本・別本』）。	4714
	3月5日	**「武田征伐─信長、出陣」。織田信長、暁に陣立す。（『晴豊記』）。** 織田信長（1534〜1582）、明智光秀・筒井順慶・長岡（細川）忠興・長谷川秀一らの諸将を率い、甲斐に向けて暁に安土城を出陣、近江国坂田郡柏原成菩提院（滋賀県米原市柏原）に着く。太政大臣近衛前久（1536〜1612）・日野輝資（1555〜1623）・烏丸光宣^{からすまるみつのぶ}（1549〜1611）ら公家衆も従軍。	4715
	3月5日	「今朝信長至佐和山御進発也、路次中出陣之人数、至安土相続之由語之、日向守殊更多人数、奇麗之由語之…………」。（『兼見卿記別本』）。 **吉田浄勝、近江国安土より帰還し、その途上に吉田兼和（兼見）（1535〜1610）を訪問。兼見、浄勝よりこの朝に織田信長は近江国佐和山城（滋賀県彦根市古沢町）を出陣したこと、出陣する軍勢は佐和山から安土に至るまで続くほど多いこと、特に光秀軍は人数が多く、奇麗な軍装であったことを知らされる。吉田浄勝はその後に帰京。** 兼見親戚の儒医吉田浄勝室は、長岡（細川）藤孝家臣・松井康之（1550〜1612）の妹。	4716
	3月6日	「武田征伐」。信長、岐阜の呂久の渡し（揖斐川）において、仁科盛信の首実検をし、長良川の河原にさらす。	4717
	3月7日	織田信長が岐阜城に到着する。	4718
	3月7日	**「武田征伐」。織田信忠、陣を上諏訪より、甲府に移す。甲斐入国を果たした信忠は一条蔵人の私邸に陣を据え、武田勝頼の一門・親類・家老衆を尋ね出し、ことごとく成敗していった。（『信長公記』）。**	4719
	3月8日	吉田兼見、中御門宣光の「口宣」で正親町天皇からの織田信長の「御出陣御祈」命令を受ける。「請文」には及ばずということであった。吉田兼見、この日より「修行」を行う。（『兼見卿記別本』）。	4720

西暦1582

天正10	3月8日	織田信長、尾張国犬山に着陣。（『信長公記』）。	4721
	3月8日	「‥‥‥‥‥先手之者共、早至甲州打出候、城介同前候、我々出馬無専候雖連々関東見物望候、幸之儀候間相越候、四郎事‥‥‥‥‥」。 織田信長、柴田勝家へ、越中国方面に一揆が発生したが柴田勝家等が成敗したことを諒承し、越中国松倉城への軍事行動は油断無く執り行うこと、神保長住より上杉景勝与党（『越後之族』）が増援軍として向かっているという報告が入ってきたことに触れ、上杉軍を引き留めて殲滅することを命令。また信長自身は三月五日に近江国安土城を出陣し、この日に尾張国犬山城へ到着したことに触れ、武田勝頼（「四郎」）は去る二月二十八日に信濃国諏訪上原の陣所を撤退、居城をも焼き捨て山奥へも逃げ失せてしまったので織田軍「先手之者共」を早急に甲斐国へ侵入させ、織田信忠も同様に進軍したことを通知し、**織田信長は出馬しなくても、今まで「関東見物」を望んでいたので良い機会であるから関東へ足を運ぶことにすることを通達**。さらに武田勝頼の件は「彼等代々の名をくたし」て早々に「属平均」することを通知。	4722
	3月9日	村井貞勝、二条御所に祗候した勧修寺晴豊へ、織田信長陣所への「御音信之物」について談合する旨を要請。（『晴豊記』）。	4723
	3月9日	「武田征伐」。織田信長、金山城（岐阜県可児市）に着陣。（『信長公記』）。	4724
	3月10日	「高野山攻め」。三月三日の多和城夜襲の報復として、早朝、織田軍が高野山領志富田荘寺尾砦を攻め、荒川荘の城孫六が戦死。城将医王院を討つも、寄手の損害も大きく撃退される。	4725
	3月10日	「武田征伐」。織田信長、高野城（岐阜県瑞浪市土岐町）に着陣。（『信長公記』）。	4726
	3月10日	「武田征伐」。徳川家康、甲斐国市川に布陣。	4727
	3月11日	**正親町天皇（1517〜1593）、諸社寺に信長の戦捷を祈らせる。**	4728
	3月11日	二条御所（「下御所」）に於いて「信長陣御きたう」の「千返御楽」が催される。（『晴豊記』）。	4729
	3月11日	勧修寺晴豊、村井貞勝（「村井」）より出陣中の織田信長が甲斐国まで進軍し「東国相見」ると言って来た旨を知らされる。また武田勝頼（「武田四郎」）が三百計りの兵卒を率いて上野国へ撤退したこと、「首ちうもん」が到着したことも知らされる。（『晴豊記』）。	4730
	3月11日	吉田兼見、村井貞勝（「春長軒」）を見舞のために訪問し対面す。村井貞勝、吉田兼見へ注進状を見せながら信濃国は悉く織田「御理運ニ被仰付」れて「相果」てたこと、信濃国高遠城以下を織田信忠（「中将殿」）自身が攻略したこと、仁科盛信（「武田四郎舎弟」）・武田信豊（「典厩」）が討死にしたことを知らせる。（『兼見卿記別本』）。	4731
	3月11日	吉田兼見、二条御所（「下御所」）に祗候。二条御所に於いて織田信長のための「御祈祷」である「千返之御楽」が行われ公家衆が祗候した。 吉田兼見、村井貞勝（「春長」）へ二条御所に於いて織田信長の祈祷を行っている旨を注進す。（『兼見卿記別本』）。	4732

	3月11日	「武田征伐」。織田信長、岩村城(岐阜県恵那市岩村町)に到着。(『信長公記』)。
天正10	3月11日	**「甲斐武田氏滅亡─武田征伐(2月1日〜3月11日)終結」。** **武田勝頼一党、全滅す**。(『立入左京亮入道隆佐記』)。 「武田一党」、悉く討死する。(『言経卿記』)。 武田勝頼(1546〜1582)、小山田信茂(1545〜1582)の叛を聞く。天目山への途中、田野において織田方滝川一益(1525〜1586)の挟撃を受け、北条夫人・信勝と共に自刃。勝頼(37歳)・夫人(19歳)・信勝(16歳)。従う者、土屋昌恒・小宮山内膳・阿部勝宝・小原継忠・小原忠国・麟岳長老らを始め士四十一人、侍女ら五十人という。
	3月11日	徳川家康・穴山信君、甲斐国甲府の織田信忠を訪問。
	3月11日	越中一揆が蜂起して佐々成政(1516〜1588)配下・神保長住(?〜?)を城内へ追い詰め、富山城を占拠し、近在へ火をかけた。
	3月11日	**「魚津城の戦い」はじまる**。柴田勝家(1522?〜1583)ら、攻撃を再開して魚津城(富山県魚津市本町)・松倉城(魚津市鹿熊)を包囲。
	3月12日	多聞院英俊、誠仁親王(「親王様」)が織田信長(「前右府」)の「出陣祈祷」のために来三月十五日に石清水八幡宮へ「御行幸」する予定であることを知る。(『多聞院日記』)。
	3月13日	信長、岩村から信濃に入り、根羽(下伊那郡)に着陣。(『信長公記』)。
	3月13日	「武田四郎勝頼・武田太郎信勝・武田典厩・小山田・長坂釣閑をはじめ武田の家老衆をことごとく討ち果たし、駿・甲・信州は滞りなく平定されたゆえ、気遣いは無用である。以上飛脚があったので申し伝えたが、そちらからも十分に情勢を申し越すべきことは勿論である」。 織田信長、飛脚を以て戦況を尋ねてきた北陸方面駐軍の柴田修理亮、佐々内蔵介、前田又左衛門、不破彦三(柴田勝家・佐々成政・前田利家・不破直光)へ、武田勝頼・信勝父子と長坂光堅・武田信豊・小山田信茂・長坂釣閑斎を始めとする甲斐武田家「家老者」を悉く討ち果たし、駿河国・甲斐国・信濃国は滞り無く「一篇被申付」れたので心配は無用であること、そちらからも十分に情勢を申し越すべきことを通達。
	3月13日	柴田勝家・佐々成政・前田利家・佐久間盛政らの軍勢が、魚津攻めを中止し、一揆方の富山城を包囲し、攻略する。
	3月14日	**織田信長、平谷を越え信濃国伊那郡浪合に着陣。織田信忠より、関与兵衛、桑原助六(関嘉平次、桑原助六郎)使者にて、武田家滅亡の知らせと武田勝頼・信勝父子の首を信長の元に持参する。ついで勝頼父子の首級を実検した信長は、矢部家定(1530?〜1611?)に命じ、首を飯田まで運ばせる**。(『信長公記』)。 実際は13日とされる。
	3月15日	**羽柴秀吉(1537〜1598)、備中国攻略のために播磨国姫路城より出陣。**
	3月15日	多聞院英俊、「栂尾御宿坊」をめぐる争論が「京都開闔」村井貞勝(「村井長門入道」)により裁定がなされたことを知る。(『多聞院日記』)。
	3月15日	織田信長、飯田に着陣。武田勝頼父子・仁科盛信の首を梟した。上下諸人の見物するところとなる。(『信長公記』)。
	3月16日	織田信長陣所へは万里小路充房(「万里」)が勅使として派遣されることになった。(『晴豊記』)。

西暦1582

天正10	3月16日	「飯田逗留の信長のもとに、武田信豊の首が届く。同時に仁科盛信が乗っていた秘蔵の葦毛馬と武田勝頼の大鹿毛の乗馬も進上され、大鹿毛は中将信忠殿へ下賜された。また勝頼が最後に差していた刀も滝川一益方より届けられて信長公へ進上された。信長公はその使者として伺候してきた稲田九蔵に小袖を与えて返した」。（『信長公記』）。 織田信長、長谷川宗仁（1539～1606）に命じ、武田勝頼・武田信勝・武田信豊・仁科盛信の四人の首を京へ運んで獄門にかけるよう申し付ける。（『信長公記』）。	4747
	3月17日	織田信長、飯田から大島を通り、飯島（長野県上伊那郡飯島町）着。秀吉養子・羽柴秀勝（信長四男）（1568～1586）の初陣で、備中児島城（岡山県倉敷市）を攻撃したという報告が入る。（『信長公記』）。	4748
	3月17日	織田信長、因幡国鳥取城代・宮部継潤（1528～1599）に、信濃・甲斐・上野等の戦況を報ず。	4749
	3月17日	織田信長、松井友閑へ、甲斐武田氏討伐完遂の状況に触れ、北条氏政が駿河国まで出陣し「一廉馳走」をしたこと、「東八箇国」は平定されたとの見通し、甲斐国・信濃国に織田信忠を残留させて信長自身は近日に近江国安土城へ帰還するので見舞は無用であること、路次が険しいので下向する必要は無いこと、この様子は未だ近江国安土城へも連絡していないが、「京都」・「五畿内」・羽柴秀吉の在陣している中国方面まで残さず「相触」れるために詳細を「染筆」したことを通達。	4750
	3月18日	吉田兼見、「東国御陣」の織田信長のもとに出発する「御使」万里小路充房を訪問する。兼見、信濃国は「悉信長存分ニ被申付」という趣旨の「注進之条書」を披見す。（『兼見卿記別本』）。 正親町天皇、信濃のことを織田信長の存分に任せらる。	4751
	3月18日	勧修寺晴豊、織田軍の「陣之様体」についての様々な風聞に接す。（『晴豊記』）。	4752
	3月18日	織田信長、高遠城（長野県伊那市高遠町）に着く。（『信長公記』）。	4753
	3月19日	羽柴秀吉勢、宇喜多氏の沼城（亀山城）（岡山市東区沼）に到着。十六日間滞在して石山城（後の岡山城）の宇喜多氏の動向を探る。 宇喜多氏は、宇喜多直家の次男・八郎（後の秀家）（1573～1655）は幼少のため、叔父の宇喜多忠家（1533～1609）が代理として軍を率いていた。結果、秀吉軍、宇喜多勢一万を加えて三万となる。	4754
	3月19日	吉田兼見、「東国御陣」へ使者として鈴鹿喜介を派遣することを決定。（『兼見卿記別本』）。	4755
	3月19日	織田信長（1534～1582）、高遠を経て、この日、諏訪郡上諏訪法華寺に着陣し、徳川家康（1543～1616）と会見する。	4756
	3月19日	「明智光秀、上諏訪法華寺にて陣取りを命じられる」。 織田信澄、菅屋長頼、矢部家定、福富秀勝、堀秀政、長谷川秀一、氏家源六（行継）、竹中重矩、原長頼、武藤助（康秀）、蒲生賦秀（のちの氏郷）、細川忠興、池田元助、蜂屋頼隆、阿閉貞征、不破直光（光治の子）、高山右近、中川清秀、明智光秀、丹羽長秀、筒井順慶らが集まり、本陣の近くに陣を構える。 長谷川秀一らの側近部隊は馬廻りとして信長周辺を厚く固め、明智光秀らの鉄砲隊を最前列にし、弓隊、長槍隊と続き騎馬武者の後に、信長本陣があり、その後に騎馬の遊兵をおいて、小荷駄を守るように布陣したという。	4757

天正10	3月19日	松平家忠（1555～1600）、織田信長が三河国を通過し帰陣する予定であるので、遠江国での御茶屋建設をすることを知る。（『家忠日記』）。	4758
	3月20日	大和国興福寺に於いて、この日より来三月二十六日までの七日間の祈祷がはじまる。これは今度の織田信長（「信長殿」）の「東国出陣」にあたり正親町天皇（「叡慮」）より「満寺一味一同」の祈祷を行う旨の「宣旨」が下されたので行われた祈祷である。（『蓮成院記録』）。	4759
	3月20日	山科言経、去三月十一日に甲斐国に於いて「戦」があった旨を知る。織田信忠（「三位中将殿」）が出陣して「武田一党」を悉く討ち果たしたこと、織田信長（「前右府」）は信濃国に在陣していることを知る。（『言経卿記』）。	4760
	3月20日	信長公のもとへ木曾義昌（信玄の娘婿）（1540～1595？）が出仕し、馬二頭を進上した。木曾の申次は菅屋長頼（？～1582）であったが、その場の奏者役は滝川一益が務めた。義昌には信長公から腰の物が下された。梨地の蒔絵に鍍金・地彫りの金具、目貫・笄は後藤源四郎作の十二神将像というもので、黄金百枚とともに与えられたのだった。信長公はこの場において木曽へ新知分として信州の内に二郡を与え、帰りは屋形の縁まで見送った。（『信長公記』）。	4761
	3月20日	晩、今度は穴山梅雪（信君）（1541～1582）が御礼に参じ、馬を進上してきた。これに対し信長公は梨地蒔に鍍金・地彫り金具の脇差と、柄まで梨地蒔が施された小刀を下された。そして「似合いである」といって下げ鞘・火打ち袋も付けて与えた上、さらに所領を宛行ったのだった。また松尾の小笠原信嶺（1547～1598）も御礼して駿（目が黄金色でたてがみの赤い馬）の馬を進上したが、この馬は信長公の目にかなって秘蔵されるところとなった。信長公は小笠原を「こたびの忠節、比類なし」と評価し、矢部家定・森乱を使者として本領安堵の朱印状を下した。（『信長公記』）。	4762
	3月21日	北条氏政の元より端山という者が遣わされ、信長公へ馬及び江川の銘酒・白鳥その他の品々を進上してきた。取次は滝川一益が務めた。（『信長公記』）。	4763
	3月22日	万里小路充房（「万里小路頭弁」）、織田信長が出陣している甲斐国陣所へ「御使」として派遣される。この時、万里小路充房は勧修寺晴豊より馬を借用する。（『晴豊記』）。 万里小路充房（1562～1626）、正親町天皇の戦勝祝福の辰翰・女房奉書を携えて京都を出発。	4764

西暦**1582**

天正10	3月22日	吉田兼見、二条御所に於いて甲斐武田氏に関する情報に接す。その内容は、甲斐武田氏（「甲州」）は「敗軍」し、武田勝頼（「武田四郎」）・武田信勝・武田信豊（「典厩」）の三人は甲斐国の「天目谷一揆」に討ち取られたこと、その首級は織田信長の陣所に届けられ、この日に京都に届けられたこと、その首級は「獄門」に梟され諸人が見物したこと、捕虜も数人晒されていたというものであった。（『兼見卿記別本』）。

4765

勧修寺晴豊、この日の「八時」に去る三月十一日に討ち取られた武田勝頼（「武田四郎」）・武田信勝（「太郎」）・武田信豊（「典厩馬頭」）の三首を見物す。この三首は「下五りやう」に於いて獄門に架けられたが、武田信豊（「典厩」）の首は落ちてしまった。（『晴豊記』）。

この夕方に、京都に武田勝頼・武田信勝・武田信豊の三首級が届く。京都下御霊辺に三日間梟首された。長谷川宗仁によって一条大路の辻で梟首されたともいう。

何日も放置されたが、妙心寺住持・南化玄興(1538~1604)が、信長に嘆願して三人（仁科盛信を除く）の首級をもらい受け、同寺において葬儀をし、玉鳳院に手厚く手葬るという。現在は、開山堂の東北隅に、武田信玄と武田三武将（武田勝頼・武田信勝・武田信豊）の石塔が立つ。

南化玄興は、元亀1年（1570）妙心寺住持となったが、天正4年（1576）信長の臣、稲葉一鉄の招きに応じて、美濃国安八郡曽根村の華渓寺の開山になる。この年の春、信長は安土城を築いたが、天龍寺策彦周良(1501~1579)和尚に請うて、安土山記を書いてもらおうとしたところ、策彦はこれを固辞し、かわって南化和尚を推挙した。そこで南化和尚は一代の傑作と称される「安土山の記」を華渓寺の方丈で草し、信長のあつい親任を受けるにいたったという。

	3月23日	多聞院英俊、織田軍が甲斐国を「悉落居」させたことを知る。去三月十六日に織田信長のもとへ武田勝頼・武田信勝・武田信豊の首級が到来したこと、「駿河ノ代官」であった穴山信君が「金子二千枚ノ礼ニテ帰忠」したこと、この戦闘で六角義定（佐々木四郎弟次郎殿）(1547~1582)と武田五郎（若狭ノ武田ノ五郎殿）が生虜となり殺害されたこと、東は信濃国碓氷峠まで、北は越後国までの範囲で「信長ノ敵ハ一人モ無之」という状況になったことを知る。

4766

多聞院英俊、この頃の天候不順（「大風霰飛火逆雨」）は正親町天皇（「内裏」）の祈祷により「信長ノ敵国ノ神達」を悉く流したことを意味しており、事態が「信長本意」に収拾されればその流された神々を「勧請」するという「神力・人力不及事」であることを知る。

多聞院英俊、去三月二十二日夕方に武田勝頼・武田信勝・武田信豊の三首級が京都に到着し、三日間梟首された後に播磨国へ送付されることを知る。（いづれも『多聞院日記』）。

天正10	3月23日	吉田兼見、明日「甲州御陣」に見舞の使者として鈴鹿喜介を派遣するために準備を行う。	[4767]

「就御進發、御祈祷義爲、禁裏被仰出、十七日致修行、勝軍治要之御祓進献上候、随而御道服進上仕候、不苦候者可預御披露候　恐々謹言」。

吉田兼見、翌日付で森成利(長定)(「森乱」)へ、正親町天皇(「禁裏」)より出陣「祈祷」を命じられ十七日間の「修行」をしており、「勝軍治要之御祓」を進献することに触れ、森成利には道服などを贈呈するので織田信長への披露を依頼する旨の披露状を認める。

吉田兼見、森成利(「森御乱」)へ、手綱・腹帯・書状を準備し鈴鹿喜介に渡す。

吉田兼見、明智光秀(「惟日」)へ、手綱・腹帯・書状を準備し鈴鹿喜介に渡す。

吉田兼見、村井貞成(「村井作右衛門」)へ、手綱・腹帯・書状を準備し鈴鹿喜介に渡す。

吉田兼見、佐竹宗実(「佐竹出羽守」)へ、書状・手綱・腹帯を準備し鈴鹿喜介に渡す。(いづれも、『兼見卿記正本・別本』)。

	3月23日	信長公は、滝川一益(1525～1586)を召し寄せ、彼に上野国と信州の内二郡を与えた。信長公は老境の身で遠国へ遣わされる身を思いやりながらも一益へ関東八州の警固を命じ、「老後の覚えに上野へ在国せよ。東国の儀の取次として、さまざまに仕置を行うべし」との上意を下した。そしてかたじけなくも秘蔵の葡萄鹿毛の馬を与え、「この馬に乗って入国するがよい」との言葉を伝えたのだった。都鄙の面目これに過ぎたるものはなかった。(『信長公記』)。	[4768]

織田信長、滝川一益に武田攻めの戦功として、上野国と信濃二郡（小県、佐久）を与える。一益、「東国奉行」、「関東管領」と呼ばれる。具体的な役割は、奥羽および関東の諸大名との外交とその服属の促進であった。

	3月24日	この未明、鈴鹿喜介が甲斐国の織田信長陣所へ向けて京都を発す。(『兼見卿記正本・別本』)。	[4769]

	3月24日	「信長公は「諸勢とも在陣が続き、兵粮等に困じていよう」との言葉を発し、菅屋長頼を奉行として物資の運送を行わせ、信州深志において諸勢の人数に従い扶持米を下げ渡した」。(『信長公記』)。	[4770]

織田信長、菅屋長頼(すがやながより)(？～1582)を奉行として物資の運送を行わせ、筑摩郡深志城(のちの松本城)(長野県松本市)の城米を在陣の諸将士に頒つ。

	3月25日	蜂須賀正勝(1526～1586)、備中国吉備津神社(岡山市北区吉備津)へ、調えた斎村政広(「赤松弥三郎殿」)の制札を立てる旨を指示。詳細は斎村政広(「弥三郎殿」)(1562～1600)より伝達させる。	[4771]

	3月25日	織田信長、久我季通(「久我大納言」)へ、甲斐国在陣見舞(弓懸二具、一折)を謝し、近日の帰陣予定を通達。詳細は信濃兵部丞に伝達させる。久我大納言の陣中見舞で弓懸二具、一折の贈呈を謝す。久我季通は、久我敦通(1565～1625)。	[4772]

	3月25日	上野国の小幡信貞(1540～1592)が甲府へ参り、中将信忠殿へ帰服の礼を申し述べた。小幡は信忠殿の許しを受け、滝川一益の同道のもと帰国していった。(『信長公記』)。	[4773]

	3月26日	織田信長、相模国北条氏政に飼馬料として、米千俵を進上される。(『信長公記』)。	[4774]

天正10	3月26日	信長公は今度の戦において高遠の名城を陥落せしめた手柄への褒賞として、三位中将信忠卿へ梨地蒔の腰物を与えた。そして「天下の儀もそのほうへ譲ろう」と申し添えたのだった。これを受けた信忠殿は、東国で手間取る事案もなくなったため信長公のもとへ御礼に赴くことを決めた。（『信長公記』）。	4775
	3月27日	織田信長、恭順した木曽義昌（「木曽伊予守」）に信濃国筑摩郡・安曇郡を「一色」（一職）に宛行う。また木曽口も安堵。（『古今消息集』）。	4776
	3月28日	中将信忠殿は甲府を発して諏訪へ馬を納めた。しかしこの日は猛雨となって風も吹きすさび、一方ならぬ寒さとなったため、多くの凍死者を出す事態となってしまった。（『信長公記』）。 織田信忠、甲府より信長に挨拶のため諏訪に帰陣。	4777
	3月28日	織田信長、京都等寺院へ、陣中見舞で一折の贈呈を謝し、近日の帰陣予定を通達。	4778
	3月28日	駿河・遠江へ御廻り候て…………諸卒は是れより帰し申し、頭ばかり御供仕り候へと仰せ出だされ、御人数、諏訪より御暇下さる。（『信長公記』）。 **信長公は、「諏訪を出て富士の山裾を見物し、駿河・遠江をめぐって帰洛するゆえ、諸兵はこれにて帰陣させ、将のみ供をつかまつれ」との上意を発し、諏訪で軍勢を解散した。**	4779
	3月29日	羽柴秀吉、備前国岡山へ着陣。	4780
	3月29日	勧修寺晴豊、二条御所（「下御所」）より退出。晴豊、紀伊国雑賀より「興正寺」が秘密裏に上洛しており、今日下向する旨を知る。（『晴豊記』）。	4781
	3月29日	**「信長から新領の知行割が以下のごとく発せられた。」** 甲斐国は河尻秀隆（1527～1582）へ付与。但し穴山氏（穴山梅雪（信君）（1541～1582）本知（河内領）分は除く。駿河国は徳川家康殿（1543～1616）へ付与。家康は、嘗ての今川義元と同じ駿河、遠江、三河の大名となる。上野国は滝川一益（1525～1586）へ付与。 信濃国のうち、高井・水内・更科・埴科の四郡は森長可（1558～1584）へ付与。長可は以後川中島へ在城。同木曾谷二郡は木曾本知として、また安曇・筑摩の二郡は新知として木曾義昌（1540～1595？）へ付与。同伊那郡は毛利秀頼（1541～1593）へ付与。同諏訪郡は河尻秀隆・穴山梅雪の替地として付与。同小県・佐久の二郡は滝川一益へ付与。以上をもって信濃十二郡が知行割された。 美濃国岩村は今回の功績により団平八（忠正）（？～1582）へ付与。同金山・米田島は森蘭丸（成利）（1565～1582）へ付与。 **同時に国掟も発布された。**（『信長公記』）。	4782
	3月29日	織田軍諸勢、この日より木曽口・伊那口らから思い思いに帰陣。	4783
	3月-	羽柴秀吉（「筑前守」）、備前国平瀬郷金山寺へ全三ヶ条の「禁制」を下す。 羽柴秀吉、備中国吉備津神社へ全三ヶ条の「禁制」を下す。	4784
	3月-	織田信長、甲斐国・信濃国へ、全十一ヶ条の「国掟」を下す。さらに両国の寺社・郷等へ全三ヶ条の「禁制」を下す。	4785
	3月-	織田信長、某へ、信濃国「金鑿」への還住命令を徹底させる。	4786
	4月-	この月、常陸国真壁城（茨城県桜川市真壁町）主・真壁氏幹（1550～1622）が、信長側近菅屋長頼（？～1582）、寺田善右衛門（？～1582）を介して、織田信長に栗毛の馬を進上する。	4787

西暦1582

天正10	4月-	この頃、織田信長、正親町天皇より勅使（万里小路充房）が到着し、信忠共々、宸翰を下賜される。	4788

4月2日 信忠を信州諏訪に残した織田信長、上諏訪の法華寺を出立、台が原（山梨県北巨摩郡白洲町）に着陣。御座所の普請や賄いその他は滝川一益が担当し、上下数百人分の小屋を立て置いた。（『信長公記』）。 [4789]

4月2日 北条氏政が武蔵野で追鳥狩を行い、信長公へ雉五百余匹を進上してきた。これを受けた信長公は菅屋長頼・矢部家定・福富長勝・長谷川秀一・堀秀政の五人を奉行とし、馬廻衆を集めたところへ雉を運び込ませ、その遠国の珍物を皆へ分配したのだった。（『信長公記』）。 [4790]

4月3日 織田信忠、万里小路充房へ、東国制圧の発動について正親町天皇が「御感」なされ「勅筆」を染められた旨を再三に頂戴したことは有難く存じていること、元来甲斐武田氏が天下に対して悪逆造意を為すことはその罪許し難いので、退治するためこの春信濃国に向けて出陣したこと、武田氏の属城を幾つか攻略したが武田勝頼・仁科盛信が籠城する信濃国高遠城は強固な要塞であり、去る三月一日に攻撃を開始し、翌二日に攻略、仁科盛信らを殲滅して甲斐国へ侵攻したこと、この戦況により武田勝頼は新府城を放棄し山奥の要害へ逃げ込んだが即時追撃し、三月十一日に武田勝頼一党を全滅させたこと、これにより信濃国・甲斐国・駿河国・上野国を「平均」したこと、北条氏政を初めとした「関東諸侍」が残らず出頭してきたこと、東国の件は島々に至るまで織田信忠「下知」に属したので、諸国に問題が発生しないように「置目」などを通達していること、任務完了次第に帰陣・上洛してこれまでの正親町天皇（叡慮）へ、御礼を申し上げたく存じている旨を取り次いで奏達することを依頼。（『立入左京亮入道隆佐記』）。 [4791]

4月3日 信長公は台ヶ原を出立したが、そこから五町ほど行ったところで山あいより名山が姿を現した。一目でそれと知れる富士の山であった。煌々と雪が積もるその姿はまことに壮麗で、どの者も見上げては耳目を驚かせていた。そののち信長公は武田勝頼の居城であった甲州新府の焼け跡を見つつ、古府中へ陣を移した。古府中では信忠殿が武田信玄の館跡に入念な普請を施して美々しい仮御殿をしつらえており、信長公はそこへ居陣したのだった。ここにおいて信長公は惟住（丹羽）長秀・堀秀政・多賀新左衛門（常則）（？～1587）に休暇を与えた。三人は上野国草津へ湯治に向かった。（『信長公記』）。 [4792]

4月3日 残党狩によって飯羽間右衛門尉が生け捕られ、織田方へ身柄を引き渡されてきた。飯羽間は先年明智城にて謀叛を起こした際、坂井越中守（信忠側近）（？～1582）の親類衆を数多討ち果たした者であったため、信長公はその処刑を坂井越中に任せた。この他にも秋山万可斎・秋山摂津守（昌成）父子が捕えられた。彼らの処断は長谷川秀一に命ぜられた。（『信長公記』）。 [4793]

4月3日 北条氏政から馬十三匹、鷹三足が進上されてきた。その中には鶴取りの鷹もいるとのことであった。ところが使者の玉林斎が伺候したところ、信長公はいずれの品にも取り合うことなく、そのまま持ち帰らせてしまったのだった。（『信長公記』）。 [4794]

4月3日 真田昌幸（1547～1611）、信長に黒葦毛の駿馬を贈り、誼みを通じる。 [4795]

西暦1582

天正10	4月3日	織田信長、織田信忠に命じて、武田家菩提寺の恵林寺(山梨県甲州市塩山小屋敷)を焼き打つ。恵林寺快川・東光寺藍田恵青ら長老十一人、寺中老若ら百五十人余焼死。佐々木次郎(六角義定)(1547~1582)を隠し置く罪による。快川紹喜(1502~1582)は少しも騒がず、端座したまま微動だにしなかった。(『信長公記』)。 快川紹喜は、「安禅必ずしも山水を須いず、心頭を滅却すれば火も自ら涼し」と偈を発して果てたという逸話が残る。 快川紹喜は、正親町天皇より「大通智勝国師」という国師号を賜っていた。	4796
	4月4日	「織田信長黒印状」。信長、山城国醍醐寺理性院(醍醐寺塔頭、別格本山)へ、陣中見舞として巻数・「ゆかけ」の贈呈を「此面之儀につき、巻数ならびに弓懸二具到来、誠に遠路の懇情、感悦浅からず候」と謝し、近々「開陣」の予定に触れ、織田信長自身が上洛した際に詳細を申し入れる旨を通達。	4797
	4月4日	織田信長、京都上京中の音問で革袖物十の贈呈を謝し、「東国之為体」は上洛した際に申し聞かせることを通達。	4798
	4月4日	滝川一益(1525~1586)、三国一大五郎へ、甲斐武田氏討伐後の恩賞として「小なすひ」を要望する覚悟であったが、利根川端に配備されて数寄の社交界より隔離された愁いの旨を通知。	4799
	4月5日	上杉氏に与す事を決めた芋川親正(1539~1608)ら牢人・土民・百姓らの川中島一揆が起きる。一揆、信長の将稲葉貞通(一鉄の嫡男)(1546~1603)を信濃飯山城(長野県飯山市飯山)に攻める。 信長は、稲葉勘右衛門・稲葉刑部・稲葉彦一・国枝氏らを援軍として飯山へ遣わした。また信忠の手からも団平八が派遣された。七日、海津城の森長可(1556~1584)らは、長沼(長野市穂保)を攻めた一揆勢を壊滅させ、大倉古城(長野市豊野町大倉)に逃れた一揆勢を破り、女・童ら千人余を斬りすてる。	4800
	4月-	織田信長、この頃、甲府善光寺如来を岐阜に移すと伝える。	4801
	4月7日	小早川隆景(1533~1597)、能島村上氏・来島村上氏が断交するにあたり、羽柴秀吉の懐柔を拒絶した村上吉充(因島)を賞す。	4802
	4月7日	蜂須賀正勝(1526~1586)、備中国吉備津神社近辺へ、陣取るが境内は除外する旨、黒田孝高(「小寺官兵衛」)と相談し案内人供出を命令。	4803
	4月7日	多聞院英俊、武田攻めの軍勢が大和に帰国、筒井順慶は信長の御供で帰国が少し遅れることを知る。(『多聞院日記』)。	4804
	4月8日	土御門久脩(「陰陽頭久脩」)、織田信長(「前右府」)の執奏により「加堂上」わった。昇進は先月であったが、即時「勅許」が得られたという。この日、土御門久脩は諸家を礼問した。(『言経卿記』)。 土御門久脩、「公家成」の礼を行う。正親町天皇(「禁裏」)へは「小鷹巻物」一巻、誠仁親王(「御方御所」)へ「引合」巻物一巻、「若宮様」へ杉原扇、「御局」(典侍冷泉氏)(七宮生母)へは三種二荷を以て御礼す。(『日々記』)。	4805
	4月8日	織田信長、佐奈田弾正(真田昌幸)(1547~1611)(信濃国上田城主)の音問で馬一疋(葦毛)の贈呈を謝し、信濃国上田方面での奔走を諒承す。詳細は滝川一益に伝達させる。	4806

天正10	4月8日	「向後直参事、尤以神妙、依之、為目付滝川左近在国之間、彼等令相談、別而粉骨、併対天下可為大忠、万一於違背之族者、即可被補朝敵、尚天徳寺大円坊可申候也」。 織田信長、常陸国の太田資正（三楽斎）・梶原政景へ、今後は「直参」することを賞し、目付として滝川一益を在国させるので、相談し奔走することを督促。また「天下」に対して忠節をつくすべきことを命令。万が一に違反者が発生した場合は即時「朝敵」とみなすことを通達。詳細は天徳寺大円坊に伝達させる。	4807
	4月10日	小早川隆景、村上武吉（能島）(1533 ？～1604)へ毛利氏に対する同心を謝す。	4808
	4月10日	勧修寺晴豊、二条御所の「加番」のために再び祗候。紀伊国雑賀より使者が到来し、去々年（天正八年）に松井友閑（「友感」）より通達を受けた「代物」と雑賀からの五十貫を庭田重保と勧修寺晴豊へ届けた。（『日々記』）。	4809
	4月10日	**「光秀・忠興・順慶ら、信長に供奉」。** 織田信長、甲斐国甲府を出発し、甲斐国右左口峠（山梨県東八代郡中道町）に着く。そして、徳川家康が普請・警護し、駿河に向かう。	4810
	4月10日	「織田信長黒印状」。信長、梶井門跡（三千院宮最胤法親王）宛て「東国在陣につき音問、祈禱之巻数ならびに両種これを給い候、遥々の芳情欣悦の至りに候、早隙明き帰国し候途中より申候」と謝す。 織田信長、三千院宮最胤法親王（「梶井殿」）へ、「東国」在陣に対する陣中見舞を謝し、「帰国」の途中にあることを通知。	4811
	4月10日	織田信長、青蓮院尊朝法親王（「青蓮院殿」）へ、「東夷追伐」陣への芳問を謝し、早々の「帰国」予定と上洛した際に詳細を通知する旨を通達。 織田信長、青蓮院尊朝法親王の陣中見舞で扇子の贈呈を謝す。	4812
	4月10日	織田信長、恭順した甲斐国の穴山梅雪（信君）へ、甲斐国「本地」を安堵し、甲斐国を宛行った河尻秀隆への知行分と「入組」地の件は河尻秀隆・穴山信君双方の「年寄」が合議の上で交換し、境界を設定して領知とすべきことを通達。	4813
	4月11日	「織田信長、森勝蔵（森長可）宛感状」。 「今度、於其表一揆馳催、数千騎令蜂起之処、早速馳着遂一戦、悉討果之旨、尤神明之至也、殊大蔵城乗取彼是頭数三千餘到来、誠ニ遠國其方一人之一覚悟謂、已之地而多勢旁以(武功)不浅思召候、仍如件信長、」。	4814
	4月11日	松平家忠ら三河衆、甲斐国右左口峠にて織田信長の行列を警固す。（『家忠日記』）。	
	4月12日	**信長、本栖を未明に出発**。富士山の裾野（上野ヶ原・井手野）で小姓衆と「御狂い」を行った。富士山麓の洞窟・白糸の滝見物。大宮（浅間神社）泊。浅間神社の陣で、信長は家康に、粟口吉光作の脇差・一文字作の長刀・黒駁の馬を与えた。	4816
	4月12日	織田信長（「上様」）、甲斐国「大ミや」まで「御成」す。（『家忠日記』）。	4817
	4月12日	織田信長、「甲州在陣」に対する見舞を送付してきた前関白九条兼孝（「九条殿」）へ謝意を表し、早々に「陣明」と「帰国」し、詳細は「上洛」した際に告げることを通知。	4818
	4月13日	この頃、今度の織田信長（「上様」）の「東国へ御出馬」に際し「寺門」より賢良が見舞の使者に決定され、正親町天皇（「叡慮」）の命により御祈祷の巻数および陣中見舞品を携えて大和国興福寺学侶より派遣された。織田信忠（「城介殿」）・北畠（織田）信雄（「御茶セン様」）・明智光秀（「惟日」）・滝川三郎左衛門・藤田伝五・筒井順慶（「順慶」）・長谷川秀一（「長谷川於竹」）・堀秀政（「堀久太郎」）・毛利良勝（「毛利新介」）・森猪介・「中伊」へも贈物が送られた。（『蓮成院記録』）。	

西暦**1582**

天正10	4月13日	織田信長、駿河国江尻まで「御成」す。（『家忠日記』）。信長、富士川を越え、蒲原の茶屋で休息。田子の浦・三保の松原などの名所を見物しながら、駿河国江尻泊。	4820
	4月14日	**羽柴秀吉（1537～1598）、宇喜多勢一万を加えて総勢三万の軍勢と共に、備前から備中国へ進軍。**	4821
	4月14日	織田信長、久能城（静岡市駿河区根古屋）を経て、府中（静岡市）の茶屋で休息。安倍川を越えて、宇津ノ谷で休息。田中（藤枝市）泊。	4822
	4月15日	多聞院英俊、昨日四月十四日の日中に大和国興福寺大乗院門跡が京都を出発し、織田信長（「上様」）の見舞のために三河国へ下向したことを「御書」により知る。（『多聞院日記』）。	4823
	4月日	吉田兼見、東国「御陣」へ派遣した鈴鹿喜介の帰還により織田信長からの返事を得た。織田信長「折紙黒印」には、織田信長は甲斐国に「御在陣」していると記されており、また明智光秀（「惟日」）からの返状・森成利（長定）（「森乱」）からの返状・村井貞成（「村井作右衛門」）からの返状も「各仕合可然之由」を伝達したものであった。（『兼見卿記正本』）。	4824
	4月15日	信長、瀬戸川河原の茶屋で休息。大井川を越えるとき、川面に人夫が多数立って激流を防いだ。菊川を通り、小夜の中山の茶屋で休息。掛川泊。	4825
	4月15日	「今度東国在陣に就きて、祈祷の祓の太麻ならびに熨斗鮑三折到来、遠路の懇情喜び入り候、将亦、造営の山口祭の事執行せしむるの旨、先ず以って然るべく候、作事の趣、かれこれ平井弓右衛門尉申すべく候也、」。 織田信長、伊勢国慶光院（周養尼）（？～1611）へ、「東国在陣」のために「祈祷之祓太麻」と「熨斗鮑」三折の贈呈を謝す。また「山口祭」の執行を諒承し、「作事」についての詳細は平井弓右衛門尉より伝達することを通達。	4826
	4月15日	織田信長、伊勢外宮神主へ、先ず「山口祭」の執行を諒承し、祭礼次第は先例を遵守すべきこと、作事については簡素化することを命令。詳細は平井弓右衛門尉より伝達させる。	4827
	4月15日	「織田信長黒印状」。信長、遠江国掛川より丹後国宮津城の長岡兵部大輔（細川藤孝）へ、「東夷追伐」は早々に落着したことは「乍我驚入計」であったことに触れ、東国は残す所無く制圧したこと、近々近江国安土城へ帰還したら詳細を伝達することを通達。	4828
	4月15日	吉田兼見、東国「御陣」へ派遣した鈴鹿喜介の帰還により「信長御書墨印」を得た。鈴鹿喜介の報告により織田信長からの「各返事仕合能」かったこと、「勅使」として万里小路充房が東国に下向したことを知る。（『兼見卿記別本』）。	4829
	4月16日	正親町天皇勅使・万里小路充房、京に帰る。織田信長より銀五枚を、織田信忠（「城介殿」）より馬を贈られた。（『日々記』）。	4830
	4月16日	吉田兼見、東国「御陣」より帰洛した万里小路充房を訪問。織田信長より銀子五枚を、織田信忠（「中将殿」）より馬一頭を賜わったことなどの雑談があった。（『兼見卿記別本』）。	4831

天正10	4月16日	信長、鎌田・三ヶ野坂(静岡県磐田市)で休息。天龍川に舟橋を架けて渡河。信長は、出迎えた徳川家康の接待に非常に満足する。浜松泊。	4832
		浜松城の信長は、小姓衆・馬廻りを解散させ先に安土に向かわせ、弓衆・鉄砲衆のみが警護する。信長は武田攻めに準備していた兵糧八千俵を徳川家臣に分配する。	
	4月17日	織田信長、この払暁に遠江国浜松を出立。浜名河口を舟で渡り、茶屋で休息。晩に吉田(愛知県豊橋市)に着き、宿泊。	4833
	4月17日	織田信長、前田利家(「前田又右衛門尉」)へ、陣中見舞として、その陣中より帷子を進献したるを謝す。	
	4月18日	信長、御油に茶屋を設えて休息。岡崎を経て知立泊。	4835
	4月19日	穂田元清(毛利元就の四男)(1551〜1597)、村上武吉(能島)(1533 ?〜1604)・村上元吉(能島)(1553〜1600)父子へ、羽柴秀吉が備中国宮路山・冠山を攻撃したが毛利方はこれを撃退した旨を通知。詳細は小早川隆景より通達されることを通知。	4836
	4月19日	羽柴秀吉、村上武吉(能島)へ、村上通昌(来島通康)(1561〜1597)との私怨を棄てて織田信長へ加担するよう勧誘。	4837
	4月19日	羽柴秀吉、織田信長に臣従する内証を得た村上元吉(能島)へ、備中国河屋城(岡山県倉敷市矢部)・備中国巣蜘蛛城(巣蜘塚城)を攻囲、間もなく陥落する予定を通知。	4838
	4月19日	**上様(信長)が俸禄を与え、宣教師が進上した、黒い男をお連れしている。身体は墨のようだ。身の丈は六尺二分(約182.4cm)。名は弥助というそうだ。**(『家忠日記』)。	4839
	4月19日	信長、清洲に到着。	4840
	4月20日	信長、岐阜着。	4841
	4月21日	多聞院英俊、筒井順慶が「東陣」より帰還したことを知る。(『多聞院日記』)。	4842
	4月21日	勧修寺晴豊、明日近江国安土城への下向準備命令を受ける。「私」的な下向かと尋ねたところ「勅使」としての下向であるとの返答であった。(『日々記』)。	4843
	4月21日	**武田を滅ぼした織田信長、近江国安土城に凱旋。**城内には、大小名、公家、僧侶、堺の豪商たちが御見舞と称して多数駆けつけ、宣教師ルイス・フロイス(1532〜1597)も参上した。	4844
	4月22日	祝賀の「勅使」勧修寺晴豊(1544〜1603)、昼に京都を出立し近江国安土城へ向かう。庭田重保・甘露寺経元・藤波慶忠(伊勢祭主)が同行した。この日、一行は近江国「もり山」に宿泊する。(『日々記』)。	4845
	4月23日	蜂須賀正勝(1526〜1586)、備中国吉備津神社へ、近日中「納馬」の旨を通知。	4846
	4月23日	大和国興福寺賢良、東国への陣中見舞より大和国興福寺に帰還。織田信長(「上様」)の返事は「一段仕合涯分珍重々々」というものであった。(『蓮成院記録』)。	4847

西暦1582

天正10	4月23日	勧修寺晴豊（勅使）とその一行、明け方に近江国安土城へ到着。晴豊（勅使）、松井友閑（「友感」）邸へ立ち寄り進物を贈る。正親町天皇（「禁裏」）から織田信長へ「かけ香」三十、誠仁親王（「親王御方」）からは「たき物」十、晴豊からは「おみなめしのすゝしおひ」一筋が贈られた。松井友閑へは百疋、「おく」は「たひ」、信長に仕えている「うちのわか上ろう」へは「こあふき」三本、村井専次へ「かけ袋」十が贈られた。織田信長に対し庭田重保は「鷹ゆかけ」二具を、甘露寺経元は「白とうすん」一巻を、藤波慶忠（「祭主」）は「しはらいしゝら」一端を贈った。松井友閑に対し庭田重保は「ゆかけ」二十五具を、藤波慶忠（「祭主」）は五具を贈った。松井友閑邸に於いて酒宴（「大さけ」）が催され、勧修寺晴豊はその場で誠仁親王（「親王御方」）への返状を受ける。晴豊らが宿所へ戻ると「おく」より酒樽が届けられた。「わか上ろう」が到来し、酒宴（「大さけ」）が催された。その後に京都へ向かい近江国「もり山」まで戻り、明け方に出発する用意をした。（『日々記』）。	4848
	4月24日	多聞院英俊、帰還した大和国興福寺大乗院門跡より三河国に於いて織田信長に対面、尾張国清洲城まで同行し進物を献上したところ、織田信長は「一段ノ御時宜」と言われたことを知る。（『多聞院日記』）。	4849
	4月24日	「織田信長朱印状」。信長、一色五郎・長岡兵部大輔（丹後国弓木城（与謝郡）城主の一色満信（義定）・細川藤孝）へ、「中国進発」はこの秋に予定していたが、今度備前国児島に於いて敗北させた小早川隆景が備中国高山城（うな山城）（岡山市御津伊田）に籠城したので羽柴秀吉が攻囲しているとの注進があったこと、重ねて一報が入り次第、信長は「出勢」するので準備に油断しないことを通達。詳細は明智光秀より伝達させる。（『細川家文書』）。	4850
	4月25日	羽柴秀吉、備中国巣蜘塚城を攻略。	4851
	4月25日	羽柴秀吉（1537～1598）、備中国冠山城（岡山市北区下足守）の城主・林三郎左衛門・松田孫次郎および三百人を討ち果たし、大将両名の首を近江国安土城へ進上。	4852
	4月25日	「三職推任問題」。「廿五日、天晴、村井所（村井貞勝）へ参候、安土へ女はうしゆ（女房衆）御く（下）し候て、太政大臣か關白（関白）か将軍か御すいにん（推任）候て、可然候よし（由）被申候、その由申入候、」。（『日々記』）。 勧修寺晴豊、村井貞勝（「村井」）邸へ赴く。この時、勧修寺晴豊は勅使として近江国安土へ下向した際に得た織田信長返書を受けた誠仁親王からの「安土へ女はうしゆ御くたし候て、太政大臣か関白か将軍か、御すいにん候可然よし」という意向を村井貞勝に伝達した。**信長は、正親町天皇の譲位を迫る。**	4853
	4月25日	織田信長、本願寺顕如光佐へ、「東国属平均」して近江国安土城への凱旋に際し、祝儀として太刀一腰、銀子三百両と端午祝儀の幟子五枚と肩衣袴の贈呈を謝す。詳細は松井友閑に伝達させる。	4854
	4月26日	「三職推任問題」。誠仁親王（「下の御所」）、晩に正親町天皇（「上」）へ「被成」れ、近江国安土城への「人くたし」について談合す。近江国安土城に下向する女房は「大御ちの人」に決定した。（『日々記』）。	4855

天正10	4月26日	山科言経、近江国安土城へ「御礼」のために登城。先ず楠長譜(「楠長安」)に問い合わせ、次いで冷泉為満を同行し安土城「御門」まで赴き楠長譜(「長安」)に合流すると、楠長譜より織田信長は「只今御昼寝」であるので進物ばかりを受け取るというので山科言経は帯五筋を、冷泉為満は「ゆかけ」二具を進献。 先ずは楠長譜(「長安」)宿所に於いて待機するようにとの指示があったので周辺を見物後に楠長譜宿所に赴く。山科言経・冷泉為満、楠長譜宿所にて女房衆より「茶子」・「ムキ」・「吸物」を振る舞われた。この時、楠長譜(「長安」)は織田信長「御前」に出頭していた。 冷泉為満は楠長譜へ樽代を、楠長譜女房衆には「白粉」を、山科言経は一荷両種などを進上した。そうしていると楠長譜からの書状が到来し、山科言経・冷泉為満から預かった進物を織田信長へ披露したところ喜んでいたとのことであった。 その後、山科言経・冷泉為満は楠正辰(「楠甚四郎」楠長譜子息)を訪問し、冷泉為満は樽代を、山科言経は一荷両種を、楠正辰女房衆で「北向」(山科言経室)の妹へは盃二つを進上。 次いで山科言経らは楠長譜の宿所へ戻り、楠長譜より「蛤」などを振る舞われた。次いで山科言経・冷泉為満、安土町中を見物し、町屋にて「ムキ」を食す。 その後、高野山本願光政上人を訪問し、冷泉為満は樽代を、山科言経は扇子三本を進上して楠長譜宿所に戻る。入夜に山科言経・冷泉為満は「クワイライ」(傀儡)を見物す。 **また山科言経は安土城(「御城」)の様子を「見事言語道断、前代未聞結構々々、不及筆舌」と評価する。**(『言経卿記』)。
	4月27日	「三職推任問題」。この夕方、村井貞勝邸宅に庭田重保・甘露寺経元・中山親綱・勧修寺晴豊・吉田牧庵が集まり「談合」が行われる。この「談合」で近江国安土城へ派遣される女房は「上﨟のおつほね」(花山院家輔女)と「大御ちの人」の二名に勧修寺晴豊が随行することが適切であるという結論に達した。(『日々記』)。 村井邸に公家衆が集まり、安土へ向かわせる女房衆を上﨟局(花山院家輔女)と大御乳人に決定する。
	4月29日	近江国安土城へ派遣される「上ろう」と「大御ちの人」と勧修寺晴豊、下向のための費用等を準備。(『日々記』)。
	4月29日	「三職推任問題」。この頃、誠仁親王(1552～1586)、織田信長(「前右府」)へ「いか様の官にも任せられ」との消息を認める。
	4月-	**「高野山攻め」**。この月、総大将神戸(織田)信孝(1558～1583)と交代した堀秀政(1553～1590)、一万五千にて麻生津荘の飯盛城(和歌山県紀の川市)を攻めたが、城将の南蓮上院弁仙(遊佐信教の子)・副将の調月荘の橋口隼人重藤らが防戦、竹田藤内、大木権太夫、荒木藤蔵ら織田四将が戦死する。
	4月-	織田信長、甲斐国の寺社・郷等へ禁制を下す。
	5月-	「三職推任問題」。この月、二月就任した近衛前久(1536～1612)が、太政大臣辞任。天正13年12月25日豊臣秀吉就任まで空席となる。 信長の三職推任問題に関連して前久が信長に同職を譲る意向であったからだともいう。
	5月2日	羽柴秀吉、備中国河屋城(岡山県倉敷市矢部)・備中国加茂城(岡山市北区加茂)・備中国亀石城(広島県庄原市東城町小奴可)を攻略。備中国河屋城を陥落は3日とも。

西暦1582

天正10	5月2日	「三職推任問題」。誠仁親王（「親王御方」）、明日近江国安土城へ下向する「上ろう」・「大御ちの人」を連れて「禁裏」へ「リンキヨ」し、「御盃」を拝領す。女房衆二名は「勅作」の貝五個を「拝領」し、明日近江国安土城へ下向することを確認。（『日々記』）。	4864

	5月3日	小早川隆景（1533～1597）、村上元吉（能島）へ、昨日羽柴秀吉自身が備中国加茂城（「鴨城」）を攻撃した旨を通知。更に警固については乃美宗勝（1527～1592）より重ねて通達させることを通知。	4865

	5月3日	「三職推任問題」。「上﨟の局」・「大御ちの人」・勧修寺晴豊、明け方に近江国安土城へ向けて京都を出立。「勅使」は勧修寺晴豊で「上らう」はその介添えとして、また「大御ちの人」は誠仁親王（「御方の御所」）の意を受けての下向であった。「両御所」（正親町天皇と誠仁親王）からの「御書」と、正親町天皇（「禁裏」）からの「御ふく」一重と誠仁親王（「御方の御所」）からの「かけ香」二十袋を携えての下向であった。近江国草津に於いて昼の休憩をとった。（『日々記』）。 安土下向の勅使に、「いか様の官にも任せられ」と記された誠仁親王（1552～1586）の信長宛消息が下されていた。	4866

	5月4日	「三職推任問題」。女房衆、近江国安土城へ登城し正親町天皇・誠仁親王より下賜された贈物を渡す。勅使勧修寺晴豊は松井友閑邸を訪問し、「勅作五貝もつく」一桶を贈る。織田信長「こしやう衆」六・七人へは扇子を二本ずつ贈る。晴豊、信長の遣わした小姓の森成利（「御らん」）より「いかやうの御使のよし」を問われる。これに対し勧修寺晴豊が「関東打はたされ珍重候間、将軍ニなさるへきよし」と返答したところ、再度森成利を介して織田信長「御書」が発給された。信長「御使」の楠長諳が「上らう御局へ御目かかり可申ふんなから、御返事申入候ハて御目かかり申候儀、いかゝ」と問いかけて勧修寺晴豊の「心え可申」と言ったので、晴豊は「いかやうにも、御けさんあるへく候」と返答した。すると再び「御両御所」へ織田側の「御返事」が出された。楠長諳（「長庵」）は勧修寺晴豊へ五疋を、「おく」に三疋を、「若上ろうおく物」へ二疋を贈呈。（『日々記』）。 天皇の宸翰、誠仁親王消息、他品々を預かった朝廷の勅使（女房二人と勧修寺晴豊）が安土に下向し、松井夕閑に手渡した。さらに、取次（小姓の森蘭丸）に、信長の征夷大将軍の任官と幕府開設をすすめる。信長は天下統一まで任官の意志は無く、信長、会わず即答を避ける。信長が要求してきた正親町天皇の譲位がなかったのだ。	4867

	5月5日	「三職推任問題」。勧修寺晴豊、近江国安土に於いて織田信長への「御けさん」（御見参）を待つ。「なひき」からは信長への「御けさん」があるので待機するよう指示を受けたのでそのまま待機。晴豊は、「はうはう」（方々）より信長の「御きげんよく」（ご機嫌良く）という情報に接す。明日には織田信長への「御けさん」の予定を受ける。（『日々記』）。	4868

	5月6日	羽柴秀吉、亀井茲矩（1557～1612）へ、備中国巣蜘塚城・備中国河屋城・備中国加茂城・備中国亀石城の攻略を通知し備中国平定を予告。	4869

	5月6日	「三職推任問題」。近江国安土で待機中の「上ろう」（上﨟御局、花山院家輔女）、織田信長に対し「せひとも御けさんあるへきよし」の「文」を発す。（『日々記』）。	4870

	5月6日	**「三職推任問題」。** 織田信長、勧修寺晴豊（勅使）と上﨟御局（花山院家輔女）に対面。（『日々記』）。 **度重なる面会要請に応え、織田信長は直接晴豊らと対面するも、三職推任に関しては明確な返答はしなかった。**	4871

天正10	5月6日	「三職推任問題」。勧修寺晴豊（勅使）と女房衆、織田信長が調達した船三艘に乗船し帰洛の途に就く。女房衆は贈物を受けた。（『日々記』）。	4872
	5月7日	「三職推任問題」。勧修寺晴豊と女房衆、近江国大津に到着。近江国坂本の町並みを見物、近江国大津で「ひるのやすミ」をとり上洛。晴豊、禁裏へ参内し「上ろう局」（花山院家輔女）より織田信長から贈られた「ゑちこつ、き」の「御すそわけ」を賜わる。 またこの後に勧修寺晴豊は、村井貞勝へ、織田信長からの「返事」と正親町天皇から下賜された鮭五匹を渡す。（『日々記』）。	4873
	5月7日	織田信長、尾張国の土肥助次郎へ、春日勝蔵の散在地・買得分八十五貫文余を扶持するので、糺明次第に「知行」とすべきことを通達。	4874
	5月7日	「信長、神戸（織田）信孝に四国攻めを命令─神戸信孝宛朱印状」 （『寺尾菊子氏所蔵文書』）。 織田信長、三男信孝（1558～1583）へ、全三ヶ条の「就今度至四国差下条々」を下す。その内容は、讃岐国一円を信孝へ宛行うこと、阿波国一円を三好康長に宛行うこと、残りの伊予国・土佐国は織田信長が淡路国へ出馬してから処分を決定することであった。また国人について存続・追放の適正な処置と「政道」を厳命。さらに万事は三好康長に対して「君臣・父母之思」を以て「馳走」し、忠節を成すことを指示。 信長は三男信孝を三好康長（咲岩、笑岩）（？～？）の養子とした。丹羽長秀（1535～1585）、蜂屋頼隆（1534？～1589）、織田信澄（1555？～1582）の三名が副将として付けらる。 長宗我部氏と織田氏との外交を担当したのが明智光秀（1528？～1582）であり、ここに光秀の多年の外交努力は水泡に帰したという。長宗我部元親は引き続き光秀を介して織田家に砂糖や特産品を贈っていたが、信長は元親との約束を撤回して「四国征討」を決定する。長宗我部に対して「安心なされ」と言っていた光秀のメンツは丸潰れになった。しかも元親の妻は、光秀の重臣・斎藤利三の妹（義妹）であった。	4875
	5月8日	「備中高松城水攻め─5月8日～6月5日」はじまる。 羽柴秀吉（1537～1598）、備中国高松城（岡山市北区高松）を包囲し川を切って水攻めにする。水攻めの為の築堤工事を開始された。7日ともいう。	4876
	5月9日	毛利輝元（1553～1625）、村上武吉・村上元吉（能島）へ、羽柴秀吉が備中国境へ布陣している旨を通達。	4877
	5月11日	神戸（織田）信孝、津田（織田）信澄・丹羽長秀らを従えて摂津国住吉に集結、四国渡海の準備を進める。 信長は、まず三好康長（？～？）を先鋒にして阿波に送り込み、信孝は摂津住吉に着陣後に岸和田に陣替、雑賀衆の軍船百艘を待機させて四国征伐を準備した。	4878
	5月11日	この頃、明智光秀家臣・斎藤利三（1534～1582）は、長宗我部征伐を気遣って明智謀反を指し急いだ。（『元親記』）。	4879
	5月12日	大和国興福寺に於いて徳川家康が近江国安土城へ礼参するというので贈物が調達され、この日に送付された。また堀秀政・矢部家定・一雲斎針阿弥らへも贈物が送付された。（『蓮成院記録』）。 饗応役明智光秀の指示であろう。	4880

西暦 1582

天正10	5月12日	**「信長、神格化宣言」**。織田信長（1534～1582）は自身の誕生日に「神格化宣言」を発布したという。 イエズス会の宣教師ルイス・フロイス（1532～1597）によると、信長は宣教師から聞いた欧州型の絶対王政を目指していたが、この頃には君主を超えて「神」として礼拝されることを望むようになり、自身の神格化を始めたという。キリスト教徒のフロイスはこれを「冒涜的な欲望」と記している。	4881
	5月12日	吉田兼見、早々に長岡（細川）藤孝（「長岡兵部大輔」）来訪を受ける。また後刻に忠興（「長岡与一郎」）が到来した。「蹴鞠興行」が催された。（『兼見卿記別本』）。	4882
	5月13日	「…………昨日、秀吉様御社参なされ候ご機嫌よく候つる…………」。 原田与七郎直次、備中国吉備津神社に、羽柴秀長（「小一様」）への取り成しは雨天故に延期していること、蜂須賀正勝も来客のため返答が滞っていること、昨日羽柴秀吉（「秀吉様」）が吉備津神社に社参したこと、天気回復を待って羽柴秀長への取り成しを実行し直接吉備津神社へ通達する旨を通知。	4883
	5月13日	「長兵滞留也、明日下向安土云々」。（『兼見卿記』）。長岡（細川）藤孝（「長兵」）、吉田兼見邸に「滞留」す。明日近江国安土城に出仕するという。	4884
	5月14日	「明日十五日徳川至安土被罷上也、就其各安土祗候云々、徳川逗留安土之間、惟日在庄之儀自信長仰付、此間用意馳走以外也」。（『兼見卿記別本』）。 吉田兼見、この度徳川家康が近江国安土城の織田信長に礼参するために登城すること、また明智光秀が「在庄」（饗応役）を命じられたことを知る。 （主要な家臣が各地に敵を抱えて不在であったため、光秀が軍務を解かれ饗応役を命じられた。一説には、家康が光秀を所望したとするが、不明）。 光秀は、織田信長から、家康を迎えるための準備で、坂本への帰国を命じられた。	4885
	5月14日	織田信忠（1557～1582）が安土城に凱旋する。 信忠は、四国の長宗我部元親討伐のため、大坂に向かう途中であった。	4886
	5月14日	織田信長、木曾義昌（「木曾伊予守」）へ、信濃国木曽方面の「仕置」を油断無く行っていることを諒承。詳細は菅屋長頼（「菅屋九右衛門」）に伝達させる。 信長、木曾義昌の音問を謝し、木曽の仕置を厳にせしむ。	4887
	5月15日	**家康一行は安土に到着**。織田信長（1534～1582）、近江国安土城・摠見寺に於いて徳川家康（1543～1616）・穴山梅雪（信君）（1541～1582）らを謁見する。（『多聞院日記』）。 信長の指示で、宿舎は大宝坊とし、接待のことを命じられた惟任日向守（明智光秀）は、京都・堺から珍しい物を取り寄せるなどして、非常に念の入った接待であったという。 家康は駿河一国加増、梅雪は旧領安堵の礼のためであった。 「…人人が語るところによれば、彼の好みに合わぬ要件で、明智が言葉を返すと、信長は立ち上がり、怒りをこめ、一度か二度、明智を足蹴りにしたということである。だが、それは密かになされたことであり、二人だけの間での出来事だったので後々まで民衆の噂に残ることはなかったが、あるいはこのことから明智はなんらかの根拠を作ろうと欲したかも知れぬし、あるいは、その過度の利欲と野心が募りに募り、ついにはそれが天下の主になることを彼に望ませるまでになったのかもしれない」。（『フロイス日本史』）。	4888
	5月-	**この頃、羽柴秀吉より備中高松城の陣への援軍要請が、信長の元に届く。**	4889

天正10	5月17日	「木津に於いて松村父子・同女房、共以従給人細川殿奉行今日生害おわんぬ。庄村は殊無き儀、すなわち京へ上せ申し付けらるの由なり」。(『多聞院日記』)。 多聞院英俊、この日大和国木津に於いて「松村」父子と女房共が長岡(細川)藤孝(「細川殿」)の奉行によって「生害」させられたことを知る。	4890
	5月17日	筒井順慶、大和国郡山城に帰還。(『多聞院日記』)。	4891
	5月17日	此等ノ趣聞こしめし及ばれ、今度間近く寄り合ひ候事、天の与ふろところに候間…………御動座なされ、中国の歴々討ち果たし、九州まで一篇に仰せつけらるべきの旨、上意にて、堀久太郎御使………惟任日向守、長岡与一郎、池田勝三郎、塩川吉大夫、高山右近、中川瀬兵衛………先陣として、出勢すべきの旨、仰せ出だされ、則ち御暇下さる。惟任日向守、安土より坂本に至りて帰城仕り、何れも同時に本国へ罷り帰り候て、御出陣用意候なり。(『信長公記』)。 織田信長は、「この度、毛利方は間近にまで陣を進めるということである。これは天の計らいであるから、自ら出陣して中国の歴々を討ち果たし、一挙に九州までも平らげる、またとない機会となるであろう」と述べて、堀久太郎(秀政)を御使として羽柴筑前方へその旨を伝えると共に、明智光秀、長岡与一郎(細川忠興)・池田勝三郎恒興・塩河吉大夫・高山右近・中川瀬兵衛清秀は先陣として出勢するよう指示し、すぐさま御暇(現在担当している任務を解くこと)を下した。光秀は安土より坂本帰城、皆も本国に帰り出陣の用意をした。 信長は備中で毛利氏と対戦している秀吉の要請で、自ら秀吉を援助しようとして、明智光秀に軍司として先に出陣することを命じ、坂本に帰り、準備させるという決定を下す。(『惟任退治記』)。 信長の出陣決意で「三職推任問題」は、うやむやのままとなる。	4892
	5月18日	大和国興福寺に近江国安土城より「御書」が届けられた。 その内容は去五月十五日に織田信長へ大和国奈良中より調達した盃台・樽三荷・小折二合・畑茶十斤が献上されたところ、「台」は比類無き物として称賛され、「寺門ノ名誉御門跡ノ御高名」と好評であった。多聞院英俊、贅を尽くした金銀・唐物を進上したとしてもこのように信長が「御悦喜御満足」することは無く、だからこそ「一段々々ノ御仕合」と評価されたことを知る。(『多聞院日記』)。	4893
	5月18日	多聞院英俊、大和国興福寺「寺門」が献上した装飾付「盃台」は織田信長「御意」には叶わなかったことを知る。また上演された能は「張良」は祝言であったが、「クラマ天狗」では「ヲコレル平家ヲ西海ニ追下ト云事」が盛り込まれており多聞院英俊は織田信長が気に入らなかったのは「信長ハ平家ノ故御気ニ障ル歟」と推量する。(『多聞院日記』)。	4894
	5月18日	多聞院英俊、昨夕に筒井順慶が大和国郡山城に帰還したこと、来五月二十日に「西国へ出陣」の準備をすることを知る。(『多聞院日記』)。	4895
	5月18日	「會下まいり候、夕立、かみなり、安土より鵜善六の折帋越し候、家康、去る十五日ニ安土へ御越し候、御山にて御ふる舞候、十八日にも家康御膳をば、上様御自身すへ候由候、各御供衆にも、御てつから、ふりもみこかし御引き候由候、御かたひら二つずつ被下候、一つは女房衆みやげとて、くれなゐのすずし之由候」。(『家忠日記』五月二十一日条)。 織田信長、自ら徳川家康の膳を据え、徳川家康家臣にも自ら「ふりもミこかし」を挽き、帷子を与えた。	4896

西暦**1582**

天正10	5月18日	明智光秀、信長から家康供応の内容を叱責され、森成利（蘭丸）ら小姓に、打擲されるいう。創作であろう。	4897
	5月19日	羽柴秀吉、溝江大炊允（長氏、長澄）（柴田勝家与力）へ、陣中見舞いを謝し、西国の戦況を報告。	4898

5月19日　「上勢急度渡海之聞有之に付而、両国為下知、一昨日太西（大西）相着・昨日岩倉相越候…」。（『阿波の中世文書』）。
上方勢が渡海することに付き、両国（阿波・讃岐）に命じるため、一昨日大西に到着し、昨日岩倉まで到着した。いよいよ各々覚悟をもって堅固にし、防戦に専念するように。

長宗我部元親（1539〜1599）、織田軍との抗戦に備えて出陣、阿波美馬郡の国衆・木屋平氏へ書状を送る。
天正13年（1585）の秀吉の四国攻めの書状ともされる。

4899

5月19日　織田信長は、徳川家康一行の道中の労をねぎらうために、安土城内摠見寺において幸若八郎九郎大夫の舞や丹波猿楽・梅若大夫の能を舞わせることにした。桟敷では近衛前久・信長・家康・穴山梅雪（信君）・楠長諳くすのきちょうあん）（楠木正虎）（1520〜1596）・長雲（長雲軒妙相）・松井友閑・武井夕庵（武井爾云）、土間では小姓衆・馬廻・年寄衆・家康の家臣衆などが見物した。

「梅若大夫の能を二番見た後、信長の機嫌が悪くなり直にお叱りになった。梅若大夫へ帰るよう命じられ、また幸若大夫に「和田酒盛」を舞わせよと命じて召し出された。舞が終わり黄金十枚を盃の土器に置いて幸若大夫にくだされた。その後いろいろと梅若大夫が詫び言を申し上げ、能を一番演じた。梅若大夫にも黄金十枚をくだされた」。（『宗及茶湯日記他会記』）。

4900

	5月19日	明智光秀、家康饗応役を罷免される。創作であろう。	4901
	5月20日	織田信長、丹羽長秀（惟住五郎左衛門）・堀久太郎（秀政）・長谷川竹（秀一）・菅谷玖右衛門（長頼）の四人に、家康接待の用意を命じた。	4902

5月20日　「御座敷は高雲寺御殿、家康公…………家老の衆に御食を下され、悉くも、信長公御自身御膳を居えせられ、御崇敬斜ならず」。（『信長公記』）。

高雲寺御殿で、家康・穴山梅雪（信君）・石川伯耆守数正・酒井左衛門尉忠次、その外、家老の衆に食事を出し、信長自らも膳を共にして、敬意を表した。食事が済むと家康と供の人達を残らず安土城に案内して、帷（とばり）を贈るなど、大変心の籠った接待であった。

4903

5月20日　信長は家康に京都・大坂・奈良・堺の遊覧を勧め、案内役に長谷川秀一をつける。大坂での接待を織田信澄・丹羽長秀へ命じ、両名は大坂城（旧石山本願寺）へ移動する。（『信長公記』）。

4904

5月20日　織田信長、能登国の長長九郎左衛門尉（長連龍）へ、「東国属存分帰陣」への祝儀として「白布」二端を謝す。詳細は菅屋長頼（「菅屋九右衛門尉」）に伝達させる。
信長、長連龍に、その武田勝頼を討滅帰陣したるを白布二端にて祝したるに答謝す。

4905

天正10	5月21日	長宗我部元親、斎藤利三に書状(『石谷家文書』)。

阿波国の一宮、夷山城、畑山城などの一部の地から撤退した。海部・大西城は土佐国の門故、このまま所持するを望み、甲州征伐から信長が帰陣したら指示に従いたい伝える。また「何事も石谷頼辰(?~1587)へ相談するように」とも記す。

阿波・讃岐から全面撤退せよと態度を硬化させた信長との間で瀬戸際外交が続けられていたが、元親は戦争を避けようとした。
斎藤利三には届かなかったという。

[4906]

	5月21日	「日向守の軍勢は、催促の在り次第、備中表に出陣の上、粉骨砕身に及ぶこと。

出雲・石見の両国を切取り次第宛てがうものである」。
織田信長(1534~1582)、青山興三を坂本城に遣わし、あらためて書状をもって出陣を命じる。青山興三は声を潜めて、このたびの中国出陣にあたっては、近江坂本、丹波亀山、山城勝竜寺いずれも召し上げ、との信長の底意を述べたという。

それを聞いて憤慨した明智秀満(左馬助)(1536~1582)・明智治右衛門(1540~1582)・明智光近(?~1582)・溝尾茂朝(1538~1582)・藤田伝五(行政)(?~1582)は、血判状をもって決意を固めたという。(『明智軍記』)。
青山興三は、与三右衛門で知られる青山信昌(?~1547?)の子・青山吉次(青山与三)(1542~1612)か？

[4907]

	5月21日	徳川家康(1543~1616)、後に毛利攻めに加わることを約し、京都、奈良、大坂、堺を見物するため安土城を出立。信長は、家康が上洛京都・大阪・奈良・堺をゆっくりと見物できるようにと、長谷川竹(秀一)(?~1594)を案内役にした。

[4908]

	5月21日	織田信忠(「三位中将殿」)・徳川家康(「参川徳川」)、上洛す。(『言経卿記』)。

織田信忠(「城介」)・徳川家康(「徳河」)・穴山信君(「あな山」)、上洛す。見物人が群集す。(『日々記』)。
信忠(1557~1582)・家康(1543~1616)・穴山梅雪(信君)(1541~1582)、上洛、見物人が群集する。家康は、家康の京都御用を勤める茶屋四郎次郎清延邸に入る。信忠は父信長と行を共にすべく、一門衆・母衣衆とわずか二百ばかりの手兵を連れて上洛、衣棚押小路の妙覚寺に入る。

[4909]

	5月21日	松平家忠、鵜殿善六より近江国安土城での様子を報じた書状を受ける。

(『家忠日記』)。
「上様自ら家康の御膳を運び、お供衆にもふりもみこかしを挽いて下さった」。

[4910]

	5月22日	織田信忠(「城介」)、正親町天皇(「禁裏」)へ、「さらし」三十五反・「ひたぬの」十五反・「きぬしけなし」三十反を献上。誠仁親王(「御方の御所」)にも同物を献上。(『日々記』)。

[4911]

	5月22日	長連龍)(1546~1619)、卯刻に能登国棚木城(石川県鳳珠郡能登町字宇出津)を攻略し長景連(「長与一」)(上杉景勝家臣)を討ち取る。

[4912]

	5月23日	正親町天皇(「禁裏」)、織田信忠(「城介殿」)へ「小鷹ニからにしき」と「勅作」十具を下賜。勧修寺晴豊が「御使」(勅使)であった。(『日々記』)。

[4913]

	5月23日	誠仁親王(「下御所」)、織田信忠へ、甘露寺経元「御書」を介して贈物を下賜する。甘露寺経元より「大々」二筋、勧修寺晴豊からも同様大々二筋が織田信忠へ贈呈された。(『日々記』)。

[4914]

西暦**1582**

天正10	5月23日	前田利家（1538～1599）、能登国七尾城（石川県七尾市古城町）より早飛脚を発してきた能登国の長連龍へ、去る五月二十二日に長景連を討ち取ったことを賞し、景連の首を近江国安土城へ送付することと、残敵掃討を指示する。	4915
	5月24日	**多聞院英俊、神戸（織田）信孝に四国が与えられることになったことを知る。**また来五月二十八日に神戸（織田）信孝「入部陣立」が実行されるので、大和国木津へ人夫調達が通達されたが、大和国興福寺は「用捨」（必要ない）されたことを知る。（『多聞院日記』）。	4916
	5月24日	前田利家、能登国の長連龍へ、長景連の首が近江国安土城へ到着したこと、織田信長（「上様」）へこの戦功を注進することを通達。	4917
	5月24日	滝川一益（「一益」）、梶原政景（「梶原殿」）（太田資正の次男）へ、織田信長「御朱印」発給要請に対して諒承の意を通達。	4918
	5月25日	誠仁親王（「親王御方」）、勧修寺晴豊へ参内命令を下す。勧修寺晴豊、二条御所（「下御所」）へ祗候。談合が行われ、織田信忠（「城介殿」）へ「つのたる」十荷の下賜が決定。（『日々記』）。	4919
	5月25日	村井貞勝、神護寺・高山寺の紛争を納め、高山寺領を安堵する。	4920
	5月25日	滝川一益（「一益」）、遠藤基信（「遠藤山城守」）（伊達輝宗家臣）へ、「東国」警固のために上野国厩橋（群馬県前橋市大手町）に在城している旨を報じ、近日中の対談を要望。	4921
	5月26日	織田信忠・徳川家康・穴山信君、京都「清水」に於ける「能」興行を見物、暮れに宿所へ帰る。（『日々記』）。	4922
	5月26日	**明智光秀（1628？～1582）、中国出陣のため近江坂本城より、勝竜寺で斎藤利三（1534～1582）と落ち合い、丹波亀山城に移動。** 『信長公記』には、「五月廿五日、惟任日向守、中国へ出陣の為、坂本を打ち立ち、丹波亀山の居城に至り参着」とある。	4923
	5月26日	松平家忠（1555～1600）、近江国安土滞在の徳川家康より自筆書状を受ける。（『家忠日記』）。	4924
	5月27日	「廿七日、東国陣時、立願、今日順慶藤屋二夜三日展覧参籠…………」。（『多聞院日記』）。 筒井順慶が興福寺藤屋に、甲斐出陣時に思い立ち神仏に願をかける為参籠した。	4925
	5月27日	織田信忠、京都より森成利（蘭丸）へ、織田信長が中国方面へ近々「御出馬」されるというので予定していた和泉国堺の見物を遠慮すること、信長が一両日中に上洛するというので待ち受けることに対する織田信長「御諚」を早々に得て通達することを要請。詳細を申し含めた使者を派遣するので、その口上によることを通達。	4926
	5月27日	**「四国攻め」。総大将織田信孝（信長三男）（1558～1583）、四国侵攻のため兵一万四千で安土を出陣、堺へ向かう。**	4927
	5月27日	織田信長、長連龍（1546～1619）の注進状に応え、能登国奥郡まで長景連が侵攻し能登国「太那木城」（棚木城）（石川県鳳珠郡能登町字出津）に籠城したところ、去る五月二十二日に攻略し景連を始め「一人も不漏」に討ち取ったことを賞す。 現存最後の織田信長発給文書という。	4928

天正10	5月27日	菅屋長頼（？～1582）、能登国の長連龍（「長九郎左衛門尉」）へ、送付された注進状の披露を報告し、能登国奥郡に於いて長景連（「長与一」）（上杉景勝家臣）を討ち取ったことで織田信長「御感」が得られ、その戦功を賞す織田信長「御内書」が発給されたことを通達。	4929
	5月27日	信長側近・堀秀政（1553～1590）、稲葉貞通（一鉄の次男）（1546～1603）宛て文書を記す。信長の裁定は、稲葉家を出て明智家に仕えていた「那波直治を稲葉家に返還する」・「当面の扶持は信長が扶助する」。（『稲葉家譜』）。 那波直治は、明智光秀の命で斎藤利三（元稲葉家家臣）により、稲葉家から明智家に引き抜かれたとする。 近世に書かれた『稲葉家譜』は、疑問視されている。	4930
	5月27日	「次の日、廿七日に、亀山より愛宕山へ仏詣、一宿参籠致し、惟任日向守心持御座候や、神前へ参り、太郎坊の御前にて、二度三度まで鬮を取りたる由、申候」（『信長公記』）。 **明智光秀（1528？～1582）、亀山より愛宕山愛宕権現へ詣る。本殿の勝軍地蔵の御前にて、二度三度まで籤を引く。この日は参籠。**	4931
	5月27日	織田信長の将・森長可（1556～1584）、信濃より越後に迫る、仍りて、上杉景勝（1556～1623）、越中天神山（富山県魚津市天神山）より、春日山（新潟県上越市）に兵を引く。	4932
	5月28日	家康一行、京から堺へ向かう。まず大坂城（旧石山本願寺）へ入り、織田信澄・丹羽長秀の接待を受ける。	4933
	5月28日	**明智光秀、伯耆国の国衆・福屋彦太郎（石見国尼子旧臣）へ返信を送る。** 「山陽道毛利・吉川・小早川於出、羽藤対陣之由之間、此度之義ハ、先至彼面可相勤之旨上意ニ候、着陣之上、様子見合、令変化、伯州へ可向候　至其期別而可馳走所希候、猶以、去年以来其許御在城、貴所御粉骨、南勘両度之相働、彼以御忠節無浅所候、委曲山田喜兵衛自可有演説候、恐々謹言、」。（『福屋金吾旧記文書』）。 「（追伸）なお去年の春だったか、（家来の）山田喜兵衛まで御案内状を頂き、いつもお気遣い頂き歓悦しています。それ以来、便りが出来ませんでした。…山陽道に毛利輝元・吉川元春・小早川隆景が出陣し、羽柴秀吉と対陣しているので、今度の儀（出陣）はまずその方面で務めるようにとの上意です。着陣の上、様子を見て変え、伯耆国へ発向するつもりです。その時は格別に馳走（尽力）されるよう望んでいます。なお去年以来、そちらにご在城され、あなたのご粉骨、そして南条元続の二度のお働きはご忠節が浅からぬ所です。詳しくは山田喜兵衛が伝えます。」	4934
	5月28日	「愛宕百韻連歌」。（『信長公記』）。 明智光秀（1528？～1582）、愛宕山西坊で、息子の十兵衛（光慶）（1569～1582）・里村紹巴（1525～1602）・里村昌叱（1539～1603）・里村心前（？～1589）・猪苗代兼如（？～1609）・行祐（愛宕西之坊威徳院住職）・宥源（愛宕上之坊大善院住職）・東六郎兵衛行燈（光秀家臣）らと連歌会を催す。 光秀は最初の発句に「ときは今雨が下しる五月哉」と詠む。「時は今（土岐は今）、雨（天）がした（下）しる五月かな」（今や土岐氏出身の光秀が信長を滅ぼして天下を治めることを祈念したと解釈される。今は五月雨が降りしきる五月であるという、捻りの無いそのままの意味であるとも）の句を詠み、丹波亀山城に帰る。	4935
	5月28日	松平家忠、近江国安土の徳川家康へ飛脚を発す。（『家忠日記』）。	4936

西暦1582

天正10	5月29日	徳川家康・穴山梅雪一向、大坂に下り、次いで堺に到る。長谷川秀一は、家康一行の堺遊覧に同行していた。松井友閑（？～？）が堺での家康一行接待の分担を決め手配した。家康一行は津田宗及宅で昼茶席の接待を受け、松井友閑宅に泊った。	4937
	5月29日	「四国攻め」。三好康長の養子で四国攻めの大将・神戸（織田）信孝（1558～1583）は堺の北の住吉で、副将丹羽長秀（1535～1585）・津田信澄（1555？～1582）は大坂、蜂屋頼隆（1534？～1589）は岸和田に軍を集結。総勢一万四千の軍が渡海に備えていた。 予定では六月二日に淡路に渡海して、（中国に向かう途中の）信長も、四日に来るはずであった。 軍勢は堺に入る予定だったが、堺の南北荘民から迷惑との声があり、堺の代官・松井友閑（？～？）が仲介して陣取りできなくなる。（『宇野主水日記』）。	4938
	5月29日	森成利（長定）（蘭丸）、織田信長の上洛に先立って出迎えの者たちに「御迎各無用」の旨を通達。	4939
	5月29日	勧修寺晴豊ら、京都郊外の粟田口まで出迎えに赴くが、織田信長側より「むかい之衆」は「無用」であるとの通達により、各自は帰宅す。（『日々記』）。	4940
	5月29日	吉田兼見、吉田兼治を同行し上洛する織田信長を出迎えるために京都郊外の山科へ出向く。雨天になったが、信長は未刻（14時）に入洛した。「御迎衆」に対しては織田信長入洛に先立って「可罷帰之由」の案内が通達されたので吉田兼見らは即時帰宅した。（『兼見卿記別本』）。	4941
	5月29日	信長は、安土城の守備として本丸に津田信益（織田信清の子、信長の従甥）（？～1633）、二の丸に蒲生賢秀（1534～1584）・山岡景佐（1531～1589）・祖父江秀重（1524～1585）らを置く。二の丸には、木村次郎左衛門を置くともいう。さらに、中国出陣の準備をして待機するように命じた。 **朝、安土を発った織田信長（1534～1582）、中国攻めのため、雨天の中、未刻（14時）に入洛、小姓衆ら二、三十人を引き連れ、天正8年（1580）2月に本堂や周辺の改築が施された本能寺に入る。信長は、毛利攻めに自ら出陣し、返して高野山攻めを目論んでいたとされる。** 「四条坊門西洞院の本能寺」と呼ばれ、北は六角堂、南は四条坊門通、東は西洞院通、西は油小路通に区切られる位置。周囲四町（約436m）といわれる。 **柴田勝家（1522？～1583）は上杉、羽柴秀吉（1537～1598）は毛利、神戸信孝（1558～1583）は長宗我部、滝川一益（1525～1586）は北条と、織田家の重臣に率いられた軍団は北陸・西国・四国・関東に出払っていた。**	4942
	5月29日	**明智光秀（1528？～1582）、中国出陣のため弾薬・長持を西国へ発送。**（偽装工作・逡巡説などあり）。（『川角太閤記』）。 近畿地方の一円に政治的・軍事的基盤を持っていた光秀は、近江・丹波・山城に直属の家臣を抱え、さらに与力大名（組下大名）として、丹後宮津城の長岡（細川）藤孝（1534～1610）・忠興（1563～1646）父子、大和郡山城の筒井順慶（1549～1584）、摂津有岡城の池田恒興（1536～1584）、茨木城の中川清秀（1542～1583）、高槻城の高山右近（1552～1615）を従えていた。	4943
	6月1日	徳川家康（1543～1616）・穴山梅雪（1541～1582）一行、堺で、朝は今井宗久（1520～1593）、昼は津田宗及（？～1591）、夜は松井友閑（？～？）から茶の湯の接待を受ける。	4944
	6月1日	「順慶今朝結願退出了」。（『多聞院日記』）。 朝、筒井順慶が興福寺藤屋に参籠が結願退出した。	4945

天正10	6月1日	勧修寺晴豊・甘露寺経元、「両御所」（正親町天皇・誠仁親王）の命令により京都本能寺の織田信長のもとへ「御使」（勅使）として派遣される。（『日々記』）。	4946
	6月1日	勅使の勧修寺晴豊・甘露寺経元および「其外公家衆」、京都本能寺へ出仕し、村井貞勝（「村井」）より通達されたとおりに織田信長が引見した。「音信共」は受けないとのことであったため各公家衆は音信等を出さなかった。織田信長は各公家衆と「物語共」、「今度関東打はたし候物語共」をする。さらに信長は勧修寺晴豊らへ「西国手つかい」は来たる六月四日に出陣であることなどを伝える。 また信長は公家衆に対し「十二月閏」の件で天正十年に「閏」月を入れるべき旨を話すが、勧修寺晴豊はこれを「いわれさる事也」「これ信長むりなる事」と評し、外の公家衆も同様の旨を織田信長へ伝えた。（『日々記』）。	4947
	6月1日	山科言経（1543～1611）、京都本能寺に織田信長（「前右府」）を訪問し対面、進物は受け取らないと返された。 「参会衆」は近衛前久・近衛前基（信尹）・九条兼孝・一条内基・二条昭実・聖護院道澄・鷹司信房・今出川晴季・徳大寺公維・飛鳥井雅教・庭田重保・四辻公遠・甘露寺経元・西園寺実益・三条西公国・久我季通（敦通）・高倉永相・水無瀬兼成・持明院基孝・山科言経・庭田重通・勧修寺晴豊・正親町季秀・中山親綱・烏丸光宣・広橋兼勝・東坊城盛長・五辻為仲・竹内長治・花山院家雅・万里小路充房・中山慶親・冷泉為満・西洞院時慶・四条隆昌・土御門久脩・六条有親・飛鳥井雅継・中御門宣光・唐橋在通、その外に僧侶や地下が少々であった。数刻雑談し、茶席が催された。（『言経卿記』）。 **多数の公家衆や各地の諸将・豪商たちが信長の元に伺候、入れ替わり立ち代り上洛と武田氏討伐を賀す。**	4948
	6月1日	勧修寺晴豊、二条昭実・一条内基・九条兼孝と共に織田信忠（「城介殿」）を訪問するも「見参」は無かった。（『日々記』）。	4949
	6月1日	**「本能寺名物開き」。**織田信長、博多の豪商島井宗室（宗叱）（1539～1615）・神谷宗湛（紙屋宗貝）（1551～1635）らを招き、本能寺の書院で前太政大臣近衛前久（1536～1612）を主賓として茶会を開く。信長が自慢の茶道具38種や名物を、安土から持参し参集した者達に披露。	4950
	6月1日	**織田信忠（1557～1582）は、村井貞勝を連れて本能寺を訪れ、父と酒を飲み交わすという。** 「将軍（信長）は謀反を夢にも思わず、宵には信長は信忠といつものように親しく語らっていた。自身の壮年の時間は幸福に満たされ永遠の繁栄をただ喜んだ。村井貞勝や近習、小姓らに優しく言葉をかけられた。夜が更けたので信忠は暇乞いをして、妙覚寺の宿へ帰った。」 「たまたまお伴の人々は洛中の所々に散らばり、思い思いに遊興していた。御番所はかろうじて小姓衆百人に過ぎなかった」。（『惟任退治記』）。	4951
	6月1日	信長の御前で、寂光寺塔頭本因坊の名人・日海（初代・本因坊算砂）（1559～1623）とその挑戦者「利玄」（本能寺の僧侶）（1565～?）が碁の対局を行い、信長自身も夜遅くまで碁に興じる、とされる。	4952
	6月1日	「京の森成利（蘭丸）より飛脚があって、中国出陣の準備ができたか陣容や家中の馬などを信長様が検分したいとのお達しだ」（『川角太閤記』）と物頭たちに説明して、申の刻（午後4時頃）より準備ができ次第、逐次出発した。亀山の東の柴野に到着して、斎藤利三に命じて一万三千人を勢ぞろいさせたのは、酉の刻（午後6時頃）のことであった	4953

光秀、信長を討つ！

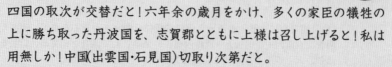

光秀は信長の底意を知った。

四国の取次が交替だと！六年余の歳月をかけ、多くの家臣の犠牲の上に勝ち取った丹波国を、志賀郡とともに上様は召し上げると！私は用無しか！中国（出雲国・石見国）切取り次第だと。

上様に拾われ目をかけられ、城持ち、国持ち大名と確かになった。感謝申し上げ、上様の下知で山城、丹後、大和、摂津、播磨、備前までも出張し戦い続け、懸命に勤めた。何故、領地召し上げと。

上様は、政権政策、「根切り」下知はともかく、武力、人事、文化、経済など確かに天才だ。進取の精神に富み、旧弊を取り除く勇気もある。これぞと見込んだ人材を採用する術もおありだ。

しかし、あのお人は、長年功績のあった宿老でも、過去の事柄を取り上げて追放する、得体のしれない人だ。今では、気も全く合わない。ましては、「平氏」を名乗る信長が天下人など許されることではない。それに、傍若無人なあのお人に、文弱な我が子たちが仕えるなどは到底我慢ならない。

光秀は、激しい憤りと共にどうしようもない不安にかられた。

あの第六天魔王の悪行の数々が脳裏によぎる。あのお人の過大な要求はますます進行し、その唯我独尊はますます増幅し、公方様、内裏の上をゆく神になろうとしている。

そうだ、天下のためだ。

今、上様は供回りだけを引き連れ本能寺だ。信忠も少人数で妙覚寺だ。諸将は前線に出払っている。織田父子が与党を求める時間は無い。今しかない。

惟任日向守は決意した。

天正10	6月1日	**明智光秀、午後10時頃、丹波亀山城を出陣。**

深夜に入り、篠村八幡宮（京都府亀岡市篠町篠）にて、惟任日向守（明智光秀）（1528？～1582）、逆心を企て、娘婿の明智左馬助秀満（1536～1582）・明智治右衛門（1540～1582）、光秀の傅役の老臣・藤田伝五行政（？～1582）、斎藤内蔵助利三（1534～1582）、溝尾庄兵衛茂朝（1538～1582）、是れ等として談合を相究め、信長を討ち果たし、天下の主となるべき調議を究める。五名には起請文を書かせ、人質を取ったという。（『当代記』）。

「六月朔日夜に入り、丹波国亀山にて惟任日向守光秀逆心を企て、明智左馬助・明智次右衛門・藤田伝五・斎藤内蔵佐、是等として談合を相究め、信長を討ち果たし、天下の主となるべき調議を究め・・・・・」。（『信長公記』）。
「六月朔日に惟任日向守光秀、亀山城に於いて明智左馬助、同次右衛門、藤田伝五・斎藤内蔵助、溝尾勝兵衛尉を呼び寄せ潜に云いけるは・・・・・」。（『甫庵信長記』）。

| | 6月1日 | 「一日深夜、老の山へ上り、右へ行く道は山崎天神馬場、摂津国の街道なり。左へ下れば、京へ出ずる道なり。ここを左へ下り、桂川打ち越え、漸く夜も明け方に罷りなり候。既に、信長公御座所、本能寺取り巻き、勢衆、四方より乱れ入るなり」。（『信長公記』）。 |

亀山から中国方面へは三草山越えをするところ引き返し、東向きに馬首を並べ、老の山へ上り山崎から摂津の地へ向かうと兵に告げ、話し合った者達に先手を命じた。六月一日夜に入り、老の山へ上り、右へ行く道は山崎の天神馬場、摂津街道である。左へ下れば京へ出る道である。ここを左へ下り、桂川を越え、しだいに夜が明けてきた

| | 6月2日 | 沓掛で休息を許し、夜中に兵糧を使い、馬を休ませた。沓掛は京への道と西国への道の分岐点であった。信長に注進する者が現れて密事が漏れないように、光秀は、斎藤利三家臣・安田国継（のちの天野源右衛門）（1556～1597）を呼び出し、先行して疑わしい者は脱走者を含めて斬れと命じた。夏で早朝から畑に瓜を作る農民がいたが、殺気立った武者が急ぎ来るのに驚いて逃げたので、先行軍はこれを追い回して二十、三十人斬り殺した。（『川角太閤記』）。 |

安田国継は、本能寺の変時には、障子越しに、信長に一番槍を入れた後、間に入った森蘭丸（成利）と死闘を演じ、腹を槍で突かれながらも蘭丸を討ち取ったという。

| | 6月2日 | 未明、桂川に到達すると、光秀は触を出して、馬の沓を切り捨てさせ、徒歩の足軽に新しく足半の草鞋に替えるように命じ、火縄を一尺五寸に切って火をつけ、五本づつ火先を下にして掲げるように指示した。これは戦闘準備を意味した。明智軍に従軍した武士による『本城惣右衛門覚書』によれば、家臣たちは御公儀様（信長）の命令で徳川家康を討ち取ると思っていたとされ、ルイス・フロイスの『日本史』にも「或者は是れ或は信長の内命によりて、其の親類たる三河の君主（家康）を掩殺する為めではないかと、疑惑した」という記述があり、有無を言わせず、相手を知らせることなく兵を攻撃に向かわせたと書かれている。 |

一方で『川角太閤記』では触で「今日よりして天下様に御成りなされ候」と狙いが信長であることを婉曲的に告げたとし、兵は「出世は手柄次第」と聞いて喜んだとしている。他方、光秀が「敵は本能寺にあり」と宣言したという話が有名であるが、これは『明智軍記』にあるもの。

天正10	6月2日	桂川を越えた辺りで夜が明けた。先鋒の斎藤利三（1534〜1582）は、市中に入ると、町々の境にあった木戸を押し開け、潜り戸を過ぎるまでは幟や旗指物を付けないこと、本能寺の森・さいかちの木・竹藪を目印にして諸隊諸組で思い思いに分進して、目的地に急ぐように下知した。	4958
	6月2日	「本能寺の変」。本能寺攻めは、明智光秀他、斎藤利三、明智秀満、妻木主計、三宅式部、四天王但馬守の軍勢という。 本能寺北側から先鋒の明智秀満の軍勢が御殿へ討ち入り、南側の正門から本城惣右衛門ら斎藤利三配下の者が討ち入り、利三の息子（利康、利宗）の軍勢は、北側の主戦場である信長の御殿へ向かったともいう。	4959
	6月2日	「本能寺の変」。織田信長も、御小姓衆も、当座の喧嘩を下々の者ども仕出し候と、おぼしめされ候のところ、一向さはなく、ときの声を上げ、御殿へ鉄砲を打ち（撃ち）入れ候。是は謀叛か、如何なる者の企てぞと、御諚のところ、森乱（森長定、成利）申す様に、明智が者と見え申し候と、言上候へば、是非に及ばずと、上意候。隙もなく直ちに御殿へ乗り入れ御面堂の御番衆も御殿へ一手になられ候て御馬屋より、矢代勝介、伴太郎左衛門、伴正林、村田吉五が切って出て討死。小河愛平、高橋虎松、金森義入、魚住勝七、武田喜太郎、大塚又一郎、菅屋角蔵、狩野又九郎、薄田与五郎、今川孫二郎、落合小八郎、伊藤彦作、久々利亀、種田亀、針阿弥、飯河宮松、山田弥太郎、祖父江孫、柏原鍋兄弟、平尾久助、大塚孫三、湯浅甚介、小倉松壽らの御小姓衆掛かり合い、懸かり合い討死候なり。この外、厩仲間衆の藤九郎・藤八・岩新六・彦一・弥六・熊・小駒若・虎若・その倅の小虎若を初めとし二十四人が揃って御馬屋にて討死した。御殿の内にて討死された衆、森乱丸（森成利）、力丸（長氏）、坊丸（長隆）の三兄弟。 信長や小姓衆はこの喧噪は最初下々の者の喧嘩だと思っていたが、しばらくすると明智勢は鬨の声を上げて、御殿に鉄砲を撃ち込んできた。信長は「さては謀反だな、誰のしわざか」と蘭丸に尋ねて物見に行かせたところ「明智の軍勢と見受けます」と報告するので、信長は「是非に及ばず」と一言いったと云う。	4960
	6月2日	**「本能寺の変」。信長（1534〜1582）自刃、49歳。** 明智光秀（1528？〜1582）、この未明に謀反を為して京都本能寺の四方を取り囲み攻撃する。明智光秀は「今度西国立御暇乞申と云テ人数ヲ可懸御目由謀略ヲ企」み、「俄ニ人数ヲ召集メ可罷立結構」を実行したのであり、織田信長は「御運尽ル故」か「日比ノ御用心モ此時節御油断」し「御近衆ノ者十四五人ハカリ」であり「無左右御腹被召」れ、本能寺「御殿へ火ヲカケ即時ニ打果」ててしまった。 信長は初め弓を持って戦ったが、どの弓もしばらくすると弦が切れたので、次に槍を取って敵を突き伏せて戦うも肘に槍傷を受けて内に退いた。信長はそれまで付き従っていた女房衆に「女はくるしからず、急罷出よ」と逃げるよう指示した。三度警告し、避難を促したという。（『当代記』）。 すでに御殿には火がかけられていて、近くまで火の手が及んでいたが、信長は殿中の奥深くに篭り、内側から納戸を締めて切腹した。この討ち入りが終わったのが辰の刻（午前8時）という。（『信長公記』）。 森乱丸（森成利）は、信長の遺骸の上に畳を五、六帖を覆いかぶせたいう。（『祖父物語』）。 **光秀が確認できず不安がった信長遺骸は灰燼に帰し、数日間は信長生存の情報が錯綜し、それが明智勢に不利に働いたとされる。**	4961

天正10	6月2日	明智光秀、京都本能寺に於いて織田信長を襲撃。(『日々記』)。

明智光秀(「明智日向守」)、卯刻に京都本能寺の織田信長(「前右府」)を「謀叛」により襲撃。織田信長(「前右府」)は即時に「打死」す。(『言経卿記』)。

明智光秀(「惟任」)、この暁四時過に京都本能寺を襲撃。(『多聞院日記』)。

明智光秀(「惟任日向守」)、早天に京都本能寺(「信長之御屋敷本応寺」)を襲撃。(『兼見卿記別本』)。

明智光秀(「惟任日向守」)、この未明に「謀反」を為して京都本能寺の四方を取り囲み攻撃する。明智光秀は「今度西国立御暇乞申と云テ人数ヲ可懸御由謀略ヲ企」み、「俄ニ人数ヲ召集メ可罷立結構」を実行したのであり織田信長は「御運尽ル故」か「日比ノ御用心モ此時節御油断」し「御近衆ノ者十四五人ハカリ」であり「無左右御腹被召」れ、本能寺「御殿へ火ヲカケ即時ニ打果」ててしまった。(『蓮成院記録』)。

織田信長、明智光秀の襲撃により京都本能寺に於いて即時「生害」す。(『兼見卿記別本』)。

京都本能寺(「本応寺」)、炎上す。(『兼見卿記別本』)。

	6月2日	勧修寺晴豊(1544~1603)、自邸に於いて就寝中に袖岡越中の来訪を受け、明智光秀が織田信長の宿泊している「本のう寺」へ取り懸かり「やき打」したことを知らされる。(『日々記』)。

	6月2日	南蛮寺の宣教師ルイス・フロイス(1532~1597)、「六月二日未明、本能寺の方角で大爆音が聞こえた。修道士たち十数人が外に出て、本能寺の方を見ると、多数の兵が寺を取り囲んでいた。旗は伏せられており、何者の軍とも分からなかった」と記す。

	6月2日	吉田兼見は、二日早朝、信長の屋敷である本能寺が放火されたと告げる者があったので、門外に出てみると、それは確かな知らせであったことが分かった。「惟任日向守」が「謀反」を企て「丹州」より人数を以て取り懸け、信長を生害した、と兼和(兼見)は記す。この「謀反」の部分は『正本』にのみ記されているその次には、妙覚寺を陣所とした信忠の「生害」と寺の放火、「馬廻数輩」や「村井親子」(貞勝・清次・貞成)の討死を記し、合戦や放火に対し「洛中・洛外驚騒畢」(『兼見卿記別本』)と、京中の人々の驚愕のさまを記し、その後光秀は大津へ向かったと書く。

	6月2日	明智軍、京都妙顕寺(「三位中将陣所妙見寺」)を襲撃。(『兼見卿記別本』)。

明智軍、織田信忠(「御嫡男城介殿」)の滞在する京都妙覚寺へ殺到。(『蓮成院記録』)。

明智軍、織田信忠の滞在する京都妙覚寺へ殺到。

明智軍は、明智治右衛門(1540~1582)、藤田伝五(行政)(?~1582)、並河掃部助(易家、明智掃部)、伊勢与三郎らが指揮したという。

与三郎は、幕府衆であった伊勢貞興(1561~1582)。一説では、室は明智光秀の娘とされる。

	6月2日	織田信忠(「城介殿」)(1557~1582)、事変の急報に接し直ちに「ワツカニ無人にて」本能寺に向けて出発したが既に「本能寺ハヤ落居」という注進を受けて誠仁親王(「今上皇帝」)(1552~1586)の御座所である二条御所(「二条殿」)に移る。(『蓮成院記録』)。

全明智軍(「惟日惣人数」)、二条御所(「二条殿」)を包囲。(『蓮成院記録』)。

織田信忠(「三位中将」)、誠仁親王の「二条之屋敷」へ入る。(『兼見卿記別本』)。

天正10	6月2日	御子（誠仁親王）にとっていとも迷惑であり、村井貞勝殿が明智に使者を送り、如何に処することが望みか、また御子も同様に切腹すべきかと問うたところ、御子に何も求めはしないが、信忠を逃さぬため、馬にも、籠にも乗らず即刻、邸から出るようにと答えた。（『1582年度日本年報追信』）。	4968
	6月2日	織田信忠、籠もった二条御所内より御所外の明智光秀に対して、誠仁親王（「主上様」）の御所外への脱出と誠仁親王を「相構て致防禦」して送り出すことを通達。（『蓮成院記録』）。	4969
	6月2日	**誠仁親王（「親王御方」）・「宮」・「館女中」、二条御所（「御殿」）を脱出し禁裏（「上ノ御所」）へ御成す。里村紹巴が新在家辺で「荷輿」を調達し、誠仁親王が「乗輿」した。**（『兼見卿記別本』）。 誠仁親王（「下御所」）、辰刻（8時）に禁裏（「上御所」）へ渡御す。（『言経卿記』）。 誠仁親王（正親町天皇の長男）（1552～1586）と女房の勧修寺晴子（1553～1620）と息子の和仁王（後の後陽成天皇）（1571～1617）と智仁王（後の八条宮智仁親王）（1579～1629）らが禁裏に入る。 公家衆は、権大納言飛鳥井雅教、その孫で左少将の雅継、前権大納言柳原淳光、権中納言正親町季秀、権中納言庭田重通、前権中納言高倉永相、左中将中山慶親、同職四辻季満、左少弁中御門宣光、左衛門権佐薄諸光であった。 里村紹巴は、本能寺の変後、愛宕の一件で秀吉の咎めを受けたが助かり、秀吉近侍の連歌師として活躍し、『連歌至宝抄』を編纂、呈上した。	4970
	6月2日	勧修寺晴豊、自邸を発し誠仁親王の「二条之御所」へ向かったところ明智の軍勢が包囲しており、御所へ入ることを要請するも聞き入れられなかった。各公家衆は到来しなかった。（『日々記』）。 勧修寺晴豊、明智軍「よせ衆」の井上某へ二条御所へ参内したい意向を伝えるも聞き入れられず、暫し呆然と立ち尽くしていたが、御所内への立ち入りが許されて誠仁親王へ二条御所外の状況を説明する。ここで勧修寺晴豊が知り得たこととは、織田信忠（「城介」）が誠仁親王の居た「二条之御所」へ参内しそのまま御所へ籠ることになり、村井貞勝（「村井」）が誠仁親王を御所より避難させるように進言し「当番之衆」が随行、誠仁親王は和仁王・空性法親王・興意法親王・姫宮・御阿茶局（勧修寺晴子）と女房衆、そして六月二日の御番請取のためこの朝二条御所へ参内していた「公家」飛鳥井雅教・飛鳥井雅継・庭田重保・高倉永相・中山慶親・四辻季満・薄諸光・五辻元仲・中御門宣光・柳原淳光を率いて二条御所を退出したことであった。正親町季秀が参内、誠仁親王へは随行せず二条御所に残留し、避難の際に二ヶ所負傷して脱出。 勧修寺晴豊は顔見知りの河勝左近の随行にて御所より避難、この避難を「ひるいもなき事也」「誠のかれ候事あるましき事也」と評し、各公家衆とともに誠仁親王へ「天道にて御座候由」と御所脱出を喜ぶ。庭田重保・「河端」某がこの朝に誠仁親王へ祗候し随行する旨を上申、誠仁親王は両者を「これきとく」として褒美を下す。また勧修寺晴豊は、織田信忠（「城介」）が二条御所に参内したことを禁裏（「上」）の各公家衆は知らなかったことを知る。（『日々記』）。	4971

天正10	6月2日	二条御所の織田信忠(1557~1582)、前田玄以に岐阜城にいた嫡男・三法師(信長の孫・後の秀信)(1580~1605)を保護し清洲城に匿うよう指示という。山内康豊(山内一豊の同母弟)(1549~1625)、前田玄以(1539~1602)、水野忠重(1541~1600)は脱出する。そんな中、織田長益(有楽斎)(信長の実弟)(1547~1622)は女装してといわれ、二条御所から逃亡した。後に「織田の源五は人ではないよ　お腹召せ召せ召させておいて　われは安土へ逃げるは源五むつき二日に大水出ておた(織田)の原なる名を流す」という狂歌で京の町衆の笑い者となるという。しかし、その子孫は織田家を大名家として存続させ江戸時代を生き抜く。	4972

6月2日　黒人小姓の弥助は、本能寺を脱出して二条新御所で奮戦していたが明智軍に刀を差し出して降伏。明智光秀は日本人でない故にこれを殺さず、弥助をパードレの聖堂(本能寺近くの教会、南蛮寺か)に引き渡すよう命じる。(『1582年日本年報追信』)。 [4973]

6月2日　二条御所を攻める明智軍の先鋒を務めた明智孫十郎(1565~1582)、松生三右衛門、加成清次ら百六十八名は討ち死。(『惟任退治記』)。
明智治右衛門(1540~1582)は銃弾を受けて負傷するなど明智軍も死傷者が続出。思わぬ苦戦に明智軍は二条御所の隣の近衛前久邸の屋根に上り、鉄砲や弓で攻撃を仕掛けた。これを機に信忠軍は一気に崩れていき明智軍は二条御所に乱入。 [4974]

6月2日　織田信忠軍、誠仁親王(1552~1586)を二条御所より脱出させた後に御所の門を開放し御所内より「切テ出」て、「御門前ニテ半死半生戦」をし、三度も寄手の明智軍を「退散」させる。しかし「多勢ニ無勢」であったために織田信忠(1557~1582)・武田家より送り返されたばかりの弟・勝長(?~1582)や叔父で信長の末弟である織田長利(?~1582)・村井貞勝(?~1582)父子・菅屋長頼(?~1582)・猪子高就(兵助)(1546~1582)・団忠直(忠正)(?~1582)・毛利良勝(?~1582)・斎藤新五郎(利治)(道三の末子)(1541?~1582)・佐々清蔵(?~1582)・福富秀勝(?~1582)・小沢六郎三郎(?~1582)らは討死する。二条御所、炎上、これにより「洛中洛外以外騒動」となる。 [4975]

信忠は、自らは叔父の織田長益(有楽斎)の進言もあり自刃を決意。「腹を切ったら遺体を床下に隠せ」と命じ鎌田新介の介錯により切腹して果てる。享年26。言われた通り信忠の遺骸を隠した鎌田新介は、『当代記』では「追腹」して殉死したとされているが、『明智軍記』『武家事紀』『甫庵信長記』では切腹せず、井戸の中に飛び込み約3メートルほど下の積み石が抜けた所に這い入って身を隠し、夜半になってから忍び出たという。

6月2日　織田信忠(「三位中将」)、京都妙覚寺を出て二条御所(「下御所」)に籠もったところ、同じく明智光秀が襲撃し後刻「打死」す。村井貞勝(「村井春長軒」)以下も「悉打死」した。(『言経卿記』)。
織田信忠(「三位中将」)、二条御所に於いて「生害」す。村井貞勝(「村井」)親子三名、織田信長「諸馬廻」ら討死す。(『兼見卿記別本』)。
織田信忠軍、誠仁親王を二条御所より脱出させた後に御所の門を開放し御所内より「切テ出」て、「御門前ニテ半死半生戦」をし三度も寄手の明智軍を「退散」させる。しかし「多勢ニ無勢」であったために織田信忠らは討死す。これにより「洛中洛外以外騒動」となる。(『蓮成院記録』)。
織田信忠(「城介殿」)、京都に於いて「生害」す。(『多聞院日記』)。
京都二条御所(「二条御殿」)、炎上す。「洛中洛外驚騒」した。(『兼見卿記別本』)。 [4976]

天正10	6月2日	明智の兵は多数であったので、街路や家屋ごとに巡回して信長の家臣や貴人、殿たちを見つけ出したが、彼らの首を斬り明智に差し出すためであった。明智の面前には今や首が山と積まれ、死体は街路に放置された。（『1582年日本年報追信』）。 我ら（宣教師は）信長の所有物のようなものであるから、明智は我らに火をかけさせ教会の財産を略奪することを怖れたが、明智は市に放火せぬから、都の住民は何びとも案ずるに及ばぬ、むしろ予が己が企てにおいてこのような成果を収めたことを歓喜せよ、もし兵士の中で不逞を働く者があればこれを殺すがよい、と布告を発したので我らは気を取り直した。（『1582年日本年報追信』）。	4977
	6月2日	朝、徳川家康（1543～1616）主従、信長に面会のため、和泉国堺に出立。河内の飯盛で先駆けの本多忠勝（1548～1610）より変の第一報を聞いた。忠勝が男山に来た時、変報を知らせるため堺に向かう京の豪商茶屋清延（四郎次郎）より織田信長・信忠父子生害の報を受ける。家康は一旦帰国を決意、伊賀越えを開始。飯盛山（大阪府大東市及び四條畷市）から尊延寺（大阪府枚方市大字尊延寺）へ至る。	4978
	6月2日	「四国攻め」。（織田信孝は、）「二日朝食、和泉の岸和田城で蜂屋頼隆のもてなしがあったという。渡海する船百挺を雑賀衆の五搦から用意された。三日朝に阿波へ出港するところだったという。しかし二日の朝に信長の自害につき、岸和田城から摂津方面へ陣替えをした。」（『宇野主水日記』）。 「三七殿（織田信孝）は、知らせを受けると二時間後には明智と一戦を交える覚悟で出発したが、彼の兵は各地から集まった人々であったから反乱を知るとたちまち大半の兵は彼を見捨てた。」（『1582年日本年報追信』）。 四国攻めの大将・神戸（織田）信孝（1558～1583）、変報を岸和田で聞いた。しかし、部下の将兵の多くが逃亡し、行動が起こせる状況ではなかった。信孝は、丹羽長秀と共に織田信澄が籠もる大坂城（石山本願寺城郭跡）へ向かう。	4979
	6月2日	四国攻めの織田信澄（1555？～1582）は、大坂城（摂津国野田城とも）で変報を聞いた。	4980
	6月2日	四つ過（9時頃）、大和の興福寺へ、信長・信忠が自害したと一報が入る。（『多聞院日記』）。	4981
	6月2日	順慶今朝京上處。上様急度西國御出馬、既安土被帰由歟、依之被帰了。（『多聞院日記』） 順慶が今朝京へ出発したところ、上様が急に西国へ出陣するとして、既に安土へ帰られたのだろうか、これにより戻ってきた。 明智光秀の与力・大和の筒井順慶（1549～1584）、途中で信長横死を知り、慌てて帰国したのか。光秀に味方するため、陣容を整えようとしたのか。	4982
	6月2日	「悉打果、未刻大津通下向、予、粟田口邊令乗馬罷出、惟日對面、在所之儀萬端頼入之由申畢、」。（『兼見卿記別本』）。 明智光秀（1528？～1582）、在京の織田軍を「悉打果」し、未刻（14時）に近江国大津通を下向。兼見、光秀の近江国大津への下向を知り、未刻（13～15時）過ぎに京都粟田口に乗馬にて出向き、明智光秀と対面。兼見、光秀へ「在所之儀万端頼入之由申畢」と記し所領安堵を頼んだ。 信長の遺体を確認できないまま光秀は、洛中で生き残った織田家臣の捜索を命じ、その日のうちに近江へ出発。山城国勝龍寺には、明智勝兵衛（溝尾茂朝）（1538～1582）を残した。	4983
	6月2日	巳の刻（9～11時）、安土城（滋賀県近江八幡市安土町下豊浦）に一報が入る。	4984

天正10	6月2日	勧修寺晴豊、この日の夕方に「屋敷共」を見物。「くひ・しにんかすかきりなし」という状態であった。(『日々記』)。	4985
	6月2日	明智光秀(1528?~1582)は、山岡景隆(1525~1585)・景佐(1531~1589)・景友(1540/1541~1604)兄弟へ人質を出し同心するよう説得するも、午後4時、瀬田城主山岡景隆は、信長の恩を理由に拒否。光秀の安土進軍を阻止しようとして、近江と京を結ぶ重要な橋である勢田橋と居城を焼き払い退去。 **光秀は川を渡る手段が無くなり、橋のたもとに復旧のため兵を置き、この日、安土攻めを断念し居城・坂本城に、夕方入城。**	4986
	6月2日	「信長父子の悪逆は天下の妨げ、討ち果たし候、其の表の儀御馳走候て、大垣の城相済ますべく候、委細山田喜兵衛尉申すべく候」。 美濃野口城(岐阜県大垣市野口町)主・西尾光教(1544~1616)へ、信長父子を討ち果たしたので大垣城を占拠するよう命じる。明智光秀は、美濃の武将西尾光教、氏家直昌(?~1583)を味方に付ける調略にとりかかる。	4987
	6月2日	夕刻までに堺の今井宗久(1520~1593)は、松井友閑(?~?)から本能寺の変の報せを聞く。	4988
	6月2日	「高野山攻め」。夕刻に至って、高野山に本能寺の変の情報が届く。まもなく、織田方寄手は撤退を開始し、高野山勢はこれを追撃して打ち破る。	4989
	6月2日	「伊賀国一揆蜂起」。「本能寺の変」情報を得た伊賀衆は各地で潜伏から立ち上がる。	4990
	6月3日	「備中高松城水攻め」。清水宗治(1537~1582)、蜂須賀正勝(1526~1586)・杉原家次(1530?~1584)へ、備中国高松城兵の助命を条件に切腹を申し出る。	4991
	6月3日	「備中高松城水攻め」。蜂須賀正勝・杉原家次、清水宗治の要請に応え、羽柴秀吉が備中国高松城兵の助命を容認し、小船一艘に酒肴十肴・上林極上三袋を進上する旨、明日検使が派遣されることを通知。また清水宗知・清水宗治兄弟、難波伝兵衛尉、末近左衛門尉の四名の切腹により、清水宗治長男・連枝(後の宗之)の切腹はさせない旨を保証と、『太閤記』は記す。	4992
	6月3日	五つ時分(8時半)、紀伊へ一報が届く。(『宇野主水日記』)。 朝に堺経由で雑賀に「本能寺で変」情報がもたらされると、反信長派の土橋一族が挙兵たため、親織田派の鈴木重秀(雑賀孫一の一人という)(1546?~1586?)は、岸和田城へ退去する。	4993
	6月3日	**「高野山攻め─高野山、危機を脱する」**。織田軍、紀伊国高野山の攻囲を解き撤退。	4994
	6月3日	多聞院英俊、京都からの注進により事変の状況を知る。 その内容は、織田信長は京都本能寺にて、織田信忠(「城介」)は二条御所(「二条殿」)にて「生害」したこと、菅屋長頼(「菅屋九衛門」)・村井貞勝を始めとする村井一族三名・福富秀勝(「福富平衛門」)とこの外の小姓衆五、六百名が「生害」したことを知る。また明智光秀(「日向守」)は襲撃後に近江国坂本城へ入城して大津・松本・瀬田に陣取ったこと、細川藤孝(「細川殿」)が「生害」したという風聞に接す。(『多聞院日記』)。	4995
	6月3日	今日當國衆ハ悉大安寺・辰市・東九条・法花・寺邊陣取云々、如何可成行哉。(『多聞院日記』)。 光秀の都における武装蜂起の報せを受けて、大和の国人領主たちは大安寺等にそれぞれ結集した。	4996

西暦**1582**

天正10	6月3日	京では明智軍による残党狩りが続いており混乱状態が続く。御所は、住民が逃げ込んだため混雑する。（『信長公記』）。	4997
	6月3日	明智光秀(1528？～1582)が、京都近郊の大山崎に禁制を発行する。（『離宮八幡宮文書』）。 光秀は大山崎に対し、早くも禁制を掲げ、軍勢などの乱暴狼藉を禁じ、大山崎が光秀の支配下に入ったことを天下に示す。	4998
	6月3日	明智光秀(「日向守」)、近江国に進軍す。（『兼見卿記別本』）。 織田信長・信忠父子を暗殺した**明智光秀、瀬田に仮設の橋を架けはじめ、坂本城に入る。**	4999
	6月3日	「己丑、雨降、日向守至江州相働云々、」。（『兼見卿記（別本、正本）』）。 吉田兼見は記す。**明智光秀、四日にかけて、近江・美濃の諸将に降誘を勧める。**	5000
	6月3日	本能寺討死の伴太郎左衛門(森家家臣)の家来、近江甲賀に帰り、伴家に「本能寺の変」を知らせる。	5001
	6月3日	木津川の草内渡しを越えた徳川家康(1542～1616)、巳の刻(10時)に宇治田原城着、食事をとり。午の刻(12時)に出発、信楽の小川村で一泊し、この日、柘植・四日市を経て那古(白子)にて乗船途中土民の一揆の襲撃で危機に陥ったこともあり、**「伊賀越えの御難」**といわれる。	5002
	6月3日	未刻(14時)、安土城では女中衆が天守にある金銀・太刀を奪い、城に火を懸けて退去するよう伝える。しかし蒲生賢秀は天下無双のお館を焼くなど畏れ多く、金銀を乱取りすれば天下の笑い者になるとこれを拒否。夫人に警護を申し付け、日野城へ退去する。（『信長公記』）。 安土城の留守居を務めていた**蒲生賢秀(1534～1584)とその子・蒲生賦秀(のちの氏郷)(1556～1595)は、変報を聞き、この日、信長の妻子・側室らを保護して蒲生氏の居城・日野城(中野城)(滋賀県蒲生郡日野町)へ退き立て籠もった。** 蒲生賢秀は、日野から子息蒲生賦秀を呼び出し、安土の上臈衆・御子たちをひきつれ引き退いてゆく。安土城は木村次郎左衛門に預けておくともいう。 信長の正室・濃姫(帰蝶、胡蝶など)(1535～1612？)は、やがて「安土殿」と呼ばれて信長次男織田信雄(1558～1630)から他の信長ゆかりの女性と共に化粧料ともいうべき知行を与えられて生活していたという。	5003
	6月-	この頃、長浜城の秀吉母なか(大政所)(1513～1592)・おね(北政所)(1549？～1624)は、甲津原(滋賀県米原市)で能楽などでねぎらいを受ける。さらに、東草野谷から美濃広瀬に逃げる。地侍・広瀬兵庫助の協力により保護されたという。	5004
	6月3日	朝、丹後の宮津城(京都府宮津市鶴賀)へ一報が届く。 忠興様は、六月三日に備中へ出陣されることにつき、丹後宮津城の外にある犬の堂(現・宮津市杉末)まで軍勢を出して出陣を待っているところ、愛宕山下坊より飛脚が泥足で広間へ走り上がり、文箱を差し出したのを取次いだ。（『細川忠興軍功記』）。 細川忠興(1563～1646)、備中に向けて宮津を出陣するも、愛宕下坊幸朝僧正の早打ちで「本能寺の変」を知る。	5005

天正10	6月3日	「光秀より沼田権之助光友を使として、信長我ニ度々面目を失ハせ、我儘之振廻のミ有之ニ付、父子ともニ討亡し積鬱を散し候、人数被召連、早々御上洛有で何事をも能々計ひ可給、摂州幸國国なれハ先御知行可有との趣也、……（中略）……。忠興君忿怒の余り沼田を殺さんと被仰候、藤孝君使には咎なしとて再三是を留めて御かへし被成候、沼田ハ御父子の御義心を感じ、藤孝君に便り御当家へ御奉公仕度旨懇ニ相願候ニ付て、御家人ニ被召加、長岡権之助直次と改申候、」（『綿考輯録第二巻巻九』）。 明智光秀使者の沼田権之介光友（長岡権之助直次）が到来し、人数を連れ上洛要請され、摂津国を領地に与えるという。長岡直次は、藤孝室の実弟で、忠興にとっては母方の叔父にあたった。幽斎玄旨と忠興は大いに怒り返書も認めず、光友に対しても「討捨らるへけれ共、此度は思ふ旨有て命を助くる也、重て不可来とて御家人に仰て追出」される。のち光友（権之助）は光秀の逆罪をうとみ、米田是政に付、終に忠興公の家人となる。 細川藤孝(1534～1610)・忠興(1563～1646)父子、明智光秀(1528？～1582)と義絶、藤孝剃髪隠居・忠興元結を払うの旨、松井康之(1550～1612)から明智左馬助(秀満)・荒木勘十郎へ申し送る。但し、弟・興元(1566～1619)は、「信長は悪逆無比で人望ここに尽きた。今、光秀の手を借りて神明がこれを罰したのである。故に、当家は速やかに光秀与力の兵を出すべし。」とした。松井康之、状況を探りに京へ潜入。細川忠興は、家老の松井康之を通じて、明智秀満に義絶を申し送り、また織田信孝のところに二心のないことを伝えたともいう。	5006
	6月-	剃髪した細川藤孝(1534～1610)は、「幽斎玄旨」と号して、田辺城に隠居するという。藤孝は、長岡姓を細川姓に復していた。	5007
	6月3日	京都ニテ上様明知日向守、小田七兵衛別心ニテ御生カイ候由。（『家忠日記』）。 酉刻（18時）、三河の深溝城（愛知県額田郡幸田町深溝）へ、知多半島の大野経由で一報が届く。この時点では「明智光秀、織田信澄別心」と伝えられた。	5008
	6月3日	「魚津城の戦い（3月11日～6月3日）終結─柴田勝家、魚津城を攻略」。 柴田勝家軍が上杉方の魚津城（富山県魚津市本町）を落とす。 魚津城は織田軍に包囲されること八十余日、ついに救援も食料もなく、上杉方の守将吉江資堅（1537～1582）ら十三人が自刃、落城。柴田勝家は越中宮崎城へ軍を進めると、六月五日夜に上杉軍は退却する。六日、「本能寺の変」を知る。	5009
	6月3日	「備中高松城水攻め」。羽柴秀吉、明智光秀が毛利氏に送った密使を捕獲し本能寺の変報を知る。亥刻（22時）、備中高松の羽柴秀吉(1537～1598)へ、変の一報が届く。細川藤孝(幽斎)(1534～1610)からの密書で知ったともいう。 秀吉の下に「光秀が信長を殺害した」との情報をもたらした使者を殺害し、情報隠蔽を謀る。深夜、秀吉、安国寺恵瓊(1539？～1600)を呼び、高松城主清水宗治の切腹と毛利領備中・美作・伯耆の譲渡を和睦の条件として提示し、信長の死を秘しながら、和睦を急ぐよう指示する。	5010
	6月4日	羽柴秀吉、本能寺の変報に接する。この日だという。	5011

西暦 1582

天正10	6月4日	「備中高松城水攻め」。羽柴秀吉、毛利輝元・吉川元春・小早川隆景へ宛てて血判起請文を提出し毛利氏と和睦締結。 [5012] 羽柴秀吉(1537〜1598)、毛利輝元(毛利元就の孫)(1553〜1625)・吉川元春(元就の次男)(1530〜1586)・小早川隆景(元就の三男)(1533〜1597)へ宛てて、血判起請文を提出し毛利氏と和睦締結。秀吉と輝元が、人質として、秀吉側は森重政(後の毛利重政)(1551〜1597)・高政(後の毛利高政)(1559〜1628)兄弟、毛利側は宍戸某(宍戸元続か)を交換し、高松城主・清水宗治(1537〜1582)が、切腹して果てる。 最近の見解では、羽柴秀吉が備中国高松城兵の助命を容認という美談は疑問視されている。
	6月4日	早朝に反織田派が蜂起、鈴木重秀(雑賀孫一)の居城・雑賀城(和歌山市和歌浦中3丁目)が焼かれ、さらに残る鈴木重秀の与党を攻撃した。以後雑賀は、旧反織田派の土橋氏らによって主導されることとなる。 [5013]
	6月4日	筒井ニハ南方衆・井戸一手ノ衆惟任ヘ今日立云々。(『多聞院日記』)。 [5014] 多聞院英俊、順慶のもとへ南方衆と井戸一手衆が集結し、この日、光秀のもとへ出陣すると聞く。 大和に戻っていた筒井順慶(1549〜1584)、家臣に少数の兵を預け明智光秀のもとへ向かわせる。
	6月4日	「惟任日向を中将に任じ、将軍職に補し、この上とも忠勤を励むように」。 [5015] 朝廷、明智光秀に勅諚を出す。
	6月4日	「庚寅、江州悉属日向守云々、」。(『兼見卿記別本』)。 [5016] 明智光秀(「日向守」)、近江国を制圧す。 光秀(1528？〜1582)、同心した阿閉貞秀(貞征)(？〜1582)・貞大(？〜1582)父子・京極高次(1563〜1609)らに長浜城を、武田元明(1552？〜1582)に佐和山城(滋賀県彦根市佐和山町・鳥居本町)を攻略させ、翌日にかけて占拠する。近江の多くの武将が光秀に投降・協力を約束。京極高次は、後に、お市の方の次女初(1570〜1633)の夫となる。 安土城を光秀が占拠、丹羽長秀の居城佐和山城は山崎片家(1547〜1591)が、秀吉の居城長浜城は斎藤利三(1534〜1582)が占拠したともいう。 山崎片家は、本能寺の変が起きると、安土の自邸を焼き払い、居城の山崎城へ籠もったが、明智光秀の圧力を受けて降伏。明智方の将として活動し、佐和山城の占拠などに協力したが、光秀が羽柴秀吉によって討たれると、すぐに秀吉に降って犬山郡山崎城(滋賀県彦根市里根町・清崎町)の所領を安堵されたとされる。
	6月4日	伴右衛門尉惟安、甲賀の一族を伴って安土の森可成後室・妙向尼(千丸母)・千丸(後の森忠政)(1570〜1634)を救出する。 [5017] 森忠政は、本能寺の変では蘭丸・坊丸・力丸の三人の兄を失い、変の後、森家に属していた甲賀一族の伴右衛門尉惟安によって、母と共に安土城から救出され、惟安の屋敷に匿われた。その後9月1日、忠政母子は、伊勢路から美濃・金山の兄・長可(1556〜1584)のもとへ帰国したという。
	6月4日	織田信孝(1558〜1583)、安井定次(安井定重の子または末弟)へ、織田信長に対する忠節の御朱印の通りに国中諸役を免除。 [5018]
	6月4日	岐阜城の留守居・斎藤玄蕃助利堯(道三の子)(？〜？)、変報を受けると城を掌握し、この日には美濃瑞龍寺・崇福寺・善福寺に禁制を掲げる。 [5019] 故織田信忠家臣・利堯は、織田信孝と明智光秀との間で中立を保ったとされる。

天正10	6月4日	徳川家康主従(本多正信・酒井忠次・石川数正・木俣守勝ら)、伊勢の白子から船で、この日、三河大浜に上陸し岡崎城に入る。 護衛した信長家臣 ・ 西尾義次 (後の吉次) (1530~1606) は、そのまま家康の家臣になった。この功により、天正14年(1586)、羽柴秀吉より「吉」の諱を賜り、「吉次」と改名。 木俣清三郎守勝 (1555~1610) は、三河国出身で9歳の頃から徳川家康に仕えたが、身内争いのため京へ逃れて明智光秀に仕官。播磨攻め、大和片岡城攻め、石山本願寺攻めなどで戦功を上げ、光秀に認められて戦功により50石を与えられた。さらに信長に謁したのち、天正9年(1581)家康に呼び戻されたという。家康に呼び戻された時、明智光秀の甲冑、脇差を贈られ、家康への手紙も託されたという。(京都井伊美術館蔵)。	5020
	6月4日	徳川家康(1543~1616)、蒲生賢秀(かたひで)・賦秀(やすひで)(のちの氏郷(うじさと))父子へ、その城に堅固に立て籠もることはもっともなことだ、光秀成敗は安心すべきと伝える。	5021
	6月5日	羽柴秀吉、備中国高松城陥落後に「誓紙」を認め「人質」を提出し「和睦」を調える。	5022
	6月5日	羽柴秀吉(1537~1598)、摂津国の中川清秀(1542~1583)へ、信長赤母衣衆・福富秀勝の奮戦により織田信長・信忠父子は、近江国膳ヶ崎まで無事に難を逃れたこと、今、備前野殿まで到着し今日備前沼を通る予定を報告。秀吉は、摂津衆を味方につけようと、虚報を流す。	5023
	6月5日	備中高松の毛利軍へ、紀伊雑賀衆の反信長派から変の一報が届く。 (『吉川家文書』)。	5024
	6月5日	「備中高松城水攻め(5月8日~6月5日)終結──高松城(岡山市北区高松)開城」。 中国大返し(6月5日~6月13日)」はじまる。 毛利軍、秀吉軍、共に帰途に就く。毛利は、信長の死を知るが、秀吉の後を追わず引き上げるという。14時、秀吉(1537~1598)は、暴風雨の中、東上を開始。	5025
	6月5日	**「光秀婿・織田信澄(1555？~1582)死去」。** 大坂城の織田信澄は織田信孝が城へ入るのを防いでいたが、信孝は城内にいた丹羽長秀の助けを借りて大坂城へ入る。さらに信孝と丹羽長秀は両者の間で偽りの争い事を起こし、敗れたふりをした丹羽長秀が内部へ逃げ込むと信孝の兵も続いて押し入り、塔に籠もっていた信澄を攻撃。これにより信澄は戦死する。(『フロイス日本史』)。 光秀の次女と結婚していた信長の甥・信澄は、首が堺の橋の上に懸けられ、後継者争いの最初の被害者となる。 信澄妻・川手の方(明智光秀の三女)は、長男・昌澄(1579~1641)を連れ、信澄家臣であった藤堂高虎 (1556~1630) を頼るという。そして、川手の方は、その教養や振る舞いを買われ千姫の豊臣への輿入れに際し、上臈に抜擢され付き従ったという。 平成11年(1999)6月、信澄の慰霊碑が大善寺(滋賀県高島市新旭町新庄597)境内に建立され、毎年6月5日の「信澄忌」には法要が営まれている。大善寺は、織田信長の兵火により全焼したが、織田信澄の帰依によって護持され、信澄は大溝城下に別院を建立したという。	5026

天正10	6月5日	昨日山城へ出衆はや引退了と然は三七殿と被申合歟尤々西坊見廻に鈴持来了於大坂七兵衛を生害云々、向州の箏一段逸物也、三七殿・丹羽の五郎左衛門・鉢(蜂)屋なとの沙汰歟、但雑説necessary必定必定伊賀は御本所衆ノ城開、則国はあきたる間各牢人衆入歟云々、木津も筒順へ申合則存所へ入了、初夜之時分に入云々、安土は去四日に向州へ渡了、椋山へは城にはの五郎左衛門、山崎源太左衛門入了、長浜へは斉藤蔵助入了、筒井先日城州へ立たる人数今日至江州打出、向州と手を合了、順慶は堅以惟任と一味云々、いかが可成行哉覧、日中後又大雨下了慶禅子腹切了未死歟云々、題目は不知。(『多聞院日記』)。 多聞院英俊、昨日山城へ出陣した軍勢が早々と大和に戻って来たこと、摂津国大坂に於いて織田信澄(1555?〜1582)が生害したことを知る。信澄は明智光秀の箏で「一段逸物」であったが、神戸(織田)信孝・丹羽長秀・蜂屋頼隆らの「沙汰」により自害したという。(『細川忠興軍功記』では、大坂城千貫櫓にて自刃という)。 北畠信雄(「御本所」)の被官衆が開城したので「国ハアキタル」という状況となり、「各牢人衆」が入城したこと、木津衆も筒井順慶に同心しており、在所で戦闘態勢に入ったこと、去六月四日に明智光秀(「向州」)が近江国安土城に入城したこと、丹羽長秀の近江国佐和山城(「椋山」)には、山崎片家(「山崎源太左衛門」)が、近江国長浜城へは斎藤利三(「斎藤蔵助」)が入城したこと、**筒井順慶がこの日に先日山城国へ出陣した軍勢を率いて近江国に移動し明智光秀(「向州」)と「手を合」わせ、筒井順慶は明智光秀(「惟任」)の「一味」となった風聞に接す。** **この時点では、順慶とその傘下の部隊は光秀との一味同心を進めていたようだ。**
	6月5日	寛尊(興福寺釈迦院の僧)、明智光秀が安土城をはじめとする近江諸城を悉く掌握したと聞く。(『蓮成院記録』)。
	6月5日	大和国興福寺大乗院尋憲、明智光秀(「惟任日向守」)へ、巻数五百疋を、明智光秀家中の藤田伝五(「伝五」)・松田太郎左衛門の二名へも贈物と音信を送付する。(『蓮成院記録』)。
	6月5日	勧修寺晴豊、明智光秀(「明智」)が近江国安土城へ出向き在城する旨の通知を受ける。(『日々記』)。 「辛卯、日向守安土へ入城云々、日野蒲生(賢秀)在城、無異儀相渡城之由説也、」。(『兼見卿記別本』)。兼見は、光秀が安土城に入ったのは五日とした。兼見、光秀が蒲生賢秀より安土城を明け渡されたことを知る。明智光秀より日野へ招降の誘いがあったが、蒲生父子はそれに応じなかった。 **「光秀、安土城に入る」**。蒲生賢秀(1534〜1584)より近江国安土城を明け渡された明智光秀、財宝を部下や新たに従属した諸将に分け与える。さらに、金銀財宝を使い、朝廷や京周辺の町衆・寺社などに贈り支持を得ようと画策。 「信長が財宝を入れていた蔵と広間を開放すると、大いに気前よく仕事に着手し、まず彼の兵士たちに、ほとんど労することなく入手した金銀を分配した。このようにして、信長が多大の困難と戦争により、長い年月を費やして蓄積した物を、明智は二、三日の間に分配してしまった」。(ルイスフロイス『日本史』)。
	6月5日	安土城にいた信長の妻妾一族を保護し、父賢秀(1534〜1584)と共に居城・日野城(中野城)(滋賀県蒲生郡日野町)へ走った蒲生賦秀(のちの氏郷)(1556〜1595)、この頃、本願寺顕如光佐(1543〜1592)へ、明智光秀の近江国下向を通知し、一向宗徒の協力を得て光秀に抗する意思を告げる。更に、まもなく各方面へ出張していた北畠信意(織田信雄)・織田信孝・徳川家康ら「歴々」も集結する予定を通知する。

天正10	6月5日	森可成後室・妙向尼・千丸母子救出の伴惟安、甲賀に帰り、母子を自邸に移す。また惟安、母子へ小袖を差上げる。 母子は、人質として安土いた。	5032
	6月5日	北畠中務信雄も、伊勢国より多勢を率いて上るが、蒲生賢秀（1534～1584）父子の籠城を聞かれて加勢されると、氏郷の養子で二歳になる子を信雄へ人質に渡し、ますます無二の忠誠を申し上げた。信雄も近辺に陣を張り備えられた。（『氏郷記』）。 伊勢松ヶ島城の織田信雄（1558～1630）は、鈴鹿峠を越え、蒲生氏郷（1556～1595）が守る日野城に近い甲賀郡土山へ布陣したという。	5033
	6月5日	この頃、織田信雄（1558～1630）、近江国常善寺へ全三ヶ条の禁制を下す。 この頃、織田信雄、美濃国不破郡南宮神社へ全五ヶ条の禁制を下す。	5034
	6月6日	「情報錯綜」。毛利輝元、満願寺へ、織田信長親子三名が戦死した件は、織田信澄に明智光秀・柴田勝家が共謀して起こした事件であることを通知。羽柴秀吉とは和談を締結した旨を通達。	5035
	6月6日	「情報錯綜」。小早川隆景（毛利元就の三男）（1533～1597）、毛利氏家臣の桂左太（左衛門大夫元忠）・岡左へ、織田信長父子が六月一日に戦死、六月二日に大坂で織田信孝が自殺したという情報を通知。織田信澄・明智光秀・柴田勝家が織田信孝を自殺に追い込んだ風聞があった。（『萩藩閥閲録』）。	5036
	6月6日	「中国大返し」。羽柴秀吉、備中国高松を発し備前国沼城（岡山市東区沼）に入城。	5037
	6月6日	「壬辰、自勧修寺黄門（晴豊）書状到來云、御用之儀在（有）之、早々可祗候之旨仰也、即向勧黄門、令同道祗候（誠仁）親王御方、御對面、直仰云、日向守へ爲御使罷下、京都之義無別義之樣堅可申付之旨仰也、仰畏、明日即可致發足、段（緞）子一卷可被遣之、即請取、退出仕了、」（『兼見卿記別本』）。 吉田兼和（兼見）（1535～1610）、勧修寺晴豊（1544～1603）より召喚状を受けて、晴豊を訪問。即時、晴豊に随行し禁裏の誠仁親王（1552～1586）へ祗候し対面する。二条御所から「上之御所」（禁裏）へと逃れていた**誠仁親王（1552～1586）、直に兼見へ明智光秀への「御使」として下向し「京都之義無別義」の厳命を通達する旨を命令。**吉田兼見、誠仁親王の命を受けて明日早速発足することになり、緞子一卷を預かり禁裏を退出する。	5038
	6月6日	なへ（お鍋）（織田信長側室小倉氏、興雲院）（？～1612）、遺品を送り、織田家菩提寺である美濃国崇福寺（岐阜市長良福光）を、織田信長・信忠父子の位牌所と定める。 織田信雄（信長の次男）（1558～1630）は、翌年、位牌所を清須の總見寺（愛知県名古屋市中区大須3丁目）に建てたという。信雄は父の菩提を弔うために伊勢国大島村にあった安国寺を清洲北市場（現・清須市一場）に移し、安土總見寺（滋賀県近江八幡市安土町下豊浦）にならい總見寺としたという。	5039
	6月6日	**「光秀は、上杉に援軍を依頼」。** 安土城の明智光秀（1528？～1582）、上杉景勝（1556～1623）に使者を送る。三日付の文書をもって、上杉景勝の家臣・須田満親宛へ、光秀が密使を派遣したとされる。	5040
	6月6日	明智光秀、近江多賀神社（滋賀県犬上郡多賀町大字多賀）へ、全三ヶ条の禁制を下す。	5041

天正10	6月6日	斎藤利堯(道三の子)(？～？)、美濃国西入寺へ全三ヶ条の禁制を下す。 5042
	6月6日	越中宮崎城(富山県下新川郡朝日町宮崎)の柴田勝家へ、変の一報が届く。柴田勝家(1522？～1583)・前田利家(1538～1599)ら、魚津城(富山県魚津市本町)から撤収する。利家は、越中海老江より船で大境まで逃れ、大境より夜道をついて小丸山城(石川県七尾市馬出町)に帰城。佐々成政は越中富山城、佐久間盛政(1554～1583)は金沢城へ撤退する。 5043
	6月6日	越後で上杉と交戦中の森長可(1558～1584)、本能寺の変報を入手。ただちに兵を退いて、猿ケ馬場峠(長野県千曲市と東筑摩郡麻績村を結ぶ峠)を越えて海津(長野市松代町)に帰る。8日に領国の美濃へ撤退、24日、居城の美濃金山城へ帰還する。 5044
	6月7日	「中国大返し6月5日～6月13日」。羽柴秀吉、早朝、備前国沼城(亀山城)を発つ。羽柴秀吉、昼夜を走り通して、未明に姫路城に到着。 5045
	6月7日	この頃オルガンティーノ(1533～1609)は、光秀の小姓に高山右近(1552～1615)宛の書状を渡す。ポルトガル語で「光秀に絶対味方するな」と書いた書状という。 5046
	6月7日	近衛前久(1536～1612)、子の信基(後の信尹)(1565～1614)と共に御所に参内、誠仁親王(1552～1586)に樽酒を進上。勧修寺晴豊(1544～1603)、それに警護の者も加わって酒盛りとなる。 5047
	6月7日	「癸巳、至江州下向、早々發足、申下刻ニ着安土、佐竹出羽守小性新八、爲案内者、召具新八令登城、跡ヨリ予登城、門外ニ暫相待、以喜介(鈴鹿)罷下之由日向守へ案内、次入城中、向州對面、御使之旨、卷物等相渡之、忝之旨請取之、予持參大房フサ之鞁一懸遣之、今度謀叛之存分雜談也、蒲生未罷出云々、令下山城、町屋一循、錯乱之間不弁之爲躰也、」。(『兼見卿記別本』)。 5048
		「勅使吉田兼見、安土城入城」。吉田兼見、「御使」として早々に近江国安土へ向けて京都を出発、申下刻に近江国安土に到着。兼見、佐竹宗実(明智出羽守秀慶)(？～1590)の小姓・新八の案内により近江国安土城に赴く。まず新八が安土城へ登城、兼見は後ほどに登城し、門外に於いて待機。兼見は鈴鹿喜介を以て明智光秀に下向した趣旨を伝達する。次いで兼見は安土城に入城し光秀と対面、「御使」の趣旨を伝達し、朝廷より預かった卷物等を渡す。光秀はこれらを「忝之旨請取之」、また兼見からの贈物である大房の鞁を受け取った。そこで光秀は、兼見へ「今度謀叛之存分雜談」をし、蒲生賢秀(1534～1584)が未だ出頭していない事を伝える。兼見、近江国安土城を出て城下の町屋に宿泊す。「錯乱之間不弁之為体」であった。誠仁親王「御使」の趣旨とは、明智光秀に京都の治安維持を任せるとのことであったという。
	6月7日	明智光秀(1528？～1582)、山城国上賀茂神社・貴布禰神社へ全三ヶ条の禁制を下す。(『賀茂別雷神社文書』)。次いで大徳寺にこれを下す。 5049
	6月7日	信長三男・神戸(織田)信孝(1558～1583)、大山崎離宮八幡宮・東寺・東福寺・法隆寺に禁制を掲げ、丹羽長秀(1535～1585)、また、大山崎惣中に禁制の遵守を命じる。 5050
	6月7日	斎藤利堯(道三の子)(？～？)、美濃国六条村河野善超寺の西光坊へ全三ヶ条の禁制を下す。 5051
	6月7日	この頃、斎藤利堯、美濃国厚見郡本庄村千手堂善福寺へ全三ヶ条の禁制を下す。 5052
	6月7日	信長の兵は離散、甲斐・信濃・越中は台風が止むが如く静かになった。(『上杉家御年譜』)。 5053

天正10	6月7日	凶事を知った柴田勝家(1522 ?～1583)は、急遽、戦線を縮小して防備を固め、越前国の居城に引き上げる。	5054
	6月7日	この頃、甲斐の河尻秀隆(1527～1582)のもとに、信長横死の知らせが届く。	5055
	6月8日	毛利輝元(1553～1625)、能島村上水軍の村上元吉(1553～1600)へ戦功を賞し贈物をする。また羽柴秀吉との和平締結について、そして京都における織田信長父子の生害の風聞を通知。	5056
	6月8日	「情報錯綜」。姫路城の羽柴秀吉、大坂の織田信孝が明智光秀に包囲されて危機に瀕しているという「風便」に接す。	5057
	6月8日	秀吉家臣・杉若無心(「藤七」)(？～？)、細川幽斎家老・松井康之(1550～1612)へ、羽柴秀吉の播磨国姫路入城、丹羽長秀との協力の意思、明日の羽柴秀吉配下は全軍出陣する旨を通達。また杉若無心自身は、秀吉より先に播磨国姫路城へ帰還していた旨を通知。	5058
	6月8日	筒井順慶(1549～1584)、伊賀の喜多村出羽守へ、家康の伊賀越えへの協力を賞す。喜多村出羽守の娘は、明智光秀の後妻とされる。	5059
	6月8日	吉田兼見、上洛するため早天に近江国安土を発足す。(『兼見卿記別本』)。	5060
	6月8日	**明智光秀(1528 ?～1582)、明智秀満(左馬助)(1536～1582)を残し安土城から居城の近江国坂本城に帰還。そして、朝廷工作すべく、京へ向かう。**	5061
	6月8日	「甲午、早天爲上洛發足畢、日向守上洛、諸勢至路次罷出訖、明日至播州手遣云々、先勢山科・大津陣取也、午下刻(13時)在所(吉田郷)へ罷上令休息、令祗候委細申入畢、御方御所(誠仁親王)様御對面、直申入畢」。(『兼見卿記別本』)。 明智光秀の上洛のため、明日の摂津国への軍事行動のために、明智軍は近江国安土城を出動。明智軍先勢は京都山科・近江国大津に布陣した。在所で休息した吉田兼見、禁裏へ祗候し「委細」(明智光秀との談合内容)を上奏のため誠仁親王(「御方御所様」)と対面し、直接上奏する。 勅使の吉田兼見(「吉田右衛門督」)、近江国安土城より上洛し明智光秀(「明智」)より勅使派遣「かたしけなく存候由」の御礼、誠仁親王(「親王様」)の二条御所脱出は祝着であったこと、明日の上洛及び朝廷への「御礼申入」の意向を上奏。(『日々記』)。	5062
	6月8日	**明智光秀、細川幽斎(藤孝)(1534～1610)・忠興(1563～1646)父子に書を与えて参加を望むが、父子応ぜず。**	5063
	6月8日	蒲生賦秀(後の氏郷)(1556～1595)、織田信雄(信長次男)(1558～1630)の加勢を受けて日野城を出陣、石原に着陣する。	5064
	6月8日	信長に追放された安藤守就(1503?～1582)は、本能寺の変が起こると、その混乱に乗じて旧領回復を企て、旧城の北方城(岐阜県本巣郡北方町)を奪い、城に拠って子・尚就(？～1582)と共に挙兵したが、かつての僚友である稲葉一鉄(良通)(1515～1589)に、攻められ自害。 稲葉良通は、岐阜城にいた織田信忠家臣であった斎藤利堯(斎藤道三の子、稲葉良通の甥)に城を占領させ、中立の立場を取り独立する。その後秀吉につく。 大垣城にいた氏家直昌(氏家ト全の子)は織田信孝、その後秀吉につく。	5065

天正10	6月8日	斎藤利堯（道三の子）（？～？）、曽我屋名主・百姓中へ禁制を下す。	5066
	6月8日	上杉景勝（1556～1623）、上方で凶事があり柴田勝家ら織田軍は悉く敗軍したと家臣へ伝える。（『上杉家御年譜』）。 上杉景勝、色部長実（上杉家臣）（1553～1592）へ、本能寺の変（「上辺凶事」）により柴田勝家退陣に乗じ越中国出馬を予告。	5067
	6月9日	**「中国大返し―6月5日～6月13日」。** 羽柴秀吉、浅井長吉（後の長政）（1547～1611）を留守居役とし、姫路城から明石に向かう。明石へ移動している秀吉は、淡路国の国衆広田蔵之へ洲本城攻略の協力を求める。秀吉は淡路を完全に征伐するため、一部を淡路洲本攻略に向かわせ、岩屋城を確保し、菅平右衛門達長（？～1615）を下して、志知城・郡家城をも開城させる。達長は洲本城から逃れる。 淡路国では明智方についた国衆菅達長が洲本城を占領していた。その後広田蔵之は洲本城の攻略に成功、菅達長は脱出して四国へ入り、香宗我部親泰の与力となる。	5068
	6月9日	この頃、大和国興福寺別会五師釈迦院寛尊、羽柴秀吉（「羽芝筑前守」）が安芸毛利氏（「西国」）と「和睦」して近日上洛するということが「頻ニ風聞」されていることを知る。また摂津国大坂（「小坂」）に於いては織田信澄（「七兵衛殿」）と和泉国から到来した神戸（織田）信孝（「三七殿」）が談合したが「御人数一向無人」であること、河内国若江城に滞在する「歴々諸侍」より筒井順慶（「当国」）へ使者を以て切々と「申合度之由」が到来したこと、筒井順慶はこの時点で軍勢を動かしていないので「見合」しているのかという「不審由口遊」があり、明智光秀（「惟日」）よりの合力要請の使者が切々と到来し、去六月五日より藤田伝五（「伝五」）が大和国奈良に逗留していること、筒井順慶より羽柴秀吉へ使者が派遣され「入魂」となったという風聞に接す。 （『蓮成院記録』）。	5069
	6月9日	**明智光秀（1528？～1582）、藤田伝五（行政）（？～1582）を大和郡山城の筒井順慶の所に派遣し、再三、味方するよう説得する。しかし、順慶は光秀に同心しないと返事する。伝五はやむなく木津に帰る。**	5070
	6月9日	「今日河州へ筒衆可有打廻之由沙汰之處俄ニ延引云々又郡山城へ塩米俄被入云々いかが覚悟相違哉、ふしんふしん、いかが」。（『多聞院日記』）。 多聞院英俊、この日河内国へ筒井順慶軍（「筒衆」）が出撃する予定であったが俄かに延引したことを知る。また大和国郡山城に兵粮が搬入されたことを知る。 **筒井順慶（1549～1584）、秀吉上洛の情報を得て、河内出陣を中止し、居城大和郡山城に米・塩を入れ、籠城の準備を始める。** **順慶は、大和を守ることに専念したとされる。**	5071
	6月9日	明智光秀（「日向守」）、京都紫野大徳寺及び門前町に全三ヶ条の「禁制」を下す。（『大徳寺文書』）。	5072

天正10	6月9日	「乙未、早々日向守折紙到來云、唯今此方へ可來之申、以自筆申來了、飛脚直令出京之間、不及返事、未刻上洛、至白川予罷出、公家衆・攝家・清花、悉爲迎御出、予此由向州ニ云、此砌太無用之由、早々先へ罷川可返申之由云々、即各へ云、先至在所、公家衆來也、次向州予宅ニ來、先度禁裏御使早々忝存、重面可致祗候、只今銀子五百枚、兩御所(禁裏・誠仁親王)へ進上之、予相心得可申入之由云、五百枚進上之、以折紙請取之訖、此次五山へ百枚ツ、遣之、予ニ五十枚、此内廿枚被借用、大德寺へ百枚遣之、不寄存知仕合也、於小座敷暫逗留、方々注進、手遣之事被申付也、次進夕食、紹巴(里村)・昌叱(里村)・心前(里村)・予相伴、食後至下鳥羽出陣、路次へ送出申礼畢、及晩進上之銀子五百枚持セ罷出、先向勸黃門、即令同道祗候、長橋御局(高倉量子、實父薄以諸)披露也、御方御所御對面、委細申入訖、被成奉書之間、直下鳥羽之陣所へ罷向、銀子之御礼、奉書ヲ向州へ見之、忝之旨相心得可申入也、入夜飯宅、」。(『兼見卿記別本』)。[5073]

吉田兼和(兼見)(1535~1610)、早々に明智光秀(「日向守」)(1528？~1582)からの返事には及ばないという「自筆」の到來予告状を受ける。兼見は飛脚を出京させた。**鳥羽に出陣の明智光秀は、未刻(14時)に上洛する。**兼和(兼見)、光秀を迎える為に京都白川まで出向く。「公家衆」・「摂家」・「清花」が悉く迎え出ており、兼見はこの旨を光秀に通知したところ、光秀は「此砌太無用」であり「早々先へ罷出可返申」というので、兼見は直ちに引き返して出迎衆にこの旨を通知する。吉田兼見邸「小座敷」に暫く逗留し「方々注進」を受け、「手遣之事」を発令する。兼見、光秀より「兩御所」(正親町天皇・誠仁親王)へ献上する銀子五百枚、五山と大德寺にも各百枚ずつ、さらに吉田神社修理の名目で兼見にも五十枚を受け取るが、但し五十枚の内二十枚は後日渡すこととするとし、折紙の受取状を認める。兼和(兼見)は「不寄存知仕合也」と喜び、明智光秀へ夕食を進上。里村紹巴(1525~1602)と、紹巴門弟の里村昌叱(1539~1603)・里村心前(？~1589)が相伴した。**光秀、夕食後に京都下鳥羽に出陣。**兼見らは路次まで見送る。

兼見、晩に明智光秀「進上之銀子」五百枚を携えて勸修寺晴豊を訪問。晴豊・兼見、共に禁裏へ祗候し、「長橋御局」(量子、高倉永家女)を以て披露した。兼見は誠仁親王(「御方御所」)と対面し、「委細申入」れた。明智光秀への「奉書」が認められたので、兼見はその奉書を携えて即時下鳥羽の明智光秀陣所へ下向、「銀子之御礼」と「奉書」を明智光秀(「向州」)へ示した。光秀は兼見へ「忝之旨相心得」たことを上奏するよう依頼。御礼に向かった兼見、入夜に帰宅する。

	6月9日	**この頃、明智光秀、京都上下の地子銭を免除。**[5074] 「光秀、京都市中の地子免除を布告する。その際、京童に対して「信長は殿の紂王(いんちゅうおう)であるから討ったのだ」と自らの大義を述べた。京童は地子銭が免除されたうれしさから光秀をもてはやしたが、内心は「ご自分を周の武王になぞらえるとは片腹痛きこと」と思ったという」。(『豊内記(ほうないき)』)。 豊内記は、江戸時代に作られた豊臣秀頼の伝記。
	6月9日	勸修寺晴豊、明智光秀が吉田兼見に来訪し「禁裏銀子」五百枚を「兩御所」へ進上するというので、披露係の長橋局(ながはしのつぼね)と共に銀子進上を披露する。朝廷は、明智光秀へ「京頭之儀」(京都の治安維持)を「かたく申付」け、「文」にて明智光秀の銀子進上を賞す。また朝廷は、吉田兼見を下鳥羽「なんてん寺」の明智光秀本陣へ派遣する。(『日々記』)。「なんてん寺」は、鳥羽離宮南殿跡だろうか。[5075]
	6月9日	勸修寺晴豊、明智光秀が河内国へ軍勢を派遣したことを知る。(『日々記』)。[5076]

西暦1582

天正10	6月9日	**「明智光秀覚条々」**。光秀（1528？〜1582）、丹後国宮津城にいた細川幽斎（藤孝）・忠興父子に、再び手紙を送り、改めて助勢を依頼する。さらにオルガンティーノ（1533〜1609）には、摂津のキリシタン大名・高山右近（1552〜1615）の説得を依頼。 5077

書状を持参したのは、明智左馬助（秀満）と荒木勘十郎という。

光秀自筆書状とは、疑わしいとされる。

覚

「一、御父子もとゆゐお払い候由、尤も余儀なく候、一旦我等も腹立ち候へ共、思案候ほど、かやうにあるべきと存じ候、然りと雖も、この上は大身を出られ候て、ご入魂希ふ所に候事、

一、国の事、内々摂州を存じ当て候て、御のぼりを相待ち候つる、但若の儀思し召し寄り候はば、是れ以て同前に候、指合きと申し付くべき候事、

一、我等不慮の儀存じ立て候事、忠興など取り立て申すべきとての儀に候、更に別条なく候、五十日百日の内には、近国の儀相壁め候間、それ以後は十五郎与一郎殿など引き渡し申し候て、何事も存じ間敷候、委細両人申さるべく候事、以上」（『細川家文書』）

「細川おん父子が、二人とも、故・織田右府の横死を悼んで、もとどりを切られたのは、もっともであり、余儀ないことと思う。いったんは、それを聞いて、当てつけがましやり方と自分も腹が立ったけれども、考えれば、右幕下恩顧の宿将である細川父子、それもやむをえないと得心した次第である。しかし、もはやこうなった上からは、めいめい望みを大きく持たれ、この光秀に心を合わせていただきたい」以上六月九日　光秀〈花押〉

「所領のことは、内々、摂州をさしあげたいと心づもりして、ご上洛を鶴首しているのだが、もし、若狭もほしいと思召すならば、これもご希望にまかせて進呈する。ほかに望む者がいても、きっと自分が申しつけて、かち合わないようさばくつもりである」。

「右府を討つというような、思いがけない行動に自分が出たのも、天下への野望に、自身、駆られてのことではない。婚の忠興など、縁につながる若者たちを、大きく取り立ててやりたいと望んだからで、このほかに理由はない。おそくもあと、五十日か百日のうちには、近畿一帯を制圧するつもりだから、それ以後は十五郎、与一郎ら、若い連中に采配のいっさいを引き渡して、自分は関知しない考えである。くわしいことは、二人の使者の口上で聞いてほしい」。

杉本苑子「歴史を語る手紙たち」1968年刊　（株）文藝春秋より。

	6月9日	蒲生賦秀（後の氏郷）（1556〜1595）、近江国常願寺へ全三ヶ条の禁制を下す。 5078
	6月9日	北畠信意（織田信雄）（1558〜1630）は、伊賀国で一揆が起きたため、伊賀へ兵を送り鎮圧する。 5079
		織田信雄、伊賀一之宮（三重県伊賀市一之宮）付近で合戦し、蜂起した一之宮城の森田浄雲を討つ。
	6月9日	越中宮崎城（富山県下新川郡朝日町宮崎）から撤退した柴田勝家、北ノ庄城（福井市）へ帰城する。 5080
	6月9日	上杉景勝、蓼沼藤七郎（上杉家臣）へ、本能寺の変（「上方之様体」）は事実である旨を通知。 5081

天正10	6月9日	上野の厩橋の滝川一益(1525~1586)へ、変の一報が届く。(『石川忠総留書』)。 本能寺の変報、上野国厩橋城(群馬県前橋市)に駐屯する関東取次役・滝川一益(1525~1586)のもとに、早馬で届く。 上杉景勝の春日山城へ進軍していた滝川一益も上野厩橋へ引き返す。	5082
	6月10日	毛利輝元(1553~1625)、福井十郎兵衛尉へ、羽柴秀吉からの懇望によって和議締結が為されたこと、織田信長父子三名が明智光秀によって殺害された旨を通知。	5083
	6月10日	「中国大返し6月5日~6月13日」。秀吉、杉原家次に、備中国高松城の請取りを指示。羽柴秀吉、中川清秀へ、明日摂津西宮辺りまで行って着陣予定を通知。秀吉は中川清秀に、明智光秀が久我(山城国)あたりに在陣しているという風聞を伝える。	5084
	6月10日	「先日山城へ立筒人数昨今打返了、藤吉近日に上決定決定と、依之覚悟替と聞へ了」。(『多聞院日記』)。 多聞院英俊、先日山城国へ出撃した筒井順慶軍団が今日この頃に大和国へ帰還したことを知る。その理由とは羽柴秀吉が、近日中に上ることが決定したので、筒井順慶はこれにより「覚悟替」したというものであった。	5085
	6月10日	筒井順慶(1549~1584)、誓紙を秀吉(1537~1598)に届け恭順を示す。	5086
	6月10日	「丙申、(中略)日向守至播州相働云々、西天王祭礼也、乱中之間無神幸之儀、舁神輿、備神供、」。(『兼見卿記別本』)。 吉田兼見、明智光秀が摂津国へ向けて軍事行動を起こしたという情報に接する。 「明智光秀、京都山崎八幡の「ホラカ峠」に着陣。(『蓮成院記録』)。 明智光秀(1528?~1582)、河内に出兵、京都山崎八幡の「ホラカ峠」(山城洞ヶ峠)に着陣。光秀は、和議に成れば順慶に六ヵ国を与え、自身の子を養子にする約束を伝えたという。光秀、羽柴軍の接近の情報を得る。 光秀は出兵前に、御所へ向かい正親町天皇への拝謁を許されたという。	5087
	6月10日	柴田勝家、溝口半左衛門へ書状を送り、「昨日九日至越前北庄江令帰陣候」、近江にいると思われる明智光秀を大坂の丹羽長秀と討伐することを伝える。	5088
	6月10日	徳川家康(1542~1616)、家臣本多信俊(1535~1582)を使者として、信長から甲斐国を任されていた河尻秀隆(1527~1582)のもとに送る。信俊は甲斐国内で武田の旧臣が不穏な動きをしているので美濃に兵を退くよう進言。 穴山梅雪遺領の掌握を図るかと、家康に不信感を抱いた秀隆は、この進言を拒否し、本多信俊を殺害。	5089
	6月10日	湯原国信(上杉家臣)(石黒成綱の弟)、富山から出撃してきた佐々成政(1536?~1588)を撃退。佐々成政一族三名および兵数百余を討ち取る。	5090
	6月11日	「中国大返し―6月5日~6月13日」。 羽柴秀吉(1537~1598)、午前、摂津国尼ヶ崎に着陣。羽柴秀吉、松井友閑(「宮法」)へ摂津国尼ヶ崎に進軍した旨を報告。 秀吉は、有岡城主池田恒興(1536~1584)・茨木城主中川清秀(1542~1583)・高槻城主高山右近(1552~1615)らに参陣を求める。	5091

西暦1582

天正10	6月11日	「昨日従向州使に藤田伝五順慶へ来、無同心之通返事切れて昨夜木津迄帰て又呼返了と、いかが、心苦敷事也藤吉へは既順慶無別儀間、誓咄被遣之、村田・今中使云々」。（『多聞院日記』）。 多聞院英俊、去六月十日に明智光秀（「向州」）の命令で藤田伝五（？～1582）が筒井順慶に合力要請するも同心を得られずに大和国木津まで引き返したが、筒井順慶が呼び戻して再度合力要請をしたことを知る。筒井順慶は既に羽柴秀吉（「藤吉」）へ村田某・今中某を使者として派遣し、合力の「誓紙」を提出したことを知る。	5092
	6月11日	「昨日於郡山国中与力相寄血判起請在之、堅固ニ相拘了」。（『多聞院日記』六月十二日条）。 筒井順慶（1549～1584）、大和国郡山城に於いて大和国中の与力を集結させて「血判起請」を提出させる。	5093
	6月11日	「今日四過に郡山にて順慶腹切す申来、以外仰天の處順慶にてはなし伝五に腹切せ了と申来、肝消す處それもうそ也、なら中同前の沙汰、併天魔の所為也、沈思沈思、なら中物を隠す、向州の内衆かくし物取を一両人殺了云々、沈思沈思可出来と見たり、無端無端」。（『多聞院日記』）。 多聞院英俊、明智光秀（「向州」）の内衆で「カクシ物」を取った者が殺害されたことを知る。	5094
	6月11日	「日向守至本陣下鳥羽歸陣、淀之城普請云々、」。（『兼見卿記別本』）。 **筒井順慶が動かぬと知った明智光秀、洞ヶ峠から兵を引き上げ、夕刻、再び下鳥羽に着陣する。男山八幡と山崎からも撤兵した。同時に淀城にも兵を送り、防備を固める。光秀、急遽、淀城の修理・普請に掛かる。** 光秀は順慶が味方してくれるものと期待した。その理由にはいくつかある。まず、光秀の子を順慶の養子としたこと。また、順慶の後継者となる筒井定次（1562～1615）の妻は光秀五女・秀子（上野御方）（？～1632）であったという。さらには、順慶が信長より大和一国を与えられたのも光秀の尽力によるものであった。それにもかかわらず順慶は光秀に味方せず、その養子を坂本城に送り返してきた。順慶の配下にあったが、次男治秀に娘（光秀七女）を嫁がせていた槙島城主の井戸良弘（1534～1612）は、光秀側に加わった。洞ヶ峠で、ひたすら待ち続けた光秀のもとに、結局順慶は来なかった。	5095
	6月11日	**明智光秀（1528？～1582）は、その組下であった池田恒興・中川清秀・高山右近らにも来属を求めた。しかし彼らは態度を鮮明にしなかった。**	5096
	6月11日	岡崎の徳川家康は、大雨のため出陣を延期する。	5097
	6月11日	北条氏政（氏康の次男）（第四代の北条家前当主）（1538～1590）、上野国厩橋城（群馬県前橋市）に駐屯する関東取次役・滝川一益（1525～1586）へ、相模国小田原に達している「本能寺の変」の実否について問う。もし事実であっても北条氏政には疑心を懐かぬよう通知。	5098
	6月12日	**「中国大返し─6月5日～6月13日」。羽柴秀吉は池田恒興らと協議し、高山右近・中川清秀を先鋒とし、使者を大坂城に遣わして神戸（織田）信孝・丹羽長秀の参陣を求める。羽柴秀吉、摂津国富田（大阪府高槻市富田町）に夜、着陣。**	5099

天正10	6月12日	惟日衆八幡・山崎二在之、淀辺へ引退歟云々依之今朝ハナラ中静ル。（『多聞院日記』）。 多聞院英俊、明智光秀軍が石清水八幡宮・山崎周辺に布陣していたが、淀周辺まで撤退したことを知る。	5100
	6月12日	大和国興福寺別会五師釈迦院寛尊、摂津国大坂（「小坂」）にて織田信澄（「七兵衛殿」）が「御生害」したことを知る。その理由は「惟任御縁辺在之故」か「謀反御存知」かというものであった。（『蓮成院記録』）。	5101
	6月12日	羽柴秀吉軍先鋒隊、京都山崎に於いて明智軍と交戦。	5102
	6月12日	羽柴秀吉、池田恒興を同行して今後の行動について中川清秀・高山右近と談合。清秀と高山右近が先陣を争う。	5103
	6月12日	秀吉方の中川清秀（1542〜1583）らが天王山占拠。	5104
	6月12日	羽柴秀吉方、高山右近の軍勢が山崎に進出する。	5105
	6月12日	**明智光秀は、秀吉の東上を知り、急ぎ山崎に集結し、天王山を占領しようとするが、既に、秀吉方の先鋒中川清秀隊によって占拠されていた。** **止むなく、勝龍寺城に入り、守備を固める。勝龍寺城を前線拠点に、淀城に左翼隊を、円明寺川に右翼隊を配する。**	5106
	6月12日	「戊戌、在所之構普請、白川・浄土寺・聖護院人足合力也、日向守敵歟、自山崎令出勢、於勝龍寺西足軽出合、在（有）鉄放軍、此近邊放火」。（『兼見卿記別本』）。 明智光秀は、京周辺在所の「構」を普請させ、これに白河、浄土寺、聖護院は人足を出して「合力」した。吉田兼見、「日向守敵」が京都山崎より出勢し、丹波国勝龍寺城の西辺りに於いて「足軽」部隊が遭遇し「鉄放軍」があったこと、丹波国勝龍寺城周辺は放火されたことを知る。 『兼見卿記』は天正9年の部分が正月から9月11日までしかなく、天正10年は正月から6月のこの日までの『別本』と、1年分が記された日記『正本』との2種類が存在する。そして、天正11年からは、再び通年の日記として残されている。 兼見としては明智光秀と親しかったことが逆に我が身の危険となる。そのことに不安を感じた兼見は配慮したのであろう。	5107
	6月12日	明智光秀、白川・浄土寺・聖護院三郷の郷民を人夫として、淀城の修築に当たろうとするも羽柴軍により妨害される。	5108
	6月12日	**明智光秀（1528？〜1582）、紀州雑賀五郷の土橋平尉（土橋重治）（？〜？）に宛て手紙（返信）を出す。足利義昭と連携していた土橋に対して、「上意（将軍）への奔走を命じられたことをお示しいただき、ありがたく存じます。しかしながら（将軍の）ご入洛の件につきましては既に承諾しています」と書き、「高野根来衆と相談の上、和泉・河内の出勢を促し」・「江州濃州は悉く平定」と告げる。** 毛利輝元の勢力下にある鞆の浦（広島県福山市）にいた義昭が京に戻る際は協力することになっていると土橋重治から示され、光秀自身も義昭と既に協力を約束していることを伝える内容であるという。	5109
	6月12日	上杉景勝（1556〜1623）、本間対馬守・本間但馬守・本間信濃守・本間弥太郎・本間下総守・本間帰本斎・本間山城守へ本能寺の変を通達。	5110
	6月12日	上野国厩橋城（群馬県前橋市）に駐屯する関東取次役・滝川一益、上野国小泉城（群馬県邑楽郡大泉町城之内）主富岡六郎四郎（秀高）へ「京都之儀」は別儀無しと通知。	5111

西暦**1582**

天正10	6月13日	「足利義昭御内書」。義昭、乃美兵部丞（乃美宗勝）宛送付。	5112
	6月13日	**「中国大返し―6月5日～6月13日」成る。** 秀吉軍に、昼頃、名目上の総大将・織田信孝（信長三男）（1558～1583）らが淀川を越えて合流。秀吉が大坂から淀川を越えた織田信孝を出迎える。「次の十三日の昼頃、川を越えられたので、私もお迎えに馳せ向かい、お目にかかると、お涙を落とし、私も大声で泣きました」。 山手（天王山側）を、羽柴長秀（秀長）（1540～1591）・黒田孝高（官兵衛）（1546～1604）らの主力部隊、街道筋を高山右近（1552～1615）・中川清秀（1542～1583）・堀秀政（1553～1590）ら、河手（桂川沿い）を池田恒興（1536～1584）ら、予備（中央後詰め）は秀吉・信孝を配する。総勢三万五千から四万。	5113
	6月13日	**早朝、明智光秀が下鳥羽から御坊塚（境野古墳群）**（京都府乙訓郡大山崎町字下植野）**に、本陣を移す。**	5114
	6月13日	明智光秀軍、丹波国勝龍寺城（京都府長岡京市勝竜寺）を出撃し山崎へ進軍。桂川支流の円明寺川に沿って布陣。総勢一万六千。	5115
	6月13日	名目上の総大将・織田信孝（1558～1583）、筒井順慶（1549～1584）へ、この日先発隊が京都山崎の勝龍寺から明智軍へ攻撃を仕掛けた旨、明日は西岡へ進撃する予定を通知。さらに順慶へは上山城国口から明智軍に攻撃を仕掛けるよう命令。詳細は羽柴秀吉・丹羽長秀へ伝達させる。「今日信孝様が川を越えされ、高槻方面に陣取されました。明日は西岡方面へ陣替えされる予定なので、それを理解され、そちらの軍勢を山城へ出してはじめに救援されるのが尤もです。これは信孝様のご指示です」。	5116

境野一号墳

天正10	6月13日	「山崎の戦い」。織田信孝(「織田三七殿」)・羽柴秀吉(「羽柴筑前守」)ら、「南方」より進軍し明智光秀軍と「合戦」す。(『言経卿記』)。 5117

羽柴秀吉、山崎に陣取り高山重友(右近)・中川清秀・堀秀政は街道筋から明智軍に攻撃を開始。

池田恒興、南側から明智軍に攻撃を開始。

羽柴秀吉、加藤光泰・木村宗重・中村一氏を率い明智軍に攻撃を開始。

羽柴秀長、黒田孝高・神子田正治・前野長康・木下勘解由らを率いて山の手から明智軍に攻撃を開始。

	6月13日	「山崎の戦い」。申刻(16時)頃、明智光秀軍山手先鋒の並河易家(掃部)・松田政近 5118

隊が、天王山麓の先鋒中川瀬兵衛清秀隊を攻撃、戦端は開かれた。中川隊が防戦する間に、羽柴長秀(秀長)、黒田孝高(官兵衛)・神子田正治・前野長康(坪内光景)・木下勘解由らを率いて援護、並河・松田隊は敗れる。松田政近は討死。

光秀軍の並河易家(明智掃部)は、子・八助と共に出陣する。山ノ手で、堀久太郎(堀秀政)、浅野弾正(浅野長政)父子等と激戦となり、妻木忠左衛門、波々伯部権頭、酒井孫左衛門、同輿大夫等と共に、敵を追散した。五百余人討取、三百余人討死したという。

中央の高山右近隊に光秀軍の斎藤利三・柴田勝定、加勢として近江衆の阿閉貞征・小川祐忠らが猛攻をかける。このため高山隊は窮地に立たされるが、中川清秀・堀秀政隊が左翼から、池田恒興・加藤光泰・木村重茲・中村一氏らが右翼(淀川沿い)から明智軍の戦闘部隊を攻撃、斎藤・阿閉隊らは後退する。

光秀軍予備の伊勢貞興・諏訪盛直・御牧景重・藤田伝五隊が右翼から、津田与三郎(重久)・村上和泉守隊が左翼から秀吉軍中央に向かい、一進一退の激しい攻防戦となった。山の手を羽柴秀長・黒田官兵衛・神子田正治・前野長泰・木下勘解由ら羽柴軍の後続部隊が戦闘に加入し、次第に戦力的な差が生まれ、光秀軍は壊滅状態となる。

19時頃、光秀は退却を決意。光秀は勝龍寺城に兵七百余を引き連れ退いた。

並河易家(明智掃部)は、生き延びたと伝え、茶会に記録が残る。松田政近は討死。阿閉貞征(?～1582)・貞大父子は、戦後に一族共々秀吉の軍勢に捕縛されて処刑されたという。

柴田勝定は、『明智軍記』によれば、天正7年に持病を理由に所替えを拒否したことが、柴田勝家の勘気に触れて出奔、明智光秀に転仕し、丹波柏原城を預けられたという。この頃か明智秀満の妹を妻にしたという。本能寺の変では、そのまま光秀に属し、二条城攻めに参加、主戦場の山崎の戦いにも兵2000を率いて先鋒として参加。明智氏滅亡後は、堀秀政に属したとされる。

小川祐忠(?～1601)は、近江国を制圧した明智光秀の傘下に入って出陣したが敗北。他の近江衆同様に羽柴秀吉に降伏した。

伊勢貞興・諏訪盛直は討死、御牧景重は光秀へ退却するよう使者を送り、自身は突撃して討死する。藤田伝五(行政)は、負傷し淀まで退却。翌日勝龍寺城陥落の報に接し、自刃という。村上和泉守(清国)は討死、津田与三郎(1549～1634)は、高野山へ逃れたが、翌天正11年(1583)に赦されて秀吉に仕え、豊臣秀次の付属とされた。

西暦1582

天正10	6月13日	「山崎の戦い」。吉田兼見、山崎合戦での「南方之諸勢」とは神戸信孝（「織田三七郎」）・羽柴秀吉（「羽柴筑前守」）・池田恒興（「池田紀伊守」）・丹羽長秀（「丹羽五郎左衛門」）・蜂屋頼隆（「蜂屋」）・堀秀政（「堀久太郎」）・矢部家定（「矢部善七」）・中川清秀（「瀬兵衛尉」）・多羅尾光俊（「多羅尾」）らで、二万余の軍勢で丹波国勝龍寺城を包囲したことを知る。（『兼見卿記』）。 **羽柴秀吉、丹波国勝龍寺城を包囲。** 「勝龍寺城落居了、則筑州令在京、惟日ハ坂本へ入退了云々、実歟」。 （『多聞院日記』）。 多聞院英俊、丹波国勝龍寺城を「落居」させた羽柴秀吉（「筑州」）がそのまま在京したこと、明智光秀（「惟日」）が近江国坂本まで撤退したことを知る。 明智光秀（「惟任日向守」）、京都山崎の合戦にて敗北。（『言経卿記』）。 明智光秀、山崎での合戦において織田信孝（「織田侍従信孝」）・羽柴秀勝（織田「次」、織田信長四男）・羽柴秀吉等と交戦、敗北。 伊勢貞興（「伊勢守」）をはじめとする明智軍の主将格三十余人が山崎の合戦に於いて「打死」す。（『言経卿記』）。	5119
	6月13日	**「光秀の三日天下」。明智光秀（「向州」）、この夜に丹波国勝龍寺城を「退散」す。明智光秀、逃走中に京都郊外小栗栖村の土民に殺害される。（『兼見卿記』）。** 秀吉軍は敗走する明智勢を追撃・掃討し、大軍を以って勝龍寺城を包囲。明智光秀（1528？～1582）は、再起を図るべく溝尾茂朝（勝兵衛）ら少数の近臣と共に、深夜、勝龍寺城を抜け出し、坂本城に戻る途中、小栗栖（醍醐）で土民に襲われ竹槍で刺し殺されたと伝わる。一揆に襲われ光秀は重傷を負い勝兵衛の介錯で切腹して果てたともいう。溝尾茂朝（勝兵衛）（1538～1582）も自害。 光秀の京都での政務は、僅か6月10日～12日までの3日間のみだった。世に言う「三日天下」である。	5120
	6月13日	「雨降、申刻至山崎表鐵放之音数刻不止、及一戰歟、果而自五條口落武者数輩敗北之体也、白川（山城愛宕郡）一条（乗）寺邊へ落行躰也、自路次一揆出合、或者討捕、或者剥取云々、自京都知來、於山崎表及合戰、日向守令敗軍、取入勝龍寺云々、討死等数輩不知数云々、天罰眼前之由流布了、落人至此表不來一人、堅指門数戸、於門内用心訖、」。（『兼見卿記』）。 この申刻（16時）より京都山崎に於いて「鉄放」の音が数刻にわたり止まなかった。兼見、京都五条口より「落武者」たちが愛宕郡白川一乗寺周辺へ逃走する様、逃走の途中にて「一揆」に遭遇した模様で「或者討捕、或者剥取」という状態であったことを目の当たりにする。兼見は、山崎合戦で明智光秀が敗軍し、青龍寺城に籠もった件について「天罰眼前之由流布了」と記し、落人はここ（吉田郷）には一人も来なかったが、堅く門を閉ざし、門内で「用心」していたと、記述する。	5121
	6月13日	勧修寺晴豊、早天に明智光秀の陣所が「はいくん」した旨を知る。京中は錯乱状態となり、勧修寺晴豊は「禁中」へ祗候。（『日々記』）。 明智軍が敗れたことを聞いた勧修寺晴豊、禁裏に出向く。	5122
	6月13日	明智軍（「日向守」）、二条御所（「二条屋敷」）に放火す。（『言経卿記』）。	5123
	6月13日	織田信孝（1558～1583）・羽柴秀吉（1537～1598）ら、明智軍の首級を京都本能寺に梟首す。（『言経卿記』）。	5124

| 天正10 | 6月14日 | 槇嶋井若裏帰順慶へ渡トテ今朝井戸重郎一手ノ衆従早旦出了并南方越智栖原万歳以下悉以立了、明日順慶ハ可有出京之由沙汰在之、勝軍比量古抄二帖長賢房寫来了。(『多聞院日記』)。 | 5125 |

多聞院英俊、井戸良弘(「井若」)(1534～1612)が「裏帰」って山城国槇島城を筒井順慶(1549～1584)に渡すため早旦に井戸重郎と一手衆を出陣させたこと、またこれに呼応し越智某・栖原某らも挙兵したこと、明日筒井順慶が出京することが決定したことを知る。

明智光秀に加担して槇島城を守っていた井戸若狭(良弘)が、筒井順慶方に城を明け渡すとのことで、この日の早朝に井戸・越智・栖原・万歳氏らの軍勢が山城へと向かう。
井戸良弘(1534～1612)の次男・治秀(?～1635)の室は、光秀の娘(七女)という。井戸良弘は、山崎合戦後の十四日、同城を筒井順慶(1549～1584)に渡すと、女房衆を連れて吉野へ逃れたという。

| | 6月14日 | 大和国興福寺、神戸(織田)信孝(「織田三七殿」)へ巻数五百疋を、「取継」の矢部家定(「矢部善七殿」)へ二百疋を、羽柴秀吉(「羽柴筑前守」)へ巻数五百疋を、蜂須賀正勝(「蜂彦」)へ百疋を送る。(『蓮成院記録』)。 | 5126 |

| | 6月14日 | 大和国興福寺別会五師釈迦院寛尊、「諸勢」が近江国坂本城へ向って出撃したこと、神戸信孝(「織田三七殿」)、北畠(織田)信雄(「御茶筅様」)をはじめ織田「御一門之衆」は美濃国・尾張国へ軍勢を発したこと、この混乱の中で「美濃三人衆」は「無別儀」ということを知る。(『蓮成院記録』)。 | 5127 |

| | 6月14日 | 織田信孝・羽柴秀吉入洛の連絡が朝廷に入る。 | 5128 |

| | 6月14日 | **勧修寺晴豊、正親町天皇「勅使」として京都郊外塔の森に於いて「両人」(織田信孝・羽柴秀吉)へ「御太刀拝領」を行う。広橋兼勝、誠仁親王(「親王御方」)の「御使」として京都郊外塔森に於いて織田信孝・羽柴秀吉へ「御太刀」拝領を行う。織田信孝・羽柴秀吉、勧修寺晴豊(正親町天皇勅使)・広橋兼勝(誠仁親王御使)へ「一段はやはやとかたしけなき由」を告げ、勧修寺晴豊・広橋兼勝より太刀を受け取る。(『日々記』)。** | 5129 |

| | 6月14日 | **織田信孝(「三七郎」)・羽柴秀吉(「藤吉郎」)、「せうれん寺」(青龍寺)表で明智軍を「打はたし」上洛。(『日々記』)。** | 5130 |

嵯峨野風景

西暦1582

天正10	6月14日	津田越前入道、吉田兼見を訪問。この度明智光秀（「日向守」）が吉田兼見邸に到来し、「禁裏」と京都「五山」へ「銀子配分」した件が織田側で執沙汰され「曲事」とされているので「織田三七郎御使」として糺明のために到来したという。兼見、津田越前入道と対面し事情を説明するも「不承伏気色」であったが、津田越前入道は帰京した。（『兼見卿記』）。	5131

吉田兼見、「禁裏」へ参内し津田越前入道より明智光秀からの銀子配分について糺明があった旨を申し入れたところ、誠仁親王（「親王御方」）との対面が実現した。そこで吉田兼見は誠仁親王へ詳細を上奏した。誠仁親王、吉田兼見から神戸（織田）信孝（「三七郎」）に対して早々に「御使」を派遣する旨の上奏を諒承す。（『兼見卿記』）。

誠仁親王、柳原淳光（1541～1597）を神戸信孝（織田信孝）陣所への「御使」として派遣す。（『兼見卿記』）。

吉田兼見、禁裏を退出し施薬院全宗（「徳雲軒」）を訪問。津田越前入道の糺明について相談すると、「不苦儀」ということであった。施薬院全宗によれば羽柴秀吉（「羽柴筑前守」）は「聊不可有存分」であるので早速事情を申し入れること、この日は三井寺を陣所としており、明日は早天に近江国への軍事行動に移るので、先ず桑原貞也（「鍬原」）へ申し入れるべきであるとのことであった。（『兼見卿記』）。

津田越前入道、この朝より行方不明となる。（『兼見卿記』）。

施薬院全宗使者・吉田兼見使者、桑原貞也（「鍬原」）のもとへ派遣。吉田兼見、使者より桑原貞也（「鍬原」）の返事を受けた。

その内容とは、津田越前入道の件は「更不苦義」であり、「御使」津田越前入道は神戸信孝（「三七殿」）が派遣したのではなく「私之存分」であったこと、この「不届仕合」はこの頃「京中度々」の事で、「鍬原存分」により神戸信孝（「武衛」）へ問い合わせたところ、神戸信孝からの返答では津田越前入道の件は「無御存知」きことで、津田越前入道に問責の使者を派遣したところ、この朝より外出し行方不明となっていたということであり、桑原貞也（「鍬原」）の推量の如く「越前私之義」であったことが判明したというものであった。もし再度津田越前入道が到来した場合には留めて織田側に注進すべきという「鍬原存分」を受けて吉田兼見は「安堵」した。（『兼見卿記』）。

「禁裏之御使」柳原淳光、神戸信孝（織田信孝）陣所より帰還し、神戸信孝の「御返事」を上奏す。

その内容とは津田越前入道の件は神戸信孝が指示したものではなく「曲事」であるので、捕獲次第注進するというものであった。吉田兼見は禁裏に於いてこの通知の内容を知り、「忝之旨」を申し入れて禁裏を退出す。（『兼見卿記』）。

吉田兼見、禁裏より帰宅し「在所」へ津田越前入道の件を通達する。（『兼見卿記』）。

神戸信孝、吉田兼見へ津田越前入道が「難題申懸」けた事は神戸信孝（織田信孝）の指示によるものではないこと、津田越前入道を捕獲し次第に報告する旨を通知。（『兼見卿記』）。

	6月14日	**前月、太政大臣を辞任した近衛前久（1536～1612）、「武命」に違えたため出奔。**（『公卿補任』）。	5132

近衛前久、醍醐で出家し、京都の嵯峨に逼塞。前久は、落飾し「龍山」と号する。明智勢が前久邸から織田信忠の籠る二条御所に弓矢・鉄砲を撃ちいれた事に関する追求を、秀吉らから受けたという。

	6月14日	秀吉軍の先鋒は、亀山城攻略に丹波亀山に入る。	5133

| 天正10 | 6月14日 | **秀吉本隊は、明智光秀を追って近江に入り三井寺に陣取る。** | 5134 |

| | 6月14日 | 秀吉軍、近江国において明智残党の掃討作戦を実行。 | 5135 |

| | 6月14日 | **十三日夜敗報を聞いた明智秀満（左馬助）（1536〜1582）、この日、全軍を率い安土を発って光秀救援に向かう。大津で秀吉軍先方の堀秀政（1553〜1590）の軍と遭遇、打出浜で戦うも敗れ坂本城に逃れる。**
明智秀満は、たった一騎、大鹿毛で琵琶湖を泳いで渡ったとされる。（「左馬助の湖水渡り」）。創作であろう。 | 5136 |

| | 6月14日 | 大和国興福寺別会五師釈迦院寛尊、羽柴秀吉（「羽筑」）は先ず近江国長浜城に「帰陣」したことを知る。（『蓮成院記録』）。
羽柴秀吉（1537〜1598）、坂本より水路、近江国長浜城に入る。 | 5137 |

| | 6月14日 | 三宅大膳入道長閑、丹波横山で捕らえられる。明智秀満（左馬助）の父という。 | 5138 |

| | 6月14日 | 信長の弔い合戦を表明した徳川家康（1543〜1616）、本多忠勝（1548〜1610）・石川数正（1533〜1592？）らを率いて岡崎城出陣、尾張国鳴海に着陣。先鋒の酒井忠次（1527〜1596）は津島に到着。 | 5139 |

| | 6月14日 | 「来状委細披見本望之至候、如仰今度京都之仕合無是非次第候、乍去若君（三法師）様御座候間、致供奉令上洛、彼逆心之明智可討果覚悟ニ而、今日十四至鳴海出馬候、殊其地日根野（日根野元就）方、金森（金森長近）方一所江被相談候由、弥以専一候、此者万々可御馳走可為祝着候、尚追々可申述候間、不能一二候、恐々謹言、」。
徳川家康、佐藤六左衛門尉（美濃国鉈尾山城主・佐藤秀方）（？〜1594）へ、日根野弘就（1518〜1602）・金森長近（1524〜1608）と共に徳川家康の上洛に協力すべきの命令。 | 5140 |

| | 6月14日 | 「徳川家康書状」。「今度京都之様躰無是非儀候、其付而□上様を御弔我々令上洛、さ様候へハ今日十四至鳴海出馬候、然者此節可有御馳走之旨水野藤助舌頭ニ候、弥以大慶候、諸事於御入眼者可為本望候、尚委細彼口上ニ相含候、恐々謹言、」。

徳川家康（1543〜1616）、織田信雄家臣・美濃松ノ木城の吉村又吉（氏吉）（1533？〜1620）へ、織田信長弔いのため出陣する意思を表明。詳細は水野藤助（長勝）に伝達させる。 | 5141 |

| | 6月15日 | 「順慶今朝自身千計にて立了、昨今立入数六七千可在之と云々、今夕醍醐陣取と申、餘に被見合筑州より曲事と申云々、惣て天下は信長如御朱印毎事可在之云々、尤々」。（『多聞院日記』）。
多聞院英俊、この朝に筒井順慶（1549〜1584）自身が一千余の軍勢を率いて出陣したこと、この夕方に京都郊外の醍醐に布陣したこと、羽柴秀吉は筒井順慶の行動を「曲事」としたことを知る。また事変後のことは「惣て天下は信長如御朱印毎事可在之」ということを知る。 | 5142 |

| | 6月15日 | 先夜井戸若州槙嶋ヲ離了、荒木清兵衛討入云々、順慶ノ仕合以外之由口遊、於事実者咲止咲止。（『多聞院日記』六月十六日条）。
多聞院英俊、十四日夜、井戸良弘（1534〜1612）が山城国槙島城（京都府宇治市槙島町大幡）を脱出し、荒木清兵衛が入城したことを知る。これは筒井順慶の意図したことではないという「口遊」であり、これが事実であれば大変な事態であるとの認識を記す。 | 5143 |

西暦1582

天正10	6月15日	山科言経 (1543~1611)、明智光秀が京都醍醐周辺に「牢籠」していたが「郷人一揆」により殺害され、光秀首級が京都本能寺へ届けられたことを知る。(『言経卿記』)。勧修寺晴豊 (1544~1603)、勧修寺家領某所の百姓が光秀の首級を織田信孝・羽柴秀吉のもとへ届け出たことを知る。晴豊、本能寺に明智光秀「むくろ」と「首」が晒され見物衆にあふれていた状況、三千程の明智与党の首が織田信長の自刃した跡地に並べられた状況を目の当たりにする。(『日々記』)。	5144
	6月15日	**「安土城、三年で焼亡」**。北畠信意 (織田信雄) (1558~1630)、明智の残党狩りにと、一人もいない安土城を攻め放火、安土城天主まで炎上。安土セミナリヨも焼亡。「近江国安土城、焼失す。安土山下からの「類火」によるという」。(『兼見卿記』)。土一揆によって焼亡されたともいう。キリシタン大名・高山右近 (1552~1615) は、安土のセミナリヨを高槻に移転したという。	5145
	6月15日	吉田兼和 (兼見) (1535~1610)、神戸 (織田) 信孝 (三七郎) (1558~1583) へ、御礼の為に吉田兼治 (1565~1616) を派遣。「別而三七郎殿御入魂」であった水無瀬親具 (1552~1632) が同行した。吉田兼治、神戸 (織田) 信孝へ帷子を持参、ここで確実な情報に接す。その内容は、明智光秀が京都醍醐周辺にて「一揆」に討ち取られたこと、明智光秀の首級は村井清三 (貞勝の一門衆で家臣) が、神戸 (織田) 信孝のもとへ持参したということであった。(『兼見卿記』)。	5146
	6月15日	吉田兼治、近江国草津に於いて神戸信孝 (織田信孝) に御礼を申したところ「仕合能」ということであった。これも水無瀬親具の「馳走」によるものであった。吉田兼治、申下刻に帰宅し吉田兼見へ「向州事秘定」を通知す。(『兼見卿記』)。	5147
	6月15日	**「明智一族滅亡」**。秀吉方の堀秀政 (1553~1590) の軍が、明智秀満 (左馬助) (1536~1582) の入った坂本城を包囲。秀満は、国行の刀・吉光の脇差・虚堂の墨跡を蒲団に包み、目録を添えて寄手に呼びかけ、「此道具は私ならぬ事、天下の道具なれば、是にて滅し候事は、弥兵次傍若無人と思召すべく候間、相渡し申候」とて、送り届けさせたという。その後秀満は、光秀の妻子及び妻 (光秀の娘) を刺殺し、自害する。	5148
	6月15日	明智秀満の家臣・高山次右衛門、近江国坂本城「天主」に放火して切腹。(『兼見卿記』)。	5149
	6月15日	坂本城近くの堅田に潜伏していた斎藤利三 (1534~1582) は、捕らえられ秀吉方に引き渡される。	5150
	6月15日	この日に、高山重友 (右近)・中川清秀らの攻撃を受け丹波亀山城も落城し、明智光秀の長男・十五郎 (光慶) (1569~1582) は、丹波亀山城で十四歳の生涯を終える。6月13日病死などの異説もあり、実は光慶は、落ち延び妙心寺で僧玄琳になったという説もある。	5151
	6月16日	「順慶仕合曲事と沙汰故、又なら中物を隠、沈思沈思、…………」。(『多聞院日記』)。大和国奈良では筒井順慶の「仕合曲事ト沙汰」というので騒動になった。	5152
	6月16日	堺の代官・宮内法印 (松井友閑) (?~?)、早天に上洛。勧修寺晴豊、上洛し庭田大納言 (重保) を同行した松井友閑の来訪を受け、近衛前久 (「近衛殿」) に関する事情聴取がなされた。また勧修寺晴豊、「かちやう」(官掌：弁官下官) より誠仁親王 (「御方御所」) からの「内々衆」招集命令を受ける。(『日々記』)。	5153

天正10	6月16日	神戸（織田）信孝（1558～1583）、周彭蔵主へ、山城国伏見庄の柏岫周悦跡職を菊齢周彭の知行とする旨を承認。	5154
	6月16日	神戸信孝（「三七郎殿」）・「其外諸勢」、近江国安土城に下向す。（『兼見卿記』）。	5155
	6月16日	「神流川の戦い」はじまる。 北条氏直（1562～1591）・北条氏邦（氏康四男）（1541～1597）の北条軍五万五千の兵、上野国倉賀野城（群馬県高崎市倉賀野町）を攻撃、これを知った滝川一益（1525～1586）は、「弔い合戦のため」と称し、厩橋城（前橋市大手町）を出陣。	5156
	6月17日	「足利義昭御内書」。義昭、香宗我部安芸守（香宗我部親泰）宛送付。	5157
	6月17日	惟任日向守は十二日勝龍寺より遁て山階にて一揆にたたき殺れ了、首もむくろも京へ引了云々、浅猿浅猿、細川の兵部太夫カ中間にてありしを引立之、中国の名誉に信長厚恩にて被召遣之、忘大恩致曲事、天命此如。（『多聞院日記』）。 多聞院英俊、明智光秀（「惟任日向守」）が去六月十二日に丹波国勝龍寺城を脱出した後に逃走中の京都山階に於いて一揆に叩き殺されて首も胴も京都へ運ばれたことを知る。また多聞院英俊が知っていたのは明智光秀が細川兵部大夫（藤孝）の中間であったところ抜擢されて、今度は織田信長の厚恩により「中国の名誉」を為すために派遣されたのであったが、「忘大恩致曲事」したということで殺害されたのであり、これも「天命」であったということであった。	5158
	6月17日	山科言経、「今度謀叛随一」の斎藤利三（「斎藤蔵助」）が近江国堅田に「牢籠」しているところを捕獲され、京都洛中を「車」にて引き回され六条河原に於いて「誅」されたことを知る。（『言経卿記』）。 「斉藤蔵助生捕テ安土エ引云々、天命天命」。（『多聞院日記』）。 **秀吉の執拗な捜索により近江堅田で捕縛された斎藤利三（1534～1582）、京都洛中を「車」にて引き回され六条河原で斬首。享年49。** **首もしくは胴体は、光秀と共に本能寺に晒されたといわれている。** 光秀や左馬助（明智秀満）の墓は、滋賀坂本の西教寺にある。その後、利三の首は彼と親交の深かった絵師の海北友松により、真正極楽寺（真如堂）（現在は京都市左京区浄土寺真如町）へ葬られた。 利三末娘の福（春日局）（1579～1643）は、母と共に祖母の実家、三条西家に匿われたという。利三正室は、稲葉良通（一鉄）と三条西実枝の娘との子であった。その後福は、稲葉重通の養女となり、江戸幕府の第三代将軍徳川家光の乳母となり、権勢を誇った。 利三平生所嗜。非啻武藝。外専五常會朋友。内翫花月。學詩歌。今何為逢子戸此難。（『惟任退治記』）。 斎藤利三実兄・石谷頼辰（いしがいよりとき）（長宗我部元親正室の義兄で光秀家臣）（？～1587）は、妹の嫁ぎ先である土佐へ落ち延びた。福（春日局）も、宗我部氏の庇護を受け、土佐の岡豊城（高知県南国市岡豊町）で成長したともいう。その後頼辰は長宗我部氏に仕え、中央での経験を買われて重用されて、その給地は四十四町にのぼり、娘は従兄にあたる元親の子・長宗我部信親（頼辰の甥）（1565～1587）に嫁いだ。しかし天正14年（1587）12月12日、戸次川の戦いで女婿・信親と共に戦死した。	5159

西暦**1582**

天正10	6月17日	この早天に明智与党で「信長打談合衆」の斎藤利三（「済藤蔵助」）が捕獲され「車」上にて京都町中を引き回される。勧修寺晴豊は斎藤利三を見物するが、見物人は予想以上に多く、「京都わらへ」は様々な噂をたてており、あきれて取るに足らない内容であった。 近衛前久（「近衛殿」）・勧修寺尹豊（「入道殿」）が京都郊外の嵯峨に遁世しているということで、織田信孝らが両名を討ち取るために軍勢を派遣したが脱出に成功、誠仁親王（「御方御所」）は近衛前久と勧修寺尹豊（「入道殿」）の身上を案じ、勧修寺晴豊が見舞に向かう。近衛前久（「近衛殿」）に向けられたこの嫌疑は「ひきよ」（非拠）であった。（『日々記』）。	5160
	6月17日	「政道一段厳」となり「洛中洛外安堵」となった。（『兼見卿記』）。	5161
	6月17日	近衛前久、島津義久（1533～1611）へ、近衛前久自身は本能寺の変後に蟄居している旨を報告。「若鷹」はそのため無用であること、更に島津義久からの「沈香」百両の贈答を謝す。	5162
	6月17日	秀吉、長浜城にて家族と対面。二日宿泊。	5163
	6月17日	「前田利家、柴田勝家に、能登の不穏なるが為上洛軍に従ふ能はざることを答報す」。前田利家（1538～1599）、山崎での明智光秀討死を通知してきた柴田勝家（1522？～1583）の上洛を賞す。さらに能登国での一揆が不穏なため、軍勢を率いて面会することができない旨を通知。 石動山衆徒と、上杉方の助勢を得て越後から戻ってきた温井長隆・三宅長盛兄弟による叛乱の動きである。	5164
	6月18日	下間頼廉（1537～1626）、蒲生賢秀（1534～1584）・蒲生賦秀（後の氏郷）（1556～1595）へ、本能寺の変（「京都不慮」）にあたり本願寺側としては蒲生賦秀の入魂の意向に満足している旨を通知。さらに織田信孝は、本願寺へ松井友閑と丹羽長秀を「御使」として派遣してきたことも通知。	5165
	6月18日	吉田兼見、近江国堅田に於いて明智光秀与党の猪飼半左衛門（「伊加半衛門」）が捕獲されたことを知る。（『兼見卿記』）。 猪飼野秀貞（明智半左衛門）（1555？～1596？）であろうか。室は明智光秀の娘というが。本能寺の変に際しては、明智に属した父昇貞とは袂を分かち、近江堅田に逃れ潜伏中だった斎藤利三を捕縛したという。その後は丹羽長秀の家臣を経て徳川家康に仕え、遠江国・駿河国にて四百九十石の知行を与えられたされる。	5166
	6月18日	織田信孝・羽柴秀吉、水無瀬家の所領をめぐって水無瀬兼成（権中納言）（1514～1602）の使者を安土に派遣させたところ、水無瀬親具（左近衛中将）（1552～1632）に使者を殺害される。 親具は水無瀬兼成の養嗣子であったが、元亀2年（1571）兼成が実子氏成（1571～1644）を儲けたために家中で不和を生じ、天正4年(1576)織田信長の調停を受けた。天正10年(1582)6月の山崎の戦い後の混乱に乗じて安土城下に出仕して織田信孝に接近し、これに応じて兼成が安土へ送った家人2名と中間1名を殺害。さらに20日、兼成を八幡の旅館に襲撃した。兼成派の家人による親具毒殺計画が発覚したためという。これらの狼藉で勘を蒙り、兼成との対立もますます深刻化したため、信孝を頼って美濃国へと下った。	5167
	6月18日	柴田勝家、近江国加田庄(滋賀県長浜市)に禁制を掲げる。	5168

天正10	6月18日	熙子父・妻木勘解由左衛門範熙の兄・妻木藤右衛門広忠は、坂本城落城後、近江西教寺に明智将士の遺骸を埋葬し、光秀妻・熙子の墓前で自刃したという。	5169
	6月18日	甲斐の新領主・河尻秀隆(1527~1582)は、一揆軍と激突。 状況不利と見て甲斐からの撤退を決意するが、一揆軍に包囲され、岩窪(山梨県甲府市)において武田の旧臣・三井弥一郎に討ち取られる。享年56。 武田氏旧臣の指揮する一環の背後には家康(1543~1616)がいた。子の秀長(?~1600)は、森長可(1558~1584)の元に身を寄せ客将扱いとなる。	5170
	6月18日	「第一次神流川の戦い」。滝川一益軍一万八千と氏政の弟・北条氏邦率いる北条軍は、上野と武蔵の国境辺りの神流川・金窪原(埼玉県児玉郡上里)で激突。一益は、兵力で劣りながらも北条軍を撃破。	5171
	6月19日	羽柴秀吉(1537~1598)、高木貞久(美濃国今尾城(岐阜県海津市平田町)主)(?~1583)へ、山崎の戦い後に美濃国への進行を通知。 秀吉、高木彦左衛門へ、十三日明智と一戦し悉く討ち果たし首三千余討ち取ったこと、光秀は山科藪中に隠れていたところを百姓が首を切り捨て置いたのを見つけたこと、利三は二人の子と逃げる途中を郷人が子の首を切り利三を生け捕り、車で引きまわしの上、首を切ったこと、坂本城では光秀の子二人と明智弥平次（秀満）が切腹し天守が焼け落ちて死んだこと、近江の光秀加担者は首を切るか召し抱えるかしたこと、明日美濃へ入る予定であることを告げる。	5172
	6月19日	織田信孝（「三七郎信孝」）(1558~1583)、大徳寺へ、明智光秀（「明智」）寄進の銀子を「我々上洛之刻」にあたり処分する旨を通達。	5173
	6月19日	徳川家康（1543~1616）は、秀吉の使者から叛乱軍平定の報告を受け、また帰国を要望され、岡崎に戻る。	5174
	6月19日	前田利家(1539~1599)、柴田勝家(1522?~1583)・佐久間盛政(1554~1583)へ、「本能寺の変」に乗じて温井備前守景隆・三宅備後守長盛兄弟(能登畠山氏遺臣)らが、上杉景勝(1556~1623)の後援により能登国に侵入したために援軍を要請。	5175
	6月19日	湯原国信（上杉家臣）、直江与六（兼続）へ「信長滅亡」は本望であること、上杉景勝が出撃すれば越中国は上杉領となるべきこと、佐々成政軍を撃退したことの披露を依頼。	5176
	6月19日	「第二次神流川の戦い」。 態勢を立て直した北条氏直・北条氏邦軍は再び滝川軍に攻めかかり戦意の劣る滝川軍は大敗を喫し、滝川一益(1525~1586)は厩橋城に敗走。後に北条軍は、織田軍を破り上野国を手中に収めて、本拠伊勢長島城(三重県桑名市長島町)に向かう一益を追い、碓氷峠を越え信濃国を蹂躙し、更に甲斐郡内地方も脅かす。	5177
	6月20日	平井主水、紀伊国雑賀より上洛、「御見舞」として本願寺顕如（「門跡」）より千五百疋を誠仁親王へ献上。「こうもん」が誠仁親王（「御方御所」）へ披露した。また本願寺顕如（「門主」）より庭田重保・勧修寺晴豊両人へ二百疋ずつが贈与。（『日々記』）。**本願寺顕如・教如父子が仲直りした事の御礼であった。**	5178

西暦**1582**

天正10	6月20日	「近衛相国、自三七殿可有御成敗之旨依洛中相触、御方御所御身上御気遣御迷惑也、出京之刻、流布之間祇候了、内府御身上聊別義之由、鍬原・長谷川宗仁祇候了」。（『兼見卿記』）。	5179
		吉田兼見、出京した際に神戸（織田）信孝（「三七郎殿」）が近衛前久（「近衛相国」）を「御成敗」する旨を洛中に通達したこと、その通達により近衛信基（信尹）（「御方御所」）の身の上は「御迷惑」を蒙っているとの「流布」に接し、近衛邸を訪問。近衛信尹（「内府」）の「御身上聊無別義之由」を桑原貞也（「鍬原」）・長谷川宗仁に確認した。 織田信孝によって、近衛前久が成敗されるという噂が流れる。本能寺を攻撃した明智光秀軍が近衛前久邸から本能寺を銃撃した」と織田信孝や後に猶子となる羽柴秀吉からも詰問されていた。	
	6月20日	羽柴秀吉、美濃国次いで尾張国清須城（愛知県清須市一場）に入城。	5180
	6月20日	一　柳直末（1546～1590）、美濃国崇福寺へ従来のままを羽柴秀吉（「筑前守」）から安堵された旨を通達。	5181
	6月20日	上杉景勝（1556～1623）、森長可に従っていた市川信房に、飯山城（長野県飯山市飯山）明け渡しを賞し、海津城（長野市松代町松代）将・春日信達（高坂昌元）（？～1582）に対し軍忠を促すよう求める。 **信長が横死した後の信濃は上杉・徳川・北条氏の草刈り場となっていた。**	5182
	6月20日	温井景隆・三宅長盛兄弟、上杉景勝の援兵を率い、天平寺衆徒の協力を得て女良（富山県氷見市女良）に上陸し、荒山に城を築きはじめる。	5183
	6月20日	北条氏直に敗れた滝川一益（1525～1586）、厩橋を出て、伊勢本領長島に向かう。 一益は信濃の小諸・下諏訪・木曽福島などを経由し帰国の途に就くが、北条軍の追撃や武田の旧臣の蜂起などあり苦難を極めた。	5184
	6月20日	滝川一益の与力・天徳寺宝衍（佐野房綱）（1558～1601）、常陸国の佐竹義重（1547～1612）へ、佐野宗綱が滝川一益に従って和田へ出陣したこと、佐野宗綱らが武蔵国鉢形（埼玉県大里郡寄居町）の北条氏邦（氏康の四男）（1541～1597）を撃破した旨を通知。	5185
	6月21日	明智光秀が討たれたという報を確認した徳川家康、兵を納めて浜松に帰城。	5186
	6月22日	松井友閑（「宮内卿法印」）（？～？）、上洛す。（『兼見卿記』）。 吉田兼見、上洛した松井友閑を訪問し面会。友閑は「連々信長へ奏者」であったが、今度は「当方馳走」となったという。「仕合祝着」であり、兼見は松井友閑へ明智光秀（「日向守」）が吉田邸を来訪して「銀子配分」を行った旨を詳細に説明した。（『兼見卿記』）。	5187
	6月22日	吉田兼見、神戸信孝（「三七郎殿」）・「諸勢」が美濃国へ向かったというので「本陣」へ鈴鹿定継を派遣し織田信長「御朱印之次目」を神戸信孝に申し入れさせた。また先頃の明智光秀「銀子配分」の様子を「条書」形式にして奥に「誓言」を以て呈出す。さらに水無瀬親具と相談すべき旨を申し含めて羽柴秀吉（「羽柴筑前守」）に書状音信・贈物を贈呈。（『兼見卿記』）。	5188
	6月22日	**桑原貞也（？～？）・村井清三（貞勝の一門衆で家臣）（？～？）、京都粟田口に明智光秀・斎藤利三（斎藤内蔵助）の首塚築造の「奉行」として作事を開始する。**（『兼見卿記』）。	5189

天正10	6月23日	明智光秀と斎藤内蔵助利三の各々の首と胴体を繋ぎ、山城国と近江国の境界の粟田口の東に晒す。	5190
	6月23日	村井清三、雑色を以て「向州預物」と「近衛殿御物」の糺明・提出命令を通達す。（『兼見卿記』）。 **京都洛中にて、明智光秀と近衛前久からの預かり物を提出すべしとの触れが出る。**	5191
	6月23日	松井友閑（「友盛」）、朝廷へ「けいこ」（警護の軍勢）を派遣。（『日々記』）。 松井友閑、夕方に上洛す。（『日々記』）。	5192
	6月23日	吉田兼見、施薬院全宗（「徳雲軒」）を礼問し羽柴秀吉（「羽筑」）への「取合憑入之由」を相談す。施薬院全宗は特別に懇意であった。（『兼見卿記』）。	5193
	6月23日	**正親町天皇、本願寺教如（「本願寺新門跡」）と本願寺顕如の「中なをり」にあたり「うはうの文」を下す。（『日々記』）。** 第百六代正親町天皇（1517～1593）、本願寺第十一世顕如光佐（1543～1592）に、本願寺教如光寿（1558～1614）の赦免を提案していた。顕如光佐、義絶状態にあった子・教如と和解する旨を庭田重保・勧修寺晴豊に通知した。	5194
	6月23日	能登国石動山へ進軍した温井備前守景隆・実弟三宅備後守長盛（畠山遺臣）、荒山に要害（桝形山城）を構築。	5195
	6月23日	織田信孝、美濃国立政寺・大宝寺・常在寺・千手堂それぞれへ全三ヶ条の禁制を下す。 羽柴秀吉、美濃国立政寺へ禁制を下す。 堀秀政・丹羽長秀・羽柴秀吉、美濃国善行寺へ禁制を下す。	5196
	6月24日	丹羽長秀・羽柴秀吉、美濃国関惣中へ禁制を下す。	5197
	6月24日	前田利家、柴田勝家・佐久間盛政へ、去二十三日に越後勢が能登国石動山へ進軍し荒山に要害を構築した旨を通知。早急たる援軍派遣を要請。	5198
	6月25日	羽柴秀吉、美濃の延友佐渡守（信光）宛てに、「悪逆人（明智光秀のこと）」等を退治したことで、近江国の治安を回復したことを知らせた。 延友佐渡守は、秀吉の命令に対しすぐに応じて人質を差し出したという。	5199
	6月25日	羽柴秀吉、高田長左衛門へ尾張・美濃両国における明智残党掃討戦の状況を報ず。また近日中に上洛し織田信長の葬儀（「上様御仏事」）の執行予定を通達。 秀吉、美濃の高田長左衛門へ、尾張・美濃における光秀残党の掃討が終了したこと、近日中に上洛し信長の葬儀を執行することを通達。	5200
	6月25日	前田利家（1539～1599）、三千人の兵を率いて石動山へ向かい、この日未明に石動山と桝形山の中間にある芝峠に布陣。	5201
	6月25日	佐々成政、越中国蓮華寺へ全三ヶ条の禁制を下す。	5202
	6月26日	吉田兼見、この申刻（16時）に美濃国へ派遣した鈴鹿定継の復命を受ける。水無瀬親具（兼成の養嗣子、左近衛中将）（1552～1632）の「馳走」により「三七郎殿免除之状」を獲得できたという。「信長御朱印」の如く安堵したものであった。（『兼見卿記』）。	5203
	6月26日	能登国主前田利家（1538～1599）、援軍である金沢から来た佐久間盛政（1544～1583）ら、能登荒山城（石川県鹿島郡中能登町芹川鹿島　桝形山）を攻略。復権を目指して上杉景勝（1556～1623）の支援のもと、能登へ侵攻した温井長隆（？～1582）・三宅長盛（？～1582）兄弟を討つ。	5204

西暦1582

天正10	6月27日	本願寺教如、下間頼廉(1537～1626)へ本願寺顕如の意に違反しない旨を誓う。(『本願寺文書』)。 石山本願寺開城をめぐって信長への対応の相違から、義絶状態であった本願寺顕如光佐、朝廷の斡旋により、長男・教如光寿を赦免する。父子の間に和睦が成立。	5205
	6月27日	「清須会議」。柴田勝家(1522？～1583)、惟任(丹羽)長秀(1535～1585)、羽柴秀吉(1537～1598)、池田恒興(1536～1584)ら、尾張清須城に会する。滝川一益(1525～1586)は、関東から伊勢に向かっており、間に合わなかったという。(来会出来たが、直前の敗戦を口実に、参加を拒まれたとの説もある)。 一番の争点であった織田家の後継者問題では、信長三男・織田信孝(欠席)(1558～1583)を擁立する勝家と、信長の嫡孫にあたる信忠の嫡男・三法師(後の織田秀信)(1580～1605)を擁立する秀吉との対立が起こる。 秀吉は、光秀討伐の功労者であり、長秀らの支持や、三男であり神戸氏へ養子に出ている信孝よりも血統的な正統性が強い事もあって三法師を後継者として立て、神戸(織田)信孝に預けると決まる。その直前、織田信孝の斡旋(秀吉斡旋説が有力)により、お市(1547？～1583)は信長の家臣・柴田勝家62歳と婚約、会議後、岐阜で婚儀(再婚)という。	5206
	6月27日	「清須会議」。明智光秀と織田信長・信忠父子の遺領配分が以下のように行われる。信忠の遺領の内、美濃を神戸(織田)信孝(1558～1583)、尾張・(旧領伊勢)を北畠信意(織田信雄)(1558～1630)に分配する。 羽柴秀吉がそれまでの播磨国に加えて山城国・丹波国を加増される代わりに、柴田勝家が(旧領越前)と秀吉の近江北三郡(長浜城を含む)を受け取る。 丹羽長秀の領する近江中郡(佐和山城)が堀秀政(1553～1590)に、代わりに丹羽長秀に若狭一国に加えて近江高島郡(津田信澄領)と志賀郡(明智光秀領)が与えられる。長秀は、柴田勝家の勢力圏と隣接することで羽柴秀吉陣営側の最前線に置かれることになる。 池田恒興が摂津大坂、尼崎、兵庫を獲得する。	5207
	6月27日	池田恒興・羽柴秀吉・丹羽長秀・柴田勝家、堀秀政(1553～1590)へ、従来通り坂田郡台所入二万五千石(織田三法師丸蔵入)運上を命令。	5208
	6月27日	柴田勝家・池田恒興・羽柴秀吉・丹羽長秀、高山重友(右近)(1552～1615)へ播磨国能勢郡内に三千石、近江国佐久間盛政領内に千石を知行として安堵。	5209
	6月28日	明智内弥平二親いけとり申し候。(『日々記』)。 勧修寺晴豊、明智秀満(明智内弥平二)の親が生け捕りにされたことを知る。	5210
	6月28日	羽柴秀吉、尾張国清洲を発して近江国長浜へ帰城するにあたり、高木貞利(美濃国今尾城主息)へ船の用意を命令。	5211
	6月28日	前田利家、温井景隆・三宅長盛・遊佐長員三大将と石動山般若院快存らの首を大芝峠に梟す。	5212
	6月29日	勧修寺晴豊(1544～1603)、明智秀満の女房衆「北某の姉」が生け捕りにされたと聞き、引き取ることにする。継子二人は、親元に引き取らせることにする。	5213

| 天正10 | 6月29日 | 吉田兼見、丹波国福智山城に在城していた明智光秀家中衆の明智秀満（弥平次）の親が捕獲され上洛したことを知る。（『兼見卿記』）。 | 5214 |

丹波国福知山は、もとは福智山であったが、江戸享保年間（1716～1736）に地名を変えられてしまった。福智山の「智」は明智光秀の「智」である。光秀はこの地の中興の祖として御霊神社（京都府福知山市中ノ町）に祀られ、かつて光秀がこの地に善政を施したことを永く時の中に刻んでいる。

御霊神社の祭神は、宇賀御霊大神であって元来、稲を主宰し給う神を祀ったことから五穀豊穣商売繁昌の神として崇められてきた。

しかしこの本社を御霊神社と云うのは明智光秀を祀ったことに由来している。光秀は織田信長を倒したことから逆臣の名を史上に遺したが、彼は丹波に於て諸豪が所々に割拠していたものを平定しその拠点として福智山城を修造し、由良川に長い堤防を構築して其流路を転じ、氾濫を防ぎ、ここに城下町を建築するに当たっては地子を命ずるなど、種々善政を施した。生前人々に慕われて居たものが冤罪を蒙った様な場合に、その御霊を慰めようとした御霊社が各地にあり、この御霊神社本社もその一例である。

	6月30日	織田信孝、美濃国西之郷の宝林坊へ禁制を下す。	5215
	6月-	織田信孝、美濃国大寶寺・立政寺へそれぞれ全三ヶ条の禁制を下す。 稲葉一鉄・稲葉重通、美濃国大龍寺へ全三ヶ条の禁制を下す。 羽柴小一郎長秀（羽柴秀長）、丹波国佐治市場へ全三ヶ条の禁制を下す。 桑山重晴（「重勝」）、丹波国氷上郡佐治庄・小倉町へ全三ヶ条の禁制を下す。 杉若無心・桑山重晴（「重勝」）、丹波国妙法寺へ全三ヶ条の禁制を下す。	5216
	7月-	この月、本願寺顕如光佐（1543～1592）、加賀石川郡の門徒に対し、織田信長が討たれた件を嘆き、その後の織田政権との関係も昵懇なので安心するよう報じる。	
	7月1日	羽柴於次秀勝（信長四男）（1568～1586）・羽柴秀吉（1537～1598）、近江国称名寺へ新地を加え、還住を命令。	5218
	7月1日	織田信孝、美濃国美江寺へ全三ヶ条の禁制を下す。	5219
	7月1日	滝川一益（1525～1586）、ようやく、上野国から本領の伊勢長島に辿り着く。	5220
	7月2日	吉田兼和（兼見）（1535～1610）、明智秀満の親が粟田口で張り付けにされたことを知る。（『兼見卿記』）。 三宅大膳入道長閑（光秀の叔父）、粟田口に磔に処される。63歳とされ、明智秀満の父という。 **明智秀満の岳父・坂本城代とされる明智光廉（三宅長閑斎）、横山（福智山）で捕縛され、生張付に懸けられる。**	5221
	7月2日	本能寺の変により、禁中に小屋がけする町人も現れる。この日、「材木町餅屋」が御所の後苑に設けた小屋を撤去する。（『言継卿記』）。	5222
	7月3日	織田信孝（信長三男）（1558～1583）・羽柴秀吉（1537～1598）、山城国本能寺へ、織田信長の本能寺屋敷を御墓所とし、本能寺僧の還住を命令。信孝、本能寺の焼け跡で収集した多くの遺骨や信長の太刀を廟に納め、本能寺を信長の墓所と定め碑を建て供養したと伝わる。	5223
	7月6日	増田長盛（1545～1615）、旧地に還住するよう羽柴秀吉へ訴訟した山城国本能寺へ書を遣わし、鳥目百疋を披露し羽柴秀吉の了解を得たこと、羽柴秀吉は近日中に上洛予定があることを通知。また増田長盛への鳥目三十疋を謝す。	5224

西暦1582

天正10		
7月6日	吉田兼見(1535～1610)、池田恒興(1536～1584)への挨拶の帰り、従兄弟・細川幽斎(藤孝)(1534～1610)と出会い、連れ立って京へ戻って、里村紹巴(1525～1602)の家で事変の終始を語り合う。	5225
7月7日	森可成室・妙向尼、子の蘭丸(乱丸)・坊丸・力丸の死を嘆き悲しみ、葬礼を執行。千本卒塔婆を造立する。	5226
7月8日	**羽柴秀吉(1537～1598)、山城国本能寺へ寄宿免許を下す。**	5227
7月8日	「木津羽柴筑前取とて、奉行浅野弥兵衛より数出可仕之由折岳来」。(『多聞院日記』)。羽柴秀吉、山城国の寺社・公家に、検地指出を命じる。	5228
7月8日	**羽柴秀吉、近江で初の検地を行う。**	5229
7月8日	「今日城介殿若子三才、羽柴筑前守御伴ニテ在京、諸大名衆礼在之云々、則大門様モ御上洛了、…………」。(『多聞院日記』)。	5230
7月9日	**羽柴秀吉、長浜城より織田三法師丸を伴って上洛。8日のようだ。**	5231
7月9日	徳川家康、中道往還より、甲府の右左宿口に着陣。家康、九一色郷の士と郷中に諸役免許、二十四日まで滞在して旧武田諸氏八百三十人余り帰服する。 織田家臣不在となった甲斐・信濃には徳川家康(1543～1616)が軍をすすめ、敵対行動に出てきた北条氏や上杉氏などから織田家の所領を守るという口実で事実上占拠。	5232
7月10日	**羽柴秀吉、本國寺(後の本圀寺)に陣する。**	5233
7月11日	**羽柴秀吉、本國寺において多くの公家衆の訪問を受ける。** 秀吉は本國寺広間に於いて伏見宮邦房親王からの御使・吉田兼見と対面。(『兼見卿記』)。	5234
7月11日	「羽柴秀吉血判起請文」長岡兵部大輔・長岡与一郎宛。羽柴秀吉、細川幽斎(藤孝)(1534～1610)・忠興(1563～1646)父子の本能寺の変(信長御不慮)に際する態度を賞し、全三ヶ条にわたる待遇を保証する旨の起請文を送付。	5235
7月11日	羽柴秀吉、去年より誼を通じていた鍋島直茂(龍造寺氏重臣で、政家の義理の叔父)(1538～1618)へ、本能寺の変(「京都不慮」)により毛利氏と和睦締結したこと、明智与党全滅磔刑に処したこと、「御国々」へ従来の如く「静謐」を申し付けて九日に上洛したことを通知。更に近日中の姫路帰城と報告、「南蛮帽子」の贈答を謝す。	5236
7月12日	朝廷、羽柴秀吉へ水無瀬家所領相論の件で起請に違背した水無瀬親具(左近衛中将)(1552～1632)を成敗するよう勅命を下す。	5237
7月13日	**羽柴秀吉、播磨国姫路城へ帰還。**	5238
7月13日	羽柴秀吉、桑原卓也(次右衛門)を京の奉行とする。	5239
7月17日	「羽柴秀吉書状」。羽柴秀吉(1537～1598)、織田信長(「大相国」)への弔意を表した毛利輝元(「毛利右馬頭」)(1553～1625)へ謝意を表し、畿内は要地なので山城国「山崎」城普請の着工と織田信長葬儀の延引を通知。	5240
7月18日	羽柴秀吉、戦功に応じ領地配分。細川忠興(1563～1646)へ、丹後国明智知行分並びに矢野分。ただし、そのうち三分の一は松井康之(1550～1612)へ。康之は、計二万石となり、諸浪人等召し抱える。	5241
7月18日	羽柴秀吉(1537～1598)、吉川元春(1530～1586)から、天下静謐の祝詞として太刀・刀(信国)の贈呈を謝す。また、羽柴秀吉と毛利氏間は、安国寺恵瓊(1539？～1600)が斡旋する旨を通知。	5242

天正10	7月18日	毛利輝元（1553～1625）、丹羽長秀（1535～1585）と蜂須賀正勝（1526～1586）に、同様に、太刀一腰・銀子百枚を贈って戦捷を賀す。	5243
	7月19日	**羽柴秀吉、姫路城から上洛。**	5244
	7月19日	若狭守護としての勢力の回復を計った武田元明（1552？～1582）、「本能寺の変」に加担したため、近江海津の宝幢院（滋賀県高島市マキノ町海津）で、丹羽長秀により自害を強いられた。秀吉が謀殺とも。 元明と共に明智光秀に属していた京極高次（1563～1609）は、初め美濃、そして若狭の武田領へと逃れ、一時は柴田勝家（1522？～1583）に匿われていたようである。 武田元明正室・龍子（京極高次の姉とも妹とも）（？～1634）は、のち豊臣秀吉（1537～1598）の側室となり、「松の丸殿、京極殿、西の丸殿」と呼ばれた。	5245
	7月20日	細川幽斎（藤孝）（1534～1610）、本能寺に信長四十九日追善の百韻連歌会を催す。	5246
	7月21日	羽柴秀吉、山城国大山崎へ全五ヶ条の「条々」を下す。そして、離宮八幡宮の油座・麹座に、権益・特権を許す。	5247
	7月24日	**羽柴秀吉、丹波国亀山に下向。**（『兼見卿記』）。	5248
	7月25日	織田信孝（1558～1583）、高木貞久（？～1583）へ、天正九年時に織田信忠が安堵した新知を改めて安堵。	5249
	7月26日	**「石動山全山焼き討ち」**。前田利家、柴田権六勝家と金沢（尾山）城主佐久間盛政（1554～1583）に援軍を依頼し、この日、早朝に天平寺に攻め入り、伊賀者に火を放たせて、石動山を全山焼き討ちする。この石動山全山焼き討ちは、織田信長の比叡山焼き討ちに匹敵するほどだったといわれている。日は異説あり。	5250
	7月28日	羽柴秀吉（1537～1598）、山城国東福寺へ預物の提出を命令。桑原貞也（？～？）・毛利重政（森重政）（1551～1597）を派遣し、預物を収公させる。	5251
	7月下旬	「清須会議」での決定で、この頃、柴田勝豊（勝家の甥で養子）（？～1583）、近江国長浜城に入城。	5252
	8月3日	津田宗及、明智掃部・平野道是を招いて茶会。 意外であるが、山崎の戦い以後も生き残ったという明智掃部（並河易家）（元明智光秀家臣）（？～？）が、津田宗及（？～1591）の茶会に列席という記録がある。	5253
	8月4日	丹羽長秀（1535～1585）、吉川元春（1530～1586）へ、羽柴秀吉・毛利氏間の和親について、羽柴秀吉「内々同意」を伝達。長秀は、毛利氏に、秀吉と款を通じるよう勧めた。	5254
	8月7日	羽柴秀吉（1537～1598）、「地下町人の迷惑」など評判が悪く、様々な風説を生んだ、京都目付（京都所司代）の桑原貞也（次右衛門）（？～？）を罷免。浅野長吉（後の長政）（1547～1611）と、杉原家次（1530～1584）に替える。 浅野と杉原は、秀吉室おねの縁に連なる老臣である。	5255
	8月11日	**羽柴秀吉、丹羽長秀（1535～1585）に書を送り、安土城の再建が遅れて三法師（後の織田秀信）（1580～1605）の移転が遅れている事を非難する。** 岐阜の織田信孝（1558～1583）のもとにいた三法師の安土城入りも、秀吉の動きを警戒し、三法師を手元に置いておきたい織田信孝や柴田勝家の引き伸ばし策にあっていた。さらに、書状によると、滝川一益は丹羽長秀に所領のことで、「御存分之儀」を申し立てたらしい。しかし、秀吉はこれをにべもなくはねつけている。一益はこの後、秀吉に対して危惧の念を持つ柴田勝家に急速に近付く。	5256

西暦1582

天正10	8月16日	柴田勝家に従う佐久間盛政、某へ、能登国荒山に籠もる温井備前守・三宅備後守（畠山遺臣）らの攻略を伝える。	5257
	8月24日	柴田勝豊（勝家の甥で養子）（？～1583）、長浜を除く坂田・浅井・伊香の三郡について徳政令を発して、江北諸社寺に、近江国長浜城主になったことを知らせる。	5258
	8月29日	前田利家、長連龍へ、温井備前守・三宅備後守（畠山遺臣）らと合力した能登国石動山天平寺の寺領を全て没収し、新知として長連龍へ安堵。	5259
	9月1日	丹羽長秀、柴田勝家に書を送る。	5260
	9月2日	羽柴秀吉（1537～1598）が、織田信長の葬儀を行う意向を示すも、滝川一益（1525～1586）、柴田勝家（1522？～1583）、丹羽長秀（1535～1585）、長谷川秀一（？～1594）、織田信孝（信長の三男）（1558～1583）、池田恒興（1536～1584）らが挙って反対する。	5261
	9月3日	柴田勝家、丹羽長秀に書を送り、三法師（後の織田秀信）（1580～1605）の織田家督の相続などについて意見を述べる。	5262
	9月8日	細川信良（昭元）（1548～1592）と再婚したお犬の方（信長妹）（？～1582）、没。法名・霊光院契菴宗倩。	5263
	9月9日	川勝継氏の子・秀氏（1555/1575～1607）、秀吉より丹波国何鹿郡内で三千五百三十五石を与えられる。明智光秀六女の夫という。	5264
	9月11日	柴田勝家（1522？～1583）、室・お市の方（1547？～1583）をして、妙心寺に信長百ヵ日忌の法要を行う。この時の法名は「天徳院殿龍厳雲公大居士」で、阿弥陀寺の清玉上人が命名した「天徳院殿」の流れを汲むものという。	5265
	9月11日	森長可（1558～1584）、母妙向尼・弟千丸（後の忠政）（1570～1634）を迎えるため甲賀に使者を遣わし、伴惟安、伊勢坂下にて母子を引き渡す。	5266
	9月12日	羽柴秀吉、信長の第六子（四男）である養子於次丸秀勝（1568～1586）をして、大徳寺に、故織田信長の追善百ヶ日忌の法要を行う。導師は、古渓宗陳（蒲庵古渓）（1532～1597）。この時命名された法名は「惣見院殿（総見院殿）」。千宗易（後の利休）（1522～1591）、博多屋宗寿、山上宗二（1544～1590）の三人が、主催者中に名があるという。	5267
	9月13日	羽柴秀吉、大徳寺へ、織田信長葬礼にあたり、銭一万貫文、葬礼用に不動国行の太刀、葦毛の馬、梨地金覆輪で桐鳳凰入の鞍、梨地で桐鳳凰入の鎧を準備する。	5268
	9月18日	羽柴秀吉（1537～1598）、京の吉田神社にて丹羽長秀、長谷川秀一、堀秀政と会談する。	5269
	9月20日	丹羽長秀、京都の羽柴秀吉の宿所を訪ねる。	5270
	9月20日	羽柴秀吉、秋田愛季（「愛季公」）へ、今度の「信長御不慮」の件とその前後の情勢を通知。秀吉は備中国高松城攻囲中に去六月二日の京都に於ける「信長御不慮之仕合」の注進を得たこと、六月五日に備中国高松城を攻略し毛利領国の備中国・備後国・美作国・伯耆国・出雲国を受け取り「誓紙」と「人質」提出の上で「和睦」したこと、六月七日に播磨国姫路城へ入城し、六月九日に「京都へ切上」り、六月十二日に羽柴秀吉軍先鋒隊が山城国山崎にて明智軍と交戦、その後明智光秀（「明智日向守」）らを討ち取り「京都」に梟首したこと、また織田信忠（「城介殿」）の「御若子」を取り立てて織田「御分国中」は従来の通りに統治されることになったこと、尾張国には織田信雄（「三介殿」）が、美濃国には織田信孝（「三七殿」）が配置され、秀吉は山城国山崎で「居城」普請し「畿内静謐」とすることに触れ安心するよう通知。来年は「東国」へ進出する予定であることを通知。	5271

天正10	9月21日	**「長宗我部氏、阿波平定」。** 土佐の戦国大名・長宗我部元親(1539~1599)、三好氏の勝瑞城(徳島県板野郡藍住町勝瑞)を落す。
	9月25日	清須会議で織田家に仕える有力武将の所領配分が終わると、各部将の論功行賞が行われる。播磨国有年(兵庫県赤穂市内)を中心に二千石を領している山内一豊(1545~1605)、播磨国印南郡五百石を加増される。
	9月26日	**この頃までに、秀吉、山城国に山崎城(天王山宝寺城)(京都府乙訓郡大山崎町大山崎天王山)を築く。**
	9月26日	筒井順慶(1549~1584)、山崎城に、羽柴秀吉(1537~1598)を訪ねる。
	9月26日	備後鞆の足利義昭(1537~1597)、黒田孝高(官兵衛)(1546~1604)に、書を送り、秀吉(1537~1598)への、とりなしを求める。
	9月下旬	この頃、織田信雄(信長の次男)(1558~1630)・織田(神戸)信孝(信長の三男)(1558~1583)、徳川家康(1542~1616)と北条氏直(1562~1591)の和睦を勧告。
	9月-	この月以降、細川忠興(1563~1646)は、妻・珠子(玉子)(光秀四女、ガラシャ)(1563~1600)を丹後味土野の山中(現・京丹後市弥栄町須川)に幽閉する。 標高約400mのガラシャが幽閉された「女城」跡地には、地元婦人会が戦前に建立した「細川忠興夫人隠棲地」と刻まれた記念碑が残る。ガラシャの遺徳を偲ぼうと、カトリック京都司教区宮津ブロック(六教会)は、毎年、五月の第二日曜日の「母の日」に味土野で「ガラシア祭」を行っている。
	10月3日	**正親町天皇(1517~1593)、羽柴秀吉(1537~1598)に対して、古今稀有の武勇を称えた綸旨を出す。**秀吉、明智光秀討伐の功により、従五位下に叙され、左近衛権少将に任じられる。 実際は、天正12年(1584)である。
	10月6日	柴田勝家(1522?~1583)、堀秀政(1553~1590)へ、羽柴秀吉の専横を戒めるよう全五ヶ条の覚書を遣わす。秀吉が清須の誓約に違反すると主張し、さらに山城国山崎に築城したことを非難。勝家は、秀吉を批判しつつ、共に北条氏を征伐しようと意見し、共食いは自分の本意ではないと結ぶ。そして、勝家は諸大名に弾劾状を送る。
	10月9日	正親町天皇、秀吉の要請により、織田信長(故右大臣正二位平朝臣信長)へ、太政大臣従一位を追贈。
	10月9日	**羽柴秀吉、京都諸口率分を廃止する。**(『言経卿記』)。 この日から京の町は、秀吉派の武将により厳重に警護される。
	10月10日	**秀吉、播磨から上洛。**
	10月11日	大徳寺において故織田信長の追善供養はじまる。(『言経卿記』)。
	10月14日	羽柴秀勝(信長四男)、丹波から上洛。
	10月14日	廷臣等、大徳寺に故織田信長追善の写経を送付。

西暦1582

天正10	10月15日	**「信長の葬儀」**。秀吉の弟・羽柴長秀（秀長）（1540～1591）を警護大将とした一万もの兵が警護する中、羽柴秀吉（1537～1598）、大徳寺において故織田信長の葬儀を執行。織田信雄・信孝兄弟は返事なし、柴田勝家は不参加、池田恒興は次男輝政を名代として派遣し、丹羽長秀は家老を代理として派遣する。 秀吉は二体の信長の木像を造り、一体を棺に納め、棺の前を池田恒興の次男・輝政（1565～1613）が、後ろを羽柴秀勝（信長四男）（1569～1586）が担ぐ。そして、位牌は信長の十男・信好（？～1609）が、信長愛刀を秀吉が担ぎ、三千人の葬列が続く。導師は、古渓宗陳（蒲庵古渓）。五山をはじめとして洛中洛外の禅僧や諸宗の僧侶の数もはかり知れぬほど。この時棺に入れられた木像は、荼毘に付され、もう一体は寺に安置される。 **柴田勝家は、滝川一益や織田信孝と共に、秀吉に対する弾劾状を諸大名にばらまいた。これに対して秀吉は、この日、養子の羽柴秀勝を喪主として、信長の葬儀を行うことで切り抜けている。**	5287
	10月17日	羽柴秀吉、大徳寺總見院へ、故織田信長（總見院殿贈大相国一品泰厳居士）の位牌所建立のための寄進物を渡す。千宗易（後の利休）が信長、秀吉の茶頭としてあった事に依って信長の葬儀を大徳寺で行い、菩提寺として総見院が建てられ、秀吉の母親の大政所の為に天瑞寺が作られる。 利休の弟子である細川三斎は高桐院、蒲生氏郷は昌林院、片桐石州（貞昌）は高林院。そして金森宗和（重近）の真珠庵、大友宗麟の瑞峰院、黒田長政の龍光院、小堀遠州の孤篷庵、前田家の芳春院といった大名が塔頭を建立する。	5288
	10月18日	「上様（織田信長）より、重ね重ね御褒美・御感状に預かり、その上但馬の金山と、茶道具など取り揃えて下された。「茶の湯」は御政道で難しいのですが、私は許可を頂き、やってよいと言われた時のことは、今生後生忘れがたいことです。信長様を差しおいて、どこのお方が私にこのような栄誉を私に与えて下さるだろうかと考えると、夜昼涙が出て、信長様がお亡くなりになるなど思いも寄りません」、「信長様の御仏事については、信雄・信孝御両人様へ、養子の御次より申し上げた、とのことであるが、とかくの返事もなく、また、御宿老衆も御仏事をやる様子もないので、天下の外聞、いかがと思いました」、「上様の御芳情を須弥山よりも重く思いますので、思いによらず、御仏事をいたしました」、「其の十三日の暁に、山崎に陣取り申候、高山右近・瀬兵衛・久太郎手へ、明知め段々に人数立て、切り懸り候処を、道筋は高山右近・中川瀬兵衛・久太郎切り崩し候」。 **羽柴秀吉、織田信孝の家老である斎藤玄蕃允（助）・岡本太郎右衛門へ、信長葬儀執行後に織田信孝の書状（秀吉と勝家の修睦）に答え、全二十四条でもって秀吉自身の立場を説明。** 斎藤玄蕃助（利堯）は、信長正室濃姫の弟という。岡本太郎右衛門は岡本良勝である。 秀吉は、本能寺以来の自身の功を披露し、自身に対する信孝の態度を非難する。また、秀吉と柴田勝家の対立に関しての仲裁の労を取る事に感謝の意を示しながら、これを拒否する。そのため、秀吉に反感をもつ信孝・勝家、及び滝川一益による反秀吉同盟が形成された。	5289
	10月19日	羽柴秀吉、細川幽斉、大山崎妙喜庵待庵（京都府乙訓郡大山崎町大山崎竜光）で茶の湯。	5290
	10月20日	佐和山城九万石（滋賀県彦根市佐和山町・鳥居本町）城主・堀秀政（1553～1590）、近江神照寺（滋賀県長浜市新庄寺町323）に安堵状を発する。その署名に「羽柴久太郎秀政」と書き記す。	5291

天正10	10月21日	羽柴秀吉、姫路城の留守衆に書を送り、畿内情勢を知らせる。	5292
	10月21日	羽柴秀吉、黒田孝高(官兵衛)(1546~1604)に、太刀一腰・馬一疋を贈る。 足利義昭(1537~1597)は、京都復帰を安国寺恵瓊(1539?~1600)を通じて、孝高(官兵衛)らと交渉しており、秀吉は同意した。	5293
	10月22日	羽柴秀吉、本願寺の下間頼廉(1537~1626)に書を送り、顕如(1543~1592)・教如(1558~1614)父子の進物を謝すと共に、織田信孝(信長三男)(1558~1583)が三法師(後の織田秀信)を岐阜に抑留して安土に移さない事、柴田勝家が誓約に背いた事を非難する。さらに、中村一氏(?~1600)を先鋒として、根来寺征伐の実施を伝えた。 秀吉は根来寺が統制に従わず、しかも和泉国にまで勢力を持ったため征伐を決意した。が、同年の根来寺征伐は中止された。	5294
	10月23日	筒井順慶、秀吉と山崎城(京都府乙訓郡大山崎町)に会す。	5295
	10月26日	柴田勝家、秀吉派の近江佐和山の堀秀政に書を送る。	5296
	10月28日	**羽柴秀吉(1537~1598)、六条本圀寺(後の本圀寺)に、丹羽長秀(1535~1585)・池田恒興(1536~1584)と会談、二人を秀吉派に完全に取り込む。** 秀吉・丹羽・池田の三宿老が、清洲会議の決定を反故にし、織田信雄(信長次男)(1558~1630)を暫定的な織田家当主として主従関係を結んだ。後にこれは徳川家康(1543~1616)も賛同して信雄を支持した。	5297
	10月-	この月、お市(1547?~1583)と三姉妹は、柴田勝家の城であった越前国北ノ庄城(福井市)に赴く。	5298
	11月1日	羽柴秀吉、徳川家臣の石川数正(1533~1592?)に書を送り、柴田勝家(1522?~1583)と織田信孝(信長の三男)(1558~1583)が謀反を企てたので、織田信雄(信長次男)(1558~1630)を、織田家督に据える事にしたと伝える。	5299
	11月2日	備後鞆の足利義昭(1537~1597)、島津義久(島津氏第十六代当主)(1533~1611)へ、織田信長は「天命」によって自滅したことを通知し、これを契機に帰洛を意図して援助を促す。詳細は真木島昭光・一色昭秀に伝達させる。	5300
	11月2日	柴田勝家、近江国長浜に軍勢を派遣。	5301
	11月2日	柴田勝家、もし戦闘となれば降雪のために兵力や武器・弾薬の補給が困難となることを恐れて、時間稼ぎのために長浜城の養子・柴田勝豊(?~1583)を、前田利家(1539~1599)・不破勝光(直光)(?~1598)・金森長近(1524~1608)と共に、山崎城に派遣、講和を探る。	5302
	11月3日	**前田利家ら、羽柴秀吉と山城国山崎城で会見。秀吉は、ただちに柴田勝家との和睦に応じる。** この時、利家らは秀吉側に付くことを勧められたという。	5303
	11月5日	和睦したはずの羽柴秀吉、大和の筒井順慶(1549~1584)をして、近江に出兵。	5304
	11月7日	羽柴秀吉、宝寺城に茶会を催す。	5305
	11月17日	故織田信長、正一位太政大臣に叙任される。	5306
	11月21日	「足利義昭御内書」。義昭、上条宜順斎(政繁)・須田満親に宛てて上杉景勝が柴田勝家と和睦するよう命じる御内書を発給する。	5307

天正10	11月27日	羽柴秀吉からの一色義定による謀反企図の報に接した細川忠興（1563～1646）、自らの居城・宮津城（京都府宮津市鶴賀）に、義兄弟で、明智光秀に味方した一色義定（義有）（？～1582）を呼び誘殺。その際、城内の家臣や城下の雑兵百人も、松井康之（1550～1612）、米田求政（1526～1591）率いる軍勢に討ち取られたという。次いで、家督を継いだ一色義清（？～1582）の丹後弓木城（京都府与謝郡与謝野町岩滝）を落とす。室町幕府における四職の一角である丹後守護家一色氏は滅亡。9月8日とも。 義定室・伊弥（幽斎娘）（1568～1651）は細川氏に戻る。伊弥は、天正11年（1583）3月28日、吉田兼和（兼見）（1535～1610）の子、吉田兼治（1565～1616）の室となる。天正12年3月6日、伊弥は女子を出産、4月8日伊弥は兼見宅を訪褪社参の後、兼見が「御満」と名づけている。	5308
	12月-	この月、滝川一益（1525～1586）は、織田信孝の臣・小島民部少輔（信孝の異父兄）に砦を築かせた。明らかに反秀吉としての行動である。小島兵部少輔とも。	5309
	12月-	この月、織田信孝（信長の三男）（1558～1583）、三法師（後の織田秀信）（信忠の嫡男・信長の嫡孫）（1580～1605）を擁し、秀吉に対して挙兵する。	5310
	12月2日	毛利氏対策として山陰は宮部継潤（1528？～1599）、山陽は蜂須賀正勝（1526～1586）を置いた**秀吉は、柴田勝家との和睦を反故にして大軍を率いて近江に出兵、長浜城を攻撃。**	5311
	12月3日	羽柴秀吉、柴田勝家に対抗するため、長浜の宿老七人より人質を取る。	5312
	12月7日	**講和を見せていた秀吉、さらに諸大名に動員令を発動し、秀吉軍、山崎城（天王山宝寺城）から出陣。**筒井順慶、池田恒興、蜂屋頼隆ら五万の大軍、長浜城に向かう。	5313
	12月9日	羽柴方の諸軍勢が近江に出陣し、長浜城を包囲する。	5314
	12月9日	勝家の甥・養子・長浜城主柴田勝豊（？～1583）、秀吉に包囲され無条件開城した上で、羽柴軍に編入される。 柴田勝家（1522？～1583）が同じ養子の柴田勝政（佐久間盛政の弟）（1557～1583）を優遇して自分を冷遇することと、従兄にあたる佐久間盛政（1554～1583）と仲が悪いことなどが、秀吉に付け込まれるという。	5315
	12月11日	**秀吉（1537～1598）、兵五万を率い、堀秀政の佐和山城（滋賀県彦根市古沢町）に入り、本陣を据える。** 越前の柴田勝家が雪で動けないのを見越した秀吉は、岐阜城の織田信孝が三法師を安土に戻さないことなどと大義名分とし、信孝打倒の兵を挙げる。	5316
	12月13日	吉田兼見息子・兼治邸新築完成。吉田盛方院来て、細川幽斉・忠興父子の出陣を伝える。	5317
	12月13日	織田信雄（1558～1630）、美濃松之木城（岐阜県海津市海津町松木）主・吉村氏吉（？～1620）に書を送り、美濃への出馬の意向を示す。	5318
	12月16日	**羽柴秀吉、美濃に侵攻、大垣城（岐阜県大垣市郭町）に本陣を据える。** 稲葉一鉄（良通）（1515～1589）らの臣従や織田信雄軍の合流などもあってさらに兵力を増強した秀吉は、織田信孝の家老・斎藤利堯（道三の子）（？～？）が守る加治田城（岐阜県加茂郡富加町加治田）を攻撃して降伏させる。	5319

天正10	12月20日	羽柴秀吉、柴田勝家が盟主と担ぐ織田信孝（信長の三男）（1558～1583）を美濃国岐阜城に攻撃し降伏させる。	5320
		秀吉に組していた織田信雄（信長次男）（1558～1630）からの降伏勧告を受け入れて信孝が岐阜を開城して、生母の坂氏と娘を人質として出し、三法師を秀吉に渡したので、信雄が安土の地で、幼主三法師の後見を務めることになる。	
	12月21日	三法師（後の織田秀信）（1580～1605）、岐阜城から仮館の建つ安土城に移る。	5321
	12月29日	羽柴秀吉、山城国山崎城（天王山宝寺城）に凱旋。そのまま越年する。	5322

天正11	1月10日	羽柴秀吉、北伊勢に出兵。	5323
	1月10日	利三の子（三男）・斎藤利宗（利光）（1567～1647）、石谷頼辰（？～1587）へ、長宗我部元親が斎藤利三の妻と子を稲葉良通（一鉄）（1515～1589）から引き取ることだが稲葉一鉄の意向によると伝える。（『石谷家文書』）。	5324
		利宗は、山崎の戦いで兄の利康（1564？～1582）と共に羽柴秀吉軍の先鋒の高山右近と戦うが敗れたため、剃髪して立本と号し、降伏した。戦後、細川忠興に御預けとなったが、間もなく秀吉に罪を許された。兄の利康は、討死という。	
	1月12日	上杉景勝（1556～1623）の使者として、越中瑞泉寺の塔頭西雲寺の僧と、伊勢の御師蔵田左京助が、羽柴秀吉（1537～1598）の元に向かう。**景勝は、秀吉と協力する道を選び、秀吉のもとへ誓詞を持たせた。**	5325
	1月18日	尾張星崎（名古屋市南区本星崎町）を徳川家康（1542～1616）が訪れ、三法師（後の織田秀信）（1580～1605）の後見役となった織田信雄（信長の次男）（1558～1630）と会見する。織田信雄、家康に協力要請。	5326
	1月23日	織田信雄、安土に赴く。	5327
	1月23日	羽柴秀吉、長浜城に帰着。	5328
	1月28日	秀吉、伊勢に入る。	5329
	閏1月4日	織田信雄（1558～1630）は、三法師（後の織田秀信）（信忠の嫡男、信長の嫡孫）（1580～1605）に代わって政務を執る。安土城で秀吉や筒井順慶らの諸将が、三法師の後見役としての織田信雄に臣下の礼を取る。	5330
	閏1月8日	「立花山の戦い」。羽柴秀吉、織田信孝傘下・美濃国郡上の遠藤氏（慶隆・胤基）追討のため、森武蔵守長可（1558～1584）・佐藤六左衛門秀方の両将に出陣を命じ、森・佐藤両将は大軍で立花山（岐阜県美濃市立花）に襲いかかった。	5331
	閏1月12日	「立花山の戦い」。遠藤氏の軍勢はわずかであり、遠藤新兵衛（胤基）は岐阜城に援軍を求め、織田信孝からは援軍の承諾と守備を固める書状が届けられた。	5332
	閏1月25日	羽柴秀吉、再び安土に諸将の軍勢を会せしめる。北伊勢侵攻である。	5333
	閏1月-	「立花山の戦い」終結。この月、秀吉の臣・佐藤秀方の使者が立花山を訪れ、織田信孝の降伏を伝え、遠藤家も降伏すべしと勧める。遠藤胤基（1548～1594）・慶隆（1550～1632）は、やつれ果てた兵を率いて立花山を下山し、老臣の石神兵庫・遠藤利右衛門の二名を人質に差し出し、降伏した。	5334
	2月4日	羽柴秀吉の下に、上杉景勝より誓詞と書状が届く。	5335

西暦1583

天正11		
2月7日	羽柴秀吉(1537〜1598)、上杉景勝の家臣・須田満親(1526〜1598)に、景勝からの誓詞の到来と返書の誓詞を認めた事を知らせる。 秀吉は柴田勝家に対抗するため、景勝と協力することを約束する。勝家の動きを牽制するため、景勝に越中への出馬も要請する。	5336
2月7日	秀吉家臣増田長盛(1545〜1615)・木村清久(？〜1615)・石田三成(1560〜1600)が、連署しての覚え七ヶ条(秀吉書状の副状)を、上杉景勝の使者・越中瑞泉寺の塔頭西雲寺の僧に渡す。	5337
2月10日	羽柴秀吉(1537〜1598)、織田信雄(信長の次男)(1558〜1630)を総大将に推戴して、織田家の名のもとに、伊勢国へ出陣し、柴田勝家と結んだ滝川一益(1525〜1586)の長島城(三重県桑名市長島町)に向かう。	5338
2月13日	柴田勝家(1522？〜1583)が、秀吉に対する強い不信を抱く小倉山城(広島県山県郡北広島町新庄字小倉山)の吉川元春(1530〜1586)に書を送り、互いの協調(足利義昭上洛)を確認し、三月二十日までに北近江へ出陣する意向を示す。	5339
2月16日	「伊勢亀山城攻め—2月16日〜3月3日」。 柴田勝家・滝川一益連合を各個撃破するため、秀吉、自ら伊勢に進出。秀吉軍の蒲生賦秀(後の氏郷)(1556〜1595)や細川忠興(1563〜1646)、山内一豊(1545〜1605)ら、伊勢亀山城を攻める。	5340
2月16日	「伊勢亀山城攻め」。羽柴秀吉、桑名城・谷山城・峯城に放火。	5341
2月20日	「伊勢亀山城攻め」。羽柴秀吉、伊勢国府城(三重県鈴鹿市国府町字長ノ城)を制圧。	5342
2月27日	丹羽長秀(1535〜1585)、羽柴秀吉に、越前口を押さえていることを報じる。	5343
2月28日	「賤ヶ岳の戦い—2月28日〜4月21日」はじまる。 柴田勝家、羽柴秀吉に抗して前田利勝(利長)(1562〜1614)を、先手として出陣させる。利長、大雪の中、近江国柳ヶ瀬に布陣。 利勝(利長)は、前田利家の嫡男、母はまつ(芳春院)(1547〜1617)、正室は織田信長の四女永姫(玉泉院)(1574〜1623)。	5344
2月28日	羽柴秀吉、在陣見舞を贈ってきた藤井親秀へ、伊勢国平定の状況を報告。	5345
3月-	「織田信孝、再挙兵」。美濃の神戸(織田)信孝(信長の三男)(1558〜1583)は、一時秀吉に降伏していたが、滝川一益と結んで秀吉に対抗して再挙兵する。	5346
3月-	この月、堀秀政、信長追善のため大徳寺の梵鐘を鋳る。	5347
3月3日	「賤ヶ岳の戦い」。 柴田勝家(1522？〜1583)は、滝川一益が窮地に立たされていることを知って深雪を冒して出陣を決行。佐久間盛政(1554〜1583)・安政(盛政の弟)(1555〜1627)、柴田勝安(勝政)(盛政の弟)(1557〜1583)、前田利家(1539〜1599)、不破勝光(直光)(？〜1598)、原政茂(長頼)(？〜1600)、金森長近(1524〜1608)、徳山秀現(則秀)(1544〜1606)らを先発に出陣させ、この日、近江国伊香郡柳ケ瀬に本陣を構える。	5348
3月3日	「伊勢亀山城攻め—2月16日〜3月3日」終結。 亀山城は降伏開城、城将・佐治新介(益氏)(1527〜1635？)は長島城へと退去。	5349
3月9日	「賤ヶ岳の戦い」。柴田勝家、自らも総勢二万八千の軍勢を率いて越前国北ノ庄城を出陣。	5350

天正11	3月10日	羽柴秀吉(1537～1598)、弟秀長(1540～1591)・甥三好信吉(後の豊臣秀次)(1568～1595)をはじめとして、筒井順慶(1549～1584)・蒲生賦秀(氏郷)(1556～1595)らの大軍を発し、北伊勢に進軍。 三好信吉(後の豊臣秀次)は、信長が開始した四国攻めにおいて、秀吉が四国に対する影響力を強めるため、当時阿波国で勢力を誇っていた三好康長(元長の弟)(?～?)に、養子として送り込まれていた。	5351
	3月11日	**秀吉、佐和山城**(滋賀県彦根市佐和山町・鳥居本町)**に入り合戦準備。秀吉は北伊勢を蒲生賦秀(氏郷)に任せて近江に戻る。**	5352
	3月12日	「賤ヶ岳の戦い」。柴田勝家、前田利家、佐久間盛政ら、近江国伊香郡柳ヶ瀬に到着し、布陣。秀吉はかねてより勝家軍を阻止すべく羽柴長秀(秀長)・堀秀政らの軍、総勢二万五千を余呉湖周辺に配置していた。	5353
	3月12日	「賤ヶ岳の戦い―2月28日～4月21日」。羽柴秀吉、近江国佐和山から長浜、さらに柳ヶ瀬に進軍し、柴田勝家軍と対峙。	5354
	3月13日	「賤ヶ岳の戦い」。石田三成(1560～1600)、秀吉に、勝家出陣の状況を報告。	5355
	3月15日	稲葉一鉄(1515～1589)、石谷頼辰(?～1587)へ、斎藤利三の妻と連れ子六、七人を匿っているが、見捨て難く自分の側に置くと告げる。(『石谷家文書』)。	5356
	3月16日	羽柴秀吉、美濃国岐阜城において再度挙兵した織田信孝(信長三男)(1558～1583)に対し大垣城に入城。	5357
	3月17日	「賤ヶ岳の戦い」。羽柴秀吉、上杉家臣・須田満親(1526～1598)へ、賤ヶ岳の対陣に至る状況を報告し、上杉景勝に柴田勝家の背後を襲撃するための越中国出馬を要請。「越中へ侵攻してもらえれば、能登も含めて切り取り自由」とまで書く。	5358
	3月18日	斎藤利宗、石谷頼辰へ、稲葉一鉄が見捨て難いと言って土佐行きを許さないと伝える。(『石谷家文書』)。	5359
	3月19日	「賤ヶ岳の戦い」。秀吉軍、木ノ本に布陣。双方直ちに攻撃に打って出ることはせず、しばらくは陣地や砦を盛んに構築。	5360
	3月27日	秀吉、滝川一益攻撃は織田信雄(信長の次男)(1558～1630)に委ね、伊勢より長浜城へ帰還。	5361
	3月27日	「賤ヶ岳の戦い」。秀吉、江北における諸将の配置を改め、柴田勝家に備える。	5362
	4月3日	「賤ヶ岳の戦い―2月28日～4月21日」。 羽柴秀吉(1537～1598)が前線に布陣する弟・羽柴長秀(秀長)(1540～1591)に書を送る。秀吉は、織田信孝再挙兵の動きを知り、木之本の陣を弟長秀に、指揮を委ねていた。	5363
	4月3日	伊勢・近江で戦った筒井順慶(1549～1584)、一旦、大和に帰国。	5364
	4月13日	「賤ヶ岳の戦い」。 病に倒れた柴田勝豊(勝家の養子)の家老・山路正国(1546～1583)、佐久間盛政(1554～1583)の調略を受けて、柴田勝家方に寝返り秀吉軍の防備の弱点を告げる。	5365
	4月16日	元長浜城主・柴田勝豊(勝家の甥で養子)(?～1583)、京都東福寺で病没。享年28ともいう。	5366
	4月16日	神戸(織田)信孝(信長の三男)(1558～1583)が、岐阜城下へ進出。	5367
	4月16日	秀吉、長浜城より直ちに、美濃に進軍。	5368

西暦**1583**

天正11	4月17日	織田信雄・羽柴長秀（秀長）、しぶとく抵抗を続ける滝川儀太夫益氏（1527？～1635？）の守る峯城（三重県亀山市川崎町殿町）を陥す。 秀吉はこれほどの勇将を死なすのは惜しいと感じ滝川一益に使者を送り、益氏に開城をすすめるよう促したという。後に、益氏は羽柴秀吉に取り立てられ領地を与えられた。滝川儀太夫益氏は、傾き者として知られる前田慶次郎（利益）の父ともされる。	5369
	4月19日	「賤ヶ岳の戦い―2月28日～4月21日」。秀吉が織田信孝を討伐するために美濃に赴き、秀吉の軍勢が多く近江から離れたのを好機と見た柴田勝家、佐久間盛政に、直ちに大岩山砦（滋賀県伊香郡余呉町下余呉）を攻撃させる。 秀吉の行動を察知した佐久間盛政は、秀吉方武将・中川清秀の守備する大岩山まで密に侵入し奇襲攻撃を敢行する作戦を勝家に進言し、勝家は大岩山攻略の後はただちに兵を返すことを条件にこれを許可したという。	5370
	4月20日	「賤ヶ岳の戦い」。未明の佐久間盛政（1554～1583）の奇襲は成功し、大岩山砦の中川清秀（1542～1583）は敗死し、岩崎山砦の高山右近（1552～1615）は、敗走し、木ノ本の羽柴長秀（のちの秀長）の陣所に逃れる。	5371
	4月20日	「賤ヶ岳の戦い」。劣勢であると判断した秀吉方の賤ヶ岳砦の守将・桑山重晴（1524？～1606）も、日没とともに砦を佐久間盛政軍に引き渡すという約束をし、撤退を開始する。 その頃、時を同じくして船によって琵琶湖を渡っていた秀吉方の丹羽長秀（1535～1585）、海津への上陸を敢行。撤退を開始していた桑山重晴の軍勢と合流し、そのまま賤ヶ岳周辺の盛政の軍勢を撃破、賤ヶ岳砦の確保に成功する。	5372
	4月20日	**「賤ヶ岳の戦い―美濃大返し」**。大岩山砦等の陣所の落城を知り、秀吉、北国脇往還の沿村に、一戸につき米一升の炊き出しと、炬火を命ず。 14時頃、羽柴秀吉が大垣城を発ち、19時頃、木之本に到着する。52キロを5時間で引き返した。	5373
	4月21日	**「賤ヶ岳の戦い―前田利家、秀吉に降る」**。羽柴秀吉（1537～1598）、堀秀政（1553～1590）をして、越前国府中に、柴田勝家の与力・前田利家（1539～1599）を降伏させる。翌日、秀吉、それを認め、利家を味方につける。 利家は、戦いには加わらないが、中立を約束したともいう。	5374
	4月21日	**「賤ヶ岳の戦い―2月28日～4月21日」終結**。深夜（未明2時）、羽柴秀吉勢が佐久間盛政、柴田勝政隊への攻撃を開始する。その最中の昼前、茂山に布陣していた柴田側の前田利家の軍勢が突如戦線離脱。さらに柴田側の不破勝光（直光）（？～1598）・金森長近（1524～1608）の軍勢も退却をはじめる。秀吉、佐久間盛政を賤ヶ岳において撃破。 「中国大返し」と同様に迅速に引き返してきた秀吉の反撃にあい、さらに前田利家らの裏切りもあって柴田軍は大敗を喫し、柴田勝家は越前に撤退した。家臣の毛受勝照（めんじゅかつてる）（1558～1583）が、勝家の金の御幣の馬標を受け取り、身代りとして奮戦している間に勝家は北庄へと落ちのびたといい、山路正国（1546～1583）は、加藤清正（1562～1611）に討ち取られたという。	5375
	4月21日	徳川家康、在陣中の信濃から、羽柴秀吉に書状を送る。	5376
	4月23日	羽柴秀吉、前田利家を軍の先鋒として、柴田勝家を居城である北ノ庄城を包囲、その日のうちに二の丸・三の丸を落とす。さらに本丸を総攻撃開始。	5377

天正11	4月24日	「**越前北ノ庄城、落城**」。柴田勝家(1522？〜1583)、お市の方(1547？〜1583)(小谷の御方)(信長妹)を手刃。辰下刻(午前9時)に自ら北ノ庄城(福井市中央1丁目)に放火し自刃。	5378
		お市の方の菩提寺は、福井市の自性院。滋賀県高島市の幡岳寺。 その前に三姉妹は城外に出され、秀吉の庇護下におかれる。茶々16歳(1569〜1615)・初15歳(1570〜1633)・お江11歳(1573？〜1626)三姉妹は、越前から浅井長政の異腹の姉(見久尼)の住む北近江の実宰庵に向かう。 また、佐久間盛政(1554〜1583)は、再起を図って加賀に落ち延びようとした。	
	4月24日	賤ケ岳の秀吉勝報に接した織田信雄(信長次男)(1558〜1630)、織田信孝の岐阜城を囲み、攻略。織田信孝(信長の三男)(1558〜1583)、秀吉に組していた異母兄・織田信雄からの降伏勧告を受け入れて岐阜城を開城。長良川を下って尾張国に退いた。	5379
	4月25日	筒井順慶、再び近江へと出陣。	5380
	4月25日	**羽柴秀吉、加賀国へ進入。**	5381
	4月25日	徳川家康の元に、賤ヶ岳の戦いの情報が届けられる。	5382
	4月28日	**羽柴秀吉、金沢城に入り北陸方面の仕置を定める。**	5383
	4月28日	前田利家(1539〜1599)、秀吉より本領(府中三万三千石)を安堵されると共に、能登1国と佐久間盛政の旧領・加賀国のうち二郡(石川、河北郡)、合わせて、四万石を加増される。 利家は、後に小丸山城(石川県七尾市)から金沢城に入り、「尾山城」と改称する。嫡男利勝(利長)(1562〜1614)は、松任(石川県白山市)に転封され四万石を与えられる。	5384
	4月-	この月、丹羽長秀(1535〜1585)、越前に転封。 柴田勝家の旧領である越前一国と加賀能美・江沼2郡を与えられる。百二十三万石といい、越前国北ノ庄城に入る。さらに「羽柴越前守」を秀吉から与えられる。	5385
	5月2日	**羽柴秀吉、加賀から越前北ノ庄城に戻る。**	5386
	5月2日	織田信雄(信長の次男)(1558〜1630)に、再び岐阜城を攻められ降伏した織田(神戸)信孝(信長三男)(1558〜1583)、尾張国知多郡野間(愛知県知多郡美浜町)の大御堂寺に送られ、自刃。(異説あり4月29日)。	5387
	5月5日	**羽柴秀吉、近江国長浜城に凱旋。**	5388
	5月7日	**朝廷、勅使を長浜城に下向させ羽柴秀吉の戦勝を賀す。**(『兼見卿記』)。	5389
	5月12日	落ち延びる途上、中村の郷民に捕らえられた佐久間盛政(1554〜1583)、洛中を引き回され、山城槇島にて斬首される。享年30。盛政と近江佐和山で斬首された柴田勝家の子・権六(勝敏)(1568？〜1583)の首は、六条河原に晒される。	5390
	5月13日	羽柴秀吉、岡本太郎右衛門(良勝)・木下平太夫宛へ、長島城の滝川一益対策はぬかりなきようと、書状を送る。	5391
	5月15日	羽柴秀吉、小早川隆景(「小早川左衛門佐」)(1533〜1597)へ、自身の政敵討滅・屈服の過程を説明し、源頼朝(「頼朝」)の名をあげて天下統一の意思を表明、毛利家を威嚇する。	5392
	6月2日	近江より凱旋した羽柴秀吉、京都大徳寺で信長の一周忌法要を執行し、山崎経由で大坂に下向。	

西暦1583

天正11	6月2日	『妙心寺史』には、この日に信長公夫人主催で一周忌を執り行った記事があり、織田信長正室・濃姫（帰蝶）（1535？～1612？）が挙行か。	5394
	8月1日	「滝川一益、降伏―秀吉は織田家臣第一の地位を確立」。 賤ヶ岳の戦いで敗走した滝川一益（1525～1586）は、秀吉（1537～1598）に長島城を攻撃され、約一ヶ月間の籠城戦の末に降伏。北伊勢五郡を秀吉に差し出した一益は、一命を助けられる。その後、近江南郡で五千石を与えられたという。信孝も自害に追い込み、やがて滝川一益も降伏した。 **こうして、反秀吉陣営を滅ぼした秀吉は、信長の後継者としての地位を確立していく。表面上は三法師を奉りつつ、実質的に織田家中を差配することになっていった。**	5395

西暦1584

天正12	3月-	この月、細川忠興（1563～1646）は、信長の死後に覇権を握った羽柴秀吉の取り成しもあって、妻・珠子（ガラシャ）を細川家の大坂屋敷に戻し、監視した	5396
	-	この年、京極高次（1563～1609）は赦免されて、近江高島郡田中で二千五百石を与えられる。高次は本能寺の変後の混乱では明智光秀方に従ったが、その妹・京極龍子（？～1634）が、秀吉の側室だったので助命された。後、正室に浅井長政の娘・初（1570～1633）を迎える。	5397

西暦1586

天正14	-	細川忠興妻・珠子（玉子）は、大坂に滞在していたイエズス会士グレゴリオ・デ・セスペデス神父の計らいで、自邸でマリアから密かに洗礼を受け、ガラシャという洗礼名を受ける。天正15年とも。	5398

西暦1590

天正18	10月4日	秀吉、摂津国有馬湯山の阿弥陀堂において茶会を催す。この茶会には千利休・小早川隆景・有馬則頼・善福寺住持（湯山の代官）・阿弥陀堂坊主・池坊専好・山崎片家・津田宗及・瀬田正忠・掃部などが参加。掃部は明智掃部（並河易家）か。	5399

西暦1600

慶長5	7月12日	上杉征伐（会津攻め）に参加した大名の妻子が人質に取られるという噂がガラシャに伝えられる。細川忠興（丹後宮津城主）老臣の小笠原少斎秀清、河喜多石見一成が、侍女であった霜女に伝えたという。ガラシャ（明智光秀の四女、細川忠興正室）、宣教師に手紙を書き、身の危険が迫ったときの態度について助言を求める。	5400
	7月17日	大坂城からガラシャを略奪するために兵五百が向けられ、屋敷を囲む。明智光秀の三女で細川忠興（丹後宮津城主）（1563～1646）の正室・ガラシャ（1563～1600）、侍女たちに形見を渡し別れを告げる。その後、小笠原少斎の介錯で死亡する。18日とも。 留守居役の小笠原少斎（秀清）・河喜多石見一成らは、屋敷に火を放ち、切腹する。砲術家稲富祐直（1552～1611）は、なぜか珠（ガラシャ）の護衛の役を放棄して逃亡。この時、細川屋敷から、姉の豪姫（利家の四女）が嫁していた隣の宇喜多秀家邸に逃れた長男与一郎（忠隆、長岡休無）（1580～1646）の妻千世（前田利家六女）（1580～1641）は、岳父忠興の怒りを買って離縁される。	5401

西暦 **1870**

明治3　11月7日　羽前国天童藩知事・織田信敏(1853~1901)、天童の舞鶴山に社殿を造営し、織田家 [5402]
始祖である織田信長を分霊として祀る。

西暦 **1871**

明治4　9月15日　明智光秀の首塚(下京区梅宮町)(現・京都市東山区梅宮町)を取り払い、塚趾大義を説 [5403]
明した高札を掲示。

西暦 **1880**

明治13　9月1日　「建勲神社」を京都船岡山に創設する。社殿(本殿・拝殿等)(国登録有形文化財)が [5404]
竣工して東京より遷座。織田信長の子孫で天童藩知事・織田信敏の邸内(東京)か
ら健織田社が遷座した。

建勲神社

光秀首塚